V&R Academic

Schriften zum deutschen und internationalen Persönlichkeits- und Immaterialgüterrecht

Band 41

Herausgegeben von Professor Dr. Haimo Schack, Kiel,
Direktor des Instituts für Europäisches und
Internationales Privat- und Verfahrensrecht

Dominik König

Das einfache, unentgeltliche Nutzungsrecht für jedermann

V&R unipress

DFG

NORMATIVE ORDERS
Exzellenzcluster an der Goethe-Universität Frankfurt am Main

MIX
Papier aus verantwortungsvollen Quellen
FSC
www.fsc.org
FSC® C083411

Bibliografische Information der Deutschen Nationalbibliothek

Die Deutsche Nationalbibliothek verzeichnet diese Publikation in der Deutschen Nationalbibliografie; detaillierte bibliografische Daten sind im Internet über http://dnb.d-nb.de abrufbar.

ISSN 2198-6398
ISBN 978-3-8471-0610-4
ISBN 978-3-8470-0610-7 (E-Book)
ISBN 978-3-7370-0610-1 (V&R eLibrary)

Weitere Ausgaben und Online-Angebote sind erhältlich unter: www.v-r.de

Diese Publikation geht hervor aus dem DFG-geförderten Exzellenzcluster »Die Herausbildung normativer Ordnungen« an der Goethe-Universität Frankfurt am Main.

D 30

Printed in Germany.
Druck und Bindung: CPI buchbuecher.de GmbH, Zum Alten Berg 24, D-96158 Birkach

Gedruckt auf alterungsbeständigem Papier.

Inhalt

Vorwort

Die vorliegende Arbeit wurde im Wintersemester 2015 von der rechtswissenschaftlichen Fakultät der Johann Wolfgang Goethe-Universität Frankfurt am Main als Dissertation angenommen. Rechtsprechung und Literatur konnten bis Oktober 2015 berücksichtigt werden.

Mein besonderer Dank gilt meinem Betreuer und Doktorvater im besten Sinne des Wortes, Herrn Prof. Dr. Alexander Peukert für seine stets ausgezeichnete und zuverlässige Betreuung. In den Jahren an seinem Lehrstuhl und am Exzellenzcluster »Normative Orders« hat er nicht nur meine Begeisterung für die wissenschaftliche Arbeit wecken können, sondern diese durch die Möglichkeit des Besuches von Symposien, die Organisation von Seminaren und die Teilnahme an Tagungen auch auf das Beste hin unterstützt. Auch gewährte er jederzeit die Zeit für selbstbestimmte Forschung jenseits dieser Arbeit, in deren Rahmen ich stets auf seine Unterstützung und hilfreiche Anregungen zählen konnte. Nicht zuletzt hat die äußerst zügige Erstellung des Erstgutachtens den reibungslosen Abschluss des Dissertationsvorhabens erheblich beschleunigt.

Mein Dank gilt auch Herrn PD Dr. Malte-Christian Gruber für die freundliche Übernahme des Zweitgutachtens sowie die schnelle Erstellung desselben. Herrn Prof. Dr. Haimo Schack danke ich für die freundliche und unkomplizierte Aufnahme in die Schriftenreihe zum deutschen und internationalen Persönlichkeits- und Immaterialgüterrecht.

Auch bei meinen Kollegen am Lehrstuhl, allen voran Benjamin Beck, Nora Hesse und Theresa Wegener möchte ich mich herzlich für die stets anregenden Gespräche, hilfreichen Anregungen und die gemeinsamen Erlebnisse bedanken. Sie haben dafür gesorgt dass ich die Zeit in bester Erinnerung behalten werde.

Ein großes Dankeschön gebührt meinen Eltern, Rita und Georg König, für ihre uneingeschränkte Unterstützung und ihren Rückhalt während meiner gesamten Ausbildung. Ihre Förderung war maßgeblich für meine persönliche und fachliche Entwicklung, wofür ich immer dankbar sein werde. Ihnen möchte ich diese Arbeit widmen.

Zuletzt möchte ich von ganzem Herzen Frau Frauke Sophie Köppel danken, die mir stets bedingungslos zur Seite gestanden und mir in allen Phasen die Kraft und Energie gegeben hat, mich auf das Gelingen dieser Arbeit konzentrieren zu können – ohne dabei die wesentlichen Dinge im Leben aus den Augen zu verlieren. Auch ihr ist diese Arbeit in besonderem Maße gewidmet.

Bad Nauheim, im März 2016 Dominik König

Kritik, Hinweise und Anregungen sind unter Dom.Koenig@gmail.com stets willkommen.

Einleitung

A. Gegenwärtiger Stand der Forschung

Ausgangspunkt der Arbeit ist das Aufkommen einer neuen Art der Produktion und Verknüpfung von Informationen, mithin der Schaffung von urheberrechtlichen Werken, die von *Yochai Benkler* als *commons-based peer production* beschrieben wird. In zwei wesentlichen Werken[1] legt *Benkler* ausführlich dar, wie sich in der heutigen Zeit einer vernetzten Informationsgesellschaft ein neues Produktionsmodell herauskristallisiert hat: Die private Schaffung öffentlicher Informationsgüter, zu denen auf privatrechtlicher Basis jedermann einfach und diskriminierungsfrei Zugang gewährt werden soll und die durch eine Vielzahl, auf den ersten Blick unorganisierter, voneinander unabhängig auftretender und produzierender Akteure geschaffen werden. Dieses Prinzip der *commons-based peer production* basiert dabei auf zwei wesentlichen Grundlagen: der Freigabe anderenfalls exklusiver Rechtspositionen durch deren Inhaber, verbunden mit der Freiheit Dritter, diese nach ihrem Belieben unter Beachtung eines gewissen Regelungsrahmens selbstbestimmt nutzen zu können.[2]

Die Funktionsweise dieses Modells lässt sich anhand des wissenschaftlichen Fachdiskurses bzw. der Grundlagenforschung verdeutlichen.[3] Eine große Anzahl Forscher und Wissenschaftler trägt durch konstante Veröffentlichung neuer Informationen sowie durch Pflege des bereits vorhandenen Bestandes[4] kontinuierlich zu einer Wissensallmende bei, die den »Stand der Forschung« bildet.

1 *Benkler*, 112 Yale Law Journal (2002), 369–446; *ders.*, Wealth of Networks, 2006.

2 *Benkler*, 112 Yale Law Journal (2002) 369 (375–377); *ders.*, Wealth of Networks, S. 59–63.; eine exzellente deutschsprachige Darstellung des Theoriehintergrundes findet sich bei *Wielsch*, Zugangsregeln, S. 193f. sowie S. 202–204.

3 *Benkler*, 112 Yale Law Journal (2002) 369 (381f.) unter Verweis auf *Nelson*, 76 J. Pol. Econ. (1959), 297 (302–305).

4 Etwa in Gestalt von Reviews, Meta-Studien oder dem Erstellen von vorher nicht bekannten oder schlicht übersehenen Verknüpfungen zwischen bisher nicht miteinander in Verbindung gebrachten Teilgebieten oder Informationen.

Auf diesen Stand der Forschung erhebt wiederum niemand einen Anspruch, genauso wenig wie es im Interesse der Forscher liegt, nicht zahlende Kunden auszuschließen[5] – maßgeblich ist allein die Idee, zum Fortschritt beizutragen, ohne dabei mehr als Wertschätzung oder Bekanntheit zu erlangen. Obwohl diesem System der bis dato als wesentlicher Motor von Innovationsstreben betrachtete Aspekt des finanziellen Vorteils abgeht – die Opportunitätskosten für eine Tätigkeit in der »klassischen« Forschung sind im Vergleich mit etwa hochbezahlten Industrietätigkeiten oder der eigenen Vermarktung entwickelter Technologien hoch[6] – ist das System unbestreitbar effektiv. Darüber hinaus steht gerade im Grundlagenbereich dieser Stand der Forschung allgemein zur Verfügung[7] und trägt damit zum Gemeinwohl einer Gesellschaft dar.

Es entsteht dabei jedoch gleichzeitig eine Situation, in der die Errichtungen von künstlichen Schranken für Informationen, etwa das deren Handelbarkeit ermöglichende Urheberrecht, nicht zu vermehrtem Anreiz und damit besseren Ergebnissen, sondern vielmehr zu Ineffizienz zu führen droht.[8] Jede Art von Innovation basiert auf bereits bestehenden Informationen. Wenn also mithilfe des Rechts eine Umgebung geschaffen wird, in der hohe Kosten für Informationen erzeugt werden bzw. das Verlangen hoher Preise legitimiert wird, so besteht die Gefahr, dass negative Effekte die positiven Anreizwirkungen überwiegen: Eine Kommodifizierung von Informationen durch Einführung künstlicher Bezahlschranken verhindert bei dieser Betrachtung durch deren Ausschlusswirkung in qualitativer wie quantitativer Hinsicht mehr an Innovation, als sie an positiver Anreizwirkungen erzeugt[9] – liegen doch die Grenzkosten für bereits vorhandene Informationen bei null.[10] Genau diese Gefahr besteht schließlich abstrahiert bei jeder Art des digitalen Werkschaffens bzw. der digitalen Verbreitung und Nutzung von Informationen: Geht man im digitalen Umfeld von einer »natürlichen«, dem Medium geschuldeten nicht-Rivalität und nicht-Exklusivität der produzierten, aber auch zur Produktion nötigen Informationen aus, so liegt nahezu jede für bereits existierende Informationen zu

5 Ein solcher Ausschluss erfolgt vielmehr meist durch Verlage als Intermediäre zwischen dem einzelnen Teilnehmer und der restlichen wissenschaftlichen Community, dazu *Peukert*, GRUR-Beil. 2014, 77 (80).

6 *Benkler*, 112 Yale Law Journal (2002) 369 (381).

7 Es lassen sich etwa Naturgesetze, Theorien und Konstanten mangels Patentierbarkeit nicht durch Beantragung eines Ausschließlichkeitsrechts proprietarisieren und kommodifizieren, vgl. § 1 Abs. 3 Nr. 1 PatG.

8 *Benkler*, Wealth of Networks, S. 37; so bereits 1970 *Goldstein*, 70 Columbia Law Review (1970), 983 (1055f.); *Landes/Posner*, Economic Structure of Intellectual Property Law, S. 11.

9 *Benkler*, Wealth of Networks, S. 37 (»On any given day, enforcement of Copyright law leads to underutilization of copyrighted information«); *Landes/Posner*, Economic Structure of Intellectual Property Law, S. 20 (»deadweight loss«).

10 *Nelson*, 76 J. Pol. Econ. (1959), 297 (306).

zahlende Geldsumme höher als die Grenzkosten der Informationen – die Kosten für deren Übertragung bzw. anteilig für die dafür notwendige Infrastruktur. Um diese drohende Ineffizienz zu verhindern und den Möglichkeiten einer digitalen, weltweit vernetzen Informationsgesellschaft zur bestmöglichen Geltung zu verhelfen, identifiziert *Benkler* schließlich drei Faktoren, die für eine funktionierende *commons-based peer production* notwendig sind: Die nötigen Produktionsmittel müssen weit verbreitet und möglichst frei zugänglich sein, es sollte eine grundlegende Architektur bestehen, die die selbständige Organisation einer modularen Arbeit an komplexen Projekten ermöglicht, und schließlich müssen die zur Erstellung nötigen Rohstoffe zahlreich und kostengünstig vorhanden sein.[11]

Betrachtet man das Internet und die damit einhergehende, weltweite Vernetzung und Kommunikation als die grundlegende Kommunikationsarchitektur und die Zugänge dazu über Computer, Smartphones und eine Vielzahl weiterer Möglichkeiten in Verbindung mit der menschlichen Kommunikation als weit verbreitete Produktionsmittel, so wird deutlich, dass die Gegebenheiten für die effektivste Nutzung dieses digitalen Umfelds zur Generierung aller Arten von Informationen, Innovationen und kultureller Errungenschaften im Wesentlichen von der großflächigen und kostengünstigen Verfügbarkeit des Rohstoffes abhängt – der freien Verfügbarkeit bereits vorhandener Informationen. Der Rohstoff für Innovationen künstlerischer wie technischer Art sind weitere Informationen. Es ist nur schwer vorstellbar, dass in der heutigen, hochspezialisierten Gesellschaft eine wesentliche Innovation im technischen Bereich ohne Vorwissen erzeugt wird oder im künstlerischen Bereich ohne Eindrücke anderer Informationen entsteht.[12]

Diese Analyse überzeugt. Informationen sind im digitalen Umfeld nicht-rival – die Nutzung durch Dritte beeinflusst die eigene Nutzung in der Qualität nicht[13] – und nicht-exklusiv – mehrere Nutzer können die Information gleichzeitig abrufen, ohne dass sie ein zweites Mal erzeugt werden müsste.[14] Gleichzeitig ist es problemlos möglich, den Rohstoff »Information« über das Internet nahezu weltweit zu minimalen Kosten zu beziehen,[15] so dass *Benklers* Perspektive des »Idealzustands« problemlos eintreten könnte. Durch die Existenz von Imma-

11 *Benkler*, Wealth of Networks, S. 105f.

12 *Benkler*, Wealth of Networks, S. 37, bemüht dafür unter Verweis auf *Scotchmer*, 5 J. of Econ. Persp. (1991), 29 das Sir Isaac Newton zugeschriebene Bonmot, der einzige Grund, warum er weiter sehen könne als andere, sei der, dass er auf den Schultern von Riesen stehe.

13 *Landes/Posner*, Economic Structure of Intellectual Property Law, S. 20.

14 Spezifisch für Software etwa *Ohly*, NJW-Beil. 2014, 47 (48); *Benkler*, Wealth of Networks, S. 36; zu den besonderen Herausforderungen dieser nicht-Rivalität bei Veräußerungen *Schmidt-Kessel*, K&R 2014, 475.

15 *Benkler*, Wealth of Networks, S. 38; *Posner*, 19 Journal of Economic Perspectives (2005), 57 (58).

terialgüterrechten – in diesem Falle des Urheberrechts – wird jedoch eine entscheidende Voraussetzung dieser Informationsproduktion, die freie Verfügbarkeit des Rohstoffs, zunichte gemacht: Sie ermöglicht eine Kommodifizierung der Informationen und setzt Anreize, diese teurer als für den Betrag der Grenzkosten zu vermarkten. In diesem Punkt ist daher das hauptsächliche Erkenntnisinteresse dieser Arbeit zu verorten. Seit den 1980er Jahren existieren Bewegungen, die echte oder vermeintliche Defizite des Urheberrechts durch Errichtung einer auf privatautonom vereinbarten Lizenzkonstruktionen basierenden digitalen Allmende ausgleichen und so den »Rohstoff« Information in *Benklers* System wieder frei zugänglich machen wollen.

Diesem in der US-amerikanischen Wissenschaft treffend mit dem Begriff *semicommons*[16] beschriebenen Phänomen der Open Source- und Open Content-Lizenzen sollte im deutschen Recht mit der Rechtsfigur des einfachen, unentgeltlichen Nutzungsrechts für jedermann wohlwollend begegnet werden. Am 22.03.2003 wurde mit der »Linux-Klausel« des § 32 Abs. 3 S. 3 UrhG dem Urheber die Möglichkeit eingeräumt, jedermann formfrei und unter Suspendierung hindernder Form- und Vergütungsvorschriften ein einfaches, unentgeltliches Nutzungsrecht an seinen Werken einzuräumen. Seit der ersten Behandlung in der deutschen Rechtswissenschaft[17] wurde die Idee der digitalen Allmende konstruktiv begleitet und unter einer Vielzahl von Aspekten behandelt.[18] Eine derart umfassende Begleitung gibt dabei schöpferischen wie rezeptiven Nutzern der Allmende die Rechtssicherheit, die für ein Aufblühen der Landschaft nötig ist und legt so den Grundstein für deren nach wie vor steigende Beliebtheit und Verbreitung.[19] Andererseits birgt eine derart stabile und verlässliche Ausgangsbasis jedoch die Gefahr einer gewissen Trägheit im Hinblick auf externe Entwicklungen einerseits sowie in Anbetracht interner Faktoren, die bis jetzt spärlich bis gar nicht untersucht wurden, sei es aufgrund einer eher geringen finanziellen Relevanz – von einigen Ausnahmen abgesehen[20] wird

16 *Merges*, 71 U. Chicago Law Review (2004), 183 (198f.); *Heverly*, 18 Berkeley Technology Law Journal (2003) 1127 (1130f.) sowie (1161–1172); zurückgehend auf den noch in der pyhsischen Welt genutzten Begriff bei *Smith*, 29. Journal of Legal Studies (2000), 131 (132).

17 *Metzger/Jaeger*, GRUR Int. 1999, 839ff.

18 In Dissertationen etwa *Koglin*, Opensourcerecht; *Schiffner*, Open Source Software; *Schäfer*, Der virale Effekt; *Schulz*, Dezentrale Softwareentwicklung; *Meyer*, Miturheberschaft bei freier Software; *Rosenkranz*, Open Content; zuletzt 2013 *Rautenstrauch*, Open-Source-Computersoftware zwischen Urheber- und Kartellrecht. An Überblicken bzw. Handbüchern ist besonders *Jaeger/Metzger*, Open Source Software sowie das Werk von *Spindler*, Rechtsfragen bei Open Source, hervorzuheben.

19 Prominenteste Beispiele sind sicher die Online-Enzyklopädie Wikipedia, http://www.wikipedia.org, das Betriebssystem GNU/Linux oder das Programmiertool Java JDK.

20 Erstmals LG München I GRUR-RR 2004, 350ff. – *GPL-Verstoß*; jüngst zur Reichweite von *non commercial*-Klauseln OLG Köln WRP 2015 94ff.; eine Übersicht über bisher zu dem Kom-

selten jemand wegen eines einzelnen Fotos oder Wikipedia-Beitrages klagen –, sei es, um getreu dem Motto »*never touch a running system*« keine schlafenden Hunde in Gestalt von breiter Verunsicherung zu wecken.

B. Erkenntnisinteresse der Arbeit

Dies führt im Wesentlichen zu zwei Bedürfnissen, denen mit dieser Arbeit Rechnung getragen werden soll: Einerseits soll die bisherige dogmatische Entwicklung und systematische Einordnung der Open Content-Lizenzen betrachtet und wenn nötig kritisch hinterfragt werden. Dabei ist nicht zuletzt zu untersuchen, wie und ob sie im Lichte neuerer Rechtsentwicklungen[21] bestehen und inwieweit Anpassungen vorzunehmen oder teilweise sogar neue Wege gefunden werden müssen, um das Ziel der freien, niedrigschwelligen Zugänglichkeit von Informationen möglichst vollumfänglich zu erreichen.

Darüber hinaus sollen die Grenz- und Problembereiche ausgelotet werden, an die bei Aufkommen der Idee in der allgemeinen Pionierstimmung nicht oder nur am Rande gedacht wurde oder die sich erst im Laufe der Zeit entwickelt haben, um dabei entstehende oder in der Entstehung begriffene Probleme frühzeitig zu identifizieren und Lösungsansätze entwickeln zu können, insbesondere im Bereich des Widerrufs von Angeboten und der unerkannten Unwirksamkeit von Rechtseinräumungen, deren Vorkommen in dem genutzten Direktlizensierungssystem begründet liegt.

C. Gang der Untersuchung

Um diesem Ziel gerecht zu werden ist es zunächst notwendig, die ideellen Grundlagen, Ziele und Motivationen zu analysieren, die der dezentralen Schaffung von Werken auf Basis einer digitalen Allmende zugrunde liegen sowie deren denkbaren Anwendungsbereich zu umreißen (Teil 1). Nur unter Beachtung dieser Grundlagen des Schaffens ist es schließlich möglich, das rechtliche Herzstück von Open Content, die Verträge über die Einräumung eines einfachen, unentgeltlichen Nutzungsrechts für jedermann, genauer zu charakterisieren (Teil 2), wobei diesbezüglich die Aspekte der Einordung als Austausch- oder

plex ergangenen Urteile findet sich bei *Peukert/König* in Schmidt-Kessel, German National Reports on the 19th International Congress on Comparative Law, 519 (521 f.).

21 Insbesondere der Weiterentwicklung des Erschöpfungsgrundsatzes durch den EUGH in Rs. C-128/11 – *UsedSoft* (dazu ausführlich Teil 3 der Arbeit) sowie die Rechtsprechung des BGH zur Stabilisierung von Lizenzketten bei Ausfall eines Gliedes (dazu ausführlich § 12, Abschnitt C der Arbeit).

Dauerschuldvertrag (§ 3), die schenkungsrechtliche Einordung von Reziprozitätsklauseln (§ 4) sowie die Nähe der Lizenzwerke zu Organisationsverträgen und dem Phänomen des *private ordering* (§ 5) im Fokus stehen sollen. Nachdem diesbezüglich alle Fragestellungen beleuchtet und Unklarheiten jedenfalls für diese Arbeit beseitigt worden sind, soll in Teil 3 der Arbeit mit der Weiterentwicklung des Erschöpfungsgrundsatzes im Rahmen der *UsedSoft*-Rechtsprechung der erste Komplex untersucht werden, in dem das System der Open Content-Lizenzen und die zugrundeliegenden Vertragswerke mit einer merklichen Änderung des *status quo* (§ 6) konfrontiert werden. Dabei sind vor allem die Übertragbarkeit der Neuerungen auf den hier untersuchten Gegenstand (§ 7) sowie die sich daraus ergebenden Konsequenzen für die Vertragsgestaltung von Open Content-Lizenzen (§ 8) von Belang. Daran schließt sich in Teil 4 die Untersuchung des bisher nur spärlich behandelten Problemfeldes des Rückrufs einmal eingeräumter Nutzungsrechte (§ 9) sowie des Widerrufs entsprechender Angebote auf Einräumung an (§ 10), in deren Rahmen sich aufgrund einer sehr ähnlichen Problematik – wenn auch unter anderen Vorzeichen – im US-amerikanischen Recht ein rechtsvergleichender Ansatz (§ 9, Abschnitt B) anbietet und zur Entwicklung einer Lösung herangezogen wird. Den Abschluss der Arbeit bildet in Teil 5 eine Analyse des Risikos von unerkannt unwirksamen Einräumungen einfacher, unentgeltlicher Nutzungsrechte für jedermann aufgrund eines nicht erkennbaren Verlustes der Verfügungsbefugnis bzw. Wechsels der Rechtszuständigkeit auf Seiten des Urhebers (§ 11). Zur Minimierung und Abwendung der daraus resultierenden, negativen Folgen für die digitale Allmende werden verschiedene Lösungsmöglichkeiten auf Basis des *status quo* diskutiert (§ 12) und schließlich eine Änderung der Lizensierungsmodalitäten bzw. der Art und Weise der Einräumung einfacher, unentgeltlicher Nutzungsrechte im Rahmen von Open Content-Lizenzen vorgeschlagen (§ 13).

Teil 1: Grundlagen und Anwendungsbereiche von Open Content

Zur besseren Einordnung der im Laufe der Arbeit gewonnenen Erkenntnisse ist es nötig, im Vorfeld kurz auf die Hintergründe der Idee *commons-based peer production* bzw. die den Open Content-Lizenzen zugrundeliegenden Ideale und Absichten einzugehen sowie den sich mit dem technischen Fortschritt ständig erweiternden Anwendungsbereich klar zu umreißen.

§ 1. Absichten und ideelle Grundlagen der Open Content-Idee

Neben den einleitend umrissenen ökonomischen Erwägungen und Grundlagen, auf denen das Schaffen der *commons-based peer production* beruht, sind für das Verständnis der hier behandelten Lizenzmodalitäten und Schaffensweisen die ideellen Motive und Ziele derjenigen Akteure, die die jeweiligen Lizenzwerke zur Nutzung entwerfen sowie auf ihrer Basis eine digitale Allmende zu erschaffen versuchen, von großer Relevanz.

A. Ziele der Lizenzpromulgatoren im Laufe der Zeit

Nennenswerte Prominenz erlangte die Idee einer privat geschaffenen Allmende erstmals im Falle der von *Richard Stallman* am 04.10.1985 begründeten *Free Software Foundation* (FSF). In Ansehung der nicht-Exklusivität und nicht-Rivalität bei Nutzung und Verbreitung von Software erschienen *Stallman* die Begründungsansätze für Ausschließlichkeitsrechte an dieser nicht länger überzeugend.[22] Seiner Ansicht nach profitiere die Gesellschaft als Ganzes eher von einer freien, ungehinderten Verteilung und Verfügbarkeit von Informationen als von einer Übertragung der bisherigen Narrative des *copyright* auch in den Be-

22 *Stallman*, Free Software, Free Society, S. 47–52, insbesondere die »Spaghetti-Analogie« auf S. 48f. sowie 121–135.

reich der unkörperlichen Softwarewerke. Dabei war es *Stallman* mit steigender Popularität der von ihm initiierten Bewegung immer wichtiger, die Ambiguität des Begriffes der »Freiheit« klarzustellen: Ziel der Bewegung ist eine Freiheit von Einschränkungen bei Nutzung und Verbreitung von Informationen, nicht eine Kostenfreiheit der Endprodukte[23] – besonders einprägsam niedergelegt in der Formel »*Free as in ›free speech‹, not as in ›free beer‹*«.[24] Diese Freiheitsauffassung spiegelt sich in den vier Kernfreiheiten, die freie Software im Sinne der FSF charakterisiert: Die Freiheit des Ablaufenlassens, des Untersuchens und Anpassens des Source Codes, der Weiterverbreitung sowie schließlich die Freiheit, Verbesserungen ebenfalls frei anzubieten. Die bloße Existenz dieser Freiheiten wird dabei als Selbstzweck betrachtet, der Anstoß dazu geben solle, bisherige Dogmen in Frage zu stellen. Weitere Anforderungen an die Lizensierung, etwa ein Copyleft oder nicht-kommerzielle Nutzung, werden abgelehnt.[25]

Ein erstes institutionalisiertes Abweichen von dieser »reinen Lehre« erfolgte im Februar 1998 im Rahmen einer Konferenz in Kalifornien. Unter der Federführung von Eric S. Raymond gründeten der FSF nahestehende Personen die *Open Source Initative* (OSI).[26] Unter dem Eindruck der immer erfolgreicheren GNU/Linux-Distributionen sowie der bevorstehenden Veröffentlichung des Quellcodes des Netscape-Browsers gelangte man zu dem Schluss, dass diese neugewonnene Popularität am besten durch eine pragmatische, unideologische Präsentation der Idee zu nutzen sei. Der Gemeinwohlgedanke wurde zwar beibehalten, die reformerische Kraft freier Software aus ihrer reinen Existenz heraus erschien jedoch nicht mehr als zur Verwirklichung des Ziels ausreichend. Vielmehr sollten durch eine Konzentration auf die praktischen Vorteile der Entwicklungsmodalität »peer production« beispielsweise Konzerne und Regierungen von dieser überzeugt werden.[27] Zu diesem Zwecke schien es opportun, die sozialrevolutionäre Rhetorik der FSF hinter sich zu lassen[28] – eine Entwicklung, die von Anhängern ebendieser mit dem Satz »Open Source is a development methodology, free software is a social movement«[29] kritisiert wurde. Es ist jedoch wichtig festzuhalten, dass zwar die Außendarstellung, nicht aber die

23 Diese wird sogar in Teilen befürwortet, dazu unten, § 1 Abschnitt C.

24 *Stallman*, Free Software, Free Society, S. 43.

25 *Stallman*, Free Software, Free Society, S. 44; ausführlich *Carver*, 20 Berkeley Tech. L.J (2005), 443 (447f.).

26 http://opensource.org/history, Kapitel »Coining Open Source«; *Kelty*, Two Bits, S. 98f.; *Dusollier*, 82 Chi-Kent Law Rev. (2007), 1391 (1398f.).

27 Was am Ende zu einer vielfältigeren, professionelleren und so dem Gemeinwohl nützlicheren Allmende führt.

28 Daneben existierten zwischen den jeweiligen Führungsfiguren auch massive ideologische Differenzen, was in Anbetracht der allein bei der Frage der »Außenwirkung« divergierenden Ansichten zunächst verwundern mag, *Kelty*, Two Bits, S. 109.

29 *Stallman*, Free Software, Free Society, S. 57; *Carver*, 20 Berkeley Tech. L.J (2005), 443 (448).

Gemeinwohlorientierung und die praktische wie rechtliche Ausgestaltung der Lizenzen in Frage gestellt wurde.[30]

Mit der *Creative Commons Foundation* betrat schließlich im Jahre 2001 ein weiterer, prominenter Akteur und Promulgator von Lizenzen die Bühne. Die von *Lawrence Lessig* gegründete *Creative Commons Foundation* hatte zum Ziel, den bis dahin auf Software beschränkten Anwendungsbereich auf andere, mittlerweile auch immer öfter digital vertriebene Werkarten auszuweiten.[31] Damit gelang es der *Creative Commons Foundation*, dem erstmals 1998 von *David Wiley* geprägten, von ihm im Rahmen der *Open Publication License*[32] praktisch umgesetzten Begriff *Open Content* zu einem Durchbruch zu verhelfen und den Anwendungsbereich des einfachen, unentgeltlichen Nutzungsrechts für jedermann jenseits von *Open Source* zu eröffnen.[33] Die rechtstechnischen Unterschiede sind dabei marginal: Mangels eines Quellcodes entfällt bei Nicht-Software das Erfordernis von dessen Offenheit, die urheberrechtlichen Prinzipien sind bis auf wenige Details identisch (vgl. § 69a Abs. 4 UrhG). Mit Blick auf die Motivationen der Promulgatoren nimmt die *Creative Commons Foundation* eine vermittelnde Position ein. Erklärtes Ziel der Creative Commons-Lizenzen ist die Schaffung eines eigenen Raumes, in dem Werke nicht unter den Bedingungen des »normalen« Urheberrechts, sondern unter anderen, für sinnvoll erachteten Regimes für jedermann zugänglich sind.[34] Damit orientiert man sich einerseits an *Stallmans* ursprünglicher, anarchischer Idee der selbst zu schaffenden Freiräume in einer als feindlich betrachteten Umgebung. Teilweise wird auch dessen revolutionärer Anspruch, wenn auch weniger pointiert, übernommen. Ziel ist demnach, dem einzelnen Kulturschaffenden die Möglichkeit zu geben, frei und ohne Kostenaufwand auf den Werken anderer aufzubauen. Dabei soll dieser nicht nur seiner Kreativität freier und vielfältiger Ausdruck verleihen zu können, sondern auch durch die Veröffentlichung der Werke das Bewusstsein für die positive Wirkung der Allmende demonstrieren.[35] Ähnlich wie bei der *OSI* wird

30 Was selbst *Stallman* als vehementer Kritiker dieser Richtung anerkennt, Free Software, Free Society, S. 57f., (»We disagree on the basic principles, but agree on the practical recommendations. We can and do work together on many projects. We don't think of the Open Source Movement as an enemy. The enemy is proprietary software«); so auch *Kelty*, Two Bits, S. 115f. (»the two names referred to identical practices, licenses, tools, and forms of organization«).

31 *Lessig*, Free Culture, S. 282–286; *Dusollier*, 82 Chi-Kent Law Rev. (2007), 1391 (1400f.).

32 Abrufbar auf dem Stand des 08.06.1999 unter https://www.opencontent.org/openpub/.

33 Zur Begriffsgeschichte *Rosenkranz*, Open Content, S. 21; *Strobel*, MMR 2003, 778; *Jaeger/Metzger*, MMR 2003, 431 (432) (»beschreibt Open Content damit ein Lizenzmodell, unter das auch Freie Software gefasst werden kann, dass aber noch weit darüber hinausgeht.«).

34 *Lessig*, Free Culture, S. 282.

35 *Lessig*, Free Culture, S. 283f. (»Our aim is to build a movement of consumers and producers of content who help build the public semi-commons and, by their work, demonstrate the importance of the public domain to other creativity.«).

jedoch auch der Schaffensprozess bzw. die Offenheit von dessen Ergebnis zur weiteren Nutzung neben der bloß »mahnenden« Existenz der Allmende als Mittel der Gemeinwohlförderung verstanden.[36]

B. Freie Zugänglichkeit von Informationen als gemeinsame Kernidee

Ziel der ersten Open Source-Lizenzen war es zunächst, einen umfangreichen Austausch von Software unter Programmierern und Nutzern zu erreichen und damit die für verfehlt gehaltene Übertragung von für körperliche Güter geltenden Regelungen auf unkörperliche, nicht-rivale und nicht-exklusive Güter zu überwinden.[37] Dabei schwang stets die Idee des altruistischen Handelns zum Wohle der Gesellschaft mit.[38] Je nach Strömung unterscheiden sich jedoch die Narrative, mit denen die Gemeinwohlorientierung begründet wird. Traditionell sollte das bisherige Produktionsmuster, in welchem Unternehmen oder Individuen durch Immaterialgüterrechte idealerweise »freie« Informationen monopolisieren können, aufgebrochen werden.[39] Die freie Nutz- und Verfügbarkeit von beliebig reproduzierbaren Informationen und Codes war Hauptzweck der Konstruktionen und gleichzeitig Ausdruck und Mittel der Gemeinwohlorientierung.[40] Dieser Gedanke wurde durch die OSI insofern weiterentwickelt, als dass diese die Freiheit zwar ebenfalls als elementar ansieht, sie jedoch als Mittel zum Zweck des technologischen Fortschrittes versteht. Die Gemeinwohlorientierung äußert sich dieser Strömung nach vielmehr in der Produktion und Existenz innovativer und qualitativ hochwertiger Software-Lösungen, die durch die Modalitäten der freien Bearbeitung und Verfügbarkeit wesentlich effizienter – oder gar überhaupt erst – geschaffen werden.[41] Der Creative Commons-Bewegung gelang es schließlich, diese beiden Motivationen durch eine Ausweitung

36 *Dusollier*, 82 Chi-Kent Law Rev. (2007), 1391 (1411); *Jaeger/Metzger*, MMR 2003, 431 (432); *Strobel*, MMR 2003, 778 (781).

37 *Stallman*, Free Software, Free Society, S. 47.

38 Teils als »Akt der Nächstenliebe«, teils unter Berufung auf Kants kategorischen Imperativ begründet, *Stallman*, Free Software, Free Society, S. 38. Zutreffend jedoch der Hinweis von *Metzger/Jaeger* in GRUR Int. 1999, 839 (841), dort Fn. 28, zu Kants Auffassungen von geistigem Eigentum.

39 Überblicksartig *Schneider/Nordmeyer/Matthiesen/Lejeune* in Lehmann/Meents, Fachanwaltshandbuch IT-Recht, Kapitel 4, Rn. 658f.; *Stallman*, Free Software, Free Society, S. 34.

40 Diese tritt dabei in erster Linie über die Verhinderung bzw. Aufhebung einer »*underutilization*« von künstlich verknappten Informationen ein, dazu *Benkler*, Wealth of Networks, S. 35–41; so auch *Cohen*, 97 Mich. Law Rev. (1998), 462 (548) (»benefit accrues from the rights to access and use elements of existing works […] These rights and practices lead to the development of creative and scholarly talents and ultimately to the creation of new works.«).

41 *Raymond*, The Cathedral and the Bazaar, S. 6f.; *Carver*, 20 Berkeley Tech. L.J (2005), 443 (450).

des Bezugsgegenstandes zu vereinen.[42] Es dürfte wesentlich der Ausweitung auf das breitere Spektrum der – anders als Software – nicht rein nach ihrem Nutzwert zu beurteilenden kulturellen Erzeugnisse geschuldet sein, dass nicht mehr zwischen Freiheit um ihrer selbst Willen und Freiheit als Mittel zur effizienten Entwicklung unterschieden werden kann: Einerseits sagt die Fortschrittlichkeit oder Art der Erstellung eines Kunstwerkes nichts über dessen Wert für die Gesellschaft aus. Andererseits ist es etwa im Bereich der Sachliteratur vorrangiges Ziel, qualitativ hochwertige Ergebnisse zu liefern, ohne damit primär sozialrevolutionäre Ansätze zu verfolgen und zu verbreiten.[43] Daneben tritt jedoch erstmals ein weiterer Aspekt: Durch die Hinwendung zu nicht-technischen Lizensierungsgegenständen rückt durch die stärkere Verknüpfung der Werke mit der Persönlichkeit des Autors[44] und dem Bedürfnis, seine Kunst einer Öffentlichkeit zu präsentieren, erstmals dessen Interesse an – keineswegs unbegrenzt vorhandener – Aufmerksamkeit und damit ein nicht rein-altruistisches Interesse stärker in den Fokus. Ähnlich wie bei der Interpretation von Open Source durch die *OSI* profitiert jedoch die Allgemeinheit durch die freie Zugänglichkeit in mindestens ebenso großem Maße von dem Bedürfnis des Autors nach Rezeption wie dieser von der ihm wiederum zu Teil werdenden Aufmerksamkeit.[45] Als wesentliches Merkmal und hauptsächliches Interesse tritt damit also auch im Bereich der *free culture*-Bewegung die freie Zugänglichkeit von Informationen in den Vordergrund.[46] Es lässt sich somit an vorderster Stelle das Motiv der freien Verfügbarkeit und Zugänglichkeit von Informationen für jedermann in Gestalt der Schaffung einer digitalen Allmende als wesentliches, übergeordnetes Ziel all dieser Strömungen ausmachen.

---

42 *Rosenkranz*, Open Contents, S. 38, Punkte I und III; *Dusollier*, 82 Chi-Kent Law Rev. (2007), 1391 (1397).

43 Eine Bemühung, die durchaus von Erfolg gekrönt ist. So wurde nach der angekündigten Umstellung etwa der Brockhaus-Enzyklopädie auf einen rein digitalen Internet-Vertrieb im Jahre 2008 diese im Jahre 2013 unter Hinweis auf die Marktmacht der freien Wikipedia komplett eingestellt, vgl. FAZ vom 12.06.2013 unter http://www.faz.net/aktuell/feuilleton/einstellung-der-gedruckten-auflage-brockhaus-12219141.html. Mit der gleichen Begründung wurde bereits 2009 die prominente Encarta-Enzyklopädie durch Microsoft eingestellt, http://bits.blogs.nytimes.com/2009/03/30/microsoft-encarta-dies-after-long-battle-with-wikipedia/.

44 *Rosenkranz*, Open Contents, S. 38, Punkt II.

45 So jedenfalls zum momentanen Zeitpunkt. Zu der Eigenschaft von Aufmerksamkeit als in Zeiten von meist nicht-rivalisierenden Gegenständen des Urheberrechts »knappster Ressource« und dem sich daher eventuell wandelnden Verhältnis von Urhebern zu Konsumenten jedoch wegweisend *Becker*, ZUM 2013, 829 (830f.).

46 *Peukert*, Die Gemeinfreiheit, S. 48; *Wielsch*, Zugangsregeln, S. 192.

C. Beibehaltung traditioneller Strukturen von Markt und Wettbewerb

Trotz eines insbesondere in der Anfangszeit reformatorischen und progressiven Selbstverständnisses der Open Content-Bewegung ist es wichtig festzuhalten, dass selbst ihre dogmatischsten Vertreter keine Abkehr von den traditionellen Strukturen des Urheberrechts intendierten.[47] Während in der US-amerikanischen[48] wie auch in der deutschen[49] Rechtswissenschaft immer wieder Stimmen eine Überwindung, jedenfalls aber eine Ergänzung des Urheberrechts um Formen des gemeinsamen Schaffens jenseits der Miturheberschaft fordern und dies in der Regel institutionenökonomisch rechtfertigen,[50] so nutzen Open Content-Lizenzen bei der Konstruktion der Allmende gerade die Exklusivitätsfunktion des Urheberrechts, um Nutzer und Mitwirkende zu einem die Freiheit des Werkes perpetuierenden, auf Offenheit und im Falle von Copyleft-Lizenzen auf Reziprozität abzielenden Verhalten zu verpflichten.[51] Das grundlegende Konzept, einem Schöpfer Ausschließlichkeitsrechte an seinem Werk zuzugestehen, wird somit nicht nur nicht angetastet, sondern vielmehr zur Grundlage des Schaffens erhoben.[52]

Gleiches gilt dabei auch für die Grundsätze von Markt und Wettbewerb. Trotz der anti-korporatistischen Tendenzen insbesondere in der Anfangsphase bzw. von Seiten der FSF[53] war diese nie bestrebt, Grundsätze des freien Wettbewerbs

47 Plakativ *Stallman*, Free Software, Free Society, S. 171 a. E. (»Legally, copyleft works based on copyright.«); *Lessig*, Free Culture, S. 264f. (»Like Microsoft's software, the copyright owners of free and open source software insist quite strongly that the terms of their software license be respected by adopters of free and open source software«), ebd., S. 284 (»The aim is not to fight the ›All Rights Reserved‹ sorts. The aim is to complement them.«).

48 *Dreyfuss*, 53 Vand. Law Rev. (2000), 1161 (1208) sowie (1222); *Kwall*, 75 So. Cal. Law Rev. (2001), 48 (55).

49 *Thielecke/von Bechtolsheim*, GRUR 2003, 754 (759) fordern ein verwandtes Schutzrecht für Organisatoren komplexer Werke – gerade unter Berücksichtigung der Selbstallokation von Beiträgen durch die sie verfassenden Akteure bei Open Content würde sich so eine extreme Zersplitterung der eingebrachten Rechte ergeben.

50 *Mandel*, 44 UCal Davis Law Rev. (2010), 283 (353–355) (»Allocating joint creator rights in proportion to each collaborator's contribution could produce outcomes both more efficient in promoting collaboration […]«).

51 *Peukert*, Die Gemeinfreiheit, S. 47f.; *Kapczynski et. al.*, 20 Berkeley Tech. L.J. (2005), 1031 (1069f.), sprechen von »legal Jiu-Jitsu«, einer Kampfkunst, bei der die Kraft des Gegners gegen ihn gewandt wird; *Dusollier*, 29 Columbia J. L & Arts, (2005/2006), 271 (285) nennt dies »subversive effect«; ähnlich auch *Elkin-Koren*, 74 Fordham Law Rev. (2005), 375 (386); *Wielsch*, Zugangsregeln, S. 214, spricht von einem »twist« bzw. auf S. 216 von einer »umgepolten Prärogative« des Urheberrechts.

52 *Lessig*, 18 Yale Journal of Law and the Humanities (2006), 56 (74f.) (» […] neither the Creative Commons, nor the Free Software Movement, technically expands ›the public domain.‹ […] The freedoms granted in this commons are granted by the permission of property holders.«).

53 Vgl. die Nachweise in Fn. 22 sowie Fn. 39.

aufzugeben. Im Gegenteil wird der Wettbewerb zwischen verschiedenen Programmierern als ein wesentlicher Motivationsfaktor zur Schaffung von unentgeltlich zur Verfügung gestellten Inhalten betrachtet – jedoch in einer konstruktiven Art und Weise, bei der die Ergebnisse dieses Wettstreits um Anerkennung und Berühmtheit der Allgemeinheit zugutekommen sollen, anstatt dieser um des Wettbewerbs willen Informationen vorzuenthalten.[54] Im Rahmen der GNU GPL wird Programmierern sogar explizit nahegelegt, sich durch Anpassung derart lizensierter Werke an die Bedürfnisse etwa von Unternehmen oder durch kontinuierliche Supportleistungen neue Geschäfts- und Einkommensfelder zu erschließen.[55] Dies geschieht auch durchaus mit Erfolg – so konnte etwa IBM im Jahr 2002 seinen Umsatz mit Open Content-nahen Dienstleistungen von ca. 900 Mio. US-$ auf ca. 1.500 Mio. US-$ steigern und damit erstmals den Umsatz im traditionellen Lizenzgeschäft (ca. 850 Mio. US-$) übertreffen.[56]

Ziel der Open Content-basierten Allmende-Bewegungen ist also nicht die Überwindung traditioneller Motivations- und Anreizstrukturen etwa im Sinne einer Sozialisierung der Ergebnisse von kreativem Schaffen, es soll vielmehr durch Ausübung von Ausschließlichkeitsrechten sichergestellt werden, dass die Früchte eines durchaus gewollten Wettbewerbs zwischen den Akteuren der Allgemeinheit zugutekommen.

D. Individuelle Motivationslage der Schaffenden

Ein weiteres wichtiges Feld sind die Interessen und Schaffensmotivationen der einzelnen Bearbeiter der digitalen Allmende. Diese sind zum einen bei der Auslegung von Open Content-Lizenzwerken sowie einzelnen Lizenzverträgen und Rechtseinräumungen zu berücksichtigen. Darüber hinaus sind sie insbesondere bei der Konstruktion von alternativen rechtlichen Gestaltungen der digitalen Allmende relevant: Erkennt man mit dem deutschen Gesetzgeber an, dass eine reiche Allmende dem Gemeinwohl dienlich und damit förderungswürdig ist,[57] so ist darauf zu achten, bei einer rechtlichen Neukonzeption die

54 *Stallman*, Free Software, Free Society, S. 38 (»There is nothing wrong with wanting pay for work, or seeking to maximize one's income, as long as one does not use means that are destructive.«).

55 Sog. *»hand-holding services«*, *Stallman*, Free Software, Free Society, S. 40; Zahlen und Beispiele bei *Metzger/Jaeger*, GRUR Int. 1999, 839 (840).

56 *Benkler*, Wealth of Networks, S. 46f., insbesondere Abb. 2.1 auf S. 47.

57 Vgl. dazu die Begründung des Gesetzgebers bei Ausweitung der Linux-Klauseln auf § 31a UrhG in BT-Drucks. 16/1828, S. 37f.

Motivationslagen der Nutzer und Beitragenden zu berücksichtigen, um durch gesteigerte Attraktivität eine große und vielfältige Allmende sicherzustellen.

Dabei kann zwischen intrinsischen und extrinsischen Motivationen unterschieden werden: Erstere animiert zur Vornahme einer Handlung um ihrer selbst willen, etwa durch Vergnügen oder Altruismus, letztere aus Gründen der indirekten Bedürfnisbefriedigung, etwa in Form von längerfristigen Rentabilitätserwartungen.[58] Untersuchungen zu Open Content-Projekten zeigen, dass bei digitalen Allmenden eine Mischung beider Motivationslagen vorliegt.[59] Die Zuordnung einzelner Motivationsstränge ist dabei nicht immer eindeutig. Während etwa ein Berufen auf *Kants* kategorischen Imperativ,[60] die Freude am gemeinsamen Schaffen[61] oder die der Schöpfung innewohnende Faszination bzw. den Spaß daran[62] so klar intrinsisch ist wie der Hinweis auf eine langfristige gesteigerte Popularität, Reputationsgewinne und damit größere Bekanntheit auf dem Markt[63] oder etwa gesteigerte Absatzmärkte für spätere Produkte[64] extrinsisch ist, so bereiten andere Motive Probleme. Gerade die oftmals auftauchende Idee, über positive Beispielwirkung die allgemeinen Ansichten hinsichtlich des Urheberrechts zu überwinden,[65] ist diesbezüglich ambivalent – einerseits soll eine entsprechende Änderung die Gesellschaft voranbringen, andererseits profitiert auch der Einzelne von diesen Änderungen. Auch eine gewollt oder ungewollt wahrgenommene Dankesschuld[66] als Motivation zur Übertragung eigener Werke in die Allmende ist diesbezüglich schwer einordnen.

Allen hier bzw. in den zugrundeliegenden Studien aufgeführten Motivationen

---

58 *Osterloh/Luethi*, in Eifert/Hoffmann-Riem, Geistiges Eigentum und Innovation I, S. 145 (152).

59 Exzellente Analysen verschiedener Studien finden sich bei *Henkel*, Offene Innovationsprozesse, S. 66f., Tabelle 3.2 sowie S. 70, Tabelle 3.3; *Luethi/Osterloh*, in Eifert/Hoffman-Riem, Geistiges Eigentum und Innovation I, S. 145 (153f.); *Hars/Ou*, 6 International Journal of Electronic Commerce (2002), 25 (32) sowie bei *Armstrong*, 74 Harv. Journal on Legislation (2010), 359 (387).

60 *Stallman*, Free Software, Free Society, S. 38.

61 *Stallman*, Free Software, Free Society, S. 34.

62 *Stallman*, Free Software, Free Society, S. 40.

63 *Loren*, 14 George Mason L. Rev. (2007), 271 (276), dort Fn. 22 (»calculating – an author may perceive greater attention and, ultimately, great profits«).

64 *Stallman*, Free Software, Free Society, S. 40; in diese Richtung auch der US-amerikanische Court of Appeals for the 11th Circuit in *Planetary Motion, Inc. v. Techsplosion, Inc.*, 261, F.3d 1188, (11th Circuit, 2001) 1200 sowie sich dem anschließend der Court of Appeals for the Federal Circuit in *Jacobsen v. Katzer*, 535 F. 3d 1373 (Fed. Cir. 2008), 1379.

65 *Stallman*, Free Software, Free Society, S. 89f.; *Dusollier*, 82 Chi-Kent Law Rev. (2007), 1391 (1411f.); *Loren*, 14 George Mason L. Rev. (2007), 271 (276), dort Fn. 22 (»reactionary – wanting to prove Congress is wrong«); Lessig, Free Culture, S. 284f. (»The aim is not to fight the ›All Rights Reserved‹ sorts. The aim is to complement them.«).

66 *Loren*, 14 George Mason L. Rev. (2007), 271 (276), dort Fn. 22 (»guilt-based feeling that one should contribute«).

ist jedoch gemein, dass die Erreichung des jeweiligen Zieles nur oder in erster Linie durch eine möglichst freie und weite Verbreitung von Informationen erreicht werden soll und kann. Unabhängig von der Einordnung der konkreten Motivation in dem binären Schema intrinsisch-extrinsisch lässt sich somit festhalten, dass auch die einzelnen Bearbeiter der digitalen Allmende in erster Linie an einer möglichst einfachen, weitgehenden und bezüglich der Zugänglichkeit niedrigschwelligen Verbreitung der von ihnen in die Allmende eingestellten Informationen interessiert sind.

E. Ergebnis

Im Ergebnis lässt sich eine sehr diverse, im Laufe der Zeit auch einem Wandel unterworfene Motivationslage bei Promulgatoren der Lizenzen sowie den einzelnen Bearbeitern feststellen. Trotz aller Differenzen, insbesondere bei der schier unüberschaubaren Zahl der Bearbeiter, lassen sich jedoch der Wunsch nach möglichst einfacher Verbreitung von Informationen an eine möglichst große Zahl von Empfängern, die diese ihrerseits wiederum unverändert oder ergänzt weitergeben können, ausmachen. Kern der hinter Open Content stehenden Motivation ist somit die freie Zugänglichkeit und Verbreitung von Informationen, die zu einem gesteigerten *public benefit* der Gesamtgesellschaft führen soll. Dieses Ziel soll über die Konstruktion einer qualitativ wie quantitativ möglichst hochwertigen und dabei einfach zugänglichen digitalen Allmende verwirklicht werden.

§ 2. Neuerliche Ausweitung der Anwendungsgebiete von Open Content

Ähnlich wie der von *Raymond* vollzogene Schritt, die bis dato auf Software begrenzten Open Source-Lizenzen auf seinerzeit ebenfalls zahlreich vorhandene, andere digitale Werke zu erweitern, wird jüngst vermehrt diskutiert, die Lizenzen auf Gegenstände der physischen Welt auszuweiten.[67] Um die Reichweite der im weiteren Verlauf der Untersuchung getroffenen Aussagen beurteilen zu können, sollen diese Ausweitungstendenzen im Folgenden dargelegt und in rechtlicher Hinsicht gewürdigt werden.

67 Dazu insbesondere *Huppertz*, CR 2012, 697–702; im US-amerikanischen Kontext *Dusollier*, 82 Chi-Kent Law Rev. (2007), 1391 (1401–1405).

A. Open Source-Hardware

Eines dieser neu identifizierten Anwendungsgebiete für Open Content stellt das in seiner Entwicklung noch neue Gebiet der Open Source-Hardware dar. Anwendung findet die Idee etwa in dem Microcontroller-System Arduino[68], oder dem OLPC XO-1, einem quelloffen entwickelten 100-Dollar-Laptop zur Verwendung in den Bildungssystemen von Schwellen- und Entwicklungsländern.[69] Die zugrundeliegende Idee, mehr als nur nicht-körperliche Werke dem Grundsatz der »Freiheit« im Sinne der Open Content-Prinzipien zu unterwerfen, macht eine nähere Betrachtung dieses Phänomens ebenso interessant wie notwendig.

I. Open Source-Hardware-Lizenzen

Dabei wird deutlich, dass Open Source-Hardware eine Reihe von Lizenzkonstruktionen nutzt, die sich bewusst an Open Source-Software-Lizenzen anlehnen.[70] Kernelemente sind dabei etwa die freie Verfügbarkeit der die Entwicklung begleitenden Dokumentationen (Baupläne, CAD-Zeichnungen, Schaltpläne),[71] der zum Betrieb notwendigen Software,[72] die Freiheit der Weiterverbreitung der Ergebnisse sowie zur Modifikation ebendieser[73] und schließlich die aus dem Open Source-Bereich bekannten Deklarations-, Verteilungs- und Neutralitätspflichten bei Verwendung der Lizenz.[74] Den prominentesten Niederschlag hat dieser Definitionsversuch in der CERN-Open Hardware License (CERN-OHL)[75] und der Tucson Amateur Public Radio Open Hardware License (TAPR-OHL)[76] gefunden.

Bei dieser Betrachtung fällt, wie von *Huppertz* besonders betont,[77] auf, dass bei einer Vielzahl der Open Source-Hardware-Projekten auf bereits bekannte Open Source-Software- bzw. Open Content-Lizenzen zurückgegriffen wird, um die freie Verfügbarkeit von zum Betrieb notwendiger Software (Firmware) und

68 http://arduino.cc/.

69 http://one.laptop.org/about/mission (»[...] to provide each child with a rugged, low-cost, connected laptop.«).

70 *Huppertz*, CR 2012, 697 (698); die Definition der Open Source Hardware Association nimmt in ihrer Open Source Hardware Definition explizit Bezug auf die Open Source Definition der Open Source Initiative.

71 OSHW-Definition, Punkt 1.

72 OSHW-Definition, Punkt 3.

73 OSHW-Definition, Punkte 4 und 5.

74 OSHW-Definition, Punkte 5, 6, sowie 7–9.

75 Aktuell die Version 1.2 vom 06.09.2013.

76 Aktuell die Version 1.0 vom 25.05.2007.

77 *Huppertz*, CR 2012, 697 (699).

der Dokumentation im Einklang mit der OSHW-Definition sicherzustellen. Vorschriften zum Umgang mit Patenten, Geschmacksmustern und weiteren gewerblichen Schutzrechten fehlen hingegen durchgehend.[78]

II. Notwendigkeit spezieller Open Source-Hardware-Lizenzen

Begründet dürfte dieses Dilemma in der grundsätzlichen Nutzungsfreiheit nicht explizit geschützter Hardwarebestandteile sein.[79] Falls diese kein Werk im Sinne des § 2 Abs. 1 UrhG darstellen, entsteht ein ausschließliches Recht an diesen Teilen nur nach Erteilung entsprechender Patente, Gebrauchsmuster oder Designs durch das DPMA.[80] Werden ein solches Schutzrecht nicht begehrt und entsprechende Dokumentationen oder gar fertige Konstruktionen öffentlich zugänglich gemacht, so sind diese nicht nur frei verwendbar, sondern durch die Veröffentlichung wird eine spätere Schutzfähigkeit sogar weitgehend unmöglich gemacht.[81] Die Freiheit der Weitergabe solcher potentiell schutzfähiger, aber nicht geschützten Gegenstände nach § 90 BGB regelt das Sachenrecht abschließend im Sinne einer freien Weitergabe. Einer Imitation bzw. einem Nachbau stehen keine Schutzrechte entgegen, so dass hier keine Restriktivität der Nutzung durch spezielle Lizenzen in ihr Gegenteil verkehrt werden muss.

Als problematisch könnte sich in diesem Zusammenhang allerdings die neuere Rechtsprechung des BGH zur urheberrechtlichen Schutzfähigkeit von Werken der angewandten Kunst erweisen.[82] Diese führt dazu, dass die bisher angenommenen erhöhten Anforderungen an derartigen Urheberrechtsschutz[83] auf den einheitlichen Maßstab des Urheberrechts reduziert wurden. Zwar bleibt umstritten, ob der BGH tatsächlich einen einheitlichen Umfang der »kleinen Münze« für alle Werkarten etablieren wollte[84] oder ob die »kleine Münze« in den verschiedenen Werkarten eine unterschiedliche Größe haben kann und soll,[85]

78 Für das Arduino-Projekt siehe etwa den Hinweis auf die GNU GPL unter »What do you mean by open-source hardware?«, http://www.arduino.cc/en/main/FAQ.

79 So im Ansatz auch *Huppertz*, CR 2012, 697 (700).

80 BGH GRUR 1999, 1106 (1108) – *Rollstuhlnachbau*; BGH GRUR 2007, 339, Rn. 23f. – *Stufenleitern.*

81 Vgl. § 2 DesignG, zu der wortgleichen Norm im GeschmG BGH GRUR 2004, 427 – Computergehäuse; ebenso § 3 Abs. 1 S.1 PatG, dazu Benkard/*Melullis*, PatG, § 3 Rn. 13c; *Kraßer*, Patentrecht, § 16 II, 1 (4).

82 BGH GRUR 2014, 175 – *Geburtstagszug.*

83 Zu diesen erhöhten Anforderungen siehe zuletzt BGH GRUR 1995, 581 – *Silberdistel*; kritisch dazu bereits *Schulze*, Die kleine Münze, S. 132ff.; Schricker/Loewenheim/*Loewenheim*, § 2 Rn. 160 m. ausf. w. N.

84 *Hahn/Glückstein*, ZUM 2014, 380 (381); *Obergfell*, GRUR 2014, 621 (624); *Rauer/Ettig*, K&R 2015, 452 (454).

85 Kritisch *Klawitter*, GRUR Prax 2014, 30 (32); *Szalai*, ZUM 2014, 231 (232f.) mit grund-

wesentliche Folge der Entscheidung ist jedenfalls, dass nun auch Werke der angewandten Kunst geringerer Schöpfungshöhe – unabhängig von deren konkreter Höhe im Einzelfall – dem Urheberrecht unterfallen und somit ohne Registrierung Gegenstand eines Exklusivität erzeugenden Schutzrechts sein können. Damit werden die Grenzen zwischen Designschutzrecht und Urheberrecht, anders als vom BGH beabsichtigt, verwischt und eine potentielle Rechtsunsicherheit geschaffen.[86]

Mit Bezug auf die hier thematisierte »Freiheit« von Hardwareelementen bedeutet dies, dass der Schluss auf die Verwendungsfreiheit nicht explizit geschützter (Bau-)Teile nicht mehr mit der Absolutheit zu vollziehen ist, mit der es *Huppertz* noch möglich war. Zwar ist auch im Rahmen der neuen Rechtsprechung des BGH eine restriktive Annahme von Urheberrechten an Industriedesigns sowie eine enge Interpretation von deren Schutzbereich geboten,[87] nichtsdestotrotz dürfte das Vorkommen urheberrechtlich geschützter Werke des Industriedesigns und der angewandten Kunst nun wahrscheinlicher und damit die Unklarheit der Rechtslage hinsichtlich der Benutzungsfreiheit höher sein als bisher.

Andererseits handelt es sich bei auf diesem Wege entstehenden Schutzrechten allerdings auch »nur« um ein an diesen bestehendes Urheberrecht. Es stellt somit in rechtlicher Hinsicht keine allzu große Hürde dar, Nutzungsrechte, die zur Erfüllung und Umsetzung der Zielsetzung der Open Source Hardware-Ideale notwendig sind, im Rahmen von bereits existierenden Open Content-Lizenzen »mitzubehandeln«. Um im Zuge der neuesten Rechtsprechung des BGH eventuell entstehenden Problemen entgegenzuwirken, wäre es den Promulgatoren und den für Revisionen der Lizenztexten zuständigen *License Stewards* anzuraten, einen klarstellenden Hinweis in ihre Lizenzbestimmungen aufzunehmen. Umfassende Änderungen oder gar Neukonzeptionen entsprechender Lizenzwerke dürfte die Rechtsprechungsänderung jedoch nicht notwendig machen.

III. Fazit

Unter Berücksichtigung all dieser Fakten wird deutlich, dass der hier als Open Source-Hardware bezeichnete Bereich technischer Anwendungen in Zukunft einen weiten und gesellschaftlich anerkennenswerten Anwendungsbereich hat. Er ermöglicht technische Innovationen ohne zusätzliche Lizenzkosten bzw. das sukzessive Abwälzen derselben auf Konsumenten durch gewerblich handelnde

---

sätzlicher Kritik am Begriff der »kleinen Münze« unter Verweis auf *Rehbinder*, UrhR, 16. A, Rn. 61, 151 ff.; nunmehr *Rehbinder/Peukert*, UrhR, 17. A, Rn. 223.

86 So auch Dreier/Schulze/*Schulze*, § 2 Rn. 4; *Klawitter*, GRUR Prax 2014, 30 (31).

87 BGH GRUR 2014, 175, Rn. 41 – *Geburtstagszug* unter Verweis auf BGH GRUR 2012, 58, Rn. 36 – Seilzirkus; ebenso Schack, JZ 2014, 207 f.

Mittler. Die dabei auftretenden und durch Lizenzkonstruktionen zu behandelnden Probleme sind schließlich keine grundlegend neuen, sie lassen sich durchweg durch bereits bekannte Versionen von Open Source- und Open Content-Lizenzen bewältigen. Die *Geburtstagszug*-Entscheidung des BGH unterwirft zwar ehemals freie Verwendungen vermehrt einer Lizenzierungspflicht, beeinträchtigt die Ziele der Open Hardware-Bewegung jedoch nicht derart, dass sie eine neue Lizenzfamilie jenseits einer entsprechenden Klarstellung nötig macht.

Huppertz' Fazit[88] ist daher insofern zutreffend, als dass auch im Bereich der Hardware-Systeme vermehrt offene Lizenzen anzutreffen sein werden. Den von ihm festgestellten »großen Schritt« stellen spezielle Open Source-Hardware-Lizenzen jedoch nicht dar. Vielmehr sind etwaige Hardware-Klauseln in bestehenden Lizenzen eine aus Gründen der Rechtssicherheit wünschenswerte Ergänzung zu bestehenden Open Source- und Open Content-Lizenzsystemen, die jedoch auch ohne diese im Stande sind, die Prinzipien der Open Content-Idee auf Hardware und ähnliche körperliche Gegenstände zu übertragen.

B. Neue Herausforderungen durch die Technologie des 3D-Drucks?

Die durch die *Geburtstagszug*-Entscheidung des BGH angestoßene Entwicklung dahingehend, dass im Bereich des Produktdesigns das Urheberrecht vermehrt eine Rolle spielen wird,[89] lässt ferner den Bereich des 3D-Drucks als ein taugliches Anwendungsgebiet von Open Content erscheinen. Im Wesentlichen mit der Funktionsweise einer Heißklebepistole vergleichbar, wird dabei Kunststoff bis zur Verflüssigung erhitzt und dann schichtweise zu einem dreidimensional aushärtenden Gegenstand angeordnet.[90] Als »Bauanleitung« für den Gegenstand fungiert eine CAD-Datei mit den zur Anfertigung nötigen Spezifikationen, die direkt in den Drucker oder einen angeschlossenen Computer eingespeist wird.[91]

In immaterialgüterrechtlicher Hinsicht ist hierbei einerseits die Erstellung und Verbreitung der CAD-Datei als solcher sowie ferner die Reproduktionshandlung von Interesse.

88 *Huppertz*, CR 2012, 697 (702f.); tendenziell ebenso *Grosskopf*, CR 2012, 618 (624).
89 Zutreffend erkannt von *J. B. Nordemann/Rüberg/Schaefer*, NJW 2015, 1265.
90 Eingehende Beschreibung bei *Mendgen*, MMR 2014, 79.
91 *Mendgen*, MMR 2014, 79 (80); *J. B. Nordemann/Rüberg/Schaefer*, NJW 2015, 1265 (1266).

I. Urheberrechtliche Relevanz der CAD-Datei und der Reproduktion

Sowohl die Erstellung als auch die Verbreitung der CAD-Datei sind dabei zunächst urheberrechtlich relevant. Unterstellt man eine gewisse, nach der *Geburtstagszug*-Entscheidung nicht länger übermäßig hohe Gestaltungshöhe des Werkes, so liegt in der Erstellung der Datei - sei es per Zeichnung am Computer oder Vermessung mithilfe eines 3D-Scanners - eine körperliche Festlegung, die geeignet ist, ein Werk auf irgendeine Weise den menschlichen Sinnen unmittelbar oder mittelbar zugänglich zu machen,[92] mithin eine Vervielfältigung eines urheberrechtlichen Werkes gem. § 16 UrhG.[93] Die Verbreitung dieser Datei ist damit konsequenterweise eine Verbreitung im Sinne der §§ 17 bzw. 19a UrhG, jeweils verbunden mit einer Vervielfältigung im Falle eines Downloads.[94] Gleiches gilt schließlich für den Druck eines Werkes aus der Datei. Dieser erzeugt ebenfalls eine neue Verkörperung eines urheberrechtlich geschützten Werkes und stellt somit eine Vervielfältigung gem. § 16 UrhG dar.[95]

II. Relevanz gewerblicher Schutzrechte?

Jenseits dieser urheberrechtlichen Relevanz entsteht eine Design-, Gebrauchsmuster- oder patentrechtliche Relevanz jedoch auch im Rahmen der Erstellung von CAD-Dateien sowie der anschließenden Reproduktion nur dann, wenn ein entsprechendes Schutzrecht beantragt und gewährt wird.[96] In solchen Fällen wären die vorgenannten Nutzungen jedenfalls im gewerblichen Bereich lizenzpflichtig.[97] Legt der Schöpfer eines dreidimensionalen Werkes in Anlehnung an die Open Content-Vorstellungen Wert auf eine weite und einfach zugängliche Verbreitung desselben, so ist ihm schlicht anzuraten, derartige Schutzrechte nicht in Anspruch nehmen. Dann gilt auch bei im Rahmen des 3D-Drucks erstellten Gegenständen das oben zu herkömmlich gefertigter Open Source-Hardware gefundene Ergebnis: Bezüglich gewerblicher Schutzrechte sind diese erlaubnisfrei reproduzierbar und frei verkehrsfähig.

---

92 BGHZ 17, 266 (270) – *Grundig-Reporter.*

93 *Mendgen*, MMR 2014, 79 (83); *J. B. Nordemann/Rüberg/Schaefer*, NJW 2015, 1265.

94 Dies bei Bauplänen bejahend BGH GRUR 1985 129 (130) – *Elektrodenfabrik*; dieses Prinzip ist auf CAD-Dateien übertragbar, *Mendgen*, MMR 2014, 79 (83); ferner *J. B. Nordemann/Rüberg/Schaefer*, NJW 2015, 1265 (1266); *Grosskopf*, CR 2012, 618 (624).

95 Mendgen, MMR 2014, 79 (83f.); *J. B. Nordemann/Rüberg/Schaefer*, NJW 2015, 1265 (1266); *Grosskopf*, CR 2012, 618 (622).

96 Dazu oben, Teil A II mit Fn. 80.

97 *Mendgen*, MMR 2014, 79 (81); *J. B. Nordemann/Rüberg/Schaefer*, NJW 2015, 1265 (1267f.); *Grosskopf*, CR 2012, 618 (619).

III. Fazit

Auch im Falle des 3D-Drucks ändert sich nichts an dem bereits zu konventionell hergestellter Hardware gefundenen Ergebnis. Es ist im Lichte der *Geburtstagszug*-Entscheidung vermehrt mit einer urheberrechtlichen Schutzfähigkeit von dreidimensionalen Gegenstandsentwürfen zu rechnen. Werden für diese jedoch keine gewerblichen Schutzrechte beantragt, so ist deren Reproduzierbarkeit und Verkehrsfähigkeit auch dann allein eine Frage des Urheberrechts – mithin genau desjenigen Gebiets, auf dem herkömmliche Open Content-Lizenzen reüssieren.

C. Ergebnis zu § 2

Gerade die neuen Möglichkeiten des privaten 3D-Drucks lassen den Bereich der Hardware und der körperlichen Gegenstände als idealen Anwendungsbereich für Open Content erscheinen. Gemessen an *Benklers* Voraussetzungen für eine erfolgreiche Anwendung der *commons-based peer production*[98] im Rahmen dieser Produktionsweise sind Rohstoffe wie Kunststoff- bzw. Metallpulver günstig und Drucker als Produktionsmittel tendenziell immer günstiger vorhanden, während sich die entsprechenden *social norms* bzw. Tauschkulturen nahtlos aus dem Bereich unkörperlicher Gegenstände übertragen lassen. In rechtlicher Hinsicht ist diese Ausweitung dabei denkbar unproblematisch. Zwar sorgt die *Geburtstagszug*-Entscheidung des BGH für einen vermehrten urheberrechtlichen Schutz von Gegenstandsentwürfen, solange jedoch keine ergänzenden gewerblichen Schutzrechte beantragt werden, bleibt es bezüglich körperlicher Gegenstände bei ebendiesem. Eine Übertragung gängiger Open Content-Lizenzen auf diese – und erst Recht auf für den 3D-Druck notwendige CAD-Dateien – ist somit rechtlich ohne Probleme möglich. Aus Gründen der Rechtssicherheit wäre allein ein Hinweis auch auf diese Art potentieller Lizenzierungsgegenstände sowie auf die möglichst zu vermeidende Schutzrechtsanmeldung anzuraten.

98 Dazu oben, Teil 1, Abschnitt A.

Teil 2: Rechtliche Einordnung typischer Open Content-Lizenzverträge

Bevor in den folgenden Teilen ausgewählte Problemkreise der Gestaltung, Durchführung und Beendigung von Open Content-Lizenzen bzw. der darauf basierenden digitalen Allmende vertieft untersucht werden, ist es nötig, grundlegende Charakteristika der Verträge zu bestimmen. Während grundsätzlich im Allgemeinen Teil des BGB zu verortende Probleme wie etwa der Widerruf eines Angebots oder die Entstehung eines Anwartschaftsrechts dem pandektistischen Aufbau folgend »gleichsam vor die Klammer gezogen«[99] werden können und damit unabhängig von diesen Charakteristika Anwendung finden, so ist bei Fragen der Vertragsbeendigung, -durchführung oder den zur Entscheidung von Streitfragen vorzunehmenden Interessenabwägungen eine Untersuchung der Rechtsnatur von Lizenzen oder deren schenkungsrechtlicher Einordnung von wesentlicher Bedeutung. Nur dann lassen sich die im BGB niedergelegten, generalisierten Wertentscheidungen für bestimmte Konstellationen nutzbar machen, an denen es bei einem Rekurs auf einen unbenannten Vertragstyp i. S. d. § 311 BGB fehlen würde.[100] Dass die das einfache, unentgeltliche Nutzungsrecht für jedermann betreffenden Vorgänge eine vertragliche Rechtseinräumung darstellen, steht dabei außer Frage.[101] Abweichende Ansichten[102] verkennen, dass ein Verzicht auf das Urheberrecht im deutschen Recht

99 *Medicus/Lorenz*, SchR I, § 4, Rn. 34, 36; *Köhler*, BGB AT, § 3 Rn. 14; *Rüthers/Stadler*, BGB AT, § 1 Rn. 9; zu dieser Technik grundlegend *Noll*, Gesetzgebungslehre, S. 213 sowie 221.

100 *Stoffels*, Gesetzlich nicht geregelte Schuldverträge, S. 120; ferner *Henkel*, Inhaltskontrolle von Finanzprodukten, S. 106 (»[B]ei gesetzlich nicht geregelten Vertragstypen [besteht] ein besonderes Bedürfnis nach richterlichen Leitbildern für die angemessene Berücksichtigung der beiderseitigen Interessen der Vertragsparteien.«).

101 So die ganz h. M., vgl. nur *Jaeger/Metzger*, OSS, Rn. 126, Rn. 176; Dreier/Schulze/*Dreier*, § 69c Rn. 38, jeweils m. w. N.

102 *Heussen* in FS Kilian, S. 323 (333–338); *ders.*, MMR 2004, 445 (447 f.) (»Mein Vorschlag ist es, sich von dieser Vorstellung zu lösen und die Weitergabe von Rechten [...] als rein dingliche Verfügungen ohne schuldrechtliches ›Grundgeschäft‹ zu behandeln.«); daran anlehnend Wandtke/Bullinger/*Grützmacher*, § 69c Rn. 75 (»Rechtsgrund [...] dürfte vielmehr ein Gefälligkeitsverhältnis sein.«).

nicht vorgesehen ist.[103] Schließlich ist die Verpflichtung des Empfängers zu seinerseits vorzunehmenden Handlungen, die jenseits der Verbotsrechte des Rechtsinhabers liegen,[104] durch einen reinen Verzicht nicht erklärbar.

§ 3. Lizenzen als Dauerschuldverhältnisse oder Austauschverträge

Ausgangspunkt einer Untersuchung der bei Einräumung eines einfachen, unentgeltlichen Nutzungsrechts für jedermann entstehenden Vertragsbeziehungen soll hier die Frage sein, ob es sich bei diesen um Dauerschuldverhältnisse[105] oder auf einmaligem Kontakt basierende Austauschverträge[106] – von *Rohe* als »(bilateraler) Spot-Vertrag«[107], von *Sester* als »*sharp in/sharp out*-Vertrag«[108] bezeichnet – handelt. Wesentlicher Grund für die auf diesem Gebiet bestehende Unklarheit stellt der in der deutschen Vertragstypologie nicht näher bestimmte Typus des Lizenzvertrags dar. Das Konzept der Lizensierung ist im deutschen Recht nicht als Vorgang eigener Art kodifiziert. Versuche, auf diesem Gebiet eine einheitliche Dogmatik zu entwickeln, sind bereits vielfach unternommen worden,[109] ohne indes für eine Klärung der Problematik zu sorgen.[110]

---

103 BGHZ 129, 66 – *Mauerbilder*; *Seetzen*, Verzicht im Immaterialgüterrecht, S. 29; *Rehbinder/Peukert*, UrhR, Rn. 883.

104 Dazu unten, § 4.C.I.3.a sowie *Teupen*, Copyleft, S. 258.

105 BGH NJW 1951, 705; BGH NJW 1982, 2861 (2863) – *Hartmetallkopfbohrer*; *Bartenbach*, Patentlizenz, Rn. 120; *Osterrieth*, Patentrecht, Rn. 321; *Haedicke*, Rechtskauf und Rechtsmängelhaftung, S. 108, 254; *Ann/Barona*, Schuldrechtsmodernisierung und gewerblicher Rechtsschutz, Rn. 146 a. E.; *Stumpf/Groß*, Der Lizenzvertrag, Rn. 23f., 485f.; *McGuire*, Die Lizenz, S. 743f.; *Sester*, CR 2000, 797 (800) lehnt »*sharp in/sharp out*«-Verträge ab; *Pahlow*, ZUM 2005, 865, (867), vgl. jedoch *ders.*, MittPA 2012, 249, (253), dort Fn. 38; *Cebulla*, Die Pacht nichtsächlicher Gegenstände, S. 98ff., 132.

106 Sich erstmals für Kaufrecht aussprechend RGZ 76, 235 (236); ferner *von Busse*, Verträge über Freeware, S. 89f.; *Hoeren*, Softwareüberlassung als Sachkauf, Rn. 70ff., 143; *Koglin*, Opensourcerecht, S. 143; *Diedrich*, CR 2002, 473 (479); *Schneider/Nordmeyer/Matthiesen/Lejeune* in Lehmann/Meents, Handbuch FA IT-Recht, Rn. 684; *Pahlow*, MittPA 2012, 249, (253); deutlich auch MüKo-BGB/*H.P. Westermann*, § 433 Rn. 12 (»Rechtskauf iS des § 453 ist die inhaltliche Übertragung von gewerblichen Schutzrechten oder des Rechts an einer Werbeidee, unternehmerischem know how ohne Rücksicht auf die Ausbildung als schutzfähiges Immaterialgüterrecht.«).

107 *Rohe*, Netzverträge, S. 1, 146.

108 *Sester*, CR 2000, 797 (800f.).

109 Vgl. nur *Stumpf/Groß*, Der Lizenzvertrag, 2005; *Hilty*, Lizenzvertragsrecht – Systematisierung und Typisierung, 2001; *Pahlow*, Lizenz und Lizenzvertrag, 2005; *McGuire*, Die Lizenz, 2012 sowie *Kraßer/Schmidt*, GRUR Int.1982, S. 324–341.

110 Exemplarisch die Ausführungen von *Schneider/Nordmeyer/Matthiesen/Lejeune* in Lehmann/Meents, Handbuch FA IT-Recht, Rn. 684 (»rechtliche Hülle ohne Inhalt«); ebenso BeckOK-BGB/*Faust*, § 433 Rn. 19; Staudinger/*Beckmann*, Vorbemerkungen vor § 433ff.,

Überzeugender sowie aus Gründen des Umfangs vorzugswürdig erscheint es daher, sich der typologischen Einordnung der Vertragsbeziehungen bei Open Content aus der Richtung des allgemeinen Schuldrechts zu nähern. Die vertragliche Einräumung eines urheberrechtlichen Nutzungsrechtes erfolgt im Rahmen des Typenzwangs der Vertragstypen des BGB. Allein auf diesem Fundament von typologischen Zuordnungen kann sich ein Rechtsinhaber im Rahmen seiner Privatautonomie entscheiden, wie er Nutzungsrechte an seinem Werken einräumt.[111] Auf Basis dieser privatautonomen Entscheidung ist somit der unspezifische Begriff der Lizenz auszufüllen.[112] Dabei wird der konkrete Lebenssachverhalt nicht im Rahmen eines begrifflich-kategorialen Syllogismus schlicht unter eine Norm subsumiert, sondern der Vertrag im Rahmen einer wertenden Gesamtbetrachtung in das System des besonderen Schuldrechts eingeordnet.[113] So können die Parteien im Rahmen ihrer Privatautonomie Einfluss auf die konkrete Ausgestaltung der Vereinbarungen nehmen, jedoch die Verwendung eines anderen Vertragstypus nicht entgegen den tatsächlichen Leistungspflichten beeinflussen.[114]

Diese Herangehensweise gilt schließlich auch im Urhebervertragsrecht. Zwar nimmt dieses gegenüber dem allgemeinen bürgerlichen Recht einige Modifikationen vor, maßgeblich für den Charakter der Rechtseinräumung ist jedoch allein der Wille der Parteien bei ansonsten kompletter Privatautonomie.[115] Es ist somit ist anhand einer umfassenden Analyse der Absichten und Interessenlagen der Beteiligten zu ermitteln, ob bei Einräumung eines einfachen, unentgeltlichen Nutzungsrechts ein Austauschvertrag oder ein Dauerschuldverhältnis vorliegt.

Rn. 178; *Osterrieth*, Patentrecht, Rn. 320, 322 sowie *Kubach/Schuster*, CR 2014, 498 (506), welche jeweils m. w. N. einen Vertrag *sui generis* annehmen.

111 *Kubach/Schuster*, CR 2014, 498 (506).

112 Vgl. BGHZ 13, 115 (119) – *Platzzuschüsse;* BGHZ 105, 374 (378) – *Präsentbücher;* Schricker/Loewenheim/*Schricker/Loewenheim*, vor § 28 Rn. 52 und 77, § 31 Rn. 28; Dreier/Schulze/*Schulze*, Vor § 31 Rn. 5 sowie § 31 Rn. 15; Wandtke/Bullinger/*Wandtke/Grunert*, vor § 31 ff. Rn. 67; *Büscher/Dittmer/Schiwy, Gewerblicher Rechtsschutz, Urheberrecht, Medienrecht,* Kapitel 12 Rn. 41; *Rehbinder/Peukert*, UrhR, Rn. 900; BeckOK-BGB/*Faust*, § 433 Rn. 19; Soergel/*Huber*, § 433 Rn. 242; *Jaeger/Metzger*, OSS, Rn. 217 (»Lizenzvertrag mit schenkungsrechtlichen Elementen«); in der Unverbindlichkeit bei Software besonders deutlich *Teupen*, Copyleft, S. 242 (»Open Source-Vertrag«); so auch *Omsels* in FS Hertin, S. 141 (147) und *Koglin*, Opensourcerecht, S. 63.

113 *Oechsler* in Staudinger, Eckpfeiler des Zivilrechts, Teil M, Rn. 17; *Larenz/Canaris*, Methodenlehre, S. 304, 468.

114 *Oechsler* in Staudinger, Eckpfeiler des Zivilrechts, Teil M, Rn. 39; dazu BGH NJW 2010, 150, Rn. 16 – *Partnerschaftsvermittlung* sowie *Voit*, BauR 2009, 369 (378 f.).

115 BGH UFITA 33 (1961), 96 (98) – *Heldensagen* (»es bieten sich [...] neben den Vertragstypen des allgemeinen bürgerlichen Rechts wie Kauf-, Dienst- oder Werkvertrag auch Sonderformen an [...], ohne dass damit die rechtsgeschäftlichen Gestaltungsformen erschöpft wären.«), ebenso *Rehbinder/Peukert*, UrhR, Rn. 900.

A. Vorstellungen und Interessenlagen der Beteiligten

Betrachtet man zunächst die Vorstellungen der am Vertrag Beteiligten sowie deren durch den Vertragsschluss verfolgte Interessen, so treten vordergründig Elemente der Dauerhaftigkeit hervor. Unabhängig von der ideellen Zielsetzung – Aufbrechen von Monopolen, technischer Fortschritt, reiner Altruismus – werden die Lizenzen als eine andauernde Berechtigung verstanden, den Open Content zu nutzen und sich schaffend daran zu beteiligen. Am Ende des Schaffensprozesses steht schließlich die Errichtung einer freien, jedermann zugänglichen digitalen Wissensallmende. In deren Rahmen ist es das Interesse der Nutzer, ihre Befugnis möglichst lange zu erhalten und das der Schaffenden, ihre Arbeitsergebnisse unbefristet der Allgemeinheit zur Verfügung zu stellen.[116] Mithin liegt die Annahme eines Dauerschuldverhältnisses nicht allzu fern.[117]

Zu berücksichtigen ist jedoch, dass diese beabsichtigte Dauerhaftigkeit sich allein auf das Ergebnis des Vertrages bezieht. Es werden etwa im Rahmen eines Werkvertrages auch oftmals Gewerke erstellt, die auf unbestimmte Zeit Bestand haben sollen – dies macht aus Werkverträgen jedoch noch nicht zwingend Dauerschuldverhältnisse.[118] Maßgeblich für die Einordnung als solches ist vielmehr ein Gerichtet-sein des Vertrages auf »ständig wiederkehrende Leistungen«.[119] Bei Open Content-Lizenzen ist es das Interesse des Lizenzgebers, seinen Vertragspartner dauerhaft in eine Situation zu versetzen, aus der Allmende Nutzen zu ziehen sowie im Idealfall produktiv daran mitzuwirken. Hierzu ist es jedoch keineswegs notwendig, ein Dauerschuldverhältnis anzunehmen. Es müssen allein die nötigen »Werkzeuge« dauerhaft in der Hand des Lizenznehmers verbleiben. Die Allmende ist gerade nicht mit dem Zugang zu einer bei einem Anbieter gehosteten Datenbank vergleichbar, bei der Existenz und Zugang durch diesen dauerhaft sichergestellt werden müssen. Sie soll vielmehr abstrakt und unabhängig von dem Ausscheiden, dem Rückzug oder der Unterstützung einzelner Autoren ent- und bestehen, gerade diese Dauerhaftigkeit ist der Grund für die möglichst große Dezentralisierung der Nutzungsrechte. Hierzu ist neben der Verschaffung von Werkexemplaren jedoch nur eine einmalige Einräumung der für das eigenständige Bearbeiten notwendigen

116 Dies spiegelt sich im Wortlaut vieler Lizenzen wieder, vgl. Sec. 2 1 a) der Creative Commons 4.0-Lizenzen (»[...] irrevocable license«) oder § 2 GNU GPLv3 (»The rights granted [...] are irrevocable«).

117 So auch *Jaeger/Metzger*, OSS, Rn. 217; *Schulz*, Dezentrale Softwareentwicklung, S. 271; *Sester*, CR 2000, 797 (800).

118 Dies ist im Einzelfall festzustellen, vgl. MüKo-BGB/*Gaier*, § 314 Rn. 6; MüKo-BGB/*Busche*, § 631 Rn. 1.

119 MüKo-BGB/*Gaier*, § 314 Rn. 6; BeckOK-BGB/*Sutschet*, § 241 Rn. 27; Palandt/*Grüneberg*, § 314 Rn. 2.

Nutzungsrechte notwendig. Nach dieser Einräumung sind weder weiterer Kontakt noch erneute Leistungen zwischen den Parteien nötig.

Die Annahme eines Dauerschuldverhältnisses könnte diesbezüglich sogar kontraproduktiv sein. Durch die Annahme ständig wiederkehrender Leistungen würde eine Abhängigkeit des Nutzers vom Bestand der Lizenzerträge konstruiert: Deren Kündigung und damit ein Wegfall der Nutzungsberechtigung(en) würde weitere Beiträge eines Autors unmöglich machen. Dies würde die Dezentralisierung und Schaffung eines unabhängigen, jedermann zugänglichen Wissenspools gefährden – gerade in Ansehung des Modells der vertreterbasierten Direktlizensierung, in dessen Rahmen jeder Nutzer mit jedem anderen kontrahiert, würden so dauerhafte Abhängigkeiten geschaffen, wo eigentliches Ziel ein über den Einzelnen hinaus existierendes und von dessen Zugriff und konstanter Billigung unabhängiges Wissens- bzw. Informationsgebilde zum Wohle der Allgemeinheit angestrebt wird.

Die Vorstellungen und Interessenlagen der beteiligten Parteien sprechen somit eher für einen Austauschvertrag als für eine Konstruktion über Dauerschuldverhältnisse.

B. Leistungspflichten im Rahmen der Lizenzvereinbarungen

Ein ähnliches Bild ergibt sich auch bei Betrachtung der in den Lizenzverträgen tatsächlich vereinbarten Leistungspflichten. Nachdem sich die Auffassung von der dinglichen Natur auch des einfachen Nutzungsrechts mit den Entscheidungen *Reifen Progressiv*[120] sowie *Vorschaubilder*[121] gegenüber einer schuldrechtlichem Natur durchgesetzt hat,[122] lässt sich die Einordnung einer Lizenz als Dauerschuldverhältnis auf diesem Wege nicht mehr begründen. Der Lizenzgeber muss nicht länger über die Dauer des Vertragsverhältnisses hinweg fortwährend den Bestand des Nutzungsrechts vermitteln.[123] Die Vereinbarung der Einräumung eines einfachen Nutzungsrechtes rückt somit näher an einen Rechtskauf i. S. d. § 453 Abs. 1 BGB denn an eine Rechtspacht i. S. d. § 581 Abs. 1 BGB. Ein weiteres Argument in Richtung eines Austauschvertrages, gerade im Falle des für Open Content typischen Online-Vertriebs von Werken, liefert schließlich der EUGH in seiner *UsedSoft*-Entscheidung. Dort stellt der Gerichtshof in Randnummern 44 bzw. 47 fest, dass die Lizensierung sowie die Überlassung eines Werkexemplars »untrennbar miteinander verbunden« seien und nicht getrennt

120 BGHZ 180, 344 – *Reifen Progressiv*.

121 BGHZ 185, 291 – *Vorschaubilder* unter explizitem Bezug auf die Entscheidung *Reifen Progressiv*.

122 Dazu ausführlich unten, Teil 5, § 12 Abschnitt C.

123 So zutreffend Staudinger/*Beckmann*, Vor §§ 433ff., Rn. 183; *Haedicke*, Patentrecht, S. 209.

betrachtet werden können.[124] Diese Aussage legt den Schluss nahe, dass jedenfalls eine zeitlich unbegrenzte Lizenz starke Ähnlichkeit mit einem Kaufvertrag und damit einem Austauschvertrag aufweist.

Im Hinblick auf den Austauschcharakter von Open Content-Lizenzen problematisch erweist sich allerdings die zu verlangende Verpflichtung zur dauerhaften Hingabe eines Vermögensgegenstandes.[125] Hieran lassen insbesondere etwa Rückfallklauseln zweifeln, die bei einem Verstoß gegen die Lizenzbedingungen einen Wegfall der Rechte anordnen[126] und gegen die Absicht einer dauerhaften Hingabe sprechen. Diese Rückfallklauseln sind jedoch keinesfalls der vom Lizenzgeber gewollte Regelfall. Sie stellen bloß Ausnahmen von der beabsichtigten Dauerhaftigkeit der Rechtseinräumungen in Fällen nicht-lizenzkonformen Verhaltens auf Seiten des Lizenznehmers dar. Anders als etwa bei der Miete oder Leihe ist die »Rückgabe« der Rechte nicht Ziel des Vertrages,[127] sondern vielmehr ein Dokument dessen Fehlschlagens. Schließlich hat der Empfänger der Leistung die vollständige Kontrolle über die Lizenzkonformität seines Verhaltens, so dass die Übertragung der Rechte jedenfalls aus Sicht des Rechtsinhabers potentiell dauerhaft ist. Es spricht somit auch das tatsächlich vereinbarte Pflichtenprogramm in Open Content-Lizenzen dafür, in diesen eine auf dauerhafte Einräumung von einfachen Nutzungsrechten gerichtete und damit als Austauschvertrag anzusehende Vereinbarung zu sehen.

C. Änderung des Pflichtenprogramms durch Copyleft-Lizenzen

Eine abweichende Beurteilung könnte sich eventuell im Fall von Copyleft-Lizenzen ergeben. In diesen Fällen geht die Rechtseinräumung mit ihr nachfolgenden Pflichten zur Re-Lizensierung an die Allgemeinheit einher.[128] Eigene Bearbeitungen sind, unabhängig von Umfang und Nachfrage nach ihnen, wiederum unter gleichen Bedingungen zu lizensieren. Die so übernommenen Leistungspflichten sind nahe an denen eines Sukzessivlieferungsvertrags. Dieser Begriff wird jedoch meist als Oberbegriff für alle Arten diesbezüglich atypischer Kaufverträge verwendet, so dass allein mit der Subsumtion der Lizenz unter den

124 EUGH, Urteil vom 03.07.2012, Rs. C-128/11 – *UsedSoft*.

125 MüKo-BGB/*H. P. Westermann*, Vorbemerkung vor § 433 Rn. 27; Staudinger/*Beckmann*, vor §§ 433ff. Rn. 142 sowie ebd., Rn. 9 (»wirtschaftlich auf den endgültigen Austausch […] gerichtet«).

126 *Jaeger/Mantz*, MMR 2014, 480 (480f.); *Jaeger/Metzger*, OSS, Rn. 153.

127 *Jaeger/Metzger*, OSS, Rn. 212; *Hoeren* in FS Kollhosser, S. 229 (234); *Schneider*, Handbuch des EDV-Rechtes, Rn. J.24.

128 Zur Rechtsnatur und Einordnung dieser Pflichten ausführlich unten unter § 4.C.

Begriff nicht viel gewonnen ist.[129] Nimmt man mit *Beckmann* eine Differenzierung dahingehend vor, dass bei Sukzessivlieferungsverträgen einerseits der Umfang der Leistung und andererseits die Abrufmodalitäten im Einzelfall unbestimmt sein können,[130] so ist bei *Copyleft*-Lizenzen zum Zeitpunkt ihres Abschlusses sowohl der Umfang der später zu lizensierenden Bearbeitungen als auch Zeitpunkt und Häufigkeit dieser später zu erbringenden Leistungen unklar. Auf derartige Konstellationen wird sodann unabhängig von der konkreten Terminologie die Anwendung der Vorschriften über Dauerschuldverhältnisse bejaht.[131]

Im Gegensatz zu typischen, hinsichtlich beider oben genannter Kriterien unbestimmten Sukzessivlieferungsverträgen hat es der Schuldner der Leistung bei Copyleft-Lizenzen jedoch selbst in der Hand, den Umfang seiner späteren Leistungspflicht zu bestimmen: Die Pflicht zur Relizensierung greift typischerweise nur bei Veröffentlichung bzw. Zugänglichmachen eigener Bearbeitungen. Der an ein Copyleft gebundene Rechtsinhaber kann somit den Umfang der preiszugebenden Rechte durch Absehen von einer Verbreitung bestimmen. Auch hinsichtlich der Häufigkeit der zu erbringenden Leistung bestehen durch Wahl des ob und wann der Veröffentlichung Einflussmöglichkeiten, so dass diese auch nicht gänzlich unbestimmt sind. In einer Copyleft-Klausel liegt im Ergebnis also eine Leistungsbestimmung derart vor, dass die Gesamtmenge der Sukzessivlieferung – Einräumung bestimmter Rechte an bestimmten Werkteilen – bestimmbar ist, diese allein nach Bedarf und auf Abruf der ebenfalls mengenmäßig unbestimmten Empfänger erfolgen soll.[132] Bei dieser Art von Verträgen wird jedoch nach überwiegender Ansicht kein Dauerschuld-, sondern ein Austauschverhältnis angenommen.[133] Eine solche Einordnung lässt sich schließlich mit Blick auf die Schenkung unter Auflagen stützen. Zwar wird eine derartige Einordnung des Copyleft hier abgelehnt,[134] hinsichtlich der Modalitäten der Leistungsbestimmung und -erbringung besteht jedoch insofern eine

129 Dazu Staudinger/*Beckmann*, Vor §§ 433ff., Rn. 207f. mit ausführlichen Nachweisen für verschiedene Verwendungen und Inhaltsbestimmungen des Begriffes.

130 Staudinger/*Beckmann*, Vor §§ 433ff., Rn. 208–210; ähnlich auch Erman/*Grunewald*, Vor § 433 Rn. 32 unter der Bezeichnung »Dauerlieferungsvertrag« sowie BeckOK-BGB/*Sutschet*, § 314 Rn. 28.

131 BGH NJW 2006, 765; *Wellenhofer-Klein*, Zulieferverträge im Privat- und Wirtschaftsrecht, S. 85 sowie 86f.; MüKo-BGB/*H.P. Westermann*, Vorbemerkung zu §§ 433–453, Rn. 39; Erman/*Grunewald*, Vor § 433 Rn. 32; Staudinger/*Beckmann*, Vor §§ 433ff., Rn. 210f.; Staudinger/*Olzen*, § 241 Rn. 360; Soergel/*Huber*, Vor § 433 Rn. 59; Erman/*Hohloch*, § 314 Rn. 14; NK-BGB/*Krebs*, § 314 Rn. 15; *Herresthal* ZJS 2008, 1 (2).

132 *Wellenhofer-Klein* Zulieferverträge im Privat- und Wirtschaftsrecht, S. 85; Staudinger/*Beckmann*, vor §§ 433ff., Rn. 210.

133 *Wellenhofer-Klein*, Zulieferverträge im Privat- und Wirtschaftsrecht, S. 88; MüKo-BGB/*H. P. Westermann*, Vorbemerkung zu § 433, Rn. 39; *Erman/Grunewald*, § 433 Rn. 32.

134 Dazu unten, § 4.C.I.4.

Übereinstimmung, als dass auch dort einer Zuwendung länger andauernde Handlungspflichten des Empfängers nachfolgen können. Die Auflagenschenkung wird dadurch jedoch nicht zu einem Dauerschuldverhältnis.[135]

D. Open Content-Lizenzen als Verträge zugunsten Dritter gem. § 328 BGB

Zuletzt scheint eine Kategorisierung von Open Content-Lizenzen als Verträge zugunsten Dritter gem. § 328 BGB in Anbetracht der Drittgerichtetheit der mit ihrer Hilfe erzeugten Allmende sowie der Zielsetzung der Lizenzverfasser und -promulgatoren im Hinblick auf die weitere Verbreitung nicht von vornherein ausgeschlossen.[136]

Unabhängig vom Ergebnis einer solchen Einordnung ist diese jedoch wenig hilfreich. Der Vertrag zugunsten Dritter bildet im deutschen Recht keinen eigenständigen Vertragstyp im Sinne der Vertragstypologie des besonderen Schuldrechts,[137] er stellt vielmehr lediglich eine besondere Modalität der Gestaltung eines Verpflichtungsvertrages dar.[138] Über die Einordnung dieses Verpflichtungsvertrages als Austausch- oder Dauerschuldverhältnis sagt die Qualifikation als Vertrag zugunsten Dritter somit nichts aus. Open Content-Lizenzverträge sind nach hier vertretener Ansicht somit keine Dauerschuldverhältnisse, sondern als auf den einmaligen Austausch von Leistungen zielende *sharp in/sharp out*-Verträge zu charakterisieren.

§ 4. Schenkungsrechtlicher Charakter der Lizenzen

Eine weitere, im Kontext des einfachen, unentgeltlichen Nutzungsrechts für jedermann vielfach diskutierte Frage, ist die Einordnung von auf dessen Einräumung gerichteten Lizenzen als Schenkungen. Von einer solchen Einordnung der Lizenzen hängt neben der Anwendbarkeit von schenkungsrechtlichen Vor-

135 MüKo-BGB/*J. Koch*, § 525 Rn. 1; Staudinger/*Chiusi*, § 525 Rn. 2; NK-BGB/*Dendorfer*, §§ 525 Rn. 22.

136 Bejahend etwa *Koglin*, Opensourcerecht, S. 142f.; *Schneider/Nordmeyer/Matthiesen/Lejeune* in Lehmann/Meents, Handbuch FA IT-Recht, *Rn. 686*; ausführlich zu dieser Einordnung unten § 10 B II 2.

137 So die wohl herrschende Meinung, BayObLG, NJW-RR 2003, 4 (5); *Bayer*, Der Vertrag zugunsten Dritter, S. 131; MüKo-BGB/*Gottwald*, § 328 Rn. 4; *Staudinger/Jagmann*, § 328 Rn. 9; *Looschelder*, SchR AT, Rn. 1048; *Medicus/Lorenz*, SchR I, § 67 Rn. 804; *Brox/Walker, SchR AT*, § 32 Rn. 8; *Schlechtriem/Schmidt-Kessel*, SchR AT, Rn. 716.

138 Bereits RGZ 150, 129 (133); *Bayer*, Der Vertrag zugunsten Dritter, S. 211, (»Grundgeschäft und Fremdklausel«) unter Verweis auf *Heck*, Grundriß des Schuldrechts, S. 143; ferner Jauernig/*Stadler*, § 328 Rn. 8; PWW/*Stürner*, Vorbem. zu §§ 328 bis 335 Rn. 1.

schriften insbesondere die Übertragbarkeit von deren Wertungen, etwa im Rahmen der §§ 307ff. BGB,[139] auf Open Content-Lizenzen ab, insbesondere im Bereich von Haftungs- und Gewährleistungsausschlüssen. Ausgehend von dem Schenkungsleitbild des BGB – die aus dem Vermögen des Schenkers stammende und bei diesem zu einer Entreicherung führende, kompensationslose Zuwendung an den durch diese bereichert werdenden Beschenkten[140] – sollen daher die archetypischen, in nahezu allen Open Content-Lizenzen vorkommenden Konstruktionen untersucht werden, wobei insbesondere die Aspekte der Entreicherung des Schenkers sowie der (Un-)Entgeltlichkeit der Zuwendungen vertieft behandelt werden sollen. Ein besonderer Fokus liegt dabei auf der Untersuchung der in vielen Lizenzen vorkommenden Copyleft-Klauseln, nach denen Bearbeitungen von Open Content oder auf dessen Basis geschaffene, eigenständig schutzfähige Werke im Falle der Veröffentlichung bzw. der öffentlichen Zugänglichmachung unter gleichen Bedingungen wie das Ausgangsmaterial zur Lizensierung anzubieten sind.

A. Entreicherung des Schenkers

Neben Zweifeln an der schenkungsrechtlichen Unentgeltlichkeit der Rechtseinräumung wird bei auf die Einräumung eines einfachen, unentgeltlichen Nutzungsrechts für jedermann gerichteten Lizenzen von einigen Seiten die für eine Anwendbarkeit des Schenkungsrechts notwendige[141] Entreicherung des Schenkers bezweifelt.

I. Rechtliche Betrachtungsweise

Diese bei Vertretern dieser Ansicht vorherrschende Unsicherheit[142] ist dabei in erster Linie der Besonderheit des unkörperlichen Vertriebs sowie einer fehlenden Trennung zwischen Softwareüberlassung und Rechtseinräumung geschuldet.[143] Es ist richtig, dass aufgrund der einfachen Vervielfältigungsmöglichkeiten

139 Dazu *Wielsch*, Zugangsregeln, S. 221; *Sester*, CR 2000, 797 (799).

140 Jauernig/*Mansel*, § 516 Rn. 1; BeckOK-BGB/*Gehrlein*, § 516 Rn. 2; Staudinger/*Chiusi*, § 516 Rn. 8; *Medicus/Lorenz*, SchR II, § 91 Rn. 385–387.

141 BGHZ 101, 229 (232); statt aller MüKo-BGB/*J. Koch*, § 516 Rn. 9; Palandt/*Weidenkaff*, § 516 Rn. 5.

142 *Schiffner*, Open Source Software, S. 233; *Koch*, CR 2000, 333 (335); *Sester*, CR 2000, 797 (799f.); *Hoeren* in FS Kollhosser, S. 229 (235), verkürzt nur auf einen Distributor ohne eigene Rechte an dem Werk bzw. Werkteilen abstellend. In diesen Fällen wird jedoch im Rahmen der Boten-Lösung bereits kein Vertrag geschlossen.

143 So zutreffend *Schäfer*, Der virale Effekt, S. 62; *Spindler*, VSI-Gutachten, S. 73f. (»kein physischer Abgang von Vermögen«); *Jaeger/Metzger*, OSS, Rn. 206f.

bzw. der nicht-exklusiven und nicht-rivalen Nutzbarkeit digitaler Werke bei dem Schenkenden keinerlei faktische Einschränkung in seinen Nutzungsmöglichkeiten eintritt, wenn dieser Dritten eine Kopie überspielt.[144] Allerdings argumentieren auch Anhänger der Schenkungslösung häufig ungenau, wenn sie die bloße Rechtseinräumung im Rahmen einer Open Content-Nutzung als eine Entreicherung ansehen.[145]

Die bloße Einräumung eines einfachen Nutzungsrechts lässt sich in rechtlicher Hinsicht nicht ohne weiteres als ein Abfluss von Vermögen in Richtung des Empfängers einordnen. Eine solche Einräumung im Rahmen des § 31 Abs. 1 UrhG, gegebenenfalls i. V. m. § 69a Abs. 4 UrhG, ist konstitutiver Natur.[146] Der Rechtsinhaber erschafft den »verschenkten« Gegenstand somit durch den Schenkungsvorgang erst, womit in rechtlicher Hinsicht keine Entreicherung im Sinne eines Vermögensabflusses vorliegt.[147]

In Anbetracht der Existenz des § 33 UrhG sowie den Ausführungen zur Fortwirkung einmal eingeräumter einfacher, unentgeltlicher Nutzungsrechte für jedermann[148] lässt sich eine Entreicherung in rechtlicher Hinsicht vielmehr erst darin sehen, dass auf die Belastung von zukünftig eingeräumten, ausschließlichen Nutzungsrechten abgestellt wird.[149] Durch die Einräumung von einfachen Nutzungsrechten für jedermann begibt sich der Rechtsinhaber somit in rechtlicher Hinsicht insofern eines Vermögenswertes, als dass es ihm unmöglich gemacht wird, später unbelastete, ausschließliche Nutzungsrechte einzuräumen.

II. Wirtschaftliche Betrachtungsweise

Darüber hinaus lässt sich die Frage der Entreicherung auch aus wirtschaftlicher Perspektive analysieren. In dieser Hinsicht stellt sich die Frage, ob es bereits für die Annahme einer Schenkung ausreichen soll, wenn ein überlassenes Rechtsobjekt anderweitig gegen ein Entgelt hätte eingesetzt werden können.[150] Ein derartiges Vorgehen wird von *Sester* mit dem Argument abgelehnt, dass es bei Open Content rechtlich wie wirtschaftlich unmöglich sei, ein Entgelt zu erreichen, mithin in wirtschaftlicher Hinsicht keine Entreicherung stattfinden

144 *Sester,* CR 2000 797 (800); *Hoeren* in FS Kollhosser, S. 229 (235).
145 So etwa *Schäfer,* Der Virale Effekt, S. 62; *Spindler,* VSI-Gutachten, S. 74; *Gerlach,* CR 2006, 649 (654); *Deike,* CR 2003, 9 (15).
146 *Rehbinder/Peukert,* UrhR, Rn. 51 a. E.; HK-UrhG/*Kotthoff,* § 31 Rn. 17; Schricker/Loewenheim/*Schricker/Loewenheim,* § 31 Rn. 6.
147 *Koglin,* Opensourcerecht, S. 40.
148 Ausführlich unten, § 12.A.
149 *Teupen,* Copyleft, S. 237f.; *Koglin,* Opensourcerecht, S. 40f.; *Jaeger/Metzger,* OSS, Rn. 213.
150 BGHZ 101, 229 (232); BGHZ 137, 48 (51); zu dem Streit auch Staudinger/*Chiusi,* § 516 Rn. 19; MüKo-BGB/*J. Koch,* § 515 Rn. 6f.

könne.[151] Dabei übersieht er jedoch, dass etwa die GNU GPL durchaus eine entgeltliche Rechtseinräumung zulässt,[152] mithin eine rechtliche Unmöglichkeit des Verdienstes gerade nicht gegeben ist. Aber auch in wirtschaftlicher Hinsicht greift die Ansicht zu kurz. Zwar ist richtig, dass mit einem gewissen Verbreitungsgrad von als Open Content lizensierten Werken die Einräumung eines weiteren Rechts keinen Einfluss mehr auf eine wirtschaftliche Verwertbarkeit hat.[153] Dies ändert jedoch nichts an der Tatsache, dass die Aussicht auf eine kommerzielle Zweit- oder – soweit zulässig – Parallelverwertung mit der erstmaligen Verbreitung und sukzessiver Einräumung von einfachen, unentgeltlichen Nutzungsrechten rapide abnehmen dürfte.[154] Die einmal eingeräumten Nutzungsrechte bleiben gegenüber späteren Rechten wirksam (vgl. § 33 UrhG) und belasten damit eventuell später eingeräumte Verlags- oder ähnliche ausschließliche Nutzungsrechte, so dass deren wirtschaftliche Attraktivität sinkt. Auch in wirtschaftlicher Hinsicht ist somit eine Entreicherung anzunehmen.

III. Problematik der Anrechnung von langfristig bereichernden Nebeneffekten

Legt man der Frage der Entreicherung des Schenkenden eine wirtschaftliche Betrachtungsweise zugrunde, so ist in Anbetracht der Zielsetzung der Open Content-Idee, der Schaffung einer frei zugänglichen Wissensallmende, die Frage zu beantworten, wie in diesem Zusammenhang eventuell eintretende, langfristige Vorteile zu behandeln sind. Durch das Einstellen des Werkes in ein Open Content-System bzw. die sukzessive Einräumung von unentgeltlichen Nutzungsrechten an jedermann könnte der Rechtsinhaber im Rahmen eines langfristigen »*do ut dabis*« bereichert werden, indem er später eine neue, verbesserte oder erweiterte Version seines Werkes kostenfrei und ohne Arbeitseinsatz erhält oder seine Person in den jeweiligen Fachkreisen an Reputation gewinnt, was wiederum die Option mit sich bringt, diese Reputation zu monetarisieren. Besonders deutlich formuliert dies der US-amerikanische Court of Appeals for the Federal Circuit in seiner Entscheidung *Robert Jacobsen v. Matthew Katzer and Kamind Associates Inc.*:[155]

151 *Sester*, CR 2000, 797 (800).

152 Sec. 4 der GNU GPL v3 (»You may charge any price or no price for each copy that you convey«).

153 Diese liegt rein praktisch betrachtet nicht mehr vor – die wenigsten Nutzer dürften bei freier Verfügbarkeit eine entgeltliche Distribution wählen; dementsprechend auch *Koglin*, Opensourcerecht, S. 41, jedoch die Ansicht wieder relativierend dort in Fn. 187.

154 So bezeichnet etwa die GEMA ihre Wahrnehmungsverträge als unvereinbar mit der Idee des einfachen, unentgeltlichen Nutzungsrechtes für jedermann. Eingehend dazu sowie zu den durch die Richtlinie 2014/26/EU eintretenden Änderungen siehe unten, § 11.B.

155 *Jacobsen v. Katzer*, 535 F.3d 1373 (Fed. Circuit, 2008).

»There are substantial benefits, including economic benefits, to the creation and distribution of copyrighted works under public licenses that range far beyond traditional license royalties. For example, program creators may generate market share for their programs by providing certain components free of charge. Similarly, a programmer or company may increase its national or international reputation by incubating open source projects. Improvement to a product can come rapidly and free of charge from an expert not even known to the copyright holder.«[156]

Würden derartige Effekte im Rahmen der wirtschaftlichen Analyse einer Rechtseinräumung berücksichtigt, so erschiene die Entreicherung des Rechtsinhabers auch angesichts geringer Eintrittswahrscheinlichkeiten fraglich, sind der Höhe des Ertrages und damit dem stochastischen Erwartungswert einer solchen Bereicherung doch keine Grenzen gesetzt. Das In-Ansatz-Bringen derartiger Erwartungen bei der Frage der Entreicherung überzeugt jedoch nicht. Das Entreicherungserfordernis auf Seiten des Schenkers korrespondiert mit dem Bereicherungserfordernis auf Seiten des Beschenkten.[157] Dieses wiederum erfordert eine objektiv feststellbare, materiell beständige Vermögensmehrung.[158] Es ist kaum möglich, die Aussicht auf eine eventuell mittelbare Bereicherung durch Zugriff auf eine hochwertigere Allmende oder einen monetarisierbaren Reputationsgewinn als eine materiell beständige Vermögensmehrung auf Seiten des Empfängers der Nutzungsrechte anzusehen. Hinzu kommt, dass in subjektiver Hinsicht die Absicht, aus einer Schenkung resultierende, langfristige Vorteile zu ziehen, außer Betracht zu bleiben hat.[159] Zuletzt würde eine entsprechende Bereicherung des Schenkers auch insofern bloß mittelbar eintreten, als dass dieser auch nur im Rahmen der Allmendenutzung von dieser profitiert.[160] Diese »doppelte Mittelbarkeit« einer auf die Entreicherung anzurechnenden Bereicherung, sowohl hinsichtlich des Eintritts durch die Rechtseinräumung als auch hinsichtlich des Eintritts beim Schenkenden, lässt die Qualifikation von langfristig positiven Nebeneffekten durch die Einräumung von einfachen, unentgeltlichen Nutzungsrechten für jedermann über das Netzwerk somit keinesfalls objektiv feststellbar bzw. materiell beständig erscheinen. Diese Nebeneffekte haben bei der Betrachtung der Entreicherung des Schenkers somit außer Betracht zu bleiben.

156 *Jacobsen v. Katzer*, 535 F.3d 1373 (Fed. Circuit, 2008), 1379.

157 Staudinger/*Chiusi*, § 516 Rn. 26; so bereits *Savigny*, System IV, S. 23f.

158 RGZ 68, 386 (390); RGZ 105, 305 (308).

159 Motive II, S. 287; bereits RGZ 120, 235 (255) (»so liegt eine Schenkung vor, gleichgültig aus welchen Beweggründen«); *Knobbe-Keuk* in FS Flume, Bd. 2, S. 149 (151) (»Gesinnung und Absicht […] sind nur am Rande relevant«).

160 *Koglin*, Opensourcerecht, S. 46.

IV. Fazit

Durch die Einräumung von einfachen, unentgeltlichen Nutzungsrechten für jedermann begibt sich der Rechtsinhaber insofern eines Vermögenswertes, als dass spätere Rechtseinräumungen nur unter Berücksichtigung der Belastung mit den einfachen Rechten erfolgen können. Dabei erlangte Erwerbsaussichten in Gestalt von in Zukunft aufgrund von Netzwerkeffekten und generalisierter Reziprozität[161] bei diesem eintretender, wirtschaftlich positiver Effekte können darauf nicht angerechnet werden, so dass eine Entreicherung des Schenkers vorliegt.

B. Unentgeltlichkeit der Bereicherung, Vergleich der Begriffe

Neben der materiellen Entreicherung des Schenkers durch die Hingabe eines Vermögenswertes an den Beschenkten verlangt § 516 BGB, dass die mit der Entreicherung korrespondierende Bereicherung des Schenkers unentgeltlich erfolgt. Dies wirft zunächst die Frage nach dem schenkungsrechtlichen Begriff der Unentgeltlichkeit auf.

I. Wortlaut der Linux-Klauseln?

Die Einordnung der im Rahmen von Open Content vorzunehmenden Rechtseinräumung erscheint im Hinblick auf die Frage nach deren Unentgeltlichkeit auf den ersten Blick unproblematisch. Sowohl die Vorschriften der Linux-Klauseln in §§ 31a Abs. 1 S. 2; 32 Abs. 3 S. 3ff. UrhG als auch die einschlägigen Lizenzbestimmungen vieler Open Content-Lizenzen sehen explizit vor, dass die in ihnen vereinbarte Rechtseinräumung »unentgeltlich« erfolgen solle.[162] Es ist jedoch zu berücksichtigen, dass Rechtsbegriffe in verschiedenen Rechtsgebieten aufgrund abweichender Zielsetzung oder verschiedener Prämissen einen abweichenden Inhalt aufweisen können.[163] Der Schluss von der Unentgeltlichkeit im urheberrechtlichen Kontext auf eine Unentgeltlichkeit im schuldrechtlichen Kontext ist somit zwar nicht unmöglich, würde jedoch ohne eine eingehende

161 Dazu § 7.B.II.1.

162 Sec. 2 a) der CCv4-Lizenzen; § 3 der DPPL; § 2 der Artistic License erlaubt allein ein »Distributors Fee«.

163 Vgl. etwa *Fezer*, MarkenR, § 3 Rn. 206; für den Begriff des Unternehmens in BGHZ 31, 105 (109) – *Glasglühkörper*, BGHZ 69, 334 (339) – *VEBA*; BGHZ 74, 359, (364) – *Paritätische Behandlung*; für den Begriff der Unentgeltlichkeit siehe *Fischer*, Die Unentgeltlichkeit im Zivilrecht, S. 1f. (»in der Praxis existiert kein einheitliches Verständnis der Unentgeltlichkeit mehr«); zur Bestimmung des Inhalts in urheberrechtlichem Kontext *Flechsig* in FS Pfennig, S. 29 (30f.).

Untersuchung der jeweiligen Begriffe auf ihre Deckungsgleichheit zu kurz greifen.

II. Der schenkungsrechtliche Unentgeltlichkeitsbegriff

Der für die Qualifikation der hier untersuchten Open Content-Lizenzen als Schenkungen maßgebliche Unentgeltlichkeitsbegriff ist den Normen des Schenkungsrechts, genauer § 516 Abs. 1 BGB zu entnehmen. Hierbei ist zum einen von Interesse, wie eng Leistung und Gegenleistung zusammenhängen dürfen, um eine Unentgeltlichkeit annehmen zu können, zum anderen, ob und wenn ja welche Formen der Gegenleistung die Unentgeltlichkeit unberührt lassen.

1. Erfordernis einer Konnexität zwischen Leistung und Gegenleistung

Maßgeblich für die auch heute noch vorherrschende Dogmatik zur schenkungsrechtlichen Unentgeltlichkeit ist das Werk von *Oertmann.*[164] Ihm kommt der Verdienst zu, aus den extremen Positionen der allein synallagmatischen Bestimmung der Entgeltlichkeit[165] einerseits und der auf eine rechtliche Verknüpfung komplett verzichtenden Auffassung andererseits[166] eine vermittelnde Position entwickelt zu haben, die im Wesentlichen der heutigen Dogmatik entspricht:[167] Das Abstellen allein auf eine synallagmatische Verbindung zielende Ansicht sei zu formalistisch,[168] eine rechtliche Verknüpfung jedoch unentbehrlich.[169]

Diese Linie wird von Literatur und Rechtsprechung im Wesentlichen bis heute beibehalten, dabei – jedoch ohne Relevanz im Ergebnis – teils positiv und teils negativ definiert.[170] Bei positiver Betrachtung ist eine Zuwendung dann unentgeltlich, wenn sie einseitig erfolgt und mit keinerlei Leistung des Empfängers,

164 *Oertmann*, Entgeltliche Geschäfte, 1912.

165 *Simson*, Begriff des Entgeltes, S. 48ff., dort insbesondere 54f.

166 *Schreiber*, JherJb 60 (1912), 106 (182) (»Jede Leistung, die als Gegenwert für Empfangenes [...] bewirkt oder versprochen wird, ist Entgelt. Nur wo eine solche Wertbeziehung fehlt, liegt Unentgeltlichkeit vor.«).

167 *Fischer*, Die Unentgeltlichkeit im Zivilrecht, S. 2, sowie S. 43 (»Die herrschende Lehre und Rechtsprechung haben sich den Ausführungen Oertmanns uneingeschränkt angeschlossen und vertreten den Standpunkt [...] bis heute«); zum Erfordernis der rechtsgeschäftlichen Verknüpfung *Ernst* in FS Picker, S. 139 (152).

168 *Oertmann*, Entgeltliche Geschäfte, S. 15f. gegen *Simson*, S. 51; es würden nach *Simsons* Ansicht etwa verzinsliche Darlehen »unerträglicher Weise« (*Oertmann*, Entgeltliche Geschäfte, S. 16) aus dem Bereich der entgeltlichen Geschäfte herausfallen, da für die Vertragslaufzeit nur der Empfänger Leistungen erbringen müsse.

169 *Oertmann*, Entgeltliche Geschäfte, S. 28.

170 Staudinger/*Chiusi*, § 516 Rn. 36f.

insbesondere nicht an Dritte, verknüpft ist.[171] Sie darf nicht von einer Gegenleistung abhängig sein.[172] Anhänger der negativen Bestimmung der Unentgeltlichkeit betrachten eine Leistung dann als entgeltlich, wenn mit ihr nach dem Inhalt des Rechtsgeschäfts eine Gegenleistung verfolgt wird bzw. eine solche verknüpft ist.[173]

Es lässt sich somit festhalten, dass im Bereich des Schenkungsrechts eine Leistung dann als entgeltlich angesehen wird und eine Schenkung mithin ausgeschlossen ist, wenn auf Seiten der Parteien Einigkeit darüber herrscht (vgl. § 516 Abs. 1, Hs. 2), dass die Zuwendung rechtsgeschäftlich mit einer Gegenleistung verknüpft ist, wobei jede synallagmatische, konditionale, finale oder kausale Verknüpfung der beiden Leistungen ausreichend ist.

2. Anforderungen an und Bestimmung der Gegenleistung

Ähnlich strenge Maßstäbe wie bei der Bestimmung der Verknüpfung von Leistung und Gegenleistung werden bei der Frage der (Un-)Entgeltlichkeit auch an die Qualität jener Gegenleistung gestellt.

Es existiert keine Beschränkung des Entgeltlichkeitsbegriffes auf vermögenswerte Gegenstände oder Leistungen.[174] Auch rein immaterielle Gegenleistungen, wie etwa die Einwilligung in eine Scheidung,[175] der Verzicht auf gerichtliches Vorgehen[176] oder gar die Nicht-Unterbrechung der Verjährung[177] schließen im Bereich des Schenkungsrechts die Unentgeltlichkeit aus.[178] Gerade im Hinblick auf hier untersuchte Copyleft-Klauseln ist ferner festzuhalten, dass auch die Übernahme von Verhaltenspflichten als entgeltliche Gegenleistung die Anwendung von Schenkungsrecht ausschließen bzw. zur Annahme einer gemischten Schenkung führen kann.[179]

Ob eine wie auch immer geartete Leistung, die der Zuwendungsempfänger im Zusammenhang mit der Zuwendung erbringt, schließlich auch als Gegenleistung für das Empfangene zu betrachten ist, ist schließlich rein subjektiv zu

---

171 BGHZ 141, 96 (99); Soergel/Mühl/*Teichmann*, § 516 Rn. 12; *Fischer*, Die Unentgeltlichkeit im Zivilrecht, S. 44.

172 BGHZ 113, 98 (101f.); BeckOK-BGB/*Gehrlein*, § 516 Rn. 7; sich von beiden Seiten annähernd Jauernig/*Mansel*, § 516 Rn. 7f.

173 MüKo-BGB/*J. Koch*, § 516 Rn. 24; Palandt/*Weidenkaff*, § 516 Rn. 8; NK-BGB/*Dendorfer*, § 516 Rn. 21; *Ernst* in FS Picker, S. 139 (152f.).

174 BGH NJW-RR 1990, 386 (387); BGH NJW 2009, 2737 (2738), Rn. 13; Staudinger/*Chiusi*, § 516 Rn. 40; MüKo-BGB/*J. Koch*, § 516 Rn. 25; Soergel/*Mühl/Teichmann*, § 516 Rn. 12.

175 BGH MDR 1957, 26 (27); aktueller OLG Schleswig NJW-RR 2007, 508 (509).

176 OLG Königsberg HRR 1937 Nr. 80.

177 Jauernig/*Mansel*, § 516 Rn. 4.

178 *Fischer*, Die Unentgeltlichkeit im Zivilrecht, S. 79 (»[...] schließt im Schenkungsrecht jegliche Art von Gegenleistung die Unentgeltlichkeit aus«), weitere Beispiele für »nichtvermögensrechtliche Nutzen« jeweils mit Nachweisen dort auf S. 80.

179 OLG Hamm NJW-RR 1992, 1170 (1171); zust. MüKo-BGB/*J. Koch*, § 516 Rn. 25.

bestimmen.[180] Eine objektive Betrachtung ist nur insofern relevant, als dass sie eine Vermutung zugunsten der subjektiv gewollten Unentgeltlichkeit, nicht jedoch diese selbst zu begründen vermag.[181]

3. *Fazit*

Eine Zuwendung erfolgt somit unentgeltlich im Sinne des Schenkungsrechts, wenn sie nach den Vorstellungen der Parteien nicht rechtsgeschäftlich mit einer Gegenleistung verknüpft ist. Dabei ist sowohl der Begriff der Gegenleistung als derjenige der Verknüpfung weit zu fassen: jede synallagmatische, finale, konditionale oder kausale Verknüpfung von selbst immateriellen Gegenleistungen oder Verhaltenspflichten genügt, um eine Unentgeltlichkeit bzw. eine Schenkung auszuschließen.

III. Der urheberrechtliche Begriff der »Unentgeltlichkeit«

Der Begriff der Unentgeltlichkeit findet darüber hinaus auch im Urheberrechtsgesetz Anwendung. Neben dem Begriff des einfachen, unentgeltlichen Nutzungsrechts für jedermann in den Linux-Klauseln der §§ 31a ff. UrhG[182] ist der Begriff insbesondere im Rahmen der Privatkopieregelung des § 53 Abs. 1 S. 2 UrhG von Relevanz. Dort soll mit der Beschränkung auf unentgeltliche Vervielfältigungen die Anfertigung von Privatkopien durch Dritte eingeschränkt und das Entstehen eines Geschäftsmodells auf Basis einer Schrankenbestimmung verhindert werden.

1. *Intention des Gesetzgebers*

Eine Legaldefinition der Unentgeltlichkeit durch den Gesetzgeber erfolgte jedoch auch an dieser Stelle nicht. Auch die Gesetzesbegründung des UrhG von 1965 schweigt hierzu und wiederholt lediglich den Begriff, ebenso wie der Bericht des Rechtsausschusses und des Bundesrates.[183] Erst in der Gesetzesbegründung zum sogenannten »Zweiten Korb« findet sich schließlich die Aussage, Kopien seien

---

180 BGH JZ 2009, 1120, Rn. 8; BGH NJW 1992, 2566 (2567); Palandt/*Weidenkaff*, § 516 Rn. 8, 11; BeckOK-BGB/*Gehrlein*, § 516 Rn. 7; MüKo-BGB/*J. Koch*, § 516 Rn. 24; *Kleinschmidt*, JZ 2009, 1121 (1122); *Ernst* in FS Picker, S. 139 (152f.); *Grunewald*, NZG 2011, 613 (616).

181 Staudinger/*Chiusi*, § 516 Rn. 38 mit ausführlichen Nachweisen aus der Rechtsprechung; ebenso Soergel/*Mühl/Teichmann*, § 516 Rn. 22 (»Indiz«).

182 Zu diesen Klauseln im Detail *Peukert/König* in *Schmidt-Kessel*, German National Reports on the 19th International Congress on Comparative Law, S. 519 (521).

183 *Flechsig* in FS Pfennig, S. 29 (30f.) unter Verweis auf den RegE UrhR Informationsgesellschaft.

»als ›unentgeltlich‹ im Sinne dieser Vorschrift auch dann anzusehen, wenn sie z. B. durch Bibliotheken gefertigt wurden, die Gebühren oder Entgelte für die Ausleihe erheben, soweit die Kostendeckung nicht überschritten wird«.[184]

In der Vorstellung des Gesetzgebers kommt es für das Vorliegen der Unentgeltlichkeit im Rahmen des Urheberrechts damit gerade nicht auf die reine Existenz einer Gegenleistung an. Zu ersetzende Materialkosten sollen der Unentgeltlichkeit grundsätzlich nicht schaden. Erst wenn durch (überhöhte) Abrechnung solcher Kosten ein Gewinn erzielt wird, soll die Unentgeltlichkeit entfallen. Diese Interpretation des Gesetzgebers findet in der Kommentar-[185] sowie allgemeinen Literatur breite Zustimmung.[186]

2. *Praktische Anwendung und Auslegung durch Gerichte*

Die Frage der Unentgeltlichkeit der Herstellung von Privatkopien für Dritte hat in Fällen von Internet-Videorecordern[187] zuletzt auch die Rechtsprechung vermehrt beschäftigt, nachdem derartige Dienste in einem Urteil des OLG Dresden nicht als bloße Werkzeuge des Aufnehmenden, sondern als Dritte im Sinne des § 53 Abs. 1 S. 2 UrhG angesehen wurden.[188]

Dabei stellten sowohl das OLG Dresden[189] als auch der BGH[190] unter Hinweis auf die Begründung zum »Zweiten Korb« darauf ab, dass nicht allein das Vorliegen einer Gegenleistung die Unentgeltlichkeit ausschließe. Diese entfalle erst, wenn die Tätigkeit darüber hinaus auf eine Gewinnerzielung gerichtet ist.[191]

Die praktische Handhabung des Begriffes »unentgeltlich« durch die Gerichte unterscheidet sich somit nicht von der vom Gesetzgeber intendierten und von der Literatur geteilten Sichtweise.

---

184 RegE UrhR Informatiosngesellschaft, S. 20f.

185 HK-UrhG/*Dreyer*, § 53 Rn. 35 a. E.; Wandtke/Bullinger/*Lüft*, § 53 Rn. 22; Möhring/Nicolini/*Decker*, § 53 Rn. 16; Schricker/Loewenheim/*Schricker*, § 53 Rn. 32; Dreier/Schulze/*Dreier*, § 53 Rn. 16; a. A. noch in der 9. A. Fromm/Nordemann/*Nordemann*, § 53 Rn. 2; mittlerweile der h. M. folgend in 11. Auflage, dort § 53 Rn. 12.

186 *Flechsig* in FS Pfennig, S. 29 (38); *Schwenzer*, ZUM 1997, 478 (480); *Hofmann*, MMR 2006, 793 (798) zu Verbindungs- bzw. Übertragungskosten; *Becker*, AfP 2007, 5 (12); *von Zimmermann*, MMR 2007, 553 (555); im Ergebnis zustimmend, dabei jedoch kritisch zur Formulierung des Gesetzgebers *Rehbinder/Peukert*, UrhR, Rn. 697.

187 Eine Dienstleistung, bei der Fernsehprogramme auf einer Homepage ausgewählt werden können, welche dann vom Betreiber des Dienstes einem Videorecorder gleich nach Ausstrahlung zum gewünschten Zeitpunkt zum Abruf bereitgehalten werden, vgl. dazu die Darstellungen im Tatbestand des *Internet Videorecorder*-Urteils in NJW 2009, 3511 sowie bei *v. Zimmermann*, MMR 2007, 553 (554) anhand von Radiomitschnitten im Internet.

188 OLG Dresden ZUM 2007, 385 (386) – *Internet Videorecorder.*

189 OLG Dresden ZUM 2007, 385 (386) – *Internet Videorecorder.*

190 BGH NJW 2009, 3511 – *Internet Videorecorder.*

191 BGH NJW 2009, 3511, Rn. 55– *Internet Videorecorder.*

3. *Übertragbarkeit auf die Linux-Klauseln der §§ 31a ff. UrhG*

Es stellt sich also die Frage, ob die für § 53 Abs. 1 S. 2 UrhG getroffenen Entscheidungen auch für die Linux-Klauseln gelten, wurden diese doch bereits am 01.07.2002 und damit vor der Begründung zu § 53 UrhG im Regierungsentwurf zum Urheberrecht in der Informationsgesellschaft in das Gesetz eingefügt. Ferner sind sie im Urhebervertragsrecht, mithin in anderem systematischen Zusammenhang eingeordnet.

Die Entstehungsdokumente zu den verschiedenen, die Klauseln enthaltenden Entwürfen[192] enthalten ihrerseits keine Aussage zu deren Reichweite. Mit Blick auf die Entstehungsgeschichte lässt sich allerdings feststellen, dass die Idee des Open Content älter ist als die Linux-Klauseln. Diese sollten lediglich in Anbetracht eines neu einzuführenden, zwingenden Vergütungsrechts Rechtssicherheit für die bestehenden Lizenzen schaffen bzw. wiederherstellen.[193] Die Klauseln entstanden quasi »um die Lizenzen herum« ohne eigene Vorstellungen von Open Content durchsetzen oder einführen zu wollen. Innerhalb der Lizenzen ist es jedoch etwa zulässig, den Versand von Werkträgern für den Anbietenden kostenneutral zu gestalten.[194] Auch wurden entgeltliche, jedoch von der eigentlichen Rechteinräumung unabhängige Support- und Serviceleistungen bei der Konzeption der Idee von Open Source-Software explizit von *Stallman* empfohlen, um Entwicklern ein Auskommen auch ohne den »Verkauf« ihrer Werke oder die Notwendigkeit von Spenden zu ermöglichen.[195]

4. *Fazit*

Die im Rahmen der Linux-Klauseln vorherrschenden Grundsätze zur Bestimmung der »Unentgeltlichkeit« sind somit eher großzügiger als die Auffassung von Unentgeltlichkeit, die § 53 Abs. 1 S. 2 UrhG zugrunde liegt. Während in letzterer Norm zwar eine Gegenleistung bis zur Kostendeckung zulässig ist, solange nicht eine privatnützige Schranke zu einem Geschäftsmodell pervertiert wird, so ist die Entstehung eines Geschäftsmodells jenseits gegenleistungsloser Rechtseinräumung im Rahmen der Linux-Klauseln gerade beabsichtigt. Beiden Auffassungen ist jedoch gemeinsam, dass sie wesentlich weniger restriktiv sind als die schenkungsrechtliche Definition der Unentgeltlichkeit.

---

192 GesE UrhStärkungsGes sowie RegE UrhStärkungsG und Bericht des 6. Rechtsausschusses zum UrhStärkungsG.

193 GesE UrhStärkungsG, S. 15 (»Die aufgenommene Einschränkung beugt einer befürchteten Rechtsunsicherheit für ›Open Source‹ Programme und anderen ›Open Content‹ vor.«).

194 Vgl. die Präambel der GNU GPLv3 (»When we speak of free software, we are referring to freedom, not price« sowie »if you *distribute copies* of such a program, whether gratis or for a fee«). Allein die Rechtseinräumung hat »frei« im Sinne von »ohne Gegenleistung« zu erfolgen, nicht dagegen die Verteilung physischer oder elektronischer Kopien. Ähnliche Vorschriften finden sich auch in anderen Open Content-Lizenzen.

195 *Stallman*, Free Software, Free Society, S. 178 sowie S. 36f.

IV. Vergleich der beiden Unentgeltlichkeitsbegriffe, Fazit für Open Content

Die Untersuchung des Rechtsbegriffes der Unentgeltlichkeit zeigt, dass verschiedene Begriffe von Unentgeltlichkeit im Urheber- und im Schenkungsrecht vorherrschen. Der schuldrechtliche Unentgeltlichkeitsbegriff ist dabei strenger als der urheberrechtliche Begriff.

Für die schenkungsrechtliche Einordnung von Open Content-Lizenzen bedeutet dies, dass deren Qualifikation als unentgeltlich im Sinne des § 516 BGB keineswegs ausgeschlossen ist, jedoch im Wege einer eigenständigen Untersuchung festzustellen und nicht aus dem urheberrechtlichen Begriff der Unentgeltlichkeit geschlossen werden kann.

C. Einordnung von Copyleft-Lizenzen aus schenkungsrechtlicher Sicht

Die Auffassungen zur Frage der schenkungsrechtlichen Unentgeltlichkeit von auf Einräumung eines einfachen, unentgeltlichen Nutzungsrechts für jedermann gerichteten Lizenzen sind gespalten. Im Rahmen der Einordnung als schenkungsrechtlich entgeltlich[196] oder unentgeltlich[197] lassen sich zwei wesentliche Argumentationslinien ausmachen.

Auffassungen, die eine Entgeltlichkeit ablehnen, erkennen in den Copyleft-Klauseln bloße Beschränkungen an den eingeräumten Nutzungsrechten und sehen diese Rechte daher als einen gegenleistungslos eingeräumten Bereicherungsgegenstand an, der allerdings von vornherein auf bestimmte Veröffentlichungsweisen beschränkt sei, ohne dass dafür jedoch eine Verpflichtung des Empfängers notwendig wäre.

Die eine Entgeltlichkeit bejahenden Stimmen sehen das Copyleft dagegen als ein Austauschverhältnis an, bei dem die Nutzungsrechte im Gegenzug für das Versprechen eingeräumt werden, eventuell angefertigte und veröffentlichte

196 *Hoeren* in FS Kollhosser, S. 229 (237); *Teupen*, Copyleft, S. 238f.; *Sester*, CR 2000, 797 (800); diese dabei jedoch ohne Differenzierung zwischen Copyleft- und Non-Copyleft-Lizenzen; *Schiffner*, Open Source Software, S. 233; *Schulz*, Dezentrale Softwareentwicklung, S. 255f.; *Wielsch*, Zugangsregeln, S. 226; *Weber* in FS Honsell, S. 41 (52f.); in diese Richtung tendierend *Koch*, CR 2000, 333 (335) sowie *Wimmers/Klett*, CR 2008, 57 (60f.); unklar dagegen *Elkemann-Reusch*, ZGE 2010, 413 (428) (»unentgeltliche Gegenverpflichtung«); *Deike*, CR 2003, 9 (12) spricht von »auferlegten Pflichten«, die jedoch nur nach Maßgabe des Lizenznehmers eingreifen sollen.

197 *Jaeger/Metzger*, OSS, Rn. 215; *dies.*, GRUR Int. 1999, 839 (847); *Mantz* in Spindler, Rechtliche Rahmenbedingungen von Open Access-Publikationen, S. 55 (70f.); *Spindler*, Rechtsfragen der Open Source Sofware, S. 156f.; *Schäfer*, Der virale Effekt, S. 61; *Koglin*, Opensourcerecht, S. 46 (jedoch eine schenkungsrechtliche Lösung im Ergebnis ablehnend, S. 62f.); *Rosenkranz*, Open Contents, S. 95; *Siepmann*, Freie Software, S. 27; *Deike*, CR 2003, 9 (14f.); *Plaß*, GRUR 2002, 670 (681) (»Schenkungscharakter«).

Kopien bzw. Bearbeitungen unter gleichen Bedingungen anzubieten und eigene Werkteile unter gleichen Bedingungen zu lizensieren.

Eine detaillierte Auswertung der jeweiligen Auffassungen ergibt schließlich, dass bei der Frage nach der schenkungsrechtlichen Unentgeltlichkeit zwei voneinander unabhängige Komplexe ausschlaggebend für die Einordnung sind: Die rechtsgeschäftliche Verknüpfung der Leistung mit einer wie auch immer gearteten Gegenleistung einerseits sowie die Beschränkung der den eingeräumten Nutzungsrechten inhärenten Einschränkungen auf den Umfang der Einräumung andererseits.

I. Rechtsgeschäftliche Verknüpfung zwischen Leistung und Gegenleistung

Wie oben gezeigt, ist es das im Rahmen der Bestimmung der Unentgeltlichkeit einer Schenkung wesentliche Kriterium, ob Leistung und Gegenleistung rechtsgeschäftlich miteinander verknüpft sind.[198]

1. Synallagmatische Verknüpfung

Eine solche Verknüpfung wird bei Open Content teilweise mit dem Argument bestritten, dass eine Rechtseinräumung unabhängig von einer weiteren Verpflichtung des Lizenznehmers stattfinde. Die Rechte würden demnach in einer Art und Weise eingeräumt, die es dem Zuwendenden gerade nicht ermöglicht, eine wie auch immer geartete Gegenleistung zu beanspruchen oder gar einzuklagen;[199] sie sollen somit »nachhängende Verpflichtungen« darstellen.[200]

Diese Ansicht vermag zu überzeugen. Im Bereich der Open Source-Lizenzen ist die reine Nutzung des Programms nach Erhalt einer Programmkopie gem. Art. 5 Abs. 1 der RL 2009/24/EG bzw. § 69d Abs. 1 UrhG mangels benötigter, vom Rechtsinhaber einzuräumender Nutzungsrechte nicht lizenzpflichtig – es genügt die unentgeltliche Überlassung des Werkstücks im Einvernehmen mit allen Bearbeitern. Erst die weitere Bearbeitung oder Zugänglichmachung erfordert gem. § 69a Abs. 4 UrhG i. V. m. §§ 16 bzw. 19a UrhG die Einräumung eines Nutzungsrechts durch den Autor bzw. Rechtsinhaber.[201] Bei Nicht-Software Open Content ist sogar bereits der Download einer eigenen Werkkopie

198 Dazu oben § 4.B.II.1 sowie statt aller MüKo-BGB/*J. Koch*, § 516 Rn. 27–33; Staudinger/*Chiusi*, § 516 Rn. 44–48, jeweils mit ausführlichen weiteren Nachweisen.

199 Grundlegend zum Begriff des Synallagmas *Larenz*, SchR I, § 15 I; *Medicus/Lorenz*, SchR I, Rn. 118f; *Brox/Walker*, SchR AT, § 2 Rn. 2 sowie Staudinger/*Schwarze*, vor §§ 320–326 Rn. 6 m. w. N.

200 Begriff nach *Jaeger/Metzger*, OSS, Rn. 215; dem zustimmend *Koglin*, Opensourcerecht, S. 50.

201 Dies kommt auch in einigen Lizenzen zum Ausdruck, exemplarisch Sec. 9 GNU GPL v3 (»You are not required to accept this License in order to receive or run a copy of the Program.«).

gem. § 16 UrhG lizenzpflichtig.[202] *De lege lata* führt bei Software somit die partizipative Nutzung, bei Nicht-Software sogar bereits die rein rezeptive Nutzung zu einem Lizenzvertrag.[203] Ein »Eingreifen« des Copyleft im Sinne der Konstituierung einer Rechtspflicht findet jedoch erst dann statt, wenn der Zuwendungsempfänger seinerseits das bereits durch ihn modifizierte Werk öffentlich zugänglich macht bzw. weiterverbreitet. Zu dieser Verbreitung kann der Zuwendungsempfänger jedoch gerade nicht gezwungen werden, es besteht auf Seiten des Zuwendenden eindeutig kein Anspruch auf Veröffentlichung – ein Faktum, auf das bereits der »Gründervater« der Open Source-Idee, *Richard Stallman*, hinweist.[204] Bei Open Content ist somit der Schritt »öffentliche Zugänglichmachung der eigenen Bearbeitung« zum effektiven Eingreifen des Copyleft nötig – dieser wiederum steht allein im Ermessen des Zuwendungsempfängers. Ferner erwerben Nutzer, die nach der erstmaligen, eine Lizensierung bewirkenden Handlung ein Werk nie bearbeiten bereits keine eigenen Ausschließlichkeitsrechte an Werkteilen, bezüglich derer sie zur Copyleft-konformen weiteren Lizensierung verpflichtet werden könnten.

Es ergibt sich aus den Copyleft-Klauseln gängiger Open Content-Lizenzen somit kein Hinweis auf den Willen des Lizenzgebers, die Rechte *nur deshalb* einzuräumen, um im Rahmen eines *do ut des* vom Lizenznehmer eine Gegenleistung beanspruchen zu können. Es existiert daher keine synallagmatische Verknüpfung zwischen Leistung und Gegenleistung.

2. *Kausale Verknüpfung von Leistung und Gegenleistung*

Die Unentgeltlichkeit kann schließlich auch durch eine *kausale Verknüpfung* ausgeschlossen werden. Bei dieser Art der Abhängigkeit der Leistung von der Gegenleistung stellt das Bewirken letzterer nicht Wirksamkeitsbedingung, sondern nur *Geschäftsgrundlage* für die eigene Leistung dar.[205] Die Zuwendung wird zwar nicht um der Gegenleistung willen erbracht, allerdings soll diese beim Zuwendungsempfänger letztlich ein rechtlich nicht einklagbares Verhalten initiieren, wodurch mangels Unentgeltlichkeit keine Schenkung mehr vorliegt.[206] Dies wird damit begründet, dass in Fällen, in denen der Empfänger die Zuwendung nur solange behalten dürfe, bis die Nichterreichung des mit der Zu-

202 Im Einzelfall eingreifende Schrankenregelungen wie etwa § 53 Abs. 1 oder § 46 UrhG können dies zwar stellenweise ändern, deren Eingreifen stellt jedoch nicht den Regelfall dar.

203 Jedenfalls, sofern sich diese Nutzung außerhalb der Grenzen des § 44a UrhG abspielt, was bei einem Download des Werkes jenseits von Caching und Browsing allerdings der Fall ist, vgl. dazu statt aller Wandtke/Bullinger/*Heerma*, § 16 Rn. 18 sowie 20, jeweils m. w. N.

204 *Stallman*, Free Software, Free Society, S. 44 (»Note that such a rule still leaves you the choice of whether to publish the program or not.«).

205 MüKo-BGB/*J. Koch*, § 516 Rn. 28; *Fischer*, Die Unentgeltlichkeit im Zivilrecht, S. 43.

206 Staudinger/*Chiusi*, § 516 Rn. 47 mit Beispielen aus dem Familienrecht, siehe dazu oben Fn. 175 sowie 176.

wendung bezweckten Erfolgs feststeht, von einer Unentgeltlichkeit der Zuwendung schwerlich die Rede sein kann. Dieser sieht sich entweder durch die Geschäftsgrundlage zur Bewirkung einer eigenen Leistung veranlasst, womit sich die Zuwendung in subjektiver Hinsicht bei ihm nicht mehr als unentgeltlich erweist, oder er entschließt sich zur Nichtleistung, woraufhin dem Zuwendenden die *condictio ob rem* gem. § 812 Abs. 1 S.2, 2. Alt. BGB zusteht und diese somit keinen dauernden Bestand mehr aufweist.[207]

Diese Erwägungen stehen der Einordnung der Allmende auf Basis einfacher, unentgeltlicher Nutzungsrechte für jedermann als Vertragsnetzwerk recht nahe.[208] In einem solchen Netzwerk besteht eine wechselseitige Verknüpfung der Verträge, eine »generalisierte Reziprozität«, die nicht jede Leistung um einer bestimmten anderen willen vorsieht, sondern durchaus auch Eigenleistungen an das Netz in der unbestimmten Erwartung künftiger Netzvorteile umfasst.[209] Ebenso ist die Struktur gängiger Open Content-Lizenzen weniger darauf ausgerichtet, ihre Bestimmungen im Klageweg durchzusetzen, sondern ordnet im Verstoßensfall einen Wegfall der Rechte an.[210] Auf den ersten Blick liegt es somit nicht fern, Rechtseinräumungen die Geschäftsgrundlage der Förderung der Allmende im Rahmen des Copyleft nach obiger Definition zugrunde zu legen. Einseitige Erwartungen allein machen aus den Verträgen allerdings noch keine entgeltlichen Geschäfte. Dazu müssen vielmehr die Erwartungen und Motive von beiden Seiten erkannt werden, und sowohl der das Angebot Annehmende zu verstehen geben, dass er diese Motive billigt als auch der Empfänger eine Handlung gerade auf Basis dieser Motive vornehmen. Erst dann ist eine kausale Verknüpfung in Form eines zur Geschäftsgrundlage erhobenen Motivs des Zuwendenden gegeben.[211] Diese Motive – namentlich die Konstruktion eines gemeinsamen Werkes bzw. der Allmende – dürften den Teilnehmern jedoch nach Kenntnisnahme bzw. Lektüre der entsprechenden Lizenzen bekannt sein, enthalten diese doch meist eine entsprechend formulierte Zielsetzung in ihren Präambeln.

Einschränkend gilt allerdings, dass die durch den Netzwerkverbund vermittelten Erwartungen keine primären Erfüllungsansprüche im Sinne etwa des § 328 BGB vermitteln wollen. Das netzwerktypische Merkmal generalisierter

---

207 NK-BGB/*v. Sachsen-Gessaphe*, § 812 Rn. 52; *BeckOK-BGB/Wendehorst*, § 812 Rn. 94; MüKo-BGB/*Schwab*, § 812 Rn. 374; PWW/*Prütting*, § 812 Rn. 45; *Esser/Weyers*, SchR BT/2, § 49 II; *Larenz/Canaris*, SchrR, II/2 § 68 I 3 a, S. 150f.; *Medicus/Petersen*, Bürgerliches Recht, Rn. 691; *Waas*, FamRZ 2000, 453 (456); dazu ebenfalls BGH FamRZ 1994, 503 (504).

208 Zu dieser Einordung siehe § 5.C sowie § 10.B.V.

209 *Teubner*, Netzwerk als Vertragsverbund, S. 129; *Wielsch*, Zugangsregeln, S. 208f. sowie S. 225.

210 *Jaeger/Mantz*, MMR 2014, 480 (480f.); *Jaeger/Metzger*, OSS, Rn. 153.

211 BGHZ 44, 321 (323); Palandt/*Weidenkaff*, § 516 Rn. 8; MüKo-BGB/*J. Koch*, § 516 Rn. 27f.

Reziprozität macht zwar Gegenleistungen im Rahmen des Netzes im Allgemeinen erwartbar, konstituiert jedoch keine spezifischen Ansprüche gegen einzelne Netzmitglieder auf primäre Leistungen.[212] Es erscheint daher zweifelhaft, ob im Rahmen der Allmende-Konstruktion der Vorleistungs- oder Veranlassungsgedanke als wesentliches Kennzeichen der kausalen Verknüpfung[213] derart prägend ist. Eine Übersteigerung dieser Idee könnte dazu führen, dass die Schaffung des konkreten Werks bzw. Projektes zu einem Selbstzweck verkommt. Übergeordnetes Ziel der Initiatoren ist jedoch – je nach konkreter Situation und Überzeugung – meist nicht das Werk selbst. Dieses stellt nur das Mittel zur Erreichung des altruistischen Zieles dar, die Allgemeinheit von dem eigenen Schaffen profitieren zu lassen und so *public benefit* im Sinne der sich an Art. 8 Sec. 8, S. 8 der US-Verfassung orientierenden Lizenzvorbilder zu kreieren.[214] Würde nun von jedem Lizenznehmer eine aktive Förderung erwartet, bei deren Ausbleiben ein Anspruch auf Basis der *condictio ob rem* entstünde, so würde diese altruistische Teilhabe-Idee eher gehindert – bedenkt man insbesondere, dass bereits die rein rezeptive Nutzung von Nicht-Software Open Content den Abschluss einer Lizenz notwendig machen kann und dann nur noch eingeschränkt möglich wäre – in Anbetracht des hohen Wertes, den freie Zugänglichkeit bei der Motivationslage aller an Open Content Beteiligten annimmt eine wohl kaum intendierte Folge. Eine aktive Förderung durch Bearbeitung oder Verbreitung ist zwar gewünscht, wird jedoch nicht in rechtlich relevanter Weise vom Zuwendungsempfänger erwartet.

Der dem Vertragsverbund der Allmende innewohnende Netzwerkcharakter vermag somit zwar gewisse Gegenleistungserwartungen im Sinne einer generalisierten Reziprozität zu konkretisieren, diesen Erwartungen fehlt jedoch der Vorleistungs- und Veranlassungsgedanke einer kausalen Verknüpfung von Leistung und Gegenleistung.

3. *Konditionale Verknüpfung*

Die oben angeführte Tatsache, dass zum Eingreifen der Gegenleistungspflicht des Copyleft noch ein allein vom Zuwendungsempfänger abhängender Zwischenschritt nötig ist – die Pflicht somit bedingt, die Zuwendung jedoch un-

---

212 *Teubner*, Netzwerk als Vertragsverbund, S. 197; dazu auch *Semlinger* in Staehle/Sydow, Managementforschung 3, S. 309 (333f.); *Powell* in Kenis/Schneider, Organisation und Netzwerk: Institutionelle Steuerung in Wirtschaft und Politik, S. 213 (22ff.); zum gleichen Ergebnis, jedoch über eine stillschweigende Begrenzung kommt auch *Rohe*, Netzverträge, S. 195.

213 MüKo-BGB/*J. Koch*, § 516 Rn. 28; Staudinger/*Chiusi*, § 516 Rn. 47; NK-BGB/*Dendorfer*, § 516 Rn. 21.

214 Zu den unterschiedlichen ideellen Strömungen innerhalb der Open Content-Communities und deren Auffassungen hinsichtlich dieses Ziels siehe oben, § 1.B.

bedingt ist – schließt allerdings die Möglichkeit einer *konditionalen* Verknüpfung der Leistungen nicht aus.

Auch im Rahmen einer bloß bedingten Verpflichtung begibt sich der Zuwendungsempfänger privatautonom eines Teils seiner Handlungsfreiheit, so dass eine rechtsgeschäftliche Verknüpfung vorliegt.[215] Der Adressat der bedingten Verpflichtung hat es bloß in der Hand, den Zeitpunkt des Eingreifens der Gegenleistungspflicht zu beeinflussen, nicht dagegen deren Maß, Umfang oder gar die Tatsache einer Bindung an diese. Gerade letzterer Aspekt, die privatautonome Verpflichtung zu einer mit der Zuwendung verbundenen Gegenleistung, ist jedoch maßgeblich für die Bestimmung der Entgeltlichkeit. Die zwar an Bedingungen geknüpfte, aber unzweifelhaft existente Bindung steht bereits bei Abschluss des Vertrages fest,[216] womit sich konditionale Verknüpfungen auch im Wesentlichen von der remuneratorischen Schenkung unterscheiden.[217]

Für den hier betrachteten Fall, dass das Eingreifen des Copyleft allein von der Produktivität des Zuwendungsempfängers abhängt, kann schwerlich etwas anderes gelten.[218] Der Umstand des Gebunden-Seins war den Parteien schließlich auch vor bzw. spätestens bei Vertragsabschluss bekannt. Die einseitige Bedingtheit dieser Bindung ist kein Kriterium für das Vorliegen der rechtsgeschäftlichen Verknüpfung selbst, sondern allein für die Bewertung hinsichtlich der »Enge« der Verknüpfung bzw. der Intensität der Belastung. Der Rechtseinräumung im Falle von Copyleft-Lizenzen steht zwar kein Anspruch auf Leistung gegenüber, eine solche Leistung nach Eintritt der Bedingungen ist jedoch Voraussetzung für den Behalt der Zuwendung durch den Zuwendungsempfänger.[219] Eine derartige Verknüpfung von Leistung und Gegenleistung ist im Rahmen des

215 Am Beispiel der diesbezüglich identisch strukturierten Versicherungsverträge BGHZ 140, 319 (323), die Prämie ist »Gegenleistung« für das vom Eintreten des Versicherungsfalles bedingte Zahlungsversprechen; Erman/*H.P. Westermann*, § 320 Rn. 10; MüKo-BGB/*Emmerich*, vor § 320 Rn. 21; Prölss/Martin/*Armbrüster*, VVG, § 1 Rn. 27; *Schünemann*, JZ 1995, 430.

216 Besonders deutlich bereits bei *Oertmann*, Entgeltliche Geschäfte, S. 45f. (»Sie [die Bedingung] kann an dem Inhalt des Geschäftes, der Eigenart der darin festgesetzten Verpflichtung nichts ändern. [...] Das ist allein durch das erste, bedingte Geschäft geschehen, um dessen Entgeltlichkeit es sich im Grunde handelt.«); ebenso *Koglin*, Opensourcerecht, S. 46f.; dies erkennt im Grunde auch *Deike*, CR, 2003, 9 (12) an, wenn er von »auferlegten Pflichten« spricht, die jedoch allein nach Maßgabe des Lizenznehmers eingreifen sollen.

217 Staudinger/*Chiusi*, § 516 Rn. 53 (»Leistung [...] aus Dankbarkeit heraus«); MüKo-BGB/*J. Koch*, § 516 Rn. 31 a. E., keine remuneratorische Schenkung, sondern entgeltlicher Vertrag bei Zusage bereits vor Erfüllung; vgl. dazu BGH NJW 2009, 2737 Rn. 10.

218 So im Ergebnis *Wielsch*, Zugangsregeln, S. 223; *Schulz*, Dezentrale Softwareentwicklung, Rn. 905; *Koglin*, Opensourcerecht, S. 46f. sowie *Elkemann-Reusch*, ZGE 2010, 413 (428).

219 Grundlegend für diese Dogmatik des automatischen Rechtewegfalls bei Verstoß gegen Open Content-Lizenzen LG München I in GRUR-RR 2004, 350 (351) unter Verweis auf *Metzger/Jaeger*, GRUR Int. 1999, 839 (843); *Schäfer*, K&R 2011, 279 (280); besonders deutlich die Formulierung bei *Jaeger/Mantz*, MMR 2014, 480 (480f.).

§ 516 BGB unter dem Aspekt der konditionalen Verknüpfung von Leistung und Gegenleistung relevant, ihr Vorliegen schließt die Einordnung als unentgeltliche Zuwendung aus.[220] Sie liegt insbesondere dann vor, wenn die Leistung des anderen nicht beansprucht werden kann, sie jedoch zur *Wirksamkeitsbedingung* für die eigene Leistungspflicht bzw. deren Behalt gemacht wird[221] oder wenn der Beschenkte gerade aus seinem weiteren Vermögen heraus eine Leistung an den Zuwendenden erbringen soll, welche dieser nicht rechtlich verlangen kann.[222] Gerade als eine solche Wirksamkeitsbedingung mit dem Ziel, die Freiheit und Qualität der Wissensallmende durch Eingliederung des Zuwendungsempfängers zu sichern und zu mehren, wird jedoch das Copyleft von einigen Stimmen in der Literatur verstanden.[223]

a. *Subjektiver Beurteilungsmaßstab des Schenkungsrechts*

Gegen eine solche Lesart des Copyleft wird jedoch angeführt, der Beurteilungsmaßstab im Rahmen der §§ 516ff. BGB sei ein rein subjektiver.[224] Mit einem Copyleft werde keineswegs intendiert, die Proliferation von Ergebnissen produktiver Lizenznehmer zu bezwecken, ein solches werde vielmehr deshalb in die Lizenztexte aufgenommen, um die Freiheit des lizensierten Werkes und damit die Funktionsfähigkeit der Allmende unabhängig von einer tatsächlich fließenden Gegenleistung zu perpetuieren,[225] das Werk gleichsam gegen einseitige Vereinnahmung zu »impfen«.[226] Eine Rechtseinräumung fände daher gerade nicht mit dem Zweck statt, im Rahmen einer Wirksamkeitsbedingung durch »Drohung« mit Wegfall eine Vergrößerung der Wissensallmende zu bewirken.

Dabei sei es ohne Belang, ob das Copyleft in objektiver Hinsicht als Wirksamkeitsbestimmung gestaltet ist[227], da es in der Vorstellung der beteiligten Parteien – und nur deren subjektiver Horizont sei relevant – allein einem »Impfen« des Werkes gegen eine Re-Proprietarisierung diene und somit allein

220 Vgl. oben Fn. 171 f. sowie MüKo-BGB/*J. Koch*, § 516 Rn. 27; Staudinger/*Chiusi*, § 516 Rn. 46; Palandt/*Weidenkaff*, § 516 Rn. 8.

221 RGZ 163, 348 (356); fortgeführt in BGH NJW 1952, 520 sowie BGH NJW 1984, 233; zust. MüKo-BGB/*J. Koch*, § 516 Rn. 27; Soergel/*Mühl/Teichmann*, § 516 Rn. 17.

222 Soergel/*Mühl/Teichmann*, § 516 Rn. 17; Staudinger/*Chiusi*, § 516 Rn. 46; bemerkenswert die klare Formulierung bei *Oertmann*, Entgeltliche Geschäfte, S. 17 (»man leistet zwar nicht, um Pflichten zu erfüllen, wohl aber, um Rechte zu erhalten«).

223 *Wielsch*, Zugangsregeln, S. 224, 226; *Sester*, CR 2000, 797 (800); in objektiver Hinsicht tendenziell auch *Koglin*, Opensourcerecht, S. 50; *Elkemann-Reusch*, ZGE 2010, 413 (428) (»verlangt der Urheber die Einhaltung der Copyleft-Verpflichtungen«).

224 Dazu die Nachweise oben in Fn. 180.

225 *Metzger/Jaeger*, GRUR Int 1999, 839 (847); i. E. auch *Koglin*, Opensourcerecht, S. 51.

226 *Jaeger/Metzger*, OSS, Rn. 215.

227 Was durchaus auch von Vertretern einer Unentgeltlichkeit in Betracht gezogen wird, *Koglin*, Opensourcerecht, S. 50.

als Beschränkung der Zuwendungsleistung und nicht als Gegenleistung anzusehen sei. Ferner stünde selbst bei der Existenz eines strategischen »Fernzieles« der eigenen Bereicherung durch Zugriff auf eine vielfältigere Allmende das Vorliegen eines solchen der Einordnung einer Schenkung nicht entgegen, würden sonst etwa alle Arten von Werbegeschenken stets aus dem Schenkungsbegriff herausfallen.[228]

Anders als bei der Untersuchung des Komplexes der Bereicherung des »Schenkers« vermag *Koglins* Vergleich mit Werbegeschenken hier allerdings nicht zu überzeugen. Es ist zwar zutreffend, dass ein *animus donandi* des Schenkers keine Voraussetzung für die Annahme einer Schenkung ist[229] und selbst der Wille, sich langfristig zu bereichern, einer solchen Annahme nicht zwingend entgegensteht.[230] Bei der untersuchten Vereinbarung eines Copyleft findet aber gerade eine über rein einseitige Hoffnungen auf positive Beeinflussung hinausgehende Bindung des Empfängers in Form einer Wirksamkeitsbedingung statt. Würden etwa zu Werbezwecken verschenkte Kugelschreiber mit dem Hinweis verteilt, dass damit hergestellte, urheberrechtlich schutzfähige Werke mit einem Copyleft versehen der Allgemeinheit zugänglich zu machen seien, da andernfalls die Kugelschreiber wieder herauszugeben wären, so könnte auch dort niemand eine gegenleistungslose Schenkung annehmen. Genau diese Konstellation wird jedoch durch Vereinbarung eines Copyleft erreicht.

Gegen die Annahme einer konditionalen Verknüpfung wird ferner vorgebracht, nicht jede Einräumung der Bearbeitungs- und Verbreitungsrechte verfolge den Zweck, den Begünstigten zur aktiven Förderung der Allmende zu motivieren.[231] Diese Kritik übersieht jedoch, dass bei Software erst die Modifikation oder das unveränderte Anbieten zum Download im Sinne der §§ 16 bzw. 19a UrhG lizenzpflichtig ist. Unter dem Aspekt der Förderung der Wissensallmende ist jedoch sowohl die Bearbeitung als auch die Verbreitung bzw. einfachere Zugänglichmachung als eine Förderung der Allmende anzusehen. Somit lässt sich auch bei der geringstmöglichen, noch ein Eingreifen des Copyleft auslösenden Einwirkung auf das in Frage stehende Werk eine finale Verknüpfung erkennen: Wer sich Rechte einräumen lässt, tut dies nur, um die Allmende entweder durch inhaltliche Erweiterung oder erleichterte Zugänglichmachung zu fördern. Rein rezeptive Nutzung erfordert keine gesonderte Rechtseinräumung.

Die eine konditionale Verknüpfung ablehnende Ansicht wird allerdings

228 *Koglin*, Opensourcerecht, S. 46.

229 RGZ 95, 12 (14); Motive II, S. 287; Staudinger/*Chiusi*, § 516 Rn. 27; Jauernig/*Mansel*, § 516 Rn. 6; MüKo-BGB/*J. Koch*, § 516 Rn. 11.

230 RGZ 70, 15 (17).

231 *Schiffner*, Open Source Software, S. 233, jedoch zu kurz greifend nur für die von ihm als »kleine Berechtigung« bezeichnete Variante der Nutzung.

durch eine Ausweitung des Fokus von einfachen, unentgeltlichen Nutzungsrechten für jedermann auch auf Nicht-Software-Content gestützt. Mangels einer mit § 69d Abs. 1 UrhG vergleichbaren Norm verlangt bei Nicht-Softwarewerken auch die Anfertigung einer Werkkopie zur rein rezeptiven Nutzung jenseits des § 44a UrhG den Abschluss einer Lizenz durch den ansonsten weder bearbeitungs- noch weiterverbreitungs- oder sonst förderungswilligen Nutzer. Dadurch erscheint der Schluss von der Rechtseinräumung auf den Förderungswillen und erst Recht auf eine konditionale Verknüpfung von Rechtseinräumung und Förderung jedenfalls bei Nicht-Software-Content jedoch fernliegend.

b. *Grenzen des subjektiven Beurteilungsmaßstabes*

Schwerer gegen die Einordnung des Copyleft als bloß freiheitssichernde »Impfung« des Zuwendungsgegenstandes wiegt allerdings die Vorhaltung, dass die bezweckte »Impfung« durch die Parteien sich keineswegs nur als eine dem Gegenstand inhärente und auf dessen Substanz beschränkte Minderung der Zuwendung darstelle.[232] Bei genauer Analyse der Vorgänge zur Schaffung der Wissensallmende erscheint es in der Tat zweifelhaft, ob die Verpflichtungen des Empfängers allein auf den Schenkungsgegenstand beschränkt sind und damit eine »nachhängende Verpflichtung« im Sinne von *Jaeger* und *Metzger* darstellen.[233] Im Falle des Copyleft fordert der Zuwendende Handlungen, die über ihm an dem Schenkungsgegenstand zustehende Verbotsrechte hinaus gehen: Produktive Zuwendungsempfänger erwerben an einem von ihnen auf Basis der Zuwendung geschaffenen Werk bzw. Werkteil – der zwar auf der Schöpfung des Lizenzgebers aufbaut, jedoch sowohl an zeitlichem Aufwand als auch an eingeflossener Expertise dessen Aufwendungen in das Werk und damit den »Wert« problemlos übersteigen kann[234] – ein eigenständiges Verbotsrecht.[235] Eine Verpflichtung des Nutzers zu einer Verfügung über diese Rechtsposition geht über die Dispositionsbefugnis des Schenkenden hinaus und stellt damit keine Modifikation bzw. dingliche Vorprägung des geschenkten Gegenstandes mehr dar. Vielmehr greift das Copyleft in die Rechts- und Befugnissphäre des Erwerbers ein und verlangt von ihm eine rechtsgeschäftliche Aufgabe von über den Zuwendungsgegenstand hinausgehenden vermögenswerten Positionen. Diese können problemlos auch wertiger sein als die zuvor erworbene Position, so dass bei einer Saldierung der beiden Positionen – sofern man diese zur Beurteilung

232 Vgl. die Nachweise in Fn. 225.
233 *Jaeger/Metzger*, OSS, Rn. 215f.
234 Beispiele dazu bei *Schulz*, Dezentrale Softwareentwicklung, Rn. 902f.
235 *Wielsch*, Zugangsregeln, S. 225; *Koglin*, Opensourcerecht, S. 47; dabei ist die Abgrenzung zwischen einem eigenständigen, neuen Recht und einem Bearbeiterurheberrecht insofern irrelevant, da in jedem Falle eine über den Ausgangsgegenstand hinausragende Rechtsposition erlangt wird.

des Schenkungscharakters der Transaktion bzw. der Vertragsbeziehung vornehmen möchte – nicht einmal mehr eine Bereicherung beim Erwerber verbleibt.[236] Damit entfällt der objektive Anknüpfungspunkt für die Auslegung der Erklärungen der beteiligten Parteien dahingehend, dass ein Copyleft im Endeffekt zu keiner Verpflichtung des Zuwendungsempfängers, sondern lediglich zu einer Beschränkung des Zuwendungsgegenstands führen solle.

Dass aber die privatautonome Freiheit der Parteien zur Gestaltung ihrer Rechtsverhältnisse vermittels rein subjektiver Bestimmung der Entgeltlichkeit nicht völlig unabhängig von objektiven Elementen erfolgen kann, zeigt bereits *Oertmann* mit einer rhetorischen Frage auf: »Soll es wirklich ein Schenkungsversprechen sein, wenn A dem B 10.000 verspricht [*sic*], falls dieser ihm sein Grundstück auflasse [...]?«[237] Dies gelte umso mehr, falls die Wahl eines solchen bedingten Versprechens anstatt eines synallagmatischen Austauschvertrages nur der Umgehung von Formerfordernissen dienen solle. Ähnlich argumentiert auch *Schulz*, der unter dem Aspekt der Verkehrsfähigkeit davor warnt, den Parteien die Möglichkeit zu gewähren, durch Einbeziehung leistungsexterner Ereignisse in Form von dinglich wirksamen Bedingungen den Vertragsgegenstand und damit die Vertragsnatur ändern zu können.[238] Es würden sich, etwa im Bereich des Vorbehaltskaufes, darüber hinaus erhebliche Missbrauchsmöglichkeiten ergeben: Ein solcher den §§ 433 ff. BGB unterfallender Kauf ließe sich dann ebenfalls zur Schenkung eines Gegenstandes umdeuten, welcher durch die auflösende Bedingung »Zahlung des Kaufpreises« von vornherein in seinem Umfang beschränkt sei.[239] Mit einer derartigen Umgestaltung könnten bei einer rein auf den subjektiven Willen der Parteien abstellenden Beurteilung der Entgeltlichkeit somit wesentliche Gewährleistungsrechte der §§ 437 ff. BGB zu Ungunsten des Erwerbers etwa durch die für den Veräußerer günstigeren §§ 521 ff. BGB ersetzt und nicht zuletzt verbraucherschützende Wertungen des Kaufrechts unterlaufen werden.

c. *Fazit*

Mit Blick auf die Reichweite des Copyleft über die dem Zuwendenden an dem Werk zustehenden Ausschließlichkeitsrechte hinaus lässt sich die Ansicht, dass die Klauseln allein eine Beschränkung des Zuwendungsgegenstandes und damit gerade keine Leistungshandlung in Form einer Wirksamkeitsbedingung zum Gegenstand haben, nicht halten. Mit Entfall dieses objektiven Anknüpfungspunktes wird zudem die Grenze des subjektiven Beurteilungsmaßstabs der

236 *Wielsch*, Zugangsregeln, S. 225 f.
237 *Oertmann*, Entgeltliche Geschäfte, S. 21 a. E.
238 *Schulz*, Dezentrale Softwareentwicklung, Rn. 877.
239 *Schulz*, Dezentrale Softwareentwicklung, Rn. 877, dort Fn. 950.

Unentgeltlichkeit im Schenkungsrecht erreicht. Über die Zuständigkeitssphäre des Zuwendenden hinausgehende Verpflichtungen des Zuwendungsempfängers können nicht privatautonom zu »Einschränkungen des Zuwendungsgegenstandes« umgedeutet werden. Copyleft-Klauseln stellen somit eine konditionale Verknüpfung zwischen der Leistung des Zuwendenden und der zwar nur bedingten, aber bei Bedingungseintritt dennoch als Wirksamkeitsbedingung zu betrachtenden Leistung des Zuwendungsempfängers dar.

4. *Inhaltliche Beschränkung statt rechtsgeschäftlicher Verknüpfung?*

Stellenweise wird weiter versucht, den Weg in die schenkungsrechtliche Unentgeltlichkeit über die Einordnung der Copyleft-Konstruktion als eine Schenkung mit Auflage zu beschreiten.[240] Ungeachtet der mit dem notariellen Formzwang[241] bei den in der Regel formlos online abgewickelten Rechtsbeziehungen bei Open Content einhergehenden Probleme spricht für eine solche Konstruktion insbesondere die Vorleistungspflicht des Schenkers:[242] Eine Rechtseinräumung geht der Re-Lizensierung per Copyleft zwingend voraus.

Allerdings hat es der Lizenzgeber weder in der Hand, den Lizenznehmer überhaupt zur Weiterarbeit an der Wissensallmende zu bewegen noch hat er einen klagbaren Anspruch auf Vollzug der Auflage.[243] Bei Nichtbeachtung der Copyleft-Verpflichtung entfallen allein die Nutzungsrechte auf Basis einer auch dinglich wirkenden auflösenden Bedingung[244] oder – so man mit einigen Stimmen Open Content als eigene Nutzungsart ansehen möchte[245] – es kommt zu einer Urheberrechtsverletzung mit den Rechtsfolgen der §§ 97 UrhG. In beiden Fällen sind die sich aus einer Verletzung ergebenden Ansprüche entweder auf Beseitigung der Rechtsverletzung oder auf Auskunft und Schadensersatz gerichtet. Der Vollzug der Auflage durch Veröffentlichung des neu geschaffenen Inhalts kann gerade nicht eingeklagt werden.

Auch mit Blick auf das Wertverhältnis von Leistung und Gegenleistung ist

---

240 Dies unterstellt etwa *Sester*, CR 2000, 797 (800) den Ausführungen von *Metzger/Jaeger* in GRUR Int 1998, 839 (847); diskutiert auch von *Hoeren* in FS Kollhosser, S. 229 (238); in diese Richtung auch *Spindler*, VSI-Gutachten, S. 74f., der von einer Beschränkung des Zuwendungsgegenstandes ausgeht.

241 NK-BGB/*Dauner-Lieb*, § 525 Rn. 3, Soergel/*Teichmann*, § 525 Rn. 1.; Palandt/*Weidenkaff*, § 525 Rn. 2.

242 Erman/*Herrmann*, § 525 Rn. 3.

243 Zur Einklagbarkeit der Auflage als für die Auflagenschenkung konstituierendes Element statt aller Palandt/*Weidenkaff*, § 525 Rn. 12; MüKo-BGB/*J. Koch*, § 525 Rn. 1 sowie Rn. 13–15.

244 *Spindler*, VSI-Gutachten, S. 75; *Jaeger/Metzger*, OSS, Rn. 153 a. E.; *Spindler/Wiebe*, CR 2003, 873 (875); *Jaeger/Mantz*, MMR 2014, 480 (481); zurückgehend auf LG München I in GRUR-RR 350 (351) – *GPL-Verstoß*.

245 *Koglin*, Opensourcerecht, S. 108ff., 130; *Schiffner*, Open Source Software, S. 164, 170; *Koch*, CR 2000, 333 (336); indifferent *Marly*, Praxishandbuch Softwarerecht, Rn. 956.

eine Einordnung als Auflagenschenkung abzulehnen. Zur Abgrenzung von Auflage und Gegenleistung wird gefordert, dass die Auflage entweder aus der Zuwendung selbst erbracht wird oder jedenfalls deren Wert nicht übersteigen darf.[246] Verpflichtungen des Bearbeiters, wie dieser eigene Schutzrechte auszuüben habe, liegen jedoch, wie oben in Abschnitt C I 3 a gezeigt, außerhalb der Rechtszuständigkeit des Rechtseinräumenden und können damit keine reinen Ausgestaltungen von dessen Ausschließlichkeitsrecht und damit des Zuwendungsgegenstandes sein.[247] Genau diese Eigenschaft als Ausgestaltung des Gegenstandes ist jedoch neben der Einklagbarkeit Kennzeichen einer Auflage.

Dem subjektiven Parteiwillen kommt schließlich bezüglich des Wertverhältnisses allein eine Indizwirkung zu.[248] Ähnlich wie in dem in Abschnitt C I 3 a erwähnten Beispiel *Oertmanns* soll es den Parteien versagt werden, ein objektiv entgeltliches Geschäft über den Umweg der Auflagenschenkung den Regelungen der §§ 516ff. BGB zu unterwerfen. Darüber hinaus ist eine Erbringung auf Basis der Zuwendung, wie es bei einer Weiterentwicklung eines Werkes unter Berufung auf die eingeräumten Nutzungsrechte klar der Fall ist, zwar ebenfalls ein Indiz für eine Auflage,[249] jedoch machen Existenz und Wortlaut des § 526 BGB deutlich, dass auch hier Grenzen in Gestalt des objektiven Wertes bestehen.[250] Die offene Gestaltung des Copyleft ohne Rücksicht auf das wertmäßige Verhältnis zwischen Zuwendung und eigener Bearbeitung zeigt jedoch, dass es dem Zuwendenden gerade nicht daran gelegen ist, die Pflicht zur Freigabe auf den Wert der Zuwendung zu begrenzen. Auch ist es in objektiver Sicht problemlos möglich, dass die Bearbeitung als solche wertmäßig wesentlich höher zu bemessen ist als die eingeräumten Nutzungsrechte – oftmals wird die dafür maßgebliche Popularität erst im Nachhinein offenbar oder ergibt sich erst aus der Kombination der Zuwendung mit der späteren Bearbeitung.

Eine Einordung des Copyleft als eine Schenkung unter Auflagen scheidet somit mangels Einklagbarkeit sowie aufgrund des unklaren rechtlichen und wertmäßigen Verhältnisses von Leistung und Gegenleistung aus.

---

246 BGH NJW 1982, 818 (819); *Oertmann*, Entgeltliche Geschäfte, S. 53; *Liebisch*, Das Wesen der unentgeltlichen Zuwendungen unter Lebenden, 1927, S. 62; MüKo-BGB/*J. Koch*, § 525 Rn. 4; Staudinger/*Chiusi*, § 525 Rn. 16; Erman/*Herrmann*, § 525 Rn. 3; *Jülicher*, ZEV 1998, 201 (205); *Goertzen*, DStR 1994, 1553 (1554).

247 *Wielsch*, Zugangsregeln, S. 223f. (»Eine Schenkung, die mit Pflichten verknüpft ist, die außerhalb des Verbotsrechtes des Urhebers liegen, ist keine Schenkung.«); BeckOK-BGB/*Gehrlein*, § 525 Rn. 7 (»Beim *entgeltlichen Vertrag* entstammt die Gegenleistung nicht dem Wert der Zuwendung, sondern dem sonstigen Vermögen des Empfängers«); für Open Source-Software *Koglin*, Opensourcerecht, S. 47.

248 MüKo-BGB/*J. Koch*, § 525 Rn. 4; Palandt/*Weidenkaff*, § 525 Rn. 7.

249 RGZ 60, 238 (241); 112, 210 (211); BGH NJW 1982, 818 (819); *Esser/Weyers*, SchR BT/1, § 12 IV 1; *Larenz/Canaris*, SchR II/1, § 47 III, S. 209; *Jülicher*, ZEV 1998, 201 (205).

250 RGZ 112, 210 (212) sowie (215); Staudinger/*Chiusi*, § 525 Rn. 16.

II. Ergebnis zu C

Open Content-Lizenzen, die sich eines Copyleft bedienen, um die Freiheit der lizensierten Werke nachhaltig zu sichern und die Allmende zu erweitern, lassen sich nach diesen Überlegungen nicht als unentgeltlich im Sinne des Schenkungsrechts einordnen. Sie stellen somit keine Schenkungsverträge gem. §§ 516 ff. BGB dar.

§ 5. Open Content-Lizenzen als Organisationsverträge

Ein weiterer Faktor, der im Rahmen einer Einordnung von Verträgen über das einfache, unentgeltliche Nutzungsrecht für jedermann in das System der Vertragstypologie des besonderen Schuldrechts zu berücksichtigen ist, ist die organisationvertragliche Zielrichtung der Verträge. In Übereinstimmung mit den Zielen und Intentionen dieser Art des Werkschaffens[251] sind Open Content-Lizenzen darauf ausgerichtet, einer möglichst hohen Zahl von Dritten einen möglichst niedrigschwelligen Einstieg dazu zu bieten, an einem Gesamtwerk mitzuarbeiten bzw. auf Basis eigener Ideen und Fertigkeiten die Werke Dritter zu verbessern oder zu erweitern, um damit ein »großes Ganzes« im Rahmen eines Massive Multi-Contributor-Projekts (MMC) zu schaffen.[252] Diese integrative Zielrichtung von auf die Errichtung von MMCs gerichteten Open Content-Lizenzen lässt deren Einordnung als organisationsrechtlichen Vertrag jedenfalls nicht von vornherein ausgeschlossen erscheinen.

A. Passende Gesellschaftsform im deutschen Recht

Ausgehend von dem im deutschen Gesellschaftsrecht vorherrschenden *numerus clausus* der Rechtsformen[253] kann ein Zusammenschluss von Personen zu einer Gesellschaft allein im Rahmen der von der Rechtsordnung vorgesehenen Formen stattfinden. Da bei MMCs eindeutig keine juristische Person vorliegt, kein Grundkapitalstock angelegt wird und diese auch aufgrund des Unentgeltlichkeitserfordernisses kein Handelsgewerbe im Sinne der §§ 1 ff. HGB darstellen[254]

251 Vgl. oben, § 3.

252 Begriff nach *Wielsch*, 1 (2010) JIPITEC 96 (97), gemeint sind damit sich oftmals über Jahrzehnte hinweg weiterentwickelnde Großprojekte wie etwa die Wikipedia oder das Linux-Betriebssystem.

253 BGHZ 142, 315; dazu *K. Schmidt*, GesR, § 5 II 1, S. 96ff.; *Schäfer*, GesR, § 3 Rn. 1; *Windbichler*, GesR, § 4 Rn. 1.

254 Handelsgewerbe im Sinne des § 1 Abs. 2 HGB erfordern einen in kaufmännischer Weise eingerichteten Geschäftsbetrieb, Baumbach/Hopt/*Hopt*, HGB, § 1 Rn. 22. In Anbetracht der

kommt als mögliche Gesellschaftsform somit allein eine Gesellschaft bürgerlichen Rechts (GbR) nach Maßgabe der §§ 705ff. BGB in Frage.[255]

B. Qualifikation der Lizenzen als Vertrag im Sinne der §§ 705ff. BGB

Auf Basis von einfachen, unentgeltlichen Nutzungsrechten für jedermann geschaffene MMCs sind dann als eine GbR und die konstituierenden Lizenzen als Gesellschaftsverträge zu qualifizieren, wenn sie im Sinne der §§ 705ff. BGB ausgestaltet sind. § 705 BGB erfordert einen Zusammenschluss von zwei oder mehr Personen, um einen gemeinsamen Zweck unter Erbringung von Beiträgen zu fördern. Es müssen dabei weder Formvorschriften eingehalten noch Registereinträge getätigt werden.[256] Darüber hinaus ist, jedenfalls bei einer Innengesellschaft, keine organschaftliche Organisation notwendig.[257]

Problemlos zu konstatieren ist bei MMCs jedoch allein die Mehrzahl von Personen, die ein gemeinsames Schaffen anstrebt. Die anderen Merkmale eines Gesellschaftsvertrages werden im Hinblick auf Open Content-Projekte kontrovers diskutiert.

I. Gemeinsamer Zweck

Als tauglicher, im Rahmen des § 705 BGB ausreichender Zweck genügt jeder erlaubte, auch nicht-wirtschaftliche Zweck.[258] Dies wird von einigen Stimmen zu Recht derart interpretiert, dass auch die Schaffung eines gemeinsamen Werks auf Basis eines einfachen, unentgeltlichen Nutzungsrechts für jedermann der Zweck einer Gesellschaft bürgerlichen Rechts sein kann.[259] Stellenweise wird

dort in Rn. 24 aufgezählten Beispiele aus der Rechtsprechung liegt dies bei Open Content bzw. MMCs fern.

255 So auch implizit *Metzger/Jaeger*, GRUR Int. 1999, 839 (841); *Sester*, CR 2000, 797 (801f.); mit Einschränkung der Koppelung an § 9 UrhG *Marly*, Praxishandbuch Softwarerecht, Rn. 952; ferner *Omsels* in FS Hertin, S. 141 (169f.); *Schiffner*, Open Source Software, S. 237 (»kein Argument zu erkennen, dass die Anwendung des BGB-Gesellschaftsrechts ausschließen würde«); *Lenhard*, Vertragstypologie von Softwareverträgen, S. 382; i. E. ablehnend *Schäfer*, Der virale Effekt, S. 59ff.; *Meyer*, Miturheberschaft bei freier Software, S. 60ff.

256 Zu dieser Definition statt aller MüKo-BGB/*Ulmer/Schäfer*, § 705 Rn. 1 sowie im Detail zu den einzelnen Elementen dort Rn. 60, 142, 154 und zur Form Rn. 32.

257 MüKo-BGB/*Ulmer/Schäfer*, § 705 Rn. 152; BeckOK-BGB/*Timm/Schöne*, § 705 Rn. 160; Erman/*H. P. Westermann*, § 705 Rn. 67.

258 BGHZ 155, 387; MüKo-BGB/*Ulmer/Schäfer*, § 705 Rn. 144 mit ausführlichen Nachweisen dort in Fn. 402.

259 *Spindler* in FS Schricker, S. 539 (541); *Sester*, CR 2000, 797 (801); *Jaeger/Metzger*, OSS, Rn. 198; *Schiffner*, Open Source Software, S. 234; *Lenhard*, Vertragstypologie von Softwareverträgen, S. 380f.; diesen Gedanken in Erwägung ziehend, aber i. E. ablehnend auch *Wielsch*, Zugangsregeln, S. 223 sowie *Teupen*, Copyleft, S. 226ff.

dieser gemeinsame Zweck, den Mitgesellschafter verfolgen, im Falle von Open Content-Lizenzen jedoch verneint.[260] Die größte Anzahl der kritischen Stimmen führt dies darauf zurück, dass zwischen den »Prototypen« des Nutzers des geschaffenen Werkes sowie den Bearbeitern unterschiedlich gelagerte Interessen bestünden, es werde kein einheitlicher Zweck verfolgt.[261] Diese Ansicht ist jedoch mangels Differenzierung zwischen Software- und Nicht-Softwarewerken zu undifferenziert und nur für letztere Kategorie korrekt.

Richtigerweise ist es bei Open Source-Software der Fall, dass das alleinige Herunterladen bzw. Erwerben und Ablaufen-lassen der Software in Angesicht des Art. 5 Abs. 1 der Richtlinie 2009/24/EG bzw. des § 69d Abs. 1 UrhG noch keiner Lizensierung bedarf. Die Interessen rein rezeptiver Nutzer spielen somit solange keine Rolle für die Bestimmung eines gemeinsamen Vertragszwecks, bis diese durch Vornahme einer lizenzpflichtigen Handlung – in der Regel eine Bearbeitung oder öffentliche Zugänglichmachung – und damit konkludentem Vertragsschluss in den Kreis der potentiellen Gesellschafter aufsteigen. In diesem Falle des aktiven Tätigwerdens ist es jedoch nahezu unmöglich, den oben in § 1 skizzierten Idealen als wesentlichem Kern und ideologischer Basis des Open Content-Schaffens nicht zu entsprechen.[262] Besonders bei Vereinbarung eines Copyleft geht die Lizensierung des Werkes mit einer Anzahl an Verhaltenspflichten einher, welche alle auf den übergeordneten Zweck der Schaffung und Verbreitung von freien Informationen gerichtet sind. Die Vornahme lizenzpflichtiger Handlungen ist bei Open Source-Software damit untrennbar mit der Förderung des übergeordneten Zwecks verbunden;[263] die Lizensierung lässt jedenfalls auf die Kenntnis sowie die Billigung dieser Zwecke schließen.

Bei Open Content-Werken, die keine Software darstellen, ist jedoch bereits die rein rezeptive Nutzung jenseits der Grenzen des § 44a UrhG[264] nach § 16 UrhG lizenzpflichtig – der Vertragsschluss erfolgt typischerweise bei Download eines Werkes, auch ohne dieses je zu bearbeiten oder zu verbreiten. Es kann bei Nicht-Software-Content somit keineswegs von der Lizensierung auf die Kenntnis oder

260 *Meyer*, Miturheberschaft bei freier Software, S. 62; *Schulz*, Dezentrale Softwareentwicklung Rn. 923; *Spindler*, VSI-Gutachten, S. 76; ohne Hinzutreten weiterer Umstände auch *Jaeger/Metzger*, OSS, Rn. 198f.

261 *Meyer*, Miturheberschaft bei freier Software, S. 62; ähnlich, jedoch bei der Frage der Förderungspflicht abweichend *Schäfer*, Der virale Effekt, S. 60.

262 So erkannt von *Schiffner*, Open Source Software, S. 235. Dies gilt in gesteigertem Maße für die Konstellation eines ausdrücklichen Abschlusses einer Lizenz, ohne jedoch Beiträge zu leisten. Hier würde sogar ohne Gegenleistung eine Billigung der Ziele erklärt.

263 Die Wissensallmende wird entweder inhaltlich vergrößert (Bearbeitung) oder einer breiteren Menge an Nutzern zugänglich gemacht (Verbreitung).

264 Zu dem Verhältnis der beiden Normen zueinander statt aller Wandtke/Bullinger/*Heerma*, § 16 Rn. 18 sowie Rn. 20, jeweils m.w.N.

gar Billigung des übergeordneten Zwecks, der zu einer Gesellschaft führen würde, geschlossen werden.

Aber selbst ohne Berücksichtigung der Beschränkung obiger Ansicht auf Nicht-Softwarewerke ist es ferner zweifelhaft, ob die übergeordneten Ideen und Motivationen überhaupt zum Hauptzweck des Vertrages erhoben werden[265] oder ob sie nicht vielmehr allein eine Geschäftsgrundlage darstellen, welche zwar allen Teilnehmern diffus bekannt ist, aber nicht in für § 705 BGB ausreichender Weise Hauptzweck des Vertrages wird.[266] Es ist bei dieser Betrachtung zwischen den Abreden im Rahmen des Vertragsschlusses der einzelnen Vertragspartnern untereinander und einem übergeordneten, aber allein »mitgedachten« Zweck der Organisation zu unterscheiden – letzterer wird gerade nicht zu einem im Rahmen des § 705 BGB ausreichenden Hauptzweck der Gesellschaft. Wer etwa nur aus Prestigegründen unentgeltlich an einem Open Content-Werk mitarbeitet oder dieses für eigene Zwecke weiterentwickelt bzw. modifiziert, der mag zwar durchaus den altruistischen Zweck durch Vergrößerung der Wissensallmende fördern,[267] dass diese Förderung jedoch in dem die Rechtseinräumung begleitenden Verpflichtungsgeschäft zu dessen Hauptzweck erhoben wird und nicht allein einen Nebeneffekt darstellt, ist in den gängigen Lizenzen nicht klar erkennbar. Mit Blick auf gängige Open Content-Lizenzen und deren meist »offenen« Wortlaut[268] ist dies zwar nicht einheitlich, aber ohne weitere Auslegungshilfen eher im Sinne der zweiten Alternative zu beantworten.

Es somit festzuhalten, dass bei Abschluss eines auf Einräumung eines einfachen, unentgeltlichen Nutzungsrechts für jedermann gerichteten Vertrages zwar durchaus Kenntnis von dem Ziel der kontinuierlichen Bearbeitung und Verbesserung eines Werkes, den Grundsätzen der Open Content-Community und schließlich die Billigung und Anerkennung von deren Zielen unterstellt werden kann. Diese Kenntnis erstarkt allerdings nur dann zu einem im Rahmen des § 705 BGB ausreichenden Gesellschaftszweck, wenn sie im Rahmen des Vertragstextes oder aus den diesen umgebenden Umständen zweifelsfrei als Hauptzweck des vertraglichen Zusammenschlusses hervortritt. Ein organisationsvertraglicher Charakter ist bei Verträgen zur Einräumung eines einfachen, unentgeltlichen Nutzungsrechts für jedermann somit keineswegs fernliegend, er

265 Grundlegend dazu *Ballerstedt*, JuS 1963, 253 (255) (»[...] während der ›Zweck‹ der Gesellschaft wie oben bereits bemerkt zum Vertragsinhalt gehört.«) sowie *Fikentscher*, Recht und wirtschaftliche Freiheit I, S. 206.

266 *Wellenhofer*, KritV 2006, 187 (188).

267 Ähnlich *Ballerstedt*, JuS 1963, 253 (255) am Beispiel der dem Gemeinwohl dienenden Gesellschaft.

268 Die Konstruktion der Lizenz wird zwar erklärt oder die ideelle Motivation etwa in einer Präambel dargelegt, auf die explizite Anordnung etwa dahingehend, dass jedes Schaffen auf Basis der eingeräumten Rechte der Allmende zu dienen habe, jedoch verzichtet.

ist diesen allerdings nicht bereits aufgrund ihrer Eigenschaft als Modelle zur Schaffung einer digitalen Werk- und Wissensallmende inhärent.

II. Verpflichtung zu Beiträgen zur Förderung des gemeinsamen Zwecks

Unterstellt man in einem nächsten Schritt ein solches Erstarken der Billigung zum Vertragszweck als gegeben, so bedarf weiterhin die von einigen Stimmen bei Open Content-Lizenzen als nicht gegeben erachtete Pflicht zur Erbringung von Beitragsleistungen zur Förderung dieses Zwecks einer eingehenden Untersuchung.[269]

Nicht geteilt werden kann auf deren Fehlen abstellende Kritik, soweit behauptet wird, dass ein Erwerber Software nur nutzen und nicht bearbeiten wolle.[270] In solchen Fällen ist der Nutzer, wie oben gezeigt, noch gar nicht lizenzpflichtig, er hat noch keinen Vertrag geschlossen.[271] Diese Konstellation kann bei der Untersuchung von Förderpflichten somit außer Acht gelassen werden.

Überzeugender erscheint die Kritik jedoch insofern, als sie darauf abstellt, dass nach Abschluss eines Lizenzvertrages sowie der Rechtseinräumung kein Autor gezwungen werden könne, eigene Beiträge zur Förderung des Gesamtwerkes zu leisten, die er andernfalls nie verfasst hätte. In auf Basis von Copyleft-Lizenzen bestehenden Gesellschaften würde sich eine Förderpflicht somit von vornherein auf Rechtsobjekte beschränken, deren Entstehung der Verpflichtete selbst in der Hand hätte.[272] Erst wenn der Autor eigene Beiträge zu dem Werk leistet und diese öffentlich zugänglich macht, greifen die Pflichten zur Lizenzierung dieser Teile im Rahmen des Gesamtwerks ein. Ansichten, die dies als eine nicht ausreichende Förderpflicht erachten, ist entgegenzuhalten, dass sich die Förderpflicht im Rahmen des § 705 BGB keineswegs nur auf die Leistung von Beiträgen beschränkt, sondern vielmehr auch Verhaltenspflichten taugliche Förderpflichten darstellen können.[273] Das in der Literatur prominenteste Beispiel für eine (noch) taugliche Förderpflicht ist die Übernahme eines Wettbe-

269 *Jaeger/Metzger*, OSS, Rn. 199; *Schäfer*, Der virale Effekt, S. 60; *Spindler* in FS Schricker, S. 539 (542), jedoch ohne weitere Begründung; *ders.*, VSI-Gutachten, S. 76; *Schulz*, Dezentrale Softwareentwicklung, Rn. 921ff.; *Lenhard*, Vertragstypologie von Softwareverträgen, S. 382, *Teupen*, Copyleft, S. 226ff.

270 *Spindler* in FS Schricker, S. 539 (542); so wohl auch *Schäfer*, Der virale Effekt, S. 60.

271 Dies erkennt freilich auch *Spindler*, VSI-Gutachten, S. 74f.; dazu auch *Deike*, CR 2003, 9, (15f.) sowie *Lenhard*, Vertragstypologie von Softwareverträgen, S. 315.

272 So *Jaeger/Metzger* OSS, Rn. 199; *Schäfer*, Der virale Effekt, S. 60; *Meyer*, Miturheberschaft bei freier Software, S. 62; *Lenhard*, Vertragstypologie von Softwareverträgen, S. 384; *Wielsch*, Zugangsregeln, S. 224.

273 Erman/*H. P. Westermann*, § 705 Rn. 33; MüKo-BGB/*Ulmer/Schäfer*, § 705 Rn. 154; Staudinger/*Habermeier*, § 705 Rn. 19; NK-BGB/*Heidel/Hanke*, § 705 Rn. 156.

werbsverbots.[274] Dieses Beispiel *Ballerstedts* weist eine wesentliche Parallele zu den Copyleft-Pflichten gängiger Open Content-Lizenzen auf: Genau wie ein Copyleft bei der Aufnahme eines unproduktiven Lizenznehmers in die Allmende wird ein Wettbewerbsverbot erst dann relevant, wenn sich der Neu-Gesellschafter als kompetent genug erweist, um eine ernsthafte Konkurrenz darzustellen. Dies ändert jedoch nichts an der wirksamen Übernahme und zwischenzeitlichen Geltung der Pflicht.

Somit ist den Auffassungen entgegenzutreten, die mangels Förderpflicht eine Qualifikation von Verträgen über die Einräumung eines einfachen, unentgeltlichen Nutzungsrechts für jedermann als Organisationsverträge gem. § 705 BGB ablehnen.

III. Differenzen zwischen Open Content-Lizenzen und dem gesetzlichen Leitbild der §§ 705ff. BGB

Unabhängig von dem Vorliegen eines einheitlichen Vertragszwecks bzw. diesen betreffenden Förderpflichten würde es schließlich zu kurz greifen, aus der reinen Subsumierbarkeit unter die Anforderungen des § 705 BGB auf den organisationsvertraglichen Charakter von auf die Einräumung einfacher, unentgeltlicher Nutzungsrechte für jedermann gerichteter Verträge zu schließen.[275] Die im BGB vorgestellten Vertragsvarianten des besonderen Schuldrechts stellen lediglich Orientierungshilfen dar, die gerade nicht den Zweck haben, den Vertrag auf Basis reiner Subsumtion zuzuordnen, sondern stellen ein Leitbild für eine typologische Zuordnung anhand des Willens und der Interessen der Beteiligten dar.[276]

1. *Das gesetzliche Leitbild der §§ 705ff. BGB*

Zu dem gesetzlichen Leitbild der Gesellschaft bürgerlichen Rechts gehören insbesondere die Bildung von Gesellschaftsvermögen,[277] eine ungeschriebene, jedoch gesteigerte Treuepflicht sowie eine besondere persönliche Verbundenheit der Gesellschafter untereinander.[278]

---

274 Dieses wird etwa in allen Nachweisen der Fn. 273 sowie (dort jedoch ohne Nachweis) bei *Sester*, CR 2000, 797 (801) und *Schiffner*, Open Source Software, S. 235 erwähnt und geht auf den grundlegenden Aufsatz von *Ballerstedt*, JuS 1963, 253 (258) zurück.

275 So im Ergebnis auch *Sester*, CR 2000, 797 (801).

276 *Oechsler* spricht in Staudinger, Eckpfeiler des Zivilrechts, Teil M, Rn. 17 von der Ablehnung des »begrifflich-kategorialen Syllogismus«; dazu ferner *Larenz/Canaris*, Methodenlehre, S. 304; *Bydlinski*, Methodenlehre, S. 548; *Westermann*, Vertragsfreiheit und Typengesetzlichkeit, S. 102f.

277 MüKo-BGB/*Ulmer/Schäfer*, § 705 Rn. 266; BeckOK-BGB/*Timm/Schöne*, § 705 Rn. 135; *K. Schmidt*, GesR, § 58 II b.

278 Erstmals RGZ 162, 388 (394); fortgeführt von BGHZ 30, 195 (201); NK-BGB/*Heidel/Hanke*,

Während die Bildung von Vermögen noch durch die Schaffung des gemeinsamen Werkes als gegeben erachtet werden könnte,[279] werden bei den weiteren Charakteristika die Unterschiede zur Grundphilosophie von Open Content deutlich. Diese ist auf eine niedrigschwellige Teilnahme einer möglichst großen Anzahl von Personen gerichtet, die nach ihrem Belieben zu dem Werk beitragen (*drop in-drop out*), dabei völlig anonym auftreten können und dies im Regelfall auch tun.[280] Eine Treuepflicht zwischen den Gesellschaftern als »bedeutendste Pflicht des Gesellschaftsrechts überhaupt«[281] ist in diesen Konstellationen eventuell bei dem Kern eines Autorenteams denkbar,[282] zwischen einfachen Autoren jedoch keinesfalls die Regel oder gar in den Lizenztexten angelegt. Auch das sich etwa in § 708 BGB niederschlagende, besondere Näheverhältnis der Gesellschafter zueinander als Resultat des höchstpersönlichen Charakters der Gesellschaft[283] liegt bei anonymen Autorenkollektiven meist nicht vor.[284]

Zuletzt dürfte die Rechtsprechungslinie zur Gesellschafterfähigkeit von Erbengemeinschaften gegen eine gesellschaftsrechtliche Klassifizierung sprechen: Diese Fähigkeit wird Erbengemeinschaften mit der Argumentation verwehrt, dass die Mitgliedschaft in der Gemeinschaft jederzeit durch das Mitglied beendet werden könne, die Gesellschafterstellung aber Stabilität und Dauerhaftigkeit voraussetze.[285] An genau dieser Dauerhaftigkeit fehlte es aber, wenn Autoren durch einen einmaligen Beitrag zwar Gesellschafter würden, danach jedoch keine Beziehung zu dem Kollektiv mehr hätten – eine gerade in Anbetracht der favorisierten freien Zugänglichkeit nicht abwegige Konstellation, welche im Endeffekt zu einer unzulässigen Ausdehnung der Zweckverfolgung auf bloße Austauschverträge führen würde.[286] Die Konstruktion jedes Open

---

§ 705, Rn. 192; BeckOK-BGB/*Timm/Schöne*, § 705 Rn. 101; Erman/*H. P. Westermann*, § 705 Rn. 49; Henssler/Strohn/*Servatius*, GesR, § 705 Rn. 41.

279 Anders *Sester*, CR 2000, 797 (801) (»selbstverständlich wird kein Vermögen gebildet«) und ohne Begründung *Weber* in FS Honsell, S. 41 (55) sowie *Schiffner*, Open Source Software, S. 236. Die Gemeinwohlorientierung der Allmende ändert aber nichts an der Tatsache, dass ein tauglicher Gegentand als Anknüpfungspunkt existiert.

280 Vgl. *Weber* in FS Honsell, S. 41 (55); *Heussen* in FS Kilian, S. 323 (332 f.); in diese Richtung auch *Wielsch*, Zugangsregeln, S. 224, der auf die ungeplante, voneinander unabhängige Art des Einsatzes abstellt.

281 So Staudinger/*Habermeier*, § 705 Rn. 50; ähnlich auch BeckOK-BGB/*Timm/Schöne*, § 705 Rn. 101; *Windbichler*, GesR, § 7 Rn. 3.

282 *Schiffner*, Open Source Software, S. 234 f.; *Jaeger/Metzger*, OSS, Rn. 198.

283 BeckOK-BGB/*Timm/Schöne*, § 705 Rn. 2 (»Schicksalsgemeinschaft«); *Ballerstedt*, JuS 1963, 252 (258); *Müller-Graff*, 191 AcP (1991), 475 (481).

284 *Peukert*, Die Gemeinfreiheit, S. 48 (»Diese Vertragsnetzwerke stehen allen potentiellen Nutzern offen und beschränken den Zugang […] nicht auf eine privilegierte Gruppe.«).

285 RGZ 16, 40 (56); zuletzt BGH NJW 1990, 571; Palandt/*Sprau*, § 705 Rn. 10; Erman/*H. P. Westermann*, § 705 Rn. 22; Soergel/*Hadding*, § 705 Rn. 25; NK-BGB/*Heidel/Hanke*, § 705 Rn. 124.

286 *Spindler*, Rechtsfragen bei Open Source, Kapitel C Rn. 16; *Wielsch*, Zugangsregeln, S. 225 f.

Content-Projektes als eine derartige »BGB-Gesellschaft *ad incertas personas*«[287] überzeugt daher nicht.

2. *Interessenlage und Rechtsbindungswille der Teilnehmer*

Weiter ist bei der Frage nach der typologischen Einordnung der Community als Gesellschaft gem. § 705 BGB die Interessenlage der Beteiligten sowie deren auf Bildung einer Gesellschaft gerichteter Rechtsbindungswille von Belang. Es müsste bei Auslegung der Verträge und Willenserklärungen anhand des objektiven Empfängerhorizontes (§§ 133, 157 BGB) deutlich werden, dass Lizenznehmer einer Open Content-Lizenz die oft gravierenden Folgen einer Gründung typischerweise auf sich nehmen wollen.[288]

Eine solche Auslegung der von Mitautoren abgegebenen Willenserklärungen erscheint jedoch in Hinsicht auf haftungsrechtliche Aspekte fraglich. Gerade angesichts der fluktuierenden sowie potentiell massenhaften Autorenzahl dürfte der Wille zur Haftung für Beiträge unbekannter Partner weder im Interesse der Mitautoren sein, noch ist ein solcher in Anbetracht der umfangreichen Haftungs- und Gewährleistungsausschlüsse[289] in den Lizenzverträgen angelegt.[290] Auch ist im Rahmen der Auslegung zu berücksichtigen, dass eine Teilnahme zwar auf Basis einer generellen Reziprozitätserwartung, jedoch ohne Entlohnung erfolgt, was ebenfalls gegen einen Willen zu einer Haftungsübernahme oder ein gesteigertes Näheverhältnis spricht.[291] Zuletzt scheint es verfehlt, in die Billigung und Förderung des gemeinsamen Zwecks durch Beiträge im Schaffensprozess einen Willen zur Übernahme von Verantwortung für Werkteile Dritter hineinzulesen. Es ist durchaus möglich, dass diese dem Kontributor völlig unbekannt oder noch gar nicht existent sind (vgl. § 736 Abs. 2 BGB). In diesen Fällen existiert keine Vertrauensbasis, an der eine Gesellschafterhaftung ansetzen oder eine entsprechende Erklärung aus Sicht eines objektivierten Empfängers in die Willenserklärung hineingelesen werden könnte.

3. *Die Publikumsgesellschaft als atypische BGB-Gesellschaft*

Einige der oben angesprochenen Diskrepanzen zwischen den Grundsätzen einer Open Content-Community und dem gesetzgeberischen Leitbild der GbR könnten eventuell durch einen Rekurs auf die Figur der Publikumsgesellschaft überwunden werden. Diese stellt einen speziellen Typ der Personengesellschaft

287 Begriff nach *Wielsch*, Zugangsregeln, S. 226.

288 *Meyer*, Miturheberschaft bei freier Software, S. 63, zu den Folgen dort S. 113 sowie generell MüKo-BGB/*Ulmer/Schäfer*, § 705 Rn. 153f.

289 Etwa Sec. 5 der CCv4-Lizenzen sowie §§ 15, 16 der GNU GPLv3.

290 *Heussen* spricht in FS Kilian, S. 323 (331) sowie MMR 2004, 445 (446–449) der GNU GPL sogar jeden Willen zur Modifikation des Haftungsregimes ab.

291 *Meyer*, Miturheberschaft bei freier Software, S. 65.

dar, bei dem eine unbestimmte Vielzahl an Gesellschaftern sich durch bloße Kapitaleinlage beteiligen und dabei auf der Basis eines vorformulierten Gesellschaftsvertrages Aufnahme finden.[292]

Kennzeichnend für diese Gesellschaftsform ist neben der Offenheit und der Anzahl der Gesellschafter insbesondere eine Beschränkung von deren Interesse auf vermögensrechtliche Belange sowie eine gewollt körperschaftsähnliche Organisationsstruktur.[293] Die Abgrenzung zwischen »normaler« BGB-Gesellschaft und der Publikumsgesellschaft erfolgt daher nicht in erster Linie anhand der Gesellschafterzahl,[294] sondern je nach Auffassung anhand einer Kapitalmarktorientierung,[295] einer professionellen Geschäftsleitung[296] sowie dem Vorhandensein eines aufsichtsratsähnlichen Gremiums.[297] Unabhängig von der Gewichtung der einzelnen Faktoren wird bei deren Betrachtung jedoch schnell deutlich, dass Open Content-Communities diesen erhöhten Grad der Professionalisierung und Institutionalisierung nicht leisten können, sich im Gegenteil sogar von einer Institutionalisierung und von Hierarchien distanzieren. Auch die gesteigerte kapitalistische Orientierung steht diametral zu den Zielsetzungen einer auf Basis eines einfachen, unentgeltlichen Nutzungsrechts für jedermann eine Wissensallmende schaffenden Gemeinschaft. Trotz der geringfügig ähnlicheren Strukturmerkmale im Hinblick auf Zahl und Näheverhältnis der Gesellschafter lassen sich Open Content-Lizenzen somit auch nicht als Publikumsgesellschaften bürgerlichen Rechts einordnen.

IV. Fazit zu B

Nach der hier vertretenen Ansicht stehen typische, auf Einräumung eines einfachen, unentgeltlichen Nutzungsrechts für jedermann gerichtete Verträge organisationsrechtlichen Verträgen i.S.d. §§ 705ff. BGB durchaus nahe.[298] Bei Beachtung des vorherrschenden, subjektiv-vertragstypologischen Ansatzes zur Charakterisierung von Verträgen wird aber deutlich, dass der isolierte Abschluss einer Open Content-Lizenz nicht automatisch zu einer Gesellschaftsgründung führt. Eine solche widerspräche der mutmaßlichen Interessenlage der Beteilig-

---

292 *Kübler/Assmann*, GesR, § 21 III; *K. Schmidt*, GesR, § 16 II 2 d; *Baumbach/Hopt*, Anh. zu § 177a Rn. 53; Henssler/Strohn/*Servatius*, GesR, Dritter Abschnitt, Anhang, Rn. 1.

293 Henssler/Strohn/*Servatius*, GesR, Dritter Abschnitt, Anhang, Rn. 1.

294 OLG Stuttgart DStR 2009, 651.

295 Henssler/Strohn/*Servatius*, GesR, Dritter Abschnitt, Anhang, Rn. 3.

296 BeckOK-BGB/*Timm/Schöne*, § 708 Rn. 6.

297 *Mutter* in Gummert, Hdb. Gesellschaftsrecht, § 1 Rn. 163.

298 So im Ergebnis auch *Sester*, CR 2000, 797 (801) (»dem gesellschaftsrechtlichen Paradigma nahe steht«) sowie *Weber* in FS Honsell, S. 41 (56) (»ist der Aspekt der Interessenvergemeinschaftung zu beachten«) und *Schiffner*, Open Source Software, S. 239 (»wobei die gesellschaftsrechtliche Verpflichtung in den meisten Fällen vorzuziehen ist«).

ten und ist aus Sicht eines objektiven Dritten (§§ 133, 157 BGB) nicht ohne die Berücksichtigung jenseits der Verträge und Erklärungen liegender Tatsachen in den Lizenzen angelegt. Es ist dabei jedoch keineswegs ausgeschlossen, dass einige Communities den Charakter einer Gesellschaft bürgerlichen Rechts aufweisen.[299] Dies ergibt sich jedoch nicht aus Typologie und Besonderheiten der Lizenzvertragswerke, sondern aus Nebenabreden oder urheberrechtlichen Besonderheiten im Einzelfall.

C. Hybride zwischen Austausch- und Organisationsvertrag: Vertragsnetzwerke

Die bisher zur Natur von Open Content-Lizenzen gefundenen Ergebnisse verdeutlichen folgendes Problem: auf die Einräumung eines einfachen, unentgeltlichen Nutzungsrechts für jedermann zielende Verträge sind dem Grunde nach relativ wirkende Schuldverhältnisse zwischen zwei Personen. Darüber hinaus wird jedoch mit dem Abschluss einer Vielzahl solcher Verträge nicht nur zwischen Erst- und Folgeautoren, sondern auch zwischen diesen untereinander und schließlich zwischen allen Beteiligten gemeinsam mit Neu-Nutzern,[300] ein bestimmter Zweck verfolgt, der über das Ziel der einzelnen Verträge hinausgeht. Dieser stellt keinen Gesellschaftszweck im organisationsvertraglichen Sinne dar,[301] legt jedoch Interaktionen und Interdependenzen zwischen Akteuren, die zwar denselben Zweck verfolgen, dabei jedoch in keiner rechtlichen Verbindung miteinander stehen, nahe.[302] Eine solche Konstellation ist das archetypische Beispiel einer Reihe von Autoren, die in Ansehung der Möglichkeiten dieser Organisationsform zu der Auffassung gelangt sind, dass das Phänomen der Vertragsnetze bzw. Netzverträge neben der Ökonomie und der Soziologie auch in juristischer Hinsicht Berücksichtigung finden müsse.[303]

---

299 Dies anerkennend *Jaeger/Metzger*, OSS, Rn. 200; *Spindler* in FS Schricker, S. 539 (541f.) sowie *Meyer*, Miturheberschaft bei freier Software, S. 61; *Schiffner*, Open Source Software, S. 237 und 239 und *Teupen*, Copyleft, S. 226ff.

300 Für eine exzellente Verdeutlichung vgl. das Schaubild bei *Jaeger/Metzger*, OSS, Rn. 178; kritisch zu dieser dogmatischen Konstruktion *Teubner*, Netzwerk als Vertragsverbund, S. 196.

301 *Teubner* in Amstutz, Die vernetzte Wirtschaft, S. 11 (30), *Wellenhofer*, KritV 2006, 187 (188); *Grundmann*, 207 AcP (2007), 719 (740).

302 *Powell*, 12 Research in Organizational Behavior (1990), 295 (296) (»lateral or horizontal patterns of exchange, flows of resources and reciprocal lines of communication«).

303 Erstmals *Macaulay*, 28 Am. Sociol. Rev. (1963), S. 55–67; *MacNeil*, 72 Northw. U. L. Rev. (1977/1978), 854 (889f.); deutlich, aber die Idee im Ergebnis ablehnend *Buxbaum*, 179 JITE (1993), 698 (704) (»Specific complex organization may oblige law to povide more complex options […]«).

I. Überwindungstendenzen hinsichtlich der *inter partes*-Wirkung von Verträgen

Hinsichtlich der konkreten Art und Weise der Berücksichtigung des Phänomens in rechtlicher Hinsicht bestehen jedoch größere Unterschiede zwischen einzelnen Strömungen dieser Ansicht. Auf der einen Seite stehen Stimmen, die die gefundenen Ergebnisse zum Anlass zu nehmen, eine neue Dogmatik jenseits einer Vertragswirkung bloß *inter partes* zu entwickeln.

Im Bereich komplexer Bauvorhaben[304] setzte sich so erstmals *Nicklisch* dafür ein, im Werkvertragsrecht einen neuen Vertragstypus zu verorten, welcher derartige Wechselwirkungen zwischen einzelnen Vertragsbeziehungen inkorporieren und damit rechtlich nutzbar machen solle.[305] Besitzt demnach ein Vertrag einen Rahmen-[306] oder Kooperationscharakter,[307] so solle er besonderen, sich von den Normen über »punktuelle Austauschverträge«[308] unterscheidenden Regeln unterworfen sein, in denen etwa Wechselwirkungen zwischen einzelnen Subunternehmerverträgen, besondere Mitwirkungspflichten sowie besondere Kündigungsmodalitäten bestünden.[309]

In eine ähnliche Richtung bewegt sich der Vorschlag *Heermanns*, das reguläre Synallagma des Vertrages zugunsten einer neuen Rechtsfigur aufzugeben.[310] Diese neue Figur solle jedoch gerade keinen mehrseitigen Vertrag darstellen,[311] sondern ein »trilaterales Synallagma« in Gestalt eines »*do ut des ut det*« in die Diskussion einführen, mithilfe dessen jenseits der Relativität der Austauschbeziehungen Leistungen »übers Eck« abgewickelt und Wertungen der Einzelverträge übertragen werden können.[312]

Während es diesen Ansätzen somit gelingt, das soziologisch-ökonomische Phänomen des Vertragsnetzes überzeugend in das Recht zu übersetzen, greifen sie für den hier verfolgten Zweck der Einordnung von Open Content-Lizenzen jedoch zu kurz. Bei aller dogmatischen Konsistenz und Fähigkeit, im Einzelfall

304 Bedenkt man, dass die Erstellung von komplexer Software ebenfalls als Werkvertrag eingeordnet wird (statt aller Kilian/Heussen/*Moritz*, Computerrechtshandbuch, Abschnitt 1, Teil 3, III 1, Rn. 52 m. w. N.), so liegt ein Vergleich zwischen Open Source-Software und einem Bauprojekt durchaus nahe.

305 *Nicklisch* in Nicklisch, Der komplexe Langzeitvertrag, S. 17ff.; *ders.*, JZ 1984, 757ff. sowie in NJW 1985, S. 2361–2370; ausführlich dargestellt bei *Malzer*, Vertragsverbünde und Vertragssysteme, S. 222–225.

306 *Nicklisch*, Vorteile einer Dogmatik für komplexe Langzeitverträge, S. 17 (19f.).

307 *Nicklisch*, JZ 1984, 757 (761); zu beiden Punkten *ders.*, NJW 1985, 2361 (2362f.).

308 *Nicklisch*, NJW 1985, 2361, Fn. 5.

309 *Nicklisch*, NJW 1985, 2361 (2367f.).

310 *Heermann*, Drittfinanzierte Erwerbsgeschäfte, S. 86; *ders.*, KritV 2006, 173 (173f.).

311 *Heermann*, Drittfinanzierte Erwerbsgeschäfte, S. 67f.

312 *Heermann*, Drittfinanzierte Erwerbsgeschäfte, S. 95ff. sowie S. 140ff.; *ders.*, KritV 2006, 173 (176).

zu überzeugen,[313] bleiben die genannten Lösungen Vorschläge *de lege ferenda*, denen der Gesetzgeber nicht gefolgt ist. Die Schuldrechtsreform des Jahres 2001 brachte keine speziellen Projektverträge hervor, ebenso wenig wurde von dem in § 241 BGB niedergelegten Prinzip der Wirkung *inter partes* Abstand genommen.[314] Hinzu kommt eine erstmals von *Buxbaum* formulierte, mittlerweile zu einem geflügelten Wort avancierte These: *Network is not a legal concept.*[315] Die Idee von Wechselwirkungen zwischen Verträgen, die unabhängig voneinander auf herkömmliche Art und Weise begründet wurden, ist ein soziales bzw. mit soziologischen Methoden erfasstes und beschriebenes Phänomen. Dieses wurde zwar vom Gesetzgeber stellenweise aufgegriffen, jedoch nur in Ansätzen und eng begrenzten Einzelfällen kodifiziert.[316] Eine Einordnung von Open Content-Lizenzen als Vertragsnetzwerke lässt sich aber nur auf Basis bereits kodifizierter oder wenigstens in kodifizierten Normen erkennbar angelegter Fälle vornehmen. Dazu vermögen die hier präsentierten, einen eigenständigen Vertragstypus jenseits synallagmatischer Austauschbeziehung propagierenden Theorien jedoch keine Hilfe zu leisten.

II. Ergänzung und Modifikation der *inter partes*-Wirkung von Verträgen

Im Bewusstsein der Diskrepanz zwischen der sozialen Realität ständig zunehmender Vernetzung und Interdependenzen einer modernen, arbeitsteiligen Gesellschaft und dem als überkommen betrachteten Leitbild des Gesetzgebers hat sich eine von *Malzer* als »neue Strömung« bezeichnete Richtung der Literatur herausgebildet,[317] deren Anhänger das Phänomen der Netzwerke nicht mittels eines Bruches mit oder einer Reform der etablierten Dogmatik von relativen Schuldverhältnissen, Organisationsverträgen und neuen Vertragstypen in das Recht zu übertragen versuchen. Vielmehr inkorporieren diese die Verdichtung und Bezugnahme von Einzelverträgen aufeinander in der gedanklichen Figur eines Netzes[318] in einer Ergänzung zu in diesen herrschenden, syn-

313 Konstatiert etwa von *Malzer*, Vertragsverbünde und Vertragssysteme, S. 259; anders jedoch besonders zu dem synallagmatischen Triallagma *Grundmann*, 207 AcP (2007), 719 (726f.).

314 Zu diesem BeckOK-BGB/*Sutschet*, § 241 Rn. 8f.; Staudinger/*Olzen*, § 241 Rn. 299.

315 *Buxbaum*, 179 JITE (1993), 698 (704).

316 *Grundmann* nennt diesbezüglich in 207 AcP (2007), 719 (733f.) etwa Ansprüche entlang der Lieferkette, § 478 BGB, den Einbezug Dritter in das Schuldverhältnis, § 278 BGB, sowie das Einstehen-müssen für Herstellerangaben gem. § 434 Abs. 1 S. 2 BGB und einige Vorschriften des Girovertrages, §§ 676b, 676c BGB. *Teubner* führt in Netzwerk als Vertragsverbund, S. 110 ferner die Figur der verbundenen Verträge gem. § 358 BGB als ein derartiges Beispiel an, deren Vorgängernorm (§ 9 VerbKrG) bereits von *Rohe* entsprechend herangezogen wurde, *Rohe*, Netzverträge, S. 56f.

317 *Malzer*, Vertragsverbünde und Vertragssysteme, S. 273.

318 *Malzer*, Vertragsverbünde und Vertragssysteme, S. 274, bezeichnet dies als in Anlehnung an *Luhmann* als »systematischen Zusammenhang«.

allagmatischen Wirkungen. Einem solchen Netz liegen jeweils bilateral geschlossene und *inter partes* wirkende Einzelverträge zugrunde, deren vertragliches Pflichtenprogramm durch explizite oder konkludente Bezugnahme der Verträge aufeinander modifiziert wird.[319] Überträgt man eine solche wechselseitige Bezugnahme nicht nur auf zwei, sondern eine Vielzahl von Verträgen, welche sich aufeinander beziehen und dabei *Gernhubers* Ansatz folgend beeinflussen, so wird schließlich von einem *System*[320] bzw. einem *Netzvertrag*[321] gesprochen. Dieser besitzt keine Organisationsqualität, es lässt sich in der Bezugnahme aufeinander jedoch ein Netz- bzw. Systemzweck verorten,[322] in dessen gemeinsamer Betonung und Verfolgung der Kooperationsgedanke komplexer, verbundener Vertragsstrukturen Ausdruck findet.[323]

Im Lichte dieser vielversprechenden, jedoch eher kasuistisch-wertenden Ansätze[324] gelang es erstmals *Rohe*, das Konzept des Netzvertrages zu einer Dogmatik fortzuentwickeln, um sich von der »archaischen Wirtschaftsstruktur der isoliert-bilateralen Spot-Verträge« zu lösen[325] und »Beziehungen im Netzverbund als Zwischenstufe unterhalb gesellschaftsrechtlicher Organisation und oberhalb inhaltlich unverbundener Leistungsketten«[326] juristisch feiner und angemessener würdigen zu können. Ebenfalls ausgehend von der Idee, dass Einzelverträge über einen Finalnexus zu einem Netzvertrag verdichtet werden,[327] formuliert er vier Voraussetzungen für eine solche Verbindung von Verträgen: Zur möglichst kostengünstigen Erreichung einer Primärtransaktion ausgeführte Sekundärtransaktionen (1), die günstig und massenhaft durch die Beteiligten durchgeführt werden (2), dabei durch Organisation einer Vielzahl von Akteuren eine Effizienz erreichen, die für Einzelne nicht möglich wäre (3) sowie eine Primärtransaktion, die zum größeren Wohle aller Beteiligten ist (4).[328]

---

319 Die Grundlagen hierfür legt *Gernhuber* in FS Larenz, S. 455 sowie S. 470–473 am Beispiel zweier im Rahmen eines Abzahlungskaufs aufeinander bezogene Verträge, welche nach den Vorstellungen der Parteien auf einen gemeinsamen Zweck bezogen sein sollen, S. 475.

320 So erstmals *Möschel*, der in 186 AcP (1986), 187 (222) *Gernhubers* Ansatz aufnimmt und ihn schließlich auf multilaterale Beziehungen im bargeldlosen Zahlungsverkehr erweitert.

321 *Möschel*, 186 AcP (1986), 187 (235).

322 *Möschel*, 186 AcP (1986), 187 (222) sowie (229).

323 So äußerst konzise *Larenz/Wolf*, BGB AT, § 23 Rn. 127 (»Zweckverbindung von Verträgen, nicht von Personen wie bei einer Gesellschaft«).

324 *Grundmann*, 207 AcP (2007), 719 (729f.) (»ohne Klarheit in der Frage, wie der Netzzweck dogmatisch zu fassen ist«) sowie ebd., S. 730 (»ohne gesetzlichen Anhaltspunkt(!), rein dezisionistisch«).

325 *Rohe*, Netzverträge, S. 1.

326 *Rohe*, Netzverträge, S. 358.

327 *Rohe*, Netzverträge, S. 55 sowie S. 492 (»Soweit der einheitliche Vertragszweck reicht, verbindet er die zur Ausführung geschlossenen Einzelverträge zu einem Netzvertrag.«).

328 Alle vier Punkte bei *Rohe*, Netzverträge, S. 66 a. E.; mit einigen Abweichungen in der Formulierung auch wiedergegeben bei *Malzer*, Vertragsverbünde und Vertragssysteme, S. 240.

Zustande komme ein solches Netz durch bewussten Beitritt,[329] indem die Teilnehmer sich jeweils gegenseitig konkludent bevollmächtigen, mit allen gegenwärtigen und zukünftigen Netzbeteiligten zu agieren.[330] Eine diesen Ansätzen sehr ähnliche Dogmatik entwickelte zuletzt *Teubner.*[331] Er betrachtet das Netzwerk als einen Vertragsverbund, der eine wechselseitige Verweisung auf die anderen Verträge, einen Verbundzweck sowie Kooperationsbeziehungen der Beteiligten untereinander verlangt.[332] Dabei lehnt auch er die Verschmelzung der Verträge zu einer Einheit explizit ab und geht von einem »Doppeltatbestand von bilateralem Vertragsschluss und multilateraler Verbundbildung« aus,[333] wobei die Grenzen zu *Rohes* Auffassung von einem aus sich aufeinander beziehenden Verträgen gebildeten Netz, welchem durch bewusste Erklärung beigetreten wird, ebenso fließend wie in der Praxis unbedeutend sein dürften.[334]

Ein Rückgriff auf diese Denkschule der dogmatischen Konstruktion von Netzverträgen und Vertragsnetzen ist in Anbetracht der Struktur von Open Content, einerseits aus bilateralen Verträgen zu bestehen, andererseits jedoch mehr als die Summe dieser Austauschbeziehungen sein zu wollen, ein geeigneter und vielversprechender Ansatz für die Charakterisierung von Open Content-Lizenzen und der damit erzeugten Allmenden.

III. Einordnung von Open Content-Lizenzen als Vertragsnetze

Dementsprechend unproblematisch lassen sich Open Content-Verträge anhand von *Rohe*s Kriterienkatalog als Vertragsnetz einordnen.[335]

Ausgehend von der Idee und Konzeption der typischen Open Content-Lizenzen, dass jeder schöpferisch an der digitalen Allmende Beteiligte allen anderen gegenwärtigen und künftigen Nutzern einfache, unentgeltliche Nutzungsrechte einräumt,[336] stellen diese Rechtseinräumungen die geforderten Sekundärtransaktionen dar. Als Primärtransaktion fungiert dabei die Errichtung einer digitalen Allmende, mithilfe derer eine möglichst große und quali-

329 *Rohe*, Netzverträge, S. 169 (»Der Anschluss an den Netzvertrag ist dagegen einer Willenserklärung zu entnehmen«).

330 *Rohe*, Netzverträge, S. 171, aufbauend auf den Vorschlag *Kollers*, der auf diese Weise seinerseits versucht, *Möschels* Ideen eine konkretere Form zu verleihen: *Koller* in Köndgen, Neue Entwicklungen im Bankhaftungsrecht, S. 21 (25).

331 *Teubner*, Netzwerk als Vertragsverbund, 2004.

332 *Teubner*, Netzwerk als Vertragsverbund, S. 130f.

333 *Teubner*, Netzwerk als Vertragsverbund, S. 136f.

334 In diese Richtung die Einschätzung von *Malzer*, Vertragsverbünde und Vertragssysteme, S. 271 sowie S. 275; beide Ansätze ebenfalls unterschiedslos behandelnd *Larenz/Wolf*, BGB AT, § 23 Rn. 127, 130.

335 *Wielsch*, Zugangsregeln, S. 206ff.; *en passant* auch *Peukert*, Die Gemeinfreiheit, S. 48.

336 Ausführlich dazu die Erklärungen zu Upstream- und Donwstream-Nutzern unten zu Beginn von Teil 3.

tativ möglichst hochwertige Menge Information – sei es als Text, Musik oder Bildercollage – der Allgemeinheit zur freien Verfügung gestellt werden soll. Eine derartige Interpretation scheint zwar den Begriff der »Transaktion« sehr weit zu dehnen. Bedenkt man jedoch den jeweiligen Anwendungsfall, so wird stets ein konkretes Projekt erkennbar sein, welches geschaffen und der Allgemeinheit zur Verfügung gestellt werden soll.[337] Mangels der Möglichkeit zur gewillkürten Überstellung in die Gemeinfreiheit im deutschen Recht muss dies mittels vieler individueller Übertragungen geschehen, was jedoch die grundsätzliche Richtung, das Projekt in die »Freiheit«[338] zu überführen, nicht berührt. Diese Überführung dient schließlich als Primärtransaktion im Sinne *Rohes.*

Das zweite Kriterium, die günstige und massenhafte Durchführung, ist wesentlich eindeutiger gegeben. Die verschiedenen Lizenztexte fordern Nutzer-Schöpfer auf, das Gesamtwerk, gegebenenfalls inklusive eigener Ergänzungen, zu verbreiten und der Allgemeinheit zur Verfügung zu stellen. Dabei soll jeder Beitragende mit allen anderen kontrahieren. Eine größere Tendenz in Richtung einer »massenhaften Durchführung« ist nur schwer vorstellbar, exakt diese Konstruktion dient etwa *Rohe* als archetypische Durchführungsart.[339] Ebenso sind die Kosten der einzelnen Transaktionen vernachlässigbar gering. Selbst wenn die Kosten des jeweiligen Internetzugangs auf den Rechtserwerb umgelegt werden, dürften sowohl die Individualkosten für Strom und Rechenleistung als auch die Gemeinkosten für die Infrastruktur allerhöchstens im geringen Cent-Bereich liegen.[340]

Auch das dritte Kriterium vermögen Open Content-Lizenzen zu erfüllen. Wie in der Einleitung dargelegt wurde, wird mittels der *commons-based peer production,* der in Open Content stattfindenden Selbstallokation jedes einzelnen Akteurs, eine wesentliche effizientere Verteilung der Arbeitskraft erreicht, als dies bei hierarchischer Anweisung – etwa im Falle eines Redakteurs oder Lead Programmers, der einzelnen Personen Aufgaben zuweist – möglich wäre.[341] Das Vorliegen des finalen Kriteriums, der Orientierung am größeren Wohl aller

---

337 *Wielsch,* Zugangsregeln, S. 230f., ebenfalls eine Netzwerklösung favorisierend auf S. 232f.

338 Eine grundlegende Beschreibung der ideologischen, nicht monetären Freiheitsvorstellung findet sich bei *Stallman,* Free Software, Free Society, S. 33, dort Fn. 1 (»Subsequently I have learned to distinguish carefully between ›free‹ in the sense of freedom and ›free‹ in the sense of price. Free software is software that users have the freedom to distribute and change. [...]The important thing is that everyone who has a copy has the freedom to cooperate with others in using it.«).

339 *Rohe,* Netzverträge, S. 492.

340 Zu diesen Kosten und der Frage, ob sie eine unentgeltliche Bereicherung ausschließen, zu Recht ablehnend *Schiffner,* Open Source Software, S. 228 sowie *Lenhard,* Vertragstypologie von Softwareverträgen, S. 377f., der dies als »derart marginal, dass es gekünstelt erschiene« bezeichnet.

341 *Benkler,* 112 Yale Law Journal (2001), 369 (406f.) sowie (415–418).

Beteiligten, ist schließlich auch zu bejahen. Ein Autor veröffentlicht sein Werk unter einer Open Content-Lizenz in der Erwartung, dass spätere Autoren es ihm mit ihren Werken oder Ergänzungen nachtun werden und somit alle – aber auch er selbst – auf einen größeren Fundus an frei verfügbaren Werken zugreifen können. Dem Stellen eines Werkes unter eine Open Content-Lizenz liegt somit die Erwartung zugrunde, mit den eigenen Beiträgen Dritte dazu in die Lage zu versetzen, Werke zu schaffen bzw. die Allmende in einer Weise zu bereichern, die dem einzelnen Autor nicht möglich wäre. Die mit der Einzeltransaktion in die Allmende verbundene Erwartung ist somit, dass alle an ihr Beteiligten sowohl primär durch die Verfügbarkeit wie auch sekundär durch erweiterte Möglichkeiten eigenen Schaffens profitieren.

Die Untersuchung der gängigen Open Content-Lizenzen zugrundeliegenden Konstruktion anhand der von *Rohe* aufgestellten Kriterien ergibt also, dass diese sich nicht nur als Netzverträge bzw. die entstehende Konstruktion als ein Vertragsnetz einordnen lassen. Der Komplex des Werkschaffens auf Basis einer digitalen Allmende stellt gewissermaßen das Idealbild eines derartigen Organisationstyps dar, bei dem nicht Personen, sondern Verträge zur Verfolgung eines über das einzelne Synallagma hinausgehenden Zwecks verbunden werden.

IV. Folgen der Einordnung von Open Content-Lizenzen als Vertragsnetze

Im Hinblick auf die Folgen der Einordnung von Open Content-Lizenzen als Netzverträge bzw. Vertragsnetze sind die hier favorisierten Ansichten von *Rohe* und *Teubner* ebenso überzeugend wie ähnlich.

Beiden Interpretationsansätzen des Phänomens ist gemein, dass gerade keine primären Leistungsansprüche zwischen nicht unmittelbar kontrahierenden Teilnehmern über das Netzwerk konstruiert werden sollen; die Relativität der Verträge bleibt unangetastet.[342] Der Netzwerkgedanke kommt durch Bezugnahme der Verträge aufeinander oder auf den jeweiligen Netzzweck zum Ausdruck. In Folge dieser Bezugnahme beeinflusst dieser Netzzweck schließlich als »Finalnexus« bzw. als im Netzwerk angestrebte Primärtransaktion im Sinne *Rohes* alle weiteren Rechtsgeschäfte im Rahmen des Netzwerks und modifiziert das Pflichtenprogramm der Einzelerträge in einer Weise, die bei einer Vielzahl von unverbundenen Verträgen nicht denkbar wäre.[343] Als konkreter, rechtlicher

342 *Rohe*, Netzverträge, S. 195; *Teubner* in Amstutz, Die vernetzte Wirtschaft, S. 11 (29); *ders.*, Netzwerk als Vertragsverbund, S. 121. Dies dürfte jedoch aufgrund der Konstruktion eines »Kontrahierens aller mit allen« im Rahmen der Vertreter-Konstruktion bei Open Content irrelevant sein, kritisch dazu jedoch *Teubner*, Netzwerk als Vertagsverbund, S. 196.

343 *Rohe*, Netzverträge, S. 49 a. E. (»muß die Pflichtengruppierung nach Maßgabe des Netzzwecks erfolgen«), S. 88 (»Primat optimaler Zweckverwirklichung«) sowie S. 492; *Teubner*, Netzwerk als Vertragsverbund, S. 129f.

Ansatzpunkt wird von beiden Autoren vorgeschlagen, die Orientierung an diesem Zweck über das Institut der ergänzenden Vertragsauslegung in die Einzelverträge zu inkorporieren. So soll der »Vertragszweck der Effizienzsteigerung« sowie die Verfolgung des Netzzwecks zum entscheidenden Auslegungsmaßstab erhoben werden.[344] Dieser Zweck soll schließlich auch im Rahmen von die Interessen der Beteiligten aufgreifenden und gegeneinander abwägenden Generalklauseln wie etwa § 242 BGB oder §§ 133, 157 BGB Berücksichtigung finden.[345]

Damit gelingt es schließlich, den einzelnen Vertrag durch eine Orientierung am Netzzweck mit einem zwar vom gemeinsamen Willen der Beteiligten getragenen, jedoch objektivierbaren Kriterium auszufüllen und zu ergänzen. Diese Vorgehensweise bietet einen flexiblen Rahmen zur Organisation der Allmende auch in von synallagmatischen Verträgen typischerweise nicht geregelten Fällen. Das Ergebnis ist schließlich auch der von *Jaeger* und *Mantz* geäußerten Auffassung, Open Content-Lizenzen seien als organisatorische, gesetzesähnliche quasi-Normen der Allmende einer objektivierten Auslegung zugänglich,[346] bemerkenswert ähnlich[347] und ebenso zustimmungswürdig: Die verschiedenen Teilnehmer am Netzwerk agieren zwar privatautonom miteinander, richten ihr Verhalten jedoch an einem übergeordneten Ziel aus und erkennen somit durch die Teilnahme an dem Netzwerk implizit die diese Allmende regelnden »Benutzungsordnungen« an.[348]

Die Art der Organisation macht es ferner möglich, ohne den in der US-amerikanischen Literatur teilweise geforderten, in der europäischen Tradition nicht vorgesehenen Verzicht auf das Urheberrecht[349] oder eine von den Lizenzpromulgatoren nie beabsichtige Kollektivierung der dem Urheber zukommenden Rechtsposition[350] die Kontrolle über die eingebrachten Rechte zu dezentralisieren und die Interessen der geschaffenen Allmende gleichsam als Korrektiv in die einzelnen Vertragsbindungen hineinwirken zu lassen. Dies ist

344 *Rohe*, Netzverträge, S. 493; *Teubner*, Netzwerk als Vertragsverbund, S. 156.

345 *Teubner*, Netzwerk als Vertragsverbund, S. 157; *ders.* in Wassermann, AK-BGB (1980), § 242 Rn. 47 sowie Rn. 49; *Rohe*, Netzverträge, S. 179f., S. 497.

346 *Jaeger/Mantz*, MMR 2014, 480 (481); zur Governance von Open Content mithilfe von zu institutionalisierten Regelsystemen erwachsenden Lizenzkörpern *Wielsch*, 1 JIPITEC (2010), 96–106, insbesondere S. 102f., Rn. 44–46.

347 Dazu eingehend unten, § 11, Abschnitt B.II.2.

348 Die Parallelen zu der gemeinsamen Nutzung physischer Güter auf Basis einer Nutzungsordnung werden besonders bei dem von *Bachmann*, Private Ordnungen, S. 231 gewählten Beispiel deutlich. Auffällig ist dabei auch die Nähe zum historischen Anwendungsbereich des Allmendegedankens im Rahmen der Nutzung von Agrarflächen.

349 So etwa *Loren*, 14 George Mason L. Rev. (2007), 271 (319–327) zur Idee eines »*limited abandonment*«.

350 Dazu oben, Teil 1, Abschnitt C.

insbesondere etwa im Bereich der Widerruflichkeit von Angeboten oder der Auslegung von interpretationsbedürftigen Rechtsbegriffen von Relevanz.[351]

351 Die Auswirkungen werden jeweils im Detail in § 10, Abschnitt B.V (Widerruflichkeit des Angebots) sowie § 11, Abschnitt B.II (Reichweite des Begriffes »*non commercial*«) dargelegt.

Teil 3: Auswirkungen der *UsedSoft*-Urteile auf Open Content-Lizenzkonstruktionen

Die im deutschen Recht zur Funktion von Open Content-Lizenzen unter Rückgriff auf das einfache, unentgeltliche Nutzungsrecht für jedermann entwickelte Dogmatik arbeitet zur Erreichung des Ziels, durch die Restriktivität des Urheberrechts für eine weitgehende Freiheit zu sorgen, mit einer strengen Regulierung der Weiterverbreitung der lizensierten Werke. Dies geschieht dergestalt, dass die verschiedenen Lizenzen die Einräumung von Nutzungsrechten an Werken und Werkbeiträgen zwar gutheißen und aktiv fördern, eine solche Einräumung aber in jedem Falle als eine Einräumung durch den ursprünglichen Autor im Wege der Direktlizensierung vorsehen.[352] Der jeweilige Distributor wird bei einer Weiterverbreitung und -lizensierung des Werkes somit nicht allein in eigenem Namen tätig, sondern agiert bezüglich nicht von ihm stammender Werkteile allein als »verlängerter Arm« der chronologisch vor ihm stehenden Autoren (»Upstream-Nutzer«), so dass ein ihm nachfolgender Nutzer (»Downstream-Nutzer«) bei Lizensierung des Werks die eingeräumten Rechte nicht unmittelbar von dem Distributor, sondern im Rahmen einer Mittler-Konstellation als Bündel von allen Upstream-Nutzern gleichzeitig erhält.[353] Ein Konflikt dieser Regelung mit der urheberrechtlichen Erschöpfungslehre wurde dabei durchaus erkannt:[354] Durch die Direktlizensierung über einen Mittler wird eine Weiterverbreitung des Werkes im rechtstechnischen Sinne insofern verhindert, als dass jeweils eine Erstverbreitung durch den Urheber konstruiert wird.[355] Dieser Konflikt wurde jedoch aufgrund der Verknüpfung der Erschöpfung des Verbreitungsrechts mit einer körperlichen Vertriebsform als nicht

352 So etwa § 10 der GNU GPL v.3 sowie Sec. 2 a. 5 der CCv4-Lizenzen.

353 *Rosenkranz*, Open Contents S. 71f., dabei eher zu einer Botenschaft tendierend; *Jaeger/Metzger*, OSS, Rn. 177f.; Spindler/Schuster/*Wiebe*, § 69c UrhG Rn. 40; *Omsels* in FS Hertin, S. 141 (146); *Plaß*, GRUR 2002, 670 (676f.); *Deike*, CR 2003, 9 (13).

354 Wandtke/Bullinger/*Grützmacher*, § 69c Rn. 78; *Redeker*, IT-Recht, Teil A II, 1 h), Rn. 90; Schricker/Loewenheim/*Spindler*, vor § 69a Rn. 41; besonders deutlich Spindler/Schuster/*Wiebe*, § 69c UrhG Rn. 41, 42 sowie *Spindler/Wiebe*, CR 2003, 873 (876f.).

355 *Heussen*, MMR 2004, 445 (449f.); *Plaß*, GRUR 2002, 670 (676f.).

problematisch angesehen, da sich eine Open Content-Lizenzierung in erster Linie auf unkörperlicher Ebene im Internet abspielt.[356] Seit dem *UsedSoft*-Urteil des EUGH[357] sowie seiner Umsetzung in deutsches Recht durch den BGH in *UsedSoft II*[358] steht jedoch fest, dass jedenfalls im Anwendungsbereich der Computerprogramm-Richtlinie auch bei unkörperlicher Verbreitung von Werken das Verbreitungsrecht an einem Werk erschöpft. Problematisch an dieser Erschöpfung des Verbreitungsrechts auch bei Downloads ist insbesondere die Möglichkeit, dass für einen lizenzgebundenen Nutzer nun die Möglichkeit eröffnet wird, das Werkexemplar weiterzugeben, ohne den Folgeerwerber seinerseits an eine Open Content-Lizenz zu binden. Damit würde der wesentliche Grundgedanke des Open Content-Systems, der zur Umpolung der Restriktivität des Urheberrechts zugunsten einer Freiheitssicherung führt, tiefgreifend geschädigt. Der Zweiterwerber könnte in Ermangelung einer Lizenzbindung das Werkexemplar entgeltlich veräußern oder, entgegen einer Non-Commercial-Klausel in der allein den Ersterwerber *inter partes* bindenden Lizenz, gewerblich nutzen.[359] Hinzu kommt die Tatsache, dass in nahezu allen wesentlichen Open Content-Lizenzen alle Rechtseinräumungen als unbedingt unentgeltlich festgeschrieben werden, die Verschaffung eines Werkexemplars dagegen nicht.[360] Eine derartige Rechtseinräumung durch den Ersterwerber an den Zweiterwerber findet bei der Veräußerung des erschöpften Werkexemplars im Rahmen des § 69d Abs. 1 UrhG jedoch gerade nicht statt.[361] Unabhängig davon, ob man die Norm als Schranke oder gesetzliche Lizenz betrachtet, erhält der Zweiterwerber seine Rechte nicht im Wege eines Lizenzvertrags vom Ersterwerber. Dieser Lesart folgend, würde eine Weiterveräußerung des Werkexemplars keine Rechtseinräumung bedeuten, wäre also sogar durch einen an eine Open Content-Lizenz gebundenen Ersterwerber gegen Entgelt möglich. So könnte die Siche-

356 Exemplarisch Kilian/Heussen/*Harte-Bavendamm/Wiebe*, Computerrechts-Handbuch, Rn. 108.

357 EUGH, Urteil vom 03.07.2012, Rs. C-128/11 – *UsedSoft.*

358 BGH GRUR 2014, 264 – *UsedSoft II.*

359 Dazu auch *Rosenkranz*, Open Contents, S. 109, 118. Zu den durch das *UsedSoft II*-Urteil des BGH statuierten Einschränkungen derartiger Praktiken sogleich unter § 8.A.I.2.a.

360 So etwa § 10 der GNU GPLv3 (»For example, you may not impose a license fee, royalty, or other charge for exercise of rights granted under this License […]«) im Gegensatz zur § 4 (»You may charge any price or no price for each copy that you convey«).

361 LG Hamburg CR 2006, 812 (815); Dreier/Schulze/*Dreier*, § 69d Rn. 2 (»keine gesonderte Nutzungsrechtseinräumung«); Wandtke/Bullinger/*Grützmacher*, § 69d Rn. 26; Möhring/Nicolini/*Hoeren* § 69 d Rn. 4; Fromm/Nordemann/*Czychowski* § 69d *Rn. 9*; *Blocher* in Walter, Europäisches Urheberrecht, Software-Richtlinie Art. 5 Rn. 8, 10, 14, 16; *Zecher*, Zur Umgehung des Erschöpfungsgrundsatzes bei Computerprogrammen, S. 51; *Herzog*, Handel mit gebrauchter Software, S. 50; *Schulz*, Dezentrale Softwareentwicklung, S. 138f., 147 sowie 151f.; *Baus*, Verwendungsbeschränkungen in Softwareüberlassungsverträgen, S. 77, 147f.; *ders.*, MMR 2002, 14, (16); *Berger*, GRUR 2002, 198 (202); *Zech*, ZGE 2013, 368 (376).

rung der Unentgeltlichkeit und der freien Zugänglichkeit im Wege eines durch die Übertragung der Erschöpfungswirkung erstmals ermöglichten Ausbruchs aus dem geschlossenen Lizensierungssystem unterlaufen werden.

Im Folgenden soll daher nach einer kurzen Darstellung der Rechtsprechung von EUGH und BGH untersucht werden, welche Bereiche der Open Content-Lizensierung von dem Urteil des EUGH betroffen sind (§ 6), inwiefern der besondere Charakter von Open Content eine Anwendung ausschließt (§ 7) und welche Konsequenzen sich bei Anwendbarkeit dieses »Paukenschlags«[362] ergäben (§ 8).

§ 6. Inhalt der *UsedSoft*-Urteile, Übertragung auf sonstige Werke gem. RL 2001/29/EG

Bezüglich der Übertragbarkeit der Grundsätze des *UsedSoft*-Urteils auf dem allgemeinen Urheberrecht unterfallende, digital verbreitete Werke ist zuerst festzuhalten, dass eine unmittelbare Anwendung der in dem Urteil zur unkörperlichen Erschöpfung des Verbreitungsrechts getroffenen Aussagen auf den Bereich des restlichen Urheberrechts nicht möglich ist.[363] Der EUGH behandelte die Thematik anhand von Software im Sinne der Richtlinie 2009/24/EG über den Rechtsschutz von Computerprogrammen (Computerprogramm-Richtlinie), während sich der urheberrechtlichen Schutz anderer Werke als Software nach der Richtlinie 2001/29/EG zur Harmonisierung bestimmter Aspekte des Urheberrechts und der verwandten Schutzrechte in der Informationsgesellschaft (InfoSoc-Richtlinie) richtet. Die Regelungen der Computerprogramm-Richtlinie gehen nach der Ansicht des EUGH den allgemeinen Regelungen der InfoSoc-Richtlinie als *lex specialis* vor.[364] Auch existiert im Rahmen der InfoSoc-Richtlinie keine mit Art. 5 Abs. 1 der Computerprogramm-Richtlinie vergleichbare Vorschrift, auf der die dogmatische Konstruktion des EUGH im Wesentlichen basiert. Somit können die Feststellungen des Gerichtshofs nur in dem dort behandelten Bereich der Software unmittelbare Bindungswirkung entfalten. Ob jedoch eine Übertragbarkeit der Grundsätze dem Rechtsgedanken nach möglich ist, wird in Literatur und Rechtsprechung unterschiedlich beurteilt.

---

362 Schneider/Spindler, CR 2012, 489.

363 *Kubach*, CR 2013, 279 (282); *Hilty*, CR 2012, 625 (633); *Grützmacher*, ZGE 2013, 46 (80f.); *Marly*, EuZW 2012, 654 (657); mit im Ergebnis zweifelhafter Begründung *Ohly*, JZ 2013, 42 (44).

364 EUGH, Urteil vom 03.07.2012, Rs. C-128/11, Rn. 56 – *UsedSoft*.

A. Inhaltliche Zusammenfassung der *UsedSoft*-Rechtsprechung

Eine detaillierte Analyse des *UsedSoft*-Urteils des EUGH, insbesondere im Hinblick auf die Aufspaltbarkeit von Lizenzpaketen zum einzelnen Weiterverkauf, würde den Rahmen dieser Arbeit sprengen. Für sie sei auf die Vielzahl an zustimmenden[365] sowie ablehnenden[366] Besprechungen und Einordnungen des Urteils verwiesen.

I. Aussagen des EUGH in der Entscheidung Rs. C-128/11 – *UsedSoft*

Die für diese Untersuchung maßgeblichen Aspekte des Urteils betreffen vor allem den Eintritt der Erschöpfung des Verbreitungsrechts bei Erwerb einer Werkkopie per Download. Dieser Download einer Werkkopie sowie eine damit einhergehende Rechtseinräumung stellen nach Ansicht des EUGH ein unteilbares Ganzes dar.[367] Damit wird dieser einheitliche Vorgang der Übergabe eines körperlichen Werkexemplars gleichgestellt und als Eigentumsverschaffung an einer Werkkopie angesehen,[368] welche schlussendlich eine Erstverbreitung des Werkes darstellt.[369] Die Erschöpfung des Verbreitungsrechts tritt somit bei einem Erwerb per Download immer bereits dann ein, wenn dem Erwerber gegen ein dem Veräußerer angemessen scheinendes Entgelt zeitlich unbefristete Nutzungsrechte eingeräumt werden, mithin ein wirtschaftliches Äquivalent zur Veräußerung auf einem Datenträger vorliegt.[370]

365 So bereits vor der Entscheidung des EUGH *Blocher/Walter in* Walter/von Lewinski, European Copyright Law, § 5.4.42; im Nachgang befürwortend *Dreier/Schulze/Dreier*, § 69c Rn. 24; *Geuer/Wilhelm*, jurisPR-ITR 1/2013, Anm. 3; *Hartmann*, GRUR Int. 2012, 980 (982); *Hoeren/Försterling*, MMR 2012, 642 (647); *Ohrtmann/Kuß*, BB 2012, 2262 (2264); eher verhalten *Rath/Maiworm*, WRP 2012, 1051 (1055); *Schmitt*, MR 2012, 256 (260); *Schneider/Spindler*, CR 2012, 489 (497); *Walter*, MR-Int 2012, 40; i. E. auch *Ohly*, JZ 2013, 43 (44); *Senftleben*, NJW 2012, 2924 (2926); umfassend *Grützmacher*, ZGE 2013, 46 (81 f.); *Ganzhorn* in Taeger, Law as a Service – Recht im Internet- und Cloud-Zeitalter, S. 483–503; unter praktischen Gesichtspunkten mit technischen Details *Ulmer/Hoppen*, ITRB 2012, 232; unter dem Aspekt der Umgehung der Intentionen des EUGH durch Änderung der Vertriebsmodaliäten *Stothers*, EIPR 2012, 787 (791).

366 Kritisch bis strikt ablehnend hingegen *Haberstumpf*, CR 2012, 561 (563); *Hansen/Libor*, AfP 2012, 447 (449); *Heydn*, MMR 2012, 591 (591 f.); *Jani* in FS Wandtke, S. 331 (356); *Koch*, ITRB 2013, 9 (16 f.) sowie ders., ITRB 2013, 38 (39 f.); *Moritz*, K&R 2012, 456 (458); *Elkemann-Reusch*, ZGE 2010, 413 (438); *Schack*, UrhR, Rn. 431 sowie 463 f.; *Rosati*, JIPLP 2012, 786 (787 f.); *Stieper*, ZUM 2012, 668 (670); *Zech*, ZGE 2013, 368 (378 ff.); rechtsvergleichend *Longdin/Lim*, IIC 2013, 541 (566 f.).

367 EUGH, Urteil vom 03.07.2012, Rs C-128/11, Rn. 44 – *UsedSoft*.

368 EUGH, Urteil vom 03.07.2012, Rs C-128/11, Rn. 47 – *UsedSoft*.

369 EUGH, Urteil vom 03.07.2012, Rs C-128/11, Rn. 48 f. – *UsedSoft*.

370 EUGH, Urteil vom 03.07.2012, Rs C-128/11, Rn. 59 – *UsedSoft*.

II. Ergänzung der Grundsätze im deutschen Recht durch den BGH in *UsedSoft II*

Diese Grundsätze wurden durch ein das Urteil *UsedSoft II* des BGH am 17.07. 2013 in das deutsche Recht übertragen. Dabei wurden jedoch einige Konkretisierungen und Ergänzungen vorgenommen. An dem *UsedSoft II*-Urteil[371] fällt insbesondere der Leitsatz Nr. 4 auf, nach dem eine Erschöpfung des Verbreitungsrechts das Unbrauchbarmachen der eigenen Kopie voraussetzen soll. Bei oberflächlicher Betrachtung dieses Leitsatzes scheint der BGH die vom EUGH in *UsedSoft* getroffene Wertung, die Erschöpfung trete mit Abschluss des Erstverkaufes ein, einschränken zu wollen. Dies ist jedoch bei vertiefter Lektüre der Entscheidung nicht der Fall. Das bloße Eintreten der Erschöpfung setzt dem EUGH folgend keineswegs voraus, dass der Ersterwerber seine Kopie löscht oder unbrauchbar macht. Diese tritt vielmehr bereits nach rechtmäßiger Erstverbreitung ein, ein Unterbleiben der Löschung bzw. Unbrauchbarmachung beträfe allein die Verletzung des (nicht erschöpfenden) Vervielfältigungsrechts. Deutlich wird dies in der Aussage des BGH in Randnummer 63 des Urteils, nach der »der Ersterwerber, der eine körperliche oder nichtkörperliche Programmkopie weiterverkauft, an der das Recht des Urheberrechtsinhabers auf Verbreitung nach Art. 4 Abs. 2 der RL 2009/24/EG erschöpft ist, zum Zeitpunkt des Weiterverkaufs seine eigene Kopie unbrauchbar machen«[372] muss. Die Formulierung »erschöpft ist« weist darauf hin, dass die Erschöpfung in Einklang mit dem Urteil des EUGH nach dem erfolgreichen Erstverkauf bereits eintritt[373] und damit im Falle des Weiterverkaufs der Kopie bereits eingetreten ist. Auch machen die nächsten Sätze deutlich, dass diese Aussagen in erster Linie mit der Intention getroffen wurden, die den *UsedSoft*-Urteilen zugrunde liegende Konstellation der jederzeit zum Download auf Servern des Anbieters bereitliegenden Software zu regeln[374] sowie die Aufspaltbarkeit von Volumenlizenzen zu verhindern.[375] Gleiches gilt für die darauffolgenden Aussagen zu dem sich auf die Erschöpfung berufenden Zweiterwerber: Nur im Falle des Erwerbs per Download von der Herstellerhomepage[376] kann die Unbrauchbarmachung der eigenen

371 BGH GRUR 2014, 264 – *UsedSoft II.*

372 BGH GRUR 2014, 264, Rn. 63 – *UsedSoft II.*

373 EUGH, Urteil vom 03.07.2012, Rs C-128/11, Rn. 59 – *UsedSoft*; so auch *Schneider/Spindler*, CR 2014, 213 (219).

374 BGH GRUR 2014, 260, Rn. 28–31 – *UsedSoft II*; ebenfalls erkannt von *Stieper*, GRUR 2014, 270 (271); *Schneider/Spindler*, CR 2014, 213 (219f.).

375 So die zutreffende Interpretation von *Bäcker*, ZUM 2014, 333 (334). Bei einer solchen Aufspaltung würden von etwa 25 erworbenen Lizenzschlüsseln einer zusammen mit einer Kopie der Software behalten, die anderen 24 weiterverkauft.

376 In diesem Falle ist der Begriff des »Verkaufs« als die Gewährung des Zugangs zu der Downloadmöglichkeit im Sinne der vom EUGH angenommenen Untrennbarkeit zu verstehen.

Kopie eine Voraussetzung für die Erschöpfung sein – nur dann existiert nämlich noch eine Möglichkeit für den Veräußerer, dem Erwerber durch Übermittlung des Download-Schlüssels Zugang zu einer Kopie zu verschaffen. Andernfalls würde bei dieser Auslegung die Unbrauchbarmachung der Kopie dem Abschluss eines Kaufvertrages bezüglich des Weiterverkaufs derselben zwingend vorangehen.[377] Im Falle einer geplanten physischen Weitergabe der beim Ersterwerber im Einsatz befindlichen Kopie, etwa auf einem Flash-Laufwerk,[378] wäre bei im Voraus oder spätestens zum Verkaufszeitpunkt geforderter Unbrauchbarmachung für den Verkauf auf eine eventuelle Sicherungskopie gem. § 69d Abs. 2 UrhG auszuweichen oder die praktische Intention des EUGH, auch per Download erworbene Werke verkehrsfähig zu machen, *ad absurdum* geführt. Es spricht somit einiges dafür, die vom BGH an dieser Stelle zum Zeitpunkt der Unbrauchbarmachung getroffenen Ausführungen einerseits auf den Bereich der auf dem Server des Erstanbieters konstant zum Download bereitgehaltenen Software zu beschränken,[379] andererseits aber bei physischer Weitergabe auf alle Sicherungs- oder Archivkopien zu erweitern.[380] Der Begriff »Unbrauchbarmachung« muss die völlige Entäußerung von allen funktionsfähigen Kopien[381] und Zugangsmöglichkeiten auf Seiten des Ersterwerbers umfassen. Nur dann wäre ausgeschlossen, dass unter Ausnutzung der vom EUGH eingeführten unkörperlichen Erschöpfung trotz Weiterveräußerung der Lizenzschlüssel oder Ermöglichung ähnlicher Zugangsarten noch funktionsfähige Kopien der Software beim Erstwerber verbleiben. Gleichzeitig würde die Veräußerung von heruntergeladenen Softwarekopien auf physischen Datenträgern möglich werden bzw. bleiben und insofern ein bereits vom EUGH für wichtig erachteter Gleichlauf[382] von heruntergeladenen und auf physischen Datenträgern erworbenen Programmkopien hergestellt.

III. Ausweitung auf noch anzufertigende Kopien, *UsedSoft III*

In der bisher jüngsten Entscheidung zu diesem Themenkomplex[383] entschied der BGH schließlich im Kontext von Volumenlizenzen, auch die strenge Bindung an

377 So auch erkannt von *Schneider/Spindler*, CR 2014, 213 (220).

378 Beispiel entnommen bei *Schneider/Spindler*, CR 2014, 213 (220).

379 So auch *Marly*, CR 2014, 145 (148); *Schneider/Spindler* erwähnen dies in CR 2014, 213 (219f.) zwar nicht explizit, die Aussagen der Textpassage beziehen sich jedoch inhaltlich ausschließlich auf diese Konstellation.

380 *Marly*, CR 2014, 145 (148).

381 Technisch zutreffend (allerdings implizit auf Windows-Systeme beschränkt) erachtet *Heydn* in MMR 2014, 232 (240) das alleinige Löschen mit dem vertrauten »Löschen«-Befehl für nicht ausreichend, ohne jedoch näher auf das zeitliche Element einzugehen.

382 EUGH, Urteil vom 03.07.2012, Rs. C-128/11, Rn. 61 – *UsedSoft*.

383 BGH CR 2015, 429ff. – *UsedSoft III*.

das erschöpfte Werkstück aufzugeben. Demnach tritt eine Erschöpfung des Verbreitungsrechts nicht nur bei einer im Wege des Downloads erworbenen Kopie, sondern auch hinsichtlich noch zum Zwecke der Weitergabe anzufertigender Kopien ein.[384] Damit sind nicht nur die unter § 6 A II aufgeworfenen Probleme mit der Unbrauchbarmachung von weiterzugebenden Kopien als gelöst zu betrachten, nunmehr ist auch die unkörperliche Weitergabe von Kopien eines erschöpften Werkexemplars zulässig, sofern diese Kopien ursprünglich durch den Rechtsinhaber genehmigt wurden. Es macht mithin keinen Unterschied mehr, ob eine Anzahl Nutzungsrechte mit Bezugsoption oder eine Anzahl Datenträger veräußert werden, beide sind nun in gleichem Maße handelbares Gut.[385]

B. Rechtsprechung zur Übertragbarkeit auf andere Werkarten

Das Meinungsbild der Rechtsprechung zur Erschöpfung des Verbreitungsrechts im Falle der unkörperlichen Verbreitung – vielfach schlicht als »Online-Erschöpfung« bezeichnet – bei Nicht-Software-Werken lässt sich insbesondere im Hinblick auf eventuelle Änderungen am ehesten anhand zweier Urteile aus der Zeit vor dem *UsedSoft*-Urteil des EUGH sowie aus diesem zeitlich nachfolgenden Urteilen darlegen.

I. Vor *UsedSoft*: Erst-Recht-Schluss aus dem Vorlagebeschluss des BGH

Unmittelbar vor Ergehen der *UsedSoft*-Entscheidung äußerte sich das OLG Stuttgart in seinem Urteil vom 03. 11. 2011[386] zur Frage der Online-Erschöpfung im Nicht-Software-Bereich. In einer Entscheidung zum formularmäßigen Ausschluss der Weiterveräußerung von per Download erworbenen Hörbüchern erhält das Gericht eine Klausel aufrecht, die pauschal den »Weiterverkauf« verbietet, mithin dem Erwerber eines Nutzungsrechts sowie einer Werkkopie die Weiterveräußerung beider untersagt. Hierbei äußert sich das Gericht zunächst kurz zu einer Computerprogramm-spezifischen Online-Erschöpfung – diese sei unter Berufung auf den *UsedSoft*-Vorlagebeschluss des BGH[387] mangels eines in einem Vervielfältigungsstück körperlich festgelegten Werkes nicht einschlägig,

384 BGH CR 2015, 429, Rn. 31 – *UsedSoft III;* ausführlich dazu *Schneider*, CR 2015, 413 (416).
385 BGH CR 2015, 429, Rn. 33 – *UsedSoft III.* Damit nähert sich der BGH der von *Berger* in GRUR 2002, 198 (201) vorgeschlagenen Interpretation der Erschöpfungslehre an, nach der es Ziel ist, nicht Werkstücke, sondern vielmehr Nutzungsrechte handelbar zu machen.
386 OLG Stuttgart GRUR-RR 2012, 243 ff. – *Hörbuch-AGB.*
387 BGH GRUR 2011, 418 – *UsedSoft.*

für eine Analogie somit kein Raum[388] – um dann im Rahmen eines zweizeiligen erst-Recht-Schlusses eine Übertragung auf konventionelles Urheberrecht aus dem Bereich der InfoSoc-Richtlinie abzulehnen: Wenn schon »Computerprogramme, die – anders als eine Hördatei [*sic!*] – vielfach oft kopiert werden müssen, um sie in etwa mehrgliedrigen Funktionseinheiten bestimmungsgemäß einsetzen zu können«[389] sich nicht bereits bei rein digitalem Erwerb erschöpften, dann könne für andere Werke, die nach Ansicht des Gerichts nicht mehr weiter kopiert werden müssten, schon nichts anderes gelten. Darüber hinaus bestünde, losgelöst vom Erschöpfungsgrundsatz, ein Interesse des Autors bzw. Rechteinhabers daran, die unkontrollierte Verbreitung von rein digital vorliegender Software zu verbieten, solange im Software-Bereich die zwingende Ermöglichung[390] der Sicherungskopie nicht beeinträchtigt werde; im konventionellen Bereich des Urheberrechts ist mangels ähnlicher Schranken nicht einmal diese Rücksicht notwendig. Zuletzt besteht nach Ansicht des Gerichts die Gefahr der unerlaubten Vervielfältigung von digitalen Werken, der nur durch Restriktion von Kopien begegnet werden müsse.[391]

II. Nach *UsedSoft*: Zugänglichmachung statt Verbreitung, Software als Sonderfall

In die Zeit nach den *UsedSoft*-Entscheidungen von EUGH und BGH fällt eine Entscheidung des OLG Hamm vom 15.05.2014.[392] Als Berufungsinstanz hatte sich das Gericht mit einem Urteil des LG Bielefeld auseinanderzusetzen, welches die Übertragung der unkörperlichen Erschöpfung auf Werke der InfoSoc-Richtlinie inzident im Rahmen der Prüfung der Zulässigkeit von den Weiterverkauf von eBooks ausschließenden AGB-Klauseln ablehnte.[393]

Die klagende Verbraucherzentrale berief sich in ihrem Vorbringen dabei im Wesentlichen auf nicht existierende qualitative Unterschiede zwischen Computersoftware und digitalen Nicht-Softwarewerken, weshalb eine diesbezügliche Unterscheidung der Kategorien nicht mehr haltbar sei,[394] entsprechende Klauseln seien somit gem. § 307 Abs. 1, Abs. 2 BGB i. V. m. §§ 17 Abs. 2, 31 Abs. 5 UrhG nichtig. Das Gericht wies die Berufung als unbegründet zurück,[395] nahm

388 OLG Stuttgart GRUR-RR 2012, 243 (244), lit. ee) – *Hörbuch-AGB.*

389 OLG Stuttgart GRUR-RR 2012, 243 (243f.), lit. ff) – *Hörbuch-AGB.*

390 Spindler/Schuster/*Wiebe*, § 69d UrhG, Rn. 22; Wandtke/Bullinger/*Grützmacher*, § 69d Rn. 60.

391 OLG Stuttgart GRUR-RR 2012, 243 (245) lit. cc) a. E – *Hörbuch-AGB.*

392 OLG Hamm ZUM 2014, 715ff.

393 LG Bielefeld ZUM 2013, 688; eine Besprechung durch *Hansen* findet sich in GRUR-Prax 2013, 207.

394 OLG Hamm ZUM 2014, 715 (716).

395 OLG Hamm ZUM 2014, 715 (719).

sie aber zum Anlass, die Frage der Übertragbarkeit ausführlich unter Berücksichtigung der bisherigen Rechtsprechung zu behandeln.[396]

Dabei wendet sich das Gericht ausdrücklich gegen die Auffassung des LG Hamburg, welches in diesen Konstellationen pauschal einen Verstoß gegen § 16 UrhG angenommen hatte[397] und erkennt die Möglichkeit sowie eine gesteigerte Wahrscheinlichkeit an, eine Weitergabe bei erstmaliger Speicherung auf mobilen Datenträgern auch ohne eine Vervielfältigung durchzuführen.[398] Es versagt einen Eintritt der Erschöpfung jedoch mit der Argumentation, dass das Bereithalten zum Download und dessen Durchführung eine öffentliche Zugänglichmachung gem. § 19a UrhG bzw. eine Vervielfältigung gem. § 16 UrhG und gerade keine Verbreitung darstelle. Diese Rechte unterlägen jedoch generell nicht der Erschöpfung.[399]

Eine weitere Möglichkeit zur Erreichung des klägerischen Ziels, der analogen Anwendung des § 17 Abs. 2 UrhG auch auf unkörperliche vertriebene Nicht-Software Werke, wird durch das Gericht schließlich mit Argumentation abgelehnt, die jüngste Untätigkeit des Gesetzgebers mache deutlich, dass keine planwidrige Regelungslücke bestehe und darüber hinaus die Regelungen zu Software einen nicht generalisierbaren Spezialfall regelten.[400]

III. Bewertung der einzelnen Positionen der Rechtsprechung

Der durch das OLG Stuttgart vorgenommene Erst-Recht-Schluss zu Gemeinsamkeiten und Unterschieden von Software und digital vorliegenden Nicht-Softwarewerken überrascht in Anbetracht des in der Frage der Erschöpfung bis heute gespaltenen Meinungsbildes zunächst nicht. Er könnte sich in Anbetracht der zwischenzeitlich ergangenen *UsedSoft*-Urteile jedoch – die ablehnende Position der Gerichte betreffend – als kontraproduktiv erweisen.

Einerseits existiert bei unkörperlicher im Gegensatz zu körperlicher Verbreitung die erhöhte Gefahr, dass nach Übertragung des Werkes an den Zweiterwerber eine Kopie beim Ersterwerber verbleibt, die dieser ungehindert und dann rechtswidrig weiternutzt. Diese besteht jedoch bei Software in gleichem Maße, was auch der EUGH offensichtlich erkannt und unter Hinweis auf vom Erstverbreiter einzusetzende DRM-Maßnahmen jedoch als hinter dem Ziel des

396 OLG Hamm ZUM 2014, 715 (720 ff.); eine Besprechung der Entscheidung durch *Biehler* und *Apel* findet sich im Anschluss daran in ZUM 2014, 727.
397 LG Hamburg Urteil vom 20.09.2011–312 O 414/10; Darstellung bei *Jani*, K&R 2012, 297 (298).
398 OLG Hamm ZUM 2014, 715 (721), Teil II 2 a) (aa).
399 OLG Hamm ZUM 2014, 715 (721–723).
400 OLG Hamm ZUM 2014, 715 (724–726).

funktionierenden Binnenmarktes zurückstehend angesehen hat.[401] Bedenkt man ferner, dass die Schranke für Sicherungskopien im Bereich der Computerprogramm-Richtlinie wesentlich enger gehalten ist als vergleichbare Schranken im Bereich der InfoSoc-Richtlinie,[402] so liegt der Schluss nahe, dass, wenn schon im – wohl aus genau diesem Grunde – bisher restriktiv behandelten Bereich der Software-Kopien die Gefahr der beim Ersterwerber verbleibenden »Rest-Kopien« zu vernachlässigen ist, dies im konventionellen Urheberrecht erst Recht der Fall sein wird. Gestützt wird diese Argumentation durch einen Blick auf die Preisgestaltung von Software gegenüber etwa MP3-Musikstücken oder eBooks. Der Schaden bei unrechtmäßiger Weiternutzung durch den Ersterwerber wird im Falle einer oftmals vier- bis fünfstellige Beträge kostenden Softwaresuite wesentlich höher sein als bei rechtswidriger Nutzung eines Liedes oder Buches. Wenn jedoch sogar dieser höhere Schaden vom EUGH implizit als unbeachtlich oder zumindest als per DRM beherrschbar angesehen wird, so dürfte es im Falle des in der Regel um ein vielfaches geringeren Schadens beim Verbleib eines Musiktitels oder eBooks beim Ersterwerber erst Recht der Fall sein.

Ebenso geht das Argument der Kontrollschwäche fehl.[403] Diese Kontrollschwäche ist genauso gut gegen die Erschöpfung von Softwarekopien in Stellung zu bringen, handelt es sich doch im Kern in beiden Fällen um Dateien, mithin rein digital vorliegende Informationen bei denen das Versehen mit Kontrollmechanismen gleich schwer bzw. einfach ist. Dadurch, dass der EUGH dieses Problem erkannt und mit einem Hinweis auf zulässige Sicherung gegen solche Arten der unberechtigten Vervielfältigungen durch DRM-Maßnahmen abgetan hat,[404] dürfte sich das Argument der Kontrollschwäche auch bei Nicht-Softwarewerken nur noch schwer in Stellung bringen lassen. Auch aus einem weiteren Grund ist das Argument der fehlenden Kontrollmöglichkeit schließlich kein tragendes Argument gegen die Zulässigkeit der digitalen Erschöpfung im Nicht-Softwarebereich: Es ist Rechteinhabern zwar im Zweifel mangels Kenntnis nicht möglich, gegen den Zweiterwerber vorzugehen. Im Moment der unter Löschung des eigenen Werkes erfolgten Weitergabe liegt die Verantwortung für eigenes, lizenzkonformes Verhalten – nicht-Vorhalten einer weiteren, dann nicht mehr durch eingeräumte Nutzungsrechte gedeckten Kopie – jedoch einzig bei

401 EUGH, Urteil vom 03.07.2012, Rs. C-128/11, Rn. 79 – *UsedSoft.*

402 Vgl. dazu etwa die wesentlich weitere und das vom OLG Stuttgart erkannte Phänomen viel eher begünstigende Privatkopieregelung im Gegensatz zu der restriktiveren Sicherungskopie im Software-Bereich.

403 OLG Stuttgart GRUR-RR 2012, 243 (246) unter Verweis auf BGH GRUR 2010, 822, Rn. 21 – *Half Life 2*; *Korthaus/Garbers-von Boehm* in Götting/Lunze, Überproduktion durch Geistiges Eigentum, S. 129 (142).

404 Zustimmend zu dieser Auffassung *Grützmacher,* ZGE 2013, 46 (68f.).

dem weitergebenden Ersterwerber. Dieser ist dem Erstveräußerer bzw. dem Rechtsinhaber jedoch meist bekannt und damit ein tauglicher Ansprechpartner für Haftungs- und Regressfragen.[405]

Dem OLG Hamm kommt schließlich der Verdienst zu, sich von zweifelhaften, an Einzelfällen orientierten technischen Begründungen zu lösen und auf Basis rechtlicher Argumente zu entscheiden. Die dort getroffenen Aussagen zur Spezialität der Computerprogramm-Richtlinie gegenüber der InfoSoc-Richtlinie vermögen jedoch ebenso wie die Schlussfolgerungen aus der systematischen Stellung des Software-Urheberrechts auch nicht vollends zu überzeugen. Die vom Gericht dabei zitierte Gesetzesbegründung zur Umsetzung der Softwarerichtlinie in deutsches Recht[406] ist zur Begründung des Ergebnisses nur eingeschränkt geeignet. Die dortige Passage »weiterhin erschließt sich Dritten der Inhalt eines Computerprogramms nicht ohne weiteres. Ein Buch kann jeder lesen, einen Film jeder sehen, eine Schallplatte jeder hören, ein Kunstwerk jeder betrachten.«[407] erscheint eher geeignet, eine erweiterte Erschöpfung bei sich frei erschließenden und daher eher für eine Weiterveräußerung wesentlich geeigneteren regulären Werkarten zu begründen als eine solche gegenüber nicht ohne weiteres nutzbarer und damit schwerer veräußerlicher Software auszuschließen. Hinzu kommt die Tatsache, dass auch digital vorliegende Nicht-Softwarewerke wie etwa eBooks nicht ohne weiteres gelesen werden können, sondern wie Software ein Abspiel- bzw. Anzeigegerät benötigen. Die Unterscheidung anhand dieses Kriteriums ist somit nicht mehr so trennscharf, wie sie bei erstmaliger Umsetzung der Computerprogramm-Richtlinie gewesen sein mag.

Dem Gericht ist zwar zuzugeben, dass der EUGH die Trennung zwischen Computerprogrammen und Sprachwerken für so bedeutsam hält, dass er selbst auf hybride Werke, bei denen das Softwarewerk nur das organisatorische Rückgrat für andere Multimediawerke bildet, kein Softwareurheberrecht anwendet.[408] Andererseits lässt sich gegen das vorgebrachte Verbot der Verallgemeinerung von Ausnahmevorschriften,[409] die Parömie *singularia non sunt extenda*, deren Tendenz zum Zirkelschluss anführen: Der enge Anwendungsbereich einer Norm, der zu ihrer restriktiven Auslegung führt, ist seinerseits nur

405 *Stieper*, ZUM 2012, 668 (670); so bereits *Berger*, GRUR 2002, 198 (201) in Erarbeitung einer Idee der »personalisierten Erschöpfung« bzw. Generierung einer handelbaren Nutzungsberechtigung im Wege der Erschöpfung.

406 OLG Hamm ZUM 2014, 715 (724), zitiert wird RegE 2. UrhRÄndG, S. 7f.

407 RegE 2. UrhRÄndG, S. 8.

408 EUGH, Urteil vom 23.01.2014, Rs. C-355/12 – *Nintendo Co. Ltd ./. PC Box SRL*; dazu *Biehler/Apel*, ZUM 2014, 727 (728) m.w.N.

409 OLG Hamm ZUM 2014, 715 (725) (»die §§ 69a UrhG deshalb einen Spezialfall regelten und eine Generalisierung dieser Spezialregelungen ausgeschlossen sei«); zu dieser Figur der Parömie *Honsell* in Staudinger, Eckpfeiler des Zivilrechts, Teil B, Rn. 56; kritisch *Larenz/Canaris*, Methodenlehre, S. 340; *Würdinger*, 206 AcP (2006), 946 (956).

das Ergebnis einer Auslegung; mithin wird das zu findende Ergebnis vorausgesetzt.[410] Schließlich können mit *Lawson* auch sich verändernde Realitäten dafür sorgen, dass sich eine Ausnahme – der unkörperliche Vertrieb von Werkexemplaren als technisch mit Software vergleichbaren[411] Daten – zu einem allgemeinen *modus operandi* entwickelt.[412] In diesen Fällen ist eine Flexibilität des Rechts wünschenswert und unter dem Aspekt des Gleichheitsgrundsatzes notwendig. Es muss nämlich berücksichtigt werden, dass die Unterscheidung zwischen Software und anderen, als Daten vorliegenden Werken keine willkürliche sein darf. Aus technisch-wirtschaftlicher Perspektive unterscheiden sich die körperliche und die unkörperliche Erschöpfung jedoch allein dahingehend, ob die Verkörperung des Werkes erstmals in der Sphäre des Veräußerers vor Hingabe des Datenträgers auf diesem oder in der Sphäre des Erwerbers beim Download erfolgt. Bei in allen anderen Aspekten völlig identischen Übertragungs- und Erwerbssachverhalten geriete eine willkürliche differenzierende Behandlung jedoch in Konflikt mit dem Gleichbehandlungsgrundsatz des Art. 3 GG bzw. Art. 20 der GrCH.[413]

Eine vertiefte Behandlung der wirtschaftlichen Argumentation des EUGH und deren Übertragbarkeit auch auf andere Werkarten lassen schließlich beide Entscheidungen vermissen. Dessen Argumentation im Hinblick auf ökonomische Vergleichbarkeit bis hin zur Substitution von körperlicher durch unkörperliche Verbreitung sowie die Relevanz eines Sekundärmarktes für den Binnenmarkt wird ebenso wie die technische Identität der jeweiligen Vorgänge nicht gewürdigt. Das OLG Hamm wiederholt schlicht die Argumentation des Gerichtshofs zur Spezialität der RL 2009/24/EG,[414] ohne Rücksicht auf weiter angeführte Gründe.[415] Die von Klägerseite vorgebrachte, wirtschaftlich-technische Gleichartigkeit der Situationen wird mit einem kurzen Hinweis auf eine andere Interpretation abgehandelt, ohne diese jedoch weiter als mit dem der *UsedSoft*-Entscheidung des EUGH zugrundeliegenden Einzelfall zu begründen. Inwiefern zwischen der Übertragung von ein Computerprogramm ergebenden Daten und andere Werkarten ergebenden Daten ein Unterschied besteht, der eine abwei-

410 *Würdinger*, 206 AcP (2006), 946 (961).

411 Ob die übertragenen Daten am Ende als Softwarewerk oder als anderes Werk in Form von eBooks, MP3-Dateien oder Filmen charakterisiert werden ist im Hinblick auf die technische Ausgangslage bzw. die technischen Realitäten des Übertragungsvorgans irrelevant.

412 *Lawson*, 34 Indiana Law Journal 4 (1959), 531 (541) (»the exception has been made to eat up the rule«).

413 So jüngst auch durch den BGH erkannt und explizit betont, BGH CR 2015, 429, Rn. 32 – *UsedSoft III*.

414 OLG Hamm ZUM 2104, 715 (725).

415 EUGH, Urteil vom 03.07.2012, Rs. C-128/11, Rn. 52 sowie 61 – *UsedSoft;* siehe dazu auch Dreier/Schulze/*Dreier*, § 69c Rn. 24; *Schneider/Spindler*, CR 2012, 489 (497) sowie *Kubach*, CR 2013, 279 (282).

chende Beurteilung des für die Erschöpfung gewählten Anknüpfungspunktes »Veräußerung des Werks« ergeben kann, begründet das Gericht gerade nicht, obwohl dies in Anbetracht der Ausführungen in Randnummer 63 des *UsedSoft*-Urteils[416] nötig gewesen wäre.

C. Argumentation für eine Anwendung der *UsedSoft*-Doktrin auf andere Werkarten

Auch in der Literatur wird die Übertragbarkeit der vom EUGH zur Online-Erschöpfung aufgestellten Grundsätze auf den Anwendungsbereich der InfoSoc-Richtlinie kontrovers diskutiert.

I. Argumentation basierend auf Erwägungsgrund 29 der InfoSoc-Richtlinie

Eine Argumentationslinie gegen die Übertragung des Grundsatzes der unkörperlichen Erschöpfung stützt sich im Wesentlichen auf Erwägungsgrund 29 der InfoSoc-Richtlinie. Dessen Wortlaut[417] schließt nach Ansicht einiger Stimmen eine Erschöpfung des Verbreitungsrechts bei Downloads aus.[418]

1. Zweifel an der Bindungswirkung des Erwägungsgrundes

Von einer Gegenansicht wird jedoch bereits eine von Erwägungsgründen einer Richtlinie ausgehende Bindungswirkung bestritten.[419] Demnach stellen diese allein Auslegungsrichtlinien dar, welche Artikel einer Richtlinie niemals ihres Sinnes berauben und, im Falle des fehlenden Widerhalls ihres Inhalts in den eigentlichen Vorschriften der Richtlinie, ignoriert werden könnten.[420] Eine

416 »Eine Beschränkung des Wiederverkaufs von aus dem Internet heruntergeladenen Programmkopien ginge über das zur Wahrung des spezifischen Gegenstands des fraglichen geistigen Eigentums Erforderliche hinaus.«

417 »Die Frage der Erschöpfung stellt sich weder bei Dienstleistungen allgemein noch bei Online-Diensten im Besonderen. Dies gilt auch für materielle Vervielfältigungsstücke eines Werks oder eines sonstigen Schutzgegenstands, die durch den Nutzer [...] hergestellt worden sind.«

418 *Heinz*, Urheberrechtliche Gleichbehandlung von alten und neuen Medien, S. 206f.; *Ohly* in Derclaye, Research Handbook on the Future of EU Copyright, 2008, S. 212 (237–239); *Heydn/Schmiedl*, K&R 2006, 74 (77); *Spindler*, CR 2008, 69 (70f.); *Wiebe/Appl*, MR 2007, 186 (190f.).

419 *Reinbothe*, GRUR Int. 2001, 733 (737); *Knies*, GRUR Int. 2002, 314 (316) bezeichnet sie als »Auslegungsanweisungen«; mit aktuellem Bezug zu der Erschöpfungsdebatte an der Bindungswirkung zweifelnd *Hartmann*, GRUR Int. 2012, 980 (982); *Kubach*, CR 2013, 279 (282).

420 *Knies*, GRUR Int. 2002, 314 (316); nach *Malevanny*, CR 2013, 422 (426) haben sie »kei-

derartige Interpretation des Erwägungsgrundes 29 würde dazu führen, dass dieser mangels normativen Charakters nicht in der Lage wäre, mit Art. 4 Abs. 2 der InfoSoc-Richtlinie eine Einheit zu bilden und somit eine unkörperliche Erschöpfung auszuschließen oder den in den verfügenden Artikeln des Rechtsaktes deutlich werdenden Willen des Gesetzgebers in anderer Weise zu überspielen.[421]

Diese Interpretation der Erwägungsgründe ist dabei keinesfalls abwegig. Der »Gemeinsame Leitfaden des europäischen Parlaments, des Rates und der Kommission für Personen, die in den Gemeinschaftsorganen an der Abfassung von Rechtstexten mitwirken«[422] konkretisiert etwa, Erwägungsgründe seien »im Gegensatz zum verfügenden Teil so formuliert, dass ihre Unverbindlichkeit deutlich wird«.[423] In eine ähnliche Richtung weist ferner der Schlussantrag der Generalanwältin *Stix-Hackl* vom 25.11.2003 in der Rechtssache C-222/02, *Paul ./. Deutschland*, in der diese in Randnummer 132 auf die »beschränkte Wirkung [der Erwägungsgründe] im Allgemeinen« hinweist.[424] Die Ansicht, dass in den Erwägungsgründen zu findende Regelungsabsichten, welche in dem normativen Teil keinen Anhalt finden, außer Betracht zu bleiben hätten, ist schließlich auch in der europäischen Methodenlehre anerkannt. Es besteht in solchen Fällen keine absolute Sicherheit, ob die dem Erlass vorangehenden Erwägungen auch wirklich Eingang in den Normtext gefunden haben oder andernfalls der gesetzgeberische Wille missachtet würde.[425]

Zusammen mit der Tatsache, dass auch von Seiten des Richtliniengebers die Aussage des Erwägungsgrundes nicht verabsolutiert wurde – in der zeitlich der InfoSoc-Richtlinie nachfolgenden Computerprogramm-Richtlinie fehlt eine derartige Aussage[426] – erscheint die eine direkte Wirkung des Erwägungsgrunds 29 bezweifelnde Ansicht somit vorzugswürdig, zumal Art. 4 Abs. 2 der InfoSoc-Richtlinie in der Tat keinen Anhaltspunkt dafür bietet, eine derartige Einschränkung der Erschöpfung in Abhängigkeit vom Ort des Entstehens eines Vervielfältigungsstückes beim Veräußerer oder erst beim Erwerber vorzuneh-

---

nesfalls die Bindungswirkung eines Rechtsaktes«; eine Bindungswirkung lehnt auch *von Lewinksi* in Walter/von Lewinski, European Copryright Law, § 1.0.48, überzeugend ab.

421 Dies wird jedoch etwa von *Cichon* angenommen und besonders deutlich formuliert, *Cichon*, GRUR Prax. 2010, 381 (382), indem sie Erwägungsgrund 29 zuschreibt, er habe einen Ausschluss »normativ festgelegt«.

422 Abrufbar unter http://eur-lex.europa.eu/techleg/index.html.

423 Ziffer 10.1 des Leitfadens.

424 EuGH, Urteil vom 12.10.2004, Rs. C-222/02, *Paul u.a. ./. Deutschland.* Im konkreten Fall ging es um aus Erwägungsgründen abgeleitete, subjektive Rechte. Der Zusatz »im Allgemeinen« legt jedoch eine Abstraktionsfähigkeit nahe.

425 *Riesenhuber* in Riesenhuber, Europäische Methodenlehre, § 11 Rn. 37.

426 So treffend festgestellt von *Hartmann*, GRUR Int. 2012, 980 (983) sowie *Kubach*, CR 2013, 279 (282).

men – auf nichts anderes liefe eine abweichende Behandlung der unkörperlichen Verbreitung jedoch, wie oben dargelegt, hinaus.

2. *Inhalt des Erwägungsgrundes 29 der InfoSoc-Richtlinie*

Von anderen Stimmen in der Literatur wird der Erwägungsgrund 29 der InfoSoc-Richtlinie dergestalt ausgelegt, dass die dort angeführten »Online-Dienste« auch das Bereitstellen und Ermöglichen von Downloads umfassen soll, diese somit nicht zur Erschöpfung führen können.[427] Dies sei bereits deshalb zutreffend, da der Erwägungsgrund 29 der InfoSoc-Richtlinie wörtlich dem Erwägungsgrund 33 der Datenbank-Richtlinie 96/9/EG entspräche, so dass die dort getroffenen Erwägungen auf die InfoSoc-Richtlinie zu übertragen seien.[428]

Dagegen spricht jedoch, dass der Ausschluss des Erwägungsgrundes 29 der InfoSoc-Richtlinie alleine Online-*Dienstleistungen* wie etwa die dort angeführten Vermiet- und Verleihrechte umfassen sollte, nicht dagegen Geschäfte, die einen kaufähnlichen Austausch bewirken.[429] Nur in ersteren Fällen solle demnach keine Erschöpfung eintreten.[430] Im Rahmen der Datenbankrichtlinie war es gerade die Intention des Richtliniengebers klarzustellen, dass der Erschöpfungsgrundsatz nicht auf die Erbringung von Dienstleistungen, sehr wohl aber auf die Verbreitung von Waren Anwendung finden solle.[431] Eine Übertragung dieses Grundsatzes auf Werke der InfoSoc-Richtlinie würde somit bloß zu dem Ergebnis führen, dass im Falle des Anbietens eines Werkes zum vorübergehenden Konsum, also etwa dem Online-Verleih oder dem Streaming, keine Erschöpfung eintreten solle[432] – nicht dagegen, dass dieser bei einem Download-Vertrieb ausgeschlossen sein solle.

Diese Interpretation wird schließlich auch durch den EUGH aufgegriffen. In *UsedSoft* führt der Gerichtshof aus, dass eine dauerhafte Überlassung eines unkörperlichen Vervielfältigungsstücks seiner Ansicht nach gerade keine

427 Vgl. dazu die Nachweise in Fn. 418; ferner *Senftleben*, NJW 2012, 2924 (2925); auf Basis des Art. 6 WCT *Koch*, ITRB 2013, 38 (39); *Hansen/Wolff-Rojczyk*, GRUR 2012, 908 (909); *Stieper*, ZUM 2012, 668.

428 *Von Lewinski/Walter* in Walter/von Lewinski, European Copyright Law, § 11.3.42; *Walter*, MR-Int 2012, 40 (41); *Hoeren*, CR 2006, 573 (574); *Reinbothe*, ZUM 2002, 43 (48); *Senftleben*, NJW 2012, 2924 (2925).

429 Eine solche nehmen mit dem EUGH in Rs. C-128/11, Rn. 44–46 – *UsedSoft*, etwa *Kubach*, CR 2013, 279 (293) sowie *Scholz*, ITRB 2013, 17 (19) an.

430 Schricker/Loewenheim/*von Ungern-Sternberg*, § 19a Rn. 5f.; *Schneider/Spindler*, CR 2012, 489 (497); *Scholz*, ITRB 2013, 17 (20); *Goldstein/Hugenholtz*, International Copyright, § 9.1.2.1; *Kubach/Schuster*, CR 2014, 498 (505).

431 *Blocher*, in: Walter, Europäisches Urheberrecht, Art. 4 Software-RL Rn. 29; *Sosnitza*, ZUM 2009, 521 (524).

432 *Gaster*, GRUR Int. 2000, 571 (580f.); so auch *Malevanny*, CR 2013, 422 (426), der dort in Fn. 40 etwa nach Ende einer zeitlich begrenzten Lizenz automatisch unbrauchbar werdende »*conditional downloads*« anführt.

Dienstleistung, sondern ein Verkauf sei, die dauerhafte Eigentumsübertragung mache aus der Zugänglichmachung eine Verbreitung.[433] Darüber hinausgehende Auslegungen des Begriffs »Online-Dienst«, die darauf hinausliefen, auch das Verkaufen von Waren im Internet als »Dienstleistung« zu verstehen, würden etliche Online-Versandhäuser unter dem Begriff fassen und wäre daher verfehlt.[434] Vielsagend ist auch die Aussage in Randnummer 60 der *UsedSoft*-Entscheidung, in welcher der EUGH einen eventuellen Ausschluss aufgrund des Erwägungsgrundes 29 konsequent im Konjunktiv behandelt und darüber hinaus selbst bei dessen Anwendbarkeit weitere Argumente liefert.[435]

Ansichten, die Erwägungsgrund 29 gegen die Übertragung der Erschöpfung bei Downloads in die Richtlinie 2001/29/EG in Stellung bringen, verkennen somit, dass die Erwähnung von Online-Diensten in dessen Wortlaut gerade nicht den Zweck hat, alle Online-Angebote als Dienstleistungen zu charakterisieren, sondern lediglich deklaratorisch auf Online-Dienste hinweisen soll (»im Besonderen«).[436] Von einer Subsumtion des konkreten (online-)Vorgangs unter die Dichotomie »Veräußerung« oder »Dienstleistung« entbindet er keineswegs. Ferner ist diese Auffassung konsistent mit der Ansicht, dass das reine Bereitstellen von Werken im Internet zwar unter das Recht zur öffentlichen Zugänglichmachung aus § 19a UrhG fällt,[437] der eigentliche Downloadvorgang dagegen ferner das Vervielfältigungs- sowie das Verbreitungsrecht der §§ 16, 17 UrhG berührt,[438] mithin das Bereithalten und Abrufen getrennte Vorgänge darstellen.

Die auf Erwägungsgrund 29 der InfoSoc-Richtlinie basierende Argumentation gegen eine unkörperliche Erschöpfung des Verbreitungsrechts vermag

433 EUGH, Urteil vom 03.07.2012, Rs C-128/11, Rn. 52 – *UsedSoft.*

434 EUGH, Urteil vom 03.07.2012, Rs C-128/11, Rn. 42–46 – *UsedSoft.*

435 EUGH, Urteil vom 03.07.2012, Rs C-128/11, Rn. 60 – *UsedSoft* (»Doch selbst wenn sich aus Art. 4 Abs. 2 der Richtlinie 2001/29 in seiner Auslegung im Licht der Erwägungsgründe 28 und 29 ergäbe […]«); dazu auch *Grützmacher*, ZGE 2013, 46 (81).

436 *Kubach/Schuster*, CR 2014, 498 (504f.).

437 So der Bericht des 6. Rechtsausschusses zum 2. UrhRÄndG, S. 29; für Datenbanken bereits KG Berlin, KG-Report 2000, 393 (394); für Musikstücke OLG München GRUR 2001, 499 (503) – *MIDI-Files*; Dreier/Schulze/*Schulze*, § 16 Rn. 15; Wandtke/Bullinger/*Bullinger*, § 16a Rn. 10; *Brinkel*, Filesharing, S. 88; *Solmecke*, K&R 2007, 138 (142); *Schapiro*, ZUM 2008, 273 (277); *Haberstumpf*, GRUR 2003, 14 (23).

438 Wandtke/Bullinger/*Heerma*, § 17 Rn. 12, 24 stellt etwa auf das Erhalten einer dauerhaften Kopie und die wirtschaftliche Gleichwertigkeit zum Trägerversand ab; im Ergebnis auch Fromm/Nordemann/*Dustmann*, 10. A, § 19a Rn. 29 (»zweifelhaft, […] warum eine erworbene CD frei zirkulieren kann, während beim kostenpflichtigen Online-Abruf […] Erschöpfung nicht eintritt«); diese Ansicht wird jedoch in der 11. Auflage in § 19a Rn. 29a ausdrücklich aufgegeben; Dreier/Schulze/*Dreier*, § 19a Rn. 11; *Koehler*, Der Erschöpfungsgrundsatz des Urheberrechts im Online-Bereich, S. 173–176; *Oswald*, Erschöpfung durch Online-Vertrieb urheberrechtlich geschützter Werke, S. 82 sowie 84–88; *Sosnitza*, K&R 2006, 206 (208); ebenso *Reinbothe*, GRUR Int. 2001, 733 (737); *Knies*, GRUR Int 2002, 314 (316).

somit nicht vollends zu überzeugen. Selbst bei weiter Auslegung des Begriffes der »Dienstleistung« und damit einer Anwendbarkeit des Erwägungsgrundes 29 auf Downloads würde lediglich besagt, dass das bloße Bereitstellen zum Download noch nicht zur Erschöpfung führt.[439] Die Frage, ob und wie der zweiaktige Vervielfältigungsakt des Downloads sich auf die Erschöpfung auswirkt, wird damit nicht von Erwägungsgrund 29 beantwortet.[440]

3. *Fazit zur Argumentation auf Basis von Erwägungsgrund 29*

Unabhängig von der – nach hier vertretener Ansicht zu bejahenden – Frage, ob Erwägungsgrund 29 der InfoSoc-Richtlinie mit dem Begriff »Online-Dienste« allein Dienstleistungen und keine kaufähnliche Verschaffung bei Downloads umfassen soll, erscheint es aufgrund des unverbindlichen Charakters von Erwägungsgründen als reine Auslegungshilfe vorzugswürdig, diesem mangels entsprechender Anhaltspunkte im Text der Richtlinie keine die Erschöpfung bei Downloads einschränkende Wirkung zuzusprechen. Er steht einer Ausweitung der *UsedSoft*-Grundsätze somit nicht entgegen.

II. Wirtschaftlich-technische Vergleichbarkeit der Sachverhalte

Eine verbreitete Argumentationslinie zugunsten der Übertragbarkeit der *UsedSoft*-Entscheidung ist die wirtschaftlich-technische Vergleichbarkeit der Vorgänge bei Erwerb von Standardsoftware einerseits und dem Erwerb von digitaler Musik, eBooks und ähnlichen informationellen Gütern andererseits.[441] Die Unterscheidung, ob die technisch gleichartige Verkörperung auf einem Datenträger in der Rechtssphäre des Erwerbers zu einem Computerprogramm oder einem anderen, digitalen Werk führt, soll demnach keine abweichende Behandlung der beiden Komplexe rechtfertigen.[442] Diese Ansicht vermag hin-

---

439 So ausdrücklich auch Wandtke/Bullinger/*Heerma*, § 17 Rn. 27 a.E. sowie *Wiebe*, GRUR Int. 2009, 114 (115).

440 So auch *Sosnitza*, ZUM 2009, 521 (523); *Malevanny*, CR 2013, 422 (426) und *Kubach*, CR 2013, 279 (283).

441 Begriff nach *Redeker*, CR 2011, 634 (638); im Grunde erkennt auch Dreier/Schulze/*Dreier*, § 69c Rn. 24 dort ein »Bedürfnis«; *Scholz*, ITRB 2013, 17 (20) weist auf die identischen Begriffe »Erstverkauf« sowohl in Art. 4 Abs. 2 der Computerprogramm-RL sowie in der InfoSoc-RL hin.

442 Bereits *vor* Ergehen des *UsedSoft*-Urteils *Walter/von Lewinski*, in Walter/von Lewinski, European Copyright Law, § 11.3.40f., § 11.4.53 sowie *Blocher/Walter*, ebd., § 5.4.42; ebenso *Bechtold* in Dreier/Hugenholtz, Concise European Copyright Law, § 5.4.37f.; *Hoeren*, CR 2006, 574; *Tjong Tjin Tai*, 80 EIPR (2003), 207 (209); *Sosnitza*, ZUM 2009, 421 (424f.); nach dem *UsedSoft*-Urteil des EUGH *Rath/Maiworm*, CR 2012, 1051 (1055); *Hilty/Köklü/Hafenbrädl*, IIC 2013, 263 (284) sowie dort S. 287 für die Option der Übertragbarkeit; ebenso *Hilty*, CR 2012, 625 (635f.) unter der Bedingung der Nutzungsaufgabe; ohne Begründung auch *Cook*, EU Intellectual Property Law, § 3.118, 3.120.

sichtlich beider Aspekte zu überzeugen. Dies wird besonders bei Betrachtung des Vertriebs von Software und digitalen Nicht-Softwarewerken in verkörperter Form deutlich. In diesem Falle existiert hinsichtlich § 17 Abs. 2 UrhG gem. § 69a Abs. 4 UrhG ein Gleichlauf zwischen Software und Nicht-Softwarewerken, der ferner noch durch die Mindestrechte in § 69d Abs. 1 UrhG abgesichert wird. Ein auf körperlichen Vertriebswegen erworbenes, an ein *res commodum* gebundenes eBook, Musikstück oder Hörbuch ist genauso der Weiterveräußerung – und deren Einschränkung[443] – zugänglich wie ein Computerprogramm. Die reine Verlagerung des Bezugssachverhaltes in eine unkörperliche Sphäre, wie etwa »das Internet«, kann und sollte nicht dazu führen, dass diese in einer wirtschaftlich identischen, jedoch offline verorteten Konstellation getroffene Entscheidung plötzlich nicht mehr zutreffen soll.[444]

Ebenso wenig bestehen in technischer Hinsicht Unterschiede zwischen den Konstellationen. In beiden Fällen werden Daten übertragen, die in ihrer Anordnung nach Abschluss der Transaktion entweder dem Softwareurheberrecht oder dem allgemeinen Urheberrecht zuzuordnende Werke ergeben.[445] Im Hinblick auf die Anfälligkeit für »Raubkopien«,[446] Verlust der Kontrolle der Rechtsinhaber über die weitere Verbreitung[447] und ähnliche, gegen eine unkörperliche Erschöpfung vorgebrachte Argumente bestehen in technologischer Hinsicht keine Unterschiede zwischen den beiden Werkkategorien. Insbesondere die Verbreitung von unlizensierten Kopien würde bei Nicht-Softwarewerken gleich stark gefördert wie bei Software, wobei der Effekt insgesamt eher zu vernachlässigen ist.[448]

Eine Ungleichbehandlung in diesem Bereich wird, anders als etwa *Dietrich* annimmt,[449] auch nicht durch die an reiner Nutzbarkeit und nicht an Ästhetik ausgerichtete Intention von Software gerechtfertigt. Würde die Nutzung »um sich an den enthaltenen ›Künsten‹ […] zu erfreuen«[450] ein Kriterium zur Bestimmung der Reichweite des Erschöpfungsgrundsatzes darstellen, so wäre rein technisch-beschreibenden oder wissenschaftlichen Werke wie etwa Lexika,

443 Zutreffend erkannt von *Grützmacher*, ZGE 2013, 46 (81f.), der jedoch bei Nicht-Softwarewerken auf Implementierung von DRM in den Wiedergabegeräten abstellt. Eine solche Implementierung ist allerdings wie bei Software auch bereits auf Dateiebene möglich.

444 So bereits *Hoeren*, MMR 2000, 515 (517); *Linneborn*, K&R 2001, 394 (395) sowie *Reinbothe*, GRUR Int. 2001, 733 (737); jüngst *Stamatoudi/Torremans* in Stamatoudi/Torremans, EU Copyright Law, Information Society Directive, Art. 4, Sec. 11.52.

445 *Elkin-Koren/Salzberger*, 19 Int. Review of Law & Econ. (1999), 553 (559f.).

446 Dazu *Tjion Tjin Tai*, EIPR 2003, 207 (210) sowie sogleich unten, Teil III.

447 *Teerhag/Telle*, K&R 2013, 549 (553); *Hartmann*, GRUR Int. 2012, 980 (982).

448 *Timm*, Kartellrecht der Softwareverträge, S. 150f.; ohne Begründung auch *Grützmacher*, CR 2010, 141 (142).

449 *Dietrich*, NJ 2014, 194 (197) unter Verweis auf OLG München ZUM 2009, 70 (71).

450 *Dietrich*, NJ 2014, 194 (197).

veröffentlichten Studien oder Fachaufsätzen trotz ihrem Unterfallen unter die InfoSoc-Richtlinie eine unkörperliche Erschöpfung zu attestieren.[451] Die Grenzen zwischen einem nicht der unkörperlichen Erschöpfung unterfallendem Kunstwerk und diesbezüglich erschöpfendem »Nutzwerk« würde noch unklarer als beim Abstellen auf den Unterschied zwischen Software und Werken des allgemeinen Urheberrechts.

Zu weit geht jedoch eine Ansicht, nach der etwa eBooks und andere digitale Werke, deren Repräsentation neben dem eigentlichen Werk auch Software-Befehle enthält, gleichsam als Software einzuordnen und damit auch ohne Übertragung der Grundsätze einer unkörperlichen Erschöpfung zugänglich sein sollen.[452] Diese Werke enthalten zwar *auch* Softwarebestandteile,[453] ihr Hauptzweck ist dabei jedoch nicht Steuerung eines Programmablaufs, sondern die Darstellung von Inhalten. Es handelt sich um sog. beschreibenden Code und nicht um Objektcode. Damit sind diese Werke nach wie vor Sprachwerke und unterfallen der InfoSoc-RL.[454]

Zuzustimmen ist *Peifer* jedoch hinsichtlich seiner Auffassung, dass die Argumentation des EUGH in *UsedSoft* keineswegs auf Software beschränkt sei und dies auch nicht werden sollte.[455] Der hohe Abstraktionsgrad der Argumentation im Rahmen des Urteils und die Verallgemeinerungsfähigkeit der dort vorzufindenden Thesen auf alle Arten von digitalen Gütern lassen es – insbesondere in Kombination mit dem bewussten Verzicht auf eine Klarstellung dieser Intention durch den Gerichtshof[456] – durchaus als Zeichen dahingehend deuten, dass allein aus Gründen der begrenzten Vorlagefrage ein weitergehendes Diktum des EUGH zur Erschöpfung im Onlinebereich unterblieben ist. Insbesondere die Betonung der Notwendigkeit einer umfassenden Erschöpfung in diesem Bereich für einen funktionierenden Binnenmarkt,[457] seit ihrer Gründung eines der wesentlichsten, wenn nicht das wesentlichste Grundprinzip der europäischen Gemeinschaft

451 Bei diesen Werkarten tritt ebenfalls die ästhetische Dimension des Werkschaffens hinter funktionale Aspekte zurück. Darüber hinaus kann auch bei Software durchaus ein ästhetischer Wert gekonnter Programmierung nicht komplett in Abrede gestellt werden.

452 *Peifer*, AfP 2013, 89 (91); dies ablehnend *Biehler/Apel*, ZUM 2014, 727 (728) und OLG Hamm ZUM 2014, 715 (720).

453 Das eBook-Format *.epub* etwa enthält von Readern lesbare Befehle zur Beeinflussung der Schriftgröße oder des Schriftbildes, dazu auch *Ohrtmann/Kuß*, BB 2012, 2262 (2264f.).

454 Spindler/Schuster/*Wiebe*, § 69a UrhG Rn. 5 am Beispiel von Webseiten bzw. HTML-Code; dazu ebenfalls OLG Frankfurt am Main GRUR-RR 2005, 299 – *Online-Stellenmarkt*; ebenso Wandtke/Bullinger/*Grützmacher*, § 69a Rn. 18; *Ernst*, MMR 2001, 208 (211); *Schack*, MMR 2001, 9 (10).

455 *Peifer*, AfP 2013, 89 (91); ebenso *Grützmacher*, ZGE 2013, 46 (81); *Picot* in Picot/Duisberg, Recht der Computerspiele, Kapitel 4, Teil 3.1.2.2 auf S. 122f.

456 EUGH, Urteil vom 03.07.2012, Rs. C-128/11, Rn. 60 – *UsedSoft*.

457 EUGH, Urteil vom 03.07.2012, Rs. C-128/11, Rn. 41, 62f. – *UsedSoft*.

bzw. der europäischen Union[458] und damit eines der »schwersten Geschütze«, das der Gerichtshof für die Erstreckung der Erschöpfung in den unkörperlichen Bereich in Ansatz bringen konnte, lässt wenig Raum, um in einer eventuellen Folgeentscheidung die Übertragung der Grundsätze auf Nicht-Softwarewerke auszuschließen,[459] zumal der Grundsatz der Warenverkehrsfreiheit und der Erschöpfungsgrundsatz seit der *Polydor*-Entscheidung des Gerichtshofs[460] besonders eng miteinander verknüpft sind.

Dem steht auch die Intention des deutschen Gesetzgebers bei Einführung der §§ 69a ff. UrhG nicht entgegen. In der entsprechenden Gesetzesbegründung wurde zwar betont, man wolle ein Durchschlagen der Regelungen für Software auf »normales« Urheberrecht gerade verhindern, weshalb ein eigener Normkomplex eingeführt wurde.[461] Die nationalen Rechtsordnungen sind jedoch europarechtskonform bzw. in Übereinstimmungen mit den europäischen Richtlinien auszulegen, gerade im harmonisierten Bereich des Urheberrechts.[462] Die – in der *UsedSoft*-Entscheidung durchaus ersichtliche und in ihrer Wirkung wohl nicht unbedachte – bewusst abstrakte Argumentation des EUGH als bindende Auslegung des europäischen Rechts ist durchaus geeignet, die strenge Trennung der Komplexe im deutschen Recht zu überwinden.

III. Problem der Weiterveräußerung und Erstellung unlizensierter Kopien

Zuletzt wird von Kritikern der Ausweitung unkörperlicher Erschöpfung auf die unklare Rechtslage auf Seiten der Folgeerwerber[463] sowie die Gefahr der »Dopplung« von Werken hingewiesen.[464] In eine ähnliche Richtung weist auch eine Ansicht, die die mangelnde Unterscheidbarkeit von erschöpfter und somit rechtmäßig verbreiteter Kopien einerseits und nicht erschöpfter und damit

458 So bereits bereits EuGH, Rs. 9/73, Rn. 39 – *Schlüter*; GA Cosmas, Schlussantrag zu EuGH, Rs. C-378/97, Rn. 38 – *Wijsenbeek*; *Ehlers*, Europäische Grundrechte und Grundfreiheiten, S. 209 Rn. 1 (»Stützpfeiler der gemeinschaftsrechtlichen Wirtschaftsverfassung«); *Kingreen*, Die Struktur der Grundfreiheiten des europäischen Gemeinschaftsrechts, S. 13; Streinz/*Schröder*, EUV/AEUV, Art. 26 AEUV Rn. 18 (»Motor einer politischen Bewegung«); Calliess/Ruffert/*Kahl*, EUV/AEUV, Art. 26 Rn. 15.

459 So auch Dreier/Schulze/*Dreier*, § 69c Rn. 24; *Schneider/Spindler*, CR 2012, 489 (497); *Kubach*, CR 2013, 279 (283); *Hoeren/Försterling*, MMR 2012, 642 (647) sowie *Grützmacher*, ZGE 2013, 46 (81) unter Verweis auf eine solche Richtung auch bei eBooks und anderen Medien andeutende Formulierungen der Generalanwältin am EUGH *Kokott* vom 03.02.2011 in den Rechtssachen C-403/08 und C-429/08, dort Rn. 174 und 175.

460 EuGH, Urteil vom 08.06.1970, Rs. 78/70 – *Polydor.*

461 RegE 2. UrhGÄndG, S. 7f.; *Rehbinder/Peukert*, UrhR, Rn. 169.

462 *Rehbinder/Peukert*, UrhR, Rn. 170.

463 *Tjong Tjin Tai*, 80 EIPR (2003), 207 (210).

464 *Bäcker/Höfinger*, ZUM 2013, 623 (636); *Hilty/Köklü/Hafenbrädl*, IIC 2013, 263 (289); ebenso *Hilty*, CR 2012, 625 (632); *Longdin/Lim*, IIC 2013, 541 (560).

unrechtmäßig verbreiteter Kopien andererseits gegen eine Ausweitung anführt.[465]

Diese Argumentation gegen eine Übertragbarkeit des *UsedSoft*-Urteils auf Nicht-Softwarewerke setzt an den Folgen einer unkörperlichen Weiterveräußerung an. Wird die unkörperlich erworbene Kopie nicht verkörpert, sondern wiederum allein unkörperlich veräußert, so werde nicht die mit Zustimmung des Rechteinhabers erstveräußerte Kopie des Musikstücks weitergegeben, sondern eine weitere Kopie dieser Datei auf dem Computer des Erwerbers ohne Zustimmung des Rechteinhabers erstellt.[466] Diesen – auch in anderen Rechtsordnungen (s. unten, Abschnitt V.2.c., zum Urteil *Capitol Records Inc. v. ReDigi Inc.* in den USA) für problematisch erachteten – Einwänden lässt sich durch die Berücksichtigung der Besonderheiten des digitalen Raumes im Rahmen des auf körperliche Werkexemplare ausgerichteten, »klassischen« Denkmuster der Erschöpfungslehre entgegentreten.[467]

Anstatt an dem *Werkexemplar* anzusetzen, an welchem das Verbreitungsrecht erschöpft und dessen Besitz zur Nutzung berechtigt, sollte bei Beurteilung der Nutzungsbefugnis vielmehr auf die *Berechtigung zur Nutzung* abgestellt werden. Durch deren Übertragung – auch in unkörperlicher Form – verliert der Ersterwerber seine Berechtigung, das Werk bzw. eine eventuell noch vorhandene Version zu nutzen oder ein zweites Mal zu veräußern in derselben logischen Sekunde, in dem der Zweiterwerber diese erhält.[468] Damit existieren zwar potentiell zwei Datenbestände, von denen jedoch nur noch einer »aktiv« in dem Sinne ist, als dass an ihm ein Nutzungsrecht besteht. Somit würde die Erschöpfungslehre von dem nicht an die Gegebenheiten der Online-Umgebungen angepassten Fixierung auf einzelne Werkexemplare gelöst, so dass nunmehr einzelne Nutzungsrechte hinsichtlich ihrer Erschöpfung unabhängig von dem zugrundeliegenden Werk zu beurteilen wären.[469] Abzustellen ist vielmehr allein auf die Eigenschaft als berechtigter Nutzer, die dem jeweils aktuellen Adressaten einer distributorischen Verwertungshandlung einer personalen Statusbezeich-

465 *Schack*, GRUR 2007, 639 (644); *Ganea*, GRUR Int. 2005, 102 (106f.).

466 So die Kritik *von Bäcker/Höfinger*, ZUM 2013, 623 (636); *Hilty/Köklü/Hafenbrädl*, IIC 2013, 263 (289); *Hilty*, CR 2012, 625 (632); *Longdin/Lim*, IIC 2013, 541 (560); bereits *Berger*, GRUR 2002, 198 (201) sowie *Tjong Tjin Tai*, 80 EIPR (2003), 207 (211).

467 Ein Schritt, den der EUGH jedoch in Rn. 88 des *UsedSoft*-Urteils vom 03.07.2012, Rs. C-128/11, nicht vollzogen hat, den der BGH dagegen in CR 2015, 419 (432) – *UsedSoft III* in Rn. 45 zu favorisieren scheint; dazu *Schneider*, CR 2015, 413 (416).

468 So erstmals *Brehm* in FS Gitter, 1995, S. 145 (153); zustimmend *Berger*, GRUR 2002, 198 (201f.); in diese Richtung auch *Hilty*, CR 2012, 625 (635).

469 So im Grunde auch LG Hamburg MMR 2006, 827 sowie LG München I MMR 2008, 563 (565) mit nahezu identischem Wortlaut (»in Bezug auf jedes einzelne Nutzungsrecht, welches jeweils als ein eigenständig zu beurteilendes Vervielfältigungsstück der Software zu behandeln ist, erschöpft.«) sowie die zustimmende Anmerkung von *Huppertz* zu letzterem Urteil in CR 2008, 418; ferner die Nachweise in Fn. 468.

nung gleich zukommen muss.[470] Jede weitere Nutzung des Werkes durch den Veräußerer oder Dritte wäre somit klar als rechtswidrig zu qualifizieren.

Wird diese Betrachtungsweise noch im Sinne des EUGH durch entsprechende DRM-Maßnahmen abgesichert – Verknüpfung einer Kopie mit einem Schlüssel, der eine maximal einmalige Aktivierung zulässt und mit dem Werk übertragen werden müsste – so wird die Qualifikation einer »Nachnutzung« als rechtswidrig nicht zur verfolgbar und durchsetzbar, sondern würde auch den vom BGH in *UsedSoft II* gestellten Anforderungen an eine »Unbrauchbarmachung der Kopie im Rahmen der Veräußerung«[471] entsprechen. Es würde somit gelingen, die Erschöpfungslehre an die Erfordernisse der modernen Digitaltechnik anzupassen, ohne dabei die nahezu unbestrittene Nicht-Erschöpfung des Vervielfältigungsrechts[472] anzutasten.[473] Gleichzeitig wäre die Problematik der Entstehung einer funktionsfähigen, nicht vergüteten Werkkopie bei der Online-Übertragung eines digital verbreiteten Werkes aufgelöst. Selbst wenn eine solche entstünde, wäre sie ohne Vornahme einer rechtswidrigen Handlung nicht nutzbar und somit nicht in der Lage, die Interessen des Rechtsinhabers zu beeinträchtigen.

Auch obige Argumentation auf Basis der fehlenden Indizwirkung des Besitzes eines körperlichen Werkexemplars überzeugt schließlich nicht. Während ein physisches Medium durch Besitz an diesem *prima facie* ein Indiz für den Erwerb einer Lizenz darstellt, so soll dies bei rein digital erworbenen Werken nicht der Fall sein.[474] Die dadurch entstehenden Rechtsunsicherheiten beim Erwerber[475] werden gegen eine Ausweitung in Stellung gebracht. Dem ist jedoch aus zwei Richtungen zu widersprechen. Zum einen ist es auch bei physisch verkörperten Werken keinesfalls ausgeschlossen, eine professionell gestaltete, jedoch unlizenzierte Kopie zu erwerben. Die Aussagekraft des Besitzes ist somit keineswegs so eindeutig, dass daraus auf den Erwerb eines Nutzungsrechts geschlossen werden könnte. Es existiert im Urheberrecht keine mit § 1006 BGB vergleichbare Norm, welche vom Besitz eines körperlichen Exemplars auf eine Rechtsinha-

470 *Berger*, GRUR 2002, 198 (202) unter Verweis in Fn. 27 auf die entsprechende Regelung der DatenbankRL sowie der exakt dieses System fordernden Bericht des 19. BWFT-Ausschusses zum IuKDG, S. 52.

471 BGH GRUR 2014, 264, Rn. 63 – *UsedSoft II*.

472 So BGHZ 112, 264 (277) – *Betriebssystem*; *Schack*, UrhR, Rn. 430; Wandtke/Bullinger/*Heerma*, § 17 Rn. 33; Schricker/Loewenheim/*Loewenheim*, § 17 Rn. 60 sowie 63.

473 An diesem Grundsatz wurde jedoch durch den BGH jüngst gerüttelt, BGH CR 2015, 429, Rn. 31 – *UsedSoft III* (»Danach konnte sich das Verbreitungsrecht der Klägerin nicht nur hinsichtlich der heruntergeladenen Kopie der Computerprogramme, sondern auch hinsichtlich der anzufertigenden Kopien der Computerprogramme erschöpfen.«).

474 *Schack*, GRUR 2007, 639 (644); *Ganea*, GRUR Int. 2005, 102 (106f.).

475 Die Tatsache, dass solche in der Tat bestehen wird keineswegs bestritten und durch die zentrale Rolle, die schweizerische Notartestate in den einschlägigen Prozessen gespielt haben, sehr deutlich aufgezeigt.

berschaft schließen ließe. Die dem am nächsten kommende Norm des § 69d Abs. 1 S. 1 UrhG statuiert gerade nicht die Legalität einer Nutzungshandlung aufgrund der Existenz eines körperlichen Werkexemplars, sondern setzt dessen rechtmäßigen Erwerb gerade voraus.[476] Die Annahme einer entsprechenden Funktion der physischen Werkkopie ist daher unzutreffend, mithin kann das Fehlen nicht als Kontraindikation angesehen werden – zumal auch Datenträger Ziel eines Diebstahls werden können. Zum anderen werden schließlich immer mehr lizenzierte, mithin »legale« Kopien auch in rein unkörperlicher Form verbreitet, so dass dem Besitz einer »Original-CD« o.ä. auch in praktischer Hinsicht keine Indizwirkung mehr zukommt.

Es lässt sich somit auch der Argumentation auf Basis der Unsicherheit hinsichtlich der Rechtslage beim Erwerb bzw. der Möglichkeit der Vervielfältigung mit überzeugenden Argumenten entgegentreten. Diese können ebenfalls keine Ungleichbehandlung rechtfertigen.

IV. Verhältnis zwischen InfoSoc-Richtlinie und Computerprogramm-Richtlinie

Ein weiteres, eng mit der Diskussion um den Erwägungsgrund 29 der InfoSoc-Richtlinie[477] zusammenhängendes Argumentationsfeld ist das vom EUGH festgestellte Verhältnis zwischen der InfoSoc-Richtlinie sowie der Computerprogramm-Richtlinie, bei dem letztere als *lex specialis* zur ersteren als *lex generalis* bezeichnet wird.[478] Diese wird stellenweise sogar bereits gegen die unkörperliche Erschöpfung bei Software[479] und in einem zweiten Schritt erst Recht gegen eine Ausweitung auf andere Werkarten in Stellung gebracht.[480]

1. *Richtlinie 91/250/EG als* lex prior *anstatt* lex specialis

Nach dieser Ansicht ist maßgeblich auf die erste Computerprogramm-Richtlinie (91/250/EG) aus dem Jahre 1991 abzustellen. Zu dieser Zeit war beim Vertrieb von Software die körperliche Verbreitung auf Datenträgern vorherrschend, es wurden noch keine oder nur ein verschwindend geringer Teil aller Computerprogramme via »Datenfernübertragung« veräußert. Sodann sollte 2001 im Rahmen des Erlasses der InfoSoc-Richtlinie das Urheberrecht an die Gegebenheiten des Digitalzeitalters angepasst werden. Es wurde die öffentliche Zugänglichmachung in nicht-körperlicher Form eingeführt und damit die Tren-

476 Dazu statt aller Schricker/Loewenheim/*Loewenheim*, § 69d Rn. 3 mit Verweis auf RegE UrhG, S. 12 sowie weiterer Nachweise.

477 Dazu oben, § 6.C.I.

478 EUGH, Urteil vom 03.07.2012, Rs C-128/11, Rn. 51 sowie 56 – *UsedSoft.*

479 *Stieper*, ZUM 2012, 668 (669).

480 *Hansen/Libor*, AfP 2012, 447 (449); *Ohrtmann/Kuß*, BB 2012, 2262.

nung zwischen körperlicher und unkörperlicher Verbreitung und sukzessive die nur auf die körperliche Verbreitung beschränkte Erschöpfung eingeführt.[481]

Diese Abläufe werden dahingehend interpretiert, dass die weite Formulierung der Computerprogramm-Richtlinie, die der EUGH zur Begründung der unkörperlichen Erschöpfung im Softwarebereich nutzt, gerade kein Argument für eine unkörperliche Erschöpfung bei Computerprogrammen sei, da 2001 im Rahmen der InfoSoc-Richtlinie die Trennung körperlich/unkörperlich eingeführt wurde. Es gelte somit keineswegs die Computerprogramm-RL als *lex specialis*, sondern nach dem Grundsatz *lex posterior derogat legi priori* sei die Erschöpfungsreichweite der InfoSoc-Richtlinie (*lex posterior*) in die Computerprogramm-Richtlinie aus 1991 (*lex prior*) hineinzulesen.[482] Gestützt wird diese Argumentation durch den Grundsatz der einheitlichen Auslegung des Unionsrechts, nach dem Richtlinien und Primärrecht so auszulegen sind, dass sie ein einheitliches und widerspruchsfreies Ganzes darstellen[483] und somit unkörperliche Erschöpfung ausschließen.

Bei unterstelltem Zutreffen dieser Ansicht, dass die Erschöpfungsmodalitäten der Richtlinie 91/250/EG durch die Richtlinie 2001/29/EG »ausgebessert« bzw. im Rahmen des *lex posterior*-Grundsatzes ersetzt worden sein sollte, drängt sich jedoch die Frage nach der Wirkung der Neufassung der Computerprogramm-Richtlinie auf. Im Jahr 2009 wurde die Computerprogramm-Richtlinie als RL 2009/24/EG neugefasst, wobei jedoch die heutige, nicht-differenzierende Regelung zur Erschöpfung wortgleich aus der Vorgängerversion übernommen wurde.[484] Die obige Ansicht müsste im Interesse ihrer Widerspruchsfreiheit davon ausgehen, dass eine Anpassung der Computerprogramm-Richtlinie an die neue Idee der rein körperlichen Erschöpfung im Jahre 2009 schlicht im Rahmen einer Regelungslücke vergessen wurde und diese Lücke nun durch Rückgriff auf die Regelungen der InfoSoc-Richtlinie in analoger Anwendung geschlossen werden soll. Eine solche Interpretation erscheint jedoch zweifelhaft.[485] Ebenso existiert die Möglichkeit – und ausgehend von einer Kenntnis des

481 *Stieper*, ZUM 2012, 668 (669); die behauptete Beschränkung des Erwägungsgrunds 29 der InfoSoc-Richtlinie auf Dienstleistungen und die Einordnung von Downloads wird dabei außer Acht gelassen.

482 *Stieper*, ZUM 2012, 668 (669); mit gleichem Ergebnis, aber ohne die ausführliche Begründung auch *Hansen/Libor*, AfP 2012, 447 (450).

483 *Stieper*, ZUM 2012, 668 (669); zu dem Grundsatz Grabitz/Hilf/Nettesheim/*Mayer*, Recht der europäischen Union, Art. 19 EUV, Rn. 33; *Immenga/Mestmäcker* in Immenga/Mestmäcker, EU-Wettbewerbsrecht, I. Abschnitt, Teil C I Rn. 6f.; *Bergmann*, Handlexikon der Europäischen Union, Eintrag »Auslegung von Unionsrecht«; *Anweiler*, Die Auslegungsmethoden des Gerichtshofs der europäischen Gemeinschaften, S. 182.

484 Vgl. zu den Vorgängen *Stieper*, ZUM 2012, 688 (669).

485 *Hartmann*, GRUR Int. 2012, 980 (982); *Peifer*, AfP 2013, 89 (91) und wohl auch der EUGH selbst in Rn. 78 des Urteils vom 03.07.2012, C-128/11 – *UsedSoft*.

jeweiligen Wortlautes der Normen durch die erlassenden Institutionen erscheint sie wesentlich plausibler –, dass man die Trennung in Software und allgemeines Urheberrecht nach wie von beibehalten wollte und deswegen 2009 die Computerprogramm-Richtlinie in ihrer alten Form neu erlassen hat.[486] Mithin ist jedenfalls der Ansicht, dass bereits das Ergebnis des EUGH von falschen Annahmen des gesetzgeberischen Willens ausgeht, eine Absage zu erteilen.

2. *Richtlinie 2009/24/EG als* lex posterior *zur Richtlinie 2001/29/EG?*

Entwickelt man die die zeitliche Reihenfolge gegenüber dem sachlichen Anwendungsbereich der Richtlinien bei der Bestimmung von deren Verhältnis zueinander betonende Ansicht konsequent zu Ende, so liegt auch ein diametral anderes Ergebnis nicht fern. Eine die zeitliche Abfolge priorisierende – in Ansehung der klaren Aussagen des EUGH eher theoretische – Auslegung ließe mit *Stiepers* Argumentation ebenso gut darauf schließen, dass die Wertung des Art. 4 Abs. 2 der Computerprogramm-Richtlinie im Wege des Grundsatzes der einheitlichen Auslegung europäischer Rechtsakte ihrerseits auf die Richtlinie 2001/29/EG übertragbar sein könnte. Ein starkes Argument in diese Richtung ist dabei die Formulierung des EUGH in Randnummern 52 bzw. 61 des *UsedSoft*-Urteils. Die dortigen Wendungen »außerdem« bzw. »darüber hinaus« wären taugliches Indiz dafür, dass die Argumentation des Gerichts auch dann noch tragen solle, wenn das Rangverhältnis zwischen den Richtlinien aufgehoben werden oder bei der Auslegung in den Hintergrund geraten sollte.[487] Dies wäre in Anbetracht der technischen Identität der Vorgänge – Übertragung von Daten via Energieimpulsen, die im Endeffekt ein digitales Werkexemplar ergeben, das entweder als Software oder allgemeines Digitalwerk eingeordnet wird[488] – auch von einem technologieorientierten Standpunkt her schlüssig und würde zudem die unter dem Aspekt der Gleichbehandlung der wirtschaftlich-technischen Vorgänge aufgeworfenen Fragen beantworten.

Aber auch ohne die Aufhebung des Spezialitätsverhältnisses[489] ist eine andere Interpretation auf Grundlage der zeitlichen Abfolge der Richtlinienerlasse möglich und ebenso plausibel: Wenn die Idee des *lex posterior*-Grundsatzes sowie der einheitlichen Auslegung des Unionsrechts in der oben präsentierten Auslegung Anwendung fände, so läge der Schluss, dass die Computerprogramm-Richtlinie 2009/24/EG mit ihrem generalisierenden Abstellen auf den

486 *Hartmann*, GRUR Int 2010, 980 (982) sowie (984); so auch *Jani* in FS Wandtke, S. 331 (336).

487 *Schneider/Spindler*, CR 2012, 489 (497); Zustimmung von Dreier/Schulze/*Dreier*, § 69c Rn. 24 sowie *Kubach*, CR 2013, 279 (282).

488 *Elkin-Koren/Salzberger*, 19 Int. Rev. of L & Econ. (1999), 553 (559f.); *Ulmer/Hoppen*, CR 2008, 681 (684f.).

489 Eine solche erscheint nach der Betonung der Spezialität durch den EUGH in Rn. 51 sowie 56 des Urteils vom 03.07.2012, Rs. C-128/11 – *UsedSoft* in der Tat eher fernliegend.

Begriff der »Kopie« anstatt auf den des »körperlichen Vervielfältigungsstückes« als *lex posterior* die Wertungen der InfoSoc-Richtlinie in Bezug auf die modale Reichweite der Erschöpfung als *lex prior* überspielen bzw. aktualisieren solle, ebenso nahe wie das Gegenteil.[490] Damit würde auch dort die Trennung zwischen körperlicher und unkörperlicher Verbreitung aufgehoben, anstatt diese umgekehrt mit der Richtlinie 2001/29/EG in die Richtlinie 91/250/EG einzuführen und dann 2009 bei der Aktualisierung nicht (mehr) zu erwähnen.

3. *Fazit*

All diese Gedankenspiele machen schließlich eines deutlich: mangels in diesen Belangen aussagekräftiger Materialien[491] lässt sich aus einer Argumentation unter Zuhilfenahme des Verhältnisses der Richtlinien 1991/250/EG, 2001/29/EG sowie 2009/24/EG zueinander kein klarer Vorrang einer Richtlinie vor den jeweils anderen Richtlinien ableiten. Die Aussage des EUGH, die Richtlinie 2009/24/EG sei *lex specialis* zu der InfoSoc-Richtlinie ist jedoch ein Indiz dahingehend, dass entgegen der teilweise geäußerten Auffassung keineswegs das Spezialitätsverhältnis zugunsten einer einheitlichen, vom Trägermedium unabhängigen Erschöpfung aufgegeben werden soll. Inwiefern der diesbezüglich wörtliche Neuerlass der Richtlinie 1991/250/EG als 2009/24/EG jedoch einen Willen des Richtliniengebers erkennen lässt, die Art. 4 Abs. 2 der Richtlinie 2009/24/EG innewohnende Aussage unter Beibehaltung der Spezialität im Wege der einheitlichen Auslegung des Unionsrechts als *lex posterior* eine Wirkung auf die Richtlinie 2001/29/EG als *lex prior* entfalten zu lassen, kann ebenfalls nicht eindeutig geklärt werden. Diese Interpretation erscheint zwar gegenüber der von *Stieper* geäußerten Ansicht der planwidrigen Regelungslücke[492] vorzugswürdig, allerdings nicht so eindeutig, dass auf ihrer Basis Raum für eine Ausstrahlungswirkung der unkörperlichen Erschöpfung in den Anwendungsbereich der Richtlinie 2001/29/EG bleibt.

V. Konventionsrechtliche Zulässigkeit der Übertragung auf Nicht-Softwarewerke

Eine weitere Perspektive, aus der die Übertragung der vom EUGH gefundenen Grundsätze zur Erschöpfung von Software auf der InfoSoc-Richtlinie unterfal-

490 So wohl auch *Kubach*, CR 2013, 279 (282) sowie *Hartmann*, GRUR Int. 2012, 980 (983).
491 Zu der Frage, inwiefern die wörtliche Übernahme der einheitlichen Erschöpfungsregel der Computerprogramm-Richtlinie 1991 im Rahmen der Neufassung 2009 ungeachtet der Beibehaltung der Spezialität im Wege der einheitlichen Auslegung des Unionsrechts auch in der InfoSoc-Richtlinie eine Ausstrahlungswirkung entfaltet, wird in den begleitenden Materialien keine Aussage getroffen.
492 *Stieper*, ZUM 2012, 668 (669).

lende Materie zu untersuchen ist, ist die Vereinbarkeit einer solchen Übertragung mit völkerrechtlichen Konventionen, in diesem Falle mit dem World Copyright Treaty (WCT). Mit diesem von der Europäischen Union und ihren Mitgliedsstaaten nach Hinterlegung der Urkunden am 20.12.1996 unterzeichneten und am 14.03.2010 in Kraft getretenen Vertrag, dessen Umsetzung bereits Ziel der Richtlinie 2001/29/EG war,[493] werden die dort festgeschriebenen Rechte und Pflichten als Mindestrechte, von denen ein Abweichen nur in Ausnahmefällen zulässig sein soll, anerkannt.[494] Teil dieser Mindestrechte ist auch das in Art. 6 WCT geregelte Verbreitungsrecht (»*right of distribution*«) sowie das Recht der öffentlichen Wiedergabe (»*right of communication to the public*«) in Art. 8 WCT, wobei ersteres die körperliche Verbreitung und letzteres in weiter Auslegung die Zugänglichmachung mit allen anderen Mitteln umfassen soll, allerdings die Verbreitung von Kopien allein dem Spezialfall des Art. 6 unterfällt.[495] Bei der Frage nach der konventionsrechtlichen Zulässigkeit der Erschöpfung bei unkörperlicher Verbreitung ist somit allein Art. 6 WCT maßgeblich.[496]

1. *Wortlaut des Artikel 6 Abs. 2 WCT*

Der Wortlaut des Art. 6 Abs. 2 WCT ist auf den ersten Blick eindeutig. Die Erschöpfung wird ausdrücklich aus dem Regelungsbereich des Vertrages ausgenommen und dem Ermessen der Mitgliedsstaaten überlassen.[497] Auch ist die Vorschrift technologieneutral formuliert: es wird generalisiert die »Erschöpfung des Rechts aus Absatz 1« ohne Ansehung des Mediums zum Inhalt erhoben.[498] Allein in Ansehung des Art. 6 Abs. 2 WCT wäre eine Erschöpfung bei unkörperlicher Verbreitung somit konventionsrechtlich nicht zu beanstanden.

493 So Erwägungsgrund 15 der InfoSoc-Richtlinie, ebenso der Beschluss des europäischen Rates vom 16.03.2000 über die Zustimmung im Namen der europäischen Gemeinschaft; zum ganzen *Spindler*, GRUR 2002, 105 (106).

494 Einen Überblick über die Neuerungen liefert *von Lewinski*, GRUR Int 1997, 667 (675); *dies.* zum Beitritt der EU und den daraus resultierenden Neuerungen in GRUR-Prax 2010, 49 (50); allgemein zur Natur und dem Inhalt des Vertrages siehe *von Lewinski*, International Copyright Law and Policy, Ch. 17.29–17.33.

495 WIPO Doc. CRNR/DC/4 (August 30, 1996), Ziffern 10.10 sowie 10.14, dazu *Ficsor*, The Law of Copyright and the Internet, Chapter 7, C 6.02ff.; *von Lewinski*, International Copyright Law and Policy, Ch. 17.60.

496 So bereits im Jahre 2009 *Rigamonti*, GRUR Int. 2009, 14 (21); anlässlich der *UsedSoft*-Entscheidung zutreffend *Kloth*, GRUR-Prax 2013, 239 (241); *Koch*, ITRB 2013, 38 (39); *Krüger/Biehler/Apel*, MMR 2013, 760 (764); *Malevanny*, CR 2013, 422 (423); *Ohly*, JZ 2013, 42 (43); *Redeker*, CR 2014, 73 (77).

497 »Dieser Vertrag berührt nicht die Freiheit der Vertragsparteien, gegebenenfalls zu bestimmen, unter welchen Voraussetzungen sich das Recht nach Absatz 1 nach dem ersten mit Erlaubnis des Urhebers erfolgten Verkauf des Originals oder eines Vervielfältigungsstücks oder der ersten sonstigen Eigentumsübertragung erschöpft«; *Schack*, UrhR, Rn. 1006 sowie vertiefend dazu *Lutz*, Softwarelizenzen und die Natur der Sache, S. 70.

498 *Redeker*, CR 2014, 73 (77); *Malevanny*, CR 2013, 422 (423); *Krüger/Biehler/Apel*, MMR 2013,

2. *Ergänzung durch die* Vereinbarte Erklärung der Unterzeichnerstaaten

Parallel zu der Vorschrift des Art. 6 WCT wurde jedoch von den Unterzeichnerstaaten im Rahmen einer *Vereinbarten Erklärung* zu den Artt. 6 und 7 WCT explizit festgehalten, dass »die in diesen Artikeln verwendeten Begriffe [...] sich ausschließlich auf Vervielfältigungsstücke beziehen, die als körperliche Gegenstände in den Verkehr gebracht werden können«. Auf dieser Basis wird von einigen Stimmen gefolgert, dass eine Ausweitung der unkörperlichen Erschöpfung auf das über den Softwarebereich hinausgehende Urheberrecht unzulässig sei. Bei dem hier untersuchten Download fände ein körperliches In-Verkehr-Bringen gerade nicht statt. Dementsprechend fiele eine derartige Verbreitung nicht unter Art. 6 Abs. 2 WCT und eine Erschöpfung träte nicht ein.[499] Gestützt wird diese Ansicht durch Aussagen von an der Vorbereitung und Verhandlung des Vertrages unmittelbar Beteiligten, nach denen es gerade Sinn und Zweck der Regelung gewesen sei, die Unterscheidung zwischen körperlichen und unkörperlichen Vervielfältigungsstücken zu verdeutlichen und festzuschreiben.[500] An dieser vorgestellten Interpretation des Art. 6 Abs. 2 WCT sowie der *Vereinbarten Erklärung* zu dieser Vorschrift wird jedoch national sowie international nicht unerhebliche Kritik geäußert.

a. *Bindungswirkung und Anwendbarkeit der* Verbindlichen Erklärung

So wird vereinzelt sowohl die Bindungswirkung als auch die Anwendbarkeit der immerhin im Jahre 1996 ohne Kenntnis der zukünftigen Relevanz des Marktes für allein online vertriebene Werke ausgefertigten und unterzeichneten *Vereinbarten Erklärung* bezweifelt.[501] In Anbetracht der rasanten Entwicklung sowie der nicht vorhersehbaren Relevanz dieses Geschäftszweigs könne dieser Vorschrift weder die Funktion noch der Anspruch entnommen werden, die heute relevanten Fragen zu regeln, so dass in diesem Bereich vielmehr von einer unplanmäßigen Regelungslücke auszugehen sei.[502]

Die Einwände bezüglich der Bindungswirkung der Gemeinsamen Erklärung verfangen jedoch nicht. Das für die Auslegung von völkerrechtlichen Verträgen

---

760 (764), die dort in Fn. 61 zu Recht, aber unter fälschlicher Nennung des Art. 15 anstelle von Art. 24, darauf hinweisen, dass die deutsche Übersetzung zwar keinen verbindlichen Charakter besitzt, die maßgeblichen englischen, französischen und spanischen Fassungen jedoch ebenfalls technologieneutral formuliert sind.

499 *Lutz*, Softwarelizenzen und die Natur der Sache, S. 70f.; *von Lewinski*, International Copyright Law and Policy, Ch. 17.60; *Krüger/Biehler/Apel*, MMR 2013, 760 (765); *Hansen*, GRUR-Prax 2013, 207; *Ohly*, JZ 2013, 42 (43); *Koch*, ITRB 2013, 38 (39); *Kloth*, GRUR-Prax 2013, 239 (241); *Heydn*, MMR 2012, 591 (592), *dies.* bereits in MMR 2011, 309 (310); *Vinje/Marsland/Gärtner*, CRi 2012, 97 (100).

500 *von Lewinski*, GRUR Int 1997, 667 (674); *dies.*, International Copyright Law and Policy, Ch. 17.60.

501 *Hartmann*, GRUR Int. 2012, 980 (982); *Sosnitza*, K&R 2011, 243 (244).

502 *Sosnitza*, K&R 2011, 243 (244).

maßgebliche Wiener Übereinkommen über das Recht der Verträge (WVRK) normiert unter anderem in Art. 31 ff. WVRK die für derartige Abkommen maßgeblichen Auslegungsmethoden und -mittel. Nach Art. 31 Abs. 2 lit. a) bzw. Abs. 3 lit. a) WVRK[503] sind dabei auch »den Vertrag betreffende Übereinkünfte zwischen allen Vertragsparteien« zu berücksichtigen, solange diese Übereinkünfte einen präzisierenden oder ausfüllenden Charakter haben.[504] Mit der *Vereinbarten Erklärung* liegt eine solche Übereinkunft vor, diese soll gerade den Wortlaut des Art. 6 Abs. 2 WCT präzisieren. Sie ist somit bei der Bestimmung der Reichweite des Art. 6 Abs. 2 WCT in Übereinstimmung mit Art. 31 Abs. 2 lit. a) bindend.

Hinsichtlich der behaupteten Ungeeignetheit der entsprechenden Regelungen, in Anbetracht der heutigen Relevanz der Thematik als einschlägige Rechtsgrundlage zu dienen,[505] ist der Ansicht schon mit Bezug auf die Umstände der Entstehung zu widersprechen. Zwar ist die Verbreitung des Internets und damit die Relevanz von Downloads heute um ein vielfaches höher als 1996, jedoch existierte bereits zu dieser Zeit das World Wide Web und darüber hinaus etwa die Möglichkeit der körperlosen Verbreitung eines Werkes, etwa mittels Funkwellen, auf breiter Basis.[506] Die Relevanz jener Vorgänge kann somit bei der Ausfertigung des Vertrages als bekannt vorausgesetzt und eine planwidrige Regelungslücke mithin nicht angenommen werden. Aber auch bei Würdigung der Unterschiede – Erstellung einer Kopie bei Downloads, rein ephemeres Anhören im Rundfunk[507] – bei den verschiedenen Arten der köperlosen Verbreitung folgt aus einer solchen Änderung der existierenden Gegebenheiten nicht zwangsläufig der Schluss auf eine planwidrige Nichtberücksichtigung seitens des Gesetzgebers.

Die Regelungen der WVRK sehen, wie bereits dargelegt, den Vorrang der objektivierten Auslegung vor. Dies beinhaltet auch den Vorrang einer statischen Interpretation.[508] Im Rahmen des Art. 31 Abs. 3 lit. b) WVRK wird dieser Grundsatz jedoch insofern aufgebrochen, als dass jede Übung bei der Anwendung des Vertrages bei Übereinstimmung in gleicher Weise wie der Inhalt des

503 Die deutsche Fassung ist abgedruckt in BGBl. 1985, Teil II, S. 927 ff.; ein kursorischer Überblick findet sich bei bei *Bergmann*, Handlexikon der europäischen Union, Eintrag »Wiener Übereinkommen«; eine detaillierte Darstellung bei *Schmitt*, GRUR Int. 1970, S. 361–369.

504 *Schmitt*, GRUR Int. 1970, 361 (366 f.); *Matz*, Wege zur Koordinierung völkerrechtlicher Verträge, S. 315.

505 *Sosnitza*, K&R 2011, 243 (244 f.).

506 *Krüger/Biehler/Apel*, MMR 2013, 760 (764) sowie dort in Fn. 64; in die gleiche Richtung argumentierend *Biehler/Apel*, ZUM 2014, 727 (729).

507 *Tjong Tjin Tai*, 80 EIPR (2003), 207 (210).

508 *Schmitt*, GRUR Int. 1970, 361 (367); *Bernhardt*, XXVII ZaöRV (1967), 491 (499 f.).

Vertrages zu berücksichtigen ist.[509] In dem Moment, in dem die Bestimmungen der *Vereinbarten Erklärung* sowie die Artt. 6 und 7 des WCT zwar in verschiedener Interpretation, aber in allen Fällen bei der Frage der Erschöpfung bei Downloads angewandt werden ist somit davon auszugehen, dass diese Vorschriften des WCT in Übereinstimmung mit Art. 31 Abs. 3 lit. c) WVRK so zu verstehen sind, dass sie selbst bei damaligem Übersehen der Download-Problematik nunmehr auch diese umfassen sollen. Auch liegt in einer derartigen Ausweitung des Anwendungsbereichs in Anlehnung an eine geänderte technische Realität lediglich eine präzisierende bzw. ausfüllende Praxis und damit grade keine, im Rahmen der Streichung des geplanten Art. 38 WVRK als unzulässig betrachtete,[510] modifizierende Praxis vor.

Die *Vereinbarte Erklärung* zu Art. 6 und 7 des WCT entfaltet somit eindeutig Bindungswirkung und ist auch auf die Problematik der Erschöpfung im Falle von Downloads anzuwenden.

b. Wortlaut der Vereinbarten Erklärung

Es weist allerdings unter anderem *Redeker* darauf hin, dass eine die Erschöpfung ausschließende Auslegung des Wortlauts zwar in Anbetracht der Entstehungsgeschichte möglich, aber keinesfalls zwingend ist. Die *Vereinbarte Erklärung* zu Art. 6 WCT spräche nicht etwa von »körperlich in den Verkehr *gebrachten* Gegenständen oder Werken«, sondern von Werken, die »als körperliche Gegenstände in den Verkehr *gebracht werden können*«. Die Möglichkeit, in einer nicht näher bestimmten Zukunft einmal körperlich verbreitet zu werden, ist jedoch auch bei einer Verbreitung im Wege des Downloads problemlos gegeben, werden die Werke dabei doch unmittelbar beim Download bereits auf Festplatten und vergleichbaren Speichermedien fixiert.[511] Eine ähnliche Argumentation findet sich auch in der US-amerikanischen Literatur. In der englischen Sprachvariante des Vertrages der Erklärung erschöpft sich das Verbreitungsrecht ebenfalls nur an Werken, die als körperliche Gegenstände in den Verkehr gebracht werden können (»*that can be put into circulation as tangible objects*«). Genau wie in der deutschsprachigen Version schließt auch hier der Wortlaut eine Erschöpfung bei Downloads nicht ohne weiteres aus. Die heruntergeladenen Werke werden gerade durch den Download fixiert und können, dann verkörpert, problemlos in den Verkehr gebracht werden.[512]

Es ist also festzuhalten, dass eine restriktive, die Erschöpfung bei Erstver-

509 *Schmitt*, GRUR Int. 1970, 361 (367).

510 UN A/CONF. 39/11, S. 207f.

511 *Redeker*, CR 2014, 73 (77); so auch *Malevanny*, CR 2013, 422 (424).

512 *Ricketson/Ginsburg*, International Copyright and Neighboring Rights, Volume I, C. 11.92 (»works that are not themselves circulable as tangible objects, but which could further be concretized into a then circulable, tangible object«).

breitung in unkörperlicher Weise per Download ausschließende Interpretation des Art. 6 Abs. 2 WCT nur eine von mehreren, keineswegs abwegigen Interpretationen darstellt.

c. *Abweichende Interpretation in anderen Mitgliedsstaaten*

Auch in der Rechtspraxis wird die Online-Erschöpfung in verschiedenen Mitgliedsstaaten abweichend von der oben angeführten einschränkenden Auslegung gehandhabt. Als prominentestes Beispiel dienen hierbei die USA. Trotz erheblichen Einflusses auf die Gestaltung des WCT[513] und damit einer zu unterstellenden Sachkenntnis hinsichtlich der mit der Formulierung beabsichtigten Zielen und Interessen werden nach Ansicht US-amerikanischer Behörden[514] und Juristen auch elektronisch gespeicherte Versionen von geschützten Werken als verkörpert im Sinne des 17. U.S.C. § 101 (»*fixed by any method now known or later developed*«) betrachtet[515] und sollen nach deren Ansicht der Erschöpfung unterliegen.[516] Einzig das Weiterverbreiten einer solchen, hinsichtlich ihres Verbreitungsrechts erschöpften Kopie im Wege einer nicht-körperlichen Übertragung wird als nicht zulässig betrachtet. In diesem Falle findet nach Ansicht der Gerichte technisch notwendig eine Vervielfältigung statt, womit in das nicht von der *first sale doctrine* umfasste Recht aus 17 U.S.C. § 106 a) eingegriffen wird.[517] Dies schränkt zwar die praktische Verwertbarkeit einer derart erschöpften Kopie ein – ein Weiterverkauf ist allein mit dem Datenträger

513 *Malevanny*, CR 2013, 422 (424); *Rigamonti*, GRUR Int. 2005, 1 (5); *ders.* GRUR Int. 2009, 14 (21); einen erheblichen Einfluss wirtschaftlicher Interessengruppen durch Einflussnahme auf die nationalen Teilnehmer beklagt auch *Spindler* in GRUR 2002, 105 (106).

514 NTIA DMCA Report, *dort unter Part IV, Conclusion*,(»Thus, Section 109 would apply to the owner of that new digital copy or phonorecord«); ferner dazu die Stellungnahme des US Copyright Office in dessen DMCA Sec. 104 Report unten in Fn. 516.

515 Zurückgehend auf das Urteil des U.S. Court of Appeal for the 9th Circuit in *MAI Systems Corp. v. Peak Computer, Inc.*, 991 F.2d 511 (9th Circuit, 1993), dort Rn. 38 und 39; für die Literatur siehe nur *Perzanowski/Schultz*, 58 UCLA Law Review (2011), 889 (936) m.w.N. gerade zu dem Aspekt der Vergleichbarkeit mit Software in technischer wie wirtschaftlicher Hinsicht.

516 DMCA Sec. 104 Report, S. 78 (»The application of section 109 to digital content is not a question of whether the provision applies to works in digital form – it does. [...] A lawfully made tangible copy of a digitally downloaded work, such as an image file downloaded directly to a floppy disk, is subject to section 109«); Sec. 109 para a) des 17. U.S.C. ordnet die Erschöpfung im US-amerikanischen Urheberrecht (*first sale doctrine*) an; abweichend, jedoch mit zweifelhafter Begründung dagegen die Interpretation von *Wittgenstein*, Die digitale Agenda der WIPO-Verträge, S. 94.

517 DMCA Sec. 104 Report, S. 80 (»Section 109 provides no defense to infringements of the reproduction right. Therefore, when the owner of a lawful copy of a copyrighted work digitally transmits that work in a way that exercises the reproduction right without authorization, section 109 does not provide a defense to infringement.«); ferner das Urteil *Capitol Records Inc. v. ReDigi Inc.*, F.2d, 2013, WL 1286134 (Southern District of New York, 2013), dort S. 7 sowie S. 9–11.

möglich und selbst das Kopieren der Dateien auf einen zweiten Träger zu Verkaufszwecken ist im Hinblick auf die Zulässigkeit als *space shifting* im Rahmen des 17. U.S.C. § 107 problematisch[518] –, statuiert aber nichtsdestotrotz den Grundsatz der Erschöpfung bei unkörperlichem In–Verkehr-Bringen.[519]

Bestätigt wurden diese Grundsätze jüngst in dem Urteil *Capitol Records Inc. v. ReDigi Inc.* betreffend eine Handelsplattform für »Gebraucht-Musik«, ReDigi, deren Geschäftsmodell durch ein New Yorker Gericht für unzulässig erklärt wurde.[520] Dies geschah jedoch nicht wegen einer Verletzung des Verbreitungsrechts,[521] sondern, da eine während des Transfers stattfindende Vervielfältigung unstreitig das Vervielfältigungsrecht der Rechtsinhaber verletze, auf Basis des 17. U.S.C. § 106 a). Nach Ansicht des Richters *Sullivan, J.*, sei diese Vervielfältigung weder ein durch die *fair-use*-Schranke des 17. U.S.C. § 107 gedecktes, nicht-kommerzielles *space shifting* noch ein *essential step* im Sinne des 17. U.S.C. § 117, mithin unzulässig.[522] Bei der Frage, ob der unkörperliche Weiterverkauf einer Werkkopie zulässig sei, kommt es somit mangels eines rechtmäßigen Erwerbs des Zweiterwerbers – ein solcher ist unstreitig für den Eintritt der Erschöpfung notwendig – auf die eingetretene Erschöpfung des Verbreitungsrechts nicht mehr an.[523]

Für das US-amerikanischen Recht lässt sich somit festhalten, dass sich trotz des auf den ersten Blick anders gelagerten Urteils in *Capital Records Inc. v. ReDigi Inc.* das Verbreitungsrecht an urheberrechtlich geschützten Nicht-Softwarewerken auch bei Downloads, also nicht-körperlicher Übertragung, erschöpft. Zusammen mit der Tatsache, dass die Vereinigten Staaten den WIPO Copyright Treaty am 12.04.1997 unterzeichnet haben,[524] wird deutlich, dass die eine Erschöpfung im nicht-körperlichen Bereich anerkennende Ansicht in an-

---

518 Allgemein zur *fair use doctrine Joyce/Leaffer/Jaszi/Ochoa*, Copyright Law, S. 828; *Nimmer/Nimmer*, Nimmer on Copyright, Vol. 2, § 8.12 sowie *Correa*, IIC 2002, 570 (573); zum *space shifting* die Ausführungen des Court of Appeals for the 9th Circuit in *A&M Records, Inc. et al. v. Napster, Inc.*, GRUR Int. 2001, 355 (359–361) m. Anm. von *Stier* auf S. 364ff.

519 So auch *Serra*, 5.Boston Univ. Law Journal (2013), 1753 (1770f.).

520 *Capitol Records Inc. v. ReDigi Inc.*, F.2d, 2013, WL 1286134 (Southern District of New York, 2013); eine detaillierte Würdigung der jeweiligen Schriftsätze mit ambivalentem Ergebnis erfolgt bei *Barbour*, 15 Tulane J. of Technology and Intellectual Property (2012), S. 165 (192ff.) (Ergebnis auf S. 194) sowie bei *Kubach*, CR 2013, 279 (280).

521 *Serra*, 5 Boston Univ. Law Journal (2013), 1753 (1770f.) erkennt zwar eine solche Tendenz, diese wird allerdings nicht im Rahmen der Urteilsbegründung, sondern höchstens *obiter dictum* deutlich und entfaltet damit keine Bindungswirkung.

522 *Capitol Records Inc. v. ReDigi Inc.*, S. 7 sowie S. 9–11.

523 *Capitol Records Inc. v. ReDigi Inc.*, S. 11 (»Because […] ReDigi's service violates Capitol's reproduction right, the first sale defense does not apply to ReDigi's infringement of those rights«), unter Verweis auf *Design Options v. Belle Pointe, Inc.*, 940 F. Supp. 86 (91) (Southern District of New York, 1996).

524 Eine Übersicht der Unterzeichnerstaaten mit dem jeweiligen Datum findet sich unter http://www.wipo.int/treaties/en/notifications/wct/treaty_wct_2.html.

deren Unterzeichnerstaaten des WCT nicht umstritten, sondern vielmehr selbstverständlich ist. Eine die unkörperliche Erschöpfung ausschließende Ansicht ist somit keinesfalls zwingend aus dem Konventionsrecht des WCT abzuleiten.[525]

3. *Fazit*

Im Ergebnis zeigt sich somit, dass der WCT eine Übertragung der für Software statuierten Grundsätze der unkörperlichen Erschöpfung keineswegs so eindeutig verhindert, wie dies von Vertretern der Ansicht behauptet wird. Der World Copyright Treaty stellt selbst in Verbindung mit der *Vereinbarten Erklärung* zu Art. 6 und 7 WCT bloß ein »weißes Blatt« dar, welches einer Auslegung in beide Richtungen offensteht. Hinzu kommt, dass die Vorschriften des WCT lediglich Mindestrechte statuieren.[526] Auch wenn der EUGH die Reichweite des »europäischen« Verbreitungsbegriffes über den Verbreitungsbegriff des WCT hinaus bisher abgelehnt hat,[527] so ist er in keiner Weise daran gehindert, den Umfang des Verbreitungsrechtes im Sinne eines weiteren Anwendungsbereiches vorzunehmen.[528] Dass damit zwar schließlich in wesentlich weiterem Umfang Kontrollrechte und damit ein größerer Teil der urheberrechtlichen Verfügungsmacht der Erschöpfung anheimfiele, wäre somit keineswegs eine Einschränkung, sondern Kehrseite einer nach Art. 1 Abs. 1, 2 WCT zulässigen Erweiterung der Rechte der Urheber.

Aus konventionsrechtlicher Sicht wäre eine Ausweitung der in der *UsedSoft*-Entscheidung gefundenen Regelung auch in das durch die InfoSoc-Richtlinie geregelte »allgemeine« Urheberrecht somit zulässig.

VI. Ergebnis zur Übertragbarkeit der *UsedSoft*-Entscheidung auf der Richtlinie 2001/29/EG unterfallende Werke

Das europäische Primärrecht sowie konventionsrechtliche Gründe sprechen keineswegs so deutlich gegen eine Übertragung bzw. Einführung der unkör-

525 So ebenfalls *Knies*, GRUR Int. 2002, 314 (316) unter Verweis auf *Koehler*, Erschöpfungsgrundsatz im Online-Bereich, S. 86 sowie 107.

526 *Jani* in FS Wandtke, S. 331 (336); *Stieper*, ZGE 2011, 227 (233); *ders.* GRUR 2014, 260 (271) zu BGH GRUR 2014, 264 – *UsedSoft II*; die Mindestrechte anerkennend, jedoch i. E. abweichend *Koch*, ITRB 2013, 38 (39).

527 So zuletzt der EuGH in seinem Urteil vom 17.04.2008, Rs. C-456/06, Rn. 38 – *Peek und Cloppenburg KG ./. Cassina SpA* (»Daher ist es nicht Sache des Gerichtshofs, zugunsten der Urheber neue Rechte zu schaffen, die in der Richtlinie 2001/29 nicht vorgesehen sind, und demnach die Bedeutung des Begriffs der Verbreitung des Originals eines Werks oder eines Vervielfältigungsstücks davon über die vom Gemeinschaftsgesetzgeber vorgesehene Bedeutung hinaus zu erweitern.«).

528 So auch BGH GRUR 2014, 264, Rn. 38f. – *UsedSoft II*; ebenso *Ganzhorn*, CR 2014, 492 (494).

perlichen Erschöpfung auch im Anwendungsbereich der Richtlinie 2001/29/EG, wie dies von Vertretern der entsprechenden Ansicht behauptet wird. Die neutral formulierten Texte des WCT sowie die Entstehungsgeschichte der relevanten Richtlinien stehen einer Auslegung in beide Richtungen offen. Dagegen sprechen die vom EUGH zutreffend angestellten ökonomischen Erwägungen hinsichtlich des Binnenmarktes und der für den Verbraucher günstigen Effekte eines Zweitmarktes für »gebrauchte« Werke für eine Ausweitung der unkörperlichen Erschöpfung. Die bei Software als positiv erachteten Effekte träten in diesem Falle ebenfalls auf. Auch die technische Vergleichbarkeit der Werkkategorien spricht für eine einheitliche Behandlung unkörperlich übertragener Werke im Hinblick auf ihrer Erschöpfung. Die vereinzelt vorgebrachten Bedenken bezüglich der vereinfachten Kopiermöglichkeit und dem massenhaften Aufkommen von »Raubkopien« überzeugen schließlich nicht. Die einfache, verlustfreie Kopierbarkeit liegt in der Natur digitaler Werke begründet und stellt sich bei Software ebenso wie bei der Verbreitung von Nicht-Softwarewerken auf Datenträgern. In diesen Fällen wurde sie jedoch nicht als Contra-Argument ins Feld geführt. Es sprechen somit die besseren Argumente dafür, die Grundsätze, die der EUGH für die unkörperliche Erschöpfung im Software-Bereich entwickelt hat, ebenfalls auf der InfoSoc-Richtlinie unterfallende Werke des allgemeinen Urheberrechts zu übertragen. In Anbetracht der wirtschaftlich-technischen Vergleichbarkeit der Situationen kann dies sogar als durch den Gleichheitsgrundsatz geboten erachtet werden.

Aus dieser Übertragung der Grundsätze ergibt sich für Open Content eine Reihe potentieller Probleme.[529] Zunächst treten die oben unter Teil 3 skizzierten Probleme der aufgrund ihrer reinen *Inter partes*-Wirkung im Falle einer Weiterveräußerung der Werkkopie ausgehebelten Lizenzbindung dann auch bei Nicht-Software-Open Content auf. Ferner ist es in Ermangelung eines Äquivalents zu § 69d UrhG im Nicht-Software-Bereich fraglich, ob und wenn ja unter welchen Voraussetzungen der Erwerber mit der Nutzung beginnen kann. Die dafür notwendige Abtretung des Nutzungsrechts des Veräußerers wird durch die Direktlizensierungsklauseln in verschiedenen Lizenzwerken untersagt.[530] Die Alternative, dass der Inhaber allein einer Werkkopie das mit dieser fest verknüpfte Angebot auf Lizenzabschluss und Rechtseinräumung annimmt, hat wiederum Auswirkungen auf die Auslegung von Handlungen, Erklärungen oder Lizenzklauseln. Ging man diesbezüglich bisher davon aus, dass ein Nutzer Rechte allein zu einem produktiven Tätigwerden in der Allmende benötigt – die rein rezeptive Nutzung erfolgt auf Basis des § 69d UrhG –, so besitzt dieser

529 Dazu im Detail unten, § 8.

530 Zu einer eingehenden Analyse dieser Klauseln siehe unten, § 8.B.

Erfahrungssatz im Falle einer Ausweitung der unkörperlichen Erschöpfung keine Gültigkeit mehr.

§ 7. Übertragbarkeit der Grundsätze des *UsedSoft*-Urteils auf die Einräumung des einfachen, unentgeltlichen Nutzungsrechts für jedermann

Nach hier vertretener Ansicht ist also davon auszugehen, dass der Grundsatz der Erschöpfung des Verbreitungsrechtes im Online-Bereich auch auf der InfoSoc-Richtlinie unterfallende Werke anzuwenden ist und mithin alle die Figur des einfachen, unentgeltlichen Nutzungsrechts für jedermann nutzenden Lizenzkonstruktionen potentiell beeinflussen kann.

Weitere Voraussetzung dafür ist allerdings, dass die Wertungen des EUGH sich in einem zweiten Schritt auch auf diese im deutschen Recht durch die Linux-Klauseln behandelte Rechtsfigur übertragen lassen. Zwar sind diese Vorschriften der §§ 31a ff. UrhG einerseits allein Teil des Urhebervertragsrechtes, somit *prima facie* den zwingenden Grundsätzen des Urheberrechts unterworfen. Andererseits betont der EUGH – wie auch obige Argumentation zugunsten einer Übertragbarkeit – in seinem Urteil in erster Linie die Freiheit des Binnenmarktes sowie die Interessen der Verbraucher als tragende Gründe für seine Entscheidung. Im Folgenden soll daher sowohl anhand der Natur (A) als auch anhand der verschiedenen möglichen Funktionen des Erschöpfungsgrundsatzes (B) untersucht werden, inwiefern sich Open Content-Lizenzen überhaupt unter die Interpretation des EUGH vom europäischen Binnenmarkt fassen lassen und ob für deren Grundkonzeption, die Freiheitsgewährung durch Umpolung der Restriktivität, eine Übertragung nicht sogar eher hinderlich wäre. Schließlich (C) ist zu fragen, inwiefern die vom Urheber zu erzielende »angemessene Vergütung« als Voraussetzung der Erschöpfung[531] in Fällen des *unentgeltlich*en Nutzungsrechtes für jedermann überhaupt gegeben sein kann und ob sie es im Falle der Open Content-Lizenzen ist.

A. Generelle Disponibilität des Erschöpfungsgrundsatzes

Eine Disponibilität des Erschöpfungsgrundsatz im Bereich des einfachen, unentgeltlichen Nutzungsrechts für jedermann aufgrund der rechtstechnischen Besonderheiten von Open Content-Lizenzen wäre insofern kritisch zu be-

531 EUGH, Urteil vom 03.07.2012, Rs. C-128/11, Rn. 72 – *UsedSoft*; BGH GRUR 2014, 264, Rn. 58 – *UsedSoft II.*

trachten, als dass sie dahingehend fehlinterpretiert werden könnte, dass dieser zwingende Grundsatz[532] des Urheberrechts nur dann als eine Art Sicherheitsnetz in Fällen Geltung erhielte, in denen seine intendierte Wirkung nicht ohnehin schon durch privatautonome Regelungen erreicht oder – wie im Falle der Open Content-Lizenzen – übertroffen würde. Es ist jedoch gerade das Wesen zwingender Normen und Rechtsgrundsätze, dass diese ungeachtet des Parteiwillens Geltung entfalten, ihr Regelungsgehalt der Dispositionsbefugnis des Einzelnen entzogen wird[533] und mithin auf der Ebene des rechtlichen *Könnens* im Gegensatz zur Ebene des *Dürfens* angesetzt wird.[534]

I. Die zwingende Natur des Erschöpfungsgrundsatzes

So wird der Grundsatz der Erschöpfung überzeugend dergestalt interpretiert, dass es sich bei diesem weder um zwangsweise vertraglich oder kraft Gesetzes eingeräumte, einfache Nutzungsrechte für Zweiterwerber noch um Rechtfertigungsgründe für eine Übertretung der Rechte des Ersterwerbers handele. Er stellt vielmehr eine Beschränkung des tatbestandsmäßigen Schutzumfangs des Urheberrechts dar.[535] Diese Beschränkung erzeugt einen Freiraum des Nutzers, welcher der Disposition des Urhebers entzogen ist.[536] Zwar mag es paradox erscheinen, dem Nutzer im Zuge einer Freiheitsgewährung gleichzeitig das Recht zu versagen, sich dieser Freiheit wieder zu entledigen und etwa die Erschöpfung des Verbreitungsrechts per Vertrag auszuschließen,[537] ihm mithin

532 OLG Stuttgart GRUR-RR 2012, 243 (244); LG Hamburg CR 2006, 812 (814f.); bereits Hans. OLG CR 1997, 609 (610); HK-UrhG/*Kotthoff*, § 69c Rn. 30; Schricker/Loewenheim/*Loewenheim*, § 69c Rn. 32.

533 *Donle*, Die Bedeutung des § 31 V UrhG, S. 73; *Stieper*, Rechtfertigung, Rechtsnatur und Disponibilität der Schranken des Urheberrechts, S. 174; *Larenz/Wolf/Neuner*, BGB AT, § 3 Rn. 102; *Ulrici*, JuS 2005, 1073 (1074).

534 BGHZ 13, 179 (184); *Stieper*, Rechtfertigung, Rechtsnatur und Disponibilität der Schranken des Urheberrechts, S. 175; BeckOK-BGB/*Wendtland*, § 134 Rn. 15; Palandt/*Ellenberger*, § 134 Rn. 5; *Ulrici*, JuS 2005, 1073 (1075).

535 *Stieper*, Rechtfertigung, Rechtsnatur und Disponibilität der Schranken des Urheberrechts, S. 135 sowie S. 152f.; ebenso bei *Berger*, 201 AcP (2001), 411 (416); *ders.*, GRUR 2002, 198 (199); *Joos*, Die Erschöpfungslehre im Urheberrecht, S. 77; *Koehler*, Der Erschöpfungsgrundsatz des Urheberrechts im Online-Bereich, S. 61f.; *Rossbach*, Die Vergütungsansprüche im deutschen Urheberrecht, S. 80; genauso zum Charakter der mittlerweile historischen Norm des § 11 LUG bereits RGZ 63, 394 (399) – *Koenigs Kursbuch*.

536 *Stieper*, Rechtfertigung, Rechtsnatur und Disponibilität der Schranken des Urheberrechts, S. 160 unter Berufung auf *Larenz* in FS Sontis, S. 129 (138).

537 Was durchaus im Einzelfall zu einem im Vergleich zu der »Normalsituation« vorteilhafteren Synallagma oder überhaupt erst zu einem Austausch führen kann. Wenn eine Weiterveräußerung im Moment des Erwerbs aus Sicht des Erwerbers ohnehin nicht in Frage käme und der im Gegenzug reduzierte Preis im Vergleich zum »Normalfall« nie bezahlt werden könnte oder würde, so würden beide Seiten von einer Abdingbarkeit profitieren.

seine Rechte aufzuzwingen. Andererseits steht in Anbetracht eines Ungleichgewichts hinsichtlich der Markt- und Verhandlungsmacht der einzelnen Akteure zu befürchten, dass die Disponibilität einer Freiheitssphäre die dadurch gewährte Freiheit in größerem Maße einschränkt als diese sie – etwa in den in Fn. 537 skizzierten Fällen – zu fördern vermag.

Im Ergebnis steht es den Handelnden somit nicht offen, über Kontrollrechte zu disponieren, diese durchzusetzen oder im Gegenzug gegen günstigere Vertragskonditionen oder im Rahmen ähnlicher privatautonomer Abreden auf diese zu verzichten. Vielmehr ist es nötig, dem Charakter des Erschöpfungsgrundsatzes als einem über das Synallagma hinaus die Struktur des Marktes formenden Prinzip[538] zur Geltung zu verhelfen und ihn der Dispositionsfreiheit der einzelnen Akteure zu entziehen.

II. Konsequenz der Indisponibilität

Es ist somit davon auszugehen, dass der Grundsatz der Erschöpfung eine der Dispositionsfreiheit der Akteure grundsätzlich entzogene Freiheitssphäre des Erwerbers darstellt. Gleichzeitig steht außer Frage, dass der Komplex der Open Content-Lizenzen innerhalb des deutschen Urheberrechts einen Sonderfall bildet, dem der Gesetzgeber in Gestalt der Linux-Klauseln entgegenkommen wollte.[539]

Konsequenterweise ist somit zu fragen, ob im konkreten Fall Anzeichen, Indizien oder klare Aussagen des Gesetzgebers vorliegen, in denen zum Ausdruck kommt, ob der generelle Umfang der Freiheitssphäre »Erschöpfung des Verbreitungsrechts« im Falle der digitalen Weiterverbreitung« bei Open Content-Lizenzen uneingeschränkt der Regelung der § 17 Abs. 2 UrhG bzw. § 69d Abs. 1 UrhG entnommen werden kann oder ob dieser Umfang in Anbetracht der vom Gesetzgeber durchaus anerkannten Sondersituation des einfachen, unentgeltlichen Nutzungsrechts für jedermann zu modifizieren ist.

Zu untersuchen ist somit, ob der Gesetzgeber durch die spezielle Behandlung, die er den unter dem Begriff der Open Content-Lizenzen zusammengefassten Konstruktionen in Gestalt der Linux-Klauseln der §§ 31a ff. UrhG hat angedeihen lassen, zu erkennen gibt, ob diese dem ansonsten zwingenden Grundsatz der Erschöpfung entzogen sein könnten.

538 Dazu ausführlich unten, § 7.B.

539 Die Linux-Klauseln wurden erst in Reaktion auf erste Open Source-Lizenzen vorgeschlagen, GesE UrhStärkungsG, S. 15 (»beugt einer befürchteten Rechtsunsicherheit […] vor«).

III. Die Linux-Klauseln als Ausnahmeregelung

Denkbar wäre zunächst, die Übertragung der Grundsätze aus den *UsedSoft*-Entscheidungen auf das einfache, unentgeltliche Nutzungsrecht für jedermann nutzende Lizenzkonstruktionen mit der Argumentation zu verneinen, dass der Gesetzgeber mit den Linux-Klauseln der §§ 31a ff. UrhG die besondere Art und Weise, mithilfe gemeinsamer Mitarbeit vieler Autoren zum Wohle der Allgemeinheit an gemeinsamen Werke zu arbeiten (*commons based peer production*), als eine besondere Art des urheberrechtlichen Schaffens von den allgemeinen Grundsätzen ausnehmen wollte. Würde nun mithilfe des Erschöpfungsgrundsatzes die zur Sicherung des Allgemeinwohlbelangs »freie Zugänglichkeit« genutzte Restriktivität[540] aufgebrochen und die Kontrolle der Autoren über die Werke gelockert, so bestünde die Gefahr, in Verkennung der »Umpolung« des Urheberrechtes die gerade auf Restriktivität basierende Enklave der frei zugänglichen Werke im Interesse des Verbrauchers an einem Zweitmarkt für gebrauchte Werke, mithin also »versehentlich«, zu zerstören. Open Content-Communities liefen Gefahr, als Kollateralschäden einer zunächst verbraucherfreundlichen Entscheidung des Gerichtshofs zurückzubleiben, was durch die Annahme einer Sonderregelung verhindert würde.

Gegen eine solche, in ihrer Einfachheit durchaus bestechende Lösung bestehen jedoch erhebliche Bedenken. In dem die Einführung der Linux-Klauseln erstmals erwähnenden Gesetzentwurf vom 26.06.2001 sind die Klauseln allein als Ausnahme zu den dort neu eingeführten, zwingenden Vergütungsregeln vorgesehen, um auf Open Content-Lizenzen basierende Werke auf ein rechtssicheres Fundament zu stellen.[541] Allein diese Begründung findet sich auch in der Beschlussempfehlung zu dem endgültigen Gesetzesentwurf der Bundesregierung vom 23.01.2002 wieder.[542] Es existieren somit keine Anhaltspunkte, dass der Gesetzgeber bei Einführung der Linux-Klauseln über diese Ausnahme hinaus eine abweichende Behandlung von Open Content-Lizenzen und -Werken statuieren wollte. Es sollte gerade kein »Sonderurheberrecht« geschaffen werden. Diese Zielrichtung des Gesetzgebers wird ferner durch die systematische Stellung der Klauseln im Urheberrechtsgesetz verdeutlich. Die Linux-Klauseln der §§ 31a ff. UrhG befinden sich im 5. Abschnitt des ersten Teils des Gesetzes, überschrieben mit dem Titel »Rechtsverkehr im Urheberrecht« und gerade nicht im 4. Abschnitt »Inhalt des Urheberrechts«. Sie sind somit allein Teil des Urhebervertragsrechts und dienen vornehmlich dem Zweck, eine neue Art von Lizenzierung im Angesicht neuer Vergütungsregelungen rechtlich abzusichern. Im Rahmen dieser Lizenzen kann der Autor bzw. Rechtsinhaber jedoch allein auf

540 Vgl. dazu oben, § 1.C.

541 So die Erwägungen in GesE UrhStärkungsG, S. 15.

542 Bericht des 6. Rechtsausschusses zum UrhStärkungsG, S. 19.

die Werkzeuge zurückgreifen, die das allgemeine Urheberrecht ihm bietet. Das einfache, unentgeltliche Nutzungsrecht für jedermann ist bezüglich der die Privatautonomie einschränkenden Regelungen zur Abdingbarkeit zwingender Vergütung privilegiert,[543] in allen anderen Belangen jedoch »nur« ein einfaches Nutzungsrecht, das hinsichtlich seines Inhalts und seiner Grenzen den allgemeinen Regeln des Urheberrechts folgt. Schließlich ist zu bedenken, dass die Erschöpfung des Verbreitungsrechts bei unkörperlichem Werkvertrieb zum Zeitpunkt der Einführung der Linux-Klauseln allenfalls im akademischen Diskurs und auch dort keinesfalls mit der Prominenz der letzten Jahre präsent war. Es ist somit eine gewagte Annahme, dass der Gesetzgeber mit der Einführung der Linux-Klauseln die zu diesem Zeitpunkt und erst Recht in diesem Zusammenhang kaum bedachte Problematik der Erschöpfung regeln wollte.

Eine Ausnahme von den vom EUGH aufgestellten Grundsätzen zur unkörperlichen Erschöpfung im Falle von Open Content-Lizenzen kommt somit aus systematischen wie historisch-teleologischen Gründen nicht in Betracht. Die Nutzungsrechte im Rahmen des »einfachen, unentgeltlichen Nutzungsrechts für jedermann« der Linux-Klauseln können keinen anderen Inhalt haben bzw. »erschöpfungsresistenter« sein, als es die allgemeinen Regeln des Urheberrechts sowie die zwingende Natur des Grundsatzes generell für Nutzungsrechte vorsehen. Mit den Linux-Klauseln sollte nur eine neuartige, dem Gemeinwohl dienende Art und Weise abgesichert werden, hinsichtlich ihres Inhalts sowie ihrer Rechtsnatur nach »normale« Nutzungsrechte einzuräumen.

IV. Fazit

Der Erschöpfungsgrundsatz wird zutreffend als zwingende Schrankenregelung des Urheberrechts angesehen. Sofern also keine gesetzgeberische Ausnahme einer Rückausnahme gleich vorliegt, so findet der Grundsatz Anwendung. Eine derartige Rückausnahme liegt im Falle des einfachen, unentgeltlichen Nutzungsrechts für jedermann jedoch nicht vor, insbesondere bieten die Linux-Klauseln der §§ 31a ff. UrhG keine Anhaltspunkte dafür. Die Rechtsnatur des Erschöpfungsgrundsatzes ändert somit nichts an dessen zwingender Anwendung im Bereich der durch Open Content geschaffenen digitalen Allmende, vielmehr gebietet sie eine solche sogar.

543 Und im Zuge späterer Ergänzungen der §§ 31a ff. UrhG auch im Hinblick auf einige Formvorschriften, das grundlegende Prinzip ist jedoch identisch.

B. Unanwendbarkeit auf Open Content-Lizenzen aufgrund der Funktion der Erschöpfung?

Eine abweichende Beurteilung könnte sich eventuell insofern ergeben, als dass eine Übertragung der *UsedSoft*-Grundsätze der unkörperlichen Erschöpfungslehre auf das einfache, unentgeltliche Nutzungsrecht für jedermann nutzende Open Content-Lizenzen aufgrund der speziellen Lizenzmodalitäten – insbesondere der Umkehr der Restriktivität des Urheberrechts zur Gewährleistung der Freiheit des Werkes und der Nutzer – die mit der Erschöpfungslehre verfolgten Ziele[544] beeinträchtigen würde anstatt sie zu fördern. Käme eine eingehende Untersuchung der Funktion und intendierten Ziele der Erschöpfungswirkung zu dem Ergebnis, dass eine Übertragung der unkörperlichen Erschöpfung nach *UsedSoft* auf Open Content-Werke und -Lizenzen entweder gar keine oder gar eine diesen Funktionen und Zielen abträgliche Auswirkung hätte, so wäre in diesen Fällen Raum für eine teleologische Reduktion von deren Reichweite. In diesem Falle würden eventuelle negative Auswirkungen der Übertragung auf die Funktionsfähigkeit von Open Content-Lizenzen umgangen, ohne dass die absolute Geltung der Erschöpfungswirkung dem Grunde nach angetastet werden müsste.

I. Erschöpfung als Vehikel der Angleichung von sachen- und urheberrechtlicher Verkehrsfähigkeit

Gegen eine Ausweitung des Erschöpfungsgrundsatzes kann im Gegensatz zu der ökonomischen Betrachtung des EUGH die Argumentation in Stellung gebracht werden, dass der Erschöpfungsgrundsatz als Einschränkung der Kontrollbefugnis des Rechtsinhabers nur dann von Nöten ist, wenn die von der Erschöpfung betroffene Nutzung eines Werkes auf einer exklusiven Basis erfolgt.[545] Nur in diesem Falle könne die Erschöpfung dafür sorgen, dass die Nutzungsrechte am Werk sich in einem Gleichlauf mit den Eigentumsrechten an der Verkörperung, wie etwa einem Buch oder einem digitalen Datenträger, befänden.[546] Allein bei Vorliegen einer solchen, durch die Körperlichkeit beschränkten und damit am physischen Sachenrecht orientierten Nutzungsmöglichkeiten sei es ferner

544 Zu diesen Funktionen vgl. die überblicksartige Darstellung bei *Seitz*, »Gebrauchte« Softwarelizenzen, S. 140–147 und *Berger*, 201 AcP (2001) 411 (418f.) sowie die Nachweise im weiteren Verlauf des Textes.

545 *Zech*, Information als Schutzgegenstand, S. 339f.; in eine ähnliche Richtung argumentierend *Ohly*, NJW Beilage 2014, 47 (48); *Bergmann* in FS Erdmann, S. 17 (25f.).

546 *Berger*, 201 AcP (2001) 411 (419), bezeichnet die Ansicht als »Eigentumstheorie«, zurückgehend auf RGZ 63, 394 (399) – *Koenigs-Kursbuch*; dazu auch *Sucker*, Der digitale Werkgenuss im Urheberrecht, S. 167f.

notwendig, einen solchen Gleichlauf anzustreben, um nicht die grundsätzliche Verkehrsfähigkeit eines körperlichen Gegenstandes durch urheberrechtliche Regelungen zu unterlaufen.[547] Die Notwendigkeit einer Einschränkung des Verbreitungsrechts endet dieser Sichtweise zufolge dort, wo sie nicht mehr aufgrund anderer Rechtsprinzipien oder Tatsachen erforderlich gemacht wird oder durch den Gesetzgeber explizit angeordnet wird.

1. Nicht-Exklusivität als conditio sine qua non *der digitalen Allmende*

Im Falle von Werken, die im Rahmen von Open Content-Lizenzen unter Verwendung der Rechtsfigur des einfachen, unentgeltlichen Nutzungsrechts für jedermann geschaffen und verbreitet werden sollen, sind, wie eingangs dargelegt, die Prinzipien des massenhaften, kosten- und diskriminierungsfreien Zugangs zu den Werken ein maßgebliches Kriterium der Schaffensmotivation und des Selbstverständnisses der Autoren.[548] Die, der digitalen Werknutzung geschuldete, Nicht-Exklusivität und Nicht-Rivalität der Nutzung als motivierendes Kernelement der Werkproduktion wird gerade dadurch so effizient genutzt, dass die Restriktivität des Urheberrechts, die dem Autor mächtige Werkzeuge an die Hand gibt, das Werk gerade exklusiv zu verwerten und die Rivalität per DRM-Maßnahmen sicher zu stellen,[549] durch Anordnung einer größtmöglichen Freiheit ins Gegenteil verkehrt wird.[550]

Die beiden für den Erschöpfungsgrundsatzes als Methode der Angleichung von Urheber- und herkömmlichem Sachenrecht begreifenden Stimmen am dringendsten für dessen Anwendungen sprechenden Faktoren, die Nicht-Exklusivität und Nicht-Rivalität der Nutzung, sind somit *conditio sine qua non* für das Funktionieren von Open Content-Lizenzen und darüber hinaus das von Nutzern einer solchen Lizenz in erster Linie verfolgte Ziel. Es soll gerade kein Gleichlauf der Verbreitung des Werkes mit eventuellen physischen Trägern er-

547 BGHZ 5, 116 – *Parkstraße 13*; *Zech,* Information als Schutzgegenstand, S. 340. Ein Unterlaufen würde dergestalt stattfinden, dass zwar über den Datenträger nach den Regeln des Sachenrechts verfügt werden könnte, die darauf befindlichen Informationen jedoch nicht oder nur sehr beschränkt nutzbar wären. Eine Verfügung über das *res commodum* wäre damit mangels eines Nutzwertes nahezu sinnlos, dieses einer Weiterverwertung durch den Ersterwerber faktisch entzogen.

548 *Gosh/Glott/Krieger/Robles*, Free/Libre and Open Source Software: Survey and Study, Part IV, Survey of Developers; *Hars/Ou*, 6 Int. J. of Electronic Commerce (2002) S. 25 (32); *von Hippel/von Krogh*, Organization Science 14 (2003), S. 209 (212).

549 Überblicksartig zu diesen Möglichkeiten *Peukert* in Loewenheim, Hdb. Urheberrecht, § 33, Rn. 1–6.

550 *Fried*, 29 Harv. J.L. & Pub. Pol'y (2005), 3 (5f.) (»wise constraints that make us free«); *Kapczynski et al,*. in 20 Berkeley Tech. L.J. (2005), 1031 (1069) sprechen von »legal Jiu-Jitsu«, einer Kampfsportart die die Kraft des Gegenüber auf diesen umlenkt; *Dusollier*, 29 Columbia J.L. & Arts, (2005/2006), 271 (285) von einem »*subversive effect*«; *Elkin - Koren*, 74 Fordham Law Rev. (2005), 375 (386).

folgen: Die Möglichkeiten der kostengünstigen, in Bezug auf die Qualität verlustfreien Anfertigung und Verbreitung von unkörperlichen Kopien aufgrund ihrer digitalen Natur werden nicht als Risiko, sondern vielmehr als Chance begriffen.[551] Ferner wird durch diese Art der Nutzung der digitalen Allmende gerade das Ziel verwirklicht, eine große Anzahl von Nutzern und Mitwirkenden gleichzeitig unter bestmöglicher Allokation ihrer Fähigkeiten an einem Werk mitarbeiten zu lassen.[552]

2. *Fazit*

Von der Intention ausgehend, der Erschöpfungsgrundsatz solle einen Gleichlauf von Immaterialgüterrechten und Rechten an physischen Sachen bewirken, stellt sich die Frage der Anwendbarkeit des Grundsatzes auf Open Content bereits gar nicht. Die Eigenheiten der unkörperlichen Werknutzung sind wesentlich für deren intendierte Funktion, so dass eine physische Verbreitung eher selten und auf Ausnahmen begrenzt sein dürfte, mithin keine Notwendigkeit zur Herstellung eines Gleichlaufes besteht.

Es kann allerdings bezweifelt werden, inwiefern dieser vom Reichsgericht entwickelten Auffassung vom Zweck des Erschöpfungsgrundsatzes noch eine praktische Relevanz zukommt. Nach anfänglicher Übernahme durch den BGH[553] kam dieser nach zutreffender Kritik aus der Literatur[554] von diesem Begründungsansatz ab und begründete den Erschöpfungsgrundsatz seither in erster Linie mit der Verkehrssicherungstheorie.[555] Auch wurde dieser Zweck des Erschöpfungsgrundsatzes durch den EUGH in der *UsedSoft*-Entscheidung für die kommerzielle Verbreitung von Software implizit als unerheblich angesehen, würde er doch andernfalls generell bei online vertriebenen Produkten eine Erschöpfung ausschließen.

Die Eigentumstheorie als Begründung der Erschöpfung würde somit eine Anwendung auf unkörperlich vorliegende Open Content ausschließen, die

551 *Osterloh/Luethi* in Eifert/Hoffmann-Riem, Geistiges Eigentum und Innnovation, S. 145 (155) bezeichnen dies höchst treffend als »Kleinkostensituation«, zu eventuellen Nebenwirkungen einer staatlichen Intervention jedoch nur kurze Ausführungen auf S. 157.

552 Dies stellt einen für die besondere Effektivität der *commons based peer production*, auf der Open Content beruht, wesentlichen Faktor dar, dazu *Benkler*, 112 Yale L.J. (2002), 369 (384-396).

553 BGHZ 5, 116 (120) – *Parkstraße 13*.

554 Bereits 1911 bei *Gellner*, Das Eigentum als Grenze des ausschließlichen Verbreitungsrechts, S. 63; ferner *Blachian*, Die Lehre von der Erschöpfung des Verbreitungsrechts im Urheberrecht, S. 60f.; *Joos*, Die Erschöpfungslehre im Urheberrecht, S. 52; *Reimer*, GRUR Int. 1972, 221 (225f.) sowie *Paschke*, GRUR 1984, 858 (867).

555 BGH GRUR 1986, 736 (737) – *Schallplattenvermietung* unter Verweis auf BGHZ 80, 101 (106) – *Schallplattenimport I*, zu dieser Theorie *Rehbinder/Peukert*, UrhR, Rn. 167 a. E. sowie Rn. 456.

Theorie selbst ist jedoch zur Begründung der Erschöpfung nur eingeschränkt geeignet und als überholt anzusehen.

II. Die Erschöpfung zur Verhinderung mehrfacher Vergütung

Ein weiteres Ziel, das zur Begründung der Erschöpfungslehre herangezogen wird, ist die Beschränkung des Partizipationsinteresses des Autors an nach der Erstverbreitung erfolgenden Verbreitungshandlungen. Nach dieser sogenannten Entgeltsicherungs- bzw. Belohnungstheorie soll dem Autor für einmal rechtmäßig in den Verkehr gelangte Werke keine weitere Vergütung mehr zustehen.[556] Konsequenterweise ist nach diesem Begründungsansatz Voraussetzung der Erschöpfung, dass der Autor mit der Erstverbreitung des Werkes eine Vergütung erhält; ein Element das sowohl vom EUGH[557] als auch in der Folgeentscheidung des BGH[558] betont und für eine Online-Erschöpfung vorausgesetzt wird.

Das Kriterium der mit der Erstverbreitung erzielten, angemessenen Vergütung als Voraussetzung für den Eintritt einer Erschöpfung scheint ob der geforderten Unentgeltlichkeit der Rechtseinräumung in Open Content-Lizenzen *prima facie* geeignet, eine Übertragung der *UsedSoft*-Grundsätze auszuschließen.

1. *Subjektive Gegenleistungserwartungen in Open Content-Lizenzen*

Wie jedoch bereits oben in § 4, Abschnitt C gezeigt, bedeutet die Einräumung unentgeltlicher Nutzungsrechte keineswegs, dass der an der Allmende Mitwirkende frei von jeder Gegenleistungserwartung wäre. Der Begriff der »Vergütung« meint zunächst nicht allein ein monetäres Entgelt, sondern kann generell in beliebigen Gegenleistungen bestehen.[559] Bei Vorliegen einer Copyleft-Klausel sorgt die Bindung des Lizenznehmers und die damit verbundene Einstellung seiner Werke bzw. Derivate des Werkes in die Allmende für eine, wenn auch bedingte, Leistungspflicht des Lizenznehmers. Ferner ist bei der späteren Verbreitung eines veränderten oder verbesserten Werkes auch unter permissiven Open Content-Lizenzen nicht ausgeschlossen, dass ein Upstream-Nutzer von

556 RegE UrhG, S. 48; dem folgend BGHZ 129, 66 – *Mauerbilder; Niethammer*, Erschöpfungsgrundsatz und Verbraucherschutz im Urheberrecht, S. 48 f.; Spindler/Schuster/*Wiebe*, § 17 UrhG Rn. 7; *Puig*, 4 JIPITEC (2013), 159 (162), Rn. 17.

557 EUGH, Urteil vom 03.07.2012, Rs. C-128/11, Rn. 72 – *UsedSoft*.

558 BGH GRUR 2014, 264, Rn. 58 – *UsedSoft II*.

559 So etwa zu § 611 BGB MüKo-BGB/*Müller-Glöge*, § 611 Rn. 696; Jauernig/*Mansel* § 611 Rn. 30; zu § 631 BGB MüKo-BGB/*Busche*, § 631 Rn. 87 unter Verweis auf die Motive des Gesetzgebers, Mot. II, S. 473 zu § 567 des damaligen Entwurfes; ebenfalls zum Werkvertrag Palandt/*Sprau*, § 632 Rn. 4.

dieser Art der Veröffentlichung nachträglich profitiert.[560] Die Reziprozität des Austauschverhältnisses beschränkt sich in solchen Fällen nicht auf einen gleichzeitigen Austausch klar bezifferter Güter, sie kann auch in der Steuerung zukünftiger Taten mit dem Ziel, sich das Gegenüber in späterer Hinsicht zu verpflichten, bestehen.[561] Zudem erfordert diese Form der Reziprozität nicht zwingend einen konkreten Nexus, sondern kann darüber hinaus in Form von »generalisierter Reziprozität« sowohl bezüglich eines anderen Objekts wie auch eines anderen Subjekts vorkommen.[562] Um es am Autopannen-Beispiel *Köndgens* zu verdeutlichen: Der Autor veröffentlicht sein Werk als Open Content in der Erwartung, dass spätere Autoren es ihm nachtun werden und somit alle – aber auch er selbst – auf einen größeren Schatz an frei verfügbaren Werken zugreifen können.[563] Dem Stellen eines Werkes unter eine Open Content-Lizenz liegt somit die Erwartung einer Gegenleistung zugrunde. Zurückgreifend auf die Idee der Open Content-basierten Allmende als Vertragsnetzwerk muss sich die Gegenleistung nicht unmittelbar im Synallagma realisieren. Die Form des indirekten Profitierens eines am Netzwerk teilnehmenden Werkschöpfers in Form von generalisierter Reziprozität über dieses[564] ist ebenso gut wie eine synallagmatische Gegenleistung geeignet, die Anforderungen des EUGH an die »Ermöglichung einer angemessenen Gegenleistung« zu erfüllen.

Ferner bedeutet auch die Tatsache, dass diese Gegenleistung nicht allein und direkt dem Autor des Werkes, sondern vielmehr der mit Hilfe der Lizenz zu schaffen beabsichtigten Allmende bzw. der von ihr profitierenden Allgemeinheit als hypothetischem »Dritten« zukommt, noch nicht, dass die Gegenleistung unangemessen wäre oder gar fehlte.[565] Der Autor lenkt eine von ihm erzielbare Gegenleistung bloß privatautonom an einen anderen Empfänger um. Schlüsselte

560 Besonders deutlich der US-Amerikanische Supreme Court in *Jacobsen v. Katzer*, 535 F. 3d 1373, 1379 (Fed. Cir., 2008), im Wortlaut oben, § 4.A.III.

561 *Köndgen*, Selbstbindung ohne Vertrag, S. 245 unter Verweis auf *von Jherings* Ausführungen zu einem in der Hoffnung auf spätere Vergünstigungen oder Sonderbehandlungen gewährten Trinkgeld in *von Jhering*, Das Trinkgeld, S. 29; ebenso *Teubner*, Netzwerk als Vertragsverbund, S. 129, der bei Vertragsnetzen von einer »generalisierten Reziprozität« spricht, bei der »nicht jede Leistung um einer bestimmten anderen willen, sondern durchaus auch Eigenleistungen an das Netz mit der unbestimmten Erwartung künftiger Netzvorteile« erbracht werden. Zu Einordnung von Open Content-Lizenzen als derartige Vertragsnetze siehe oben, § 5.C.

562 *Köndgen*, Selbstbindung ohne Vertrag, S. 249 am Beispiel der Hilfeleistung an einen Unbekannten im Falle einer Autopanne als einer Situation der »reversiblen Lagen«; zu dem Konzept bei Open Content *Wielsch*, Zugangsregeln, S. 207f.

563 Dazu oben, § 1.B.

564 So auch *Wielsch*, Zugangsregeln, S. 208f. sowie S. 225; *Weber*, Success of Open Source, S. 150 nennt dies »*diffuse reciprocity*« mit besondere Betonung des Rollenwechsels als Lizenznehmer und -geber auf S. 179.

565 RGZ 150, 129 (133); MüKo-BGB/*Emmerich*, vor § 320 Rn. 4; *Hadding* in FS Gernhuber, S. 153 (154f.); *Wielsch*, Zugangsregeln, S. 226.

man die generalisierte Reziprozität des Netzwerks in einzelne Schritte auf, so verpflichtete sich der Lizenznehmer, die auf Basis des Werkes geschaffenen Werke und Werkteile stattdessen dem Lizenzgeber zur Verfügung zu stellen bzw. diesem ein einfaches, unentgeltliches Nutzungsrecht daran einzuräumen. Dieser wiederum würde die ihm gewährten Rechte dann schließlich Dritten einräumen. In dieser Konstellation bestünden jedoch am Vorliegen eines eine Gegenleistung enthaltenden Austauschvertrags zwischen Erstautor und Bearbeiter auch dann keine Zweifel, wenn der Erstautor seinerseits Dritten freien Zugriff auf seine »neuen« Rechte und Werke gewähren würde.

Aus subjektiver Sicht des Werkschöpfers liegt somit auch bei der Verbreitung eines Werkes unter Nutzung eines einfachen, unentgeltlichen Nutzungsrechts für jedermann ein Vertragsverhältnis zugrunde, das von einer im Vergleich zu einem herkömmlichen Austauschvertrag zwar weiteren,[566] jedoch unbestritten vorhandenen Reziprozitätserwartung durchdrungen ist.

2. *Objektiver Maßstab der Rechtsprechung*

Zur Beantwortung der Frage, ob bei einer Erstverbreitung unter Erteilung eines einfachen, unentgeltlichen Nutzungsrechts für jedermann auch tatsächlich eine angemessene Vergütung des Autors erfolgt, ist schließlich der von der Rechtsprechung angelegte Maßstab zu beachten. Der EUGH verlangt in seiner *UsedSoft*-Entscheidung, das Werk in einer Art und Weise in den Verkehr zu bringen, die »es [dem Autor] ermöglichen soll, eine dem wirtschaftlichen Wert der Kopie des ihm gehörenden Werkes entsprechende Vergütung zu erzielen«.[567] Der BGH hält an diesem Kriterium fest,[568] und konkretisiert es insofern, als dass es »nach den Vorgaben des *Gerichtshofs* [ausreiche], dass der Rechtsinhaber die Möglichkeit hatte, beim Erstverkauf der betreffenden Kopie eine angemessene Vergütung zu erzielen.«[569] Bei einem Vergleich der beiden Aussagen fällt auf, dass der BGH noch deutlicher als der EUGH die reine *Möglichkeit* der entgeltlichen Veräußerung ausreichen lässt. Diese Klarstellung verdient ausdrückliche Zustimmung. Würde zur Bestimmung der Angemessenheit der erzielten Vergütung ein wie auch immer gearteter, objektiver Maßstab angelegt, so käme es bei Verfahren über die Rechtmäßigkeit eines Zweiterwerbs zu einer inzidenten Vertragskontrolle durch die Gerichte – und damit im Endeffekt zur Festsetzung »angemessener« Preise auf dem Softwaremarkt durch nicht am Vertrag beteiligte Dritte in Gestalt der Judikative. Ein solches Vorgehen wäre mit der Pri-

566 *Wielsch*, Zugangsregeln, S. 224; *Teubner*, Netzwerk als Vertragsverbund, S. 129.
567 EUGH, Urteil vom 03.07.2012, Rs. C-128/11, Rn. 63 – *UsedSoft*.
568 BGH GRUR 2014, 264, Rn. 58 – *UsedSoft II*.
569 BGH GRUR 2014, 264, Rn. 60 – *UsedSoft II* unter Verweis auf EUGH, Urteil vom 03.07.2012, Rs. C-128/11, Rn. 62 und 63 – *UsedSoft*.

vatautonomie und deren Betonung der Parteiauffassungen in Fragen der (angemessenen) Vergütung[570] unvereinbar und schlechterdings untragbar.[571]

Überträgt man diese Grundsätze auf Open Content-Lizenzen, so spricht einiges für das Vorliegen einer »angemessenen Vergütung« im Sinne der Urteile. Das Auf-den-Markt-Bringen eines Werkes unter einer derartigen Lizenz geschieht freiwillig – jedenfalls auf Seiten eines Erstautors, auf den folgenden Ebenen allerdings eventuell unter dem Eindruck der Bindung an eine Copyleft-Klausel. Deren Existenz war dem Lizenznehmer jedoch zum einen bei der Erweiterung des bestehenden Werkes bzw. der Aufnahme von Arbeiten an neuen Werken auf dessen Basis bekannt und damit Grundlage der freien, privatautonomen Entscheidung, zum anderen setzt ein Eingreifen der Copyleft-Klauseln ihrerseits ein völlig freiwillig geschehendes öffentliches Zugänglichmachen bzw. Verbreiten des Werks voraus.[572] Somit ist das privatautonome Abschließen einer Open Content-Lizenz und erst Recht das Anbieten eigener, auf Open Content basierender Werke ein starkes Indiz dafür, dass der Inhaber der Rechte an einem solchen neuen Werk die mit den Lizenzen verbundenen, indirekten Reziprozitätserwartungen teilt und diese für eine angemessene Gegenleistung für die Übertragung seiner Schaffensleistung in die digitale Allmende hält. Hinzu kommt, dass es einem Autor, der auf Open Content Dritter basierende oder entsprechend erweiterte Werke anbietet, in aller Regel kaum möglich ist, diese kommerziell zu verwerten. Dies kann etwa dadurch bedingt sein, dass Dual-Licensing durch die konkrete Lizenz als unzulässig angesehen wird oder weil die »freie« Konkurrenz eine entsprechendes Markteintrittshindernis darstellt.[573] Schließlich beschränken sich die Beiträge oft auch nur auf Verbesserungen oder Optimierungen des Gesamtwerkes, welche ohne dieses überhaupt keinen eigenen Wert besäßen. Unter diesen Gesichtspunkten wäre selbst bei einer Betonung des objektiven Elements der entgeltlichen Veräußerung eine äußerst geringe Summe anzusetzen, die in Anbetracht der beschränkten Verwertungsmöglichkeiten als »angemessen« zu betrachten wäre.[574]

570 Jedenfalls auf intakten Märkten, kartellrechtliche Fragen seien hier außen vor gelassen.

571 So besonders deutlich das OLG Frankfurt am Main GRUR 2013, 279 (281) – *Adobe/UsedSoft* zur Frage der Erschöpfung eine Education-Lizenz (»Es ist nicht Sache der Gerichte, die Wirtschaftlichkeit der Preispolitik der Kl. oder die Angemessenheit des Verhältnisses zwischen Leistung und Gegenleistung zu überprüfen. Maßgeblich ist allein, ob es der Kl. möglich war, ein wertentsprechendes Entgelt zu verlangen.«).

572 Dazu oben, § 4.C.III.

573 Dazu *Dusollier*, 29 Columbia J.L. & Arts (2005/2006), 271 (281f.).

574 In dieser Hinsicht höchst interessant sind die Ausführungen von *Becker*, ZUM 2013, 829 (833f.), in denen er die reine Aufmerksamkeit des Konsumenten in Zeiten, in denen mehr Inhalte als Gelegenheit zur Wahrnehmung bestehen, als relevante Gegenleistung und in finanzieller Hinsicht als schützenswert betrachtet.

3. *Fazit*

Auch unter dem Aspekt der Entgeltsicherungsfunktion der Erschöpfungslehre bestehen somit keine Bedenken hinsichtlich ihrer Übertragung auch auf Open Content. Die von Autoren berechtigt erwartete und meist auch erzielte Gegenleistung in Form von über das Vertragsnetzwerk vermittelter, generalisierter Reziprozität ist eine ausreichende Gegenleistung nach den Vorgaben des EUGH bzw. BGH.

III. Die Erschöpfung als Notwendigkeit des europäischen Binnenmarktes

Eine weitere Aufgabe, zu deren Verwirklichung die Erschöpfungslehre als wesentlich angesehen wird, stellt die Sicherung eines freien und ungehinderten Warenverkehrs dar.[575] Damit ist im europäischen Kontext bei der Frage nach einer unkörperlichen Erschöpfung auch die Verwirklichung eines einheitlichen Binnenmarktes berührt.[576] Unter Berücksichtigung der Auffassung des EUGH, dass ein einheitlicher Verkaufs- und damit Erschöpfungsbegriff wesentliches Kriterium für einen funktionierenden Binnenmarkt ist, und der die Ausweitung der Erschöpfung auf den Online-Bereich gerade mit diesem hochrangigen Ziel der europäischen Union begründet, stellen sich hinsichtlich der Übertragbarkeit auf Open Content zwei wesentliche Fragen: Einerseits ist zu untersuchen, ob eine digitalen Allmende überhaupt unter den europäischen Marktbegriff fällt und, darauf aufbauend, ob die Freiheit des Warenverkehrs nicht durch die Ausdehnung der Erschöpfungslehre auf Open Content eher beeinträchtigt denn gefördert würde.

Wesentliches Argument des EUGH für die Ausdehnung der Erschöpfungslehre war es, Beeinträchtigungen für das Funktionieren des Binnenmarktes in Bezug auf Computerprogramme zu beseitigen.[577] Eine Übertragung der Grundsätze auf Open Content ist somit nur möglich, wenn dieser unter den Begriff des Binnenmarkts zu fassen wären.

Ausgehend von einem klassischen Verständnis des Begriffes »Markt« als einer Umgebung, in welcher der Preis eines Gutes in Ansehung von Angebot und Nachfrage auf Basis von individuellen Verhandlungen gebildet wird, wäre es

575 BGH GRUR 2001, 51 (53) – *Parfumflakon*; dazu auch *Seitz*, »Gebrauchte« Softwarelizenzen, S. 143, *Joos*, Die Erschöpfungslehre im Urheberrecht, S. 53, 55; *Niethammer*, Erschöpfungsgrundsatz und Verbraucherschutz im Urheberrecht, S. 46f. m.w.N.; *Elkemann-Reusch*, ZGE 2010, 413 (436f.) (»der Erschöpfungsgrundsatz […] dien[t] dem Schutz des Warenverkehrs«).

576 EUGH, Urteil vom 03.07.2012, Rs. C-128/11, Rn. 41, 62f. – *UsedSoft*; *Bast* in Grabitz/Hilf/Nettesheim, Recht der Europäischen Union, Art. 26 AEUV Rn. 12; Streinz/*Schröder*, Art. 26 AEUV Rn. 19, 21.

577 EUGH, Urteil vom 03.07.2012, Rs. C-128/11, Rn. 41, 62f. – *UsedSoft*.

denkbar, Open Content vom Begriff auszunehmen: Die Kommodifizierung und anschließende Kommerzialisierung von Information wird gerade abgelehnt. Mit der digitalen Allmende soll ein Gegenmodell zu diesem herkömmlichen Verwertungsmodell geschaffen werden.[578]

Maßgeblich für den Begriff des europäischen Binnenmarktes ist Art. 26 Abs. 2 AEUV bzw. für die Zeit vor Inkrafttreten des Vertrages von Lissabon Art. 14 Abs. 2 EGV.[579] Bereits dessen Wortlaut »umfasst einen Raum ohne Binnengrenzen« ist ein erstes Indiz für einen von der rein wirtschaftlichen Bestimmung des Begriffes abweichenden Marktbegriff. Zwar wird stellenweise der Charakter des Art. 26 Abs. 2 AEUV als Legaldefinition bestritten,[580] die wohl einhellige Meinung geht aber davon aus, dass bei dem Begriff des »Marktes« die geographische Bestimmung im Sinne eines Raumes zur Verwirklichung der europäischen Grundfreiheiten und weitergehender Ziele im Vordergrund stehe.[581] Darüber hinaus ist die Eliminierung des Begriffes »gemeinsamer Markt« aus den europäischen Dokumenten zugunsten eines einheitlichen Begriffes des »Binnenmarktes«[582] ein Indiz dafür, dass geographische Aspekte (»Binnen-«) jedenfalls gleichberechtigt neben ökonomischen Aspekten des Begriffes stehen. Selbst wenn jedoch im Rahmen des »Binnenmarktes« die kommerziell-wirtschaftliche Deutung im Vordergrund stünde, so beeinflussen nicht-kommerzielle Open Content-Werke trotz bewusster Distanzierung bereits durch ihre bloße Existenz unbestreitbar den Markt für kommerzielle Werke; im Zweifel sogar über die Grenzen des eigenen Mediums hinaus.[583]

Allein aufgrund ihrer sich einer klassisch-wirtschaftlichen Betrachtungsweise entziehenden Funktion und Intention sind auf dem einfachen, unent-

---

578 Oder dieses jedenfalls um seine als destruktiv betrachteten Aspekte bereinigen, vgl. oben, § 1.C.

579 Dieser wurde wortgleich in Art. 26 Abs. 2 AEUV überführt, so dass Wertungen aus der Zeit vor in Kraft treten des Vertrages von Lissabon im Jahre 2009 problemlos auf die heutige Situation übertragen werden können.

580 *Müller-Graff* in Dauses, EU-Wirtschaftsrecht, A. I. Rn. 141, begründet seine Zweifel mit der Formulierung »umfasst«, welche allein die Reichweite eines bereits anderweitig niedergelegten Begriffes umfassen solle.

581 Streinz/*Schröder*, Art. 26 AEUV Rn. 19; Schwarze/Becker/Hatje/*Schoo/Hatje*, EU-Kommentar, Art. 26 AEUV Rn. 9f.; *Kahl* in Grabitz/Hilf/Nettesheim, Recht der Europäischen Union, Art. 26 AEUV Rn. 12 (»nicht durch Binnengrenzen fragmentierten Raum«); EuGH, Urteil vom 05.05.1982, Rs. C-15/81, Rn. 33 – *Gaston Schul*, (»Verschmelzung der nationalen Märkte zu einem einheitlichen Markt«).

582 Dazu *Nowak*, Europarecht nach Lissabon, S. 193, 200; Calliess/Ruffert/*Kahl*, EUV/AEUV, Art. 26 AEUV Rn. 13f. sowie Schwarze/Becker/Hatje/*Schoo/Hatje*, EU-Kommentar, Art. 26 AEUV Rn. 9.

583 Zu dem Effekt des Aufkommens etwa der Wikipedia auf gegen Entgelt vertriebene Nachschlagwerke wie etwa den Brockhaus, die Encyclopedia Britannica oder Microsofts Encarta vgl. oben, Fn. 43. Ähnliche Effekte lassen sich auch im Verhältnis des Internet Explorer im Verhältnis zu der quelloffenen Konkurrenz Firefox beobachten.

geltlichen Nutzungsrecht für jedermann basierender Open Content und die digitale Allmende somit nicht vom Marktbegriff des Art. 26 Abs. 2 AEUV ausgenommen, so dass sich aus dieser Perspektive ebenfalls keine Rechtfertigung für eine Ausnahme von dem Grundsatz der Erschöpfung ergibt.

C. Fazit zu § 7

Der Erschöpfungsgrundsatz als wesentliches und zwingendes Prinzip des Urheberrechts gilt somit in der durch den EUGH vorgenommenen Ausformung auch für die digitale Allmende in Form von Open Content. Die Linux-Klauseln der §§ 31a ff. UrhG ändern an diesem Ergebnis nichts, ebenso wie die mit der Erschöpfung verfolgten Ziele in diesem Sonderfall eine Ausnahme von dem zwingenden Grundsatz zu rechtfertigen vermögen.

§ 8. Konsequenzen der unkörperlichen Erschöpfung für Open Content

Im folgenden Abschnitt wird daher untersucht, welche Auswirkungen die Anwendung des Erschöpfungsgrundsatzes in seiner durch den EUGH sowie den BGH neugefassten Ausprägung auf die digitale Allmende des Open Content hat. Von Interesse sind dabei vor allem die direkten Auswirkungen auf die Ausgestaltung der einzelnen Rechtseinräumungen (A) sowie die indirekten Auswirkungen des neugefassten Grundsatzes auf ausgewählte Klauseln in Open Content-Lizenzen im Wege des § 307 Abs. 2 Nr. 1 BGB (B).

A. Direkte Wirkung der unkörperlichen Erschöpfung

Das *UsedSoft*-Urteil des EUGH zur Erschöpfungswirkung betrifft zunächst die Befugnis des Rechtsinhabers, dem Ersterwerber eines Werkes die Weitergabe zu untersagen, wenn dieser das Werk in unkörperlicher Form, etwa per Download, erworben hat. Für Open Content bedeutet dies, dass ein Rechtsinhaber, dem im Rahmen einer Open Content-Lizenz ein einfaches, unentgeltliches Nutzungsrecht für jedermann eingeräumt wurde, das dabei im Rahmen eines Downloads bei sich verkörperte Werkexemplar seinerseits ohne Zustimmung des Rechteinhabers weitergeben darf – im Falle einer Ergänzung oder Bearbeitung gegebenenfalls unter gleichzeitiger Gestattung der Nutzung seiner eigenen Werkteile.

I. Reichweite der Erschöpfung und Umfang der übertragenen Rechte

Eine Möglichkeit, diese Auswirkung der unkörperlichen Erschöpfungswirkung abzuwenden, könnte darin bestehen, den Erwerber der Programmkopie allein auf die konkrete Nutzung im Rahmen der digitalen Allmende zu beschränken und damit das Verbreitungsrecht auch nur soweit der Erschöpfung zu unterwerfen. Diese Konstruktion der inhaltlich beschränkten Erschöpfungswirkung wurde bereits 1958 durch den BGH in die Diskussion eingebracht[584] und wird von der Literatur auch heute noch verbreitet befürwortet.[585] Ansichten, die eine derartige inhaltliche Beschränkung der Erschöpfung befürworten, lassen sie jedoch nur zu, falls und soweit die inhaltliche Beschränkung ihrem Umfang nach einer Nutzungsart gem. § 31 Abs. 1 S. 2 Hs. 2 UrhG entspricht.[586] Die Frage nach der inhaltlichen Beschränkung der Nutzungsrechte des Zweiterwerbers auf eine Nutzung im Rahmen von Open Content führt daher zu der bereits ausführlich behandelten Problematik, ob die Open Content-Nutzung eine eigenständige, mithin in technisch-wirtschaftlicher Hinsicht klar abgrenzbare[587] Nutzungsart im Sinne dieser Norm darstellt. Eine erneute Untersuchung dieser Fragestellung, die durch die Rechtsprechung ausdrücklich verneint,[588] in der Literatur dagegen im Rahmen von teils sehr ausführlichen Behandlungen differenziert gesehen wird,[589] erweist sich jedoch aus mehreren Gründen als unnötig.

---

584 BGH GRUR 1959, 200 (202) – *Der Heiligenhof*; BGH GRUR 1979, 637 (639) – *White Christmas*.

585 Dreier/Schulze/*Dreier*, § 17, Rn. 39; HK-UrhG/*Dreyer*, § 7 Rn. 57; Schricker/Loewenheim/*Loewenheim*, § 17 Rn. 59, jeweils m.w.N.; sowie jüngst *Leistner*, WRP 2014, 995 (1000).

586 In den vor Juli 2002 erschienen Quellen bzw. Fundstellen ist dagegen der § 32 UrhG aF maßgeblich, der inhaltlich dem heutigen § 31 Abs. 1 S. 2 Hs. 2 UrhG entspricht.

587 Dazu zuletzt OLG München ZUM 2010, 709 (712f.) – *myVideo*; BGH GRUR 1992, 310 – *Taschenbuchlizenz*; BGH ZUM 2000, 1079 (1081) – *OEM-Version*; *Schack*, UrhR, Rn. 608; Spindler/Schuster/*Wiebe*, § 31 UrhG Rn. 7; Schricker/Loewenheim/*Schricker/Loewenheim*, § 31 Rn. 16ff. sowie Rn. 85.

588 LG München I GRUR-RR 350 (351) – *GPL-Verstoß*; LG Frankfurt am Main CR 2006, 739 (732) sowie LG München I CR 2008, 57 (58).

589 Besonders hervorzuheben sind die Ausführungen von *Koglin*, Opensourcerecht, S. 108–130, der eine eigenständige Nutzungsart bejaht. Ebenso bejahen das Vorliegen einer eigenständigen Nutzungsart *Schiffner*, Open Source Software, S. 164, 170; *Koch*, CR 2000, 333 (336) sowie noch in der 4. Auflage *Marly*, Praxishandbuch Softwarerecht, Rn. 425, mittlerweile jedoch unentschieden, 6. Aufl. Rn. 956. Unbeschränkte, jedoch auflösend bedingte Nutzungsrechte sehen dagegen *Spindler*, Rechtsfragen von Open Source, S. 47f.; *Jaeger/Metzger*, OSS, Rn. 153; *Rosenkranz*, Open Contents, S. 112; *Teupen*, Copyleft, S. 209; *Schulz*, Dezentrale Softwareentwicklung, S. 183; *Lenhard*, Vertragstypologie von Softwareüberlassungsverträgen, S. 330f.; *Schack*, UrhR, Rn. 612; *Metzger/Jaeger*, GRUR Int. 1998, 839 (842f.); *Sester*, CR 2000, 797 (800); *Deike*, CR 2003, 9 (16); *Spindler/Wiebe*, CR 2003, 873 (875) sowie Wandtke/Bullinger/*Grützmacher*, § 69c Rn. 79. Beide Lösungen als nicht überzeugend bezeichnen schließlich *Wimmers/Klett* in ihrer Anmerkung zu LG München I CR 2008, 57 (60), ohne jedoch Alternativen anzubieten.

1. *Abkehr von der inhaltlichen beschränkten Erschöpfung*

Die lange anerkannte Möglichkeit der durchgehenden, inhaltlichen Beschränkung der Erschöpfungswirkung wurde erstmals in dem Urteil *OEM-Version* durch den BGH[590] am Beispiel des mit Hardware gekoppelten Softwarevertriebs generell in Frage gestellt.[591] An diese Aussage des BGH anknüpfend vertritt eine immer stärkere Gruppe in der Literatur die Auffassung, dass sich eine inhaltliche Beschränkung eines Nutzungsrechts nur auf der ersten Stufe eines Verbreitungsvorgangs auswirken dürfe.[592]

Anhänger der durchgehend inhaltlich beschränkten Erschöpfung führen zur Begründung an, dass nur im Falle einer Verbreitungshandlung im Rahmen der gewährten Nutzungsrechte diese auch mit dem Einverständnis des Rechtsinhabers geschähe. Nur dann tritt jedoch eine Erschöpfungswirkung ein, so dass bei Nutzung außerhalb der jeweiligen Nutzungsart i. S. d. § 31 Abs. 1 S. 2 Hs. 2 UrhG eine solche ausgeschlossen sei.[593] Die Gegenseite führt dagegen – neben dem unzweideutigen Wortlaut des Urteils *OEM-Version*[594] – zwei wesentliche Argumente an. Einerseits führe eine erratische Kasuistik bei der Frage nach der Abgrenzbarkeit einer Nutzungsart – *Berger* nennt etwa die Anerkennung des »Vertriebs in Buchclubs« einerseits, nicht jedoch »Bücher im Wege des Versandhandels« andererseits[595] – dazu, dass die Verkehrssicherungswirkung, die mit der beschränkten Erschöpfung erzielt werden soll, *ad absurdum* geführt werde.[596] Darüber hinaus wird der Wortlaut des § 17 Abs. 2 UrhG, »Weiterverbreitung mit Ausnahme der Vermietung«, in Stellung gebracht: Der dortige Ausschluss des Vermiet- und Verleihrechts von der Wirkung der Erschöpfung wäre unnötig, wenn ein Ausschluss der Vermietung bereits auf Ebene der Nutzungsart erreicht werden könne.[597]

Folgt man somit dieser, eine beschränkte Erschöpfungswirkung nur auf der

---

590 BGH GRUR 2001, 153 – *OEM-Version.*

591 BGH GRUR 2001 153 (154) – *OEM-Version* (»Die nach § 32 UrhG zulässige dingliche Beschränkung des Nutzungsrechts wirkt sich nicht in der Weise aus, dass der Berechtigte nach dem mit seiner Zustimmung erfolgten Inverkehrbringen auch alle weiteren Verbreitungsakte daraufhin überprüfen kann, ob sie mit der ursprünglichen Begrenzung des Nutzungsrechts im Einklang stehen […]«); dazu auch *Schricker* in FS Dietz, S. 447 (452), dort Fn. 16.

592 Zustimmende Anmerkungen zu dem Urteil bei *Jaeger*, ZUM 2000, 1070 (1073–1075); *Witte*, CR 2000, 654 (654f.) sowie *Lehmann*, CR 2000, 740 (741); ferner Wandtke/Bullinger/*Heerma*, § 17 Rn. 35; bereits vor dem Urteil des BGH *Berger*, NJW 1997, 300 (301), *ders.*, 201 AcP (2001), 412 (430f.); *Rosenkranz*, Open Contents, S. 118.

593 Schricker/Loewenheim/*Loewenheim*, § 17 Rn. 59 m. w. N. für diese Ansicht.

594 *Rosenkranz*, Open Contents, S. 117.

595 *Berger*, 201 AcP (2001), 412 (430) unter Verweis BGH GRUR 1959, 200 (202) – *Der Heiligenhof* bzw. BGH GRUR 1990, 669 – *Bibelreproduktion.*

596 Wandtke/Bullinger/*Heerma*, § 17 Rn. 36 a. E.

597 *Rosenkranz*, Open Contents, S. 116f.; Wandtke/Bullinger/*Heerma*, § 17 Rn. 36.

ersten Verbreitungsebene anerkennenden Ansicht, so ließe sich, unabhängig von der Einordnung von Open Content als eigener Nutzungsart i. S. d. § 31 Abs. 1 S. 2, Hs. 1 UrhG, ein Aufbrechen der Restriktivität der Lizenzen auf der zweiten Erwerbsebene ohnehin nicht verhindern.[598]

2. *Konservierung von Nutzungsbeschränkungen entlang der Veräußerungskette*

Die Diskussion der Frage, ob und unter welchen Bedingungen eine Werknutzung im Rahmen von Open Content-Lizenzen als eigene Nutzungsart gem. § 31 Abs. 1 S. 2 Hs. 2 UrhG zu charakterisieren ist, kann ferner aus einem weiteren Grund dahinstehen: Der BGH geht in seinem Urteil *UsedSoft II* erstmals ausdrücklich von der Weiterwirkung der im Verhältnis zwischen Erstveräußerer und Ersterwerber ausgehandelten Einschränkungen hinsichtlich der Werknutzung aus. Auch Inhaber eines nicht aus einem Lizenzvertrag, sondern aus § 69d Abs. 1 UrhG herrührenden Nutzungsrechts sollen an die sich aus dem Vertrag zwischen Rechtsinhaber und Ersterwerber ergebenden Beschränkungen gebunden sein.[599]

a. *Bisherige Dogmatik im Rahmen des § 69d Abs. 1 UrhG*

Bisher wurden im Rahmen des § 69d Abs. 1 UrhG nur Vertragsklauseln als »besondere vertragliche Bestimmungen« im Rahmen der Norm anerkannt, die der »nähere[n] Ausgestaltung der Umstände der Ausübung der Handlungen« dienen, die ein Erwerber des Werkstücks vornehmen dürfen soll.[600] Ferner sollten selbst unter diesen Voraussetzungen derartige, rein schuldrechtliche Abreden zwischen Rechtsinhaber und Ersterwerber allein den Ersterwerber, nicht jedoch Zweit- und Folgeerwerber binden.[601] Dies hatte etwa zur Folge, dass das OLG Frankfurt am Main den Weiterverkauf eines unter einer Education-Lizenz[602] erworbenen Programms als unbeschränkt nutzbare Vollversion – ebenfalls durch die *UsedSoft GmbH* – für zulässig erachtete, da sich die Beschränkung der Nutzungshandlungen auf Unterrichtszwecke allein schuld-

598 So im Ergebnis auch *Rosenkranz*, Open Contents, S. 118 (»Eine wirksame Unterbindung kommerziellen Vertriebs gewährleistet die Konstruktion […] also nur auf Ebene der Erstverbreitung.«).

599 BGH GRUR 2014, 264, Rn. 68 – *UsedSoft II*, deutlich dort der amtliche Leitsatz Nr. 6.

600 So die Intention des Gesetzgebers bei Einführung der §§ 69a ff. UrhG, RegE 2. UrhRÄndG, S. 12; BGH GRUR 2000, 866 (868) – *Programmfehlerbeseitigung*; auf europäischer Ebene EUGH, Urteil vom 02.05.2012, Rs. C-406/10, Rn. 58 – *SaS Institute.*

601 *Stieper*, Rechtsnatur der Schranken des Urheberrechts, S. 124f.; *ders.* GRUR 2014, 264 (271); *Vianello*, MMR 2012, 139 (141f.).

602 Eine gegenüber dem »Normalfall« verbilligte Art der Rechtseinräumung, die jedoch auf die Nutzung durch Bildungseinrichtungen bzw. zu Bildungszwecken durch den Endnutzer beschränkt ist; ausführlich zu dieser Thematik *Vianello*, MMR 2012, 139, dort »SSL-Version« bzw. »Student and Teacher Editions« genannt.

rechtlich zwischen dem Erstveräußerer und Ersterwerber abgespielt habe, somit nur *inter partes* zwischen diesen wirken und damit gerade nicht auf dinglicher Ebene das Nutzungsrecht einschränken könne.[603]

b. Änderung der Dogmatik in UsedSoft II

Versteht man die Aussagen des BGH in *UsedSoft II* nun dergestalt, dass im Rahmen der Weiterverbreitung der erschöpften Kopie die gesetzlichen Mindestrechte gem. § 69d Abs. 1 UrhG auf den Zweiterwerber übergehen bzw. dieser sich allein auf diese berufen können soll, damit also gerade *keine* Übertragung der eigenen Nutzungsrechte stattfinde,[604] so führt dies zu einem Bruch mit der bisherigen Dogmatik. Die in § 69d Abs. 1 UrhG genannten, abredefesten Mindestrechte waren bisher in ihrem Umfang nur sehr eingeschränkt und allein mit Wirkung für den Erstwerber einer Modifikation durch die Modalitäten des ursprünglichen Vertrages zugänglich. Es erscheint nicht zuletzt zweifelhaft, warum die rein *inter partes* wirkenden schuldrechtlichen Bestimmungen zwischen Ersterwerber und Veräußerer auf diesem Wege auf den Zweiterwerber durchschlagen sollen und damit plötzlich eine ihnen vor Weiterveräußerung nicht zukommende Wirkung *erga omnes* entfalten können.[605] Es kommt demnach im Ergebnis beim Zweiterwerb von erschöpfter Software zu einer Situation, welche von *Wimmers* und *Klett* bereits 2008 im Rahmen einer Entscheidung zur GNU GPLv2 als die Einführung neuer Nutzungsarten »durch die kalte Küche« bezeichnet und befürchtet wurde:[606] Es entstehen beliebig viele neue Nutzungsarten unter Umgehung der Voraussetzungen des § 31 Abs. 1 S. 2 Hs. 2 UrhG durch die »Verdinglichung« allein schuldrechtlich wirkender Nutzungsbeschränkungen im Wege derer Weiterwirkung entlang der Veräußerungskette.[607] Zwar ist mit *Leistner* zuzugeben, dass im Gegensatz zur Konstellation in der Entscheidung *OEM-Version* hier eine Beschränkung bereits auf erster Ebene des Vertriebs stattfindet – dort wurde die Software zunächst unbeschränkt an den Hardwarehersteller veräußert, welcher schließlich die »Wiedereinengung« vornahm[608] – und sich somit jedenfalls im Hinblick auf diese Entscheidung der Widerspruch auflösen lässt. Vergleicht man die Situation allerdings mit den

603 OLG Frankfurt am Main GRUR 2013, 279 (281) – *Adobe/UsedSoft* m. Anm. *Marly*; dazu auch *Vianello*, MMR 2012, 139 (141).

604 BGH GRUR 2014, 264, Rn. 43 – *UsedSoft II.*

605 Kritisch gegenüber der dogmatischen Entscheidung des BGH in *UsedSoft II* auch *Stieper* in seiner Anmerkung in GRUR 2014, 264 (271 f.); wohlwollend die Besprechung von *Heydn*, MMR 2014, 239 (241).

606 *Wimmers/Klett*, CR 2008, 57 (60).

607 Auch von *Leistner*, WRP 2014, 995 (1001), dort in Fn 93, wird dieser Umstand rechtspolitisch kritisch gesehen, auch wenn dieser der Entscheidung im Endeffekt zustimmt, dazu sogleich sowie in Fn. 608.

608 *Leistner*, WRP 2014, 995 (1001) unter Verweis auf *Leistner/Klein*, MMR 2000, 751 (751 f.).

Aussagen des BGH in dem Urteil *OEM-Version*,[609] so kommt man nicht umhin, eine Kehrtwende in der Rechtsprechung festzustellen. Auch ein Vergleich mit der entgeltlichen Abtretung von eigenen Nutzungsrechten im Rahmen von deren (gedachter) Weiterveräußerung durch den Ersterwerber führt zu kontraintuitiven Ergebnissen: Bei einer Abtretung überträgt der Ersterwerber seine Rechte translativ auf den Zweiterwerber. Die Rechte des Zweiterwerbers weisen somit eine wesentlich größere Nähe zu den Rechten des Ersterwerbers auf, als es in dem Falle des bloßen Sich-Berufens auf die gesetzlichen Mindestrechte des § 69d Abs. 1 UrhG im Falle der Weitergabe der Kopie der Fall wäre.[610] Dennoch wäre in der ersten Konstellation trotz der größeren Nähe der Rechte zueinander eine (Weiter-)Wirkung von allein vertraglichen Einschränkungen aus dem Verhältnis Erstveräußerer – Ersterwerber aufgrund der Geltung vertraglicher Beschränkungen allein *inter partes* ausgeschlossen, während sie im zweiten Falle über die Ausgestaltung der Mindestrechte durch die in § 69d Abs. 1 UrhG genannten »besonderen vertraglichen Bestimmungen« weiterwirken würden.

c. *Beurteilung der Änderung in der Dogmatik durch* UsedSoft II

Maßgebliches Kriterium für die Beurteilung dieser, durch den BGH in *UsedSoft II* eingeführten, Betrachtungsweise ist der mit der bisherigen Dogmatik verfolgte Zweck. Dingliche Einschränkungen von Nutzungsrechten sollten vor allem aus Gründen der Rechtssicherheit und -klarheit nur entlang der technisch-wirtschaftlich klar abgrenzbaren Leitlinie »Nutzungsart« anerkannt werden,[611] so dass etwa in der oben dargelegten Entscheidung *Adobe/UsedSoft* des OLG Frankfurt am Main die Einschränkungen der Education-Lizenz mangels technischer Unterschiede in der Art und Weise der Nutzung »wegerworben« werden konnten. Neben diesen Zweck tritt jedoch nun die durch den EUGH auf Basis der Warenverkehrsfreiheit geforderte Schaffung eines Marktes für Second Hand-Software.[612]

Stellt im Rahmen dieser Schaffung nun nach Ansicht des EUGH das Herunterladen der Programmkopie sowie der Abschluss des Lizenzvertrags ein unteilbares Ganzes dar, welches in rechtlicher Hinsicht einer Gesamtbetrach-

609 BGH GRUR 2001, 153 (155) – *OEM-Version* (»Die von der Kl. erstrebte Beschränkung der Erschöpfungswirkung liefe demgegenüber darauf hinaus, dass die vertraglich eingegangenen Bindungen nicht nur *inter partes*, sondern gegenüber jedermann Wirkung entfalten könnten. Eine derartige Verdinglichung schuldrechtlicher Verpflichtungen ist dem deutschen Recht fremd; sie ist auch im Interesse der Verkehrsfähigkeit nicht erwünscht.«).

610 Unabhängig von dessen Einordnung als gesetzlicher Lizenz oder Schranke des Verbreitungsrechts.

611 Spindler/Schuster/*Wiebe*, § 31 UrhG Rn. 6; Wandtke/Bullinger/*Wandtke/Grunert*, § 31 Rn. 16; HK-UrhG/*Kotthoff*, § 31 Rn. 129; dazu auch *Rehbinder/Peukert*, UrhR, Rn. 918; *Vianello*, MMR 2012, 139 (141).

612 EUGH, Urteil vom 03.07.2012, Rs. C-128/11, Rn. 41 sowie 62f. – *UsedSoft*.

tung bedarf,[613] so erscheint die Vorgehensweise des BGH nur konsequent.[614] Die Konstellation der unkörperlichen Erschöpfung im Rahmen des Online-Vertriebs ist stets mit der Zielsetzung zu betrachten, dem Zweiterwerber allein die zur Nutzung im Rahmen des Vertragszwecks notwendigen Rechte zu gewähren und damit die Erschöpfungswirkung im Hinblick auf das Ziel eines funktionierenden Marktes für Second Hand-Software zu flankieren. Entäußert sich nun ein Rechtsinhaber seines Werkes dergestalt, dass er dem Ersterwerber bzw. Lizenznehmer die Nutzung allein in einer konkreten Art und Weise überlassen will, so verlangt das Ziel des Gebrauchtmarktes keinesfalls, dass dem Zweiterwerber weitergehende Rechte eingeräumt würden als dem Ersterwerber, vielmehr dürfte das Gegenteil der Fall sein. Auch ist es insbesondere bei Massengeschäften, in denen es für die der Preisgestaltung durch den Rechtsinhaber zugrundeliegenden Kalkulationen nicht auf die konkrete Person des Nutzers, sondern vielmehr auf den Umfang und die Dauer der Nutzungshandlungen ankommt,[615] in Anbetracht des Nicht-rivalen und Nicht-exklusiven Charakters einfacher Nutzungsrechte unerheblich, ob eine konkrete, einmal vom Rechtsinhaber gebilligte Nutzung durch den Erst- oder den Zweiterwerber vorgenommen wird. Maßgeblich ist aus Sicht des Rechtsinhabers allein die Tatsache des gleichbleibenden Nutzungsumfangs, an welchem er seine Preisgestaltung in der Regel ausrichtet.

Aber auch der Zielsetzung der Rechtssicherheit und -klarheit ist das Urteil keineswegs abträglich. Die unbestimmte, bisher durch die oben erwähnte erratische Kasuistik geprägte Dogmatik der »technisch-wirtschaftlichen Abgrenzbarkeit« von Nutzungsarten[616] wird durch vertragliche Bestimmungen ersetzt. Diese dürften jedoch bereits im Eigeninteresse des Veräußerers so präzise wie möglich abgefasst sein. Die Vorlage der Lizenzbedingungen bei Weiterveräußerung der Werkkopie dürfte zuletzt weniger aufwendig sein als eine Recherche nach Existenz und Umfang einer die erhaltenen Rechte eventuell prägenden Nutzungsart. Berücksichtigt man schließlich den Grundsatz *nemo plus iuris transferre potest quam ipse habet*, so ist kaum eine Situation vorstellbar, in welcher der Zweiterwerber auf dem Umweg über den Ersterwerber weitere Rechte erlangen könnte als diesem seinerseits durch den Rechtsinhaber eingeräumt wurden.

Es scheint daher nur konsequent und in Anbetracht einer europarechtsfreundlichen Auslegung vorzugswürdig, mit *Leistner* die »weichere Zeich-

613 EUGH, Urteil vom 03.07.2012, Rs. C-128/11, Rn. 44 sowie 84 – *UsedSoft*.

614 Diesbezüglich zustimmend die Anmerkungen von *Heydn*, MMR 2014, 239 (241) und *Stieper*, GRUR 2014, 270 (271); ferner *Leistner*, WRP 2014, 995 (1000f.).

615 So zutreffend *Hilty*, CR 2012, 625 (631); *Hilty/Köklü/Häfenbrädl*, IIC 2013, 263 (280); sowie *Witzel*, CRi 2012, 116 (121).

616 Vgl. dazu die Nachweise in Fn. 596.

nung«[617] des europäischen Erschöpfungsverständnisses gegenüber der deutschen Dogmatik zu übernehmen. Die bisherige deutsche Dogmatik hinsichtlich der Weiterwirkung von Nutzungsbeschränkungen derart neu zu verstehen, dass im Rahmen des § 69d Abs. 1 UrhG – sowie im Rahmen eventuell zu schaffender Äquivalente im Nicht-Softwarebereich – den Ersterwerber bindende Lizenzbestimmungen entlang der Veräußerungskette konserviert werden und auch gegen Zweit- und weitere Erwerber Wirkung entfalten können, erscheint damit sinnvoll und geboten.

3. *Übertragung der Dogmatik auf Open Content-Lizenzen*

Betrachtet man typische Open Content-Lizenzen im Lichte dieser neuen Entwicklung, so spricht auch dort einiges für ein Fortwirken der in ihnen vereinbarten Bedingungen gegenüber dem Zweiterwerber eines Werkes.

Die konkrete Gestaltung und Konstruktion der Lizenzen ist keine willkürliche Entscheidung, sondern gerade dem Zweck geschuldet, eine weite Verbreitung und einfache Zugänglichkeit des Werkes im Sinne der Ideale der Open Content-Bewegung zu erreichen.[618] Zwar ist im Rahmen der Gestaltung der Mindestrechte des § 69d Abs. 1 UrhG umstritten, ob die Interessen der Rechtsinhaber,[619] der nutzerschützende Charakter der Norm[620] oder eine Kombination der beiden Faktoren[621] im Vordergrund stehen. Im Fall von Open Content gehen diese Interessen jedoch Hand in Hand. Dem an der digitalen Allmende mitwirkenden Rechtsinhaber kann in jedem Fall ein Interesse an deren Funktionieren und Florieren unterstellt werden. Diesem Interesse wird mit einer Konservierung der Lizenzbedingungen entsprochen. Auf Seiten eines Zweiterwerbers besteht ein Interesse am Erfolg der Allmende zwar nicht zwangsläufig, diesem dürfte jedoch auch daran gelegen sein, möglichst viele Rechte am Second Hand-Werkexemplar zu erhalten – ein durch Open Content-Lizenzen gerade gefördertes Ziel. Wie bei der herkömmlichen Direktlizensierung spricht schließlich nichts dagegen, auch einem unproduktiven, rein rezeptiven Nutzer mehr Rechte einzuräumen als für den reinen Werkgenuss nötig sind, zumal dieser im Falle einer doch eintretenden Produktivität mit einer derartigen Klausel an ein Copyleft gebunden werden kann.

Es dient somit nicht nur der bestimmungsgemäßen Nutzung des Open Content-lizensierten Werkes, sondern entspricht auch dem Interesse des neuen

---

617 *Leistner*, WRP 2014, 995 (1001).

618 Vgl. dazu oben, § 1.B.

619 So OLG München CR 1996, 11 (17) – *Dongle*; Dreier/Schulze/*Dreier* § 69d Rn. 11; Fromm/Nordemann/*Czychowski*, § 69d Rn. 12; *Lehmann* NJW 1991, 2112 (2115).

620 *Günther* CR 1994, 321 (325); *Marly*, Urheberrechtsschutz für Software, S. 227.

621 HK-UrhG/*Kotthoff*, § 69d Rn. 4; Schricker/Loewenheim/*Loewenheim*, § 69d Rn. 13; Wandtke/Bullinger/*Grützmacher*, § 69d Rn. 23; *ders.*, CR 2011, 485 (488).

Nutzers, wenn im Falle der Weitergabe einer erschöpften Kopie zwar die Bindung an die allein *inter partes* zwischen Veräußerer und Ersterwerber wirkende Lizenz entfällt, dem neuen Nutzer durch Fortwirken der Lizenzmodalitäten als modifizierte Mindestrechte gem. § 69d Abs. 1 UrhG jedoch die Möglichkeit gegeben wird, an Stelle der Ersterwerbers sowohl rein eigennützig als auch zum Wohle der Allmende und damit im Sinne des Vertragszwecks tätig zu werden, indem er das erhaltene Werk bearbeitet, ergänzt, und schließlich weiterverbreiten darf. Auch ergeben sich bei einer derartigen Konstruktion insofern keine neuen Probleme, als dass durch sie keineswegs die Erschöpfung von Vervielfältigungs- oder gar Bearbeitungsrechten statuiert wird. Es bleibt bei der Erschöpfung des Verbreitungsrechts, weitere Rechte werden im Rahmen der Lizenz privatautonom eingeräumt und bloß entlang der Erwerbskette konserviert. Allein der ursprüngliche Rechtsinhaber hat es bei entsprechender Lizenzgestaltung in der Hand festzulegen, ob und welche über den abredefesten Kern des § 69d Abs. 1 UrHG hinausgehende Nutzungsmodalitäten nach Eintritt der Erschöpfung für den Zweiterwerber gelten.

II. Fazit

Den eingangs dargestellten, eher negativen bis indifferenten Einschätzungen zu den Auswirkungen der Erschöpfung des Verbreitungsrechts auch bei unkörperlicher Erstverbreitung auf das einfache, unentgeltliche Nutzungsrecht für jedermann kann im Lichte der neuesten Entwicklungen nicht gefolgt werden. Es trifft zwar einerseits zu, dass eine Lizenzbindung und damit eine Absicherung der freiheitssichernden Restriktivität der entsprechenden Lizenzen auf nachgelagerten Vertriebsebenen nicht länger möglich ist. Die Interpretationen des EUGH sowie des BGH zu Veräußerung und Lizenzvertrag als unteilbarem Ganzen sowie die daraus hergeleitete Fortwirkung auf erster Ebene vereinbarter Nutzungsmodalitäten im Wege des § 69d Abs. 1 UrhG kompensieren diese Tatsache jedoch mehr als ausreichend.

Durch die Entkopplung der Weiterverbreitung von einer Rechtseinräumung durch den ursprünglichen Rechtsinhaber gelingt es ferner, einen zweiten, von vorangehenden Rechtsinhabern unabhängigen Verbreitungskanal für die digitale Allmende zu erschließen. Die geänderte Auffassung des BGH hinsichtlich der Ausgestaltung der im Rahmen des § 69d Abs. 1 UrhG gewährten Mindestrechte ermöglicht es dabei, die wesentlichen freiheits- und zugangssichernden Grundsätze von Open Content-Lizenzen auch jenseits der Lizenzverträge beizubehalten. Dies erscheint gerade im Hinblick auf die Unklarheiten hinsichtlich eines Rückrufs, einer Kündigung oder des Rechtsfortfalls bei einem Upstream-Nutzer äußerst wünschenswert. Würde die angeordnete Direktlizensierung durch alle vorangehenden Rechtsinhaber andernfalls in diesen Fällen eine

Weitergabe bzw. Verbreitung aufgrund der mandatorischen Direktlizensierung schwierig bis unmöglich machen,[622] so erlaubt die vom BGH vorgesehene »Konservierung« der Open Content-Lizenzmodalitäten entlang der Veräußerungskette eine Weitergabe des Werkexemplars unabhängig von Rechtseinräumungen vorangehender Rechtsinhaber, ohne dabei das für das Funktionieren der digitalen Allmende notwendige System von Rechtseinräumungen und -fortgeltungen zu verlassen.

B. Konsequenzen für Direktlizensierungsklauseln in den Lizenzen

Neben der Frage nach dem Fortwirken von Lizenzbestimmungen entlang der Veräußerungskette ist zu untersuchen, wie sich die *UsedSoft*-Urteile des EUGH sowie des BGH auf einzelne Klauseln in typischen Open Content-Lizenzen auswirken. Insbesondere ist dabei das Schicksal von Klauseln von Interesse, die aufgrund ihrer Nähe zur Erschöpfung des Verbreitungsrechts Gefahr laufen, im Rahmen der neuen Rechtslage für unwirksam erklärt zu werden – insbesondere solcher, die jede Werkverbreitung zu einem Lizensierungsangebot des Rechtsinhabers umdeuten (Direktlizensierungsklauseln).[623]

Der Wortlaut dieser Klauseln legt fest, dass bei einer Weitergabe des Werkes (»*conveying*« in den englischen Originaltexten) der verbreitende User allein als Vertreter des bzw. der an dem Werk beteiligten Urheber tätig wird und dem Neuerwerber der Abschluss einer Open Content-Lizenz so »aufgedrängt« wird.[624] Zwar scheint es abwegig, derartige Klauseln unter dem Aspekt des § 137 BGB als problematisch anzusehen,[625] da dessen Anwendung auf dingliche Einschränkungen des Verfügungsrechts beschränkt ist und schuldrechtliche Verfügungsverbote gem. § 137 S. 2 BGB gerade nicht umfasst werden.[626] Begreift man allerdings mit der überwiegenden Ansicht vorgefertigte Open Content-

622 Dazu im Detail unten, Teile 4 (Widerruf des Angebots auf Rechtseinräumung) und 5 (Verlust von Rechtszuständigkeit und Verfügungsbefugnis bei Upstream-Usern).

623 Beispielhaft seien hier § 10 der GNU GPLv3 sowie Sec. 2 a) Punkt 5 A. der CCv4-Lizenzen angeführt. Eingehend zu dem Modell der Direktlizenzierung *Plaß*, GRUR 2002, 670 (676); *Omsels* in FS Hertin, S. 141 (159f.).

624 § 10 GNU GPLv3 (»Each time you convey a covered work, the recipient automatically receives a license from the original licensors […]«).

625 So zutreffend etwa *Baus*, Verwendungsbeschränkungen, S. 141; *Polley*, CR 1999, 345 (347); spezifisch für Open Source Software *Marly*, Praxishandbuch Softwarerecht, Rn. 958.

626 Palandt/*Ellenberger*, § 137 Rn. 1; MüKo-BGB/*Armbrüster*, § 137 Rn. 1; *Thiele*, Die Zustimmungen in der Lehre vom Rechtsgeschäft, S. 196; *Berger*, Rechtsgeschäftliche Verfügungsbeschränkungen, S. 4, 49ff.; *Larenz/Wolf*, BGB AT, § 23 Rn. 48; *Stieper*, Rechtfertigung, Rechtsnatur und Disponibilität der Schranken des Urheberrechts, S. 179.

Lizenztexte als AGB,[627] so ist bei der Auslegung der Klauseln § 305c Abs. 2 BGB zu berücksichtigen.[628] Anhand der Vorschrift bildete sich im Laufe der Zeit der Grundsatz heraus, mehrdeutige AGB-Klauseln zunächst im abstrakten Unterlassungsverfahren,[629] später jedoch auch im Individualverfahren[630] in der kundenfeindlichsten Weise auszulegen, um damit zum kundenfreundlichsten Ergebnis - der Unwirksamkeit der Klauseln - zu gelangen.[631]

Legt man die Direktlizensierungsklauseln nun in der kundenfeindlichsten Weise aus, so wird einem Lizenznehmer jede Möglichkeit untersagt, die Weitergabe des Werkes anders als ein Stellvertreter bzw. Bote des Urhebers vorzunehmen. Möchte dieser jedoch explizit ihm eingeräumte Rechte entsprechend der §§ 398, 413 BGB abtreten oder seine hinsichtlich des Verbreitungsrechts erschöpfte Werkkopie mit Blick auf § 69d Abs. 1 UrhG unter Aufgabe der eigenen Nutzung weiterveräußern und artikuliert dabei explizit einen derartigen Willen, so läge darin ein Verstoß gegen die Lizenzbedingungen.[632] Die faktische Übertragung des digitalen Werkstücks an einen Dritten wird somit durch die Direktlizensierungsklauseln in § 2 aE i. V. m. § 10 der GNU GPL bzw. die Sec. 2 a) Nr. 5 A i. V. m. Sec. 6 a) der Creative Commons 4.0-Lizenzen insofern rechtlich unmöglich gemacht, als dass sie stets die Einräumung einfacher, unentgeltlicher Nutzungsrechte für jedermann in Form einer gemittelten, an die Open Content-Lizenz bindenden Rechtseinräumung direkt vom ursprünglichen Urheber des Werkes bzw. Werkteils anordnen. Der Erwerber eines solchen Werkexemplars kann die ihm unter einer Open Content-Lizenz eingeräumten Rechte also nicht unter Aufgabe seiner eigenen Rechte zusammen mit den eigenen Rechten an seiner Bearbeitung an einen (Zweit-)Erwerber seines digitalen Werkstücks übertragen, da hier die Fiktion des Vertretergeschäfts für den Vor-Urheber automatisch greifen oder andernfalls ein Lizenzverstoß angenommen würde. Ausgehend von der oben dargelegten Funktion des Erschöpfungsgrundsatzes, die Kontrolle des Rechtsinhabers über ein einmal mit seiner Zustimmung in den

627 LG München I GRUR 2004, 350 – *GPL-Verstoß*; *Jaeger/Metzger*, OSS, Rn. 179ff.; *Omsels* in FS Hertin, S. 141 (149); *Peukert/König* in Schmidt-Kessel, National Reports for the 19th International Congress of Comparative Law, S. 519 (525); *Plaß*, GRUR 2002, 670 (678); *Sester*, CR 2000, 797 (804); *Spindler*, Rechtsfragen von Open Source, S. 74; *Schiffner*, Open Source Software, S. 174ff.; *Schulz*, Dezentrale Softwareentwicklung, S. 200f.

628 Die Norm gilt trotz des misslichen Standorts als allgemeine Auslegungsregel, Staudinger/*Schlosser*, § 305c Rn. 102; MüKo-BGB/*Basedow*, § 305c Rn. 18; Ulmer/Brandner/Hensen/*Ulmer/Schäfer*, § 305c Rn. 63.

629 Beginnend mit BGH NJW 1983, 1671; explizit in BGHZ 158, 149 (155); eventuell zu weitgehend BGH NJW 2009, 2051, Rn. 31f.

630 BGH NJW 1992, 1097 (1099); zuletzt BGH NJW 2010, 2877, Rn. 21.

631 Ausführlich dazu Staudinger/Schlosser, § 305c Rn. 108 mit ausführlichen Nachweisen zur Rechtsprechung sowie Ulmer/Brandner/Hensen/*Ulmer/Schäfer*, § 305c Rn. Rn. 91.

632 Dies wird in § 2 aE der GNU GPLv3 besonders deutlich (»Conveying under any other circumstances is permitted solely under the conditions stated below.«).

Verkehr gelangtes Werk zu verhindern,[633] sind die Klauseln damit als Veräußerungsverbot anzusehen und unter dem Aspekt des § 307 Abs. 2 Nr. 1 BGB auf ihre Wirksamkeit hin zu untersuchen. Ferner ist die Vereinbarkeit der Klauseln mit geltendem Recht unter dem Aspekt des § 34 Abs. 1 S. 1 UrhG kritisch zu betrachten. Dieser ordnet als Besonderheit des Urhebervertragsrechts an, dass die Weiterübertragung eines Nutzungsrechts durch einen vom Urheber verschiedenen Rechtsinhaber zwar von der Zustimmung des Urhebers abhängig gemacht werden kann, diese jedoch gem. § 34 Abs. 1 S. 2 UrhG nicht grundlos verweigert werden darf.

Wenn nun – eine Anwendbarkeit der *UsedSoft*-Grundsätze des EUGH auch auf der InfoSoc-Richtlinie unterfallende Werke mit obiger Argumentation unterstellt – davon ausgegangen wird, dass auch ein online erworbenes und erst beim Erwerber in verkörperte Form gebrachtes, digitales Nicht-Softwarewerk der Erschöpfung unterliegt und damit die einschränkungsfreie Weitergabe ermöglicht werden muss, so erfordert dies mangels § 69d Abs. 1 UrhG im Nicht-Software-Bereich zur ordnungsgemäßen Nutzung durch den neuen Besitzer des Werkes auch die Einräumung entsprechender Nutzungsrechte, um den Erschöpfungsgedanken nicht leerlaufen zu lassen.[634] Die hierzu notwendige Abtretung der eigenen Rechte wird durch die Direktlizensierungsklauseln jedoch ohne die erforderliche Interessenabwägung pauschal ausgeschlossen.

Geht man entgegen einer älteren Auffassung[635] zutreffend davon aus, dass die Regelung des § 34 Abs. 1 UrhG auch auf Software Anwendung findet,[636] so scheint die Wirksamkeit von Direktlizensierungsklauseln damit auch unter dem Aspekt der Abtretbarkeit von eingeräumten Nutzungsrechten sowohl bei Open Source- als auch bei Open Content-Lizenzen im Lichte der neuen Rechtsprechung fraglich.

I. Urteil des OLG Stuttgart zur Wirksamkeit von Veräußerungsverboten

Zur Frage nach dem Schicksal von einem Veräußerungsverbot gleichkommenden Direktlizensierungsklauseln äußerte sich erstmals das OLG Stuttgart, als dieses über die Zulässigkeit des Ausschlusses eines »Weiterverkaufs« von Hör-

633 Oben, § 7.B.I und II.

634 *Hilty*, CR 2012, 625 (633f.); *Hilty/Köklü/Hafenbrädl*, IIC 2013, 263 (285); *Peukert*, GRUR-Beil. 2014, 77 (80).

635 *Salje*, in FS Lukes, S. 183, (197f.); *Berger* in FS Schricker, S. 223 (229); *Pres*, Gestaltungsformen urheberrechtlicher Softwarelizenzverträge, S. 225.

636 OLG München ZUM 2009, 70 (71); Dreier/Schulze/*Schulze*, § 34 Rn. 6; Wandtke/Bullinger/*Wandtke/Grunert*, § 34 Rn. 6; *Zecher*, Zur Umgehung der Erschöpfung bei Computerprogrammen, S. 110, 124; *Hantschel*, Softwarekauf und -weiterverkauf, S. 302; *Zech*, ZGE 2013, 368 (377); *Royla/Gramer*, CR 2005, 154 (155).

büchern im Rahmen durch von einem Online-Shop gestellte AGB zu entscheiden hatte.[637]

In dieser Entscheidung hält das Gericht eine Klausel für wirksam, die pauschal den »Weiterverkauf« verbietet, mithin dem Erwerber eines Nutzungsrechts dessen Abtretung sowie die Werkweitergabe untersagt. Es misst die Klausel in objektiver Hinsicht daran, ob sie dem Kunden etwas vorenthält, was nach den konkreten Umständen des Geschäfts als Leistungsprogramm für diesen zu erwarten war:[638] Auch eine Person, die ein Buch kaufe, entwickle Bedenken ob es legal sei, dieses Buch zu kopieren und die Kopien weiterzuverkaufen. Der Kunde wisse, dass es nicht zulässig sei, das heruntergeladene Buch in Gestalt von Kopien mehrfach zu verkörpern und ohne Geldausgleich für den Rechtsinhaber auf diese Weise physisch oder digital im Wirtschaftskreislauf zu verdoppeln.[639] Mangels Erschöpfungswirkung hinsichtlich des Verbreitungsrechtes sei aber auch ein Weiterverkauf der eigenen Kopie nicht erlaubt, die Klausel mithin zulässig.[640]

Hier erscheint es seitens des Gerichts zweifelhaft, dem Kunden eine doch recht spezifische Kenntnis der urheberrechtlichen Besonderheiten im digitalen Umfeld zu unterstellen. Ausgehend von dem durch den BGH im Bereich des AGB-Rechts im Online-Umfeld einer Klauselbeurteilung zugrunde gelegten Leitbild eines »Normalverbrauchers«[641], der keiner, erst recht keiner aufgrund einer passiven Darstellung von Informationen erhöhten, Pflicht zur aktiven Informationsbeschaffung unterworfen sei,[642] scheint es vielmehr naheliegender, den Vergleich mit dem Erwerb eines konventionellen Hörbuchs, vertrieben auf CD- oder DVD-Rom, als Maßstab der Beurteilung heranzuziehen. In diesen Fällen ist es unbestritten der Fall und kann auch dem breiten Verbraucherkreis als bekannt unterstellt werden, dass das Anfertigen neuer Kopien und deren entgeltliche Weitergabe gegen geltendes Recht verstößt.[643] Ein Blick auf eine Vielzahl von Online-Portalen oder konventionelle Flohmärkte macht jedoch schnell deutlich, dass die Weiterveräußerung des Werkstückes unter Aufgabe der eigenen Kopie keinesfalls selten ist. Selbst falls dem Normalverbraucher unterstellt werden könnte, Kenntnis von der Unterscheidung zwischen Einräumung des Nutzungsrechts und Verschaffung von Sacheigentum an dem Medium

637 OLG Stuttgart GRUR-RR 2012, 243 ff. – *Hörbuch-AGB.*
638 OLG Stuttgart GRUR-RR 2012, 243 (244 f.) – *Hörbuch-AGB.*
639 OLG Stuttgart GRUR-RR 2012, 243 (245) – *Hörbuch-AGB.*
640 OLG Stuttgart GRUR-RR 2012, 243 (246) – *Hörbuch-AGB.*
641 BGH GRUR 2005, 438 (440) – *Epson-Tinte.*
642 BGH GRUR 2005, 438 (441) – *Epson-Tinte.*
643 Auf im Falle der unentgeltlichen Weitergabe im Verbraucherkreis kursierende Auffassungen und Legenden zum Komplex der Privatkopie bzw. die Wechselwirkungen des § 53 I UrhG mit der Systematik des § 95a UrhG soll hier der Übersichtlichkeit halber nicht eingegangen werden.

zu haben:[644] Es scheint unter diesen Umständen unangebracht, die Unterwerfung des Nutzungsrechts unter die durch das Sacheigentum geschaffenen Tatsachen im Falle des verkörperten Erwerbs[645] im Gegensatz zur »Souveränität« des Nutzungsrechts im Falle des körperlosen Erwerbs als bekannt vorauszusetzen.[646] Mit Blick auf die wirtschaftliche Substitution des körperlichen Vertriebs dürfte vom Kunden eher das Recht zur unkörperlichen Weiterveräußerung und nicht dessen Ausschluss erwartet werden. Dies scheint insbesondere deshalb folgerichtig, da auch im Falle des körperlosen Erwerbs per Download eine Verkörperung auf dem Trägermedium unmittelbar nach Erwerb des Rechts erfolgt. Dass dieser aus Sicht der Laiensphäre marginale Unterschied – Verkörperung in Sphäre des Rechtsinhabers einerseits, Verkörperung in der Sphäre des Erwerbers andererseits – derart weitreichende Folgen hat, dürfte keineswegs einem Durchschnittsverbraucher bekanntes Allgemeinwissen im Online-Bereich darstellen. Mithin liegt entgegen der Ansicht des OLG Stuttgart eine Unwirksamkeit eines solchen Ausschlusses der Weiterveräußerung im Rahmen der unkörperlichen Online-Veräußerung nahe, entzieht die fragliche Klausel dem Kunden doch durchaus einen Teil der Rechtsmacht, die er nach den objektiven Umständen des Geschäfts im Rahmen des Leistungsprogramms erwarten kann.

Andererseits kann eine Fehlvorstellung des Nutzers über die mit der Lizenz zur Nutzung des Hörbuchs verbundenen Rechte keinesfalls dafür sorgen, dass solche Rechte existieren oder etwa durch gutgläubigen Erwerb entstünden.[647] Zum Zeitpunkt der Entscheidung war eine Erschöpfung des Verbreitungsrechts im Falle des unkörperlichen Erwerbs nicht vorgesehen, für den Bereich der Nicht-Software-Werke ist eine solche bis heute nicht gerichtlich anerkannt. Die entsprechende AGB-Klausel besitzt daher rein deklaratorischen Charakter.[648] Das Gericht hat somit trotz der kritikwürdigen Feststellungen über den Umfang des vom Verbraucher erwarteten Leistungsprogramms zu Recht erkannt, dass diese Erwartungen nicht der reellen Rechtslage entsprechen und dass unter Berücksichtigung dieser Rechtslage die beanstandeten Klauseln keine unbillige Verkürzung des Leistungsprogramms zu Ungunsten des Verbrauchers bedeuten. Allerdings ist der Zeitpunkt der Entscheidung vor dem Ergehen des *Used-*

644 Eine mit zunehmender Verbreitung von Streaming-Diensten und Download-Portalen nicht allzu fernliegende Unterstellung.

645 *Zech*, ZGE 2013, 368 (379); *ders.* Information als Schutzgegenstand, S. 340.

646 So der zutreffende Hinweis von *Ganzhorn*, CR 2014, 492 (496) zur ähnlichen Argumentation des OLG Hamm ZUM 2014, 715ff., siehe dazu oben § 6.B.II.

647 BGHZ 5, 116 (119) – *Parkstraße 13*; BGH GRUR 1959, 200 (203) – *Der Heiligenhof*; *Rehbinder/Peukert*, UrhR, Rn. 905; Dreier/Schulze/*Schulze*, § 31 Rn. 24.

648 So ebenfalls bei Besprechung des Urteile des OLG Hamm sowie des OLG Stuttgart *Bäcker/Höfinger*, ZUM 2013, 623 (638).

Soft-Urteils des EUGH zu berücksichtigen,[649] weshalb die dort vorgenommenen Wertungen des EUGH noch nicht in die Beurteilung des OLG Stuttgart einfließen konnten.

II. Urteil des LG Hamburg zur unkörperlichen Erschöpfung als Grundgedanke des § 69c Nr. 3 S. 2 UrhG

Die hier untersuchte Frage nach der Zulässigkeit von als AGB gestellten Veräußerungsverboten stellte sich ferner dem Landgericht Hamburg in seinem Urteil vom 25.10.2013, welches nach der Entscheidung des EUGH in der Rechtssache *UsedSoft* erging.[650]

Gegenstand der Entscheidung waren AGB-Klauseln, die einem Erwerber von im Internet per Direktdownload vertriebenen Softwarepaketen den Weiterverkauf seiner Nutzungsrechte ohne die explizit und schriftlich erteilte Genehmigung des vertreibenden Unternehmens untersagten. Gemäß Ziffer 2.4.2 der verwendeten Klauseln sollte diese Zustimmung jedoch generell erteilt werden »wenn der Auftraggeber eine schriftliche Erklärung des neuen Nutzers vorlegt, in der sich dieser gegenüber [der Beklagten] zur Einhaltung der für die S. Software vereinbarten Regeln zur Einräumung des Nutzungsrechts verpflichtet, und wenn der Auftraggeber gegenüber S. schriftlich versichert, dass er alle Software Originalkopien dem Dritten weitergegeben hat und alle selbst erstellten Kopien gelöscht hat.«[651] Darüber hinaus behielt sich die Beklagte vor, die Zustimmung im Einzelfall zu verweigern, falls die Erteilung ihren berechtigten Interessen widerspräche. Gegen diese Klausel wandte sich die Klägerin unter anderem unter Berufung auf den urheberrechtlichen Erschöpfungsgrundsatz in der vom EUGH seit seinem *UsedSoft*-Urteil vertretenen Ausprägung; die Klauseln seien wegen eines Verstoßes gegen diesen Grundsatz als Grundgedanken der gesetzlichen Regelung des § 69c Nr. 3 S. 2 UrhG unwirksam. Ferner sei der Begriff der »berechtigten Interessen«, welche eine Einräumung im Einzelfall verhindern sollen, zu unbestimmt, um einer AGB-rechtlichen Prüfung standzuhalten.[652]

Im Ergebnis gab das LG Hamburg der Klägerin im Hinblick auf die oben beschriebene Klausel recht und der Klage diesbezüglich statt.[653] Es sei im Hinblick auf die als zwingendes Recht anzusehende Erschöpfung auch im Onlinebereich unzulässig, diese durch Konstruktion eines vertraglichen Zustim-

649 Das OLG Stuttgart entschied am 03.11.2011, die *UsedSoft*-Entscheidung des EUGH erging am 03.07.2012.
650 LG Hamburg ZUM 2014, 69ff.
651 LG Hamburg ZUM 2014, 69.
652 LG Hamburg ZUM 2014, 69 (70).
653 LG Hamburg ZUM 2014, 69 (71).

mungsvorbehalts zu umgehen, zumal der Vorbehalt der Verweigerung bei Entgegenstehen »berechtigter Interessen« diese Zustimmung vollständig in das Ermessen des Rechtseinräumenden stelle.[654] Dies sei mit der in deutschem Recht in § 69c Nr. 3 S. 2 UrhG zu verortenden Intention des EUGH, dass der Erstverbreiter eines Werkes dessen weitere Verbreitung nicht mehr kontrollieren können solle, nicht zu vereinbaren, und zwar unabhängig von der Frage, ob der EUGH – so das Vorbringen der Beklagten – nur die dingliche Erschöpfung festschreiben und keine Aussage über vertragliche Beschränkungen treffen wollte. Ferner verstießen die Klauseln gegen das durch den Erschöpfungsgrundsatz zu erreichende Ziel der Unkontrollierbarkeit der Weiterverbreitung eines geschützten Werkes nach dessen Erstverbreitung bzw. deren Unabhängigkeit vom jeweiligen Erstveräußerer. Hieran ändere auch die Vorschrift des § 34 UrhG nichts, da dieser nach Eintritt der Erschöpfung nicht mehr einschlägig sei.[655] Die Formulierung der »berechtigten Interessen« sei darüber hinaus bereits unter Berücksichtigung des Transparenzgebots des § 307 Abs. 2 Nr. 1 BGB unwirksam, da sie zu unbestimmt sei.[656] Das LG Hamburg nimmt somit im Gegensatz zu der Auffassung des OLG Stuttgart in Bezug auf die Weiterverbreitung einer Programmkopie einschränkende Klauseln eine äußerst restriktive Haltung ein. Dabei ist es jedoch an entscheidenden Stellen ungenau.

Die Aussage, nach Eintritt der Erschöpfung sei § 34 UrhG »insoweit nicht mehr einschlägig«, ist bei näherer Analyse nicht haltbar. Zum einen übersieht das Gericht in diesem Falle eine Trennung zwischen dem vertraglich eingeräumten Nutzungsrecht einerseits sowie dem gesetzlichen Nutzungsrecht des berechtigten Erwerbers i. S. d. § 69d Abs. 1 UrhG andererseits. Für ersteres Recht gilt nach wie vor § 34 UrhG, der als Teil des nationalen Urhebervertragsrechts gar nicht erst der Auslegungsbefugnis des EUGH unterläge.[657]

Ferner scheint die Aussage zweifelhaft, der Begriff der »berechtigten Interessen« genüge nicht den Anforderungen des Transparenzgebots aus § 307 Abs. 1 S. 2 BGB. Mit dieser Klausel wird – zwar in geringfügig anderen Worten, jedoch keineswegs weniger generalisierend – lediglich der Wortlaut des § 34 Abs. 1 S. 2 UrhG wiederholt: »berechtigte Interessen« im Sinne des AGB-Rechts stellen gegenüber der dort geforderten Abwägung nach »Treu und Glauben« keine größere Unklarheit dar. Warum eine derartige Umschreibung eines ohnehin

654 LG Hamburg ZUM 2014, 69 (72).

655 LG Hamburg ZUM 2014, 69 (72).

656 LG Hamburg ZUM 2014, 69 (72); zu der Ausformung des Transparenzgebots als Bestimmtheitsgebot *G. Thüsing* in Graf von Westphalen, AGB-Klauselwerke, Band 1, Abschnitt 38, »Transparenzgebot«, Rn. 23f.; NK-BGB/*Kollmann*, § 307 Rn. 16.

657 So auch *Heydn*, MMR 2014, 105 (106), die jedoch in der Konsequenz des »Untergehens« im Falle einer Weitergabe in Anbetracht der dinglichen Natur auch der einfachen Nutzungsrechte zu weit geht.

generalklauselartigen gesetzlichen Grundgedankens ein Verstoß gegen das Gebot der Transparenz darstellen soll – die Einordnung als rein deklaratorische Klausel liegt in diesem Falle durchaus nahe – erläutert das Gericht nicht weiter. Während das Urteil des LG Hamburg somit vom Ergebnis her zwar überzeugt, wirft es doch mehr Fragen auf, als es beantwortet.

III. Ergänzung und Modifikation durch den BGH: *UsedSoft II*

In seinem auf den Vorlagebeschluss in *UsedSoft*[658] ergangenen Folgeurteil *UsedSoft II*[659] äußerte sich schließlich auch der BGH umfangreich zur Frage der Zulässigkeit von Vertragsklauseln, die im Wege einer schuldrechtlichen Untersagung der Weitergabe die dingliche Erschöpfungswirkung umgehen sollen.

In Übereinstimmung mit der Interpretation des EUGH, dass jeder Erwerber von Softwarekopien, an denen das Verbreitungsrecht des Herstellers bereits erschöpft ist, als berechtigter Nutzer im Sinne des § 69d Abs. 1 UrhG anzusehen ist,[660] entschied der BGH, § 69d Abs. 1 UrhG einen »zwingenden Kern« zuzugestehen.[661] Mit dieser Bestätigung der auf nationaler Ebene bereits in den Entscheidungen *Programmfehlerbeseitigung*[662] sowie *CPU-Klausel*[663] sowie auf europäischer Ebene in *SAS Institute*[664] angedeuteten Linie, Art. 5 Abs. 1 der Computerprogramm-Richtlinie, im deutschen Recht umgesetzt durch § 69d Abs. 1 UrhG, zu einem zwingenden Prinzip des Urheberrechts zu erheben, wird somit ausgeschlossen, dass ein Ersterwerber zwar die Programmkopie weiterveräußern, die zum ordnungsgemäßen Ablauf des Programms beim Zweiterwerber benötigen Nutzungsrechte jedoch aufgrund vertraglicher Verbotsklauseln nicht mit übertragen könnte. Auf diese Übertragbarkeit des Nutzungsrechts sowie einen eventuellen Ausschluss derselben im Verhältnis zwischen Erstverbreiter und Ersterwerber kommt es somit nach Ansicht des Gerichts nicht an.[665] Nach Ansicht des BGH sind somit angesichts der zwingenden Wirkung des § 69d Abs. 1 UrhG die Weiterveräußerung der rechtmäßig erworbenen Kopie hindernde Klauseln unwirksam.

658 BGH GRUR 2011, 418 – *UsedSoft.*
659 BGH GRUR 2014, 264 – *UsedSoft II.*
660 EUGH, Urteil vom 03.07.2012, Rs. C-128/11, Rn. 81 – *UsedSoft*; detailliert zu diesem Begriff *Marly*, Praxishandbuch Softwarerecht, Rn. 231f.
661 BGH GRUR 2014, 264, Rn. 32 – *UsedSoft II.*
662 BGH GRUR 2000, 866 (868) – *Programmfehlerbeseitigung.*
663 BGHZ 152, 233 (243) – *CPU-Klausel.*
664 EUGH, Urteil vom 02.05.2012, Rs. C-406/10 – *SAS-Institute.*
665 So auch die Interpretationen von *Marly*, CR 2014, 145 (146); *Schneider/Spindler*, CR 2014, 213 (215) sowie bereits *Hilty*, CR 2012, 625 (631f.) zum *UsedSoft*-Urteil des EUGH.

IV. Zwischenergebnis unter Berücksichtigung der Rechtsprechung

Betrachtet man diese Aussagen der Rechtsprechung zu formularmäßigen Ausschlüssen der Weiterveräußerung, so lassen diese auf den ersten Blick nur den Schluss zu, dass die pauschale Untersagung der Werkweitergabe durch den veräußernden Rechtsinhaber einer Prüfung im Rahmen des § 307 Abs. 2 Nr. 1 BGB nicht standhält. Entsprechende Direktlizensierungsklauseln in Lizenzvereinbarungen wären somit für unwirksam zu erklären.

V. Einfluss des § 34 Abs. 1 UrhG auf das Vertragsleitbild bei Werkweitergabe

Zu einer Modifikation dieses Ergebnisses könnte jedoch eine eingehende Untersuchung des Charakters des § 34 Abs. 1 UrhG und eine konsequente Anwendung dieser Norm im Verhältnis zum Grundsatz der Erschöpfung führen. Zunächst ist festzuhalten, dass die Vorschrift des § 34 Abs. 1 UrhG ursprünglich allein im Rahmen der Einräumung ausschließlicher Nutzungsrechte Anwendung fand, während die Einräumung einfacher Nutzungsrechte aufgrund des teilweise als rein schuldrechtlich erachteten Charakters der Einräumung nicht unter § 34 Abs. 1 UrhG fallen sollte.[666] Dem ist insoweit zuzustimmen, als dass das die Rechtseinräumung begleitende Verpflichtungsgeschäft gerade nicht der Zustimmung des Urhebers unterliegen soll.[667] Jedoch ist der BGH in seiner jüngeren Rechtsprechung[668] dem Teil der Literaturmeinungen beigetreten, welche auch die Einräumung eines einfachen Nutzungsrechts als eine dingliche Verfügung ansehen,[669] so dass damit auch die Übertragung bloß einfacher Nutzungsrechte in den Anwendungsbereich des § 34 Abs. 1 UrhG fällt.[670] Die Vorschrift entfaltet somit auch im hier untersuchten Bereich des einfachen Nutzungsrechts für jedermann ihre Wirkungen.

666 Historisch *von Gamm*, UrhG, § 34 Rn. 2; Fromm/Nordemann/*Hertin*, 9. Auflage, § 34 Rn. 1; aktueller *von Pfeil*, Urheberecht und Unternehmenskauf – Die Übertragung urheberrechtlicher Nutzungsrechte beim Asset Deal, S. 42.

667 So OLG München ZUM 1996, 420 (422f.) – *Accatone;* Dreier/Schulze/*Schulze*, § 34 Rn. 10; Wandtke/Bullinger/*Wandtke/Grunert*, § 34 Rn. 4; auch bereits RGZ 65, 40 (44) – *Aus einer kleinen Garnison.*

668 BGH GRUR 2012, 914 – *Take Five*; BGHZ 180, 344 – *Reifen Progressiv*; BGHZ 194, 136 – *m2trade*; bestätigt in BGHZ 185, 291, Rn. 29 – *Vorschaubilder.*

669 Schricker/Loewenheim/*Schricker/Loewenheim*, § 31 Rn. 14; *dies.*, vor § 28 Rn. 44; Fromm/Nordemann/*J. B Nordemann*, § 31 Rn. 8, 29; HK-UrhG/*Kotthoff*, § 31 Rn. 17.

670 Ganz h. M., s. nur Dreier/Schulze/*Schulze*, § 34 Rn. 11; Möhring/Nicolini/*Spautz* § 34 Rn. 3; Schricker/*Loewenheim/Schricker* § 34 Rn. 5; Fromm/Nordemann/*J. B. Nordemann*, § 34 Rn. 8; HK-UrhG/*Kotthoff*, § 34 Rn. 4.

1. *Inhalt des § 34 Abs. 1 UrhG, Konsequenzen für die Erschöpfungslehre*

In § 34 Abs. 1 UrhG ist schließlich normiert, dass ein Urheber seine Zustimmung zur Weiterübertragung von Nutzungsrechten durch den Lizenznehmer erster Ebene auf einen Dritten dann nicht versagen darf, wenn dies mit den Grundsätzen von Treu und Glauben unvereinbar ist. Zusammen mit Satz 1 der Norm wird also deutlich, dass § 34 Abs. 1 S. 2 UrhG von einer Situation ausgeht, in der die Zustimmung des Rechtsinhabers zur Weiterübertragung von Nutzungsrechten zwar nur selten verweigert werden darf, jedoch stets notwendig ist. Die zustimmungsfreie Übertragbarkeit von Nutzungsrechten ist somit gerade nicht vorgesehen.[671] Durch die Verweigerung seiner Zustimmung zu einer Rechtsübertragung könnte der Urheber jedoch den Erschöpfungsgrundsatz im Falle von Nicht-Softwarewerken mangels Existenz einer mit § 69d Abs. 1 UrhG vergleichbaren Bestimmung aushebeln.[672] Ein Zweiterwerber könnte zwar wirksam und rechtmäßig die faktische Verfügungsgewalt über die übertragene Werkkopie erlangen, bezüglich der für den Ablauf notwendigen Vervielfältigungshandlungen bei digitalen Nicht-Softwarewerken[673] müsste er jedoch die entsprechenden Rechte oder die Zustimmung des Rechtsinhabers einholen, um ein Werk ordnungsgemäß und rechtmäßig ablaufen zu lassen.[674] Zwar ist in solchen Fällen des reinen Caching eines rechtmäßigen erworbenen und genutzten Werkes im Arbeitsspeicher *prima facie* die Privilegierung des § 44a Nr. 2 UrhG einschlägig.[675] Die Schranke der »eigenständigen wirtschaftlichen Bedeutung« des § 44a a. E. UrhG verhindert jedoch nach zutreffender Ansicht das Eingreifen der Privilegierung dann, wenn durch die Nutzung ein eigenes Geschäftsmodell entstünde – eine Tatsache, die das LG München im Falle des Cachings »gebrauchter« Software überzeugend mit dem Argument bejahte, dass die Werkexemplare gerade entgeltlich veräußert würden, mithin das gesamte Geschäftsmodell der UsedSoft GmbH gerade auf der »Lücke« des erlaubnisfreien Cachings aufbaue.[676] Unter dem oben dargelegten Aspekt der wirtschaftlich-technischen Vergleichbarkeit von Software- mit Nicht-Softwarekonstellationen ist diese Argumentation auch auf etwa eBooks oder Musik übertragbar.

671 Statt aller HK-UrhG/*Kotthoff*, § 34 Rn. 8 m. w. N.; auch bereits bei *Held*, GRUR 1983, 161 (164).

672 So OLG Karlsruhe GRUR-RR 2012, 98 (101) – *Aufspaltungsverbot.*

673 Zur Notwendigkeit dieser Rechte *Hilty*, CR 2012, 625, (633f.) sowie insbesondere (636); *Hilty/Köklü/Hafenbrädl*, IIC 2013, 262 (285) sowie *Peukert*, GRUR-Beil. 2014, 77 (80).

674 *Hoeren*, GRUR 2010, 665 (668); § 69d UrhG vermag diesen Effekt zwar im Softwarebereich zu nivellieren, ist in seiner Anwendung jedoch auf diesen Bereich beschränkt.

675 Wandtke/Bullinger/*v. Welser*, § 44a Rn. 21; Hoeren/Sieber/Holznagel/*Ernst*, Hdb. Multimediarecht, Teil 7.1 Rn. 60; BeckOK-UrhG/*Schulz*, § 44a Rn. 4, 6.

676 LG München I MMR 2007, 328 (329) (»lässt sich bereits daran erkennen, dass die Kunden der Bekl. genau hierfür von der Bekl. entgeltliche Lizenzen erwerben sollen«); dem zustimmend Wandtke/Bullinger/*v. Welser*, § 44a Rn. 21; BeckOK-UrhG/*Schulz*, § 44a Rn. 14.

2. *Ausstrahlung des § 34 Abs. 1 UrhG auf das Vertragsleitbild?*

Eine Ausstrahlung des § 34 Abs. 1 UrhG auf das Vertragsleitbild wäre somit in Fällen von auf Nicht-Softwarewerke gerichteten Open Content-Lizenzen geeignet, die von den Gerichten getroffene Feststellung, die Erschöpfungswirkung als zwingender Grundsatz des Urheberrechts würde das Vertragsleitbild in derart prägen, dass eine Weiterveräußerung schuldrechtlich nicht per AGB ausgeschlossen werden könne, zu erschüttern. Diese Möglichkeit zur Beschränkung der Erschöpfungswirkung bei Nicht-Software Open Content wäre dann jedoch bei der Ermittlung des Vertragsleitbildes im Rahmen einer AGB-Kontrolle im Rahmen des § 307 Abs. 2 Nr. 1 BGB zu berücksichtigen. Wenn zwar eine zustimmungsfreie Übertragbarkeit des Werkexemplars möglich, eine zustimmungsfreie Weiterübertragung der Nutzungsrechte entlang einer Veräußerungskette jedoch bereits dem Wortlaut des Gesetzes nach ausgeschlossen ist oder zumindest im Ermessen des Rechtsinhabers steht, so kann die freie Veräußerbarkeit und damit Handelbarkeit von Werken im Wege von dem Ersterwerb nachgelagerten weiteren Erwerbsvorgängen schwerlich dem vom Gesetzgeber beabsichtigten Vertragsleitbild entsprechen.

Es ist somit zu untersuchen, ob § 34 Abs. 1 UrhG derart in das gesetzliche Leitbild bezüglich der Erschöpfungswirkung ausstrahlt, dass von einer absoluten Erschöpfung abweichende Vertrags- bzw. AGB-Klauseln in beschränkten Einzelfällen eventuell trotz des zwingenden Charakters der Erschöpfung im Rahmen des § 307 Abs. 2 Nr. 1 UrhG Bestand haben können.

3. *Reichweite einer Wirkung des § 34 Abs. 1 UrhG*

Die Vorschrift des § 34 Abs. 1 UrhG findet zunächst auch im Software-Urheberrecht, gemittelt über § 69a Abs. 4 UrhG, Anwendung.[677] Zu beachten ist jedoch, dass sowohl der EUGH als auch der BGH bei der Begründung der unkörperlichen Erschöpfung von Software im Onlinebereich gerade nicht auf eine rechtsgeschäftliche Übertragung von Nutzungsrechten abgestellt haben. Dem rechtmäßigen Zweiterwerber stehen lediglich die gesetzlichen Nutzungsrechte des § 69d Abs. 1 UrhG zu.[678] Damit kommt es bei der Weitergabe »erschöpfter« Werkeexemplare auf den ersten Blick gerade nicht auf eine rechtsgeschäftliche Übertragung der Nutzungsrechte an.[679] Betrachtet man jedoch die durch den

677 OLG Karlsruhe GRUR-RR 2011, 99 (101) – *Aufspaltungsverbot*; *Zecher*, Zur Umgehung der Erschöpfung bei Computerprogrammen, S. 110ff.; Wandtke/Bullinger/*Grützmacher*, § 34 Rn. 6; *Hantschel*, Softwarekauf und -weiterverkauf, S. 302; *Royla/Gramer*, CR 2005, 154; *Haberstumpf*, CR 2012, 561 (566f.).

678 EUGH, Urteil vom 03.07.2012, Rs C-128/11, Rn. 85 – *UsedSoft*; dem folgend BGH GRUR 2014, 264, Rn. 30 – *UsedSoft II*.

679 Zu der entsprechenden Funktion des § 69d Abs. 1 UrhG Dreier/Schulze/*Dreier*, § 69d Rn. 6;

EUGH sowie den BGH vorgenommene Neuinterpretation des Art. 5 Abs. 1 der Computerprogramm-Richtlinie bzw. des § 69d Abs. 1 UrhG in der Praxis, so wird gerade in Verbindung mit unkörperlicher Werkübertragung deutlich, dass diese im Ergebnis der Etablierung frei übertragbarer Nutzungsberechtigungen nahekommt.[680] Somit spricht einiges dafür, den Rechtsgedanken des § 34 Abs. 1 UrhG bei der Beurteilung des Vertragsleitbildes aufgrund der tatsächlichen Ähnlichkeit der Situationen zugunsten des Urhebers zu berücksichtigen, Schutzzweck der Norm ist nicht zuletzt auch das Verwertungsinteresse des Urhebers.[681]

Nach hier vertretener Ansicht ist damit die in der Vorschrift des § 34 Abs. 1 UrhG zum Ausdruck kommende Auffassung des Gesetzgebers bei Ermittlung des in § 307 Abs. 2 Nr. 1 BGB zu zugrunde zu legenden Vertragsleitbildes von Nutzungsrechtseinräumungen über den eigentlichen Anwendungsbereich der Norm hinaus auch bei der Weiterveräußerung eines erschöpften Werkexemplars zu beachten.

4. *Verhältnis des § 34 Abs. 1 UrhG zum Grundsatz der Erschöpfung bei Ermittlung des Vertragsleitbildes*

Nachdem der Rechtsgedanke des § 34 Abs. 1 UrhG also auch bei der Weiterveräußerung von hinsichtlich des Verbreitungsrechts erschöpften Kopien zu berücksichtigen ist, ist das Verhältnis der Norm zum Grundsatz der Erschöpfung zu untersuchen. Aus dem Verhältnis der beiden Grundsätze zueinander kann sodann auf das vom Gesetzgeber intendierte, gesetzliche Leitbild hinsichtlich der Zulässigkeit von Veräußerungs- und Abtretungsverboten im Rahmen des § 307 Abs. 2 Nr. 1 BGB geschlossen werden.

a. *Absoluter Vorrang des Erschöpfungsgrundsatzes*

Von einigen Stimmen der Literatur und Rechtsprechung wird betont, dass der Zustimmungsvorbehalt des § 34 Abs. 1 UrhG dann unbeachtlich sei, wenn im Hinblick auf das in Frage stehende Verbreitungsrecht bereits Erschöpfung ein-

---

Wandtke/Bullinger/*Grützmacher*, § 69d Rn. 26; Spindler/Schuster/*Wiebe*, § 69d UrhG Rn. 6 sowie *Zecher*, Zur Umgehung der Erschöpfung bei Computerprogrammen, S. 51.

680 So auch *Stieper*, GRUR 2014, 270 (271) (»Dogmatisch ließe sich dieses Ergebnis am ehesten mit einer Weiterübertragung des dem Ersterwerber eingeräumten Nutzungsrechts unter Ausschluss von § 34 Abs. 1 UrhG begründen.«); sowie *Hilty*, CR 2012, 625 (631) (»Dabei ›erschöpft‹ sich nicht bloß das ›Recht auf die Verbreitung‹ von etwas Physischem, sondern der Rechteinhaber kann den Nutzungsberechtigten nicht mehr daran hindern, seine eigene Nutzungsberechtigung auf einen Dritten zu übertragen«); dies bereits 2002 anregend *Berger*, GRUR 2002, 198 (201 f.).

681 OLG Karlsruhe GRUR-RR 2012, 98 (101) – *Aufspaltungsverbot*, unter Verweis auf Schricker/Loewenheim/*Schricker/Loewenheim*, § 34 Rn. 1; ebenso Dreier/Schulze/*Schulze*, § 34 Rn. 1.

getreten ist.[682] § 69d UrhG sei hinsichtlich § 34 Abs. 1 UrhG *lex specialis*, die Wirkung der umfassenden gesetzlichen Regelung könne durch das Zustimmungserfordernis des Urhebers bzw. Rechtsinhabers zu jedem weiteren Rechtserwerb nicht beeinträchtigt werden.[683] Dies hätte zur Folge, dass die Wertungen des § 34 Abs. 1 UrhG zur Ermittlung des Vertragsleitbilds bei einmaliger, zeitlich unbeschränkter Einräumung von Nutzungsrechten gegen eine Einmalzahlung ohne Betracht blieben. Maßgeblich wäre dieser Ansicht nach allein der absolut geltende Erschöpfungsgrundsatz, formularmäßige Verbotsklauseln damit unwirksam.

Einer der tragenden Gründe für diese Auffassung ist der persönlichkeitsrechtliche Charakter des § 34 Abs. 1 UrhG. Diesen persönlichkeitsrechtlichen Aspekten käme allerdings im Bereich des Softwareurheberrechts nur untergeordnete Bedeutung im Vergleich zu dem »herkömmlichen« Urheberrecht zu.[684]

b. Grundsatz der Erschöpfung als ein Wertungsgesichtspunkt unter weiteren

An anderen Stellen in Rechtsprechung[685] und Literatur[686] wird dagegen § 34 Abs. 1 UrhG bei Ermittlung des Vertragsleitbildes neben der Erschöpfungslehre für beachtlich gehalten. Aus dem Zustimmungserfordernis des § 34 Abs. 1 S. 1 UrhG in Verbindung mit dem Anspruch auf Zustimmung des § 34 Abs. 1 S. 2 UrhG könne als wesentlicher gesetzlicher Gedanke hergeleitet werden, dass eine Weiterübertragung von Nutzungsrechten zwar nicht generalisiert – etwa in AGB – ausgeschlossen werden dürfe, sich wohl aber in Fällen, in denen sich aus § 34 Abs. 1 S. 2 UrhG ein Verweigerungsrecht des Urhebers ergäbe, dieses sich gegenüber dem dann nicht mehr absolut geltenden Erschöpfungsgrundsatz durchsetzen müsse.[687] Nach dieser Ansicht würde somit durch § 34 Abs. 1 UrhG

682 OLG Frankfurt am Main GRUR-RR 2010, 5 (6) – *CoA-Echtheitszertifikat*; HK-UrhG/*Kotthoff*, § 69c Rn. 3 sowie § 34 Rn. 5; hist. Fromm/Nordemann/*Vinck*, 9. Auflage, § 69d Rn. 2 sowie § 69c Rn. 6; *Hoeren*, CR 2006, 573 (575).

683 So im Ergebnis LG Hamburg Urteil vom 25.10.2013, Az. 315 O 449/12, Tz. 47; *Koppe*, Die urheberrechtliche Erschöpfung, 2004, S. 174; Dreier/Schulze/*Dreier*, § 69d Rn. 2; *Grützmacher*, CR 2007, 549 (554f.); *Baus*, MMR 2002, 14 (16); *Hoeren*, CR 2006, 573 (575); *ders.*, GRUR 2010, 665 (668); *Soznitza*, K&R 2006, 206 (210); *Schneider/Spindler*, CR 2014, 213 (215).

684 *Grützmacher*, CR 2007, 549 (554); dies zugestehend auch *Haberstumpf*, CR 2009, 345 (348).

685 LG Frankfurt am Main K&R 2011, 743 (745); OLG Nürnberg NJW 1989, 2634 (2635).

686 *Zecher*, Zur Umgehung der Erschöpfung bei Computerprogrammen, S. 123ff.; *Hantschel*, Softwarekauf und -weiterverkauf, S. 316f.; *Haberstumpf*, CR 2009, 345 (349); *Grützmacher*, CR 2010, 141 (144) sowie die Nachweise in Fn. 687.

687 Vgl. dazu *Zech*, ZGE 2013, 368 (377f.); *Redeker*, CR 2011, 634 (637); *Haberstumpf*, CR 2009, 345 (346); *ders.*, NJOZ 2015, 793 (804) sowie in *Büscher/Dittmer/Schiwy*, Gewerblicher Rechtsschutz, Urheberrecht, Medienrecht, vor §§ 31 ff. UrhG Rn. 9 und § 69d UrhG Rn. 19; *Acker/Thum*, GRUR 2008, 671 (674f.); sowie spezifisch für den Online-Bereich Wandtke/Bullinger/*Wandtke/Grunert*, § 34 Rn. 13 mit Nachweisen aus der Rechtsprechung.

im Leitbild des Urhebervertragsrechts nicht isoliert das in Satz 1 der Norm repräsentierte Urheberpersönlichkeitsrecht geschützt, sondern dieses in Satz 2 mit der Verkehrsfähigkeit des geschützten Gutes abgewogen und deren Verhältnis ausbalanciert.[688] Eine derartige Balance der Interessen müsse schließlich auch bei der Bestimmung des gesetzlichen Vertragsleitbildes bei Einräumungen von Nutzungsrechten gegen eine Einmalzahlung berücksichtigt werden.

Konsequenz dieser Lesart des Zusammenspiels von Erschöpfungsgrundsatz und Zustimmungserfordernis des Rechtsinhabers zur Weiterübertragung von an seinem Werk eingeräumten Nutzungsrechten wäre zwar nach wie vor eine grundsätzliche Unzulässigkeit des pauschalen, formularmäßigen Ausschlusses der Übertragbarkeit dieser Nutzungsrechte. Im Gegensatz zu der binären ersten Ansicht, welche etwa eine Differenzierung zwischen formularmäßigem Ausschluss der Weiterveräußerung per AGB oder per Individualvereinbarung vermissen lässt,[689] lässt letztere Auffassung jedoch in besonders gelagerten Einzelfällen Raum für Abweichungen vom Grundsatz der Erschöpfung, sofern diese das Ergebnis eines Abwägungsprozesses der involvierten Interessen sind.[690]

c. *Vorzugswürdigkeit einer vermittelnden Ansicht*

Gegen die unter b. dargelegte Ansicht solcher – wenn auch nur sehr begrenzten – Einschränkungen des Erschöpfungsgrundsatzes im wohlbegründeten Einzelfall lassen sich allerdings alle oben bereits für das *UsedSoft*-Urteil des EUGH angeführten Argumentationen sowie die Begründung des Gerichtshofs anführen.[691] Insbesondere die vom EUGH getroffene Aussage, die extensive Auslegung des Erschöpfungsgrundsatzes sei notwendig, um einen einheitlichen, unbeschränkten Binnenmarkt zu gewährleisten[692] und nicht zuletzt die für den Verbraucher in der Tat sehr wünschenswerte Einführung eines Marktes für »gebrauchte« im Sinne von nicht direkt vom Hersteller erworbene Software sind zutreffende Argumente, die nicht ohne weiteres beiseitegeschoben werden können.

In praktischer Hinsicht ist jedoch ebenfalls zu bedenken, dass im Bereich der großen Softwarehersteller und -vertriebsunternehmen bereits kurze Zeit nach dem Urteil des EUGH eine Ausweichbewegung festzustellen war. Pakete für Bürosoftware oder etwa Bildbearbeitungsprogramme werden seitdem nur noch gegen wiederkehrende Zahlungen oder als Software-as-a-Service-Leistungen auf

688 *Zech*, ZGE 2013, 368 (378).

689 So ausdrücklich die Kritik an der Position des BGH in *UsedSoft II* durch *Schneider/Spindler*, CR 2014, 213 (214f.).

690 So ließe sich mit *Haberstumpf*, NJOZ 2015, 793 (804) die Aufspaltung von Lizenzpaketen per AGB verbieten, der Weiterverkauf einer Einzelplatzlizenz jedoch nicht.

691 Dazu oben, § 6.A.

692 EUGH, Urteil vom 03.07.2012, Rs. C-128/11, Rn. 41, 62f. – *UsedSoft.*

Basis von Cloud-Computing angeboten.[693] Die – je nach Sichtweise positiven oder negativen – Wirkungen des Urteils kämen demnach in erster Linie bei älteren Softwaredistributionen bzw. Werkversionen und kaum *ex nunc* für neu auf den Markt gebrachte Werke zum Tragen. Ferner wird durch den persönlichkeitsrechtlichen Bezug, den die den Erschöpfungsgrundsatz modifizierende Auffassung in § 34 Abs. 1 S. 1 UrhG verankert sieht, sichergestellt, dass gerade bei Vorliegen von in erster Linie kommerziellen Interessen auf Seiten des Veräußerers eine Einschränkung der Erschöpfung kaum zu befürchten sein dürfte und damit die Intention des EUGH, einen Binnenmarkt für »Gebrauchtwerke« zu schaffen, kaum gefährdet würde. Die auf dem Massenmarkt vorherrschenden Strukturen lassen kaum Raum für eine individuelle Prägung des Werkes oder eine darüber hinaus bestehende, gemeinsame ideelle Grundlage, die durch freie Veräußerbarkeit einer erschöpften Kopie gefährdet würde. Das Hauptanwendungsgebiet für eventuelle Ausnahmen von der absoluten Geltung des Erschöpfungsgrundsatzes auf der Basis von dessen Verhältnis zu § 34 Abs. 1 UrhG dürfte damit im den Verbraucher tendenziell kaum belastenden Bereich der hoch spezialisierten Softwarelösungen liegen. Dort werden Werke tendenziell eher von Einzelnen oder kleinen Gruppen geschaffen, die diese eher mit ideellen anstelle von allein ökonomischen Motiven aufladen bzw. verbinden und damit Raum für eine Anwendung der persönlichkeitsrechtlichen Argumentation geben. Auch bietet diese differenzierende Herangehensweise Raum für eine genauere Betrachtung des heterogenen Marktes für urheberrechtlich geschützte Werke.[694] So ist es etwa bei spezieller Software für einen überschaubaren Kundenstamm durchaus von Interesse für den Ersteller bzw. Veräußerer und dessen Bild in der Öffentlichkeit, wer das gelieferte Programm zu welchem Zwecke nutzt[695] – etwa im Falle von sich »grüner« IT verschriebenen habenden Softwareschmieden oder bei mit ihrer Tätigkeit bestimmte weltanschauliche Ziele verfolgenden Kollektiven, wie gerade den mit Schaffung von offenen Wissensnetzwerken und einer digitalen Allmende befassten Open Content-Communities. Zum anderen ist es in IT-Kreisen und derartigen Produktionsumfeldern nicht unüblich, auch gewisse Eigenheiten oder »Visitenkarten« im Programmcode teils beabsichtigt, teils unbeabsichtigt wie etwa einen eignen Mal- oder

693 Microsoft vertreibt die Office-Suite nun als »Office 365« zeitlich begrenzt, Adobes Acrobat Pro ist ebenfalls nur noch im Rahmen eines Abo-Modells erhältlich. Zu diesem Trend zur »Verfügbarkeit statt Eigentum« und seinen Auswirkungen bereits *Kloos/Wagner*, CR 2002, 865 (868) sowie (870); in neuerer Zeit *Koch*, ITRB 2011, 42 (45); *Grützmacher*, CR 2011, 485 (489f). sowie *ders.* CR 2011, 697 (704); unter teilweise anderer Terminologie *Bisges*, MMR 2012, 574 (578) sowie *Zech*, ZGE 2013, 368 m. w. N. in Fn. 1.

694 Explizit auch *Haberstumpf*, CR 2009, 345 (349).

695 Generell zur Relevanz des Nutzers im Verwertungsprozess und der Konsequenz im Rahmen des § 34 UrhG Dreier/Schulze/*Schulze*, § 34 Rn. 1; Schricker/Loewenheim/*Schricker*, § 34 Rn. 2.

Kompositionsstil, zu hinterlassen; eine Tatsache die durchaus geeignet scheint, den in § 34 Abs. 1 S. 1 UrhG angelegten Schutz der persönlichkeitsrechtlichen Aspekte des Urheberrechts zu tangieren und die in eine Abwägung zwischen diesen und dem Grundsatz der Erschöpfung einfließen könnte.

d. Fazit

Es scheint daher im Lichte all dieser Aspekte vorzugswürdig, das Verhältnis zwischen dem Grundsatz der Erschöpfung und der gesetzgeberischen Aussage zur Notwendigkeit der Zustimmung des Urhebers bei Weiterübertragung von Nutzungsrechten nicht mit der Absolutheit der Verfechter der entsprechenden Ansicht zu interpretieren. Wie jedes andere Marktumfeld ist auch der Markt für urheberrechtlich geschützte Erzeugnisse vielfältig und verdient es, die vom EUGH in der *UsedSoft*-Entscheidung betonten Verbraucherschutzaspekte zwar mit größtmöglicher Wirksamkeit, jedoch nicht ohne Rücksicht auf (vermeidbare) Verluste an Praktikabilität oder Möglichkeiten des Informationsschaffens umzusetzen. Dies gilt umso mehr, wenn kein übergroßes wirtschaftliches Ungleichgewicht zwischen Urheber und Lizenznehmern vorhanden ist, welches den Schutz letzterer erforderlich macht. Zu diesem Zwecke bietet die zwischen § 34 Abs. 1 UrhG und dem Grundsatz der Erschöpfung vermittelnde Ansicht ein wirksames Werkzeug, um in begründeten Ausnahmefällen unter Berücksichtigung der beiderseitigen Interessenlage das Prinzip der absoluten Erschöpfung des Verbreitungsrechts hinter dem Interesse des Urhebers an der Person oder der Art und Weise der weiteren Nutzung zurücktreten zu lassen.

Dieses Ergebnis steht schließlich auch nicht im Widerspruch zu dem oben unter § 7.A.I herausgearbeiteten, zwingenden Charakter des Erschöpfungsgrundsatzes. Dem Nutzer werden keinesfalls die durch den Grundsatz der Erschöpfung gewährten Freiheiten durch private Abreden wieder genommen. Es wird vielmehr nur in eng umrissenen Fällen und unter Berücksichtigung anderer Belange ähnlicher Relevanz – hier dem Urheberpersönlichkeitsrecht – eine Konkordanz zwischen diesen und der Erschöpfungslehre hergestellt. Versteht man den Erschöpfungsgrundsatz als ökonomisch orientierte Schranke der Verfügungsmacht des Urhebers bzw. Inhabers der Rechte an einem Werk, so stellt die hier angebotene Interpretation des § 34 Abs. 1 UrhG gewissermaßen eine persönlichkeitsrechtliche Schranken-Schranke dar. Mit der Begrenzung der nach wie vor gewährten Freiheitsrechte wird sichergestellt, dass andere Mechanismen des Urheberrechts nicht über Gebühr belastet werden und so der Grundsatz der Verhältnismäßigkeit der Rechtsausübung – wenn auch mit Blick auf die essentielle Natur der Erschöpfung für das förderungswürdige Ziel eines Marktes für »Gebrauchtwerke« in engen Grenzen – gewahrt bleibt.

Diese Konkordanz zwischen den beiden widerstreitenden Interessen spiegelt sich bei der Bestimmung des Vertragsleitbildes im Falle des § 307 Abs. 2 Nr. 1

BGB schließlich insofern wider, als dass in bestimmten, eng umrissenen Fällen, in denen die Absicherung ähnlich relevanter Belange es erforderlich macht, ein der Erschöpfungswirkung widersprechender Ausschluss der Weiterveräußerung eines Werkes individualvertraglich oder sogar durch Stellen von allgemeinen Geschäftsbedingungen zulässig sein kann, etwa wenn eine individualvertragliche Vereinbarung erkennbar unzweckmäßig wäre.

5. *Konsequenz des modifizierten Leitbildes auf Direktlizensierungsklauseln*

Es ist äußerst unwahrscheinlich, dass bei Einführung der Linux-Klauseln zur Förderung von Open Content die Tragweite der Problematiken des Erschöpfungsgrundsatzes in dem hier dargelegten Umfang berücksichtigt wurde. Die Existenz der urhebervertragsrechtlichen Öffnungsklausel des § 34 Abs. 1 S. 2 UrhG legt allerdings nahe, dass dem Gesetzgeber durchaus Konstellationen bewusst waren, in denen die durch den Erschöpfungsgrundsatz bezweckte Beschränkung des Einflusses des Urhebers auf die nach der Erstverwertung stattfindende Weiterverwertung in Einzelfällen zu Unbilligkeiten führen kann. Unter diesen Aspekten wäre es widersprüchlich, interessierten Open Content-Communities zwar mit den Linux-Klauseln der §§ 31a ff. UrhG und der Idee des einfachen, unentgeltlichen Nutzungsrechts für jedermann das Instrumentarium zur Organisation eines zwar privatrechtlich organisierten, jedoch altruistisch an die breite Öffentlichkeit gerichteten Werkschaffens an die Hand zu geben, dieses aber durch eine rigorose Anwendung des *prima facie* verbraucherschützenden Erschöpfungsgrundsatzes erheblich zu erschweren.

Überzeugender scheint es dagegen, diesen Widerspruch derart aufzulösen, dass Direktlizensierungsklauseln in Open Content-Lizenzen in Ansehung des durch § 34 Abs. 1 S. 1 UrhG beeinflussten Vertragsleitbildes ausnahmsweise dann zulässig sein sollen, wenn eine Abwägung des Interesses der Urheber an der Kontrolle der Verbreitung mit dem Interesse der User an einer freien Handelbarkeit ergibt, dass diese einen Sonderfall im Sinne des § 34 Abs. 1 S. 2 UrhG darstellen.

C. Interessenabwägung bei Direktlizensierungsklauseln in Open Content-Lizenzen

Stellt man unter diesen Gesichtspunkten die Interessen der Beteiligten gegenüber, so wird deutlich, dass die Interessen von Urhebern bzw. Rechtsinhaber und Nutzern bei Open Content weitestgehend deckungsgleich sind. Im Kontrast zu herkömmlichen Verwertungsstrategien steht für erstere nicht die Kontrolle der Verbreitung im Hinblick auf Verwertbarkeit und individuelle Vergütung der Nutzung im Vordergrund – es sollen möglichst viele Teilnehmer bzw. »jedermann« unentgeltlich an der Allmende teilnehmen, mindestens jedoch von ihr profitieren können. Wesentliches Interesse ist es somit, die Art und Weise der Nutzung so zu regeln, dass diese Freiheit der Konstruktion gewährleistet ist. Insgesamt ist es das Ziel, die Verbreitung des Werkes sowie die Partizipationsmöglichkeit daran möglichst kostengünstig, niedrigschwellig und unabhängig von nachträglichen Einwirkungen eines (Mit-)Autors auf die einmal in die Allmende »entlassenen« Werke sicherzustellen.[696]

Ähnliches lässt sich auf Seiten der Nutzer feststellen. In deren Interesse liegt mindestens der einfache, kostengünstige Zugang zu Werken, um diese rein rezeptiv zu nutzen. Darüber hinaus besteht ein Interesse an Bearbeitungs- und Verbreitungsrechten[697] um bei entsprechendem Wunsch auf deren Basis eigene Weiterentwicklungen zugunsten einer vielfältigen Kulturlandschaft, einer leistungsfähigeren Softwareumgebung oder ähnlichen Projekten schaffen zu können. Durch diesen Wunsch nach (kosten-)freiem Zugang sowie durch den fließenden Übergang von Nutzer zu Mitwirkendem steht eine Sicherung der Freiheit der Allmende also auch im Mittelpunkt des Nutzerinteresses.

Betrachtet man nun die Direktlizensierungsklauseln in Open Content-Lizenzen unter diesem Aspekt, so ergibt sich auf den ersten Blick ein recht eindeutiges Bild. Solange die Direktlizensierungsklauseln nötig sind oder jedenfalls einen sinnvollen Weg zur Sicherung der von allen Seiten als zentral empfundenen Freiheit darstellen, so kann durchaus das Interesse an ihrer Existenz das Interesse an der Möglichkeit einer freien Weiterveräußerung überwiegen. Dies gilt insbesondere, da die »Umgehung« der Erschöpfungswirkung allein ein Reflex der Bestrebung nach Absicherung der Allmende-Freiheit darstellt.[698] Selbst wenn man jedoch eine beabsichtigte Umgehung unterstellte, so wirkt sich diese jedenfalls nicht zum Nachteil der Nutzer aus, sondern in deren Interesse: Die rechtlichen Feinheiten der Ausgestaltung von Rechts- und Werkerwerb sind für Nutzer typischerweise sekundär, solange das gewünschte Ergebnis erzielt wird. Dies ist bei einer Direktlizensierung gerade der Fall, die Freiheit des Werkes bzw. der Allmende wird gesichert, ohne dass Einzelnen Nachteile erwachsen. Neue Nutzer erhalten einfach und umfassend Werkkopien sowie Bearbeitungs- und Verbreitungsrechte daran, das Interesse von Bestandsnutzern an der Verhinderung eines kommerziellen Zweitmarkts ist bei der digitalen

696 Dazu oben, § 1.B; ferner *Osterloh/Rota*, Open Source Software: Just another case of collective invention? Research Policy 36 (2007), S. 157 (160); *Osterloh/Rota/Luethi* in Drossou/Krempl/Poltermann, Die wunderbare Wissensvermehrung: Wie Open Innovation unserer Welt revolutioniert, S. 65 (73 f.).

697 Wobei der Verbreitungsbegriff hier im weitest möglichen Sinne inklusive des systematisch von dem Vervielfältigungsrecht zu unterscheidenen Rechts zur öffentlichen Zugänglichmachung gem. § 19a UrhG zu verstehen ist.

698 Siehe die Nachweise oben in Fn. 550.

Allmende aufgrund der Natur der Sache ohne Belang, und schließlich sprechen das Prinzip der geringeren Schutzwürdigkeit des unentgeltlichen Empfängers im deutschen Recht[699] einerseits sowie der Charakter der Lizensierung als Massengeschäft[700] andererseits gegen eine allzu hohe Bewertung der jeweiligen Interessen. Unter diesen Aspekten spricht eine Abwägung somit eher dafür, im Falle von Direktlizensierungsklauseln in Open Content-Lizenzen eine zulässige Verweigerung der Zustimmung im Sinne des § 34 Abs. 1 S. 2 UrhG zu sehen und damit im Rahmen einer AGB-Kontrolle ein Abweichen von wesentlichen Grundgedanken des Vertrages gem. § 307 Abs. 2 Nr. 1 BGB zu verneinen, die Klauseln mithin aufrechtzuerhalten.

Wie oben gezeigt, führt die Neuinterpretation des Verhältnisses von Lizenz und Werkkopie durch EUGH und BGH jedoch dazu, dass mittlerweile auch ohne Direktlizensierungsklauseln bei Werkweitergabe der durch sie bezweckte Effekt erzielt wird. Bei Veräußerung eines Werkexemplars werden die ehemals bloß schuldrechtlichen Nutzungsbeschränkungen im Wege des § 69d Abs. 1 UrhG entlang der Veräußerungskette konserviert, so dass die Rechtfertigung für eine derartige, einem Veräußerungsverbot gleichkommende Klausel aus Sicht der Urheber nicht mehr gegeben ist. Dadurch erscheinen die anderen Interessen zwar nicht prominenter, das ein Abweichen von dem zwingenden Grundsatz der Erschöpfung rechtfertigende Interesse entfällt jedoch – die Direktlizensierung ist zur Verhinderung eines »Aufbrechens« des Systems nicht mehr notwendig, die Erhaltung der allein dem Allgemeinwohl dienenden Allmende erfordert nicht länger eine Ausnahme von dem Grundsatz des § 34 Abs. 1 S. 1 UrhG. Im Ergebnis mag also die individualvertragliche Vereinbarung einer Direktlizensierung zwar in den Grenzen des Kartellrechts zulässig sein,[701] im Falle einer formularmäßigen Vereinbarung sind Klauseln, die eine Direktlizensierung durch den Urheber im Rahmen der Mittler-Lösung zwingend vorschreiben, jedoch auch bei Open Content-Lizenzen aufgrund eines Verstoßes gegen wesentliche Prinzipien des Vertragsleitbildes gem. § 307 Abs. 2 Nr. 1 BGB für unwirksam zu erklären.

699 So etwa zu § 822 BGB Staudinger/*Lorenz*, § 822 Rn. 3; MüKo-BGB/*Schwab*, § 822 Rn. 1 sowie generell zur verminderten Schutzwürdigkeit des unentgeltlichen Erwerbers *Esser/Weyers*, SchR BT/2, § 51 II 4; *Larenz/Canaris*, SchR BT II/2, S. 195 § 69 V 1 a.

700 Schricker/Loewenheim/*Schricker/Loewenheim*, § 34 Rn. 32; HK-UrhG/*Kotthoff*, § 34 Rn. 8 sowie dies gerade bei im Open Source-Bereich die Allmende prägenden Softwarelizenzen annehmend *Herzog*, ZUM 2009, 71 (73); bei derartigen Massengeschäften einen Weiterverkauf der Werkkopie bzw. eine Abtretung der Rechte gerade für zulässig hält ferner *Haberstumpf*, NJOZ 2015, 793 (804).

701 *Haberstumpf*, NJOZ 2015, 793 (804).

Teil 4: Rückruf eingeräumter Nutzungsrechte und Widerruf des Angebots

Weitere, bisher in der deutschen Diskussion um das Werkschaffen auf Basis des einfachen, unentgeltlichen Nutzungsrechts für jedermann kaum beachtete Problemfelder sind die Anwendbarkeit urheberrechtlicher Rückrufrechte nach Abschluss einer Open Content-Lizenz sowie die Widerruflichkeit einmal abgegebener Angebote auf Lizenzabschluss und Rechtseinräumung. Neben Fragen nach der Ausgestaltung bzw. den Modalitäten eines solchen Vorgehens (§ 10) ist zunächst auf abstrakter Ebene zu erörtern, inwiefern ein solcher Rückzug aus dem System des Open Content bzw. der *commons based peer production* zulässig ist (§ 9, Abschnitt A). Hierbei sind insbesondere die Interessen der beteiligten Gruppen im Spannungsfeld zwischen Privatautonomie und Verkehrs- bzw. Vertrauensschutz sowie die Auswirkungen einer Rückzugsmöglichkeit auf die individuellen Motivationen für die altruistische Mitarbeit an Open Content zu berücksichtigen. An zusätzlicher Dynamik gewinnt die Untersuchung ferner durch die Wahl eines rechtsvergleichenden Ansatzes unter Berücksichtigung des US-amerikanischen Rechts (§ 9, Abschnitt B). Dort hat in jüngster Zeit mit 17. U.S.C. § 203 die Existenz einer nicht dispositiven Kündigungsklausel für langfristige Lizenzverträge das Bewusstsein für die sich aus einem Rückzug eines Rechtsinhabers aus der digitalen Allmende ergebenden Konsequenzen geschärft. Diesbezüglich ist jedoch im Vorfeld die Vergleichbarkeit der Ausgangslage im Hinblick auf die sich doch in einigen Belangen wesentlich unterscheidenden Urheberrechtskonzeptionen im kontinentalen Europa sowie im anglo-amerikanischen Sprachraum zu untersuchen, bevor aus der dortigen Diskussion Rückschlüsse für die Behandlung des Komplexes im deutschen Rechtsrahmen gezogen werden können.

§ 9. Konsequenzen von Rück- und Widerruf, rechtsvergleichender Ansatz

Vor Beantwortung der Frage nach der rechtlichen Vorgehensweise bei Ausgestaltung von Rück- und Widerrufsrechten im Kontext von Open Content sind zunächst auf einer abstrakten Ebene die Konsequenzen eines entsprechenden Vorgehens im Spannungsfeld zwischen Privatautonomie und Verkehrs- bzw. Vertrauensschutz zu thematisieren. Dabei stellt sich insbesondere die Frage, ob ein Werkschöpfer, der einmal unter einer Open Content-Lizenz einfache, unentgeltliche Nutzungsrechte für jedermann gewährt hat, diese zum Zwecke der Reproprietarisierung wieder zurückrufen oder jedenfalls die weitere Einräumung von Rechten verhindern und damit die faktisch kaum zu kontrollierende Verbreitung seines Werkes begrenzen können sollte, oder ob ihm dies mit Blick auf negative Konsequenzen für die Funktionsfähigkeit des Allmende-Systems zu versagen ist.

A. Notwendigkeit oder Unzulässigkeit einer Reproprietarisierung von Open Content

Ausgangspunkt der folgenden Erwägungen ist eines der wesentlichen Paradigmen des deutschen Schuldrechtes, der Grundsatz *pacta sunt servanda.*[702] Begreift man nach hier vertretener Ansicht Lizenzverträge als auf dauerhafte Einräumung von Rechten gerichtete Austauschverträge,[703] so ist eine Loslösung vom Vertrag bzw. die Rückforderung der empfangenen Leistungen nur dann zulässig, wenn dies vertraglich vorbehalten oder gesetzlich vorgesehen ist. In Ansehung eines Open Content-Werkes ergibt sich jedoch eine reiche Gemengelage unterschiedlich gelagerter Interessen – Rechtsinhaber, bereits partizipiert habende Nutzer, zukünftige Nutzer, die an frei zugänglicher Information interessierte Allgemeinheit – die dazu führen kann, dass das Paradigma in dieser speziellen, auch vom Gesetzgeber als förderungswürdig erkannten Konstellation[704] nur eingeschränkt Geltung entfaltet.

Es ist etwa zu berücksichtigen, wie es im Fall eines zulässigen Rückrufs von

702 Staudinger/*Olzen*, Einleitung zum Schuldrecht, Teil C Rn. 65; Staudinger/*Feldmann/Löwisch*, § 311 Rn. 4; kritisch zur Aufweichung des Grundsatzes insbesondere bei urheberrechtlichen Rück- und Widerrufsrechten *Verweyen*, ZUM 2008, 217 (218f.) mit einer ausführlichen Analyse der Regierungsbegründung zur Einführung des § 31a Abs. 4 UrhG in RegE 2. Korb, S. 14ff., insbesondere auf S. 24.

703 Dazu oben, § 3.

704 GesE UrhStärkungsG, S. 15 sowie Bericht des 6. Rechtsausschusses zum UrhStärkungsG, S. 19.

Rechten um die Position der Nutzer bestellt wäre. Das Open Content zugrundeliegende, durch entsprechende Aussagen in verschiedenen Lizenzen[705] gestützte Prinzip der Dauerhaftigkeit der so entstandenen Werke[706] ist durchaus geeignet, auf Nutzerseite ein schutzwürdiges Vertrauen in diese Dauerhaftigkeit zu erzeugen, welches einem Rückruf bzw. einem einseitigen Rückzug aus der Allmende entgegensteht. Ebenso ist zu befürchten, dass eine solche Repropietarisierung von einmal in die Allmende eingestellten Rechten bzw. Werken einen negativen Einfluss auf die Motivation von momentanen oder zukünftigen Mitwirkenden haben könnte. Gehen diese davon aus, dass die von ihnen eingebrachten Werke und Werkteile auf absehbare Zeit bzw. bis zum Auslaufen der urheberrechtlichen Schutzfrist[707] nach Maßgabe der Lizenz verfügbar bleiben und stellt diese altruistische Einstellung die Hauptmotivation für ihr Schaffen dar, so kann allein die Möglichkeit des Rückzuges bzw. des Verlusts dieser Freiheit geeignet sein, deren Motivation entschieden zu stören.[708] Damit würde die Gefahr geschaffen, die in den letzten Jahren gewonnene Popularität des offenen Schaffens wieder zunichte zu machen.

Andererseits erscheint es mit Blick auf den Schutz des Urhebers vor übereilten Verfügungen wie auch auf § 11 S. 2 UrhG kritisch, wenn durch zeitlich allein auf die Dauer der Schutzfrist beschränkte Lizenzen dem Urheber die Chance genommen wird, sein Werk in Zukunft anders zu verwerten oder seine Auffassung bezüglich der Verbreitungsmodalitäten einmal zu revidieren. Im Bereich der einfachen Nutzungsrechte sind *de lege lata* gerade keine mit etwa den §§ 41 ff. UrhG vergleichbaren Rückzugsoptionen vorgesehen, obwohl bei Open Content-Verbreitung eine ähnlich einschneidende Beschränkung der Verwertungsmöglichkeiten erreicht werden kann wie bei Einräumung ausschließlicher Nutzungsrechte.[709]

I. Auswirkungen eines Rückrufs auf die Schaffensmotivation

Es ist unbestritten, dass die Verbreitung eines Werkes als Open Content für den Autor Vorteile jenseits der reinen Lizenzgebühren haben kann,[710] sei es durch Reputationsgewinn oder durch die bloße Tatsache der Verbreitung und Eta-

705 § 2 GNU GPLv3 (»All rights granted […] are irrevocable«); Sec 2 a. 1 der CCv4-Lizenzen (»[…] the Licensor hereby grants You a worldwide, royalty-free, non-sublicensable, non-exclusive, irrevocable license.«).

706 Ausführlich dazu *Rosen*, Open Source Licensing, S. 104.

707 Näher dazu Fn. 713.

708 *Armstrong*, 74 Harv. Journal on Legislation (2010), 359 (362 f.).

709 In diese Richtung argumentierend *Völzmann-Stickelbrock* in Leible, Schutz des geistigen Eigentums im Internet, S. 47 (70).

710 Vgl. die Aussage des Court of Appeals for the Federal Circuit in *Jacobsen v. Katzer*, 535 F.3d 1373 (Fed. Circuit, 2008), 1379 sowie oben unter § 4, Abschnitt A III.

blierung auf dem Markt. Aus individueller Sicht eines solchen Autors erscheint es daher reizvoll, ein Werk bzw. seine Rechte daran nach Eintritt einer solchen »Aufnutzung«[711] durch einen Rückruf wieder unter seine Kontrolle zu bringen, um diese Effekte zu internalisieren und zu monetarisieren.[712]

1. *Argumente für negative Auswirkungen auf die Schaffensmotivation*

Die Idee einer »ewigen«,[713] da durch die Lizenzen abgesicherten Freiheit ist jedoch Kern nahezu aller Open Content-Lizenzen und wird gerade im US-amerikanischen Raum von juristischen Autoren für unverzichtbar gehalten[714] und in IT-Fachkreisen bzw. den Anwendern auch durchaus in dieser strengen Art und Weise interpretiert.[715] Wäre die Möglichkeit eines Rückrufs jedoch gegeben, so würde damit eine Möglichkeit eröffnet, Open Content als »Popularitätsvehikel« aktiv auszunutzen[716] und die meist altruistische Motivation der Mitwirkenden somit gefährdet. Einerseits würde ihnen gegenüber ein Drohpotential geschaffen – etwa ein Verlangen nach Erbringung zusätzlicher Leistungen oder gar Zahlungen, um einen Rückruf abzuwenden. Zum anderen bestünde die reale Möglichkeit, dass der eigene Aufwand nicht unentgeltlich der Allgemeinheit zugutekommt, sondern von einem Dritten monetarisiert wird – ein Ziel,

---

711 Begriff nach *Peukert*, Die ›Aufnutzung‹ geistiger Werke (»Eine Komposition wird nicht zerstört, wenn sie im Internet tausende oder millionen Male reproduziert wird. Eher geschieht das Gegenteil: Ein Werk wird *aufgenutzt;* es gewinnt durch massenhafte Nutzung ökonomische, kulturelle und soziale Bedeutung hinzu.«); zu dem Effekt auch *Benkler*, 53 Vand. Law Rev. (2000), 2063 (2065f.).

712 *Loren*, 14 George Mason L. Rev. (2007), 271 (276), dort Fn. 22 (»calculating – and author may perceive greater attention and, ultimately, great profits«); *Benkler* nennt dieses Prinzip »unilateral appropriation« und bezeichnet es im Kontext des Netzwerkschaffens als eine der Hauptbedrohungen, 112 Yale L.J (2002), 369 (439); ebenso *Armstrong*, 74 Harv. J. on Legislation (2010), 359 (497f.).

713 »Ewig« ist dabei selbstverständlich auf die Dauer des urheberrechtlichen Schutzes bezogen. Die Regelschutzfrist beträgt dabei mindestens 50 Jahre, Art. 7 (1) RBÜ, oftmals sogar 70 Jahre *post mortem auctoris*, vgl. § 64 UrhG-D, § 60 UrhG-AT oder 17. U.S.C. § 302 (a).

714 So etwa bei *Shirky*, Here comes Everybody, S. 273; *Weber*, Success of Open Source, S. 85, ebenso *Gomulkiewicz*, 64 U. Pitt. L. Rev. (2002), 75 (83f.) (»reverse the copyright monopoly by permanently giving away the exclusive rights of a copyright holder«); *Johnson*, 26 Cardozo Arts&Ent L.J. (2008), 391 (404) (»The GPL dedicates software in perpetuity to a regime in which it must be shared with others.«); *Ravicher*, 5 VA. J.L. & Tech. (2000), 1 (16) (»achieves the goal of ensuring that all copies or modifications of the program are forever publicly licensed«); *Stoltz*, 85 B.U. L. Rev (2005), 1439 (1475) (»The GPL guarantees that source code will be perpetually available.«); ebenso *Lee*, 9 Vanderbilt J. of Ent. & Tech. Law (2006), 45 (53f.).

715 *Michaelson*, QUEUE, May 2004, S. 41 (42); *Maxcer*, Free Software Licensing, Part 2: Beyond GPL, Linux Insider, July 27, 2007 (»Basically, though, GPLv2 and v3's key point is to make the code ›free‹ forever.«).

716 *Armstrong*, 74 Harv. Journal on Legislation (2010), 359 (387) sowie (408); *Weber*, Success of Open Source, S. 134f.

dass sowohl ideologischen wie pekuniären Aspekten der altruistischen Freiheitsmotivation diametral entgegensteht.[717] Aber auch Autoren, die in erster Linie auf Vorteile bedacht sind, welche im Wege einer langfristigen Netzwerkbeziehung dadurch entstehen, dass Dritte auf ihren Beiträgen aufbauend Leistungen erbringen und unentgeltlich zu Verfügung stellen, zu welchen sie allein nie in der Lage wären, könnten nicht mehr mit der gleichen Sicherheit von einer späteren, freien Verfügbarkeit dieser Dritt-Ergebnisse und damit einer Rentabilitätsvermutung ausgehen. So könnten auch nicht-altruistische Motivationen zur Mitarbeit gedämpft werden.

Gleiches gilt für den oft genannten Beweggrund des Protestes gegenüber aktuellen Prämissen des Urheberrechts. Das Schaffen einer dauerhaft freien Allmende als Akt der Auflehnung gegen tatsächliche wie bloß wahrgenommene Defizite des Urheberrechts sowie zur Verdeutlichung, dass auch mit einem weniger restriktiven Urheberrecht das Kulturschaffen nicht aussterben würde,[718] könnte unter einer Rückzugsmöglichkeit leiden. In dem US-amerikanischen Beispiel des 17. U.S.C. § 203 (a) ist die Kündigungsvorschrift zwar neutral verfasst, die *ratio legis* der Norm, die kommerziellen Interessen des Autors zu schützen, ist jedoch unbestritten.[719] Würde eine Kündigung aus pekuniären Motiven erfolgen, so könnte dies als Niederlage des alternativen Systems und des damit verbundenen Tauschethos[720] wahrgenommen werden und einen weit über seine rechtlichen Folgen hinausgehenden negativen psychologischen Effekt erzielen. Entfiele die Garantie der dauerhaften Freiheit, für die Open Content steht, so würden diese nicht mehr oder nur noch sehr eingeschränkt als ein Vehikel zur Erreichung von deren Zielen wahrgenommen. Mit sinkender Attraktivität der Schaffensform für eine Menge der Beitragenden schwinden jedoch auch die Vorteile, die der Gesellschaft aus frei zugänglichen Wissens- und Informationsallmenden zukommen, so dass derartige Folgen möglichst zu vermeiden sind.

2. *Argumente gegen negative Auswirkungen auf die Schaffensmotivation*

In Ansehung der Bearbeiterzahlen bei sehr großen Projekten wie etwa der Wikipedia oder dem GNU/Linux-Betriebssystem wird jedoch von einigen Autoren betont, es sei eine unrealistisch Befürchtung, dass von tausenden oder mitunter Millionen Mitwirkenden eine nennenswerte Anzahl aufgrund eines Motivationsproblems ihr Schaffen aufgeben würden, zumal mit *permissive*-Lizenzen durchaus auch komplett freie im Sinne von nicht streng an Reziprozität oder gar

717 *Benkler*, The Wealth of Networks, S. 59, 132; *ders.*, 112 Yale Law Journal (2002), 369 (375).

718 Zu dieser Motivation *Dusollier*, 29 Columbia J. L. & Arts (2005/2006), 271 (272); *Stallman*, Free Software, Free Society, S. 39f.

719 Dazu die Nachweise in Fn. 743 sowie *Reese*, Are Creative Commons Licenses Forever, S. 26; *Armstrong*, 74 Harv. Journal on Legislation (2010), 359 (399f.).

720 *Dusollier*, 29 Columbia J. L. & Arts, (2005/2006), 271 (278–282).

ein Copyleft gebundene Lizenzen existieren.[721] Diese seien trotz fehlender Freiheitsgarantie – eine beliebige Vermarktung der Werke Dritter in Konkurrenz zu den freien Inhalten ist jederzeit möglich – insofern ebenso produktiv, als dass mit ihnen Resultate produziert werden, die nicht regelmäßig einer Monetarisierung oder anderen einseitigen Vereinnahmungen anheimfallen. Darüber hinaus sorge die oft große Anzahl von Mitwirkenden dafür, dass Ausfälle von Werkteilen schnell, etwa im Rahmen des § 24 UrhG, kompensiert werden könnten.

Während diese Argumentation grundsätzlich überzeugt, so ist sie jedoch nicht ohne weiteres auf *non permissive*-Lizenzen übertragbar. Im Gegensatz zu komplett freien Lizenzen, die bereits nur von Personen genutzt werden, die auf Restriktivität und Reziprozität der Freiheit keinen Wert legen und daher eine Vereinnahmung durch Dritte kaum negativ betrachten dürften, wird bei *non permissive*-Lizenzen die dauerhafte Freiheit bzw. Einhaltung der Reziprozitätsregeln bei Einstellung eigener Beiträge in die Allmende erwartet. Eine nachträglich eingeführte Rückrufoption wäre somit ein die Motivation beeinflussender Bruch mit dieser Grundannahme. Auch scheint es gerade aufgrund der stellenweise sehr hohen Bearbeiterzahlen naiv anzunehmen, dass nicht eine gewisse Anzahl von Bearbeitern ihre Meinung ändert und durch einen Rückruf ohne Rücksicht auf die Belange der Allmende diese zu schädigen in Kauf nimmt. Dies gilt umso mehr, da Rückrufrechte auch von Erben geltend gemacht werden könnten, die wiederum nicht zwingend die Ideale des Erblassers teilen, sondern im Zweifel an einer Verwertung der Erbmasse interessiert sind.[722] Schließlich genügt auch der Rückruf eines einzelnen Bearbeiters, dessen Beiträge dann nicht mehr legal genutzt werden können, um erhebliche Probleme zu generieren – ohne die Möglichkeit zur Nutzung der reproprietarisierten Werkteile müssen Lücken durch Workarounds gefüllt werden.[723] Im Softwarebereich erlaubt die Schrankenregelung des § 69d Abs. 3 UrhG jedoch allein ein Untersuchen und Testen eines Programms,[724] während im Nicht-Software-Bereich § 23 UrhG zwar eine erlaubnisfreie Bearbeitung ermöglicht, deren Veröffentlichung jedoch wiederum der Zustimmung des Rechtsinhabers unterwirft.[725] Ein Wegfall auch nur kleiner Werkteile aus der Allmende ist folglich nur nach der sehr strengen

721 *Raymond*, The Cathedral & the Bazaar, S. 79, 83f.; *Stallman*, Free Software, Free Society, S. 55–60.

722 *Armstrong*, 74 Harv. Journal on Legislation (2010), 359 (408f.); *Reese*, Are Creative Commons Licenses Forever, S. 27.

723 Plakativ bei *Armstrong*, 74 Harv. Journal on Legislation (2010), 359 (363) (»the task of excising a[n] author's contributions while simultaneously preserving the rest«); *Shirky*, Here Comes Everybody, S. 273.

724 Wandtke/Bullinger/*Grützmacher*, § 69d Rn. 62; Fromm/Nordemann/*Czychowski*, § 69d Rn. 28; *Koch*, GRUR 1997, 417 (429).

725 HK-UrhG/*Dreyer*, § 23 Rn. 9; Schricker/Loewenheim/*Loewenheim*, § 23 Rn. 18.

Maßgabe des § 24 UrhG zu kompensieren[726] und vermag die Entwicklung und Nutzung der Allmende in der Theorie empfindlich zu treffen.[727]

Weder das Argument der im Vergleich zur Bearbeiterzahl geringen Anzahl zu erwartender Rückrufe noch der Vergleich mit *permissive*-Lizenzen vermögen somit, die zu erwartenden negativen Folgen eines Rückrufrechts zu entschärfen.

3. *Vergleichbare Bedrohungskonstellation in der Praxis:* SCO v. IBM

Während die Problematik eines drohenden Rückrufs bzw. Widerrufs zwar in der juristischen Literatur behandelt wird, ist dahingehend noch keine dezidierte Reaktion aus der Praxis bzw. der Anwender bekannt. Es können diesbezüglich nur obige Annahmen getroffen werden. Eine von den möglichen Folgen her vergleichbare Situation – der drohende Entzug von Rechten bzw. Werkteilen aus der Allmende, um damit die monetären Interessen eines Einzelnen zu befriedigen – lässt sich allerdings in der Konstellation *The SCO Group, Inc. v. International Business Machines Corp.* (im folgenden *SCO v. IBM*) erkennen.

Am 06. 03. 2003 brachte SCO im Namen der gerade übernommenen Caldera Systems Inc. vor dem 3rd District Court of Salt Lake County vor, dass IBM zu dem Betriebssystem GNU/Linux Code beigesteuert hätte, an dem nicht IBM, sondern SCO das Copyright besäße.[728] Die Aussicht auf ein Unterliegen IBMs und damit eine eventuell erforderliche »Säuberung« des gesamten GNU/Linux-Sourcecodes von den »kontaminierten« Codezeilen sowie entsprechende Straf- und nachträgliche Lizenzzahlungen lähmte die Entwicklung jedoch nicht wesentlich.[729] Es bestand zwar die Gefahr, dass aus den bereits geschriebenen Codezeilen des GNU/Linux-Betriebssystems die potentiell verletzenden Zeilen hätten entfernt und durch nicht-verletzende Zeilen hätten ersetzt werden müssen,[730] dies wird allerdings stellenweise sogar als begrüßenswerte Lösung für das in den USA bestehende Dilemma der unabdingbaren Kündigungsklausel sowie als innovationsfördernder Reinigungsprozess angesehen.[731]

Die GNU/Linux-Community erholte sich schließlich angesichts dieser äu-

---

726 Dreier/Schulze/*Schulze*, § 24 Rn. 9; HK-UrhG/*Dreyer*, § 24 Rn. 14; Wandtke/Bullinger/*Bullinger*, § 24 Rn. 9.

727 So für das sehr ähnliche US-Recht *Armstrong*, 74 Harv. Journal on Legislation (2010), 359 (405) sowie (407) (»then the project may be effectively stymied«) sowie zu dabei entstehenden Haftungsrisiken *Vetter*, 36 Rutgers L.J. (2004) 53 (81).

728 *Caldera Sys., Inc. v. Int'l Bus. Machs. Corp.* (D. Utah, 06. 03. 2003, No. 2: 3-CV-0294-DN); dazu *Goettsch*, U. Illinois. J. Law., Tech. & Pol'y (2003), 581 (583f.); *Zittrain*, 71 Chi. L. Rev. (2004), 265 (266f.).

729 *Armstrong*, 74 Harv. Journal on Legislation (2010), 359 (407); einen komprimierten Überblick über die lange Prozessgeschichte bietet die Website der Zeitschrift c't unter http://heise.de/-302076.

730 *Vetter*, 36 Rutgers L.J. (2004) 53 (81).

731 *Phelps*, 50 Jurimetrics (2010), 261 (273).

ßerst trüben Aussichten äußerst schnell von ihrem anfänglichen Schock. Obwohl das von SCO parallel angestrengte und inhaltlich als Präzedenzfall anerkannte Verfahren *The SCO Group, Inc. v. Novell, Inc.* erst am 10.06.2010 durch einen Beschluss des *United States Court for the District of Utah* zugunsten von Novell entschieden,[732] diese Entscheidung wiederum erst am 30.08.2011 durch den *Court of Appeals for the 10th Circuit* bestätigt,[733] und darüber hinaus das Verfahren *SCO v. IBM* erst im Dezember 2014 teilweise abgeschlossen wurde,[734] tat dies der Popularität und dem Fortschritt des Betriebssystems keinen Abbruch – neben kontinuierlicher Entwicklung und Verbreitung des klassischen Desktopsystems dominiert etwa mit Android unangefochten ein auf dem Linux-Kernel basierendes Betriebssystem den Markt für Mobilgeräte, ebenso wie die Attraktivität des Systems für professionelle Serversysteme keineswegs abgenommen hat.

4. *Abschließende Beurteilung der Auswirkungen auf die Schaffensmotivation*

Es lässt sich somit festhalten, dass in der Theorie durchaus negative Auswirkungen eines Rückrufrechts auf die Schaffensmotivation von an einer Wissensallmende beteiligten Werkschöpfern zu erwarten sind. Diese theoretischen Auswirkungen haben sich jedoch in der mit einem Rückrufrecht vergleichbaren Bedrohungssituation durch die Verfahren in Sachen *SCO v. IBM* bzw. *SCO v. Novell* in der Praxis nicht bestätigt. Solange also bezüglich eines Rückrufrechts keine Daten etwa durch repräsentative Umfragen oder tatsächliche Untersuchungen erhoben werden, müssen Aussagen hinsichtlich der Auswirkung auf die Schaffensmotivation bestenfalls Vermutungen bleiben, mit denen konkrete Empfehlungen etwa für neu einzuführende Kündigungs- und Rückrufrechte *de lege ferenda* nur schwer begründet werden können. Bei der Anwendung der Vorschriften *de lege lata* ist jedoch trotz der uneingeschränkten Anwendbarkeit stets die Sondersituation von Open Content im Blick zu behalten.

II. Rechtliche Argumentation für und gegen einen Rückzug aus Open Content

Auch aus rechtlicher Sicht lassen sich Argumente sowohl für als auch gegen ein Rückrufrecht bei Open Content anführen. Das deutsche Zivilrecht lässt etwa in

732 *The SCO Group, Inc. v Novell, Inc.*, (D. Utah, 10.06.2010, No. 2:04-CV-139-TS).

733 *The SCO Group, Inc. v Novell, Inc.*, (CoA for the 10th Circuit, 30.08.2011, No. 10–4122).

734 In einem Beschluss vom 15.12.2014 gewährte der *District Court of Utah* unter ausdrücklichem Bezug auf *SCO v. Novell* zwar in Teilen ein *summary judgement* zugunsten von IBM, lies andere Ansprüche SCOs jedoch bewusst offen, *The SCO Group Inc. v. Int'l Bus. Machs. Corp.* (D. Utah,15.12.2014, No. 2:03-CV-00294-DN).

§ 822 BGB[735] oder § 816 Abs. 1 S. 2 BGB[736] erkennen, dass es den Empfänger einer unentgeltlichen Leistung als weniger schutzwürdig erachtet als den Empfänger einer entgeltlichen Leistung.[737] Somit dient die teilweise angenommene Unentgeltlichkeit der Rechtseinräumung[738] als Argument zugunsten einer geringeren Schutzwürdigkeit der Lizenznehmer. Lehnt man jedoch mit der in § 4, Teil C ausgeführten Argumentation eine schenkungsrechtliche Einordnung von Open Content ab, so vermag diese Sichtweise allein bei Lizenzen ohne Gegenleistungspflicht zu überzeugen.

Zu berücksichtigen ist ferner der Zweck eines solchen Rückrufrechts. Dieser bestünde in erster Linie im Schutz des Rechtsinhabers vor sich im Nachhinein als nachteilig erweisenden oder wahrgenommenen Verfügungen. Ein solcher Schutz wird jedoch im deutschen Recht nicht über ein gesetzliches Kündigungsrecht wie etwa 17 U.S.C. § 203, sondern vielmehr im Wege des § 32a UrhG gewährt.[739] Insbesondere der Fall des unerwarteten, nachträglichen Popularitätsgewinns ist ein Anwendungsfall dieses »Bestsellerparagraphen«.[740] Auf einfachen, unentgeltlichen Nutzungsrechten für jedermann basierender Open Content ist allerdings gem. § 32a Abs. 3 S. 3 UrhG von der zwingenden Anwendung der Vorschrift ausgenommen, so dass eine nachträgliche Vertragsanpassung gerade nicht möglich ist.[741] Es ist die Intention des Gesetzgebers, bei Open Content den Schutz des Urhebers vor Benachteiligungen im Interesse der Schaffensform und der dieser inhärenten Vorteile für die Allgemeinheit hintanzustellen. Würde in Ansehung des Ausschlusses der Vertragsanpassungsmöglichkeit mit einem Rückrufrecht ein wesentlich einschneidendes Instrument zugelassen, so würde diese, im Übrigen zu befürwortende, Intention unterlaufen. Die Systematik des § 32a Abs. 3 S. 3 UrhG spricht somit gegen ein Rückrufrecht für einfache, unentgeltliche Nutzungsrechte für jedermann. Gleichzeitig sind die im deutschen Recht normierten Rückrufrechte jedoch meist urheberpersönlichkeitsrechtlich begründet und damit unabdingbar, so

735 MüKo-BGB/*Schwab*, § 822 Rn. 1; Staudinger/*Lorenz*, § 822 Rn. 3, 11.

736 MüKo-BGB/*Schwab*, § 816 Rn. 7 sowie 61 (»unverdientes Geschenk«); BeckOK-BGB/*Wendehorst*, § 816 Rn. 1.

737 *Esser/Weyers*, SchR BT/2, § 51 II 4; *Larenz/Canaris*, SchR BT II/2, § 69 IV 1 a, S. 95; Staudinger/*Lorenz*, § 816 Rn. 27.

738 Zu diesen Stimmen in der Literatur siehe oben in Fn. 197.

739 Dazu die Nachweise in Fn. 742.

740 Wandtke/Bullinger/*Wandtke/Grunert*, § 32a Rn. 1; Schricker/Loewenheim/*Schricker/Haedicke*, § 32a Rn. 1.

741 HK-UrhG/*Kotthoff*, § 32a Rn. 40 unter ungenauem Verweis auf RegE 2. Korb, S. 24, dort jedoch S. 25; Schricker/Loewenheim/*Schricker/Haedicke*, § 32a Rn. 16; Fromm/Nordemann/*Czychowski*, § 32a Rn. 10 hält eine Nachforderung für »zweifelhaft«, wenn in der Lizenz eine Unentgeltlichkeit festgeschrieben ist.

dass auch auf Basis dieser Argumentationsstruktur ebenfalls keine eindeutige Aussage für oder gegen eine Zulässigkeit getroffen werden kann.

III. Ergebnis

Die Frage nach einer Notwendigkeit oder Unzulässigkeit eines Rückzuges, etwa in Gestalt eines Rückrufrechts, aus einer Open Content-Allmende lässt sich wie folgt beantworten: Bei theoretischer Betrachtung führt die Einführung oder Anerkennung eines solchen Rechts zu negativen Auswirkungen auf die Schaffensmotivation und damit die Qualität von Open Content. Diese theoretischen Erkenntnisse haben sich jedoch in einer vergleichbaren Situation in der Praxis nicht bestätigt, so dass aus ihnen kein eindeutiges Ergebnis hervorgeht. Der Grundsatz *pacta sunt servanda* sowie die Systematik des § 32a Abs. 3 S. 3 UrhG sprechen schließlich in rechtlicher Hinsicht zwar gegen die Anerkennung oder Einführung eines nicht normierten Rückrufrechts in solchen Situationen, vermögen jedoch die Anwendbarkeit von bereits existierenden Normen nicht einzuschränken.

B. Wahl eines rechtsvergleichenden Ansatzes

Als besonders interessant und ergiebig für eventuelle Lösungsansätze erweist sich bei der Frage nach der Reproprietarisierung von Open Content ferner ein Blick in die US-amerikanische Rechtslandschaft. In den USA wird eine derartige Problematik ebenfalls diskutiert, wenn auch unter umgekehrten Vorzeichen. Durch eine unabdingbare Kündigungsklausel in 17. U.S.C. § 203 (a) (3), soll dort – wenn auch nicht in der Ausgestaltung, so jedoch in der Intention vergleichbar mit dem Bestsellerparagraphen des § 36 a. F. bzw. § 32a des deutschen UrhG[742] – eine Übervorteilung von Autoren bei sich nachträglich und unerwartet einstellendem Erfolg verhindert werden.[743] Zu diesem Zwecke können Autoren 35 Jahre nach Abschluss eines Lizenzvertrages diesen ohne Angabe von Gründen kündigen. Es besteht im Falle der Anwendbarkeit der Norm auf Open Content-Lizenzen somit die nicht im Voraus abdingbare Möglichkeit für den an

742 Siehe zu der Intention im deutschen Recht etwa *Höckelmann*, ZUM 2005, 526; Wandtke/Bullinger/*Wandtke/Grunert*, § 32a Rn. 1; Dreier/Schulze/*Schulze*, § 32a Rn. 2; ferner die amtl. Begründung zu § 32 UrhG im Bericht des 6. Rechtsausschusses zum UrhStärkungsG, S. 18f.

743 *Tropp*, 51 J. Copyright Soc'y USA (2004), 797 (799f.); *See*, 30 Kansas Law Rev. (1982), 517 (523) unter Verweis auf die Gesetzesbegründung im House Report Copyright Law Revision S. 121, 124, (»to safeguard authors against unremunerative transfers«).

einem Gesamtwerk mitwirkenden Autor, seine Beiträge wieder aus dem Lizenzbündel der Allmende zurückzuziehen.

In Anbetracht dieser Vorschrift wurde sowohl über deren Effekte auf die Produktivität und Attraktivität von auf dezentralem Werkschaffen aufbauenden Systemen als auch über eventuell notwendige Lösungsmöglichkeiten diskutiert. Ausgehend von der Tatsache, dass sich erste Fragen dieser Art aufgrund der 35-jährigen Benachrichtigungsfrist des 17. U.S.C. § 203 (a) (3) erst in einigen Jahren stellen dürften,[744] bestand und besteht im US-amerikanischen Raum bisher kein unmittelbarer Bedarf an Lösungsvorschlägen für das Szenario der Kündigung von Open Content-Lizenzen. Die diesbezüglich dort geführte Diskussion ist jedoch wesentlich ergiebiger als die des deutschen Rechtsraumes[745] und aufgrund der im Folgenden erläuterten, strukturell nahezu identischen Situation hervorragend dazu geeignet, Impulse und Anregungen für eine Behandlung des Problems im Rahmen des deutschen Urheberrechts zu liefern.

I. Übertragbarkeit der in den USA geführten Diskussion in das deutsche Recht

Im Umfeld dieser Diskussion wurde über die Wirkungen eines solchen Widerrufs von Open Content-Lizenzen vielfältig diskutiert sowie eventuelle Lösungen zur Entschärfung der dann entstehenden Situation entworfen. Bevor die in den USA geführte Diskussion und die dort vorgebrachten Argumente jedoch als Orientierungshilfe herangezogen werden können, ist jedoch zunächst die Übertragbarkeit der dortigen Situation auf die deutsche Urheberrechtsdogmatik zu erörtern. Aufgrund des im anglo-amerikanischen Rechtsraum vorherrschenden, eher positivistisch geprägten, Ansatzes des Urheberrechts als einem »*copyright*« im Gegensatz zum kontinentaleuropäischen Ansatz eines »*droit d'auteur*« war eine Anwendung des 17 U.S.C. § 203 (a) (3) auf Open Content-Lizenzen bzw. im Rahmen einer digitalen Allmende gefertigte Werke lange umstritten, da die unter deutschem Recht klar vertragsbasierte Konstruktion in den USA etwa auch als ein simpler Verzicht auf das Urheberrecht oder eine Übertragung des Rechts in die Gemeinfreiheit, die *public domain*, angesehen werden konnten.

---

744 *Kelty*, Two Bits, S. 215; *Armstrong*, 74 Harv. Journal on Legislation (2010), 359 (408).

745 Bestehend aus im Wesentlichen drei Beiträgen: *Völzmann-Stickelbrock* in Leible, Der Schutz des geistigen Eigentums im Internet, S. 47–71; *Metzger/Barudi*, CR 2009, 557–563 sowie *Mantz*, MMR 2006, 784–789.

II. Akademische Diskussion zur Natur von Open Content-Lizenzen in den USA

Die im deutschen Recht eindeutig als Angebot auf Abschluss eines nicht-exklusiven Lizenzvertrages anzusehende Veröffentlichung eines Werkes unter eine Open Content-Lizenz[746] war aufgrund eines stellenweise konstatierten Fehlens einer *consideration* auf Seiten des Nutzers – einer im *common law* neben Angebot und Annahme zusätzlich verlangten Bedingung, um einen rechtsgültigen Vertrag von einem bloßen Versprechen zu unterscheiden[747] – lange Zeit von umstrittener Rechtsnatur.[748] Neben anderen Arten einer nicht-vertraglichen Einordnung[749] wurden sie stellenweise etwa als eine *bare license* angesehen.[750] Diese der deutschen Figur der schlichten Einwilligung[751] nicht unähnliche Figur würde zwar auch zu Problemen bezüglich ihrer Bindungswirkung führen,[752] diese wären jedoch aufgrund des Fehlens einer gesetzlich garantieren Kündigungsvorschrift unter anderen Gesichtspunkten zu behandeln als die Probleme, die in Fällen einer vollständigen, durch *consideration* zum Vertrag erhobenen Lizenz aus 17 U.S.C. § 203 erwüchsen.

Die Qualifikation einer Rechtseinräumung als eine *bare license* oder als Lizenzvertrag ist im Wesentlichen abhängig davon, inwiefern das in derartigen Lizenzen von den Nutzern eingeforderte Versprechen, sich an die Regeln der Lizenz *im Austausch* gegen die darunter eingeräumten Nutzungsrechte zu halten,[753] als eine über ohnehin von Gesetzes wegen existierende Pflichten hinausgehende anzusehen ist. *Loren* veranschaulicht diese Frage am Beispiel der Hinweispflicht auf den Text der *Creative Commons*-Lizenz mit folgender

746 Dazu oben, vor § 3, Fn. 101.

747 Zurückgehend auf *Stilk v. Myrick* (1809), 2 Camp 317 (170 ER 1168) sowie *Mills v. Wyman* (1825), 20 Mass. (3.Pick) 207 (»It is only when the party making the promise gains something, or he to whom it is made loses something, that the law gives the promise validity.«); grundlegend 17 A Am. Jur. 2D Contracts, § 19; vgl. ferner auch die Legaldefinition im Restatement (Second) of Contracts, § 71 (1981).

748 Hierzu *Dusollier*, 82 Chi.-Kent Law Rev. (2007), 1391 (1423f.).

749 *Rosen*, Open Source Licensing, S. 53; *McGowan*, 1 Univ. Illin. Law Rev. (2001), 241 (290); *Merges*, 71 U. Chi. L. Rev. (2004) 183 (199); zu dem Komplex auch *Rosenkranz*, Open Contents, S. 143f.

750 Zu dieser Einordnung bei Open Source-Lizenzen *Rosen*, Open Source Licensing, S. 53; *Loren*, 14 George Mason L. Rev. (2007), 271 (312).

751 Grundlegend *Ohly*, volenti non fit iniuria, S. 176; die Klassifizierung übernimmt auch der BGH in BGHZ 185, 291, Rn. 29ff. – *Vorschaubilder*; zustimmend *Bullinger*, MittPA 2011, 404 (405); ablehnend *Klass*, ZUM 2013, 1 (5); zum dem Komplex *Tinnefeld*, Die Einwilligung in urheberrechtliche Nutzungen im Internet, S. 7–9.

752 *Loren*, 14 George Mason L. Rev. (2007), 271 (317); *Bare Licenses* sind bis zu deren eventuellem Erstarken zu einem Vertrag durch Gewährung von *consideration* frei widerruflich, *Lulirama Ltd., Inc. v. Axcess Broadcasting Services, Inc.*, 128 F.3d 872 (5th Circuit, 1997), 852.

753 So etwa die Einleitung der Creative Commons 4.0-Lizenzen (»grants you the rights here *in consideration* of your acceptance«).

Überlegung: Verspricht der Lizenznehmer, angefertigten Kopien entsprechende Hinweise anzuhängen, oder verspricht er, keine Kopien ohne angehängte Hinweise anzufertigen? Letzteres Verhalten wäre aufgrund der Vorschrift des 17. U.S.C. § 106 (3) als Eingriff in das Vervielfältigungsrecht ohnehin verboten und damit kein taugliches Element der *consideration*,[754] erstere Interpretation des Verhaltens könnte dagegen zur Einordnung als ausreichende *consideration* führen.[755]

Das wesentliche Kriterium, um in solchen Grenzfällen zwischen nicht justiziablen Versprechen (*gifts*) und einklagbaren Verpflichtungen (*bargains*) und damit über das Vorliegen einer tauglichen *consideration* zu unterscheiden[756] ist die Frage, ob die von einer Seite gewährte Leistung bzw. deren Versprechen der anderen Vertragspartei direkt zu Gute kommt.[757] Ist dies der Fall, so ist in der Regel das Vorliegen von *consideration* anzunehmen,[758] die konkrete Höhe der ausgetauschten Leistung ist dabei irrelevant.[759] Im Falle von auf Einräumung eines einfachen, unentgeltlichen Nutzungsrechts für jedermann gerichteten Lizenzen ist es in aller Regel Wille des Autors, dass sein Werk eine möglichst umfangreiche, aber dennoch freie Verbreitung findet. Zu diesem Zweck wird die Restriktivität des Urheberrechts ins Gegenteil verkehrt.[760] Somit liegt es unter Berücksichtigung dieses Autorenwillens nahe, dass dem Nutzer das Versprechen abgefordert werden soll, an unter der Lizenz grundsätzlich erlaubten und andernfalls verbotenen Kopien bei deren Verbreitung deutliche Hinweise auf den Lizenztext und den Autor anzubringen. Die Befugnisse des Nutzers werden somit im Lichte es absoluten Verbotes des 17. U.S.C. § 106 erweitert. Im Gegenzug verpflichtet er sich dazu, die vom Autor beabsichtigte Freiheit durch

754 *Loren*, 14 George Mason L. Rev. (2007), 271 (312); *Rosen*, Open Source Licensing, 2004, S. 138–140; so für alle Softwarelizenzen *Madison*, 35 Loy. Univ. Chicago L. J. (2003), 275 (299).

755 *Wacha*, 21 Santa Clara Computer & High Tech L .J. (2004), 451 (475); *Carver*, 20 Berkeley Tech L. J. (2005), 443 (458); ohne vertiefte eigene Argumentation auch *Cardona*, 15 Texas Int. Property L .J. (2007), 157 (194).

756 *Wessman*, 29 Loyola LA Law Review (1996), 713 (817); *Stoljar*, 12 Sydney Law Review (1989), 17 (19f.).

757 Das prominenteste Lehrbuchbeispiel im US-Recht ist der etwa von *Lord* in *3 Samuel Williston,* A Treatise on the Law of Contracts in § 7.18 genannte Obdachlose (»*Williston's Tramp*«), der unter der Bedingung, dass er alleine zum Laden laufe, einen Mantel auf Kosten des Versprechenden erhalten soll: Mangels Profit auf Seiten des versprechenden Dritten durch den Vorgang des Laufens liegt keine *consideration* und somit allein ein nicht-justiziables Versprechen vor.

758 *Lord* in *3 Samuel Williston,* A Treatise on the Law of Contracts, § 7.18.

759 Die sog. »*peppercorn rule*«, zurückgehend auf *Whitney v. Stearns*, 16. Me 394 (1839) (»A cent or a peppercorn, in legal estimation, would constitute a valuable consideration«); im Detail dazu *Farnsworth*, Contracts (Textbook), S. 48.

760 Dazu in den USA *Carver*, 20 Berkeley Tech L.J. (2005), 443 (447); *R. Nimmer*, 861 Critical Issues in Today's Corporate Environment (2006), 7 (11).

Anhängen der Lizenz an angefertigte und verbreitete Kopien zu wahren und dessen Beiträge bzw. Autorschaft klar zu benennen.

Die dem gegenüberstehende Annahme eines Versprechens des Nutzers, das Kopieren und Verbreiten eines Werkes zu unterlassen, es sei denn es würden entsprechende Hinweise angehängt, vermag nicht zu überzeugen. Es ist Ziel der verschiedensten Open Content-Lizenzen, den Nutzer zu ermächtigen und dessen Befugnisse zu erweitern.[761] Dieser Konstruktion ist das Prinzip einer bedingten Erlaubnis näher als das einer Ausnahme zu einem generellen Verbot. Letztere würde dem Interesse an der möglichst niedrigschwelligen Zugänglichkeit und einer weitest gehenden Emanzipation der Nutzer von den als negativ erachteten Restriktionen des Urheberrechts nicht entsprechen. Restriktionen sind bloß soweit vorhanden, wie es die Sicherung der Reziprozität bzw. die Perpetuierung der Bedingungen erforderlich macht.

Im Lichte von *Williston's Tramp*[762] ist somit davon auszugehen, dass die in nahezu allen Open Content-Lizenzen vorkommenden Hinweispflichten[763] ein als *consideration* taugliches Element der Vertragsgestaltung darstellen[764] und somit Open Content-Lizenzen als vollwirksame, zweiseitige Verträge anzusehen sind.

III. Entscheidung des CAFC zur Natur von Open Content-Lizenzen

Diese Auffassung wird seit 2008 auch von der US-amerikanischen Rechtsprechung geteilt. In der Entscheidung *Robert Jacobsen v. Matthew Katzer and Kamind Associates Inc.*[765] (im Folgenden sowie dem überwiegenden Teil der Literatur *Jacobsen v. Katzer*) hatte das Gericht im Rahmen der Prüfung seiner Zuständigkeit zu entscheiden, inwiefern das Veröffentlichen von unter der *Artistic License*, – einer Open Content-Lizenzen wie der GNU GPLv3 oder den *Creative*

761 Exemplarisch etwa Satz 3 der Präambel der GNU GPLv3 (»By contrast, the GNU General Public License is intended to guarantee your freedom to share and change all versions of a program«); besonders deutlich *Wielsch*, Zugangsregeln, S. 226 (»Ihre [scil. *die GNU GPL*] zentrale Idee ist die Stiftung von Nutzerfreiheiten. Die Handlungsmöglichkeiten der Nutzer werden in einer vom Gesetz nicht vorgesehenen Weise *erweitert* [...].Die GPL gewährt Nutzungsfreiheiten.«); am Beispiel der Creative Commons-Lizenzen auch *Jaeger/Mantz*, MMR 2014, 480 (482).

762 Dazu Fn. 757.

763 Sec. 3 a) der Creatie Commons 4.0-Lizenzen; § 4 der GNU GPLv3, mit Verweisen darauf in §§ 5 und 6. Gleiches gilt *mutatis mutandis* natürlich auch für Copyleft-Klauseln, diese sind jedoch im Gegensatz zu den Hinweispflichten nicht so weit verbreitet.

764 Deutlich *Dusollier*, 29 Columbia J. L & Arts, (2005/2006), 271 (281) (»It is by contract, that a Creative Commons author consents to give away some rights.«); *Rosen*, Open Source Licensing, S. 62; *Merges*, 71 Univ. Chicago Law Rev. (2004), 183 (198); *Dixon*, Open Source Law, S. 53–56.

765 *Jacobsen v. Katzer*, 535 F.3d 1373 (Fed. Circuit, 2008).

Commons-Lizenzen vergleichbaren Lizenz[766] – gestellten Teilen eines Source Codes durch den Beklagten ohne die in der *Artistic License* vereinbarte Nennung des Erstautors, die Unterscheidung in alte und aktualisierte Teile sowie unter Verstoß gegen dort statuierte Dokumentationspflichten zu behandeln sei.[767] Sollte es sich bei entsprechenden Vorschriften nicht um eine urheberrechtliche Lizenzbedingung (»*condition of the license*«), sondern wie das Gericht erster Instanz auf Vorbringen *Matthew Katzers* und unter Abweisung der Klage erkannte, um die Verletzung einer vertraglichen Nebenabrede (»*covenant to the license*«) gehandelt haben[768] wären nach Ansicht der Kläger nicht Bundes-, sondern Gerichte der Bundesstaaten zuständig gewesen.[769] Im Ergebnis stellte das Berufungsgericht jedoch fest, dass es sich bei den Klauseln um *license conditions* handele, die *Artistic License* eine vollwertiger Lizenzvertrag sei und es damit schließlich Raum für Klagen unter den Vorschriften des 17. U.S.C. §§ 501 ff. gebe.[770] Diese, als *landmark case* bezeichnete Entscheidung ist insoweit bedeutend, als dass dort erstmals eine Open Source- bzw. eine Open Content-Lizenz als vollwertige urheberrechtliche Lizenz anerkannt wird. Kommentatoren in der Literatur feierten die Entscheidung *Jacobsen v. Katzer* einhellig als einen Sieg für Open Source-Lizenzen und wiesen darauf hin, dass die dort gefundenen Grundsätze darüber hinaus auch auf andere Open Source- bzw. Open Content-Lizenzen übertragen werden können.[771] Diese Übertragbarkeit der Grundsätze auf andere, gleichartige Lizenzen wurde darüber hinaus im Falle der GNU GPLv2 in der Entscheidung *Software Freedom Conservancy Inc. v. Best*

766 Mittlerweile in Version 2.0 verfügbar unter http://opensource.org/licenses/artistic-license-2.0.

767 *Jacobsen v. Katzer*, 535 F.3d. 1373 (Fed. Circuit, 2008), 1377.

768 *Jacobsen v. Katzer*, No. 60-CV-01905, 2007 WL 2358628 (Northern District of California, 2007).

769 Ferner würden die Vorschriften des 17. U.S.C. in § 502 erweiterte Möglichkeiten für einstweilige Verfügungen (*injunctions*) sowie in §§ 504, 505 erweiterte Möglichkeiten des Schadensersatzes bzw. der Rückforderung von Rechtsverfolgungskosten gewähren, siehe dazu Kilian/Heusen/*Lejeune*, Computerrechts-Handbuch, Abschnitt 1, Teil 1, Aktuelle Berichte aus den USA, Rn. 63 (der jedoch fälschlicherweise vom *Court of Appeals for the 9th Circuit* spricht. Jener wäre zwar »geographisch« zuständig, aufgrund einer in Teilen patentrechtlichen Einkleidung des Falles ist jedoch der *Court of Appeals for the Federal Circuit* gem. 28. U.S.C. § 2201 (a) zuständig: *Jacobsen v. Katzer*, 535 F.3d. 1373, (Fed. Circuit, 2008), 1377; ebenfalls besprochen durch *Jaeger/Gebert*, IIC 2009, 346 (347).

770 *Jacobsen v. Katzer*, 535 F.3d. 1373, (Fed. Circuit, 2008), 1382 (»The choice to exact consideration in the form of compliance with the open source requirements of disclosure and explanation of changes, rather than as a dollar-denominated fee, is entitled to no less legal recognition.«).

771 *Armstrong*, 74 Harv. Journal on Legislation (2010), 359 (406 f.); *Baker*, 39 U. Memphis L. Rev (2009), 757 (787); *Gomulkiewicz*, 17 Tex. Intell. Prop. L.J (2009), 335 (340–343); *Vetter*, 77 Fordham L. Rev (2009), 2087 (2089 f.); davor bereits *Wacha*, 21 Santa Clara Comp. & High Tech L.J. (2004), 451 (470).

Buy Co. Inc. et al[772] durch den District Court for the Southern District of New York bestätigt, so dass die Charakterisierung von Open Content-Lizenzen als vollwertige, bei Verstößen urheberrechtliche Ansprüche nach den 17. U.S.C. §§ 501 ff. auslösende Lizenzen im US-amerikanischen Urheberrecht nunmehr anerkannt ist. 17. U.S.C. § 203 (a) findet somit auch im Bereich Open Content-Lizenzen Anwendung.

IV. Fazit zur Übertragbarkeit US-amerikanischer Erwägungen und Ansätze

Die Problemaufrisse und Lösungsvorschläge zur Bewältigung eines Rückzugs aus Open Content-Lizenzen sind somit aus den USA auf das deutsche Recht übertragbar. Eine »Widmung des Werkes an die *Public Domain*« durch den Urheber wird von Gerichten nicht als Aufgabe des Copyright und Transfer in eine digitale Allmende, sondern vielmehr als ein bloßes Angebot an jedermann, ein unentgeltliches Nutzungsrecht zu erwerben, betrachtet. Die Erklärung, einer dritten Partei die umfassende Nutzung eines Werkes kostenfrei zu gestatten,[773] wurde schließlich bereits 1999 durch den Court of Appeals for the 7th Circuit als ein Angebot zum Abschluss einer nicht-exklusiven Lizenz angesehen, sofern die Umstände der Rechtseinräumung dies nicht zumindest widerlegen.[774] Diese Entscheidung wurde von der Literatur durchaus wohlwollend angenommen wurde[775] und ebenso vom CAFC in seiner oben dargelegten Entscheidung *Jacobsen v Katzer* geteilt.[776] Auch andere Stimmen aus dem Bereich des *common law* stimmen dieser Einordnung zu. Die »Widmung an die Public Domain« wird von diesen als ein Angebot an jedermann, mithin eine Serie von Angeboten, die von jedermann angenommen werden können, verstanden. Ausgehend von der Tatsache, dass eine Vielzahl von Open Content-Lizenzen Bestimmungen enthalten, die über die bloße Aufgabe des Copyright hinausgehen und einen gewissen Einfluss des Autors auch über den Widmungsakt hinaus sicherstellen sollen,[777] müssen die obigen Grundsätze erst Recht für Open Content-Lizenzen gelten. Demzufolge liegt eine reine Überantwortung des Werkes in die *Public*

---

772 District Court for the Southern District of New York, 14.12.2009, Case No. 09-CIV-10155.

773 *Kennedy v. National Juvenile Detention Ass'n*, 187 F.3d 690 (7th Circuit, 1999), 693, (»the government recieves a royalty-free non-exclusive and irreversible license to reproduce, publish, and use such materials in whole or in part and to authorize others to do so«).

774 *Kennedy v. National Juvenile Detention Ass'n*, 187 F.3d 690 (7th Circuit, 1999), 694 a. E.

775 *Nimmer/Nimmer*, 3–10 Nimmer on Copyright, § 10.03 [A] [7]; *Johnson*, 71 (4) MLR (2008), 587 (608 f.).

776 *Jacobsen v. Katzer*, 535 F.3d. 1373 (Fed. Circuit, 2008).

777 *Kapczynski et. al.* bezeichnen diesen Effekt als »legal Jiu Jitsu«, 20 Berkeley Tech. L.J. (2005), 1031 (1069 f.); plakativ *Stallman*, Free Software, Free Society, S. 171 a. E. (»Legally, copyleft works based on copyright«).

Domain zwar auf den ersten Blick nahe, eine solche »Dereliktion von Rechten«[778] entspräche jedoch im Endeffekt den Autoreninteressen nicht in dem Maße, wie es Open Content- bzw. alternative Lizenz würde.[779]

Die von *Armstrong* angesichts der dann eingreifenden, unabdingbaren Kündigungsklausel des 17. U.S.C. § 203 befürchtete, von Gerichten bestätigte Einordnung als vollwertiger Lizenzvertrag ist in Deutschland aufgrund der hier vorherrschenden Idee des Urheberrechts als einem persönlichkeitsrechtlich beeinflussten, unveräußerlichen und unverzichtbaren *droit d'auteur*[780] seit Aufkommen des Phänomens einhellig anerkannt.[781] Die im Rahmen der US-amerikanischen Diskussion erörterten Probleme, aber auch die dort gefundenen oder zumindest diskutierten Lösungsansätze lassen sich somit auch in Deutschland bzw. im Geltungsbereich der InfoSoc- und anderer urheberrechtsrelevanter europäischen Richtlinien als Denkanstöße, wenn nicht sogar praktikable Modelle zur Lösung des Problems heranziehen.

C. Zwischenergebnis

Im Lichte der sich um die Rechtssache *SCO v. Novell* spannenden Ereignisse spricht im Ergebnis nichts gegen eine abstrakte Unzulässigkeit einer Repropietarisierung von unter einer Open Content-Lizenz verbreiteten Werken. Eine solche kann zwar durchaus zu Problemen und Rechtsunsicherheiten führen, deren Auswirkungen auf die Popularität von Open Content bei Nutzern sowie die Schaffensmotivation bei aktiven Teilnehmern sind jedoch keineswegs so gravierend wie teilweise befürchtet. Insbesondere sind die dann nicht mehr verfügbaren Werkteile hinlänglich bekannt, so dass im Rahmen des § 24 UrhG Alternativen zu deren Umgehung durch funktionsäquivalenten Code bzw. entsprechende nicht-verletzende Umarbeitungen in anderen Werkarten erstellt werden können. Den Folgen stünden bei einem Ausschluss von Rück- und Widerrufsrechten ehebliche negative Auswirkungen auf die Rechtsinhaber entgegen. Diese könnten sich andernfalls ohne jeden Warn- und Übereilungsschutz in Form von Formvorschriften ihrer Rechte und damit Werten in großem Ausmaße ungewollt oder jedenfalls ohne die bei Rechtseinräumungen gleichen Umfangs bestehenden Schutzvorschriften begeben.

778 Vgl. zu der Idee einer Dereliktion des Urheberrechts im deutschen Rechtsraum auch *Heussen* in FS Kilian, S. 323 (333ff.).

779 *Loren*, 14 George Mason L. Rev. (2007), 271 (297); ferner *Smith*, 29 Journal of Legal Studies (2000), 131 (132).

780 *Rehbinder/Peukert*, UrhR, Rn. 124; Dreier/Schulze/*Schulze*, § 11 Rn. 3; Schricker/Loewenheim/*Schricker*, § 11 Rn. 4.

781 Siehe dazu die Nachweise in Fn. 101 mit vereinzelten abweichenden Ansichten in Fn. 102.

Bezüglich des gewählten rechtsvergleichenden Ansatzes ist festzuhalten, dass nach anfänglicher Unklarheit hinsichtlich der Rechtsnatur von Open Content-Lizenzen in den USA deren Einordnung als vollwertige, durch Akzeptanz einer als *consideration* fungierenden Bindung an Gegenleistungspflichten (Namensnennung, Copyleft) gefestigte Lizenzverträge mittlerweile anerkannt ist. Bei Fragen nach der Ausgestaltung sowie hinsichtlich eventueller Bedenken bezüglich der Thematik lässt sich somit auf in den USA angestellte Beobachtungen und entwickelte Lösungsansätze zurückgreifen.

D. Möglichkeiten des Rückrufs bereits erteilter Nutzungsrechte

Es ist, wie oben gezeigt wurde, nicht ausgeschlossen, dass auf Seiten eines Rechtsinhabers nach schöpferischer Partizipation an der digitalen Allmende das Bedürfnis entsteht, einmal gewährte Nutzungsrechte wieder unter seine Kontrolle zu bringen bzw. sein Urheberrecht von Belastungen im Sinne des § 33 UrhG möglichst zu befreien. Denkbar wäre etwa, dass er seine Entscheidung aus gewandelter Überzeugung oder aber gerade im Hinblick auf eine zukünftige, kommerzielle Verwertbarkeit des Werkes bereut. Popularitätsgewinne ließen sich wesentlich besser internalisieren und die Attraktivität für Erwerber eines ausschließlichen Rechtes steigern, wenn eine parallele, freie Verfügbarkeit wieder aus Welt geschafft werden könnte. In diesen Fällen stehen einem solchen Urheber die gesetzlich normierten, aus dem Urheberpersönlichkeitsrecht herrührenden Rückrufrechte zur Verfügung. Im Folgenden wird daher untersucht, ob und in welchem Maße diese abstrakt formulierten Rechte auf einfache, unentgeltliche Nutzungsrechte für jedermann und damit Open Content anwendbar sind.

I. Angeordnete Unwiderruflichkeit der Rechtseinräumung

Einer solchen Rückrufpraxis könnte zunächst die in den Lizenzbedingungen aus genau diesen Gründen angeordnete Unwiderruflichkeit der unter der Lizenz eingeräumten Rechte entgegenstehen.[782] In Übereinstimmung mit den oben in Teil 1 dargelegten Prinzipien des Schaffens einer digitalen Allmende soll damit ein Rückruf einmal eingeräumter Rechte gerade verhindert werden, um die freie Zugänglichkeit und Nutzbarkeit der geschaffenen Informationsallmende nicht

782 So etwa in § 2 der GNU GPLv3-Lizenz (»[…] and are irrevocable provided that stated conditions are met«) oder etwa die in Section 2 (a) 1 jeder Creative Commons 4.0-Lizenz vorkommende Klausel (»[…] the Licensor hereby grants You a […] irrevocable license to exercise the Licensed Rights […]«).

zu beeinträchtigen. Problematisch erweist sich in dieser Hinsicht jedoch die Tatsache, dass die im deutschen Urheberrecht verankerten Rückrufrechte des Urhebers meist persönlichkeitsrechtlich beeinflusst sind[783] und damit als Konsequenz der Unveräußerlichkeit des Urheberpersönlichkeitsrechts[784] ihrerseits nicht von vornherein ausgeschlossen oder abbedungen werden können (vgl. § 41 Abs. 4 S. 1 UrhG sowie § 42 Abs. 2 UrhG). Klauseln, die gegen diese Regelungen verstoßen, sind gem. § 134 BGB in Verbindung mit den jeweiligen Normen als nichtig anzusehen.[785] Es wird zwar stellenweise vertreten, die Erteilung einer derartigen, unwiderruflichen Lizenz als eine Abrede über die Nichtausübung von Kündigungs-, Rücktritts oder Rückrufrechten des Lizenzgebers zu betrachten.[786] Vertreter dieser Ansicht sind sich jedoch einig, dass eine derartige Abrede sich nicht über normierte Grenzen wie etwa die des § 41 Abs. 4 S. 2 UrhG hinwegsetzen kann, mithin bei Überschreiten der dort angegebenen Fristen ebenfalls als unwirksam anzusehen ist,[787] sie bedarf ferner einer individualvertraglichen Vereinbarung.[788] Ebenso ist eine Verwirkung der Rückrufrechte nicht möglich[789]

Es bleibt somit dabei, dass im deutschen Urheberrecht enthaltene Rückrufrechte in aller Regel unverzichtbarer Natur sind. Klauseln, zumal formularmäßiger Natur, die »unwiderrufliche Nutzungsrechte« oder eine »unwiderrufliche Lizenz« gewähren, sind somit aufgrund des Verstoßes gegen das Prinzip der Unveräußerlichkeit des Urheberpersönlichkeitsrechts unwirksam oder jeden-

783 So etwa für § 42 UrhG Wandtke/Bullinger/*Wandtke*, § 42 Rn. 1; Schricker/Loewenheim/*Peukert*, § 42 Rn. 1; *Rauda*, GRUR 2010, 22 (23); einen urheberpersönlichkeitsrechtlichen Einschlag auch bei § 41 UrhG anerkennend Wandtke/Bullinger/*Wandtke*, § 42 Rn. 2, (»nicht nur persönlichkeitsrechtlicher Natur«); Schricker/Loewenheim/*Schricker/Peukert* § 41 Rn. 4; zu beiden Normen der §§ 41 und 42 UrhG *Witte*, ITRB 2011, 93. Die Vorschriften des § 42 Abs. 2 sowie des § 31a Abs. 4 UrhG sind wortgleich formuliert, der persönlichkeitsrechtliche Grundgedanke ist somit übertragbar.

784 BGHZ 129, 66 (73) – *Mauerbilder*; Schricker/Loewenheim/*Schricker*, § 29 Rn. 15; ebd., *Schricker/Peukert*, vor § 12ff., Rn. 58; Möhring/Nicolini/*Ahlberg*, § 7 Rn. 5; Wandtke/Bullinger/*Block*, § 29 Rn. 17; Fromm/Nordemann/*J. B. Nordemann*, § 29 Rn. 2.

785 Schricker/Loewenheim/*Schricker/Peukert*, § 41 Rn. 21 sowie § 42 Rn. 28; Wandtke/Bullinger/*Wandtke*, § 41 Rn. 26 sowie § 42 Rn. 10; Dreier/Schulze/*Schulze* § 42 Rn. 20; Möhring/Nicolini/*Spautz* § 42 Rn. 14.

786 Wandtke/Bullinger/*Wandtke*, § 41 Rn. 26; HK-UrhG/*Kotthoff*, § 41 Rn. 16; Fromm/Nordemann/*J. B. Nordemann*, § 41 Rn. 48.

787 Siehe die Nachweise in Fn. 786.

788 LG Braunschweig ZUM 2012, 66 (73); LG Rostock ZUM 2010, 828 (831); dazu *J. B. Nordemann*, NJW 2012, 3121 (3124).

789 Wandtke/Bullinger/*Wandtke*, § 41 Rn. 26; Dreier/Schulze/*Schulze* § 41 Rn. 36; Fromm/Nordemann/*J. B. Nordemann* § 41 Rn. 51; *Budde*, Das Rückrufsrecht des Urhebers wegen Nichtausübung in der Musik, 1997, S. 86f.; Schricker/Loewenheim/*Schricker/Peukert* § 41 Rn. 21.

falls hinsichtlich ihres Umfangs auf das von den gesetzlichen Vorschriften festgelegte Maß zu reduzieren.

II. Widerruf aufgrund bisher unbekannter Nutzungsarten, § 31a UrhG

Denkbar wäre zunächst ein Widerruf des Lizenzvertrages gem. § 31a Abs. 1 S. 3 UrhG. Diese Vorschrift ist auf die Einräumung von einfachen, unentgeltlichen Nutzungsrechten für jedermann problemlos anwendbar, allein das Schriftformerfordernis für derartige Abreden ist gem. § 31a Abs. 1 S. 2 UrhG aufgehoben.[790] Auf den ersten Blick erscheint ein Rückruf der unter einer Open Content-Lizenz gewährten Rechte auf Basis des § 31a Abs. 1 S. 3 UrhG also möglich, zumal unbekannte Nutzungsarten auch von entsprechenden Lizenzen umfasst werden[791] und eine derartige Nutzung aufgrund der Technologieaffinität vieler Akteure in den jeweiligen Communities wahrscheinlich ist. Im Kontext von Open Content ist jedoch auf die Gesetzgebungsmaterialien zu der Vorschrift hinzuweisen, die den Regelungskomplex des § 31a UrhG durchweg mit dem Schutz des Urhebers vor einem stärkeren Vertragspartner begründen.[792] Ein solches Ungleichgewicht liegt jedoch bei der Vergabe von einfachen, unentgeltlichen Nutzungsrechten für jedermann gerade nicht vor,[793] womit sich eine partielle Nicht-Anwendung begründen ließe.

Zu beachten ist in diesem Zusammenhang jedoch die Vorschrift des § 31a Abs. 2 S. 1 UrhG, wonach das Rückrufrecht gem. § 31a Absatz 1 S. 1 UrhG dann entfallen soll, wenn nach dem Bekanntwerden der neuen Nutzungsart eine Einigung über eine angemessene Vergütung gem. § 32c Abs. 1 UrhG erfolgt. Innerhalb von § 32c UrhG wird jedoch in § 32c Abs. 3 S. 2 UrhG angeordnet, dass der im Voraus unverzichtbare Anspruch aus § 32c Abs. 1 UrhG bei Einräumung eines einfachen, unentgeltlichen Nutzungsrechts für jedermann ausnahmsweise ausgeschlossen ist bzw. für verzichtbar erklärt wird.[794] Diese Ausnahme trägt der Intention des Gesetzgebers Rechnung, Rechtsunsicherheiten im System von

790 *Peukert/König* in Schmidt-Kessel, National Reports for the 19th International Congress of Comparative Law, S. 519 (525); Dreier/Schulze/*Schulze*, § 31a Rn. 84; Schricker/Loewenheim/*Spindler*, § 31a Rn. 70.

791 So etwa Section 2 (a) 4 der Creative Commons 4.0 Lizenzen (»The Licensor authorizes You to exercise the Licensed Rights in all media and formats whether now known or hereafter created […].«).

792 RegE 2. Korb, S. 24; dazu *Verweyen*, ZUM 2008, 217 (218).

793 So die Begründung in den Gesetzgebungsmaterialien zu den Linux-Klauseln im GesE UrhStärkungsG, S. 15 sowie dem Bericht des 6. Rechtsausschusses zum UrhStärkungsG, S. 19.

794 Wandtke/Bullinger/*Wandtke/Grunert*, § 32c Rn. 47; Dreier/Schulze/*Schulze*, § 32c Rn. 50; Spindler/Schuster/*Wiebe*, § 32c UrhG Rn. 4.

Open Content-Lizenzen vorzubeugen[795] und sollte daher als »logische Fortsetzung der Privilegierung«[796] in systematischem Zusammenhang mit den anderen Linux-Klauseln gelesen werden. Insofern würde es der Intention der Förderung und rechtlichen Absicherung von Open Content entsprechen, den Verweis auf § 32c Abs. 1 UrhG nicht isoliert als Rechtsfolgenverweisung, sondern vielmehr als umfassende Rechtsgrundverweisung zu betrachten. Dies hätte zur Folge, dass nicht nur die Voraussetzungen des § 32c Abs. 1 UrhG, sondern auch dessen Ausschlusstatbestände zu berücksichtigen wären.[797] Im Falle von Open Content-Lizenzen wäre § 31a Abs. 1 S. 3 UrhG somit zwar nicht von vornherein unanwendbar, das Rückrufrecht entfiele jedoch, wenn eine Vereinbarung gem. § 32c Abs.1 UrhG vorläge. Anstelle dieser Vereinbarung kann im Falle der Erteilung eines einfachen, unentgeltlichen Nutzungsrechts für jedermann jedoch gem. § 32c Abs. 3 S. 2 UrhG der (konkludente) Verzicht treten, welcher bei Open Content-Lizenzen in aller Regel vorliegt. Im Ergebnis lässt sich daher festhalten, dass ein Widerruf der Rechtseinräumung bzw. der Verpflichtung dazu gem. § 31a Abs. 1 S. 3 UrhG bei Open Content-Lizenzen zwar nicht ausgeschlossen ist, das Rückrufrecht jedoch aufgrund der Rechtsgrundverweisung in Absatz 2 der Norm in Verbindung mit § 32c Abs. 3 S. 2 UrhG in aller Regel entfällt.

III. Rückruf bei Unternehmensveräußerung, § 34 Abs. 3 S. 2 UrhG

Ein weiteres Rückrufrecht für einmal eingeräumte Nutzungsrechte findet sich in § 34 Abs. 3 S. 2 UrhG. Dieses ebenfalls persönlichkeitsrechtlich geprägte Rechtsinstitut[798] ist insbesondere deshalb interessant, da bei einem Widerruf der Rechte, anders als in den §§ 41, 42 UrhG, keine Ersatzpflichten des Urhebers ausgelöst würden. Allerdings ist die Konstellation der Unternehmensveräußerung bzw. -teilveräußerung im traditionell nicht-gewerblichen Bereich, in dem Open Content-Werke meist anzutreffen sind, eine äußerst seltene Begebenheit.[799] Es ist zwar nicht auszuschließen, dass sich die Beteiligungsverhältnisse an Unternehmen, die ihr Geschäft mit kommerziellen Begleitleistungen zu

795 RegE 2. Korb, S. 25.

796 So deutlich bei Schricker/Loewenheim/*Spindler*, § 32c Rn. 43.

797 Zu der Figur der Rechtsgrund- sowie der Rechtsfolgenverweisung siehe *Wörlen/Leinhas*, JA 2006, 22 (23).

798 Wandtke/Bullinger/*Wandtke/Grunert*, § 34 Rn. 24; Schricker/Loewenheim/*Schricker/Loewenheim*, § 34 Rn. 41; *Berger* in FS Schricker, S. 223 (224); zur ebenfalls persönlichkeitsrechtlich geprägten Rechtslage vor 2002 *Hemler*, GRUR 1994, 578 (584).

799 Die kommerzielle Nutzung wird in vielen Lizenzen explizit ausgeschlossen, so etwa der GNU GPLv3 sowie allen »non commercial«-Lizenzen des Creative Commons-Projekts; zu den Möglichkeiten des Rückrufs auch *Peukert/König*, in Schmidt-Kessel, National Reports for the 19th International Congress of Comparative Law, S. 519 (536) sowie ausführlich oben, § 9.

nichtkommerziell vertriebener Software aufbauen[800] ändern, das Open Content-System basiert jedoch im wesentlich auf Direktvergabe der Rechte durch den bzw. die Autoren der Werke. Die Konstellation eines an dieser Rechtevergabe beteiligten Unternehmens dürfte in der Praxis irrelevant sein.[801] Hinzu kommt die Einschränkung des Rückrufes nach Treu und Glauben in § 34 Abs. 2 S. 2 Hs. 2 UrhG, bei der im Rahmen der Abwägung zwischen den beteiligten Interessen auch diejenigen der durch einen Rückruf negativ in ihren Interessen beteiligten Mitautoren des Werkes zu berücksichtigen wären. Das Rückrufrecht des § 34 Abs. 3 S. 2 UrhG ist daher im Bereich der Open Content-Lizenzen ebenfalls nicht von Relevanz.

IV. Rückruf aufgrund von Nichtausübung, § 41 Abs. 1 UrhG

Im Bereich von Open Content-Lizenzen gleichermaßen nicht von Belang ist das Rückrufrecht wegen Nichtausübung eingeräumter Rechte gem. § 41 Abs. 1 S. 1 UrhG. Gegenstand der Vorschrift sind allein ausschließliche Nutzungsrechte, eine analoge Anwendung auch auf einfache Nutzungsrechte wird allgemein und überzeugend mit der Begründung abgelehnt, dass die Einräumung bloß einfacher Rechte den Autor nicht an einer weiteren Verbreitung sowie der ebenfalls in § 41 UrhG zu berücksichtigenden kommerziellen Nutzung hindere.[802]

Zwar mag es durchaus naheliegend erscheinen, in der Freigabe eines Werkes zur Open Content-Nutzung durch eine potentiell unbegrenzt große Anzahl Nutzer einen hinsichtlich der weiteren Kontrolle über das Werk einen ähnlich bedeutsamen Schritt zu sehen wie bei der Einräumung eines ausschließlichen Nutzungsrechts, und deshalb eine analoge Anwendung in diesem Sonderfall zu erwägen. Dem ist jedoch entgegenzuhalten, dass bei Open Content-Verbreitung das durch § 41 UrhG geschützte Urheberinteresse an Veröffentlichung und Bekanntwerden des Werkes nicht beeinträchtigt wird: Findet eine breite und vielfältige Nutzung statt, ist diese zwar geeignet, die kommerzielle Verwertbarkeit zu verhindern, sie sorgt jedoch für eine Verbreitung und gesteigerte Be-

---

800 So etwa die Unternehmen RedHat, Inc. oder SUSE Linux GmbH für Linuxdistributionen oder das mittlerweile zu Oracle gehörende Unternehmen Sun Microsystems.

801 Allein für einen angestellten Programmierer, dessen Arbeitgeber ein ausschließliches Recht erwirbt, auf dessen Basis später eine Open Content-Lizenzierung stattfindet wäre ein Rückruf auf diesem von Interesse, *Völzmann-Stickelbrock* in Leible, Schutz des geistigen Eigentums in Internet, S. 47 (69).

802 Schricker/Loewenheim/*Schricker/Peukert*, § 41 Rn. 11; Fromm/Nordermann/*J. B. Nordemann*, § 41 Rn. 5; HK-UrhG/*Kotthoff*, § 34 Rn. 4; *Völzmann-Stickelbrock* in Leible, Schutz des geistigen Eigentums in Internet, S. 47 (69); *Witte*, ITRB 2011, 93 sowie zuletzt BGHZ 180, 344 (354) – *Reifen Progressiv* unter Verweis auf die Intention des Gesetzgebers in RegE UrhG, S. 60. Dort wird maßgeblich auf das Urheberinteresse an der Bekanntheit seines Werkes abgestellt.

kanntheit des Werkes, so dass § 41 Abs. 1 UrhG nicht einschlägig ist. Ein Abdriften des Werkes in Vergessenheit geht dagegen mit einer nur marginalen Nutzung einher, so dass ein später zur kommerziellen Nutzung eingeräumtes ausschließliches Recht nur in sehr geringem Maße durch § 33 UrhG belastet würde und noch kommerziell verwertbar wäre.

Eine analoge Anwendung des § 41 Abs. 1 S. 1 UrhG auf einfache, unentgeltliche Nutzungsrechte für jedermann ist somit mangels einer vergleichbaren Interessenlage als Voraussetzung einer Analogie nicht angezeigt.

V. Rückruf aufgrund gewandelter Überzeugung, § 42 Abs. 1 S. 1 UrhG

Die gleichen Argumente lassen sich auch gegen eine Anwendung des Rückrufrechts aufgrund gewandelter Überzeugung gem. § 42 Abs. 1 S. 1 UrhG anführen.[803] Selbst wenn jedoch eine analoge Anwendung auf Open Content-Lizenzen im Rahmen der in IV. geführten Argumentation in Betracht käme, so wäre ein solcher Widerruf aufgrund der entstehenden Ersatzansprüche nach § 42 Abs. 3 UrhG mit hohen Kostenrisiken für den widerrufenden Urheber verbunden. Insbesondere die Pflicht zur Deckung von mindestens der vor dem Widerruf getätigten Aufwendungen im Vertrauen auf dessen Bestand gem. § 42 Abs. 3 S. 2 UrhG kann bei den auf Mitarbeit und Partizipation ausgerichteten Open Content-Projekten zu erheblichen Ansprüchen einer Vielzahl an Personen führen und damit die Relevanz der Vorschrift in diesem Bereich marginalisieren.[804] Ein Widerruf von Nutzungsrechten gem. § 42 Abs. 1 S. 1 UrhG steht daher selbst bei Annahme einer analogen Anwendbarkeit auf einfache Nutzungsrechte bei einfachen, unentgeltlichen Nutzungsrechten für jedermann ebenfalls nicht zu befürchten.

VI. Fazit

Der Rückruf von einmal unter einer Open Content-Lizenz eingeräumten Rechten ist aufgrund deren eingeschränkter Wirksamkeit entgegen der Unwiderruflichkeitsklauseln in den Lizenztexten möglich. In der Praxis dürften diese jedoch nur in sehr begrenzten Ausnahmefällen zur Anwendung kommen. Zudem wäre ein isolierter Rückruf eingeräumter Nutzungsrechte aus Sicht des Urhebers insofern wenig zielführend, als dass der Lizenznehmer jederzeit wieder ein noch kursierendes Angebot an jedermann auf Lizenzabschluss und

---

803 Besonders deutlich zum Gleichlauf der Voraussetzungen *Witte*, ITRB 2011, 93 (94f.) sowie Schricker/Loewenheim/*Dietz/Peukert*, § 41 Rn. 6.

804 *Völzmann-Stickelbrock* in Leible, Schutz des geistigen Eigentums in Internet, S. 47 (69); *Peukert/König*, in Schmidt-Kessel, National Reports for the 19th International Congress of Comparative Law, S. 519 (536).

Rechtseinräumung annehmen könnte und so neue Rechte erlangen könnte.[805] Ein rückzugswilliger Urheber dürfte somit ein erheblich größeres Interesse am außer-Kraft-setzen dieses Angebots an jedermann haben.

§ 10. Widerruf des Angebots zur Rechtseinräumung

Die Nutzung und Verbreitung eines Open Content-Werkes erfolgt im deutschen Recht unter Rückgriff auf einfache, unentgeltliche Nutzungsrechte für jedermann, die mittels einer Rechtseinräumung per *offerta ad incertas personas,* eines Angebots an einen unbestimmten Personenkreis, eingeräumt werden.[806] Neben einem Rückruf bereits eingeräumter Nutzungsrechte kann es somit aus Sicht des Urhebers von wesentlichem Interesse sein, sich von diesem einmal abgegebenen Angebot zu lösen bzw. es in einer sonstigen Art und Weise wieder aus der Welt zu schaffen, um eine nicht mehr gewollte Weiterverbreitung seines Werkes als Open Content zu verhindern. In engem Zusammenhang mit den Überlegungen hinsichtlich des Rückrufs bereits eingeräumter Nutzungsrechte ist somit auch von Interesse, ob ein an der Allmende mitarbeitender Schöpfer zwar einmal eingeräumte Rechte dulden muss, jedoch wenigstens die Einräumung weiterer Nutzungsechte durch Widerruf seines Angebots auf Einräumung einfacher, unentgeltlicher Rechte für jedermann *ex nunc* verhindern kann.

A. Regeln für die Abgabe, Zugang und Widerruf von Willenserklärungen im Internet

Das deutsche Privatrecht regelt die Modalitäten von Abgabe, Zugang und des Widerrufs von Willenserklärungen dem System der Pandektistik folgend[807] in den §§ 116ff. des allgemeinen Teil des BGB. Innerhalb dieser Normen erfolgt in den §§ 130, 145 BGB eine generelle Regelung, welche – bis hin zu *Savigny* zurückzuverfolgen[808] – die Zwei-Personen-Konstellation zum Paradigma des Vertragsschlusses erhebt. Angebote an eine Mehrzahl oder gar unbestimmte

805 *Dusollier*, 29 Columbia J. L & Arts (2005/2006), 271 (282). Dieses Problem wird im deutschen Rechtskreis im Kontext eines Rechteverlustes bzw. -rückfalls bei Verstoß gegen die Bedingungen der Lizenz erkannt, dazu *Spindler/Wiebe*, CR 2003, 873 (876); *Spindler*, VSI-Gutachten, S. 31f. sowie *Schiffner*, Open Source Software, S. 140.

806 *Schiffner*, Open Source Software, S. 184f.; *Kreutzer*, MMR 2004, 695 (696f.); *Spindler/Wiebe*, CR 2003, 873 (874); *Koch*, CR 2000, 333 (338); *Jaeger/Metzger*, OSS, Rn. 126 sowie 177f.; *dies.*, GRUR INT 1999, 839 (843); *Hoeren* in FS Kollhosser, S. 229 (232).

807 Staudinger/*Olzen*, Einleitung zum Schuldrecht, Teil D Rn. 112f.; *Honsell* in Staudinger, Eckpfeiler des Zivilrechts, Teil B, Rn. 16.

808 *Savigny*, Obligationenrecht, Band 2, § 61, S. 89f.

Anzahl an Personen werden zwar ebenfalls auf Basis dieser Vorschriften behandelt, jedoch nicht gesondert aufgeführt.[809]

Diese eher beiläufige Behandlung, gerade in Kombination mit dem rechtlich nach wie vor nicht erschöpfend behandelten Online-Umfeld, hat einige Stimmen in der Literatur dazu bewogen, Fragen des Zugangs von an einen unbestimmten Personenkreis im Internet gerichteten Erklärungen anstelle der §§ 116ff. BGB den Regeln der §§ 657ff. BGB zu unterwerfen.[810] Im Folgenden soll daher zunächst untersucht werden, ob und inwiefern die *offerta ad incertas personas* im Internet auf Basis anderer, eventuell passenderer Regeln als denen des allgemeinen Teils des BGB zu behandeln ist.

I. Die §§ 657ff. BGB als Zugangsparadigma für *offertas ad incertas personas*

Im Rahmen des Instituts der Auslobung, §§ 657ff. BGB, erfolgt eine Abkehr von der individuellen Bestimmung des Zugangs einer Erklärung an jeden einzelnen Empfänger. Diese wird durch deren öffentliche Bekanntmachung ersetzt.[811]

Auf den ersten Blick scheint die Auffassung, die in den §§ 657ff. BGB niedergelegten Bestimmungen für die Auslobung zur Behandlung von an eine unbestimmte Vielzahl von Empfängern gerichteten Willenserklärungen anzuwenden, keineswegs fernliegend. Vergleicht man die Situation einer im Internet eingestellten, für jeden abrufbaren Willenserklärung mit der historischen Situation des Anschlagens auf dem Marktplatz, der Veröffentlichung in einer Zeitung oder des »Aushanges am Baum«,[812] so werden die Parallelen deutlich: In allen Fällen richtet sich der Erklärende an eine Mehrzahl von Personen, ohne dass er deren Anzahl bestimmen oder kontrollieren will oder auch nur könnte. Auch auf die konkrete Person des Empfängers kommt es ihm nicht an, maßgeblich ist dessen Verhalten. Zwar ist die Zahl potentieller Empfänger, mit deren Kenntnisnahme der Erklärende rechnen muss, im Internet um einiges höher als bei einem physischen Aushang, allerdings ist auch dort eine gewisse Begrenzung

---

809 § 145 BGB spricht von »einem Anderen«, dem ein Vertrag angetragen wird. Kritisch dazu *Köndgen*, Selbstbindung ohne Vertrag, S. 284 (»eine dem deutschen Vertragsrecht bis heute eine einigermaßen befremdliche Vorstellung«) sowie *Gernhuber* in FS Larenz, S. 455. Bei MüKo-BGB/*Busche*, § 145 Rn. 23 wird die Konstellation unter dem Begriff »Einzelfälle« geführt.

810 *Tinnefeld*, S. 115ff., 120; *Ott*, Urheber- und Wettbewerbsrechtliche Probleme von Linking und Framing, S. 372; ohne Internetbezug auch Staudinger/*Bergmann*, § 657 Rn. 15; historisch *Schülgen*, Die Auslobung auf rechtsvergleichender Grundlage, S. 33.

811 MüKo-BGB/*Seiler*, § 657 Rn. 4; Palandt/*Sprau*, § 657 Rn. 2; BeckOK-BGB/*Kotzian-Marggraf*, § 657 Rn. 4; *Tinnefeld*, S. 115; so auch bereits Motive II, S. 519 sowie *Enneccerus/Nipperdey*, Bürgerliches Recht I, § 145 A II 5 sowie § 159 II.

812 *Tinnefeld*, S. 119.

durch die Wahl der Sprache[813] oder etwa eine Suchmaschinenoptimierung bzw. deren »Aussperrung« möglich. Im Hinblick auf die reinen Modalitäten und Umstände der Abgabe einer Erklärung könnte eine Übertragung der Grundsätze somit nicht nur möglich, sondern eventuell sogar durch den Gleichheitsgrundsatz geboten sein.[814]

1. *Anwendbarkeit über den Komplex des Zugangs hinaus*

Zu einem anderen Ergebnis könnte jedoch eine Betrachtung der rechtlichen Implikationen einer solchen Übertragung führen. Im Falle von Open Content-Lizenzen etwa würde eine konsequente Anwendung der §§ 657ff. BGB gleich eines »besonderen allgemeinen Teils«[815] zur Bestimmung des Zugangs einer *offerta ad incertas personas* dazu führen, dass mit dem reinen Online-Stellen des Werkes bzw. dem damit fest verbundenen Angebot[816] der Zugang der Willenserklärung anzunehmen wäre. Dies würde mit der Auffassung, dass ein »Verbreitungsstopp« *ex nunc* möglich sein muss, kollidieren. Ein solcher wäre gem. § 130 Abs. 1 S. 2 BGB nicht mehr möglich, träte doch Zugang und damit die Unwiderruflichkeit des Angebots im Zeitpunkt des erstmaligen Online-Stellens ein. Noch größere Probleme würden sich ferner bei online zu schließenden Verträgen ergeben, die auf die Verschaffung von nicht beliebig reproduzierbaren Gegenständen oder exklusiven Rechten gerichtet wären.

Die §§ 657ff. BGB enthalten dabei durchaus Regeln zur Widerruflichkeit bzw. der Lösung von Auslobungsversprechen, insbesondere etwa § 658 BGB. Übertrüge man diese auf Angebote, so wären diese bis zur Vornahme der »Handlung« – hier zu verstehen als der Vornahme der ersten, eine Lizenz benötigenden Nutzungs- oder Bearbeitungshandlung – widerruflich. Es erscheint jedoch höchst fraglich, ob neben der Zugangssubstitution auch Regeln über den Widerruf der Auslobung auf Angebote *ad incertas personas* im Internet übertragbar sind. Im Gegensatz zum Komplex des einseitig bindenden Versprechens sind bei der Bindungswirkung bzw. der Widerruflichkeit eines Angebots auf Abschluss eines beiderseitig bindenden Vertrages die Interessen der Empfänger bzw. des Verkehrsschutzes in wesentlich größerem Maße betroffen. Die paradigmatischen Unterschiede insbesondere in der Zielrichtung der §§ 130, 145 BGB einerseits – Normalfall ist die Bindung an den Antrag ab Zugang – und des

813 Die zwar keinen Einfluss auf die Wirksamkeit, wohl aber auf die Wahrscheinlichkeit der Kenntnisnahme es Angebots haben dürfte.

814 *Tinnefeld*, S. 119.

815 So in der Tendenz zur Unterscheidung zwischen »Auslobung ieS« als besonderer Form der Willenserklärung und »Auslobung iwS« als besonderem Vertragstypus *Jakubezky*, Bemerkungen zu dem Entwurfe eines Bürgerlichen Gesetzbuches für das Deutsche Reich, 1892, S. 19f.

816 §§ 4ff. der GNU-GPLv3 sowie Sec. 2 a) 5 A der Creative Commons 4.0-Lizenzen.

§ 658 BGB andererseits – Normalfall ist die freie Widerruflichkeit[817] – könnten gegen eine Qualifikation der §§ 657ff. als »besonderer allgemeiner Teil« auf Vertragsangebote sprechen.

2. *Anwendbarkeit der Grundsätze der §§ 657ff. BGB auf zweiseitige, annahmebedürftige Rechtsgeschäfte*

Die Einwilligungserklärung im Internet, anhand derer *Tinnefeld* sowie *Ott* die Übertragbarkeit diskutieren, ist nach einhelliger Auffassung eine zwar empfangsbedürftige, jedoch keiner Reaktion bedürfende, einseitige geschäftsähnliche Handlung.[818] Diesbezüglich ist eine Übertragung der Grundsätze des Auslobungsrechts als ein bloß systematisch falsch verordneter Unterfall des allgemeinen Teils des BGB durchaus möglich und auch zu befürworten. Die Auslobung ist nach verbreiteter Ansicht gerade nicht auf die Herbeiführung eines zweiseitigen Vertrages gerichtet, sondern stellt ein nur einseitiges bindendes Versprechen dar (sog. Pollizitationstheorie).[819]

Beim Zugang von auf die Einräumung eines einfachen, unentgeltlichen Nutzungsrechts für jedermann gerichteten Lizenzangeboten trifft man damit allerdings auf eine argumentative Hürde: Nach hier vertretener Ansicht sind Open Content-Lizenzen beiderseitig bindende Schuldverträge, deren Zustandekommen die Annahme des Angebots voraussetzt – allein auf den Zugang der Annahmeerklärung an den Anbietenden wird gem. § 151 BGB verzichtet. Im Gegensatz zur Übertragung auf die eine Reaktion des Annehmenden nicht bedürfende, einseitige Erklärung der Einwilligung erfordert die Übertragung wesentlicher Rechtsgedanken des Auslobungsrechts auf den Zugang von annahmebedürftigen Angeboten daher eine eingehendere Untersuchung.

a. *Systematische Auslegung der §§ 657ff. BGB*

Stellenweise wird die Auslobung trotz dieser Differenzen nicht als Teil des besonderen Schuldrechts, sondern vielmehr als eine falsch positionierte Regelung zur Handhabung von Willenserklärungen *ad incertas personas* betrachtet.[820]

---

817 HKK-*Kleinschmidt*, §§ 657–661a Rn. 46.

818 BGHZ 185, 291 – *Vorschaubilder*; kritisch zur Einordnung *Ohly*, volenti non fit iniuria, S. 208 sowie *ders.* in FS Jakobs, 451 (463); in der Rechtsanwendung ist eine Unterscheidung im Ergebnis jedoch ohne wesentliche Unterschiede, dazu ferner *Tinnefeld*, Einwilligung in urheberrechtliche Nutzungen, S. 14.

819 RGZ 61, 153 (155f.); zuletzt BGH NJW 2011, 139, Rn. 12; MüKo-BGB/*Seiler*, § 657 Rn. 5; HKK/*Kleinschmidt*, §§ 657–661a, Rn. 46; Erman/*Berger*, § 657 Rn. 2; BeckOK-BGB/*Kotzian-Marggraf*, § 657 Rn. 2; Palandt/*Sprau*, § 657 Rn. 1; *Medicus/Lorenz*, SchR II, Rn. 923; *Rüthers/Stadler*, BGB AT, § 16 Rn. 4; a. A. dagegen Staudinger/*Bergmann*, § 657 Rn. 2, unter Berufung auf *Jakubezky*, Bemerkungen zu dem Entwurfe eines Bürgerlichen Gesetzbuches, S. 19f.

820 *Tinnefeld*, S. 116ff.; *Schülgen*, Die Auslobung auf rechtsvergleichender Grundlage, S. 33;

Diese Ansicht ist dabei keineswegs fernliegend. Es wurde etwa in der Schweiz in Art. 8 Abs. 1 OR im allgemeinen Teil des Obligationenrechts eine nahezu identische Bestimmung aufgenommen, Vergleichbares gilt mit den §§ 860 bis 860b ABGB in Österreich. In beiden Rechtsordnungen werden diese Vorschriften als Entstehungsgründe einer Schuld angesehen und im allgemeinen Teil eingeordnet.[821]

Dabei darf jedoch nicht übersehen werden, dass die Einordnung im allgemeinen Teil auch in diesen beiden Rechtsordnungen nichts am Festhalten an der Pollizitationstheorie ändert.[822] Die abweichende Einordnung besagt lediglich, dass auch außerhalb eines gesonderten Vertragstypus ein einseitig bindendes Versprechen denkbar ist. Es werden lediglich dessen Anforderungen und Rechtsfolgen geregelt. Eine systematische Analyse ändert somit nichts an obigem Befund, dass eine Anwendung der Zugangssubstitution des § 657 BGB auf keiner Reaktion bedürfende Erklärungen *erga omnes* durchaus sachgerecht sein kann, eine Übertragung auf die Begründung von Verträgen mittels einer Reaktion und eines entsprechenden Willens bedürfender Annahmeerklärungen jedoch nicht mit der systematischen (Fehl-)Stellung der §§ 657ff. BGB begründet werden kann.

b. Historische Auslegung der §§ 657ff. BGB

Betrachtet man dagegen die Auffassungen zur Rechtsnatur der Auslobung seit Inkrafttreten des BGB, so wird in frühen Kommentierungen bei gleichem Wortlaut der Norm durchaus die Möglichkeit gesehen, die Auslobung als zweiseitigen Vertrag zu konstruieren und damit die hier aufgeworfenen Bedenken zu überwinden.[823] Die Pollizitationstheorie wird diesen Ansichten zufolge allein mangels zwingender Gründe für die Vertragskonstruktion zugunsten der Erwägungen zum Entwurf verfolgt, eine Abkehr von dieser Dogmatik wäre problemlos möglich.[824]

Diese Auffassung verkennt jedoch, dass in den Protokollen zur Entstehung

Staudinger/*Bergmann*, § 657 Rn. 14–16; eine entsprechende Tendenz auch bei *Ott*, Linking und Framing, S. 372.

821 Für die Schweiz vgl. *Schülgen*, Die Auslobung auf rechtsvergleichender Grundlage, S. 71; für Österreich siehe den Bericht der Kommission für Justizgegenstände Nr. 78 (XXI), S. 123f.; *Gschnitzer,* Die Auslobung, S. 33, 76; rechtsvergleichend zu diesem Komplex HKK-*Kleinschmidt,* §§ 657–661a Rn. 45 a. E.

822 Für die Schweiz Staudinger/*Bergmann,* § 657 Rn. 22 (»dominiert heute vollständig die Pollizitationstheorie«); *Schmidlin* in Berner Kommentar Obligationenrecht, Bd. VI, 1 Abt., Tb. I, 1986, Art. 8 OR Rn. 6f.; für Österreich *Schülgen*, Die Auslobung auf rechtsvergleichender Grundlage, S. 58f.; *Gschnitzer, Die Auslobung*, S. 33, 76.

823 Historisch etwa *Oertmann*, Kommentar zum BGB, Vorbemerkung 1 b zu § 657; *Fischer*, Die Auslobung nach dem BGB, S. 16ff., insbes. 23; *Jakubezky*, Bemerkungen zu dem Entwurfe eines Bürgerlichen Gesetzbuches, S. 140f.

824 Staudinger/*Bergmann*, § 657 Rn. 12.

des BGB hinsichtlich der Auslobung zwar einerseits nur Erwägungen diskutiert wurden, die später der Rechtspraxis zur Entscheidungsfindung helfen sollten. In den Protokollen der Beratung des zweiten Entwurfes des BGB findet sich eine deutliche Entscheidung der Redaktoren für die Pollizitationstheorie,[825] die mit der Aussage, dass ein Belohnungsanspruch auch entstehe, wenn es am Willen des Handelnden fehle, vom Gesetzgeber ausdrücklich in den Wortlaut des § 657 BGB aufgenommen.[826] Allein auf eine klarstellende Norm bzw. Aussage wurde verzichtet.[827] Damit wird deutlich, dass die Pollizitationstheorie nicht allein eine unverbindliche Empfehlung der Entwurfskommission, sondern die bis heute unveränderte Entscheidung des Gesetzgebers ist. Dieser Zusatz würde die Vertragstheorie in Anbetracht der herkömmlichen Dogmatik zur Notwendigkeit des Handlungs- und Rechtsbindungswillens vor ehebliche Probleme stellen. Selbst die vermittelnde Ansicht *Bergmanns*, der in Anlehnung an *Jakubezky* zwar eine einseitig bindende Erklärung, jedoch zur Annahme die Notwendigkeit eines Willensmoments zwischen Handlung und Auslobung annimmt,[828] vermag diesen dann entstehenden Widerspruch zwischen Wortlaut und Vertragsdogmatik nicht zu lösen.

c. Bergmanns *Argumentation zugunsten des vertragstheoretischen Ansatzes*

Zur Begründung eines vertragstheoretischen Ansatzes weist *Bergmann* weiter zutreffend auf das Problem des Aufwendungsersatzes gem. § 304 BGB hin: Bei Annahme einer Bindungswirkung ohne ein Willensmoment auf Seiten des Annehmenden könnte diesem ohne oder sogar gegen seinen Willen eine mit Aufwendungsersatzansprüchen gem. § 304 BGB gegen ihn verbundene Gläubigerstellung aufgedrängt werden.[829]

Diesem Vorbringen lässt sich allerdings durch die Annahme eines Zurückweisungs- bzw. Ablehnungsrechts analog § 333 BGB entgegentreten.[830] Die sich

825 »Der Entw. erblickt im Anschlusse an diese Theorie in der Auslobung gleichfalls ein durch sich selbst und ohne Hinzutritt eines Annahmeaktes verbindliches einseitiges Versprechen des Auslobenden«, zit. nach *Mugdan* Band 2, S. 290.

826 HKK-*Kleinschmidt*, §§ 657–661a, Rn. 47.

827 Der § 343 des ersten Entwurfes wurde von den Redaktoren der zweiten Kommission als »selbstverständlich« gestrichen, *Mugdan*, Band 2, S. 614; *Jakobs* in Schubert, Die Beratung des Bürgerlichen Gesetzbuches, §§ 241–432, S. 368.

828 Staudinger/*Bergmann*, § 657 Rn. 14; *Jakubezky*, Bemerkungen zu dem Entwurfe eines Bürgerlichen Gesetzbuches, S. 19, 77 (»Eine bindende Offerte, deren Annahme stillschweigend erfolgen kann […]. Die Auslobung dürfte als eine solche Offerte anzusehen sein«.).

829 Staudinger/*Bergmann*, § 657 Rn. 13.

830 HKK-*Kleinschmidt*, §§ 657–661a, Rn. 24; *Medicus/Lorenz*, SchR I, Rn. 60; *Fikentscher/Heinemann*, SchR, Rn. 1294.

aus der Formulierung »gilt als nicht erworben« ergebende Wirkung *ex tunc*[831] stellt bei entsprechender Ausübung auch den im Wege der Ersatzforderung erstmals von seiner Situation erfahrenden Gläubiger wirksam und umfassend von entsprechenden Ansprüchen frei.

Darüber hinaus gibt *Bergmann* haftungsrechtliche Probleme zu bedenken, die sich aus der Pollizitationstheorie ergäben: Führt ein Verhalten des Auslobenden dazu, dass sich bei Ausführung der gewünschten Handlung, jedoch vor deren ein Schuldverhältnis konstituierenden Vollendung bei dem Vornehmenden Schäden an nicht durch § 823 Abs. 1 BGB geschützten Rechtsgütern einstellen, wäre dieser im Hinblick auf Regressmöglichkeiten schutzlos gestellt.[832]

Auch diese Problematik der Haftungslücke lässt sich jedoch unter Rekurs auf neuere Rechtsprechung des BGH zu Reitturnieren als Unterfall der Auslobung[833] einer befriedigenden Lösung zuführen. Der BGH stellt dort unter expliziter Ablehnung der Vertragstheorie[834] fest, dass zwischen dem auslobenden Reitverein und Turnierteilnehmern bereits im Vorfeld der die Vollendung der Handlung darstellenden Entscheidung durch das Preisgericht Rechtsbeziehungen im Sinne einer Sonderverbindung bestünden. Aus diesen ergäben sich schließlich (Neben-)Pflichten bezüglich der sorgfältigen und ordnungsgemäßen Vorbereitung und Durchführung des Wettbewerbs sowie des Schutzes der Teilnehmer vor Gefahren, mit denen sie nicht zu rechnen brauchen.[835] Erklärt der BGH damit eine Auslobung zu einem zwar einseitig bindenden, jedoch Schutzwirkung sogar für Dritte entfaltenden[836] Rechtsverhältnis, so muss diese Schutzwirkung erst Recht auch unmittelbar in dem Verhältnis zwischen Auslobendem und Teilnehmer gelten. Die Argumentation *Bergmanns*, die Pollizitationstheorie führe zu einer Haftungslücke, ist somit ebenfalls nicht geeignet, den Charakter der Auslobung als einseitiges Rechtsgeschäft zu erschüttern.

3. Fazit

Der Ansatz *Tinnefelds* bzw. *Otts* verdient insofern uneingeschränkte Zustimmung, als dass innerhalb der Vorschriften der §§ 657 ff. BGB Wertungen lokalisiert und extrahiert werden, die den Normen aufgrund der besonderen Modalitäten der Kommunikationsweise der Auslobung im Sinne eines Gerichtet-

---

831 *Raab*, Austauschverträge mit Drittbeteiligung, S. 466; Staudinger/*Jagmann*, § 333 Rn. 12; MüKo-BGB/*Gottwald*, § 333 Rn. 7.

832 Staudinger/*Bergmann*, § 657 Rn. 13.

833 BGH NJW 2011, 139.

834 BGH NJW 2011, 139, Rn. 12 (»Zwar handelt es sich bei einem Preisausschreiben (Auslobung) um ein einseitiges Rechtsgeschäft […]«).

835 BGH NJW 2011, 139, Rn. 13.

836 Kläger war nicht der teilnehmende Reiter, sondern der nicht teilnehmende Eigentümer des verletzten Pferdes.

Seins auf eine unbestimmte Anzahl an Rezipienten enthalten sind. Diese werden dann konsequenterweise als Ergänzung zu den Vorschriften des allgemeinen Teils des BGB auf Erklärungen in allen Vertragstypen abstrahiert, die – etwa an die gesamte Internetöffentlichkeit – in ähnlicher Weise abgegeben werden.

Eine derartige Generalisierung des Inhalts der §§ 657 ff. BGB, wie sie auch in anderen Rechtsordnungen zu finden ist, vermag jedoch nichts an der Tatsache zu ändern, dass die Regelungen der Auslobung der Pollizitationstheorie folgend für einseitige Erklärungen, die keiner subjektiv als solche intendierten Annahmehandlung des Empfängers bedürfen, konzipiert wurden. Die Abstrahierbarkeit im Sinne eines »besonderen Allgemeinen Teils« für Angebote *ad incertas personas* findet aufgrund wesentlicher struktureller Unterschiede ihre Grenze jedoch dort, wo diese auf einseitige, für ihre Wirksamkeit keinerlei Reaktion des Annehmenden bedürfende Rechtsgeschäfte zugeschnitten Regelungen auf schuldvertragliche Konstellationen übertragen würden. In solchen Fällen besteht die Gefahr, Wertungen der Auslobung als expliziter Ausnahme vom Vertragsprinzip des § 311 BGB[837] auf Situationen zu übertragen, die etwa im Hinblick auf das Verhältnis von Verkehrsschutz und Privatautonomie von völlig verschiedenen Interessenlagen ausgehen. Im Ergebnis sind die in §§ 657 ff. BGB enthaltenen Wertungen bezüglich des Zugangs und der Widerruflichkeit von Willenserklärungen somit grundsätzlich auf *ad incertas personas* im Internet abgegebene Erklärungen übertragbar, allerdings nur, sofern diese ihre Wirkungen – wie etwa die schlichte Einwilligung in den *Vorschaubilder*-Konstellationen – auch ohne ein Willensmoment oder eine Annahmehandlung des Empfängers entfalten sollen.

II. Zugang des Angebots *ad incertas personas* im Internet gem. § 130 BGB

Zugang und Widerruf eines Angebots auf Abschluss einer Open Content-Lizenz bzw. auf Einräumung eines einfachen, unentgeltlichen Nutzungsrechts richten sich somit nach den allgemeinen Regeln des § 130 Abs. 1 S. 1 BGB: Ein Angebot unter Abwesenden[838] wird dann wirksam, wenn es derart in den Machtbereich des Adressaten gelangt, dass dieser es zur Kenntnis nimmt oder nach dem gewöhnlichen Lauf der Dinge zur Kenntnis nehmen konnte.[839] Die Verortung des

837 MüKo-BGB/*Seiler*, § 657 Rn. 4.

838 Als solches werden im Internet abgegebene Angebote nach h. M. zutreffend betrachtet, statt aller Palandt/*Ellenberger*, § 130 Rn. 7a; MüKo-BGB/*Einsele*, § 130 Rn. 2; Hoeren/Sieber/Holznagel/*Kitz*, Hdb. Multimediarecht, Teil 13.1 Rn. 63.

839 BGHZ 67, 271 (275) sowie 137, 205 (208); Palandt/*Ellenberger*, § 130 Rn. 5; MüKo-BGB/*Einsele*, § 130 Rn. 17, 19; spezifisch für elektronische Willenserklärungen *Glatt*, Vertragsschluss im Internet, S. 36.

Sachverhalts »im Internet« ändert an diesen Grundlagen nichts,[840] eine eigene Regelung für elektronische Willenserklärungen[841] wird heute nicht mehr vertreten. Maßgeblich für einen wirksamen Widerruf auch des Angebots *ad incertas personas* ist somit dessen Zugang vor oder mit dem Angebot, § 130 Abs. 1 S. 2 BGB.

Die Probleme des Komplexes »Widerruf von Angeboten bei Open Content« rühren damit nicht aus rechtlichen Unsicherheiten bezüglich der anzuwendenden Normen, sondern aus der genauen Subsumtion der Zugangssituation unter diese her.

1. Bestimmung des Zugangszeitpunktes

Für die Beurteilung des Zugangszeitpunktes von Angeboten auf Einräumung eines einfachen, unentgeltlichen Nutzungsrechts sind zunächst die Umstände des Vertragsschlusses von Belang. Nach anfänglicher, der Neuheit des Rechtsinstitutes geschuldeter Unklarheit[842] ist dies heute weitgehend unumstritten. Eine Einigung kommt zustande, indem der Nutzer unter entsprechender Willensbetätigung[843] erstmals Handlungen vornimmt, welche über ihm gesetzlich zustehende Nutzungsbefugnisse hinausgehen. Diese Handlungen stellen die konkludente Annahme des Angebots dar, welches jeder Distributor mit dem Werk zu verbinden verpflichtet ist und auf deren Zugang der Anbietende gem. § 151 S. 1, Alt. 2 BGB verzichtet.[844]

a. Frühestmöglicher Zeitpunkt des Zugangs: Einstellen ins Internet

Ausgehend von dieser Vorstellung des Vertragsschlusses wird stellenweise als frühester Zeitpunkt, an dem von einem Zugang des Angebots die Rede sein

---

840 BGHZ 149, 129 (133) – *ricardo.de*; erstmals (noch für Bildschirmtext-Systeme) *Kreis*, Vertragsschluss mittels BTX, S. 13f.; *Wiebe*, Die elektronische Willenserklärung, S. 213; Staudinger/*Singer*, vor §§ 116ff. Rn. 57; *Burgard*, 195 AcP (1995), 75 (83f.); *Dörner*, 202 AcP (2002), 363 (366).

841 So erstmals *Clemens*, NJW 1985, 1998 (2000f.); tendenziell auch *Wiebe*, Die elektronische Willenserklärung, S. 206ff.

842 *Plaß*, GRUR 2002, 670 (677) und *Spindler*, VSI-Gutachten, S. 72 sowie *ders.*, Rechtsfragen von Open Source, Teil D Rn. 3 gehen beispielsweise von einem Vertragsschluss bei erstmaliger Nutzung aus.

843 *Koglin*, Opensourcerecht, S. 158, jedoch auf S. 151 auf die Probleme des »Vertragsschlusses qua sozialtypischem Verhalten« verweisend.

844 Bereits *Metzger/Jaeger*, GRUR Int. 1999, 839 (843); *Schulz*, Dezentrale Softwareentwicklung, S. 164f.; *Koglin*, Opensourcerecht, S. 158; *Jaeger/Metzger*, OSS, Rn. 177; *Rosenkranz*, Open Contents, S. 65; *Hoeren* in FS Kollhosser, S. 229 (233); *Spindler/Wiebe*, CR 2003, 837 (874). Dies meint wohl auch *Mantz*, MMR 2006, 784 (785) wenn er bei Open Content das Herunterladen als maßgeblich ansieht: Eine § 69d Abs. 1 UrhG entsprechende Norm fehlt abseits des Software-Urheberrechts. Missverständlich auch die Formulierung von *Schiffner*, Open Source Software, S. 230f., der von der Existenz zweier unterschiedlicher Vertragsstufen auszugehen scheint.

könnte, dessen Einstellen bzw. das offene Einstellen des damit verbundenen Werkes in das Internet genannt. Durch die Verkörperung des Angebots auf dem für jedermann über die Homepage zugänglichen Server wird das Angebot derart öffentlich gemacht, dass eine Kenntnisnahme für jedermann möglich ist.[845] Eine derartige Interpretation des Zugangsvorgangs hätte den Charme, dass mit ihrer Hilfe die oben zur Anwendung der §§ 657ff. BGB geäußerten Bedenken umgangen werden könnten, würde doch eine nahezu identische Wirkung erzielt. Allerdings fände in diesem Fall eine äußerst umfassende Bindung an das Angebot statt: Während eine Auslobung gem. § 658 Abs. 1 S. 1 BGB frei widerruflich wäre, würde eine derartige Vorverlagerung des Zugangs im Falle des § 130 Abs. 1 BGB die Widerruflichkeit gerade ausschließen, da mit Veröffentlichung bereits der Zugang i.S.d. § 130 Abs. 1 S. 2 BGB eintreten würde. Anders als bei dem »Standardfall« der elektronischen Willenserklärung, der Kommunikation per E-Mail, bei der bereits ein Eingehen in einer dafür vorgesehenen Empfangseinrichtung und die damit verbundene Möglichkeit des Abrufs ausreicht,[846] wird das Angebot *ad incertas personas* hier jedoch gerade nicht durch den Abgebenden in Richtung des Empfängers auf den Weg gebracht, sondern bloß offen zugänglich platziert. Um zu vermeiden, dass für den dann unwiderruflich gebundenen Werkschöpfer derart weitreichende Folgen eintreten, ist es folglich notwendig, einen strengeren Maßstab als die Möglichkeit des Abrufs zu fordern. Zudem erscheint eine solche Auslegung in hohem Maße lebensfremd: Zwar besteht die abstrakte Möglichkeit der Kenntnisnahme, es erscheint jedoch sehr weit hergeholt, etwa auch bei Upload auf eine fremdsprachige Homepage ohne jede tatsächliche Kenntnis des Empfängers einen Zugang der Erklärung zu unterstellen. Man würde dabei das komplette Internet[847] als den »Machtbereich« eines jeden Users definieren – ein Ergebnis, das so kaum zu halten ist und heutzutage nicht mehr gefordert wird.

b. Eröffnung einer konkreten Bezugsmöglichkeit via Internet

Einen anderen Ansatzpunkt stellt eine Ansicht dar, die von einem Zugang des mit dem Werk verbundenen Angebots dann ausgeht, wenn eine Webseite mit konkreter Bezugsmöglichkeit des mit dem Werk verbundenen Angebots im Browser des Users aufgerufen bzw. in dessen Arbeitsspeicher geladen wird. Damit kann dieser jederzeit eigeninitiativ auf das Werk und das damit verbundene Angebot zugreifen. Diese Auffassung erscheint insbesondere bezüglich

845 *John*, 184 AcP (1984), 385 (404) bezeichnet dies als den »Abrufbereich«.

846 *Ruff*, Vertriebsrecht im Internet, S. 136f.; PWW/*Ahrens*, § 130 Rn. 14; Palandt/*Ellenberger*, § 130 Rn. 7a; Jauernig/*Jauernig*, § 130 Rn. 5; Heun, CR 1994, 595 (598); *Ultsch*, NJW 1997, 3007 (3008); *Dörner*, 202 AcP (2002), 363 (367f.).

847 Jedenfalls dessen frei zugänglichen Teil ohne Berücksichtigung des sog. Deep Web.

der Definition des Machtbereichs zutreffender als die sehr weite erste Lösung. Problematisch erscheinen jedoch zwei Aspekte:

Einerseits wäre die in der modernen Literatur geforderte Voraussetzung des Zugangs des Angebots und damit einer Werkkopie auf dem eigenen Rechner[848] dabei keinesfalls erfüllt. In den Arbeitsspeicher des Rechners wird allein die besuchte Website geladen. Auf dieser ist ein Download-Link zu dem Werk zwar verzeichnet, wenn dieser jedoch nicht angeklickt wird, fehlerhaft ist oder die Datei, auf die verwiesen wird, dort oder generell nicht mehr existiert, so wird das Werk nicht bezogen und das im Rahmen der Lizenzvereinbarung mit diesem fest verbundene Angebot gelangt gerade nicht in den Machtbereich des Empfängers. In letzterem Fall besteht noch nicht einmal die Möglichkeit der Kenntnisnahme. Die unentgeltliche Downloadoption kann schließlich auch aus anderen Gründen, etwa im Wege der Shareware oder einer anderweitigen unentgeltlichen Lizenz bereitgestellt werden, sie ist kein Indiz für den Abschluss einer Open Content-Lizenz. *Koglin* weist schließlich zu Recht darauf hin, dass bei Online-Bezug von Werken eine Lizenz meist erst im Rahmen eines *End User License Agreement* (EULA) nach Download und erster Nutzung angezeigt und durch Klick auf ein entsprechendes Feld angenommen wird (sog. *Click Wrap*-Lizenzen)[849] – eine Notwendigkeit, auf die konkreten Modalitäten der Lizensierung hinzuweisen, besteht somit bei bloßer Bereitstellung zum Download ebenfalls nicht.[850] Dem tragen die GNU GPLv3 bzw. die Creative Commons 4.0-Lizenzen Rechnung, indem sie bloß verlangen, dass Copyright-Hinweise an dem Werk angebracht und Lizenzangebote mit dem Werk fest verbunden, aber nicht vor Bezug oder Ausführung bestätigt bzw. explizit angenommen werden müssen.[851]

Eine Verlagerung des Angebotszugangs auf die Eröffnung einer konkreten Bezugsmöglichkeit eines Werkes ist damit zwar bei entsprechender Formulierung bzw. Gestaltung der Website möglich, taugt jedoch nicht als generalisierbares Zugangsparadigma für Angebote auf Abschluss einer Open Content-Lizenz.

848 *Redeker*, IT-Recht, Rn. 864; *Faust*, BGB AT, § 2 Rn. 9; Hoeren/Sieber/Holznagel/*Kitz*, Hdb. Multimediarecht, Teil 13.1, Rn. 78 (»Schnittstelle vom allgemeinen Netz zum Gerät des Empfängers passiert«).

849 *Koglin*, Opensourcerecht, S. 156, allerdings mit berechtigten Zweifeln an einer AGB-rechtlichen Zulässigkeit, die jedoch für die Frage des Zugangs außer Betracht bleiben kann.

850 Zu diesem Problem in der US-amerikanischen Literatur auch *Engelfriet*, IFOSS Law Review (2001), 81 (82) sowie zu der sogenannten »Java Trap«, bei der Source Code beim erstmaligen Abruf bereits ausgeführt wird, ohne dass die Möglichkeit für Lizenzhinweise besteht *Stallman*, Free Software, Free Society, S. 54, dort Fn. 1.

851 § 4 der GNU GPL (»[…] publish on each copy an appropriate copyright notice […], give all recipients a copy of this license along with the Program«); Sec. 2 a) 5 A der Creative Commons 4.0-Lizenzen (»Every recipient of the Licensed Material automatically receives an offer […] .«).

c. *Verkörperung einer Kopie des Werkes in der Sphäre des Nutzers*

Orientiert man sich eng an der gängigen Zugangsdefinition unter Berücksichtigung der Besonderheiten des digitalen bzw. Internet-Umfelds,[852] so liegt es dagegen näher, den Zeitpunkt der erstmaligen Verkörperung des Angebots auf dem Empfangsgerät des Nutzers als Zugangszeitpunkt anzusehen.[853] Mangels einer dezidiert gewidmeten Empfangseinrichtung ist dies der erste Zeitpunkt, in dem ein Angebot im Herrschaftsbereich des Empfängers verkörpert wird und damit als zugegangen betrachtet werden kann. Hieran vermag auch die potentielle Flüchtigkeit der Verkörperung nichts zu ändern, das Risiko der dauerhaften Speicherung zu Nachweiszwecken liegt in solchen Fällen beim Empfänger.[854]

Dies mag zwar insofern widersprüchlich erscheinen, als dass eine eventuelle Werknutzung durch das reine Browsen gem. § 44a Nr. 2 UrhG erlaubnisfrei und damit aus Sicht einer Open Content-Lizensierung noch nicht relevant ist.[855] Es besteht somit keine Notwendigkeit, in diesen Situationen Rechte einzuräumen. Dennoch koppeln die gängigen Lizenztexte die Verbreitung von Werkkopien mit der Unterbreitung eines Angebots, ohne auf die Lizenzpflichtigkeit der Nutzungshandlung abzustellen oder Ausnahmen für flüchtige Kopien zu statuieren.[856] Beim Browsen wird jedoch im Cache des Anzeigenden eine abruf- bzw. anzeigbare Kopie erstellt, so dass dem Distributor eine Ausgestaltung der Verbreitung obliegt, die eine Kenntnisnahme vom Angebot spätestens mit der Anzeige ermöglicht. Dieses Ergebnis führt schließlich zwar bei Nicht-Softwarewerken vereinzelt zu der unter b) abgelehnten Konstellation des Zugangs bei erster Eröffnung einer Bezugsmöglichkeit – etwa bei direkter Anzeige eines Bildes oder Textes, welches so eventuell vor einem bewussten Download bei reiner Betrachtung im Cache verkörpert wird. Man gelangt dabei jedoch in der Konstellation von nicht direkt angezeigten, aber per Download zu beziehenden Werken zu tauglicheren Ergebnissen.

2. *Fazit*

Ein auf Abschluss eines Open Content-Lizenzvertrags sowie auf Einräumung eines einfachen, unentgeltlichen Nutzungsrechts für jedermann gerichtetes

852 Dazu die Nachweise in Fn. 849 sowie Fn. 840.

853 So bereits *Heun*, CR 1994, 595 (598); Hoeren/Sieber/Holznagel/*Kitz*, Hdb. Multimediarecht, Teil 13.1, Rn. 78.

854 *Faust*, BGB AT, § 2 Rn. 2 sowie die Nachweise in Fn. 853.

855 So die Erwägung des Gesetzgebers zu § 44a UrhG in RegE UrhR Informationsgesellschaft, S. 18; statt aller Dreier/Schulze/*Dreier*, § 44a Rn. 4; zu dieser Auslegung der § 44a UrhG zugrundeliegenden Richtlinie *Hugenholtz*, EIPR 2000, 482 (488) sowie für Open Content *Rosenkranz*, Open Contents, S. 59 f.

856 Siehe dazu den entsprechenden Wortlaut in Fn. 851.

Angebot geht dem Empfänger spätestens in dem Moment zu, in dem erstmals eine Kopie des Werkes in dessen Herrschaftssphäre verkörpert wird. Dies ist in der Regel der Zeitpunkt des bewusst initiierten Downloads einer Werkkopie, mit Ausnahme von Werken, die derart in einen Webauftritt eingebettet sind, dass sie während des Browsens automatisch in den Arbeitsspeicher geladen werden. Bis zu diesem Zeitpunkt wäre ein Widerruf des Angebots auf Abschluss einer Lizenz und Einräumung eines einfachen, unentgeltlichen Nutzungsrechts somit rechtlich möglich.

B. Konkrete Anforderungen an einen Widerruf

Wie bereits in § 9 A bezüglich eines Rückrufrechts dargelegt, stellt sich vor der Untersuchung der konkreten Ausgestaltung auch bei einem Widerruf von Angeboten von Open Content die Frage, ob diese Möglichkeit nicht gegebenenfalls aufgrund der Besonderheiten der Schaffensform in Ansehung der mit ihr verbundenen Nachteile ausgeschlossen ist.

I. Generelle Zulässigkeit eines Widerrufs bei Open Content

Auch im Bereich von Open Content gelten die Grundsätze des allgemeinen Zivilrechts. Für gegenüber Abwesenden abgegebene Angebote bedeutet dies, dass bis zum Zeitpunkt des Zugangs gem. § 130 Abs. 1 S. 2 BGB grundsätzlich von einer freien Widerruflichkeit auszugehen ist.[857]

Eine Modifikation dieser Grundsätze könnte sich jedoch durch die Sonderstellung von Open Content, welche in den Linux-Klauseln der §§ 31 ff. UrhG zum Ausdruck kommt, ergeben. Diese Klauseln verfolgen den Zweck, umfangreiche Formerleichterungen für Schöpfer und Rechtsinhaber zu gewähren, um die Funktionalität von Open Content-Lizenzen zu sichern. Das Gewähren dieser Formerleichterungen im Bewusstsein der daraus folgenden, sehr einfachen, massenhaften und unkontrollierbaren Verbreitung von Angeboten kann als Hinweis darauf verstanden werden, dass der Gesetzgeber die Problematik eines nur sehr schwer möglichen Widerrufs zwar antizipiert hat, aber dennoch umfangreiche Formerleichterungen für Schöpfer und Rechtsinhaber gewähren wollte. Schließlich lässt sich aus dem Verzicht auf dem Schutz des Rechtsinhabers dienende Normen die Intention des Gesetzgebers ableiten, dass im Bereich des einfachen, unentgeltlichen Nutzungsrechts für jedermann die Facette des Urheberschutzes sowie das Paradigma des § 11 S. 2 UrhG zurückzutreten habe.

857 Die Notwendigkeit eines Widerrufs betonend, jedoch ohne konkrete Ansätze Dreier/Schulze/*Schulze*, § 33 Rn. 12.

Eine Unwiderruflichkeit könnte daher vom Gesetzgeber intendiert sein, um die gesamtgesellschaftlichen Vorteile der offenen Wissensproduktion abzusichern. Dies würde auch der obigen Feststellung, dass durch die Linux-Klauseln kein »Sonderurheberrecht« statuiert, sondern allein eine neue Art des Werkschaffens bzw. der Lizenzierung auf Basis des existierenden Rechts ermöglicht werden sollte, nicht widersprechen.[858]

Ob in den Klauseln jedoch eine derart weitgehende, nicht explizit geregelte Ausnahme von Modalitäten des allgemeinen Teils des BGB zu sehen ist, kann bezweifelt werden. Die auf *Papinian* zurückgehende[859] Parömie *singularia non sunt extenda,* nach der Ausnahmen restriktiv auszulegen sind,[860] ist zwar insofern kritisch zu betrachten, als dass sie nur in Ausnahmefällen überzeugt, etwa wenn Ausnahmen sonst durch Auslegung obsolet würden.[861] Die Existenz verschiedener, aber gleichlautender Linux-Klauseln in den §§ 31a ff. UrhG lässt jedoch in systematischer Hinsicht allerdings darauf schließen, dass diese auch jeweils nur eine punktuelle Wirkung im Rahmen der jeweiligen Vorschrift entfalten. Es erscheint daher zu gewagt, aus der Häufung der Klauseln und der vagen Intention des Gesetzgebers eine derart weitreichende Einschränkung der Privatautonomie des Urhebers ableiten zu wollen.

Dies leuchtet insbesondere im Vergleich mit anderen Formerfordernissen des bürgerlichen Rechts ein: Die durch die Linux-Klauseln gewährten Formerleichterungen sorgen dafür, dass eine im Zweifel sehr weitreichende vertragliche Verpflichtung ohne jedes Formerfordernis eingegangen werden kann. Im Kontrast dazu wird etwa in § 766 BGB bei Bürgschaften ohne Ansehung der Höhe der Forderung die Schriftform angeordnet, welche bei Verbraucherkreditverträgen gem. § 491 Abs. 2 Nr. 1 BGB ab einem Betrag von 200 € sogar noch um eine ausführliche Belehrung ergänzt wird.[862] Unter diesem Aspekt erscheint bereits die Formfreiheit der unentgeltlichen Rechtseinräumung an jedermann diskutabel, dürfte jedoch im Interesse der Vorteile eines derartigen Schaffens für die Allgemeinheit hinzunehmen sein. Es dürfte jedoch angesichts der Warn- und

858 Dazu oben, § 7.A.III.

859 D 40, 5, 23, 3 a. E und D 41, 2, 44, 1.

860 BGHZ 2, 237 (244); BGHZ 4, 222; BGHZ 11, 135 (143); BGHZ 17, 266; zuletzt BGH NJW 1989, 460 (461); *Honsell* in Staudinger, Eckpfeiler des Zivilrechts, Teil B, Rn. 56 aE; spezifisch für das Immaterialgüterrecht *Holzapfel/Werner* in FS Straus, 99 (100–102).

861 *Pawlowski*, Methodenlehre, Rn. 489; *Larenz/Canaris*, Methodenlehre, S. 355; *Holzapfel/Werner* in FS Straus, S. 99, 114; *Würdinger*, 206 AcP (2006), 946 (956ff.); NK-BGB/*Looschelders*, § 133 Rn. 16; zu Kritik an dieser Figur siehe ferner die oben unter § 6 B III geführte Argumentation.

862 § 492 Abs. 2 BGB i. V. m. Art. 247 EGBGB §§ 6–13, verlangt wird unter anderem die für den Darlehensgeber zuständige Aufsichtsbehörde (§ 6 Nr. 3) oder etwa ein Hinweis auf den Anspruch des Darlehensnehmers auf einen Tilgungsplan nach § 492 Abs. 3 Satz 2 BGB (§ 6 Nr. 4).

Belehrungsfunktion von Formerfordernissen mit der Privatautonomie unvereinbar sein, die für den Rechtsinhaber nachteiligen Folgen dieser Formerleichterung durch eine generelle Unwiderruflichkeit des Angebots auf Rechtseinräumung unabhängig vom Willen des Äußernden noch über dieses Maß hinaus zu verstärken. Ferner würde insofern ein Widerspruch erzeugt, als dass die mit den Linux-Klauseln suspendierten Formvorschriften und Vergütungsregeln unter anderem mit der Argumentation eingeführt wurden, die Schutzwürdigkeit des Rechtsinhabers wäre aufgrund der Erteilung nur einfacher Nutzungsrechte gering.[863] Es wäre gefährlich, den so begründeten Formerleichterungen dann derart gravierende, vor allem mit Blick auf weitere Einräumungen nicht mehr umkehrbare Rechtsfolgen angedeihen zu lassen. Schließlich begäbe man sich mit einer derartigen Annahme und der daraus resultierenden, weitgehenden Aufgabe faktischer Verwertungsmöglichkeiten in die Nähe der Aufgabe des Urheberrechts bzw. einem Verzicht auf daraus folgende Verwertungsrechte, einer Konstellation die seit jeher kritisch und von wesentlichen Teilen des Meinungsspektrums als unzulässig betrachtet wird.[864]

Die Möglichkeit, auf Abschluss einer Open Content-Lizenz sowie die Einräumung eines einfachen, unentgeltlichen Nutzungsrechts für jedermann gerichtete Angebote in den Grenzen des § 130 Abs. 1 S. 2 BGB zu widerrufen, wird durch die Linux-Klauseln somit unberührt gelassen. Das allgemeine »Primat des Erklärungswillens«[865] der Rechteinräumenden bleibt unangetastet.

II. Privatautonomer Ausschluss der Widerruflichkeit

Dies schließt es jedoch nicht aus, dass ein Rechteinhaber bei Abgabe einer Erklärung von der Disponibilität des § 130 Abs. 1 S. 2 BGB[866] Gebrauch macht und die Widerruflichkeit des Angebots ausschließt.

1. *Unwiderruflichkeitsklauseln in Lizenztexten*

Bezüglich eines privatautonomen Ausschlusses liegt es diesbezüglich nahe, die Unwiderruflichkeitsklauseln in vielen Open Content-Lizenzen auch bereits auf das Angebot *ad incertas personas* ausstrahlen zu lassen. Generell gilt, dass die Regelungen zum Widerruf von Willenserklärungen nach herrschender Ansicht

863 GesE UrhStärkungsG, S. 15.

864 BGHZ 129, 66 (73) – *Mauerbilder*; Schricker/Loewenheim/*Schricker/Loewenheim*, § 29 Rn. 25; Fromm/Nordemann/*J. B. Nordemann*, § 29 Rn. 12; Möhring/Nicolini/*Spautz*, § 29 Rn. 7; Dreier/Schulze/*Schulze*, § 29 Rn. 10; BeckOK-UrhG/*Spautz/Götting*, § 29 Rn. 5; zustimmend, aber kritisch *Rehbinder/Peukert*, UrhR, Rn. 883, 885.

865 Staudinger/*Singer*, § 130 Rn. 99.

866 Zu dieser statt aller MüKo-BGB/*Einsele*, § 130 Rn. 40 m. w. N. in Fn. 6.

dispositiv sind.[867] Eine Unwiderruflichkeitserklärung hinsichtlich des Angebots wäre somit möglich.

Eine direkte Übertragung der in vielen Open Content-Lizenzen enthaltenen Unwiderruflichkeitsklauseln auch auf die die Lizenzen erst begründenden Angebote auf Abschluss eines Lizenzvertrags überzeugt jedoch nicht. Es würde einen Bruch mit dem im deutschen Recht geltenden Trennungs- und Abstraktionsprinzip bedeuten, die Rechtseinräumung und den auf diese zielenden Vertrag (bzw. das diesen begründende Angebot) nicht als jeweils eigene, separate Rechtsgeschäfte zu behandeln und die Wertungen hinsichtlich Ersterer auf Letztere zu übertragen.[868] Die lizenzvertragliche Anordnung der Unwiderruflichkeit bezieht sich eindeutig auf die unter dieser Lizenz eingeräumten Nutzungsrechte, mithin die Verfügung. Eine Ausdehnung des Wirkbereichs dieser Klauseln auch auf die schuldrechtliche Verpflichtung zu ebendieser Verfügung ist angesichts des Trennungs- und Abstraktionsprinzip abzulehnen. Darüber hinaus würde es zu erheblichen logischen Brüchen kommen, würden Klauseln eines noch zu schließenden Vertrages unmittelbare Auswirkungen auf die Wirksamkeit von Erklärungen entfalten, die den Vertrag und damit die Klauseln erst zu seiner Entstehung bringen. Die in vielen Open Content-Lizenzen enthaltenen Unwiderruflichkeitsklauseln entfalten somit keine unmittelbare Wirkung hinsichtlich des Angebots *ad incertas personas*, ihre Berücksichtigung ist diesbezüglich allenfalls bei der Auslegung des Angebots denkbar.

2. *Unwiderruflichkeit des Angebotes aufgrund von § 328 BGB*

Eine noch weitergehende Unzulässigkeit des Widerrufs eines Angebots im Rahmen der Open Content-Verbreitung wird stellenweise auf Basis eines Vertrages zugunsten Dritter (§ 328 BGB) vertreten.[869] Auf dieser Basis soll sich nicht nur die Unwiderruflichkeit des Angebotes *ad incertas personas*, sondern weiter auch eine Pflicht zur Abgabe weiterer Angebote ergeben.[870] Open Content-Lizenzen enthalten nach dieser Ansicht ein Versprechen gegenüber dem Vertragspartner, unter den dort formulierten Voraussetzungen jedem in Frage kommenden Dritten ein Angebot auf Abschluss eines eigenen Lizenzvertrages zu unterbreiten. Diese Konstruktion würde es dem Urheber unmöglich machen,

867 BGH NJW-RR 2010, 1432, Rn. 24; bereits BGH WM 1976, 1130 (1132) zu einer Treuhandsituation; in der Literatur statt aller Staudinger/*Singer*, § 130 Rn. 103 sowie die Nachweise in Fn. 867.

868 *Völzmann-Stickelbrock* in Leible, Schutz des geistigen Eigentums im Internet, S. 47 (70). Etwas anderes ergäbe sich zweifellos bei Betrachtung von Lizenzen als rein schuldrechtlichen Geschäften. Diese Ansicht ist jedoch seit BGHZ 180, 344 – *Reifen Progressiv* überholt und ihrerseits hinsichtlich des Trennungs- und Abstraktionsprinzips zweifelhaft, vgl. Fn. 1200.

869 *Koglin*, Opensourcerecht, S. 142f. am Beispiel der GNU GPLv2.

870 *Koglin*, Opensourcerecht, S. 144.

Neunutzern einen Vertragsschluss zu gleichen Bedingungen zu verweigern oder jedwede andere, den bei diesen eintretenden Lizensierungserfolg gefährdende Handlung – wie etwa die Vereinbarung eines Rechte-Buy-Outs oder ähnliche Einräumungen von ausschließlichen Nutzungsrechten an Dritte[871] – vorzunehmen, ohne dass dies eine Verletzung seiner Pflichten aus dem Deckungsverhältnis darstellen und entsprechende Schadensersatzpflichten auslösen würde.[872]

Eine derartige Charakterisierung wird jedoch von anderen Stimmen in der Literatur mit überzeugenden Argumenten abgelehnt.[873] Eine derartig restriktive Bindung des Urhebers an sein Angebot auf Einräumung eines einfachen, unentgeltlichen Nutzungsrechtes für jedermann höhlt dessen Verwertungsrechte sowie die urheberpersönlichkeitsrechtlichen Befugnisse des Urhebers massiv aus. Der Rechtsinhaber beabsichtigt im Falle einer Open Content-Verbreitung allein einfache Nutzungsrechte einzuräumen, also eine vom Ausmaß der durch die Verfügung eintretenden Belastung seines Urheberrechts verhältnismäßig geringe Belastung vorzunehmen. Bei Annahme eines Vertrages zugunsten Dritter wäre er jedoch nach erstmaliger Annahme des Angebots durch einen Dritten mit einem Vertrag konfrontiert der ihn zur Einräumung unbestimmt vieler weiterer, einfacher Nutzungsrechte an ihm unbekannte Personen verpflichtet. Dies würde eine Belastung bedeuten, die in ihrer Intensität der Einräumung ausschließlicher Nutzungsrechte nahesteht.[874] Der Wille des Rechtsinhabers, sich derart weitgehend zu binden, kann mit Recht bezweifelt werden, zumal er, anders als bei der Einräumung eines ausschließlichen Nutzungsrechts nicht von den weitergehenden Rückruf- und Nachforderungsrechten, die mit einer solchen Einräumung einhergehen würden, profitiert.

Eine andere Argumentationslinie gegen eine derartige Charakterisierung der Open Content-Lizenz nimmt eine vertragsdogmatische Betrachtung vor. Nach dieser Ansicht fehlt es für die Einordnung als Vertrag zugunsten Dritter gem. § 328 BGB an der Bestimmbarkeit der Person des Dritten.[875] In Anbetracht des Wortlautes (»ein Dritter«) sei bereits der extrem weite Kreis potentieller Adressaten bzw. Begünstigten des Versprechens problematisch, es fehle an der in jedem Fall geforderten Mindestvoraussetzung der Bestimmbarkeit des im Valutaverhältnis Begünstigten.[876] Einmal ins World Wide Web gelangt, ist es

871 Vgl. dazu unten, Teil § 11.B und C.

872 *Koglin*, Opensourcerecht, S. 143.

873 *Völzmann-Stickelbrock* in Leible, Schutz des geistigen Eigentums im Internet, S. 47 (69f.); *Koch*, CR 2000, 333 (335).

874 *Völzmann-Stickelbrock* in Leible, Schutz des geistigen Eigentums im Internet, S. 47 (70).

875 *Koch*, CR 2000, 333, (335).

876 *Koch*, CR 2000, 333, (335) unter Verweis auf RGZ 106, 120, (126); zur Notwendigkeit der

schlechterdings unvorhersehbar, wie viele Personen oder gar welche konkreten Personen das Angebot auf Abschluss einer Open Content-Lizenz und Einräumung eines einfachen, unentgeltlichen Nutzungsrechtes annehmen und damit potentielle Dritte in einer derartigen Vertragskonstruktion würden.

Selbst für den Fall, dass man die Bestimmtheit des Dritten aufgrund des privatautonomen Charakters des deutschen Privatrechts für abdingbar bzw. entbehrlich hält,[877] so ist es nicht fernliegend, eine derartige vertragliche Bindung mit all ihren Sorgfalts-, Verhaltens- und im Endeffekt Schadensersatzpflichten als von der subjektiven Seite des abgegebenen Angebots nicht mehr gedeckt anzusehen. Aus einem altruistischen Angebot, welches nach der Erstverbreitung allein aus Gründen der Praktikabilität »selbsttragend« im Wege der Direktlizensierung ausgestaltet ist,[878] würde bereits zum Zeitpunkt der ersten Annahme eine im Zweifel zu Regressansprüchen führende Verpflichtung gegenüber potentiell jedermann, die das spätere Verhalten des Erstverbreiters weit über die von ihm beabsichtigten Folgen hinaus zu beeinflussen in der Lage wäre.

Über diesen Gedankengang finden sich auch die eingangs von *Völzmann-Stickelbrock*[879] hinsichtlich der Folgen der Einräumung bloß einfacher Rechte geäußerten urheberrechtlichen Bedenken ebenfalls in der allgemein-zivilrechtlichen Dogmatik der Reichweite des abgegebenen Angebots wieder. Als eine einheitliche und überzeugende Argumentation gegen eine Charakterisierung der Rechtseinräumung als Vertrag zugunsten Dritter im Sinne des § 328 BGB ist diese Argumentation zustimmungswürdig. Die allein als Reaktion auf die damalige Rechtslage und deren Schwierigkeiten gewählte Art und Weise der Rechtseinräumung lässt nicht auf einen umfassenden Verpflichtungswillen des Urhebers schließen. Auch genügt sie nicht den formalen Voraussetzungen eines Vertrages zugunsten Dritter gem. § 328 BGB. Ein späterer Widerruf des einmal durch den Rechteinhaber in die Welt des Internets gesetzten Angebots kann somit nicht mit Hinweis auf eine vertragliche Verpflichtung, gegenüber Dritten ebenfalls ein Angebot abzugeben, ausgeschlossen werden.

Bestimmbarkeit des Empfängers BGH NJW-RR 2008, 683 (684); Staudinger/*Jagmann*, § 328 Rn. 14.

877 BGHZ 75, 75.; zuletzt BGH NJW-RR 2008, 683; *Bayer*, Der Vertrag zugunsten Dritter, 1995, S. 141 f., 163 f.; Palandt/*Grüneberg*, § 328 Rn. 11; Staudinger/*Jagmann*, § 328 Rn. 14; PWW/*Stürner*, § 328 Rn. 14.

878 Bei Aufkommen der ersten Open Source-Lizenzen war die Rechtslage hinsichtlich des Fortbestandes von Unterlizenzen bei Ausfall eines Gliedes unklar, vgl. *Wielsch*, Zugangsregeln, S. 213; *Omsels* in FS Hertin, S. 141 (159); *Plaß*, GRUR 2002, 670 (676). Dies dürfte nunmehr anders zu beurteilen sein, dazu im Detail unten, § 13.

879 *Völzmann-Stickelbrock* in Leible, Schutz des geistigen Eigentums im Internet, S. 47 (69 f.).

III. Unanwendbarkeit des Widerrufsrechts gem. § 130 Abs. 1 S. 2 BGB

Angesichts der oben bereits angesprochenen Parallelproblematik des unabdingbaren Kündigungsrechtes des 18. U.S.C. § 203 (a) in den USA entwickelte sich dort eine Auffassung, die die Anwendbarkeit von Rechtsinstituten wie Kündigungs- und anderen Gestaltungsrechten, die ihrer primären Funktion nach auf zwei-Personen-Verhältnisse ausgerichtet sind, verneint.[880] In Anbetracht der deutschen Rechtslage, in der das Angebot *ad incertas personas* und damit naturgemäß auch dessen Widerruf gesetzlich nicht explizit geregelt, sondern gegen den Wortlaut »einem anderen« allein in § 145 BGB hineingelesen wird,[881] verdient diese Ansicht durchaus eine nähere Betrachtung. Im Gegensatz zum US-amerikanischen Recht würde ein so konstruierter Ausschluss des Widerrufsrechts aufgrund dieser unspezifischen Regelungsweise im BGB auch nicht die explizite Nichtbeachtung einer gesetzlichen Bestimmung, sondern allein eine Einschränkung einer ohnehin außerhalb des Wortlauts des § 145 BGB stattfindenden Auslegung bedeuten.

1. Behandlung der Problematik im US-amerikanischen Recht

Im Kern versucht diese Ansicht, eine Nicht-Anwendbarkeit von Kündigungsrechten wie der Vorschrift des 17. U.S.C. 203 (a) im Falle von Open Content-Lizenzen zu begründen. Sie bedient sich dabei zweier wesentlicher Ausgangspunkte: widersprüchlichen Verhaltens seitens des Autors einerseits sowie des Vertrauens der jeweiligen Mitautoren andererseits.

Zum einen soll die Möglichkeit eines Rückzuges des Werkes aus der Allmende dem bei erstmaliger Veröffentlichung in die digitalen *semicommons* geäußerten Willen des Autors diametral entgegenstehen. Wenn ein Autor sich entscheidet, ein Werk in die Allmende zu übergeben und somit zumindest auf die Ausübung einiger seiner urheberrechtlichen Befugnisse verzichtet, so habe das Recht die bindende Natur der privatautonomen Entscheidung zu akzeptieren.[882] Zum anderen würde die Allgemeinheit, die sich nicht nur auf die Existenz, sondern gerade auf die Dauerhaftigkeit der Existenz dieser Werke verlässt, in ihrem in die Erklärung des Autors gesetzten Vertrauen enttäuscht werden und damit die berechtigten Vertrauensschutzinteressen dieser Personengruppe außer Acht

880 *Loren*, 14 George Mason L. Rev. (2007), 271 (297); ebenso *Reese*, Are Creative Commons Licenses Forever, S. 15.

881 Staudinger/*Bork*, § 145 Rn. 19; Jauernig/*Mansel*, § 145 Rn. 3; Palandt/*Ellenberger*, § 145 Rn. 7; besonders deutlich die Aussage *Köndgens*, Selbstbindung ohne Vertrag, 1981, S. 284, das Angebot an einen unbestimmten Personenkreis sei »dem deutschen Vertragsrecht eine einigermaßen befremdliche Vorstellung«. Bereits 1981 bezeichnete *Köndgen* das Paradigma des einzelnen Adressaten dort als »überholt«.

882 *Loren*, 14 George Mason L. Rev. (2007), 271 (297).

gelassen.[883] Die neue Art der urheberrechtlichen Organisation sei somit aufgrund ihrer Umpolung des Urheberrechts zur Gewährung von Freiheit statt Exklusivität einerseits und der Prämisse, ein Raum des gemeinschaftlichen Arbeitens zu sein, in dem untereinander ein frei verknüpfter Zugang zu und Nutzen von fremden Werken stattfinde, mit den herkömmlichen Regeln und Grundsätzen des zweiseitigen Lizenzvertragsrechts nicht adäquat zu fassen.[884]

Auf Grundlage dieser Annahmen wird schließlich gefordert, im Wege richterlicher Rechtsfortbildung ein teilweises *abandonment* der Urheberrechte und damit eine Unwanwendbarkeit des 17. U.S.C. § 203 (a) zu etablieren. Diese solle so weit reichen, wie es Nutzungen unter einer Open Content-Lizenz erforderlich machen, andererseits aber auch nur so weit gehen, wie es dem Willen des Autors entspricht. Als Voraussetzung wird verlangt, dass die Überanwortung der Rechte in die digitale Allmende – und damit das Angebot auf Einräumung eines einfachen, unentgeltlichen Nutzungsrechts für jedermann – drei Bedingungen erfüllt: Die klare Erkennbarkeit nach außen (»should be overt«), die inhaltliche Klarheit der Bestimmungen (»should be clear«) sowie die Widmung zugunsten der Öffentlichkeit (»to the public«).[885] Die Kündigungsvorschriften des 17. U.S.C. § 203(a) gälten im Ergebnis ihrer Natur nach nur für *vis a vis* von zwei klar benannten Parteien geschlossene Verträge und somit gerade nicht für Massengeschäfte zwischen potentiell unbestimmbar vielen und unbekannten Parteien.[886]

2. *Kritik*

Gegen die Übertragung des teilweisen *abandonment* in das deutsche Recht lässt sich an erster Stelle anführen, dass ein Verzicht auf das Urheberrecht in Deutschland *de lege lata* nicht vorgesehen[887] und bei Open Content auch nicht gewünscht ist.[888] Vielversprechend ist dagegen der zur Idee des *abandonment* führende Prozess, Kriterien zu entwickeln, anhand derer aus der Art und Weise der Rechtseinräumung geschlossen werden kann, ob und wann einem Rechtsinhaber zu unterstellen ist, sich gegen die Anwendung von als unpassenden, auf *vis a vis*-Konstellationen gemünzten Normen auszusprechen.

Im US-amerikanischen Kontext wird die teilweise Nichtanwendbarkeit mit der Argumentation abgelehnt, der Wortlaut des 17. U.S.C. § 203 (a) sei abstrakt und ohne Ausnahmen formuliert.[889] Diese Kritik lässt sich in Ansehung des eine

883 *Loren*, 14 George Mason L. Rev. (2007), 271 (295).
884 *Loren*, 14 George Mason L. Rev. (2007), 271 (277f.) (»well-worn doctrines«).
885 Alle drei Wendungen bei *Loren*, 14 George Mason L. Rev. (2007), 271 (324).
886 *Loren*, 14 George Mason L. Rev. (2007), 271 (325).
887 Vgl. dazu die Nachweise in Fn. 864.
888 Dazu oben, vor § 3 mit Nachweisen in Fn. 101 und 102.
889 *Reese* legt in Are Creative Commons Licenses Forever, S. 9–13, überzeugend dar, dass die

offerta ad incertas personas gerade nicht vorsehenden § 130 Abs. 1 S. 2 BGB entschärfen. Es würde keine Rechtsfortbildung *extra* oder gar *contra legem* betrieben,[890] sondern allein eine extensive Auslegung des Anwendungsbereiches des § 130 BGB im Bereich des Widerrufs wieder eingeschränkt. Ein so vorgenommener Ausschluss der Widerruflichkeit müsste sich jedoch der Kritik stellen, dass in derselben Mehrpersonenkonstellation die Abgabe einer Erklärung auf Basis des § 130 BGB noch möglich sein solle, eine weitere Einwirkung auf die abgegebene Willenserklärung dagegen ausgeschlossen. Wenn hinsichtlich der Abgabe und des Zugangs des Angebots eine Zulässigkeit der *offerta ad incertas personas* in den Wortlaut der Norm hineingelesen werden kann, so liegt es nahe, bezüglich des Widerrufs spiegelbildlich zu verfahren und diese dort ebenfalls als von den relevanten Vorschriften umfasst und damit zulässig anzusehen. Hätte der Gesetzgeber eine Differenzierung dahingehend gewollt, dass eine Abgabe von Angeboten an mehrere Personen möglich sein soll, ein Widerruf dagegen nicht, so hätte er diese, auch bei Entstehung des BGB bereits keinesfalls abwegige Situation gesondert erfassen müssen. In den Materialien dazu wird diese Konstellation jedoch ausdrücklich offen gelassen.[891] Der Widerruf wird dagegen klar als Willenserklärung im Sinne eines *actus contrarius* bezeichnet,[892] womit davon auszugehen ist, dass die *offerta ad incertas personas* bei Abgabe wie auch bei Widerruf einheitlich, und damit nach den §§ 116ff. BGB zu behandeln ist.

Zuletzt ist grundsätzliche Kritik an dem Vorschlag angebracht, das Problem im Wege richterlicher Rechtsfortbildung zu lösen,[893] so verständlich dies unter Berücksichtigung des *common law*-Hintergrunds der USA auch ist. Auch dort weisen die zu Open Content-Lizenzen existierenden Urteile eher in die gegenteilige Richtung, hin zu der Anerkennung als herkömmlicher Lizenzvertrag,[894] auf den 17. U.S.C. § 203 Anwendung findet. Bis zur höchstrichterlichen Klärung würden einige Jahre vergehen, in denen die Unsicherheit auf Seiten der Lizenzanwender wesentlich erhöht würde: Der in der bisherigen Diskussion kaum präsenten Problematik würde drastisch erhöhte Aufmerksamkeit zu Teil, die

---

Intention des Gesetzgebers einen möglichst umfassenden Anwendungsbereich erfordert; dies erkennt auch *Armstrong*, 74 Harv. Journal on Legislation (2010), 359, (412).

890 Zur beabsichtigten Auslassung des historischen Gesetzgebers HKK/*Oestmann*, §§ 145–156, Rn. 44.

891 Motive I, S. 167, (»die Rechtsprechung werde auch ohne besondere Anleitung die richtige Entscheidung im einzelnen Falle treffen«).

892 *Mugdan*, Band 1, S. 439 a. E. zum Entwurf der ersten Kommission. Dessen Aussagen wurde von zweiten Kommission bestätigt und angenommen, *Mugdan*, Band 1, S. 685f.

893 *Loren*, 14 George Mason L. Rev. (2007), 271 (319).

894 So *Armstrongs* Einschätzung zu *Lorens* Vorschlägen, 74 Harv. Journal on Legislation (2010), 359 (412); diese wird durch das den Charakter von Open Content-Lizenzen als vollwertige Lizenzen ausdrücklich bestätigende Urteil in *Jacobsen v. Katzer* bestärkt.

sich wiederum negativ auf die Zahl der Widerrufserklärungen und damit letztendlich auf die Schaffensmotivation auswirken dürfte. Die Methode ist damit kaum geeignet, die Rechtslage derart zu klären, dass ein ausreichendes Maß an Rechtssicherheit geschaffen werden könnte, um ein unbeeinflusstes Gedeihen der Allmende zu ermöglichen. Aus Sicht eines widerrufswilligen Autors hätte ein legislatives Tätigwerden schließlich den Vorteil, dass eine Änderung der Rechtslage eine Übergangsregelung für Altfälle enthalten müsste, was bei einer Rechtsprechungsänderung keinesfalls selbstverständlich wäre.

IV. Schutzwürdiges Vertrauen in den Bestand des Angebots, *doctrine of estoppel*

An anderen Stellen in der US-amerikanischen Literatur wird dem Kündigungsrecht des 17 U.S.C. § 203 (a) die Rechtsfigur des *estoppel*, eine der deutschen Idee des *venire contra factum proprium* nicht unähnliche Konstruktion, entgegengehalten. Mit deren Hilfe soll einem *prima facie* Ausübungsberechtigten die Ausübung des ihm zustehenden Rechts auf Basis vorausgehenden Verhaltens versagt und damit ein Element des Vertrauensschutzes in die Rechtsausübung eingebracht werden.[895] Diese auch in urheberrechtlichem Kontext anwendbare Figur[896] solle nach Ansicht einiger Literaturstimmen[897] von den Gerichten dazu genutzt werden, das Vertrauen der vom rechtlichen Bestand Lizenz bzw. der darauf basierenden Rechtseinräumung ausgehenden Nutzer und Bearbeiter zu schützen, mithin eine der Intention von Open Content-Lizenzen und der Unwiderruflichkeitsklauseln widersprechende Kündigung auf Basis des 17. U.S.C. § 203 (a) auszuschließen.

1. *Kritik an der Regelung in den USA*

Auch dieser Lösungsansatz ist in den USA nicht frei von Kritik geblieben. Die Rechtsfigur des *estoppel* ist im *common law* durchaus anerkannt und etabliert. Es wird jedoch bezweifelt, ob auf ihrer Basis gegen den klaren Wortlaut einer Norm entschieden werden kann. In solchen Fällen sind die Voraussetzungen für ein Anwendungen des *estoppel* nicht so problemlos gegeben, wie dies auf den

895 *Readco v. Marine Midland Bank*, 81 F.3d 295 (2nd Circuit, 1996); *Hilco Property Services, Inc. v. U.S.*, 929 F. Supp 526 (United States District Court for the District of New Hampshire, 1996).

896 *Broadcast Music v. Hearst*, 746 F. Supp 320, 329 (SDNY, 1990); *Temp Music v. Myers*, 407 F.2d 503 (4th Circuit, 1969), 507.

897 *Fishman*, Copyright and the Public Domain, § 6.02 [4]; *Johnson*, 71(4) MLR. (2008), 587 (608f.); der Idee aufgeschlossen gegenüberstehend, aber im Endeffekt andere Wege bevorzugend *Armstrong*, 74 Harv. Journal on Legislation (2010), 359 (409).

ersten Blick scheint:[898] Es ließe sich ebenso argumentieren, dass den Aspekten des *fair dealing, good faith and justice*[899] als wesentlichen Motiven des *estoppel* durch den klaren Wortlaut des 17. U.S.C. § 203 (a) gerade genüge getan wird, sodass für eine Korrektur kein Raum mehr verbleibt. In einem weiteren Schritt ließe sich diese Argumentation sogar dahin ausweiten, dass die Klarheit der normativen Aussage durch die Einführung von Ausnahmen durch richterliche Rechtsfortbildung eher beeinträchtigt würde. Das Vertrauen der Rechtsinhaber auf die Geltung der Norm muss im Rahmen des *estoppel* zu Gunsten der Geltung der Vorschrift auch bei Open Content ins Felde geführt werden: An Open Content-Projekten mitwirkende Rechtsinhaber dürfen auf die seit 1991 geltende Norm des 17. U.S.C. § 203 (a) vertrauen.[900]

Die gleiche Argumentationslinie lässt sich auch im Hinblick auf die Schutzwürdigkeit des Vertrauens von sich auf die Lizensierung durch den Autor verlassen habenden Nutzer anwenden: Ein solches kann bezüglich der Dauerhaftigkeit einer Lizenzbestimmung nur so schutzwürdig sein, wie diese Dauerhaftigkeit normativ vorgesehen ist.[901] In Anbetracht der klaren Bestimmung des § 17. U.S.C. § 203 (a) ist das Vorliegen eines solchen Vertrauens bei sich auf die Dauerhaftigkeit der Rechtseinräumung berufenden Rechtsinhabern höchst zweifelhaft: Ein solches müsste gegen den klaren, exakt gegensätzlichen Wortlaut des Gesetzes entstehen. Selbst wenn diese Klarheit des Wortlauts jedoch mit Verweis auf die lange Unklarheit hinsichtlich der Rechtsnatur von Open Content-Lizenzen in den USA angezweifelt würde, wäre ein Vertrauen auf eine Nicht-Geltung jedoch nicht als derart schutzwürdig anzusehen, dass auf dessen Basis gegen den klaren Wortlaut einer universell geltenden und insbesondere unabdingbaren Kündigungsvorschrift argumentiert werden könnte. Andere Formen der Rechtseinräumung, insbesondere die alternative Einordnung von Open Content-Lizenzen als *bare license,* wären noch weit weniger bindend als reguläre Lizenzen,[902] so dass bei Annahme dieser Rechtslage erst Recht kein Vertrauen auf eine dauerhafte Rechtseinräumung entstehen konnte.

---

898 Was von *Johnson*, 71(4) MLR. (2008), 587 (610) auch ausdrücklich anerkannt und eingeräumt wird.

899 *Hilco Property Services, Inc. v. U.S.*, 929 F. Supp 526 (539f.) unter Verweis auf 28 Am. Jur. 2d, Estoppel and Waiver, §§ 28, 29, 33 (1966).

900 Dies wird ebenso von *Armstrong*, 74 Harv. Journal on Legislation (2010), 359 (412) erkannt.

901 In *Hilco Property Services, Inc. v. U.S.*, 929 F. Supp 526 (540) wird ferner »a party or parties which were ignorant of the truth of the matter« als wesentliche Voraussetzung für das *estoppel* angeführt.

902 Solche sind bis zur Gewährung von *consideration* frei widerruflich, *Lulirama Ltd., Inc. v. Axcess Broadcasting Services, Inc.*, 128 F.3d 872, 882 (5th Circuit, 1997); *Loren*, 14 George Mason L. Rev. (2007), 271 (317).

2. *Übertragbarkeit des Vorschlags in das deutsche Recht: § 242 BGB*

Die Argumentationslinien und die Rechtsfigur des *estoppel*, derer sich *Fishman* und *Johnson* bedienen, ist einer Fallgruppe des deutschen § 242 BGB äußerst ähnlich, namentlich der Idee des *venire contra factum proprium*. Wie auch beim *estoppel* soll ein durch Aussagen oder Handlungen begründetes Vertrauen insofern geschützt werden, als dass sich der Handelnde an diesem festhalten lassen muss und ein plötzlich gegenteiliges Verhalten zu Ungunsten des Vertrauenden als unzulässig betrachtet wird.[903] Der Ansatz lässt sich somit in die deutsche Diskussion übertragen. Gegen eine derartige Übertragung sind allerdings zunächst die bereits oben gegen eine richterliche Rechtsfortbildung geäußerten Bedenken anzubringen. Bis die Konstellation durch Ober- und oberste Gerichte verbindlich entschieden ist, würden einige Jahre vermehrter Aufmerksamkeit vergehen. Zudem wäre es möglich, die Rechtsprechung zu ändern oder ein nach einigen Jahren endlich erstrittenes Urteil durch Abweichungen in der Sache, etwa eine andere Art des Zugänglichmachens oder Variationen des Lizenztextes auf Tatsachenebene, zu umgehen.

In rechtlicher Hinsicht ähneln sich die Situationen jedoch, so dass eine Übertragbarkeit dennoch möglich wäre. Eine Kündigungsbestimmung wie 17.U.S.C. § 203 (a) existiert im deutschen Recht nicht,[904] ein schutzwürdiges Vertrauen in die Dauerhaftigkeit der Rechtseinräumung kann also nicht so kategorisch ausgeschlossen werden wie in den USA. Untersuchungsgegenstand ist hier jedoch der Widerruf eines Angebots auf Rechtseinräumung bzw. Abschluss einer Lizenz. Diesbezüglich existiert mit § 145 BGB zwar eine die Bindungswirkung einmal abgegebener Angebote garantierende Norm, diese ist jedoch gemeinsam mit § 130 Abs. 1 S. 2 BGB zu verstehen: Die Bindungswirkung eines Angebots erfordert dessen wirksamen Zugang, ohne dass vorher oder gleichzeitig ein Widerruf zugeht.[905] Es gilt der oben bereits entwickelte Grundsatz, dass die Möglichkeit zum Widerruf eines Angebots ohnehin nur bis zu dessen Zugang besteht,[906] vorher ist im deutschen Recht von einer freien Widerruflichkeit auszugehen. In Anbetracht dieser klaren Rechtslage ist auch im deutschen Recht zweifelhaft, ob auf Seiten Dritter, denen das Angebot trotz Kenntnis von dessen

---

903 Erman/*Böttcher/Hohloch*, § 242 Rn. 106; Staudinger/*Looschelders/Olzen*, § 242 Rn. 286; *Brox/Walker*, SchuldR AT, § 7 Rn. 16.

904 Eine vergleichbare Wirkung zur Stärkung der Autorenrechte wird hier durch den unabdingbaren Anspruch auf angemessene Vergütung erzielt, zu dessen Geltung in der Konstellation des einfachen, unentgeltlichen Nutzungsrechts für jedermann jedoch *Peukert/König* in Schmidt-Kessel, German National Reports on the 19th International Congress on Comparative Law, S. 519 (521).

905 Staudinger/*Bork*, § 145 Rn. 16; Erman/*Armbrüster*, § 145 Rn. 14; MüKo-BGB/*Busche*, § 145 Rn. 18.

906 Vgl. oben, § 10.B.I, einen Widerruf »in gleicher Weise« befürwortet Dreier/Schulze/*Schulze*, § 33 Rn. 12.

Existenz noch nicht zugegangen ist, ein schutzwürdiges Vertrauen darauf entstehen kann, dass das Angebot in der Zwischenzeit bis zum Zugang nicht widerrufen wird. Eine solche Schutzwürdigkeit würde insbesondere durch Dispositionen im Vertrauen auf die Rechtslage[907] oder durch begründeten Glauben an deren Eindeutigkeit begründet.[908] Derartige Dispositionen in Form der Teilnahme an der Allmende setzen jedoch die Annahme des Angebots voraus, ein begründeter Glaube an die Unwiderruflichkeit eines jeden Angebots ließe sich durch Lektüre des § 130 BGB entkräften. Damit kann von einen schutzwürdigen Vertrauen in den Erhalt des Angebots nicht ausgegangen werden.

3. *Fazit*

Im Ergebnis ist die US-amerikanische Idee, einen Rückzug eines Rechtsinhabers mittels der *doctrine of estoppel* zu verhindern, in Gestalt des *venire contra factum proprium* gem. § 242 BGB in das deutsche Recht übertragbar. Die in den USA geäußerten Bedenken hinsichtlich eines schutzwürdigen Vertrauens Dritter auf den Bestand des Angebots greifen jedoch im deutschen Recht ebenfalls: Der Grundsatz der freien Widerruflichkeit von Willenserklärungen lässt für ein schutzwürdiges Vertrauen auf den Fortbestand eines nicht zugegangenen Angebots auf Rechtseinräumung keinen Raum. Auf Basis der Rechtsfigur des *venire contra factum proprium* kann einem Rechtsinhaber somit nicht untersagt werden, sein Angebot auf Abschluss einer Open Content-Lizenz bzw. auf Einräumung eines einfachen, unentgeltlichen Nutzungsrechts im Wege des § 130 Abs.1 S. 2 BGB zu widerrufen.

V. Berücksichtigung des Netzwerkcharakters von Open Content

Ein Ausschluss der freien Widerruflichkeit eines solchen Angebots – und damit Raum für die Anwendung des § 242 BGB im Falle der Ausübung eines solchen – könnte jedoch auch konkludent erfolgen, wenn ein derartiger Wille in den Erklärungen oder den Begleitumständen der Abgabe zu erkennen ist.

1. *Besonderheiten bei der Auslegung von Angeboten* ad incertas personas

Gerade letzterem Aspekt kommt aufgrund des Online-Umfeldes, in dem die Angebote typischerweise abgegeben werden, eine große Bedeutung zu. Je deutlicher Erklärungen an die Allgemeinheit bzw. eine unbestimmte Anzahl an Empfängern gerichtet sind, desto eher hat sich die Auslegung der Erklärung vom

907 MüKo-BGB/*Roth/Schubert*, § 242 Rn. 290; Palandt/*Grüneberg*, § 242 Rn. 56; Hk-BGB/*Schulze*, § 242 Rn. 37; *Canaris*, Vertrauenshaftung, S. 290 am Beispiel des »Kleinsiedlerfalls«, BGHZ 16, 334 (338), sowie S. 338f.

908 Ausführlich zu der eine Schutzwürdigkeit ausschließenden Fahrlässigkeit Staudinger/*Looschelders/Olzen*, § 242 Rn. 292.

individuellen Verständnis der Erklärung durch die Beteiligten zu lösen und sich einer objektivierten Auslegung »aus sich selbst heraus« zuzuwenden, bis hin zu dem Punkt, dass bei konkludenten Erklärungen der Erklärungswert allein aus den Begleitumständen hergeleitet werden kann.[909] Gleichzeitig ist bei an eine Vielzahl von Personen gerichteten Erklärungen zu berücksichtigen, dass die individuellen Motive und Vorstellungen der am Vertragsschluss beteiligten Parteien in Ansehung einer potentiell enormen Zahl von geschlossenen Verträgen immer stärker in den Hintergrund rücken. Deshalb sind derartige Willenserklärungen weniger nach dem individuellen Verständnis der Parteien, dafür umso eher »aus sich selbst heraus«[910] auszulegen, etwa unter Heranziehung der Begleitumstände oder durch Rückgriff auf einen objektiv-generalisierten Verständnismaßstab.[911] Eine derartige, objektiv-normative Auslegungsweise wird schließlich durch die Tendenz von Open Content zu einer Verselbständigung jenseits der konkreten Teilnehmer und Schöpfer nahegelegt.[912]

2. *Inhalt der Willenserklärung*

Im Rahmen der herrschenden Dogmatik zum Vertragsschluss bei Open Content-Lizenzen wird das Angebot auf Abschluss einer solchen bzw. zur Rechtseinräumung an dem zu verbreitenden Werk angehängt und mit diesem verteilt. Die genauen Inhalte des Angebots als Ausgangspunkt der Auslegung[913] sind dabei unklar, es wird nur unspezifisch von »*receives an offer to exercise these rights*« bzw. »*receives a license*« gesprochen.[914] Auf eine Widerruflichkeit wird nicht explizit eingegangen, so dass diese unter Berücksichtigung des verkehrstypischen Sinnes der Erklärung für einen durchschnittlichen Empfängerhorizont zu ermitteln ist.[915]

Hier wäre ein erster, denkbarer Schritt der Rekurs auf das dispositive Recht. Ohne ausdrückliche Abweichungen gelten die Regeln des § 130 Abs. 1 S. 2 BGB, mithin eine freie Widerruflichkeit der Erklärung bis zum Zeitpunkt des Zugangs. Andererseits weisen die ebenfalls zu berücksichtigenden Aussagen des Erklärenden im Vorfeld oder Nachgang der Erklärung in eine andere Richtung.

909 BGH NJW 2007, 2912, Rn. 10 (»Bei der Auslegung von Willenserklärungen, die für eine Vielzahl von Personen Bedeutung erlangen können, ist ausschließlich der objektive Inhalt der Erklärung maßgeblich.«); zustimmend MüKo-BGB/*Busche*, § 133 Rn. 40; BeckOK-BGB/*Wendtland*, § 133 Rn. 28.

910 Staudinger/*Singer*, § 133 Rn. 72.

911 BGH NJW-RR 2006, 491 (493); BeckOK-BGB/*Wendtland*, § 133 Rn. 28.

912 Vgl. zu dieser Vorgehensweise bei organisationsrechtlicher Ausrichtung des Vertrages sogleich unter 3., insbesondere die Nachweise in Fn. 926.

913 Dazu *Rüthers/Stadler*, BGB AT, § 18 Rn. 20–24; *Larenz/Wolf*, BGB AT, § 28 Rn. 34-54.

914 Sec. 2 a) 5 A. der Creative-Commons 4.0-Lizenz bzw. § 10 der GNU GPLv3.

915 *Larenz/Wolf*, BGB AT, § 28 Rn. 8.

Dieser erklärt sich bereit, zeitlich allein durch das Nutzerverhalten beschränkte Verträge zu schließen, sowie ferner einer unbestimmten Anzahl an Personen unwiderrufliche[916] Rechte einzuräumen. Daraus lässt sich zwar, wie oben ausgeführt, nicht ohne weiteres auf eine Unwiderruflichkeit des Angebots schließen,[917] jedoch wird die Bereitschaft des Erklärenden deutlich, sich dauerhaft seiner Befugnisse zu entäußern. Berücksichtigt man ferner die nicht-exklusive Natur der einfachen Nutzungsrechte an immateriellen Gütern sowie die nicht-rivale Art und Weise der Nutzung, so kann die Erklärung von der Allgemeinheit durchaus dahingehend verstanden werden, dass es auf eine zeitliche wie quantitative Begrenzung der Nutzung nicht ankommt, der Erklärende also auf die Möglichkeit des Widerrufs keinen Wert legt.

Zudem ist zu bedenken, dass dem juristisch häufig nicht vorgebildeten Durchschnittsempfänger – in Anbetracht der Prominenz etwa der Wikipedia oder mancher Open Source-Software dürften hier die Maßstäbe des Durchschnittsverbrauchers anzulegen sein – die Feinheiten von Angebot, Vertragsschluss und Rechtseinräumung kaum bekannt sein dürften. Die pauschale Bezeichnung »der Lizenz« als unwiderruflich ist somit durchaus geeignet, bei diesem den Eindruck einer Unwiderruflichkeit auch des Angebots zu erwecken.

3. *Umstände bei Äußerung der Willenserklärung*

In diese Richtung weist auch die Ausgestaltung der Willenserklärung als Teil der Umstände, unter denen die Willenserklärung abgegeben wurde.[918] Nicht nur werden Vertragsschluss und Rechtseinräumung jedermann angetragen, der Erklärende begibt sich durch die erteilte Berechtigung, das Werk weiterzuverbreiten, in Kombination mit der Pflicht, es mit jedem verbreiteten Werk zu verbinden, jeder tatsächlichen Verfügungsgewalt über seine so verkörperte Erklärung. Die in dieser Handlung zu sehende Bevollmächtigung jedes Erwerbers zum Vertragsschluss im Namen des Erklärenden[919] sorgt dafür, dass es diesem bereits auf der zweiten Verbreitungsstufe, mithin jenseits des direkten Kontaktes, unmöglich ist festzustellen, wer in seinem Namen Angebote abgibt, um diese vor Zugang zu widerrufen. Selbst bei unterstellter Zulässigkeit wäre dies faktisch nahezu unmöglich. Dieser Effekt der völligen Entkopplung des Vertragsschlusses von der Person des Rechtsinhabers ist ferner zwar rechtlich

916 Sec. 2 a) 1 der Creative Commons 4.0-Lizenz, Sec. 2 der GNU GPLv3; siehe jedoch zu den Einschränkungen oben, § 9.D.

917 § 10.B.II.1.

918 Zu deren Relevanz bei der Auslegung *Rüthers/Stadler*, BGB AT, § 18 Rn. 21; *Larenz/Wolf*, BGB AT, § 28 Rn. 39–42; ferner MüKo-BGB/*Busche*, § 133 Rn. 55 sowie Staudinger/*Singer*, § 133 Rn. 49f., jeweils m.w.N.

919 *Plaß*, GRUR 2002, 670 (676); *Omsels* in FS Hertin, 141 (160); *Wielsch*, Zugangsregeln, S. 213.

nachvollzogen,[920] aber im Grunde den Gegebenheiten des Mediums »Internet« geschuldet, in welchem sich der Vorgang abspielt, so dass hier auf Seiten des durchschnittlichen Angebotsempfängers, aber auch des Erklärenden, ein jedenfalls laienhaftes Wissen um diese Konsequenz vorherrschen dürfte.[921] Die Nutzung dieser Lizensierungsmodalitäten im Bewusstsein der faktischen Probleme im Widerrufsfall lässt sich bei objektivierter Betrachtung somit ebenfalls als konkludenter Ausschluss der Widerruflichkeit begreifen.

4. *Netzzweckkonforme Auslegung angesichts der Netzwerkumgebung*

Schließlich ist bei der Auslegung von Willenserklärungen zu berücksichtigen, dass diese gerade nicht einseitig erfolgen soll. Ziel ist es vielmehr, eine sinnvolle Regelung zu erreichen, die den Interessen beider Parteien gerecht wird.[922] In Verbindung mit dem oben zur Auslegung von Erklärungen an die Allgemeinheit bzw. im Rahmen von über den konkreten Empfänger hinaus wirkenden Erklärungen Gesagten ergibt sich daraus der Grundsatz der vertragszweckkonformen Auslegung, demzufolge den Parteien in Zweifelsfällen auch angesichts einzelner Unklarheiten an einer Erreichung des Vertragszwecks gelegen ist und diese Unklarheiten damit zugunsten der Zweckerreichung aufzulösen sind.[923]

Dies lässt sich mit der Kernaussage der hier im Rahmen der Charakterisierung von Open Content-Lizenzen vertretenen Lehre der Netzverträge bzw. Vertragsnetze verbinden. Diese ist dahingehend zu verstehen, dass das Pflichtenprogramm einzelner Verträge durch die Bezugnahme auf andere Verträge des Vertragsverbunds modifiziert werden kann – etwa dahingehend, dass sich aus dem Finalnexus bzw. der angestrebten Primärtransaktion heraus Pflichten gegenüber anderen, zwar nicht an dem bilateralen Vertrag, jedoch an dem Netzwerk Beteiligten ergeben.[924] Dementsprechend müssen sich aber auch Modifikationen hinsichtlich der im Rahmen eines solchen Verbundes abgegebenen Willenserklärungen und deren Auslegungsmaßstäben ergeben. Wenn eine Bezugnahme auf den Zweck des Netzes durch Bezugnahme der Verträge aufein-

920 Eine Tatsache, die durchaus kritisch zu hinterfragen ist. *Teubner* bezeichnet ein solches Modell zur Bildung von Vertragsnetzen etwa als »kontrafaktisch« und »blanke Fiktion«, *Teubner*, Netzwerk als Vertagsverbund, S. 196.

921 Etwa im Rahmen der plakativen Vorstellungen »Das Internet vergisst nicht« oder »Was einmal im Internet steht, ist kaum wieder herauszubekommen«.

922 BGH NJW 2002, 747 (748); BGHZ 152, 153 (156); *Larenz/Wolf*, BGB AT, § 28 Rn. 43; MüKo-BGB/*Busche*, § 133 Rn. 63.

923 BGHZ 84, 7; BGHZ 164, 268 (292); Hk-BGB/*Dörner*, § 157 Rn. 4; Jauernig/*Mansel*, § 157 Rn. 3.

924 *Teubner*, Netzwerk als Vertragsverbund, S. 115 (»an Leistungsverpflichtung plus ›Finalnexus‹ des Austauschzweckes schließen die dispositiven und zwingenden Normen des objektiven Vertragsrechts an.«).

ander und damit implizit den Netzzweck stattfindet,[925] so wäre es verfehlt, eine derartige Bezugnahme nicht auch bereits in den auf den Vertrag hinauslaufenden Willenserklärungen zu sehen: auf ihnen basiert der »Beitritt« in das Netz, ihr Inhalt bildet die Grundlage für die Verträge. Somit kann bereits in einer im Rahmen des Netzwerks unter Bezug auf andere Verträge abgegebene Willenserklärung eine entsprechende Willensbekundung gesehen werden. Jedenfalls muss aber bei der Auslegung der Erklärung eine Berücksichtigung des Netzwerkumfelds und dessen Zweck dahingehend erfolgen, dass der Netzzweck neben den oder gar anstelle des zu berücksichtigenden Vertragszwecks tritt. Dies entspricht nicht zuletzt auch der Linie des BGH bei der Auslegung von Erklärungen im Rahmen von Personengesellschaftsverträgen, die sich von den Einzelmitgliedern »emanzipieren«. Bei diesen soll gelten, dass »Gründerwille und -interessen [zurücktreten]« und »[a]n ihrer Stelle der Vereinszweck und die Mitgliedsinteressen die rechtsgestaltende Kraft [gewinnen]«.[926] Zwar sind Netzwerkverbünde gerade keine organisierten Gesellschaften, sie sind *in puncto* Zielsetzung und als Vehikel der Bündelung von Ressourcen für einen bestimmten Zweck diesen in dem vom BGH besonders hervorgehobenen Verselbständigungsaspekt jedoch äußerst ähnlich, so dass einer Übertragung der für sie geltenden Auslegungsgrundsätze auf einen spezifischen Netzzweck verfolgende Vertragsnetze zuzustimmen ist.[927]

Eine derartiges Einbringen des soziologischen Phänomens eines Netzzwecks in die Wertungen des Rechts durch die Berücksichtigung im Rahmen unbestimmter Rechtsbegriff wie etwa *Treu und Glauben* im Rahmen des §§ 242 BGB oder der §§ 133, 157 BGB wird ferner von führenden Vertretern der Netzwerkdogmatik befürwortet.[928] Sie stellt im Gegensatz zu der Aufgabe des Prinzips der Relativität von Verträgen das mildeste Mittel dar, den Netzwerkcharakter der Verträge als zu berücksichtigenden Faktor ohne Erwägungen *de lege ferenda* in das Schuldrecht einzuführen. Bei aller Indirektheit und »leichten Berührung« der eigentlichen Erklärung durch diesen Faktor kann eine Berücksichtigung des Netzzwecks jedoch ausreichend sein, um ein konkludentes Abbedingen des § 130 Abs. 1 S. 2 BGB im Wege der am Netzzweck orientierten Auslegung gem. §§ 133, 157 BGB anzunehmen und so die Brücke zu einem Ausschluss des Wi-

925 Eingehend dazu oben, § 5.C.III und IV.

926 BGHZ 47, 172 (180). Ausführlich dazu *Grunewald*, ZGR 1995, 68 (80ff.) sowie überblicksartig MüKo-BGB/*Ulmer/Schäfer*, § 705 Rn, 172; NK-BGB/*Heidel/Hanke*, § 705 Rn. 170.

927 So explizit für die Auslegung der von Wikipedia verwendeten Lizenzen *Wielsch*, 1 JIPITEC (2010), 96 (102f.), Rn. 44–46.

928 *Teubner*, Netzwerk als Vertragsverbund, S. 157; *ders.* in Wassermann, AK-BGB, § 242 Rn. 47 sowie Rn. 49; *Rohe*, Netzverträge, S. 179f., S. 497; dazu oben, § 5.C.III und IV.

derrufs auf Basis des *venire contra factum proprium*, der in ähnlicher Form auch von *Fishman* und *Johnson* befürwortet wird, zu schlagen.

5. *Zwischenergebnis*

Der bewusste, willentliche Beitritt zu dem Vertragsnetzwerk einer Open Content-Konstruktion geht mit einer Anerkennung der den Open Content-Lizenzen zu Grunde liegenden Ideale und Ziele einher. Diese werden zum Netzzweck des Vertragsnetzes erhoben und sind im Rahmen der Auslegung von Verträgen und Erklärungen gem. §§ 133, 157 BGB zu berücksichtigen. Bei der Frage nach einem Ausschluss des Widerrufs (§ 130 Abs. 1 S. 2 BGB) von im Rahmen des Netzes abgegebenen Willenserklärungen ist somit von einem konkludenten Ausschluss auszugehen. Ein diesem Ausschluss widersprechender Widerruf ist so schließlich nach den Grundsatz des *venire contra factum proprium* gem. § 242 BGB unwirksam.

6. *Problematik der Drittwirkung der Netzwerkeffekte*

Auf den ersten Blick irritiert bei dieser Lösung jedoch, dass die Unwiderruflichkeit des abgegebenen Angebots ein Element ist, auf das sich in erster Linie Dritte, außerhalb des Netzwerks stehende Personen berufen – im Falle des urheberrechtlichen Schaffensprozesses etwa ein neuer Nutzer, welcher von einem unwirksam widerrufen habenden Rechtsinhaber im Rahmen der §§ 97ff. UrhG auf Unterlassung oder Schadensersatz in Anspruch genommen wird und sich auf die Unwirksamkeit des Widerrufs beruft.

Verfolgt man entgegen frühen Verfechtern der Idee willensunabhängig entstehender Vertragsnetze[929] einen prozeduralen Ansatz zur Begründung des Netzwerks – »Teilnahme« an diesem und damit Geltung der Regularien für und gegen den Betroffenen nur durch privatautonomes Unterwerfen unter die Regularien[930] – so erscheint zweifelhaft, ob außenstehende Dritte sich auf aus der Netzwerkverbindung entstehende Übungen oder Verhaltenspflichten berufen können. Eine über die privatautonom eingegangenen Vertragspflichten hinausgehende »Netzwerkwirkung zugunsten nichtbeteiligter Dritter« erscheint mit Blick auf die ausdrücklich anerkannte und beizubehaltende Relativität der Schuldverhältnisse selbst nach deren Lockerung zugunsten des Netzwerks zweifelhaft. Eine allein durch die Netzwerkverbindung bzw. -verdichtung von *inter partes* geschlossenen Verträgen entstehende Rechtsposition, auf die sich

929 *Gernhuber* in FS Larenz, S. 455 (470ff.); *Nicklisch*, JZ 1984, 757 (760f.), der auf zeitliche Dauer und Komplexität als maßgebliche Kriterien abstellt.

930 Von *Brownsword* als in Anlehnung an dessen Theorie eines Gesellschaftsvertrages »Locke-Typus« bezeichnet, *Brownsword*, KritV 2006, 131 (134); eine Konzentration auf den Individualvertrag befürwortend auch *Wellenhofer*, KritV 2006, 187 (190f.); dafür ebenfalls *Rohe*, Netzverträge, S. 169, 177ff. sowie *Teubner*, Netzwerk als Vertragsverbund, S. 133.

außenstehende Dritte berufen könnten, wie etwa ein Kontrahierungszwang oder ein Recht auf Aufnahme in das Netzwerk unter gleichen Bedingungen, muss als eine Durchbrechung dieses Prinzips betrachtet werden und ist unter dem Aspekt der Privatautonomie des Einzelnen, seine Vertragspartner frei wählen zu können, als höchst kritisch anzusehen.

Diesen Bedenken lässt sich jedoch damit begegnen, dass die möglichst offene und so für eine einfache Zugänglichkeit sorgende Konstruktion ein wesentliches Element von auf Open Content-Lizenzen basierenden Werken oder Projekten ist.[931] Betrachtet man dieses integrative Element als Teil des verfolgten Netzzwecks, so kann dieser Netzzweck zwar nach wie vor nur *inter partes* oder jedenfalls nur innerhalb des Netzes[932] Wirkung entfalten.[933] Für den Fall, dass jedoch explizit eine an unbeteiligte Dritte gerichtete und auf Einbeziehung der Allgemeinheit abzielende Funktion einen wesentlichen Teil des Netzwerkzwecks darstellt, muss ein Weg gefunden werden, die Adressaten und potentiellen Teilnehmer am gemeinschaftlichen Werkschaffen überhaupt an diesem Zweck partizipieren zu lassen, um ihn zu verwirklichen. Die zwischen den Netzteilnehmern bestehenden Kooperations- und Loyalitätspflichten mit dem Inhalt, nichts zu tun was die Erreichung des Vertragszwecks gefährdet,[934] bieten sich zu diesem Zwecke an. Würde ein (Mit-)Urheber eines im Netzwerk geschaffenen Werkes sein Angebot auf die Einräumung eines einfachen, unentgeltlichen Nutzungsrechtes an seinem Werkteil widerrufen, so könnten neuen Nutzern nicht länger Rechte an dessen Beiträgen eingeräumt werden und selbst bei »gutgläubiger« Bearbeitung der Beiträge die Rechtsfolgen der §§ 97ff. UrhG eintreten. Der widerrufende Rechtsinhaber würde somit den Netzzweck der Erstellung einer möglichst umfassend und einfach für jedermann zugänglichen, der Bearbeitung offenstehenden digitalen Allmende gefährden.

Eine derartige Interpretation des Verhaltens der Beteiligten im Rahmen der Netzwerk-Dogmatik würde verhindern, dass sich am Netzwerk nicht beteiligte Dritte auf positiv vermittelte Rechte aus diesem berufen können[935] und damit Wirkungen von Schuldverhältnissen außerhalb der *inter partes*-Wirkung erzielt würden. Es werden keinen an dem Schuldverhältnis unbeteiligten Dritten Rechte

931 S. oben, § 1 B sowie *Jaeger/Mantz*, MMR 2014, 480 (481).

932 Eine Ausweitung auf »vertraglose Verbundpflichten« nicht verbundener Teilnehmer des Netzes untereinander befürwortet überzeugend *Teubner*, Netzwerk als Vertragsverbund, S. 200 mit Verweis auf *Lange*, Das Recht der Netzwerke, 1998, S. 200.

933 So im Ergebnis auch *Wellenhofer*, KritV 2006, 187 (192).

934 Diese Pflicht prägt die gesamte Dogmatik der Netzverträge, *Möschel*, 186 AcP (1986), 187 (217ff.); *Rohe*, Netzverträge, S. 195; *Teubner*, Netzwerk als Vertragsverbund, S. 203–205.

935 Anders als dies etwa im Rahmen einer von *Brownsword* als »Hobbes-Typ« bezeichneten Auffassung der Fall wäre, in welcher Fairness- oder Effizienzerwägungen die Netzwerkeffekte zwingend auch ohne den Willen der Beteiligten zum Tragen kommen lassen, *Brownsword*, KritV 2006, 130 (134).

– etwa ein eigenes Forderungsrecht im Sinne des § 328 BGB – eingeräumt, der drittgerichtete Zweck des Netzes verbietet es allein den an ihm Beteiligten, einmal zugunsten der Allgemeinheit vorgenommene Handlungen wieder ungeschehen zu machen. Diese Wirkung wird dergestalt vermittelt, dass über Generalklauseln wie etwa der Auslegung von Willenserklärungen anhand von »Treu und Glauben« sowie der »Verkehrssitte« im Rahmen der §§ 133, 157 BGB oder des § 242 BGB der Netzwerkcharakter der Verträge bzw. die Schaffung einer Wissensallmende als Netzwerkzweck zu einem bei der Auslegung berücksichtigenden Faktor ähnlich dem Vertragszweck wird.[936]

7. *Auswirkungen des Netzwerkcharakters für und gegen Distributoren*

Während im Zuge der obigen Ausführungen von einer Abgabe des Angebots auf Lizenzabschluss sowie Rechtseinräumung durch den Autor des entsprechenden Werkteiles selbst ausgegangen wurde, so ist dies in der Praxis keineswegs der Normalfall. Oftmals wird die Willenserklärung von Dritten, Mitautoren oder reinen Distributoren übermittelt, die Angebote auf Abschluss und Rechtseinräumung für alle anderen Autoren abgeben.[937] Bei diesen Personengruppen scheint eine Teilnahme am Vertragsnetz und eine Unterwerfung unter die mit dieser Teilnahme einhergehenden Effekte wie der Bindung an den Vertragszweck fraglich, mit der Folge, dass von diesen abgegebene Angebote eventuell widerrufen könnten.

Diese Befürchtung lässt sich jedoch durch genaue Untersuchung der Rolle reiner Distributoren zerstreuen. Sie übermitteln Erklärungen, die inhaltlich sowohl bezüglich des Gegenstandes – die jeweiligen Werke bzw. Werkteile – als auch bezüglich der Modalitäten – die jeweilige Open Content-Lizenz – feststehen.[938] Es spricht somit einiges dafür, reine Distributoren nicht als eigene Willenserklärungen abgebende Vertreter,[939] sondern vielmehr als bloße Boten zu betrachten.[940] Da im Rahmen einer Botenschaft gerade keine eigene Willenserklärungen abgegeben, sondern allein die Willenserklärungen Dritter übermittelt werden, kommt es bei deren Auslegung somit nicht auf die Person des Boten, sondern allein auf die unbestritten in das Netzwerk integrierten und dessen Wirkungen unterworfenen Rechtsinhaber an. Ferner ist zu bedenken, dass zwar

936 Zwar kritisch gegenüber einer eigenen »Netzwerkdogmatik«, jedoch genau dies vorschlagend *Grundmann*, 207 AcP (2007), 719 (740) sowie (766); ebenso die Autoren in Fn. 345.

937 *Peukert/König* in Schmidt-Kessel, German National Reports on the 19th International Congress on Comparative Law, S. 519 (536); *Jaeger/Metzger*, OSS, Rn. 175; *Omsels* in FS Hertin, S. 141 (159–162).

938 *Rosenkranz,* Open Contents, S. 71.

939 Jeweils für Open Source-Software *Koch*, CR 2000, 333 (339); *Deike*, CR 2003, 9 (13).

940 So *Rosenkranz*, Open Contents, S. 71f., der überzeugend auch mit haftungsrechtlichen Problemen argumentiert; ferner *Lejeune*, ITRB 2003, 10 (11); *Plaß*, GRUR 2002, 670 (676) sowie *Strobel*, MMR 2003, 778 (780).

die reine, unveränderte Nutzung in einigen Softwarekonstellationen nicht lizenzpflichtig ist, ein zur Distribution notwendiges Bereithalten und Anbieten zum Download jedoch gerade nicht ohne Erlaubnis der Rechtsinhaber möglich ist. Eine solche ist zwar problemlos zu erhalten, jedoch nur bei Abschluss einer Open Content-Lizenz.[941] Somit sind schließlich auch reine Distributoren ohne schöpferische Beteiligung am Vertragsnetzwerk Beteiligte, die dessen Effekte für und gegen sich gelten lassen müssen.

Es ist reinen Distributoren von Open Content somit unbenommen, etwa im Falle der Schließung eines Download-Archives keine weiteren Willenserklärungen mehr abzugeben. Hinsichtlich bereits abgegebener Angebote auf Lizenzabschluss und Rechtseinräumung sind sie jedoch im gleichen Maße wie schöpferische Teilnehmer an einem Widerruf gehindert.

8. *Fazit zur Zulässigkeit des Widerrufs im Vertragsnetzwerk*

Im Rahmen der Auslegung der Willenserklärung ergibt sich über die Inkorporation des Netzzwecks in die Generalklauseln der §§ 133, 157 BGB ein konkludenter Ausschluss des Widerrufs gem. § 130 Abs. 1 S. 2 BGB und damit schließlich die Unwiderruflichkeit des Angebots.

Durch ein derartiges Eindringen nicht explizit im Vertrag erwähnter Wertungen »aus der Umgebung« in die Bewertung und Auslegung von in einem ansonsten bilateralen Schuldverhältnis abgegebenen Willenserklärungen wird zwar die Privatautonomie der Parteien eingeschränkt, ein derartiges Vorgehen ist dem deutschen Recht jedoch nicht fremd. Es wird bei gerichtlicher Vornahme als »mittelbare Drittwirkung« etwa der Grundrechte wohlwollend anerkannt.[942] Nichts anderes bedeutet schließlich eine konsequente Anwendung der hier auf Basis der Netzwerk-Dogmatik unterbreiteten Vorschläge.[943] Die dem Werkschaffen im Rahmen von Open Content zugrundeliegenden Prinzipien und Vorstellungen der jeweiligen Community berechtigen Außenstehende ferner nicht unmittelbar zur Teilhabe an der Allmende. Diejenigen Teilnehmer, die die Regeln jedoch bereits anerkannt haben, müssen sich jedoch bei der Auslegung

941 So etwa Sec. 2 a 1 A i. V. m. Sec. 1 k der Creative Commons 4.0-Lizenzen sowie § 4 der GNU GPLv3 (»Conveying Verbatim Copies«).

942 BVerfGE 7, 198 (206) – *Lüth*; *Larenz/Wolf*, BGB AT, § 4 Rn. 51–69; für § 242 BGB etwa MüKo-BGB/*Roth/Schubert*, § 242 Rn. 75; Staudinger/*Looschelders/Olzen*, § 242 Rn. 144; für § 157 BGB MüKo-BGB/*Busche*, § 157 Rn. 13; Staudinger/*Roth*, § 157 Rn. 3; *Grundmann*, 207 AcP (2007), 729 (740); einen typischen Anwendungsfall stellt die Verpflichtung eines Vermieters dar, die Installation von Satellitenschüsseln durch Mieter im Rahmen von deren Recht auf Informationsfreiheit hinnehmen zu müssen, dazu erstmals BGH NJW 1992, 2490; später BVerfGE 90, 27 (32f.) sowie BGH NJW 2006, 1062 (1063f.); ein Überblick findet sich bei *Horst*, NJW 2005, 2654 (2655).

943 Dies trotz einer ablehnenden Tendenz gegenüber Netzwerkeffekten anerkennend *Grundmann*, 207 AcP (2007), 719 (740).

ihrer Erklärungen oder der Geltendmachung ihrer Rechte an diesen »Grundregeln« orientieren und sich gegebenenfalls an ihrer Zustimmung zu diesen festhalten lassen.[944] Die Open Content-Lizenzen zugrundeliegenden Grundgedanken und -motivationen werden damit zu einer Werteordnung der durch die Lizenzen geschaffenen und verwalteten privaten Ordnung. Dies ist dann bei der Auslegung von Generalklauseln in mit der herkömmlichen, grundrechtlichen Drittwirkung vergleichbarer Weise zu berücksichtigen. Der dabei vorzunehmende Eingriff in die Privatautonomie des Einzelnen ist zwar misslich,[945] in Anbetracht des Vorliegens von ohnehin unbestimmten Generalklauseln jedoch ein denkbar mildes Mittel zur Erreichung eines sozial erwünschten und von den Beteiligten dem Grunde nach gebilligten Ziels. Dies gilt insbesondere in Anbetracht der Tatsache, dass in gängigen Open Content-Lizenzen die Dauerhaftigkeit der Einräumung einfacher, unentgeltlicher Nutzungsrechte sowie die Konnotation der Perpetuierung durchaus erkennbar wird und diese damit einem unter dieser Lizenz arbeitenden Autor bekannt sein dürfte. Ein entsprechendes Bewusstsein, ein dauerhaftes Konstrukt bzw. etwas Größeres als die Summe seiner Teile zu schaffen, ist somit jedenfalls bei Abgabe des mit dem Werk fest verbundenen, dann frei zirkulierenden Angebots an jedermann vorhanden. Im Gegensatz zu etwa grundrechtlicher Drittwirkung kann ein Rechtsinhaber sich einer solchen Beeinflussung schließlich auch durch seine schlichte Entscheidung zur Nichtteilnahme entziehen und dennoch die Vorteile der Allmende rezeptiv nutzen.

Das Aufgreifen von *Teubners* Vorschlag, die Einhaltung von sich aus dem Netzzweck ergebenden Pflichten durch die Einführung eines Äquivalentes zur *actio pro socio* des Gesellschaftsrechts justiziabel zu machen,[946] würde eine derartige Konstruktion schließlich auch gerichtlich durchsetzbar machen, ohne dass sich ein Dritter erst in die Gefahr begeben muss, wegen einer Rechtsverletzung belangt zu werden. Zwar wäre solch ein aktives Vorgehen gegen einen Widerruf zwar nur »Netzwerkinternen« möglich, es würde jedoch mit einem auf Unterlassung von dem Netzzweck widersprechenden Handlungen gerichteten Anspruch eine Möglichkeit eröffnet, der oftmals ausgeprägten Selbstdisziplin in Netzwerkstrukturen ein notwendiges Maß an Durchsetzungskraft einzuräumen, ohne dabei wesentliche dogmatische Prinzipien des deutschen Privatrechts über Gebühr zu strapazieren.

944 In diese Richtung argumentiert schließlich *Malzer*, Vertragsverbünde und Vertragssysteme, S. 525–529 sowie *ebd.*, S. 552, These II–42.

945 *Martinek* befürchtet in NJW 2000, 1397 nicht zu Unrecht ein übermäßiges Eingreifen der »sichtbaren Hand des sozial-administrativen Rechtsanwenders« in die privatautonome Risikoverteilung und Pflichtendeterminierung der Vertragsparteien.

946 *Teubner*, Netzwerk als Vertragsverbund, S. 207–210.

Teil 5: Verlust von Rechtsinhaberschaft, Rechtszuständigkeit oder Verfügungsbefugnis

Unabhängig davon, ob bei der Frage der Widerruflichkeit des Angebots auf Einräumung eines einfachen, unentgeltlichen Nutzungsrechts an jedermann der hier vertretenen Ansicht gefolgt und eine solche ausgeschlossen wird, oder ob deren negative Auswirkungen als für einen derartigen Schritt nicht gravierend genug angesehen werden, existiert ein weiteres Problem der vom Rechtsinhaber unabhängigen Verbreitung seines Angebots durch Dritte. Sollte der Rechtsinhaber eines einmal im Rahmen einer Open Content-Lizenz im Internet veröffentlichten Werks nach dessen Verbreitung und der damit verbundenen Erzeugung eines unkontrolliert zirkulierenden Angebots an jedermann die Rechtsinhaberschaft an dem Werk verlieren, freiwillig auf Dritte übertragen oder in seiner Verfügungsbefugnis eingeschränkt werden, so gerät das in der Praxis bewährte und prinzipiell funktionierende System der Weiterverbreitung an seine Grenzen. In diesem Falle zirkuliert das einmal abgegebene Angebot nach wie vor im Internet und wird mit jeder erzeugten Werkkopie für eine weitere Verbreitung repliziert – die in den Lizenzen angeordnete, feste Verbindung mit dem Werk[947] führt somit zu einer potentiell exponentiellen Verbreitung ohne jedes Zutun des erstmaligen Rechtsinhabers. Auch der bei Angeboten unter Abwesenden eine Annahmefrist statuierende § 147 Abs. 2 BGB vermag dieses Problem nicht zu lösen. Die Frist ist regelmäßig aus den Umständen der Abgabe zu sowie im Falle des § 151 S. 1 BGB aus dem Willen des Abgebenden zu ermitteln.[948] Unter Berücksichtigung des Verzichts auf Zugang der Annahmeerklärung gem. § 151 BGB sowie der expliziten Aufforderung des Abgebenden

947 § 4 der GNU GPLv3 (»keep intact all notices stating that this License [...] and give all recipients a copy of this License along with the Program«); Sec. 3 a 1 C der Creative Commons 4.0-Lizenzmodule (» [...] You must indicate the Licensed Material is licensed under this Public License, and include the text of, or the URL or hyperlink to, this Public License.«).

948 Zu § 147 BGB: BGH NJW 2010, 2873, Rn. 11; MüKo-BGB/*Busche*, § 147 Rn. 31; BeckOK-BGB/*Eckert*, § 147 Rn. 11, jeweils m.w.N.; zu § 151 BGB: BGH NJW 1999, 2179 (2180); MüKo-BGB/*Busche*, § 151 Rn. 8; BeckOK-BGB/*Eckert*, § 151 Rn. 16.

zur Weiterverbreitung und der Intention, eine permanente und einfach zugängliche Wissensallmende schaffen zu wollen, ist daher von einer unbefristeten Geltung des Angebots auszugehen.[949]

Gleichzeitig geht eine Annahme des Angebots durch einen neuen Nutzer in dieser Situation jedoch insofern »ins Leere«, als dass keine Rechtseinräumung erfolgt, wenn es dem ursprünglichen Rechtsinhaber mangels Rechtsinhaberschaft oder Verlust der Verfügungsbefugnis nicht mehr möglich ist, einfache Nutzungsrechte am Werk einzuräumen. Eine solche Verfügung ist unwirksam, was zu einer enormen Rechtsunsicherheit auf Nutzerseite führt. Legt man der Rechtseinräumung das gängige Mittler-Modell zugrunde, so erhält ein Downstream-Nutzer seine Rechte gleichzeitig von allen bisherigen und somit potentiell vielen tausenden Rechtsinhabern gleichzeitig.[950] Verbindet man dies ferner mit der in vielen Communities herrschenden Anonymität bzw. Pseudonymität, so ist es einem neuen Nutzer schlechterdings unmöglich zu erkennen, ob einer dieser unzähligen Gegenüber seine Rechte an dem zu lizensierenden Werk an Dritte übertragen hat oder in seiner Verfügungsbefugnis beschränkt ist.[951] Andererseits reicht jedoch eine einzige unwirksame Rechtseinräumung aus, um die Nutzung des Werkes dem Verdikt der Urheberrechtswidrigkeit anheimfallen zu lassen und den Nutzer den Folgen der § 97 ff. UrhG auszusetzen;[952] zumal ein gutgläubiger Erwerb von urheberrechtlichen Nutzungsrechten mangels eines Rechtsscheinträgers ausgeschlossen ist.[953]

In diesem Abschnitt sollen deshalb zunächst typische Konstellationen untersucht werden, in denen ein von einem (Mit-)Urheber eines dezentral geschaffenen Werkes abgegebenes Angebot auf Rechtseinräumung auf die oben beschriebene Art und Weise im Nachhinein ausgehöhlt wird (§ 11), um nach einer Analyse der Rechtsstellung des Angebotsempfängers (§ 12, Abschnitt A) schließlich den Versuch der Entwicklung eines zufriedenstellenden Lösungsmodells zu unternehmen (§ 12.B, § 13).

---

949 *Mantz*, Rechtsfragen offener Netze, S. 86.

950 Siehe oben vor § 3 sowie *Mantz*, MMR 2006, 784 (785) mit entsprechender Kritik an diesem Modell.

951 *Jaeger/Metzger*, OSS, Rn. 126c; *Metzger/Barudi*, CR 2009, 557 (558f.); *Mantz*, MMR 2006, 784 (785f.).

952 Die Folgen können dabei trotz der unentgeltlichen (im Sinne von kostenfreien) Rechtseinräumung aufgrund der Schadensberechnung mithilfe einer Lizenzanalogie gravierend sein. Das LG Frankfurt am Main setzt etwa in ZUM-RD 2006, 525 (530) einen Streitwert von 150.000 € an; grundlegend anders dagegen OLG Köln WRP 2015, 94 (100), welches Schadensersatz unter Hinweis auf den nichtkommerziellen Charakter einer CC-Lizenz gänzlich ausschließt, dazu detailliert unten, § 12.B.II.

953 Dazu die Nachweise in Fn. 951 sowie BGHZ 5, 116 (119) – *Parkstraße 13*; BGH GRUR 1959, 200 (203) – *Der Heiligenhof*; *Rehbinder/Peukert*, UrhR, Rn. 905; Dreier/Schulze/*Schulze*, § 31 Rn. 24.

§ 11. Zur Unwirksamkeit der Verfügung führende Konstellationen

Hinsichtlich der Unwirksamkeit einer auf Einräumung eines einfachen, unentgeltlichen Nutzungsrechts für jedermann gerichteten Verfügung bei mit dem Werk verbundenen und unkontrolliert im Internet zirkulierenden Angeboten sind zwei Konstellationen von besondere Bedeutung: Zum einen der Wechsel der Rechtsinhaberschaft am Werk, an dem die Rechte eingeräumt werden sollen, sowie zum anderen ein Verlust der Verfügungsbefugnis des Rechtsinhabers, obwohl diesem seine Verwertungsrechte nach wie vor zustehen. Im Hinblick auf mögliche Lösungsvorschläge verdient schließlich die Regelung des § 130 Abs. 2 BGB besondere Beachtung, anhand derer der Gesetzgeber wesentliche Grundsätze des Vertrauen-Dürfens auf den Bestand einer unter abwesenden abgegebenen Willenserklärung niedergelegt hat.

A. Verlust der Geschäftsfähigkeit nach Abgabe des Angebots, § 130 Abs. 2 BGB

Bevor im Folgenden die oben angeführten Konstellationen untersucht werden sollen, ist im Hinblick auf die Entwicklung möglicher Lösungsansätze für die Problematik die Konstellation des Eintritts von Geschäftsunfähigkeit des Erklärenden nach Abgabe, jedoch vor Zugang seiner Erklärung von Interesse.[954] In diesem am einfachsten gelagerten – und sich deshalb in anderen Konstellationen als Vergleichsmaßstab geradezu aufdrängenden – Fall der möglichen Unwirksamkeit einer Verfügung wurde durch den Gesetzgeber im Rahmen des § 130 Abs. 2 BGB unmissverständlich angeordnet, dass die Wirksamkeit der Erklärung nicht beeinträchtigt wird. Ergänzend dazu wird in § 153 BGB der Grundsatz aufgestellt, dass ein unter derartigen Umständen geschlossener Vertrag in Ermangelung entgegenstehenden Willens ebenfalls voll wirksam sein soll.

Der Gesetzgeber lässt mit dieser Anordnung erkennen, dass er den Empfänger einer Willenserklärung im Interesse des Verkehrsschutzes davor bewahren möchte, aufgrund von ihm unbekannten und von ihm schließlich nicht zu vertretenden Umständen über die Wirksamkeit im Unklaren zu bleiben.[955] Im Falle der nach Abgabe einer Erklärung eintretenden Geschäftsunfähigkeit ge-

954 Dem Eintritt der Geschäftsunfähigkeit steht dabei die Bestellung eines Betreuers sowie die damit verbundene Anordnung eines Einwilligungsvorbehalts gem. § 1903 BGB gleich, OLG Celle NJW 2006, 3501 (3502); zust. MüKo-BGB/*Einsele*, § 130 Rn. 42; Palandt/ *Ellenberger*, § 130 Rn. 12; BeckOK-BGB/*Wendtland*, § 130 Rn. 8.

955 Motive I, S. 159 (»so würde der Empfänger unverschuldet in eine mißliche, unter Umständen mit erheblichen Nachteilen für ihn verbundene Lage gerathen«); Staudinger/*Singer*, § 130 Rn. 104.

bietet es daher das Verkehrsinteresse, bei der Beurteilung von deren Wirksamkeit allein auf den Moment der Abgabe abzustellen, was im Rahmen des § 130 Abs. 2 BGB angeordnet wird.

B. Verlust der Rechtsinhaberschaft durch kollektive Rechtewahrnehmung

Die erste hier untersuchte, erstmals von *Jaeger* und *Metzger* erkannte Konstellation, die zu einer Unwirksamkeit der Einräumung eines einfachen, unentgeltlichen Nutzungsrechts für jedermann führen könnte, stellt schließlich die Einräumung eines ausschließlichen Nutzungsrechts an einen Dritten dar, die nach einer bereits erfolgten Verbreitung des Werks als Open Content erfolgt.[956] Der Rechtsinhaber kann sich nach einer gewissen Zeitspanne der freien Nutzung für eine Übertragung eines solchen Rechts auf eine Verwertungsgesellschaft oder im Rahmen des Dual Licensing zu einer parallel zur freien Nutzung laufenden Rechteverwertung entscheiden.[957] Räumt er zu diesem Zwecke einem Dritten ein ausschließliches Nutzungsrecht ein, so können sich bisherige Lizenznehmer gegenüber dem nunmehr ausschließlich Berechtigten auf den Sukzessionsschutz des § 33 UrhG berufen.[958] Im dem Fall, dass jedoch ein nach wie vor zirkulierendes Angebot durch einen neuen Nutzer angenommen wird, bringt es diesen in die unangenehme Situation, zwar von einer wirksamen Rechtseinräumung auszugehen,[959] in Wahrheit jedoch das Werk ganz oder in Teilen rechtswidrig zu nutzen und sich damit dem kompletten Sanktionskatalog der §§ 97ff. UrhG inklusive der dortigen Strafvorschriften auszusetzen.

Die wohl häufigste Konstellation eines solchen Wechsels der Rechtsinhaberschaft stellt die Einräumung eines ausschließlichen Nutzungsrechts zugunsten einer Verwertungsgesellschaft im Rahmen eines Wahrnehmungsvertrags dar. So enthält etwa der Wahrnehmungsvertrag mit der GEMA die Formulierung, dieser die ausschließlichen Nutzungsrechte an allen gegenwärtigen wie zukünftigen Werken einzuräumen. Dies hat zur Folge, dass bei Verschweigen vorheriger Lizensierung einerseits Ansprüche der GEMA gegen den Urheber entstehen können,[960] andererseits zukünftige Rechtseinräumungen im Rahmen

956 *Jaeger/Metzger*, MMR 2003, 431 (433); dazu auch *Mantz*, MMR 2006, 784 (785f.) sowie jüngst *Rauer/Ettig*, WRP 2015, 153 (155).

957 *Dusollier*, 29 Columbia J. L & Arts (2005/2006), 271 (281).

958 *Mantz*, MMR 2006, 784 (786); implizit auch bei *Jaeger/Metzger*, OSS, Rn. 126d; *Peukert/König* in Schmidt-Kessel, German National Reports on the 19th International Congress on Comparative Law, 519 (538).

959 Aus Sicht des Nutzers stellt sich der Download sowie weitere Nutzungen technisch sowie praktisch in keiner Weise anders da, als wenn Rechte wirksam eingeräumt worden wären.

960 *Peukert/König* in Schmidt-Kessel, German National Reports on the 19th International

von Open Content nach obigen Grundsätzen unmöglich werden. Aus diesen Gründen wird von Seiten der GEMA vertreten, dass ihre Wahrnehmungsverträge mit der Vergabe eines einfachen, unentgeltlichen Nutzungsrechts für jedermann unvereinbar seien.[961]

I. Richtlinie 2014/26/EU über die kollektive Rechtewahrnehmung

Diese grundlegende Unvereinbarkeit einer Open Content-Lizensierung mit der Praxis der kollektiven Rechtewahrnehmung soll sich jedoch mit der Umsetzung der Richtlinie 2014/26/EU über die kollektive Wahrnehmung von Urheber- und verwandten Schutzrechten und die Vergabe von Mehrgebietslizenzen für Rechte an Musikwerken für die Online-Nutzung im Binnenmarkt ändern. In Art. 5 Abs. 3 der Richtlinie wird Autoren gegenüber den Verwertungsgesellschaften ausdrücklich das Recht eingeräumt, ungeachtet der Entscheidung für das System der kollektiven Wahrnehmung[962] Lizenzen für nicht-kommerzielle Nutzungen der Werke zu vergeben. Diese Regelung findet sich unverändert in § 11 des Regierungsentwurfs zu einem neuen Verwertungsgesellschaftsgesetz (RegE-VGG) wieder,[963] welches das Urheberrechtswahrnehmungsgesetz (UrhWahrnG) ablösen soll. Ausweislich dessen Wortlauts werden Verwertungsgesellschaften nunmehr gehalten sein, ihre Wahrnehmungsverträge dahingehend abzuändern, dass eine parallele, nicht-kommerzielle Nutzung von Werken in Open Content-Systemen zugelassen wird.[964] Diese Regelung ist allerdings im Hinblick auf ein gewisses »Erpressungspotential« – starke Vertragspartner können Rechtsinhaber dazu bewegen, die von ihnen benötigten Werknutzungen unter einer für diese günstigen Open Content-Lizenz freizugeben[965] – nicht unumstritten. Das Problem wird auch im Kontext der hier untersuchten Problematik des Rechtsverlusts des an der Allmende teilnehmenden Rechtsinhabers relevant: Zur Beurteilung der Gefahren eines Rechtsverlustes in Folge des Abschlusses von Wahrnehmungsverträgen ist wichtig, welche Reichweite der Begriff der »nicht-

---

Congress on Comparative Law, 519 (538) m. w. N.; ebenso *Feldmann* in Heise Online-Recht, Kapitel II, Teil A VI lit. 3a), dort Fn. 22.

961 Pressemitteilung der GEMA vom 23. 01. 2012, wiedergegeben in MMR Aktuell 2012, 327865; ebenso *Klimpel*, Folgen, Risiken und Nebenwirkungen der Bedingung »nicht-kommerziell«, S. 19 Punkt 16.

962 Der Wortlaut des Erwägungsgrundes lautet »Diese Richtlinie [...] lässt jedoch die Regelungen für die Wahrnehmung von Rechten in den Mitgliedstaaten, wie die individuelle Rechtewahrnehmung [...] unberührt«.

963 RegE VG-Richtlinienumsetzungsgesetz, S. 13.

964 So ebenfalls die zutreffende Interpretation von *Pfennig*, Stellungnahme der Initiative Urheberrecht vom 20. 03. 2014, S. 4, abgedruckt in ZUM 2014, 484 (486); sowie RefE VG-Richtlinienumsetzungsgesetz, S. 88, »zu § 11«.

965 *Pfennig*, ZUM 2014, 484, (486).

kommerziellen Nutzung« im Kontext von Open Content besitzt.[966] Zu diesem Zweck ist mit Blick auf die autonome Auslegung des Unionsrechts[967] zu fragen, in welchem Umfang Nutzungen als »nicht-kommerziell« im Sinne des Art. 5 Abs. 3 der Richtlinie 2014/26/EU von der Ausnahme umfasst werden – nur diese sind nämlich auch nach Abschluss eines Wahrnehmungsvertrages der Rechtszuständigkeit der Wahrnehmungsgesellschaften zugunsten der ungehinderten Funktionalität der digitalen Wissensallmende entzogen.

II. Reichweite des Begriffes »nicht kommerziell« bei Open Content

In Ansehung des Art. 5 Abs. 3 der Richtlinie 2014/26/EU drängt sich die Frage auf, in welchem Umfang eine Einräumung von Nutzungsrechten bzw. die konkrete Verwendung der nichtkommerziell lizensierten Werke stattfinden kann, um noch im Rahmen der Ausnahme des Art. 5 Abs. 3 dem Zuständigkeitsbereich der Verwertungsgesellschaften entzogen zu bleiben. Die Notwendigkeit einer klaren Abgrenzung stellt sich im Bereich des einfachen, unentgeltlichen Nutzungsrechts für jedermann insbesondere bei der Frage, ob, und falls ja in welchem Umfang, der Einsatz von nicht-kommerziell lizensierten Werken im Rahmen von sogenannten mittelbaren Erwerbszwecken noch von einer entsprechenden Lizenz gedeckt ist. Solche mittelbaren Erwerbszwecke liegen etwa in der keineswegs fernliegenden Konstellation vor, dass ein Werk derart zum Download angeboten wird, dass der Nutzer beim Download oder in dessen Umfeld Werbung in Form von Bannerflächen, Pop-Ups oder Interstitials ausgesetzt wird. Für das Zur-Verfügung-Stellen der Werbefläche wird der Seitenbetreiber wiederum von Dritten vergütet, während der Vorgang auf den Seitenbesucher keine weiteren rechtlichen Auswirkungen hat.[968]

Übertragen auf die Konstellation eines einfachen, unentgeltlichen Nutzungsrechtes für jedermann bedeutet ein solcher Einsatz mit mittelbarem Erwerbszweck, dass ein Werk entweder von dem Schöpfer selbst oder aber von – eventuell als Mitautoren agierenden – Distributoren unter einer Open Content-

966 Darauf weist *Holzmüller* in seiner Eigenschaft als Justitiar der GEMA in ZUM 2014, 468 (469) gerade im Kontext des Art. 5 Abs. 3 der RL 2014/26/EU hin, wenn er davor warnt, dass dieser Absatz »das Potential ha[be], das ganze System der kollektiven Rechtewahrnehmung aus den Angeln zu heben«.

967 So erstmals EuGH, Urteil vom 17.12.1980, Rs. 149/79 – *Kommission/Belgien*; *Mayer* in Grabitz/Hilf/Nettesheim, Recht der Europäischen Union, Art. 19 EUV Rn. 53 sowie Callies/Ruffert/*Wegener*, Art. 19 EUV Rn. 12 a. E. mit w. N. dort in Fußnote 40.

968 Zu dieser Konstellation im Bereich des § 53 Abs. 1 S. 2 UrhG *Hofmann*, MMR 2006, 793 (798) mit Erläuterungen in Fn. 53; diese Art der Umsatzgenerierung als Geschäftsmodell anerkennend *Peukert*, GRUR Beil. 2014, 77 (78); ferner ausführlich zur Werbeformen im Internet *Fezer*, UWG, § 4–S5, Rn. 30ff. sowie Köhler/Bornkamm/*Bornkamm*, UWG, § 5 Rn. 4.119–4.122a.

Lizenz angeboten wird und vom Endnutzer unentgeltlich heruntergeladen werden kann. Der Anbieter des Downloads erzielt dabei jedoch einen – etwa im Falle von Downloadportalen oder Archiven, welche mehrere Programme oder eine Vielzahl einzelner Werke anbieten – meist die Kosten der Bereitstellung übersteigenden Gewinn durch die Vermarktung von Werbeflächen. Davon ausgehend, dass das Bereitstellen zum Download für Dritte sowohl bei Software als auch bei regulären Werken den Abschluss einer Open Content-Lizenz auf Seiten des Hosters erfordert,[969] könnte eine Gewinnabsicht bzw. -erzielung dazu führen, dass sowohl die Privilegierungen der Linux-Klauseln nicht eingreifen als auch im Falle einer die kommerzielle Verwertung ausschließenden Lizenz ein Verstoß gegen die Lizenzbedingungen und damit ein Entfall der Nutzungsrechte (§ 158 BGB) und damit bei weiterer Nutzung eine Verletzung der ausschließlichen Rechte des Urhebers gemäß § 97 UrhG vorliegen kann – mit empfindlichen Folgen für den Anbieter der Werke.[970] Mangels einer verbindlichen und aussagekräftigen Definition des Begriffes der nicht-kommerziellen Nutzungen scheint es zunächst angebracht, eine Trennlinie zwischen kommerziellen und nicht-kommerziellen Nutzungen des einfachen, unentgeltlichen Nutzungsrechts für jedermann zu ermitteln.

Trotz einer gewissen, thematischen wie inhaltlichen Nähe zum Komplex der »Unentgeltlichkeit«[971] führt ein Rückgriff auf die entsprechenden Kategorien nicht weiter. Es ist durchaus möglich, zwar entgeltlich, aber nicht kommerziell über Gegenstände oder Rechte zu verfügen, etwa bei gelegentlichem Weiterverkauf privater Dinge.[972] Auch ein Rückgriff auf § 52a Abs. 1 a. E. UrhG ist mangels einer dort vorgenommenen Definition jenseits des reinen Begriffes wenig hilfreich,[973] zumal auch dessen *sedes materiae* im Unterrichts- und Forschungsbereich viele klassisch-kommerzielle Anwendungen von vornherein ausschließt.[974]

969 Exemplarisch Sec. 4 der GNU GPLv3 (welche aber die kommerzielle Verwertung zulässt, vgl. http://www.gnu.org/licenses/gpl-faq#DoesTheGPLAllowMoney) sowie *Jaeger/Metzger*, OSS, Rn. 39 und ferner Sec. 2 a 1) der Creative Commons 4.0-Lizenzen.

970 Das LG Köln spricht in MMR 2014, 478 (480) einem Urheber im Rahmen der Lizenzanalogie Schadensersatz nach der MFM-Tabelle zu; deutlich auch *Jaeger/Mantz* in der Anmerkung (ebd., S. 480f.) (»Im Ergebnis – und das ist ein großes Verdienst freier Lizenzen – führt die Verletzung von (schuldrechtlichen) Pflichten aus dem Lizenzvertrag damit zu einer vollen Haftung nach den Haftungsnormen des Urheberrechts […].«).

971 Näher zu diesem Begriff oben, § 4.B.

972 Wobei auch diesbezüglich die exakte Abgrenzung keineswegs einfach ist, wie etwa die mannigfaltige Rechtsprechung zur Frage des gewerblichen Auftretens bei eBay-Auktionen beweist, vgl. *Lorenz*, VuR 2013, 369 (371f.), dort insbes. Fn. 26 sowie 35.

973 OLG Köln WRP 2015, 94 (97), Rn. 27; *Kreutzer*, Open Content-Lizenzen, S. 43; *Hoeren*, ZUM 2011, 369 (373).

974 *Gounalakis*, Elektronische Kopien für Unterricht und Forschung im Lichte der Verfassung, S. 41; Dreier/Schulze/*Dreier*, § 52a Rn. 13.

Gleiches gilt für einen Rückgriff auf die Unternehmereigenschaft im Rahmen des § 14 BGB. Aufgrund unionsrechtlicher Vorgaben wird bei deren Bestimmung auf die Entgeltlichkeit der angebotenen Tätigkeit abgestellt.[975] Begreift man ferner den handelsrechtlichen Kaufmannsbegriff der Intention des Rechtsgebietes entsprechend[976] als ein professionalisiertes *maius* zu § 14 BGB, so bleibt somit nur die Entwicklung eigener Kriterien zur Bestimmung der Grenze »nichtkommerzieller Nutzungen«.

1. *Strenge Auffassung des LG Köln*

In einem Urteil vom 05.03.2014 beschäftigte sich in Gestalt des LG Köln erstmals ein deutsches Gericht mit dieser Problematik. Hintergrund der Entscheidung war die Verwendung eines Lichtbildwerkes, welches unter einer die kommerzielle Verwendung ausschließenden Creative Commons BY-NC 2.0-Lizenz stand, auf der Webseite des öffentlich-rechtlichen Deutschlandradios. Der klagende Rechtsinhaber sah sich aufgrund der nicht gestatteten kommerziellen Nutzung in seinen Rechten verletzt und verlangte im Rahmen der §§ 97 Abs.1 S. 2 i. V. m. §§ 15, 19a UrhG Schadensersatz sowie Ersatz seiner Anwaltskosten, die Beklagte bestritt die Nutzung des Lichtbildwerks zu kommerziellen Zwecken.[977]

Es oblag somit dem Gericht, den Begriff der nichtkommerziellen Nutzung zu konkretisieren. Nach kurzer Feststellung, dass der Begriff der »kommerziellen Tätigkeit« in der Lizenz nicht definiert sei, kam es zu dem Ergebnis, dass jedenfalls der gleichlautende Begriff des § 16a RStV allein den Zweck habe, EU-Beihilfen im öffentlichen Rundfunk zu ermöglichen und somit im vorliegenden Fall nicht zur Beurteilung der Kommerzialität des Angebotes heranzuziehen sei. Somit näherte sich das Gericht dem Begriff der Kommerzialität allein auf Basis des Zweckübertragungsgrundsatzes des § 31 Abs. 5 UrhG sowie der §§ 133, 157 BGB.[978] Unter diesen Aspekten sei die Beklagte jedoch wie ein privater Radiosender zu behandeln. Die Tatsache der öffentlich-rechtlichen Natur sowie das unstreitige Absehen von Werbung oder Sponsoring und der Verzicht auf ein Entgelt für die Nutzung seien ohne Belang, da durch die Verwendung sowie das Einstellen in ein Archiv das Lichtbildwerk in der gleichen Weise genutzt werde wie bei privaten und damit in der Regel kommerziell agierenden Radiosendern. Die Benutzung durch öffentlich-rechtliche Sender habe der Autor bei Veröffentlichung des Bildes unter der Creative Commons-Lizenz nicht vorausge-

---

975 BGH NJW 2006, 2250 (2251), Rn. 18; statt aller Staudinger/*Habermann*, § 14 Rn. 38 sowie MüKo-BGB/*Micklitz*, § 14 Rn. 23f., jeweils mit ausführlichen Nachweisen.

976 Dieses wird traditionell als »Sonderprivatrecht der Kaufleute« verstanden, statt aller *K. Schmidt*, Handelsrecht, § 1, I 1.

977 LG Köln MMR 2014, 478–480; eine komprimierte Darstellung des Inhaltes findet sich bei *Heckmann*, jurisPK-Internetrecht, Kapitel 3.1, Rn. 349.1.

978 LG Köln MMR 2014, 478 (479).

sehen, so dass die Beklagte nach Treu und Glauben nicht davon ausgehen konnte, zu dem Adressatenkreis der »non-commercial«-Lizenz zu gehören.[979] Dem Zweckübertragungsgrundsatz folgend könne auf Basis der §§ 133, 157 BGB nur zu dem Ergebnis gelangt werden, dass unter einer nicht-kommerziellen Nutzung »allein eine private Nutzung zu verstehen« sei.[980]

Nach Ansicht des LG Köln ist also mangels einer Definition innerhalb der Lizenz unter Rückgriff auf den Zweckübertragungsgrundsatz von einem äußerst engen, allein die rein private Verwendung umfassenden Begriff der nicht-kommerziellen Nutzung auszugehen.

2. *Kritik an der Position des LG Köln*

Dieses Ergebnis wurde scharf kritisiert.[981] Die Autoren führen dabei im Wesentlichen an, das Gericht habe bei der Auslegung des Begriffes der »nicht-kommerziellen Nutzung« sowohl den Wortlaut der einschlägigen Creative Commons BY-NC 2.0-Lizenz nicht hinreichend beachtet als auch den Zweckübertragungsgrundsatz des § 31 Abs. 5 UrhG angewandt, ohne dabei die Besonderheiten von Open Content-Lizenzen zu reflektieren und zu berücksichtigen.[982]

Ziffer 4 c) der Creative Commons BY-NC 2.0-Lizenz[983] liefere dieser Auffassung nach eine zwar ebenfalls auslegungsbedürftige, jedoch gegen die enge Ansicht des LG Köln sprechende Konkretisierung des Kommerzialitätsbegriffs: Kommerziell sei jede Nutzung, die »hauptsächlich auf einen geschäftlichen Vorteil oder eine vertraglich geschuldete geldwerte Vergütung abzielt oder darauf gerichtet ist«.[984] Die Beschränkung des LG Köln allein auf die nutzende Person bzw. Entität lasse diesen Aspekt jedoch außer Acht und verzichte auf eine Analyse der einzelnen Nutzungshandlung. Bei der Anwendung des Zweckübertragungsgrundsatzes habe das Gericht ferner übersehen, dass dieser zwar einen Verbleib der Rechte beim Autor zum Zwecke der Verwertung intendiere, in Anbetracht der speziellen Zielrichtung von Open Content-Lizenzen jedoch der

979 LG Köln MMR 2014, 478 (479).

980 LG Köln MMR 2014, 478 (479f.) (»Ausgehend von der Sicht des Kl. wollte dieser sein Lichtbildwerk allein für eine private Nutzung unentgeltlich zur Verfügung stellen. Jeglicher nachdem allgemeinen Verständnis anzunehmender kommerzieller Zweck sollte ausgeschlossen werden.«).

981 *Jaeger/Mantz*, MMR 2014, 480–483; *Weller*, jurisPR-ITR, 08/2014, Anm. 5, Teil C; *Rauer/Ettig*, WRP 2015, 153 (157).

982 *Jaeger/Mantz*, MMR 2014, 480 (481f.).

983 In der Version 4.0 der Creative Commons-Lizenzen ist mittlerweile Sec. 1 i) maßgeblich (»Definitions – NonCommercial«). Der Wortlaut ist jedoch identisch geblieben.

984 So die Übersetzung des englischen Wortlautes (»[...] in any manner that is primarily intended for or directed toward commercial advantage or private monetary compensation.«), abrufbar unter https://creativecommons.org/licenses/by-nc-sa/2.0/legalcode.

von den beiden Parteien zugrunde gelegte Vertragszweck zu berücksichtigen ist. Dieser mache in Gestalt der Gerichtetheit der Lizenz auf Schaffung einer Wissensallmende sowie der Doppelfunktion vieler Autoren als Nutzer und umgekehrt eine einseitig-schematische Anwendung unmöglich.

Schließlich führe die Tatsache, dass die Lizenz an einen breiten, unbekannten Adressatenkreis gerichtet sei, zu der Notwendigkeit, die Auslegung eher an eine Gesetzesauslegung (mit dem Verfasser als Normgeber) anzunähern, denn sie anhand der §§ 133, 157 BGB vorzunehmen, da eine mit der einheitlichen Wirkung von Gesetzen vergleichbare, personenübergreifende sowie einheitliche Auslegung erreicht werden solle.[985]

3. *Berufungsentscheidung des OLG Köln*

Das auf Berufung der Beklagten in dieser Angelegenheit ergangene Urteil des OLG Köln[986] rezipiert die von *Jaeger* und *Mantz* geäußerte Kritik und schließt sich dieser Argumentation in weiten Teilen an – neben dem Verweis auf eine Broschüre *Klimpels*[987] übernimmt das OLG Köln im Wesentlichen deren dort ausgeführte Argumentation. Das Gericht versäumt es jedoch über die Feststellung, dass das LG Köln von einer zu engen Auffassung der NC-Klausel ausgegangen sei,[988] hinauszugehen. Nach einer ausführlichen Herausarbeitung bestehender Unklarheiten bei der Auslegung der Creative Commons BY-NC-2.0-Lizenz umgeht das OLG Köln die Notwendigkeit einer eigenen Stellungnahme durch einen Hinweis auf § 305c Abs. 2 BGB: Unklarheiten bei der Formulierung formularmäßiger Bedingungen gehen demnach zu Lasten des Verwenders, womit die jedenfalls nicht auszuschließende Möglichkeit der Subsumtion des Deutschlandradios unter die Klausel ausreiche, um einen Verstoß gegen die Lizenz durch die Nutzung auf der Website zu verneinen.[989]

Dieses Vorgehen des OLG Köln ist in rein rechtlicher Hinsicht nicht zu beanstanden.[990] Durch eine strenge Anwendung des § 305c Abs. 2 BGB wird richtigerweise ein Herantasten des Verwenders an das mögliche Maximum einer AGB-Nutzung verhindert und diesem eine entsprechende Sorgfaltspflicht auf-

985 *Jaeger/Mantz*, MMR 2014, 480 (481 f.).

986 OLG Köln WRP 2015, 94–101.

987 *Klimpel*, Folgen, Risiken und Nebenwirkungen der Bedingung »nicht-kommerziell«.

988 OLG Köln WRP 2015, 94 (98), Rn. 30, dies wird ebenfalls in den Ausführungen zur Höhe des Schadensersatzes deutlich, WRP 2015, 94 (100), Rn. 57, wo das Gericht augenscheinlich von einer nicht-kommerziellen Nutzung ausgeht.

989 Einen solchen Verstoß nahm das Gericht dennoch aus dem Grunde an, dass die Rundfunkanstalt bei der Bearbeitung des Fotos unter Verstoß gegen Sec. 4 c) der CC-NC-2.0-Lizenz einen als »*copyright notice*« notwendigen Hinweis auf den Autor entfernt hatte, OLG Köln WRP 2015, 94 (99), Rn. 44–45 des Urteils.

990 Dies heben auch *Rauer/Ettig* in WRP 2015, 153 (155) hervor.

gebürdet.[991] In Ansehung der auch durch das Gericht erkannten besonderen Zielrichtung der Creative Commons-Lizenzen wäre allerdings ein Abweichen von dieser strengen Anwendung geboten.[992] Bei Open Content liegt weder ein Interesse an einer Verkürzung der Nutzerrechte noch das bei klassischen AGB typische Machtungleichgewicht vor. Auch bewegt sich das Vorgehen des Gerichts am Rande eines Zirkelschlusses: Die Auslegung durch ein Obergericht wäre ein wesentlicher Schritt, um die Unklarheiten bei der Auslegung und Anwendung von der deutschen Rechtsordnung unbekannten Rechtsbegriffen zu beseitigen, die im Endeffekt zu einem Eingreifen des § 305c Abs. 2 BGB führen. Aus Sicht der Autoren und Nutzer der Creative Commons-Lizenzen bleibt das Ergebnis der Berufung bis zur eventuellen Klärung durch den BGH im Rahmen einer gem. § 543 Abs. 2 Nr. 1 ZPO zugelassenen Revision somit leider unbefriedigend.[993]

4. Auffassung der Anwender vom Begriff der Kommerzialität

Die auf den ersten Blick am nächsten liegende Möglichkeit zur Entwicklung eines eigenen Kommerzialitätsbegriffs ist die Bestimmung der Reichweite des offenen Wortlautes anhand der Auffassungen von aktiven wie rezeptiven Anwendern der Open Content-Community.[994] Hierbei wird allerdings schnell deutlich, wie umstritten und unklar die Thematik auch dort ist.[995] Eine im Jahr 2009 durchgeführte Studie zu der Thematik unter Nutzern der Creative Commons-Lizenzen[996] liefert zwar interessante, aber keineswegs eindeutige Ergebnisse. Einige der Inkongruenzen der Community-Auffassung legen *Jaeger* und *Mantz* in ihrer Besprechung des Urteils des LG Köln dar:[997] So sehen sich etwa ein Viertel der Teilnehmer komplett außerstande, den Begriff überhaupt zu definieren.[998] Ferner wird der Pauschalbegriff der »staatliche Organisationen« von signifikant mehr Usern als kommerziell eingeordnet als (ebenfalls staatliche) Schulen.[999] Schließlich definieren von den sich eine Definition zutrauenden

991 BeckOK-BGB/*H. Schmidt*, § 305c Rn. 39; *Meyer*, 174 ZHR (2010), 108 (126).

992 So die Kritik von *Schweinoch*, NJW 2015, 795 (795f.).

993 Kritisch dazu *Rauer/Ettig*, WRP 2015, 153 (155) sowie (157).

994 So auch die Ansicht *Kreutzers*, Open Content Lizenzen, S. 43.

995 *Möller* in *Lutterbeck/Bärwolff/Gehring*, Open Source Jahrbuch 2006, S. 271, (273–276); *Hietanen*, The Pursuit of Efficient Copyright Licensing, 2008, S. 76; *Mantz* spricht in Spindler, Rechtliche Rahmenbedingungen von Open Access-Publikationen, S. 55 (62) von einer »Entscheidung des Einzelfalls«.

996 Defining »Noncommercial«: A Study of How the Online Population Understands »Noncommercial Use«.

997 *Jaeger/Mantz*, MMR 2014, 480 (482f.).

998 Defining »Noncommercial«, S. 50 Fig. 7, der Anteil der Autoren ist mit 26 % höher als der der Nutzer (22 %).

999 Defining »Noncommercial«, S. 62 Fig. 15, Medianwerte von 65 %/75 % (»state-run entity«) gegenüber 35 %/45 % (»non-tuition school«).

Teilnehmern nur 44 % den Begriff des *non-commercial use* positiv, der Rest beschränkt sich auf die bloße Aufzählung von definitiv kommerziellen Zwecken.[1000] Bezüglich der Unklarheit ist ebenfalls die Tatsache aufschlussreich, dass Lizenznehmer, welche ihrerseits mit *commons* Gewinn erwirtschaften, identischen *professional use* durch Dritte tendenziell eher als nicht-kommerziell betrachten, dagegen jedoch die Nutzung und Verbreitung ihrer eigenen Werke durch Dritte eher als kommerziell einordnen als andere Nutzer.[1001]

Ein ähnlich gespaltenes Bild ergibt sich zum Thema des mittelbaren Erwerbszecks, paradigmatisch am Beispiel der Gewinnerzielung durch Werbeschaltung im Werkumfeld: Gewinn durch Werbung wird von Autoren wie Nutzern einhellig als eher kommerziell betrachtet (86 % bzw. 88 %), während bei Deckung der »*operating costs*« durch Werbung (Autoren zu 58 % bzw. Nutzer zu 74 %) die Ansichten divergieren. Selbst werbefinanzierte, aber nicht profitable Modelle erzielen jedoch noch verhältnismäßig hohe Punktzahlen zugunsten einer Einordnung als kommerziell (56 % bzw. 64 %),[1002] wobei die erzielten Zahlen insgesamt nicht zuletzt durch die Einschätzung von schulgebührenfreien Schulen als »kommerziell« durch 55 % der Teilnehmer relativiert werden dürfte.[1003]

Es lässt sich somit festhalten, dass die Akteure der Open Content-Community hinsichtlich der Beurteilung der (Nicht-)Kommerzialität relativ strenge Maßstäbe zu Ungunsten von sowohl institutioneller wie gewinnorientierter Nutzung anlegen. Sie greifen dabei jedoch nicht auf solch eindeutige Kategorisierungen zurück wie etwa das LG Köln. In Anbetracht der hohen Punktzahl von allein versuchter, dabei jedoch »fehlgeschlagener« indirekter Finanzierung dürfte der angelegte Maßstab jedoch maßgeblich subjektiver Natur sein und ist somit von einer einheitlichen, als objektivierbarer Leitlinie tauglichen Definition noch weit entfernt.

5. *Stellungnahme*

Die an der Vorgehensweise des LG Köln geübte Kritik vermag zu überzeugen. Eine gewisse Unerfahrenheit, die das Gericht im Hinblick auf Zielrichtung und Funktionsweise der Open Content-Lizenzen bei deren Auslegung allein im Sinne des Urheberinteresses deutlich werden lässt, ist dabei zwar misslich, in Anbetracht der nicht allzu großen praktischen Relevanz der Thematik allerdings nicht verwunderlich. Wesentlich schwerer wiegt die Tatsache, dass das Gericht es trotz der expliziten Erwähnung von Ziffer 4 des Creative Commons BY-NC-2.0-

1000 Defining »Noncommercial«, Appendix 5.6–33.
1001 Defining »Noncommercial«, Appendix 5.6–48; 5.6–50.
1002 Defining »Noncommercial«, Appendix 5.6–54.
1003 Defining »Noncommercial«, S. 62.

Klauselwerkes im Sachverhalt der Entscheidung versäumt, die dort niedergelegten Konkretisierungen zu analysieren und stattdessen auf den objektiven Erklärungswert der Bezeichnung »nicht-kommerzielle Bearbeitung«, mithin allein auf die schlagwortartige Überschrift der Lizenz, abstellt.[1004] Aus Sicht der Anwender ebenso misslich ist die Vorgehensweise des OLG Köln, die Wertung des LG Köln zwar zu relativieren, sich jedoch einer eigenen Auslegung unter Hinweis auf § 305c Abs. 2 BGB zu entziehen.

Schließlich zeigen die Diskrepanzen bei der Beurteilung des Begriffes selbst bei den Anwendern der Lizenzen, dass auch auf Basis des Lizenztextes eine Bestimmung keineswegs einfach ist und darüber hinaus durch die eigene Position bzw. die eigenen Interessen im Zusammenhang mit der Werknutzung abhängt.

III. Versuch einer Konkretisierung des Kommerzialitätsbegriffs am Beispiel mittelbarer Erwerbszwecke

Die Autoren der Anmerkung zum Urteil des LG Köln schließen diese damit, dass eine konkrete Auslegung des Begriffs der »nicht-kommerziellen Nutzung« in jedem Einzelfall abhängig von Tatsachenfragen und damit unumgänglich sei.[1005] Gleichzeitig ist dort ebenfalls getätigten Äußerungen zur Ähnlichkeit der Klauselwerke mit gesetzlichen Vorschriften[1006] zur Gänze zuzustimmen.[1007] Es ist daher im Interesse der Rechtssicherheit für die meist juristisch nicht vorgebildeten Nutzer und Anwender der Lizenzen angebracht, den Begriff jedenfalls soweit zu konkretisieren, dass gerade im Hinblick auf typische Konstellationen wie etwa das Schalten von Werbung oder die Verwendung durch nicht-kommerzielle, aber professionelle, nicht rein private Institutionen eine Orientierungshilfe gegeben werden kann.

1. *Maßstab der Auslegung, Open Content-Lizenzen als* private ordering

Berücksichtigt man die Charakterisierung von Open Content-Lizenzen als Regelungsrahmen der geschaffenen Allmende sowie die unübersichtliche, in sich widersprüchliche Auffassung verschiedener Nutzergruppen vom Begriff der Kommerzialität, so führen diese beiden Faktoren in Übereinstimmung mit der

1004 LG Köln MMR 2014, 478 (479).

1005 *Jaeger/Mantz*, MMR 2014, 480 (483).

1006 *Jaeger/Mantz*, MMR 2014, 480 (482).

1007 Die Lizenzwerke dienen der Ordnung und Verwaltung der zu schaffen beabsichtigten digitalen Allmende, *Wielsch*, 1 JIPITEC (2010), 96 (97), Rn. 3; *ders.*, Zugangsregeln, S. 231f. Besonders deutlich werden die Parallelen bei einem Vergleich mit *Bachmanns* Beispiel der privatautonomen Nutzungsordnung von physischen Gütern, *Bachmann*, Private Ordnung, S. 231.

oben vertretenen Auffassung zu der Notwendigkeit einer Auslegung, die von der Auslegung von in *vis a vis*-Konstellationen geschlossenen Verträgen divergiert.[1008] Es ist somit nicht nur überzeugend, die eine Einräumung von einfachen, unentgeltlichen Nutzungsrechten für jedermann bezweckenden Klauseln als *private ordering* zu begreifen,[1009] sondern im Interesse der Rechtssicherheit auch notwendig – nicht zuletzt auch im Interesse der Rechtsinhaber, die gerade eine weitere und unkomplizierte Stärkung der Allmende als Geltungsbereich des *ordering* wünschen. Bei der Auslegung einzelner Vertragsklauseln steht daher nicht allein die durch die §§ 133, 157 BGB in den Mittelpunkt gestellte Abwägung der Parteiinteressen auf Basis des Empfängerhorizontes im Fokus.[1010] Diese Abwägung tritt vielmehr hinter eine objektivere, am Wortlaut sowie dem Sinn und Zweck des Regelungswerkes orientierte Auslegung zurück.[1011] Open Content-Lizenzen stellen somit in Anlehnung an *Kirchhofs* Beispiel einer durch das Eigentum legitimierten Hausordnung[1012] nichts anderes dar, als die durch das Urheberrecht begründete »Hausordnung« der durch sie geschaffenen Allmende.[1013]

Diese Ansicht lässt sich ferner durch einen Rückgriff auf Prinzipien des Gesellschaftsrechts stützen. Während Open Content-Werke zwar ohne weitere

1008 *Jaeger/Mantz,* MMR 2014, 480 (482).

1009 Dieser im englischsprachigen Raum verbreitete Begriff beschreibt die Regulierung eines der Öffentlichkeit preisgegebenen privaten Raums auf Basis von an jedermann gerichteten Vertragskonstruktionen, die das Verhalten der Akteure in diesem Mikrokosmos steuern, *Bachmann*, Private Ordnung, S. 33–35; *Elkin-Koren*, 74 Fordham Law Rev. (2005), 375 (376) sowie (383); *Weber*, The Success of Open Source, S. 85 sowie *Maggiolino/Montagnani*, IIC 2011, 804 (817); Creative Commons als »*private ordering*« bezeichnet auch *Dusollier*, 29 Columbia J. L. & Arts (2005/2006), 271 (278f.).

1010 Besonders deutlich MüKo-BGB/*Busche*, § 133 Rn. 40 (»Stattet die Rechtsordnung eine Vereinbarung […] mit normativer Wirkung für eine über den Kreis der Vertragspartner hinausgehende Personenzahl aus, so ist es konsequent, die Auslegung solcher Normenverträge insofern der Gesetzesauslegung anzunähern als an die Stelle der Ermittlung eines Empfängerhorizonts die Prüfung der Frage zu treten hat, wie jeder beliebige Normadressat das Vertragswerk verstehen konnte.«).

1011 So erstmals *Hueck*, Jherings Jahrbücher Nr. 73 (1923), S. 32 (59f.) (»die Normen sollen für alle in den Geltungsbereich fallenden Einzelverträge unbedingt und ohne daß es auf den Willen der Einzelvertragsparteien ankäme wirksam werden«); ferner MüKo-BGB/*Busche*, § 133 Rn. 40; Erman/*Armbrüster*, § 157 Rn. 5. Zu beachten ist jedoch, dass im Gegensatz zu Tarifverträgen als klassischem Beispiel die Wirkung der Lizenzen keineswegs über die Vertragspartner heraus reicht, es steht lediglich jedermann der »Zugang« in die derart regulierte, private Allmende offen. Damit handelt es sich bei den Lizenzen um einen sog. schuldrechtlichen Normenvertrag, *Hueck*, aaO, S. 59–62; *Bachmann*, Private Ordnung, S. 95f.

1012 *F. Kirchhof*, Private Rechtssetzung, S. 142.

1013 So im US-amerikanischen Bereich bereits *Weber*, Success of Open Source, S. 179 (»In the absence of hierarchical authority, the license becomes the core statement of the social structure that defines the community.«); eine derartige Funktion ebenfalls befürwortend *Wielsch*, Zugangsregeln, S. 230 sowie *ders.*, 1 JIPITEC (2010), 94 (102f.), Rn. 44–46.

Abreden zwar keine BGB-Gesellschaften bilden,[1014] so stellen sie tendenziell sich gegenüber den einzelnen Beiträgen verselbständigende Projekte dar, mit denen ein die Summe der einzelnen Teile übersteigendes Ganzes geschaffen werden soll. Die entsprechenden Lizenzen weisen somit Ähnlichkeiten mit Organisationsverträgen auf.[1015] Bei deren Auslegung wird jedoch ebenfalls ein umso objektiverer, sich der Gesetzesauslegung annähernder Maßstab gewählt, je größer deren Unabhängigkeit von den konkreten Mitgliedern ist.[1016] Gerade letzterer Aspekt ist bei Open Content besonders ausgeprägt.

Der Begriff der (Nicht-)Kommerzialität ist folglich weniger anhand der Intentionen des konkreten Verwenders im Einzelfall, sondern vielmehr anhand des Wortlautes sowie der Zielsetzung und der Absichten der eine Lizenz promulgierenden Entität zu bestimmen – mithin an den Gegebenheiten, die in Teil 2, Abschnitt C IV unter dem Begriff des »Netzzwecks« als Grundlage der Individualverträge identifiziert wurden. Ausgehend von den Idealen der Open Source-Idee als Ursprung der Ausweitung auf weitere Werkarten liegt dieser Zweck wie von *Jaeger* und *Mantz* zutreffend erkannt in der Schaffung einer digitalen Allmende, die – unabhängig von der konkreten Gestaltung des jeweiligen Projekts – jeder Person einen niedrigschwelligen Zugang zum Konsum von Werken und eigenem Schaffen auf deren Basis ermöglichen soll.[1017]

2. *Entwicklung von Grundsätzen auf Basis des Lizenzwortlautes*

Von diesem Maßstab ausgehend ist schließlich der Wortlaut der in den Creative Commons-Lizenzen eine kommerzielle Anwendung ausschließenden Klausel, »*not primarily intended for commercial advantage or monetary compensation*«, zu ermitteln.

Dabei macht bereits die Relativierung »hauptsächlich« (»*primarily*«) klar, dass es den Autoren der Lizenz keineswegs um ein binäres Modell im Sinne eines »alles oder nichts« gehen kann. Es wird vielmehr eine wertende Betrachtung

1014 Im Detail behandelt unter § 5.B.IV.

1015 Oben, § 5.B.III.1.

1016 BGHZ 47, 172 (180) (»Gründerwille und -interessen treten zurück. An ihrer Stelle gewinnen der Vereinszweck und die Mitgliedsinteressen die rechtsgestaltende Kraft«); ferner BGHZ 123, 347 (350f.); MüKo-BGB/*Busche*, § 133 Rn. 39; im Ergebnis identisch, allerdings zusätzlich einen (bei Open Content meist gegebenen) Zweck fordernd *Grunewald*, ZGR 1995, 68 (86); spezifisch für Open Content am Beispiel der Wikipedia *Wielsch*, 1 JIPITEC (2010), 94 (102f.), Rn. 44–46.

1017 *Jaeger/Mantz*, MMR 2014, 480 (482) (»allgemein zugänglicher und nutzbarer Pool von Werken«); *Jyh An Lee*, 9 Vand. J Ent. & Tech Law (2006), 45 (53f.); *Merges*, 71 U. Chicago Law Rev. (2004), 183 (198f.); *Heverly*, 18 Berkeley Technology Law Journal (2003), 1127 (1130f.); besonders deutlich *Cohen*, 97 Mich. Law Rev. (1998), 462 (548) (»benefit accrues from the rights to access and use elements of existing works [...] These rights and practices lead to the development of creative and scholarly talents and ultimately to the creation of new works«), im historischen Überblick ferner oben, § 1.B.

angestrebt. Die Gleichstellung des Begriffes »geschäftlicher Vorteil« (»*commercial advantage*«) mit dem Verlangen einer geldwerten, vertraglichen Vergütung (»*monetary compensation*«) macht ferner deutlich, dass auch eine auf Gewinnerzielung gerichtete Privatnutzung durch natürliche Personen durchaus als kommerziell im Sinne der Lizenz betrachtet werden kann. Sie legt allerdings auch den Umkehrschluss nahe, dass auch bei einer professionellen oder institutionellen Nutzung durch juristische Personen nicht automatisch von Kommerzialität auszugehen ist – etwa im Falle von *non-profit*-Organisationen. Auch unter Berücksichtigung des Zieles einer umfassenden digitalen Wissensallmende ist es nebensächlich, ob die Beiträge von Individuen direkt oder über den »Umweg« der Institution eingebracht oder genutzt werden – ein kategorischer Ausschluss von juristischen Personen wäre dem Ziel einer möglichst großen Allmende sogar hinderlich. Die Reichweite des Begriffes ist folglich in einer wertenden Gesamtbetrachtung, unabhängig von der Person bzw. Entität des Nutzenden, und damit allein in Ansehung der konkreten Nutzung zu bestimmen. Dies hat zur Folge, dass beispielsweise sowohl professionelle Distributionsplattformen als auch etwa private Werk-Archive nicht allein aufgrund ihrer jeweiligen, diesbezüglichen Einordnung beurteilt werden können.[1018]

Bei Entwicklung von Richtlinien im Hinblick auf das stattdessen maßgebliche, quantitative Element (»hauptsächlich« bzw. »*primarily*«) ist ein relativer Maßstab anzulegen: Die Beurteilung einer »hauptsächlichen« Nutzung ist immer nur in Relation zu anderen Aspekten möglich. So liegt es nahe, für das Bejahen der Kommerzialität zwar ausreichen zu lassen, dass die kommerzielle Zielrichtung innerhalb eines Motivbündels für eine Nutzung eines entsprechend lizensierten Werkes vorliegt, jedoch gleichzeitig zu fordern, dass diese gegenüber anderen Motivationen für ein konkretes Handeln deutlich in den Vordergrund treten muss. Dabei sind in Anbetracht der normenvertraglichen Charakterisierung der Lizenzbestimmungen und der deshalb maßgeblich zu berücksichtigenden Intention der Verfasser, eine digitale Wissensallmende schaffen zu wollen, insbesondere Motivationen als »Rechtfertigung« einer Kommerzialisierungsbestrebung innerhalb des Bündels zu berücksichtigen, die auf eine qualitative Verbesserung, Verbreitung oder sonstige Förderung dieser Allmende abzielen.

Schließlich ist die Ergänzung des synallagmatisch orientierten Kriteriums der »vertraglich geschuldeten Vergütung« durch den breiteren, eher drittgerichteten Begriff »Erlangung eines geschäftlichen Vorteils« ein Indiz dahingehend, dass

1018 Dieser Einordnung kann jedoch unter bestimmten Umständen eine Indizwirkung zukommen, *Jaeger/Mantz*, MMR 2014, 480 (481) (»Selbstverständlich stellt sich dennoch die Frage, ob eine Organisation, die wirtschaftliche Zwecke verfolgt, überhaupt ›nicht-kommerziell‹ tätig werden kann.«).

auch aus Verhältnissen jenseits der Rechtseinräumung bzw. der Beziehung zwischen Lizenzgeber und -nehmer geschöpfte Umsätze und Gewinne bei der hier geforderten wertenden Gesamtbetrachtung von Relevanz sein sollen, solange diese auf eine lizenzbedürftige Nutzung des Werkes zurückzuführen sind. Würde man bei der Beurteilung allein auf eine unentgeltliche Rechtseinräumung abstellen und blieben andere Externalitäten ohne Belang, so wäre der Zusatz überflüssig.

3. *Bewertung des Anbietens von Werbeflächen anhand dieser Grundsätze*

Ob bei Vorliegen eines mittelbaren Erwerbszweckes »hauptsächlich ein geschäftlicher Vorteil oder eine vertraglich geschuldete Vergütung« gesucht werden, ist etwa beim Schalten von Bannerwerbung aufgrund des dreiseitigen Verhältnisses zwischen Nutzer/Schöpfer, dem Werbeflächen anbietenden Distributor sowie dessen Werbekunden komplexer als die reine Einordnung eines Nutzerverhaltens als kommerziell oder nicht kommerziell. In diesem Falle finden die maßgeblichen Erwerbsvorgänge und Transaktionen nämlich nicht synallagmatisch innerhalb der Wissensallmende statt,[1019] sondern basieren auf Verträgen eines Teilnehmers mit außenstehenden Dritten und deren Erfüllung. Diese Vorgänge lassen sich je nach Perspektive differenziert betrachten.

a. *Beurteilung aus Sicht neuer Nutzer*

Aus Sicht der Autoren und Nutzer wird durch den Vertrieb von Werbeflächen im Umfeld von Open Content das Ziel der Wissensallmende unabhängig von der Höhe der erzielten Erträge nicht beeinträchtigt. Es macht für diese in rechtlicher wie tatsächlicher Hinsicht keinen Unterschied, ob neben dem Downloadlink ein Werbebanner oder eine neutrale Fläche angezeigt wird. Zwischen Lizenzgeber und downloadendem Lizenznehmer eventuell zustande kommende Vertragsverhältnisse werden dadurch nicht berührt, der Distributor agiert allein als Mittler zwischen ihnen.[1020] Aus ihrer Sicht scheint sogar die gegenteilige Annahme nicht fernliegend: Durch Werbeschaltung drittfinanzierte, professionell gestaltete sowie komfortable und schnelle Distributionsplattformen sind der Verbreitung und potentiellen Vergrößerung der Allmende sogar dienlich. Die entgeltliche Vermarktung von ansonsten ungenutzt bleibender Werbefläche im unmittelbaren Umfeld der Allmende stellt sich aus Perspektive neuer Nutzer somit als eine Subventionierung der Allmende durch Dritte dar.

Konsequent zu Ende gedacht wäre bei dieser Interpretation der Vorgänge

1019 So erwirbt ein Werbekunde freie Flächen meist auf Basis von reinen Kennzahlen, sog. Mediadaten, unabhängig von den konkreten Inhalten. Dieser muss also nicht einmal zwingend Kenntnis von der Funktion der Seite als Open Content-Repositorium oder als Distributionsplattform haben.

1020 Dazu oben, vor § 3 mit Nachweisen in Fn. 101 und 102.

selbst ein vom Anbieter erzielter, nicht mehr in die Verbesserung der Infrastruktur investierter Gewinn unschädlich. Dieser würde zwar *durch* Nutzung des Werks erhöht, wäre jedoch ohne nachteilige Auswirkungen auf diese.

b. *Beurteilung aus der Perspektive bereits aktiver Teilnehmer*

Dem stehen Stimmen gegenüber, die – insbesondere im Kontext des Rückzuges aus der Allmende[1021] – dahingehend Bedenken anmelden, dass ein solches Modell der Schaffensmotivation anderer, momentaner wie potentieller, Autoren abträglich sein könnte.[1022] Die Möglichkeit, dass Dritte Gewinn aus den von Allmende-Schöpfern in einer altruistischen Motivation geschaffenen Werken schlagen, könne dazu führen, dass Autoren von Beiträgen zur Allmende absehen und bei entsprechend negativer Publicity das gesamte Projekt beeinträchtigt würde. Dieser Befürchtung kann eine gewisse Berechtigung zwar nicht abgesprochen werden, allerdings ist bei mittelbaren Erwerbszwecken im Gegensatz zur Kündigungs- und Rückzugskonstellation die sonstige Funktion der Allmende keineswegs gefährdet. Möchte man einem mittelbar mithilfe der Allmende Gewinne erzielenden Mitautor oder Distributor nicht *prima facie* eine sich auf sein Werkschaffen negativ auswirkende Parteilichkeit unterstellen, so erscheint auch eine einseitige Beeinflussung der Gesamtallmende im Sinne etwa potentieller Werbepartner eher fernliegend. Eventuelle Umsätze werden somit nicht auf Kosten des Projektes generiert, sie steigen vielmehr im gleichen Maße wie deren Popularität und die Größe der digitalen Wissensallmende, so dass auch hier kein Widerstreit der Interessen besteht.

c. *Formale Betrachtung des Nutzungsbegriffs*

Schwerer gegen eine Zulässigkeit der mittelbaren Erwerbszwecke im Rahmen nichtkommerzieller Lizenzen wiegt dagegen eine andere Argumentationslinie: Bereits das Bereitstellen und -halten von Werken zum Zwecke des Downloads durch Dritte stellt gem. § 19a UrhG eine Nutzung des Werkes dar,[1023] welche den Abschluss einer Open Content-Lizenz voraussetzt.[1024]

Kehrt man nun den unter a) dargelegten Kausalzusammenhang um – was keineswegs abseits der Lebenserfahrung liegen dürfte – so erscheinen nicht die Werbeeinnahmen als der positive Nebeneffekt einer hauptsächlich geförderten digitalen Wissensallmende, sondern vielmehr die für die Allmende entstehen-

1021 Vgl. dazu oben, § 9.A.I.1.

1022 *Armstrong*, 74 Harv. Journal on Legislation (2010), 359 (387) sowie (408); *Weber*, Success of Open Source, S. 134f.

1023 Ganz h.M., siehe statt aller BGH GRUR 2011, 415, Rn. 10 – *Kunstausstellung im Online-Archiv*; Wandtke/Bullinger/*Bullinger*, § 19a Rn. 12; Dreier/Schulze/*Dreier*, § 19a Rn. 6 jeweils m.w.N.

1024 Vgl. § 4 der GNU GPLv3 sowie Sec. 2 a 1 A der Creative Commons 4.0-Lizenzen.

den Vorteile als Nebeneffekte des Geschäftsmodells des Distributors. Ob die von einem Dritten gezahlten Werbeeinnahmen schließlich unter den Begriff der »geldwerten vertraglichen Vergütung« fallen oder ob sich die in der Lizenz genannte »vertragliche Vergütung« allein auf Gegenleistungen für die Einräumung der einfachen Nutzungsrechte für jedermann bezieht, kann ferner insofern dahinstehen, als dass der Content-Anbieter sich im Verhältnis zu seinem Werbekunden bzw. seinem Vermarkter gerade durch eine lizenzpflichtige Nutzung in Form der öffentlichen Zugänglichmachung von Open Content einen geschäftlichen Vorteil in Form von höherem Besucher-Traffic verschafft; mithin das Werk auf kommerzielle Art und Weise nutzt.

d. *Grundsätze der* Internet Videorecorder-*Entscheidung des BGH*

Letztere, formale Betrachtungsweise wird darüber hinaus durch das *Internet Videorecorder*-Urteil des BGH gestützt.[1025] Dort brachte der Betreiber eines Internet-Videorecorders vor, dass dabei angefertigte Werkkopien unentgeltlich im Sinne des § 53 Abs. 1 S. 2 UrhG entstünden und erzielte Einnahmen allein aus dem Vertrieb von Werbeflächen und -zeiten stammten. Der BGH entschied jedoch, dass »bei der gebotenen wirtschaftlichen Betrachtungsweise« ein »Geschäftsmodell [...] nicht künstlich in einen defizitären Bereich des Vertriebs von ›Persönlichen Videorecordern‹ und einen profitablen Bereich der Vermarktung von Werbeflächen zergliedert werden« könne, da »[d]as Angebot zur Aufzeichnung von Fernsehsendungen unabdingbare Voraussetzung für die Erzielung der Werbeeinnahmen« sei.[1026] Ausgehend von der Intention des § 53 Abs. 2 S. 2 UrhG, das Entstehen von Geschäftsmodellen auf Basis einer privatnützigen Schrankenregelung zu verhindern,[1027] bieten sich die zu dieser Norm getroffenen Aussagen für eine Übertragung auf nicht-kommerzielle Open Content-Lizenzen geradezu an. Die Lizenzautoren bzw. Anwender möchten, wie oben herausgearbeitet wurde, die Entstehung von Geschäftsmodellen auf Basis der Allmende verhindern. Diese Zielsetzung ist im Rahmen der besonderen normvertraglichen Auslegungsmodalitäten auch bevorzugt zu berücksichtigen. Gestützt wird die einheitliche Betrachtung des Nutzungs- und Erwerbsvorgangs ferner durch ein Urteil des LG Köln zur Höhe des Schadensersatzes im Falle eines Verstoßes gegen eine an die GNU GPLv3 angelehnte Open Source-Lizenz.[1028] Bei Festsetzung der Schadenssumme im Rahmen eines Anspruchs auf Herausgabe des Verletzergewinns als Teil der dreifachen Schadensberechnung gem. § 97 Abs. 2

1025 BGH NJW 2009, 3511 – *Internet-Videorecorder.*
1026 BGH NJW 2009, 3511, Rn. 56 a. E. – *Internet-Videorecorder.*
1027 BT-Drucks. 15/38, S. 20.
1028 LG Köln CR 2014, 704–706.

UrhG[1029] sprach das Gericht dem Kläger auch die Erlöse aus indirekten Finanzierungsquellen zu, solange diese kausal auf die Rechtsverletzung zurückgehen.[1030]

Bei Anwendung dieser Grundsätze auf sich durch Werbeeinnahmen finanzierende Distributoren oder Werkarchive lassen sich schließlich zwei wesentliche Schlussfolgerungen ziehen. Einerseits liegt bei dieser Art und Weise der wirtschaftlichen Betrachtung eine Qualifikation der hier untersuchten mittelbaren Gewinnerzielung als eine kommerzielle Nutzung nahe. Wollte man nicht die gerade abgelehnte, künstliche Zergliederung der »Geschäftsbereiche« herbeiführen, so ist es unmöglich, zwischen der nicht-kommerziellen Einräumung von einfachen, unentgeltlichen Nutzungsrechten für jedermann und der profitorientierten Werbeschaltung in deren unmittelbarem Umfeld zu differenzieren. Die Kombination aus Bereitstellung und Werbeschaltung ist somit als einheitliches, auf einer lizenzpflichtigen Nutzung des Werkes im Sinne des § 19a UrhG basierendes Geschäftsmodell anzusehen. Andererseits könnte eine Qualifikation im Sinne einer nicht-kommerziellen Nutzung durchaus dann nahe liegen, falls die Verwendung der unter entsprechenden Lizenzen stehenden Werke zwar mit einer Umsatzsteigerung und einem geschäftlichen Vorteil verbunden ist, die Nutzung aber für die Erzielung der Werbeeinnahmen gerade keine kausale Bedingung im Sinne der genannten Urteile darstellt.

4. *Abschließende Beurteilung des Begriffes* non commercial

Abschließend lässt sich somit festhalten, dass sich auf Seiten der Lizenznutzer bzw. der Open Content-Communities keine einheitliche Auffassung von der Reichweite des Begriffes *non commercial* herausgebildet hat. Anhand der Creative Commons-NC-Lizenzen lässt sich jedoch eine Tendenz ausmachen. Bei Auslegung am Maßstab des Vertragszweckes bzw. des von den Lizenzautoren verfolgten Zieles der Schaffung einer digitalen Wissensallmende ergibt die Stellung des Ausdruckes »geschäftlicher Vorteil« als *aliud* zum »vertraglichen Entgelt« eine über das Synallagma der Rechtseinräumung hinausgehende Richtung der Klausel. Eine Gewinnerzielung einzelner Personen oder Institutionen auf Basis der altruistisch geschaffenen Allmende soll durch strenge Maßstäbe verhindert werden, insbesondere auch dann, wenn solch ein Gewinn jenseits der unmittelbaren Rechtseinräumungen erzeugt wird. Gestützt wird diese Auslegung durch eine formaljuristische Betrachtung des reinen Anbietens zum Download als urheberrechtlich relevanter Nutzung sowie durch die Beurteilungsmaßstäbe des BGH in der vergleichbaren Konstellation nur mittelbar

1029 Zurückgehend auf BGH GRUR 1959, 379 (383) – *Gasparone*; ausführlich dazu Wandtke/Bullinger/*von Wolff*, § 97 Rn. 58; *Rehbinder/Peukert*, UrhR, Rn. 1290.
1030 LG Köln CR 2014, 704 (705f.).

gewinnbringender Internet-Videorecorder. Gleichzeitig lässt der Wortlaut »hauptsächlich« es – ebenfalls gestützt auf das Kriterium der »unabdingbaren Voraussetzung der Gewinnerzielung« des BGH – zu, in einer wertenden Gesamtbetrachtung solche mittelbaren Erwerbszwecke zuzulassen, die eine lizenzpflichtige Werknutzung nicht im Sinne einer *conditio sine qua non* voraussetzen.

Übertragen auf das gewählte Beispiel der Vermarktung von Werbeflächen im Umfeld von nicht-kommerziell lizenziertem Open Content bedeutet dies, dass eine Einbettung in eine bereits bestehende Download-Infrastruktur von Shareware oder anderweitig lizensierten Werken ebenso zulässig ist wie die Verknüpfung eines solchen Archivs oder einer Distributionsplattform mit einer Nachrichten- oder Informationsseite.[1031] In solchen Fällen ist ein Erwerbszweck zwar auch mehr oder minder großer Teil eines Motivationsbündels, die Nutzung nichtkommerziell lizensierten Open Contents ist allerdings keineswegs »unabdingbare Voraussetzung« für die Gesamtheit der Werbeeinnahmen. Diese werden dadurch zwar gefördert, im Rahmen dieser Förderung entstehen jedoch als »rechtfertigend« anzusehende Vorteile für die digitale Open Content-Allmende, so dass eine derartige Nutzung und dem Aspekt der nicht-Kommerzialität nicht zu beanstanden ist.

5. *Anwendung der Grundsätze auf Streamingportale*

Eine Art und Weise der Nutzung von Open Content, bei der eine Abgrenzung zwischen kommerzieller und nicht-kommerzieller Verwendung des Werkes nach obigen Kritierien notwendig ist, ist das Hochladen und Anbieten auf Videostreamingportalen wie etwa YouTube, myVideo oder Dailymotion. Die Ausgangslagen sind dabei identisch: Dem Hoster des Portals wird unentgeltlich ein einfaches Recht eingeräumt, das Werk in unkörperlicher Art und Weise öffentlich zugänglich zu machen und gegebenenfalls im Wege des Streamings die vorübergehende Vervielfältigung im Arbeitsspeicher des Nutzers zu ermöglichen.[1032] Der ein Video oder Musikwerk einstellende User erhält dafür im Normalfall keinerlei Vergütung,[1033] es wird jedoch Werbung im Umfeld des Werkes eingeblendet.

Unter Anwendung der oben ausgearbeiteten Kriterien – Berücksichtigung

1031 Wie beispielsweise die populären IT-Portale www.chip.de oder www.zdnet.de. Bei diesen stellen denen Download-Archive nur einen Teil des Gesamtangebots dar und beinhalten neben Open Content auch Shareware oder Freeware.

1032 Ausführlich zum Vorgang des Streamings *Ensthaler*, NJW 2014, 1553 (1554); Wandtke/Bullinger/*Bullinger*, § 19a Rn. 12.

1033 Professionelle Nutzer und Kanalinhaber mit eigenen Werbeverträgen bzw. Umsatzbeteiligung an auf ihre Beiträge geschalteten Werbeeinblendungen sind klar als kommerziell Handelnde einzustufen und werden daher hier außer Acht gelassen.

geschäftlicher Vorteile auch jenseits des Synallagmas der Rechtseinräumung sowie die Absicht, diese nicht »hauptsächlich« zu verfolgen – gelangt man hier relativ eindeutig zu einer Klassifizierung der Nutzung als kommerziell. Zwar erfolgt keine direkte Vergütung der Rechtseinräumung im Verhältnis zwischen Rechtsinhaber und Portalbetreiber und auch nicht im Verhältnis zwischen diesem und dem Endnutzer. Die oben angeführten Plattformen agieren jedoch durchweg in der Absicht, durch die Vermarktung des bei ihnen angebotenen Contents längerfristig auf dem Markt tätig zu werden und dabei Gewinne zu erzielen, so dass eine kommerzielle Nutzung der Werke im Sinne der Open Content-Lizenzen durchaus gegeben ist. Auch die Frage nach der »hauptsächlichen« Intention der Portalbetreiber fällt im Sinne einer kommerziellen Nutzung aus. Zwar dürfte sicher ein Teil der dabei anfallenden Gewinne für den Erhalt und Ausbau der Plattform und dabei theoretisch zur Förderung der Allmende aufgewandt werden, dieser Erhalt und Ausbau ist jedoch für das Bestehen am Markt elementar, die Vorteile für die Open Content-Allmende dabei reine Nebeneffekte. Auch ist zu berücksichtigen, dass diese Portale den permanenten Download bei ihnen gehosteter Werke in ihren AGB untersagen.[1034] Damit wird eine Verbreitung der gehosteten Werke im Sinne einer Verschaffung von Werkkopien zur eigenständigen Be- und Verarbeitung in eigenen Projekten gerade verhindert und so die Ziele der Open Content-Allmende nur sehr eingeschränkt gefördert. Es sind somit weder in objektiver noch in subjektiver Hinsicht Elemente ersichtlich, die das Erzielen eines »geschäftlichen Vorteils« im Sinne der Open Content-Lizenzen zu rechtfertigen vermögen und damit eine Einordnung des Gesamtangebots als nicht-kommerziell ermöglichen würden.

Dieses Ergebnis ist schließlich kongruent mit der eigenen Einschätzung des Portalbetreibers YouTube selbst: Die hinsichtlich ihrer Prominenz hinter der Streaming-Funktion zurückstehende Funktion des YouTube-Video-Editors ermöglicht eine Bearbeitung von eigenen sowie von Dritten hochgeladenen Videos und stellt so eine weitergehende Förderung der in der digitalen Allmende vorhandenen Vielfalt dar. Selbst für diese in Anbetracht der größeren Förderwahrscheinlichkeit »Open Content-nähere« und spezifisch unter Rückgriff auf Creative Commons-Lizenzen beworbene Funktion hält der Portalbetreiber seinerseits allein Creative Commons-BY-Lizenzen für zulässig.[1035] Eine Nutzung von als *non commercial* lizenzensierten Open Content-Werken im Rahmen von gängigen Videostreamingportalen ist daher aufgrund der Kommerzialität einer derartigen Nutzung ausgeschlossen.

1034 Punkt 6.1 K der AGB der YouTube LLC vom 08.07.2007, abrufbar unter https://www.youtube.com/t/terms; Punkt 4.5 der AGB der MyVideo Broadband S.R.L. vom 20.05.2008, abrufbar unter http://www.myvideo.de/agb sowie Punkt 4 Abs. 3 der AGB der Dailymotion S.A., abrufbar unter http://www.dailymotion.com/legal/terms.

1035 https://support.google.com/youtube/answer/2797468?hl=en.

IV. Kommerzialitätsbegriff in Art. 5 Abs. 3 der Richtlinie 2014/26/EU

Um eine Unterfallen von Open Content-Lizenzen unter Art. 5 Abs. 3 der Richtlinie 2014/26/EU bzw. § 11 des RegE-VGG bejahen zu können, muss das hier gefundene Ergebnis schließlich von der Reichweite des dortigen Kommerzialitätsbegriffs umfasst sein. Ausgehend vom Grundsatz der autonomen Auslegung des Unionsrechts[1036] wird dies dadurch erschwert, dass der Begriff der (nicht-)Kommerzialität allein in urheberrechtlichem bzw. verwandtem Kontext etwa in Art. 2 Abs. 1 lit. a) und b) der Vermiet- und Verleihrechtsrichtlinie, in Art. 5 Abs. 2 lit. b), c) und e) sowie Abs. 3 lit. a), b) und j) der InfoSoc-Richtlinie sowie schließlich in Art. 6 Abs. 2 lit. b) der Datenbank-Richtlinie verwendet wird, dort jedoch nirgends abschließend bzw. mit dem Anspruch auf Allgemeingeltung definiert wird.[1037]

Bei der Verwendung des Begriffes »kommerziell« in der Vermiet- und Verleihrechtsrichtlinie fällt zunächst auf, dass eine Unterscheidung zwischen diesem und »wirtschaftlich« getroffen wurde. Die darin möglicherweise zu erkennende Abgrenzung der Begriffe voneinander ist jedoch gerade nicht als eine solche, sondern als ein Kompromiss dahingehend zu sehen, dass einige Mitgliedsstaaten nur einen der Begriffe als zu eng bzw. zu weit ansahen und daher beide aufgenommen wurden.[1038] Interessanter ist dagegen die Gleichstellung von mittelbarer und unmittelbarer kommerzieller Aktivität: Nicht nur ist dem Richtliniengeber die Unterscheidung bewusst, er möchte auch beide Arten umfassen, um positive Nebeneffekte, wie etwa Reputationsgewinne durch vordergründig nichtkommerzielle Angebote auf Kosten der Autoren, zu verhindern.[1039] Dies ist angesichts der Zielrichtung des mit der Richtlinie eingeführten Vermiet- und Verleihrechts, dem Autor eine möglichst weite Beteiligung zu sichern, nur konsequent. Bei einer genauen Abgrenzung der Begriffe »kommerziell« und »nicht-kommerziell« in diesem Grenzbereich hilft sie dagegen nicht. Der Inhalt des Kommerzialitätsbegriffs im Rahmen der InfoSoc-Richtlinie ist ferner identisch mit dem der Vermiet- und Verleihrichtlinie, diese baut auf dem diesbezüglich übernommenen Vorgänger, der Richtlinie 92/100/EWG,

1036 Siehe dazu die Nachweise in Fn. 967.

1037 Sehr deutlich kritisiert von *Würfel*, Europarechtliche Möglichkeiten einer Gesamtharmonisierung des Urheberrechts, S. 157. Diese Unklarheit ist es ferner, die *Holzmüller*, ZUM 2014, 468 (469) unter anderem zu seiner negativen Einschätzung (»völlig missglückt«) der Richtlinie veranlasst.

1038 *Von Lewinski* in Walter/von Lewinksi, European Copyright Law, § 6.2.21f.

1039 *Von Lewinski* in Walter/von Lewinski, European Copyright Law, § 6.1.24 a. E.; ebenso Erwägungsgrund Nr. 5 der RL 2006/115/EG; eine strenge Auslegung jedenfalls der deutschen Umsetzung befürwortend *Rehbinder/Peukert*, UrhR, Rn. 588; *Schack*, UrhR, Rn. 507 am Beispiel von Werkbüchereien.

auf.[1040] In Kommentierungen zu Art. 6 Abs. 2 lit. b) der InfoSoc-Richtlinie lässt sich allerdings erstmals eine Konkretisierung dahingehend erkennen, dass für eine Einordnung als »kommerziell« allein die Absicht, einen wirtschaftlichen Vorteil zu erlangen, ausreichen soll. Dessen Eintreten ist nicht nötig.[1041] Inwiefern diese Auslegung jedoch über den engen Bereich der schulischen (Weiter-)Bildung, auf den die Schranke des Art. 6 Abs. 2 lit. b) abzielt, hinaus Wirkungen entfaltet, ist nicht ersichtlich.

Analysiert man die Anwendungsfälle des Begriffes, so sticht hervor, dass die konstante Betonung bloß indirekter Effekte durchaus auf eine enge, an geldwerten Vorteilen ausgerichtete Auslegung des nichtkommerziellen Bereichs schließen lässt.[1042] Andererseits verschwimmen durch die gesonderte Nennung des Begriffes »wirtschaftlich« in neuen Regelungen die Konturen dahingehend, dass dadurch der Fokus von finanziellen in Richtung der institutionellen Aspekte im Sinne von »professionell am Geschäftsverkehr teilnehmend« verschoben wird, was keineswegs zwingend mit Gewinnerzielungsabsicht im Sinne einer als Rentabilität verstandenen »Wirtschaftlichkeit« einhergeht.[1043] Diese Unklarheiten bei der Frage des Kommerzialitätsbegriffs scheint der Richtliniengeber jedoch in der Richtlinie 2014/26/EU antizipiert zu haben. Diese sieht vor, dass der Rahmen, in dem nach Abschluss eines Wahrnehmungsvertrages noch Nutzungsrechte eingeräumt werden können, durch die an der Umsetzung Beteiligten in zwei Stufen zu konkretisieren ist. Die erste Stufe dieser Konkretisierung findet auf der Ebene des Umsetzungsaktes statt. Für den zweiten Titel der Richtlinie ist allein eine Mindestharmonisierung vorgesehen,[1044] so dass im nationalen Recht die Befugnisse der Rechtsinhaber zwar nicht unterboten, wohl aber erweitert werden dürfen.[1045] In einem zweiten Schritt sieht Art. 5 Abs. 8, ergänzt durch Erwägungsgrund 19 der Richtlinie, vor, dass eine detaillierte Ausgestaltung der Bedingungen, unter denen gem. Art. 5 Abs. 3 eine Lizenz erteilt werden darf, durch die Verwertungsgesellschaften selber erfolgt. Diese Wertung wird im RegE-VGG aufgenommen und die konkrete Ausgestaltung gem. § 17 Abs. 1 Nr. 15 RegE-VGG der Mitgliederhauptversammlung überant-

1040 *Von Lewinski/Walter* in Walter/von Lewinski, European Copyright Law, § 11.5.38 sowie § 11.5.44.

1041 *Von Lewinski* in Walter/von Lewinski, European Copyright Law, § 9.6.27 a. E.

1042 *Reinbothe*, GRUR Int. 2002, 733 (739).

1043 In diesem Sinne auch *Spindler*, GRUR 2002, 105 (113), zu Art. 5 der InfoSoc-RL (»Doch darf die Auslegung des Begriffs ›wirtschaftliche oder kommerzielle Tätigkeit‹ in den verschiedenen Richtlinien nicht über einen Kamm geschoren werden.«).

1044 So Erwägungsgrund 9 der RL 2014/26/EU, ebenso *Staats*, ZUM 2014, 470 (473) und *Grohmann*, GRUR-Prax 2014, 145 (146).

1045 Zu diesem Prinzip allgemein *Herdegen*, EuropaR, § 19 Rn. 1; *Schroeder*, GK EuropaR, § 18 Rn. 13.

wortet.[1046] In diesem Gremium sind gem. § 19 Abs. 2 RegE-VGG wiederum Vertreter aller von einer derartigen Regelung betroffenen Interessengruppen beteiligt und hinsichtlich der Beschlüsse stimmberechtigt.

Diese doppelte Konkretisierungsmöglichkeit unter Mitsprache der Beteiligten deutet darauf hin, dass dem Richtliniengeber jedenfalls die Unschärfe des Begriffes bekannt war, wenn er diese nicht sogar bewusst in Kauf genommen hat. Anstatt eigene Auffassung von nicht-kommerziellen Lizenzen zu normieren, sollte so gerade eine Projektionsfläche geschaffen werden, die es – dem Vorgehen des deutschen Gesetzgebers bei Erlass der Linux-Klauseln nicht unähnlich – ermöglicht, normative Anforderungen an die Erteilung von Nutzungsrechten im Rahmen des Art. 5 Abs. 3 der Richtlinie 2014/26/EU offen, gleichsam »entlang der Realität«, zu gestalten.

V. Fazit

Die bisherige, für Rechtsinhaber wie Nutzer missliche Situation, sich bei Kombination von Open Content-Nutzung mit einem Auftrag zur kollektiven Rechtewahrnehmung entweder – bei Lizensierung vor Abschluss des Wahrnehmungsvertrages – Schadensersatzansprüchen der Verwertungsgesellschaften auszusetzen oder – bei Lizensierung nach Abschluss des Wahrnehmungsvertrages – zu einer eheblichen Rechtsunsicherheit auf Nutzerseite beizutragen, sollte mit Umsetzung der Richtlinie 2014/26/EU der Vergangenheit angehören. Voraussetzung für eine solche Wirkung der Richtlinie bzw. ihrer Umsetzungsakte ist jedoch eine gerichtsfeste, auch für Laien als Zielgruppe der entsprechenden Lizenzen verständliche und anwendbare Definition des Begriffes »nicht-kommerziell«. Dies gilt insbesondere in nicht eindeutigen Grenzsituationen wie etwa bei mittelbaren Erwerbszwecken oder der Nutzung durch gebührenfinanzierte Rundfunkanstalten. Hier gibt die Zulassung der Revision zum BGH durch das OLG Köln Anlass zur Hoffnung auf eine baldige Klärung, so dass bei einer entsprechenden Umsetzung der Richtlinie das Problem beseitigt werden dürfte. Bis zur Umsetzung der Richtlinie in nationales Recht ist jedoch auch der Abschluss eines Wahrnehmungsvertrages etwa mit der GEMA geeignet, ein im Internet zirkulierendes Angebot auf Einräumung eines einfachen, unentgeltlichen Nutzungsrechts für jedermann in obigem Sinne zu »entwerten«.

1046 RefE VG-Richtlinienumsetzungsgesetz, S. 16 sowie S. 88.

C. Kollidierende Verlags- und vergleichbare Buy-Out-Verträge

Ebenso wie im Falle des Abschlusses eines Wahrnehmungsvertrags stellt sich die Situation in Fällen dar, in denen der Rechtsinhaber ein vormals als Open Content lizensiertes Werk nachträglich im Rahmen eines Verlagsvertrages[1047] oder einer anderen Variante eines Buy-Out-Vertrages[1048] anderweitig verwertet. In diesen Fällen geht die Verwertung mit der Einräumung eines ausschließlichen Nutzungsrechts an den Vertragspartner einher, welches zwar gem. § 33 UrhG mit bereits eingeräumten Nutzungsrechten belastet ist,[1049] jedoch nachfolgende Rechtseinräumungen durch den ehemaligen Rechtsinhaber unmöglich macht, ohne dabei für Neunutzer zum Zeitpunkt des Lizenzvertragsschlusses erkennbar zu sein.

An dieser Situation vermag auch der am 01.01.2014 in Kraft getretene § 38 Abs. 4 UrhG nur in begrenztem Umfang etwas zu ändern. Einerseits explizit zur Förderung von Open Access-Repositorien im Wissenschaftsbereich erdacht und eingefügt,[1050] gewährt er dem Autor ein unabdingbares Zweitveröffentlichungsrecht nach einer Karenzzeit von 12 Monaten ab der Erstveröffentlichung eines Werkes. Dieses Recht umfasst jedoch neben der Beschränkung auf die reine Veröffentlichung allein die unveränderte Manuskriptversion und zielt nur auf überwiegend aus öffentlichen Mitteln entstandene Werke der Wissenschaft in Periodika, womit nur ein begrenzter Anwendungsbereich gegeben ist. Gerade die Einräumung von Vervielfältigungs- und Bearbeitungsrechten im Wege eines einfachen, unentgeltlichen Nutzungsrechtes für jedermann bleibt dem Autor verwehrt.[1051] Der neu eingefügte § 38 Abs. 4 UrhG fördert mithin – in Übereinstimmung mit dem Willen des Gesetzgebers[1052] – allein

1047 So die von *Mantz*, MMR 2006, 784ff. zugrundegelegte Situation.

1048 Zum Begriff Wandtke/Bullinger/*Wandtke/Grunert*, vor §§ 31ff., Rn. 92; *Reber*, ZUM 2000, 729 (730); *Wurch* in Behrwolf/Gehring/Lutterbeck, Open Source Jahrbuch 2005, S. 435 (440).

1049 Diese bleiben mithin von der Transaktion unberührt, Loewenheim/*J. B. Nordemann*, Hdb, § 26 Rn. 32; Dreier/Schulze/*Schulze*, § 33 Rn. 6; *Mantz*, MMR 2006, 784 (786).

1050 Die Bundesregierung begründet ihren Entwurf mit der sogenannten »Publikationskrise«, die sie damit zu lösen gedenkt, RegE Orphan WorksRL, S. 9 sowie S. 14; dazu auch *Krings/Hentsch*, ZUM 2013, 909 (909f.) sowie BeckOK-UrhG/*Soppe*, § 38 Rn. 57.1; kritisch aus Sicht des Börsenvereins des deutschen Buchhandels dazu auch *Sprang*, ZUM 2013, 461 (462f.).

1051 Wandtke/Bullinger/*Wandtke/Grunert*, § 38 Rn. 21 nennen nur das Recht zur öffentlichen Zugänglichmachung; BeckOK-UrhG/*Soppe*, § 38 Rn. 74 hält die Regelung nicht für analogiefähig. Schricker/Loewenheim/*Peukert*, § 38 Rn. 61 weist jedoch zutreffend darauf hin, dass unter Umständen zu diesem Zweck auch Vervielfältigungen notwendig sein können und erlaubt sein müssen.

1052 RegE Orphan WorksRL, S. 14.

das (Self-)Archiving durch den Autor bzw. Repositorien im wissenschaftlichen Bereich und damit keineswegs alle Varianten von Open Content.

I. Möglichkeiten zur Verhinderung des Rechtsverlustes bei Buy Out-Verträgen

In Anbetracht der gravierenden Konsequenzen für das System des Werkschaffens auf Basis einer digitalen Allmende liegt der Gedanke nahe, nach der erstmaligen Verbreitung eines in die Allmende überantworteten Werkes bzw. einer erstmaligen Rechtseinräumung daran den Rechtsverlust und damit die Unwirksamkeit der Rechtseinräumung dem Rechtsgedanken des § 130 Abs. 2 BGB folgend zu verhindern.

1. Analoge Anwendung des § 130 Abs. 2 BGB

Naheliegend erscheint dabei eine analoge Anwendung des § 130 Abs. 2 BGB. Eine solche Ausweitung wird etwa im Bereich der beschränkten Geschäftsfähigkeit durchaus anerkannt,[1053] bei der Übertragung auf einen Verlust der Verfügungsbefugnis – etwa im unten behandelten Falle einer Insolvenz – dagegen von der Rechtsprechung[1054] unter einhelliger Zustimmung der Literatur[1055] abgelehnt. In der hier untersuchten Situation ist eine analoge Anwendung ebenfalls kaum zu begründen.

Zwar bestehen einerseits die Belange des Verkehrsschutzes und die Interessen der Empfänger in einer mit der § 130 Abs. 2 BGB zugrunde liegenden Situation vergleichbaren Weise auch hier. Donwstream-Nutzer erhalten ein Angebot, welches allerdings, ohne dass sie davon Kenntnis hätten oder in zumutbarer Weise erlangen könnten, im Falle der Annahme »ins Leere geht«, mithin nicht zur Einräumung der gewünschten Rechte führt. Damit geraten Empfänger in eine mit erheblichen Nachteilen verbundene Lage, wenn sie im Vertrauen auf den Bestand der Erklärungen Vorkehrungen treffen.[1056] Allerdings steht in Fällen von Buy-Out-Verträgen im Gegensatz zur Konstellation des § 130 Abs. 2 BGB nicht die rechtliche Integrität des Angebots im Zweifel, dieses besteht nach wie vor fort.[1057] Selbst hinsichtlich der in Bezug auf die Analogievoraussetzungen

1053 Vgl. § 11 A mit den Nachweisen der Fn. 954.
1054 BGHZ 27, 360 (366).
1055 Staudinger/*Singer*, § 130 Rn. 104; MüKo-BGB/*Einsele*, § 130 Rn. 43; Palandt/*Ellenberger*, § 130 Rn. 12; Erman/*Arnold*, § 130 Rn. 25; Jauernig/*Mansel*, § 130 Rn. 17. Das Problem stellte sich bereits bei Entwurf des BGB, eine entsprechende Ausweitung des damaligen § 74 BGB wurde jedoch schon damals überzeugend abgelehnt, dazu *Mugdan*, Band I, S. 686 a. E.
1056 So explizit BGH NJW 1968, 496 (498) unter Verweis auf Motive I, S. 159.
1057 *Mantz*, MMR 2006, 784 (787).

bereits problematischen[1058] Verfügungsbefugnis – so man entgegen der Rechtsprechung und der Literaturansicht eine analoge Anwendung des § 130 Abs. 2 BGB in diesen Fällen befürworten möchte – bestehen in diesem Falle keine Probleme, die wirksame Einräumung eines ausschließlichen Nutzungsrechts setzt zum Zeitpunkt ihrer Vornahme eine vollumfänglich vorhandene Verfügungsbefugnis über das jeweilige Urheberrecht gerade voraus. Es bestehen mithin erhebliche Zweifel an der für eine Analogie notwendigen[1059] Vergleichbarkeit der jeweiligen Interessenlagen. Diese Zweifel werden ferner dadurch bestärkt, dass § 130 Abs. 2 BGB mit dem Tod und dem Eintritt der Geschäftsunfähigkeit Konstellationen umfasst, die gegen oder jedenfalls ohne den Willen des Betroffenen zu Lasten des Empfängers wirken würden. Dies ist im Falle der willentlichen Einräumung eines ausschließlichen Nutzungsrechts ebenfalls anders. Ohne eine entsprechende Willensbetätigung des Rechtsinhabers findet weder ein Vertragsschluss noch eine Rechtseinräumung statt. Mithin ist eine analoge Anwendung des § 130 Abs. 2 BGB auf die untersuchte Konstellation des Rechtsverlustes abzulehnen.

2. *Unwirksamkeit der Einräumung als* venire contra factum proprium

Schließlich wäre es denkbar, in Anlehnung an die oben zum Widerruf des Angebots auf Einräumung eines einfachen, unentgeltlichen Nutzugsrechts für jedermann entwickelte Auffassung, die Unwirksamkeit einer das Angebot aushöhlenden Rechtseinräumung als Fall des *venire contra factum proprium* gem. § 242 BGB anzunehmen. Neben der dogmatischen Konsistenz hätte eine derartige Annahme den Vorteil, unabhängig von unredlichen Absichten oder Verschulden auf Seiten desjenigen, der ein ausschließliches Recht einräumt,[1060] den Bestand der Allmende zu sichern und somit zu verstärktem Vertrauen in deren Bestand mit all seinen positiven Wirkungen beizutragen.

Die Anwendung des *venire contra factum proprium*-Einwands geht jedoch mit der Frage einher, ob auf der Gegenseite ein Vertrauen auf ein bestimmtes Verhalten besteht und inwiefern dieses schutzwürdig ist.[1061] Diesbezüglich ist die Anwendung der Figur problematisch. Einfache Nutzungsrechte gewähren ihrem Inhaber allein Anspruch auf Gewährung bzw. Erhalt der Nutzungsmöglichkeit.[1062] Genau dies wird im Falle des nachträglichen Zuständigkeitswechsels

1058 Zur Analogie un ihren Voraussetzungen *Larenz/Canaris*, Methodenlehre, S. 381 f.; *Larenz/Wolf*, BGB AT, § 4 Rn. 80; ebenfalls *Looschelders/Roth*, Juristische Methodik, S. 304.

1059 *Larenz/Wolf*, BGB AT, § 4 Rn. 80; *Bork*, BGB AT, Rn. 145.

1060 MüKo-BGB/*Roth/Schubert*, § 242 Rn. 288; Staudinger/*Looschelders/Olzen*, § 242 Rn. 293; *Wieling*, 176 AcP (1976), 334 (367).

1061 Staudinger/*Looschelders/Olzen*, § 242 Rn. 292.

1062 Statt aller Wandtke/Bullinger/*Wandtke/Grunert*, § 31 Rn. 32; *Rehbinder/Peukert*, UrhR, Rn. 908.

wegen Einräumung eines ausschließlichen Nutzungsrechtes durch § 33 UrhG gewährleistet.[1063] Ansprüche auf ein Verhalten des Rechtsinhabers, das über die Gewährleistung der Nutzung und deren Erhalt hinausgeht, bestehen dagegen nicht, so dass diesbezüglich bereits kein Vertrauen entstehen kann.[1064]

Zudem ist bei einer derartigen Einschränkung der Handlungsfreiheit des Rechtsinhabers die Grenze des § 137 BGB zu beachten. Diese, auch als »Grundvorschrift« des Zivilrechts bezeichnete[1065] Norm gewährleistet einerseits, dass der Autor eines Werkes sich zwar schuldrechtlich verpflichten kann, nicht anderweitig über ein Recht oder einen Gengestand zu verfügen,[1066] sie verbietet es diesem jedoch, sich seiner Verfügungsbefugnis auch nur teilweise mit dinglicher Wirkung zu entäußern.[1067] Einer solchen Entäußerung käme es jedoch gleich, wollte man es einem Autor mit dinglicher Wirkung versagen, nach der ersten Einräumung eines einfachen, unentgeltlichen Nutzungsrechtes für jedermann in einer die Entwicklung der Allmende gefährdenden Weise über sein Urheberrecht zu verfügen. Eine solche Beschränkung wäre allein mit schuldrechtlicher Wirkung denkbar, bei der jedoch die »Entwertung« eines Angebots auf Einräumung von Nutzungsrechten nicht verhindert wird, sondern bloß Sekundäransprüche auslöst.

Eine solche, im Geschäftsleben schließlich auch durch keinerlei Publizitätstatsachen erkennbare Beschränkung der Verkehrsfähigkeit des Urheberrechts ist somit nicht mit der Intention des § 137 BGB[1068] vereinbar.

II. Fazit

Trotz aller vergangenen und laufenden Bemühungen des Gesetzgebers ist es durchaus möglich, dass ein an der dezentralisierten Werkschöpfung in Rahmen der digitalen Allmende beteiligter Autor etwa durch eine mit dem Abschluss eines Wahrnehmungsvertrages oder eines Verlagsvertrages verbundene Einräumung eines ausschließlichen Nutzungsrechts für sein Gegenüber unerkannt

1063 *Rehbinder/Peukert*, UrhR, Rn. 906; Schricker/Loewenheim/*Schricker/Loewenheim* § 33 Rn. 4.

1064 Vgl. dazu oben, § 10.B.II.2.

1065 Soergel/*Hefermehl*, § 137 Rn. 1; *Wagner*, 194 AcP (1994), 415 (466f.).

1066 Und sich im Verstoßensfalle schadensersatzpflichtig macht, siehe dazu statt aller Palandt/*Ellenberger*, § 137 Rn. 6.

1067 Etwa im Sinne der hier einzufordernden Beschränkung, in Zukunft ausschließlich einfache Nutzungsrechte zu vergeben, die die »Wertigkeit« des Angebots und die Fortentwicklung der Allmende nicht gefährden. Dies übersieht auch Dreier/Schulze/*Schulze*, § 33 Rn. 12, der bis zu einem Widerruf des Angebots eine dingliche Verfügungsbeschränkung befürwortet.

1068 Die gerade in der Sicherung der Verkehrsfähigkeit und der Vermeidung eines *res extra commercium* besteht, MüKo-BGB/*Armbrüster*, § 137 Rn. 4; BeckOK-BGB/*Wendtland*, § 137 Rn. 2; Jauernig/*Mansel*, § 137 Rn. 2.

die Möglichkeit verliert, einfache unentgeltliche Nutzungsrechte für jedermann einzuräumen.

D. Insolvenz eines Rechtsinhabers

Eine weitere, in der Literatur im Hinblick auf die Rechtsfolgen eines solchen Falles und deren Kompensation nur spärlich behandelte Konstellation, die zu einer Unwirksamkeit einer auf Einräumung eines einfachen, unentgeltlichen Nutzungsrechts für jedermann gerichteten Verfügung führen kann, ist die Insolvenz des das Angebot Abgebenden.[1069] Die Folgen einer solchen Insolvenz aus Nutzersicht unterscheiden sich dabei in Abhängigkeit vom Zeitpunkt der Rechtseinräumung.

Fand diese vor Eröffnung des Insolvenzverfahrens statt, so bleiben die dabei getätigten Verfügungen grundsätzlich wirksam. Einzig § 103 InsO würde es dem Insolvenzverwalter gestatten, bei Verträgen über die Einräumung von Nutzungsrechten gem. § 103 Abs. 2 InsO i. V. m. §§ 38, 45, 87 InsO die Erfüllung zu verweigern und entsprechende Forderungen als Forderungen gegen die Masse anzumelden.[1070] Voraussetzung dafür wäre jedoch, dass die Verträge zum einen gegenseitiger Natur wären und darüber hinaus noch keine Erfüllung im Sinne des § 362 BGB eingetreten wäre.[1071] Während ersteres etwa im Falle von Copyleft-Lizenzen nach hier vertretener Ansicht durchaus der Fall ist,[1072] ist die Erfüllung in Anbetracht der aus Sicht des Lizenzgebers kaufähnlichen (bzw. im Falle angenommener Unentgeltlichkeit schenkungsähnlichen) Ausgestaltung der Lizenzen als *sharp in/sharp out*-Verträge mit der Rechtseinräumung als eingetreten anzusehen.[1073] Für Inhaber, denen ein Nutzungsrecht vor Eröffnung des

1069 Dazu *Metzger/Barudi*, CR 2009, S. 557–563 sowie die daran orientierten Ausführungen bei *Jaeger/Metzger*, OSS, Rn. 170a–170i.

1070 BGH GRUR 2006, 435, Rn. 21 – *Softwarenutzungsrecht* (»allerdings fiel der Vertrag [...] unter diese Vorschrift«); *Metzger/Barudi*, CR 2009, 557 (559); *McGuire*, GRUR 2009, 13 (17); *Wiedemann*, Lizenzen in der Insolvenz, Rn. 1123–1127.

1071 Braun/*Kroth*, InsO, § 103 Rn. 20; Uhlenbruck/*Wegener*, InsO, § 103 Rn. 59; jüngst LG München I BeckRS 2014, 16898, dort Leitsätze 2 und 3.

1072 Nach anderer Ansicht bzw. bei Vorliegen einer non-Copyleft-Lizenz wären bereits an dieser Stelle ein Umwandlungsrecht des Verwalters verneinen, vgl. dazu die Diskussion oben in § 4.B und C mit ausführlichen Nachweisen für beide Auffassungen. Generell zur Anwendbarkeit von § 103 InsO auf Lizenzverträge BGH GRUR 2006, 435, Rn. 21–28 – *Softwarenutzungsrecht*; *Ehle/Schwiddessen*, MMR 2012, 355 (356); Schricker/Loewenheim/*Schricker/Loewenheim*, § 112 Rn. 26; Uhlenbruck/*Wegener*, InsO, § 103 Rn. 38; Braun/*Kroth*, InsO, § 103 Rn. 9.

1073 *Sester*, CR 2000, 797 (800); dem zustimmend *Metzger/Barudi*, CR 2009, 557 (560f.); ohne Bezug zu Open Content Wandtke/Bullinger/*Bullinger*, § 108 InsO, Rn. 7; dazu im Detail oben in § 3.

Insolvenzverfahrens eingeräumt wurde, ändert sich somit nichts an ihren Befugnissen. Gravierender stellt sich die Situation dagegen dar, wenn Nutzungsrechte erst nach Eröffnung des Insolvenzverfahrens eingeräumt werden sollen. Mit Eröffnung des Insolvenzverfahrens verliert der Schuldner gem. § 80 Abs. 1 InsO die Verfügungsbefugnis hinsichtlich der Insolvenzmasse. Bei Annahme von vorher abgegebenen, noch immer zirkulierenden Angeboten durch neue Nutzer kann ein Nutzungsrecht dann nicht mehr ohne Zustimmung bzw. nachträgliche Genehmigung des Insolvenzverwalters eingeräumt werden.[1074] Bis zu einer solchen Genehmigung wäre eine Nutzung des Werkes für neue Downstream-User somit mit den Folgen der §§ 97 ff. UrhG unerkannt rechtswidrig.

I. Verhinderung der Annahme durch Hinweis auf Insolvenz

In Anbetracht dieser gravierenden, negativen Folgen einer Insolvenz nicht nur für den Downstream-User, sondern auch für das Vertrauen in die Open Content-Idee als Ganzes, wurden einige Lösungsansätze zur Entschärfung der Situation entwickelt. So wurde vorgeschlagen, ein Lizenznehmer solle auf die Insolvenz des Lizenzgebers hinweisen und Downstream-Usern mitteilen, dass ein Rechtserwerb gegenwärtig nicht möglich sei.[1075] Dies dürfte sich in der Praxis jedoch in mehrfacher Hinsicht als undurchführbar erweisen.

Zum einen weisen bereits die Vorschlagenden selbst darauf hin, dass ein entsprechender Hinweis nicht prophylaktisch in den Lizenztexten selbst erfolgen kann.[1076] Er wäre somit von jedem Distributor gesondert derart anzubringen, dass mit Kenntnisnahme spätestens bei Vertragsschluss gerechnet werden könnte. Dies würde jedoch erfordern, dass jeder Distributor seinerseits Kenntnis von dem Verlust der Verfügungsbefugnis eines Mitautors erlangen müsste – was in Anbetracht der Anonymität und Masse beteiligter Rechtsinhaber fernliegend erscheint. Darüber hinaus würde diese Vorgehensweise selbst bei 100 %iger Durchführung allein die rechtswidrige Nutzung durch neue Downstream-User dadurch verhindern, dass eine weitere Verbreitung ausgeschlossen wird. Die sich für die Allmende aus der Insolvenz ergebenden strukturellen Probleme würden so nicht gelöst. Um neuen Mitwirkenden die Nutzung und Teilnahme an der Gesamtschöpfung wieder zu ermöglichen

1074 *Metzger/Barudi*, CR 2009, 557 (558 f.); zu den Voraussetzungen und Risiken des Erwerbs von Rechten vom Insolvenzverwalter Wandtke/Bullinger/*Bullinger*, § 108 InsO Rn. 17–22.

1075 *Metzger/Barudi*, CR 2009, 557 (562).

1076 *Metzger/Barudi*, CR 2009, 557 (562). Der Lizenztext darf jedenfalls in den gängigsten Lizenzfamilien nicht uneingeschränkt verändert werden, da andernfalls ein Lizenzverstoß und damit einhergehend ein Rechtsverlust beim Hinweisenden droht, vgl. Sec. 7 und 10 der GNU GPLv3 sowie Sec.7 der Creative Commons 4.0-Lizenzen.

müssten die »verlorenen« Teile von Bestandsnutzern eigenständig identifiziert und entweder durch Entfernung oder funktionale Umgehung von einer Nutzung ausgenommen werden – was, wenn überhaupt, so nur mit großen Aufwand möglich ist.[1077]

Die gleichen Bedenken hinsichtlich der praktischen Umsetzung lassen sich einem zweiten Vorschlag entgegenhalten, nach dem ein Downstream-User den Insolvenzverwalter bzw. den neuen Inhaber von Rechten an dem Werk auffordern soll ihm durch eine Individualvereinbarung die Nutzungsrechte einzuräumen, die ihm nach der Lizenz zustehen, und ihn gleichzeitig von der Pflicht der Weiterverbreitung des Lizenzhinweises zu entbinden.[1078] Dies setzt neben der Kenntnisnahme vom Ausfall eines Rechtsinhabers noch dessen Identifizierung, eine Identifizierung des Insolvenzverwalters sowie schließlich eine erfolgreiche Kontaktaufnahme sowie die Erteilung der Genehmigung voraus. Dies alles ist zwar nicht ausgeschlossen, aber in der Praxis nicht zuletzt aufgrund des oft anonymen oder pseudonymen Auftretens einzelner Bearbeiter höchst unwahrscheinlich.

II. Insolvenzfestigkeit von aufschiebend bedingten Verfügungen

Ein weiterer Ansatz, das momentane Konzept von Open Content in Ansehung der Insolvenz eines Teilnehmers zu retten, könnte darauf aufbauen, die Grundsätze der Rechtsprechung des BGH zur Insolvenzfestigkeit aufschiebend bedingter Verfügungen zu übertragen.[1079] In dieser, Nutzungsrechte an Software betreffenden, Entscheidung wurde vor der Insolvenz eines Softwareentwicklers ein Entwicklungsvertrag mit dem Inhalt abgeschlossen, dass bei dessen Kündigung der Source Code sowie die Nutzungsrechte daran an den Kunden übergehen sollten. Nach Eröffnung des Insolvenzerfahrens erklärte der Verwalter den Nichteintritt in den Vertrag gem. § 103 InsO, woraufhin der Kunde kündigte, auf Herausgabe des bereits produzierten Source Codes sowie Rechtseinräumung daran klagte und damit schließlich obsiegte.[1080]

Zwischen beiden Konstellationen lassen sich durchaus Parallelen entdecken. Auch bei Open Content verspricht der noch solvente Rechtsinhaber die Einräumung von weiteren Nutzungsrechten, die jedoch nach Eröffnung des Insolvenzverfahrens gem. §103 InsO durch den Verwalter abgelehnt wird. In der dem Urteil zu Grunde liegenden Konstellation wurde über die versprochenen Rechte jedoch bereits vor Insolvenz verfügt, wenn auch unter einer aufschiebenden

1077 Dazu oben, § 9 A.I.3.

1078 *Metzger/Barudi*, CR 2009, 557 (562).

1079 BGH GRUR 2006, 435ff. – *Softwarenutzungsrecht*; dazu jedoch ablehnend *Metzger/Barudi*, CR 2009, 557 (558f.).

1080 BGH GRUR 2006, 435 (436) – *Softwarenutzungsrecht.*

Bedingung. Dies ist bei der Annahme von Angeboten auf Einräumung eines einfachen, unentgeltlichen Nutzungsrechts für jedermann jedoch nicht der Fall.[1081] Diese werden konstitutiv eingeräumt,[1082] die Annahme des Angebots ist Voraussetzung für ihre Entstehung. Eine Existenz später eventuell eingeräumt werdender Rechte bereits vor Insolvenz ist daher logisch unmöglich. Der Übertragung der Grundsätze auf den hier untersuchten Fall ist somit die Beschränkung der Insolvenzfestigkeit auf bereits vor Eröffnung des Verfahrens existierende Rechte entgegenzuhalten.[1083] Auch ist zu berücksichtigen, dass die Situation in dem Urteil eine klar bezeichnete Rechtseinräumung umfasste. Im Gegensatz zum Angebot an jedermann sind die Auswirkungen für die Insolvenzmasse damit deutlich umrissen und in ihrem Umfang beschränkt. Eine Übertragung der Grundsätze für aufschiebend bedingte Verfügungen auf allein von der Annahme des Angebots abhängenden Rechtseinräumungen ist somit abzulehnen.

III. Beschränkung des Wahlrechtes des Insolvenzverwalters

Ein anderer Weg zur Entschärfung dieser Konstellation könnte an der Pflicht des Insolvenzverwalters ansetzen, die Insolvenzmasse möglichst gewinnbringend zu verwerten. Nach gängiger Ansicht obliegt es dem bestellten Verwalter, bei seiner Tätigkeit sämtliche Möglichkeiten optimaler Verwertung zu berücksichtigen und auszuschöpfen.[1084] Überträgt man diesen Gedanken auf die Situation der zu genehmigenden Open Content-Nutzung, so stehen dem Verwalter im Wesentlichen zwei Vorgehensweisen offen.

Einerseits könnte dieser sich der Einräumung weiterer Nutzugsrechte komplett versperren, indem er in diese weder einwilligt noch sie nachträglich genehmigt. Gleichzeitig könnte er versuchen, das ursprünglich unter einer Open Content-Lizenz verbreitete Werk bzw. den Werkteil nunmehr kommerziell zu verwerten. Neben einem massiven Imageverlust für den Rechtsinhaber[1085] würde dadurch jedoch allenfalls ein mit bereits eingeräumten Nutzungsrechten belasteter Vermögensgegenstand gewonnen, dessen isolierte Verwertbarkeit höchst fraglich ist. Es bestünde nicht nur die Gefahr einer Substitution des zurückgezogenen, nunmehr proprietären Teils durch das restliche Nutzerkol-

1081 *Metzger/Barudi*, CR 2009, 557 (559).
1082 Im Detail dazu oben, § 4.A.I mit Fn. 146.
1083 BGH GRUR 2006, 435 (436) – *Softwarenutzungsrecht*.
1084 OLG Düsseldorf KTS 1973, 217 (272); Uhlenbruck/*Uhlenbruck*, InsO, § 159 Rn. 3; MüKo-InsO/*Görg/Janssen*, § 159 Rn. 9; *Nerlich/Römermann/Balthasar*, InsO, § 159 Rn. 6.
1085 Auf den *Metzger/Barudi*, CR 2009, 557 (558) zutreffend hinweisen.

lektiv,[1086] es müsste zudem auch mit dem ehemaligen Gesamtwerk um die bisherigen Marktanteile gerungen oder gänzlich neue Nutzerschichten erschlossen werden. Aus ebendiesen Gründen dürfte schließlich auch eine parallele kommerzielle Lizenzierung in Anbetracht der kostenfrei erhältlichen Alternative kaum zielführend sein, selbst wenn eine solche durch eine *Dual Use*-Lizenz zugelassen würde.

Als zweite Alternative stünde es dem Insolvenzverwalter offen, die Verbreitung auf Basis eines einfachen, unentgeltlichen Nutzungsrechts für jedermann nicht nur hinzunehmen, sondern diese aktiv zu fördern und das Geschäftsmodell derart umzugestalten, dass nunmehr Service- und Supportleistungen rund um das in Frage stehende Werk in das Zentrum der Geschäftstätigkeit rücken. Dabei würde zwar die unmittelbar entgeltliche Verwertung des konkreten Gegenstandes hintangestellt, jedoch auf lange Sicht ein neues Geschäftsfeld erschlossen, in dessen Rahmen auch bestehendes *Know How* oder andere materielle wie immaterielle Assets[1087] sinnvoll eingesetzt werden könnten. Man kann somit davon ausgehen, dass bei einer solchen Vorgehensweise der Fortführungswert den Liquidationswert übersteigt[1088] und diese damit der Zerschlagung bzw. der Veräußerung einzelner Verwertungsrechte vorzuziehen ist.

Es stellt sich auf Grundlage dieser Ergebnisse also die Frage, ob, und wenn ja in welchem Rahmen, aus ihnen eine Einschränkung der Verwertungsfreiheit des Insolvenzverwalters in Gestalt einer Pflicht zur Genehmigung von Rechtseinräumungen für Open Content-Lizenzen aus der Masse hergeleitet werden kann.

1. *Einschränkung des Handlungsspielraums,* Lubrizol-*Entscheidung*

Denkbar wäre diesbezüglich eine Einschränkung der freien Verwertungsentscheidung des Insolvenzverwalters nach den Grundsätzen von Treu und Glauben gem. § 242 BGB dahingehend, dass dessen Spielraum auf eine Genehmigung bzw. Einwilligung reduziert wird. Ein derartiges Vorgehen wird von einigen Stimmen in der Literatur in Anlehnung an eine US-amerikanische Entscheidung des Court of Appeals for the 4th Circuit[1089] auf der »Vorstufe« des Erfüllungs-

---

1086 Zu den dabei jedoch entstehenden Schwierigkeiten vgl. oben, § 9.A.I.3 zu der Entscheidung *SCO v. IBM.*

1087 Zu denken ist dabei etwa an bekannte Markennamen, einen guten Ruf in der Branche oder bestehende Geschäftsbeziehungen. Der real vorhandene und nicht zu unterschätzende Wert dieser Tatsachen bewog nicht zuletzt das Reichsgericht zur expliziten Anerkennung des Rechts am eingerichteten und ausgeübten Gewerbetrieb, RGZ 58, 24 (29f.); zu dessen Entwicklung *Sack*, Das Recht am Gewerbetrieb, 2006, S. 96–98.

1088 Zu den diesbezüglichen Maßstäben Nerlich/Römermann/*Balthasar*, InsO, § 159 Rn. 5.

1089 *Lubrizol Enterprises Inc. v. Richmond Metal Finishers Inc.*, 756 F.2d 1043 (4th Circuit, 1985). Der damals maßgebliche § 365 (a) des US Bankruptcy Code entsprach im Wesentlichen dem heutigen, deutschen § 103 InsO, dazu *Paulus*, ZIP 1996, 2 (5f.); *Wiedemann*, Lizenzen in der Insolvenz, Rn. 1165f.

wahlrechts gem. § 103 InsO befürwortet, wenn eine Erfüllungsablehnung für den Lizenznehmer existenzbedrohend wäre und keine höherrangigen Masseinteressen entgegenstehen.[1090]

Eine solch pauschale Einschränkung des Handlungsspielraums des Insolvenzverwalters ist dabei keineswegs so fernliegend, wie es auf den ersten Blick scheinen mag. Trotz der im Endeffekt altruistischen Einräumung des einfachen, unentgeltlichen Nutzungsrechts für jedermann als wesentlicher Unterschied zur kommerziell ausgerichteten Einräumung in *Lubrizol v. Richmond*, besteht nach hier vertretener Ansicht jedenfalls bei Copyleft-behafteten, aber im Zuge von Namensnennungs- und Dokumentationspflichten auch bei anderen Open Content-Lizenzen ein Gegenseitigkeitsverhältnis zwischen Lizenzgeber und Lizenznehmer, so dass die Sachverhalte im Hinblick auf eine eventuell geringere Schutzwürdigkeit des gegenleistungslos empfangenden Lizenznehmers vergleichbar sind. Auch hängt die Funktionsfähigkeit der Allmende auf Grundlage des Direktlizensierungsmodells wesentlich davon ab, dass neuen Mitwirkenden umfassende Nutzungsrechte eingeräumt werden – ebenso wie die Nutzungsrechte am Buchhaltungsprogramm für *Richmond Metal Finishers Inc.* eine wesentliche Voraussetzung für deren wirtschaftliche Existenz bedeuteten. Zuletzt stehen, wie oben dargelegt, auch keine überwiegenden Masseinteressen entgegen, da eine isolierte Verwertung von zurückgezogenen Werkteilen nur sehr schwer bis gar nicht möglich erscheint. Hinsichtlich der Vergleichbarkeit der Sachverhalte sowie der Interessenlagen der Beteiligten wäre eine Einschränkung des Verwertungsspielraums des Verwalters nach dem Vorbild der *Lubrizol*-Entscheidung somit durchaus denkbar.

Es werden allerdings ebenfalls gewichtige Gründe gegen eine derartige Einschränkung der Verwertungsbefugnis des Insolvenzverwalters angeführt. Am prominentesten spricht die Pflicht des Verwalters, seine Rechte allein zum Wohle der Gläubiger auszuüben und die damit verbundene Pflicht, auf Befindlichkeiten der Vertragspartner des Gemeinschuldners keine Rücksicht zu nehmen, gegen eine derartige Einschränkung.[1091] Dies stellt in der Tat ein schlagkräftiges Argument gegen eine aus Drittinteressen herrührende Einschränkung der Verwalterbefugnisse dar. Es verfängt jedoch im Falle des einfachen, unentgeltlichen Nutzungsrechts für jedermann nicht: In diesem Sonderfall spricht eine wirtschaftliche Betrachtung eher gegen eine Reproprietarisierung.[1092] Neben der ebenfalls unbestreitbaren Rechtsunsicherheit, welche die Einführung der Generalklausel des § 242 BGB bzw. der Wertungen »höherrangige Masseinteres-

1090 *Brandt*, NZI 2001, 337 (342), *Hoffmann*, ZInsO 2003, 732 (741).

1091 *Wiedemann*, Lizenzen in der Insolvenz, Rn. 1185; Nerlich/Römermann/*Balthasar*, InsO, § 103 Rn. 37.

1092 Dazu oben, § 11.D.III.

sen« oder »existenzgefährdend« mit sich bringen würde,[1093] werden jedoch auch tragende Prinzipien des deutschen Insolvenzrechts gegen eine derartige Beschneidung des Verwalterspielraums angeführt. Maßgeblich für die Vornahme von Verwertungshandlungen durch den Verwalter sind die Vorgaben der Gläubigerversammlung. Diese ist zentrales Organ des Insolvenzverfahrens,[1094] da gerade die Gläubiger und nicht der Verwalter oder die diesen beaufsichtigende Justiz die Folgen einer missglückten Sanierung zu tragen haben.[1095] Durch die Einführung von generalklauselartigen Begriffen würde dieses Bestimmungsrecht durch eine Billigkeitsentscheidung des Verwalters ersetzt.[1096]

2. *Stellungnahme*

Der eine Einschränkung des Verwalterspielraums ablehnenden Ansicht ist zuzustimmen. Die der Gläubigerversammlung im Rahmen der Gläubigerautonomie als tragendem Prinzip des reformierten Insolvenzrechtes zustehenden Bestimmungsrechte würden pauschal derart beschränkt, dass in vielen Fällen nur noch eine Fortführung als praktisch mögliche Weisung an den Verwalter in Frage käme. Damit würden aber Open Content-Lizenzen in die Nähe eines Vertrages zu Lasten Dritter rücken: Die Rechtseinräumung hätte weit über die unmittelbare Rechtszuständigkeit des Rechtsinhabers – welche nach Maßgabe des § 80 InsO endet – hinaus belastende Auswirkungen auf an dem Rechtsgeschäft nicht beteiligte Dritte. Dabei ist es gerade Intention des § 80 InsO, eine Einwirkungsmöglichkeit des Gemeinschuldners auf die Masse möglichst auszuschließen,[1097] so dass aus der Perspektive des Insolvenzrechtes eine Einschränkung des Wahlrechtes des Verwalters abzulehnen ist.

Darüber hinaus würde bei der Verlagerung der *Lubrizol*-Diskussion auf die Ebene der Genehmigungsbefugnis des Verwalters und nicht bloß auf eine Bindung des Wahlrechtes gem. § 103 InsO eine derartige Beschränkung der Genehmigungsbefugnis einer Verfügungsbeschränkung im Sinne des § 137 BGB nahekommen. Die bei Verbreitung im Rahmen des Allmende-Schaffens abgeschlossenen Rechtsgeschäfte hätten zur Folge, dass eine Verfügung des Insolvenzverwalters, durch die er einem Dritten ein ausschließliches Nutzungsrecht einräumen würde, gem. § 242 BGB auf der Ebene des dinglichen Könnens und

1093 *Wiedemann*, Lizenzen in der Insolvenz, Rn. 1187, 1189f.

1094 *Wiedemann*, Lizenzen in der Insolvenz, Rn. 1186, 1191; Nerlich/Römermann/*Balthasar*, InsO, § 157 Rn. 4; MüKo-InsO/*Görg/Janssen*, InsO, § 157 Rn. 4.

1095 RegE InsO, S. 76, 80.

1096 Die zwar gerichtlich überprüfbar bleibt, aber dennoch Befugnisse von der Gläubigerversammlung auf andere, von den Konsequenzen nicht direkt betroffene Institutionen übertragen würde, *Wiedemann*, Lizenzen in der Insolvenz, Rn. 1191.

1097 MüKo-InsO/*Ott/Vuia*, § 80 Rn. 1; Uhlenbruck/*Uhlenbruck*, InsO, § 80 Rn. 2; Nerlich/Römermann/*Wittkowski*, InsO, § 80 Rn. 3.

nicht bloß des schuldrechtlichen Dürfens ausgeschlossen würde – genau solche Situationen sollen aber durch § 137 BGB verhindert werden.[1098] Mithin kann selbst bei Annahme einer Zulässigkeit der Bindung des Wahlrechts gem. § 103 InsO[1099] eine Übertragung der Grundsätze der *Lubrizol*-Entscheidung auf das Wahlrecht des Insolvenzverwalters, Verfügungen zu genehmigen oder nicht, keine Zustimmung finden.

Eine Beschränkung des insolvenzverwalterlichen Handlungsspielraumes dergestalt, dass dieser bei Einräumung von einfachen, unentgeltlichen Nutzungsrechten für jedermann seine nach Eröffnung des Insolvenzverfahrens entstehende Befugnis zur Genehmigung von bzw. Einwilligung in weitere Rechtseinräumungen nur durch Erteilen einer solchen Genehmigung ausüben dürfte, würde somit wesentlichen Prinzipien des Insolvenz- sowie allgemeinen Zivilrechts widersprechen und ist daher abzulehnen.

IV. Ergebnis zur Situation bei Insolvenz des Rechtsinhabers

Auch im Falle einer Insolvenz des Rechtsinhabers bzw. Lizenzgebers besteht somit die Gefahr, dass einmal abgegebene Angebote auf Einräumung eines einfachen, unentgeltlichen Nutzungsrechts für jedermann im Nachhinein dergestalt entwertet werden, dass deren Annahme für den Lizenznehmer unerkannt zu keiner Rechtseinräumung führt und ihn damit der Gefahr eines Urheberrechtsverstoßes aussetzt. Dieser Problematik kann auch nur eingeschränkt durch Hinweispflichten und, nach hier vertretener Auffassung, nicht durch eine Verpflichtung des Insolvenzverwalters zur nachträglichen Genehmigung von nach der Insolvenz erfolgten Rechtseinräumungen begegnet werden.

E. Ergebnis

Es lässt sich im Ergebnis somit festhalten, dass mehrere Konstellationen existieren, in denen ein Rechtsinhaber nach Abgabe eines Angebots auf Einräumung eines einfachen, unentgeltlichen Nutzungsrechts für jedermann die Rechtszu-

1098 Staudinger/*Kohler*, § 137 Rn. 36 (»Im weiteren Sinn zählen dazu alle Verfügungshindernisse, die das Gesetz an ein rechtsgeschäftlich begründetes Rechtsverhältnis knüpft.«); BeckOK-BGB/*Wendtland*, § 137 Rn. 5 (»eine *Beschränkung* der Verfügungsmacht ist hingegen gegeben, wenn nur bestimmte Verfügungen über das konkrete Recht unwirksam sein sollen«), ebenso MüKo-BGB/*Armbrüster*, § 137 Rn. 14 sowie *Berger*, Rechtsgeschäftliche Verfügungsbeschränkungen, S. 9.

1099 Eine solche schließt neben *Hoffmann*, ZInsO 2003, 732 (741) und *Brandt*, NZI 2001, 337 (342) bei aller Kritik selbst *Wiedemann* nicht kategorisch aus, *Wiedemann*, Lizenzen in der Insolvenz, Rn. 1193–1195.

ständigkeit bzw. die Verfügungsbefugnis über die dafür notwendigen Rechte verliert. Mit Erlass und zu erwartender Umsetzung der Richtlinie 2014/26/EU soll zwar dem Verlust bei Abschluss eines Wahrnehmungsvertrages als der wohl häufigsten Konstellation begegnet werden, der Versuch ist aufgrund des unklaren Wortlautes bzw. der mit Verwendung des Wortes »unentgeltlich« einhergehenden Unsicherheit nur bedingt dazu geeignet, diese Konstellation zu entschärfen.

Darüber hinaus existieren mit der Insolvenz des Rechtsinhaber und dem damit verbundenen Verlust der Verfügungsbefugnis, § 80 Abs. 1 InsO, sowie der Möglichkeit der späteren Einräumung eines ausschließlichen Nutzungsrechts an Dritte noch weitere Konstellationen, in denen das mit dem Werk fest verbundene und damit noch im Internet verfügbare Angebot für den Annehmenden unerkannt dergestalt »entwertet« werden kann, dass dessen Annahme nicht zu einer Rechtseinräumung führt.

§ 12. Kompensation der Rechtsfolgen der Unwirksamkeit einer Verfügung

In Anbetracht dieser keineswegs fernliegenden, in der Praxis durchaus anzutreffenden Konstellationen sollen im folgenden Abschnitt Lösungsvorschläge diskutiert bzw. erarbeitet werden, mithilfe derer die Folgen einer solchen Unwirksamkeit kompensiert oder deren Eintritt bereits im Vorfeld verhindert werden kann.

A. Analoge Anwendung des § 33 UrhG

Ein von *Mantz*[1100] in die Diskussion eingebrachter und später von anderen Stimmen[1101] aufgegriffener Vorschlag, die Folgen eines derartigen Loslösens des Urhebers von seinem Angebot bzw. dessen Ausfall im Hinblick auf seine Verfügungsbefugnis zu kompensieren, besteht darin, den Sukzessionsschutz des § 33 UrhG zugunsten der zukünftigen und gegenwärtigen Nutzer in Stellung zu bringen.

1100 *Mantz*, MMR 2006, S. 784ff.

1101 Eher zurückhaltend *Jaeger/Metzger*, OSS, Rn. 126d (»Einstweilen muss die Frage als offen bezeichnet werden«); ebenso *Metzger/Barudi*, CR 2009, 557 (559); deutlicher befürwortend dagegen *Metzger*, ITRB 2013, 239 (242) (»wird hier eine analoge Anwendung von § 33 UrhG vorgeschlagen«); ebenfalls in diese Richtung *Völzmann-Stickelbrock* in Leible, Schutz des geistigen Eigentums im Internet, S. 47 (72) (»Es spricht daher manches für eine entsprechende Anwendung des Sukzessionsschutzes [...]«).

Dies ist bei bereits abgeschlossenen Verträgen über einfache, unentgeltliche Nutzungsrechte für jedermann problemlos möglich und stellt keine vom Normalfall des § 33 UrhG abweichende Konstellation dar. Im Falle der Änderung der Rechtsinhaberschaft an einem unter eine Open Content-Lizenz gestellten Werk, etwa im Rahmen eines Buy-Out-Vertrages, erlangt der neue Berechtigte das Nutzungsrecht nur in einer mit den bereits eingeräumten Nutzungsrechten belasteten Form.[1102] Der wesentlich problematischere Komplex ist dagegen die Behandlung von noch frei im Netz zirkulierenden, da mit dem Werk fest verbundenen Angeboten auf weitere Rechtseinräumungen bzw. Lizenzabschlüsse,[1103] die erst nach Eintritt der Änderungen angenommen werden und somit zu keiner Rechtseinräumung führen. Hier vermag die Konstruktion des § 33 UrhG nicht zu helfen. Es verbliebe insofern bei der unbefriedigenden Situation, dass der Nutzer zwar einen wirksamen Lizenzvertrag abschließen könnte, die in diesem versprochenen Nutzungsrechte jedoch aufgrund fehlender Rechtszuständigkeit nicht erhält – ohne dass dieses für ihn dem äußeren Anschein nach erkennbar wäre.[1104] Zur Vermeidung dieser Folgen könnte es jedoch möglich und geboten sein, die Vorschrift des § 33 UrhG *Mantz'* Vorschlag folgend analog auf die Situation des Angebotsempfängers anzuwenden. Hierbei erscheint jedoch bereits die Vergleichbarkeit der Interessenlagen als Grundlage einer Analogie zweifelhaft.

I. Entstehung eines Anwartschaftsrechtes

Eine solche Vergleichbarkeit der Interessenlagen als Grundlage einer Analogie könnte bei Vorliegen eines Anwartschaftsrechtes als wesensgleichem Minus zum Vollrecht[1105] gegeben sein. Als Anknüpfungspunkte für eine derartige Position könnten im Rahmen der gängigen Lizensierungsmodalitäten bei Open Content sowohl die Rechtspositionen dienen, die dem Empfänger eines Angebots auf Einräumung eines einfachen, unentgeltlichen Nutzungsrechts zukommt – dieser hat es durch schlichte Annahme in der Hand, die Rechtseinräumung einseitig zu vollenden. Daneben könnte auch die spezifische Situation der Verbreitung von Open Content einen Ansatzpunkt bieten: Nach Einstellen des mit dem Werk fest verbundenen Angebots auf Rechtseinräumung in das Internet hat ein Nutzer faktisch kaum mehr die Möglichkeit, dieses Angebot wieder aus der Welt zu schaffen und damit die Rechtseinräumung bei Nutzern einseitig zu verhindern,

1102 *Mantz*, MMR 2006 784 (786); Loewenheim/*J. B. Nordemann*, Hdb, § 26 Rn. 32; Dreier/Schulze/*Schulze*, § 33 Rn. 6; *Jaeger/Metzger*, OSS, Rn. 126d.

1103 Zu dieser Gestaltung *Jaeger/Metzger*, OSS, Rn. 176; *Kreutzer*, Open Content-Lizenzen, S. 21.

1104 *Mantz*, MMR 2006, 784 (785 f.).

1105 BGHZ 28, 16 (21); zuletzt BGHZ 132, 218 (224 f.); *Baur/Stürner*, SachenR, § 59 Rn. 33.

während diese es nur noch schlicht anzunehmen brauchen, um die Einräumung zu vollenden.

Gegen die Arbeit mit der Rechtsfigur des Anwartschaftsrechts könnte zu allererst jedoch die Unanwendbarkeit dieser im Regime des Sacheigentums entwickelten Figur sprechen. Beim Erwerb des Urheberrechts sind im Kontrast zu physischem Eigentum keine Anwartschaften vorgesehen. Seine Begründung stellt einen einaktigen Rechtserwerb mit Fertigung bzw. Entstehung des Werkes dar,[1106] dies gilt auch bei mehraktiger Erstellung bzw. bei sukzessiver Erstellung eines Gesamtwerkes etwa der kapitelweisen Fertigung eines Romans.[1107] Begründet liegt dies in der Schutzfähigkeit erster Fragmente eines Werkes, welche einen vorgelagerten Schutz bzw. eine gesonderte Verkehrsfähigkeit als Ziel des Anwartschaftsrechts unnötig werden lässt, ebenso wie in der Unsicherheit über den Umfang eines später eventuell erworbenen Rechts.[1108]

Diese Erwägungen lassen sich jedoch nicht auf die Rechtseinräumung von dem Urheberrecht innewohnenden Nutzungsrechten übertragen. Aus dem Urheberrecht abgeleitete, konstitutiv dem Empfänger eingeräumte Nutzungsrechte[1109] richten sich hinsichtlich der Übertragung bzw. Einräumung nach den allgemeinen Vorschriften über (dingliche) Erklärungen bzw. den §§ 398 ff. BGB analog.[1110] Durch diese Normen wird deren Verkehrsfähigkeit als Grundsatz des Privatrechts sichergestellt.[1111] Betrachtet man nun die drei allgemein als Grund- bzw. Mindestvoraussetzung einer Anwartschaft herausgearbeiteten Kriterien,[1112] einer vom objektiven Recht verliehenen Erwerbsposition (1), eines mehraktigen und sukzessive erfüllbaren Erwerbstatbestands (2) sowie eines bereits konkretisierten, nicht mehr einseitig zu zerstörenden Rechtserwerbs (3),[1113] so wird deutlich, dass bei einer entsprechenden Vertrags- bzw. Verfügungsgestaltung – etwa die aufschiebend bedingte Einräumung eines Nutzungsrechts nach Leistung einer in Raten zu zahlenden Gesamtsumme –

1106 *Hofmann*, Immaterialgüterrechtliche Anwartschaftsrechte, S. 296; Wandtke/Bullinger/*Kefferpütz*, § 112 Rn. 12; *Rehbinder/Peukert*, UrhR, Rn. 137; *Schack*, UrhR, Rn. 252.

1107 *Jänich*, Geistiges Eigentum, S. 270.

1108 *Jänich*, Geistiges Eigentum, S. 270; *Hofmann*, Immaterialgüterrechtliche Anwartschaftsrechte, S. 297.

1109 Wandtke/Bullinger/*Wandtke/Grunert*, vor § 31 Rn. 21; Schricker/Loewenheim/*Schricker/Loewenheim*, vor § 28 Rn. 43; *Schack*, UrhR, Rn. 594; *Rehbinder/Peukert*,UrhR, Rn. 896f.

1110 Wandtke/Bullinger/*Wandkte/Grunert*, vor § 31 Rn. 22; *Schack*, UrhR, Rn. 597; *Rehbinder/Peukert*, UrhR, Rn. 878; *Brauer/Sopp* ZUM 2004, 112 (113).

1111 MüKo-BGB/*Roth*, § 398 Rn. 2; *ders.*, § 413 Rn. 1; explizit für gewerbliche Schutzrechte Staudinger/*Busche*, § 413 Rn. 1.

1112 Spezifisch für Immaterialgüterrechte *Hofmann*, Immaterialgüterrechtliche Anwartschaftsrechte, S. 101–104; allgemein BGHZ 49, 197 (201); Staudinger/*Bork*, vor §§ 158–163, Rn. 53; *Medicus/Petersen*, BürgR, Rn. 456.

1113 So auch MüKo-BGB/*H. P. Westermann*, § 161 Rn. 6; *Larenz/Wolf/Neuner*, BGB AT, § 15 Rn. 96.

durchaus Raum für die Anwendung der Rechtsfigur des Anwartschaftsrechts besteht.

1. *Rechtsstellung eines Angebotsempfängers*

Um die Möglichkeit der analogen Anwendung des § 33 UrhG konstruktiv beurteilen zu können, ist zu untersuchen, wann der Adressat eines Angebots auf Abschluss einer Open Content-Lizenz sowie auf Einräumung eines einfachen, unentgeltlichen Nutzungsrechts für jedermann durch Zugang des Angebots eine Rechtsposition erwirbt und wie diese Rechtsposition im Hinblick auf die Charakterisierung als »wesensgleiches Minus«[1114] zum Vollrecht einzuordnen ist, mithin, ob eine mit einem klassischen Anwartschaftsrecht vergleichbare Interessenlage für die analoge Anwendung des § 33 UrhG begründet wird.

a. *Anknüpfungspunkt für die Entstehung einer Rechtsposition*

Dem Empfänger eines Angebots wird auf privatrechtliche Initiative des Anbietenden hin[1115] die Möglichkeit eingeräumt, auf dessen Verhalten in der in dem Angebot spezifizierten Art und Weise Einfluss zu nehmen. Für eine solche Einflussnahme ist es allein nötig, dass das Angebot dem Annehmenden in einer Art und Weise zugeht, die es ihm ermöglicht, mit einem einfachen »ja« zu antworten.[1116] Diese Möglichkeit besteht ab dem Zeitpunkt des Zugangs eines konkreten Angebots. In der hier vorliegenden Konstellation des Vertragsschlusses unter Abwesenden liegt ein solcher vor, sobald das Angebot derart in den Machtbereich des Empfängers gelangt ist, dass mit dessen Kenntnisnahme durch den Empfänger unter gewöhnlichen Umständen gerechtet werden kann.[1117]

Im Rahmen der bisherigen Dogmatik der Open Content-Lizenzen im deutschen Recht ist von einem Zugang des Angebots bei einem potentiellen Lizenznehmer somit dann auszugehen, wenn eine mit der Lizenz versehene Version des Werkes derart in seinen Machtbereich gelangt, dass vor oder während des Downloads von einer Kenntnisnahme der Lizenzbedingungen ausgegangen werden kann. Unter Berücksichtigung der Klauseln in vielen auf die Einräumung

---

1114 So die gebräuchliche Bezeichnung eines auf Volleigentum gerichteten Anwartschaftsrechts, zurückgehend auf BGHZ 28, 16 (21); zuletzt BGHZ 132, 218 (224f.); instruktiv zu dem Komplex wenn auch kritisch gegenüber der Terminologie *Baur/Stürner*, Sachenrecht, § 59 Rn. 33.

1115 *Tichbi*, Die Rechtsstellung des Angebotsempfängers, S. 27; historisch *Andreae*, Das Recht des Antragsempfängers, S. 56; MüKo-BGB/*Busche*, § 145 Rn. 21.

1116 Staudinger/*Bork*, § 145 Rn. 17; MüKo-BGB/*Busche*, § 145 Rn. 6; *Flume*, BGB AT II, § 35 I 1, S. 636; *Rüthers/Stadler*, BGB AT, § 19 Rn. 3; *Köhler*, BGB AT, § 8 Rn. 3.

1117 Zurückgehend auf RGZ 50, 191 (194); zuletzt BAG NJW 1993, 1093 (1094); so bis heute h. A.: *Rüthers/Stadler*, BGB AT, § 17 Rn. 44; *Köhler*, BGB AT, § 6 Rn. 13; *Larenz/Wolf*, BGB AT, § 26 Rn. 21.

eines einfachen, unentgeltlichen Nutzungsrechts für jedermann zielenden Lizenzen, dass diese Bedingungen und mit ihnen das Angebot auf Abschluss einer weiteren Lizenz gut sichtbar anzubringen sind,[1118] ist es daher möglich, bei jeder Verkörperung des Werkes in der Sphäre des Users auch eine Kenntnisnahme von sowie Zugang des Angebots zu unterstellen. Von diesem Zeitpunkt des Zugangs des Angebots ist wiederum der Zeitpunkt zu unterscheiden, an dem das zugegangene Angebot durch den Lizenznehmer *in spe* angenommen wird. Generell wird bei Open Content-Lizenzen der Lizenzvertrag zum Zeitpunkt der ersten Vervielfältigung als unter der Lizenz zustimmungsbedürftigen Vervielfältigungs- und somit Nutzungshandlung geschlossen.[1119] Bei Open Source-Software-Lizenzen besteht somit die Möglichkeit, ein im Rahmen einer unentgeltlichen Überlassung erhaltenes Computerprogramm ohne Abschluss eines Lizenzvertrages im Rahmen des § 69d Abs. 1 UrhG zu nutzen[1120] und erst nach einer beliebigen Zeitspanne eine Handlung vorzunehmen, die über § 69d Abs. 1 UrhG hinaus zustimmungspflichtig ist und einen Vertragsschluss auslöst.[1121] Bei Nicht-Software-Werken stellt sich trotz des Fehlens vergleichbarer Normen die Situation ähnlich dar. Diese können etwa im Rahmen der Privatkopieschranke (§ 53 Abs. 1 UrhG) oder einer beliebigen anderen Konstellation[1122] vervielfältigt werden,[1123] erst davon nicht mehr gedeckte Nutzungshandlungen lösen einen Vertragsschluss samt Rechtseinräumung aus.[1124]

1118 Sec. 4 a aller Creative Commons 3.0 sowie 4.0-Lizenzen; § 4 bzw. § 5 b) sowie 6 c) der GNU GPLv3-Lizenz.

1119 *Jaeger/Metzger*, OSS, Rn. 179; *Metzger/Barudi*, CR 2009, 557 (558f.); *Kreutzer*, Open Content-Lizenzen, S. 21.

1120 In diesem Fall unterliegt zunächst nur der Distributor den Lizenzpflichten, vgl. etwa Sec. 4a der Creative Commons 4.0-Lizenzen sowie § 2 Abs. 1 der GNU GPLv3. Der Downloader erhält lediglich eine Kopie des Werkes und im Wege des § 69d UrhG die zur Nutzung notwendigen Mindestrechte; diese jedoch gerade nicht vom Urheber, sondern durch Gesetz; *Zecher*, Zur Umgehung des Erschöpfungsgrundsatzes bei Computerprogrammen S. 46, 50f.; *Schulz*, Dezentrale Softwareentwicklung, S. 123ff.; *Walter/Blocher* in Walter/von Lewinski, European Coypright Law, § 5.5.18; Dreier/Schulze/*Dreier*, § 69d Rn. 6; *Sahin/Haines* CR 2005, 241 (245); *Hoeren*, CR 2006, 573 (575); *Sosnitza*, K&R 2006, 206 (210); *Huppertz*, CR 2006, 145 (146f.).

1121 *Rautenstrauch*, Open Source Software und Kartellrecht, S. 169; *Jaeger/Metzger*, OSS, Rn. 177; *Schulz*, Dezentale Softwareenwicklung, S. 164f.; vgl. dazu auch § 9 der GNU GPLv3-Lizenz.

1122 Zu denken ist hier insbesondere an eine schlichte Einwilligung des Rechtsinahbers nach den Grundsätzen der Entscheidungen BGHZ 185, 291 – *Vorschaubilder* sowie BGH NJW 2012, 1886 – *Vorschaubilder II.*

1123 *Kreutzer*, Open Content-Lizenzen, S. 21.

1124 *Jaeger/Metzger*, OSS, Rn. 177; *Schulz*, Dezentale Softwareenwicklung, S. 164f.; *Rautenstrauch*, Open Source Software und Kartellrecht, S. 169.

b. Entstehung der Rechtsposition durch Zugang des Angebots

In der Literatur und Rechtsprechung herrscht weitestgehend Einigkeit hinsichtlich der Tatsache, dass dem bloßen Empfänger eines Angebots bereits vor dessen Annahme allein aufgrund des Zugangs eine Rechtsposition zukommt.[1125] Diese Rechtsposition kann etwa durch eine Vormerkung oder andere Sicherungsmittel wie eine Bürgschaft oder ein Pfandrecht[1126] besichert werden. Nach hier vertretener Ansicht ist diese Rechtsstellung darüber hinaus als eine durch das Recht gewährte Befugnis eines Rechtssubjekts, seine Interessen zu befriedigen, zu verstehen,[1127] die sich über die abstrakte Möglichkeit der Einflussnahme hinaus zu einer konkreten Befugnis zur Vornahme einer konkreten Handlung verdichtet hat.[1128] Im Falle des Angebotsempfängers wird dessen Befugnis, den Abschluss eines Vertrags mit Bindungswirkung für den Anbieter herbeizuführen, zwar aus den §§ 145ff. BGB abstrakt herbeigeführt,[1129] der Empfänger des Angebots hat jedoch die alleinige Kontrolle darüber, ob er das konkrete Vertragsverhältnis zur Entstehung bringt oder nicht.[1130] Dem Empfänger eines Angebots steht somit die Befugnis zu, den Abgebenden zu einer konkreten Handlung zu verpflichten. Stützen lässt sich diese Ansicht auf § 131 Abs. 2 BGB.[1131] Dessen Aussage, dass geschäftsunfähigen Personen gegenüber abgegebene Willenserklärungen wirksam seien, wenn diese daraus »einen *rechtlichen* Vorteil« erlangten, zusammen mit der Tatsache, dass etwa ein Angebot an geschäftsunfähige Personen diese im Falle der Vorteilhaftigkeit bereits in die Lage versetzen soll, es annehmen zu können, lassen darauf schließen, dass die durch das Angebot erlangte Position eine für den Empfänger vorteilhafte Rechtsstellung und damit mehr als eine abstrakte Möglichkeit oder Änderungszuständigkeit darstellt.

Eine als Anknüpfungspunkt für die analoge Anwendung des § 33 UrhG dienende Rechtsposition ist jedoch nur in Fällen gegeben, in denen der Empfänger auch einen »rechtlichen Vorteil«, mithin die abstrakte Möglichkeit der Bindung des Gegenüber, erhält. Bei Angeboten auf Lizenzabschluss und Rechtseinräu-

---

1125 Siehe statt vieler MüKo-BGB/*Busche*, § 145 Rn. 22 sowie Staudinger/*Bork*, § 145 Rn. 33, jeweils mit Hinweisen auf weiterführende Literatur sowie insbesondere *Tichbi*, Die Rechtsstellung des Angebotsempfängers und historisch *Andreae*, Das Recht des Antragsempfängers, jeweils *passim*.

1126 Staudinger/*Gursky*, § 883 Rn. 50; Staudinger/*Bork*, § 145 Rn. 33; PWW/*Brinkmann*, § 145 Rn. 13.

1127 *Köhler*, BGB AT, § 17 Rn. 5; *Brox/Walker*, BGB AT, Rn. 617; *Bork*, BGB AT, Rn. 280; *Rüthers/Stadler*, BGB AT, § 4 Rn. 1; *Larenz/Wolf*, BGB AT, § 14 Rn. 1.

1128 *Tichbi*, Die Rechtsstellung des Angebotsempfängers, S. 30.

1129 *Tichbi*, Die Rechtsstellung des Angebotsempfängers, S. 32.

1130 Staudinger/*Bork*, § 145 Rn. 33; MüKo – BGB/*Busche*, § 145 Rn. 22; Jauernig/*Mansel*, § 145 Rn. 4; HK - BGB/*Dörner*, § 145 Rn. 10.

1131 Ausführlich *Tichbi*, Die Rechtsstellung des Angebotsempfängers, S. 33.

mung im Kontext von Open Content ist dies nur der Fall, wenn ein mit einem Werk verbundenes Angebot einem Downstream-Nutzer so zugeht, dass er durch eine Annahme eine Rechtseinräumung zu irgendeinem Zeitpunkt herbeiführen kann. Dies ist allerdings nur der Fall, wenn jedenfalls für eine logische Sekunde nach Zugang der Anbietende noch über die Rechte hätte verfügen können. Geht ein von vornherein auf eine unwirksame, da unmögliche Verfügung gerichtetes Angebot zu, so bestand die Möglichkeit des Erstarkens der Position zu einem Vollrecht nie. Eine eventuelle analoge Anwendung des § 33 UrhG wäre somit allein auf Fälle beschränkt, in denen ein ehemals »werthaltiges«, bei Annahme zu einer Rechtseinräumung führendes Angebot nach Zugang »entwertet« wird, indem eine der oben skizzierten, die spätere Rechtseinräumung vereitelnden Situationen eintritt. Die wesentlich häufigere Konstellation, dass ein von vornherein aufgrund mittlerweile eingetretener Änderung der Rechtszuständigkeit oder Entfall der Verfügungsbefugnis nicht mehr zu einer Rechtseinräumung führendes Angebot angenommen wird, vermag selbst bei generellem Bejahen der Analogievoraussetzungen nicht über die entsprechende Anwendung des § 33 UrhG gelöst werden. Allein der Empfänger eines ehemals »werthaltigen« Angebots auf Einräumung eines einfachen, unentgeltlichen Nutzungsrechts für jedermann hat somit eine Rechtsstellung in Form eines subjektiven Rechtes inne, diese jedoch bereits unmittelbar nach Zugang dieses Angebots.

aa. Natur der Rechtsposition des Angebotsempfängers

Mit der Charakterisierung als subjektives Recht allein ist jedoch hinsichtlich der Einordnung der dem Angebotsempfänger zukommenden Rechtsposition innerhalb des Systems der Rechtsbegriffe noch nicht viel an Klarheit gewonnen. Diese wird stellenweise als Gestaltungsrecht,[1132] als Optionsrecht[1133], eher unspezifisch als »Reaktionsrecht«[1134] oder »sonstige Rechtsposition«[1135] sowie als »Vertragsanwartschaft«[1136] bezeichnet.

Eine genauere Spezifizierung der Bezeichnung wird von einigen Stimmen der

1132 Zurückgehend auf RGZ 132, 6 (7); fortgef. von OLG Celle NJW 1962, 743 (744); dazu Jauernig/*Mansel*, § 145 Rn. 4; Palandt/*Ellenberger*, § 145 Rn. 5; PWW/*Brinkmann*, § 145 Rn. 12; NK-BGB/*Schulze*, § 145 Rn. 10.

1133 RGZ 169, 65 (71); *von Einem*, Die Rechtsnatur der Option, S. 18; *Köhler*, BGB AT, § 8 Rn. 14; *Larenz/Wolf*, BGB AT, § 29 Rn. 43.

1134 *Tichbi*, Die Rechtsstellung des Angebotsempfängers, S. 54 mit ausführlicher Erklärung und Abgrenzung.

1135 Staudinger/*Bork*, § 145 Rn. 34; *Schilder*, Schadensersatz bei Durchbrechung der Bindung an obligatorische Vertragsofferten, S. 114 (»schlichte Rechtsposition«).

1136 RGZ 151, 75; *Wennberg*, Das einseitig verpflichtende Versprechen, S. 69; *Würdinger*, Die privatrechtliche Anwartschaft, S. 76; *Forkel*, Gebundene Rechtsübertragungen, S. 130; *Georgiades*, JZ 1966, 285 (286); *Larenz/Wolf*, BGB AT, § 29 Rn. 43; Erman/*Armbrüster*, § 145 Rn. 19; Soergel/*Wolf*, § 145 Rn. 16.

Literatur als bedeutungslos dargestellt.[1137] Dieser Ansicht kann jedoch nicht gefolgt werden. Einerseits würde die Einordnung unter einen Rechtsbegriff die mit diesem Begriff verbundenen Folgen auch auf die konkrete Situation übertragen, etwa eine Einordnung als Gestaltungsrecht nicht zu verachtende Konsequenzen hinsichtlich der Übertragbarkeit nach sich ziehen,[1138] andererseits erscheint gerade die Figur der »Vertragsanwartschaft« im Hinblick auf die hier untersuchte Konstellation vielversprechend – eine analoge Anwendung des § 33 UrhG auf ein durch Zugang eines bindenden Angebots möglicherweise entstehendes »wesensgleiches Minus« zu einem Nutzungsrecht wäre ohne größere dogmatische Brüche möglich und würde die Probleme bei nachträglicher Entwertung eines einmal zugegangenen Angebots lösen.

bb. Einordnung als Optionsrecht

Die mitunter vorgenommene Einordnung der Rechtsposition als Optionsrecht[1139] überzeugt dabei nicht. Ein solches setzt eine beim Gegenüber bereits eingetretene Bindungswirkung voraus, die sich entweder aus einer vertraglichen Bindung oder aus einer gesetzlichen Regelung ergeben müsste[1140] und mit Ausüben lediglich inhaltlich konkretisiert wird. Ein vertragliches Verhältnis wird jedoch erst durch die Annahme des Angebots mittels einer zweiten Willenserklärung geschaffen. Eine derartige Bindungswirkung bereits bei Zugang des Angebots anzunehmen würde zu einem Zirkelschluss führen. Auch die Annahme eines gesetzlichen Optionsrechtes etwa auf Basis der §§ 145ff. BGB vermag nicht zu überzeugen. Ein Vergleich mit dem gesetzlichen Optionsrecht des § 456 BGB zeigt, dass auch in derartigen Fällen von einer bereits existierenden Vertragsbindung ausgegangen wird.[1141] Das gesetzliche Leitbild des Optionsrechts ist mithin die Möglichkeit zur einseitigen Einwirkung auf ein bereits existierendes vertragliches Schuldverhältnis, welches zudem meist entgeltlich ist.[1142] Während dem Angebotsempfänger somit zwar im allgemeinen Sprachgebrauch die Option offensteht, eine vertragliche Bindung herbeizu-

---

1137 Staudinger/*Bork*, § 145 Rn. 34; MüKo-BGB/*Busche*, § 145 Rn. 21; Erman/*Armbrüster*, § 145 Rn. 19; Jauernig/*Mansel*, § 145 Rn. 4; *Schilder*, Schadensersatz bei Durchbrechung der Bindung an obligatorische Vertragsofferten S. 108f.

1138 *Tichbi*, Die Rechtsstellung des Angebotsempfängers, S. 34.

1139 RGZ 169, 65 (71); Erman/*Armbrüster*, § 145 Rn. 14; MüKo-BGB/*Busche*, Vor §§ 145ff., Rn. 73; *Larenz/Wolf*, BGB AT, § 23 Rn. 105.

1140 *Tichbi*, Die Rechtsstellung des Angebotsempfängers, S. 43; *Schilder*, Schadensersatz bei Durchbrechung der Bindung an obligatorische Vertragsofferten, S. 108–112; Soergel/*Wolf*, vor § 145 Rn. 70.

1141 *Tichbi*, Die Rechtsstellung des Angebotsempfängers, S. 43f.

1142 *Schilder*, Schadensersatz bei Durchbrechung der Bindung an obligatorische Vertragsofferten, S. 109f.

führen, so gewährt ihm die Stellung als Angebotsempfänger kein Optionsrecht im Sinne des bürgerlichen Rechts.

cc. *Die Position des Angebotsempfängers als Vertragsanwartschaft*

Die Einordnung der Rechtsposition des Angebotsempfängers als eine Vertragsanwartschaft erscheint hingegen überzeugender.[1143] Versteht man den Begriff der Anwartschaft als eine Rechtsbeziehung des Anwärters zu einer rechtsgewährenden Norm, die diesem bei Eintritt gewisser Tatbestandsmerkmale die dort bezeichnete Befugnis einräumt,[1144] solange die Position mit der begünstigten Person nicht fest verbunden ist und damit der Person zugutekommen kann, die die letzte Tatbestandsvoraussetzung erfüllt,[1145] so ist es angemessen, die Stellung des Angebotsempfängers als eine Vertragsanwartschaft zu bezeichnen:[1146] Unter der Voraussetzung, dass ein Angebot auf Abschluss eines Vertrages insofern bindend ist, als dass von der Möglichkeit des § 145 Hs. 2 BGB kein Gebrauch gemacht wurde und zudem ein Widerruf des Angebots ausgeschlossen ist,[1147] ist unproblematisch festzustellen, dass die Rechtsposition eines Angebotsempfängers insofern gesichert ist, als dass sie ihm nicht mehr durch einseitige Handlung des Anbietenden entzogen werden kann.[1148] Auch ist es im Falle von nicht-personalisierten Massengeschäften ohne Belang, ob die Person des Angebotsempfängers oder einer bzw. mehrere Dritte Begünstigter der Befugnis werden. Mit Zugang eines bindenden Angebots entsteht somit beim Empfänger eine Rechtsposition in Form einer Anwartschaft auf Abschluss eines Vertrages.

Ob diese Vertragsanwartschaft allerdings mit einer gegen Zwischenverfügungen gesicherten Rechtsstellung einhergeht, die durch den Veräußerer nicht mehr einseitig zerstört werden kann, es sich dabei also um ein Anwartschaftsrecht in Anlehnung an die anhand von § 161 BGB entwickelte Dogmatik[1149] handelt, muss bezweifelt werden. Das Trennungsprinzip verbietet es in derar-

1143 Ausführlich *Tichbi*, Die Rechtsstellung des Angebotsempfängers, S. 46.

1144 *Würdinger*, Die privatrechtliche Anwartschaft, S. 56 sich beziehend auf RGZ 67, 425 (428f.); ebenso *Schilder*, Schadensersatz bei Durchbrechung der Bindung an obligatorische Vertragsofferten, S. 93.

1145 *Würdinger*, Die privatrechtliche Anwartschaft, S. 58.

1146 So auch *Larenz/Wolf*, BGB AT, § 29 Rn. 43; Staudinger/*Bork*, vor §§ 158–163 Rn. 53.

1147 Vgl. oben, § 9 für das hier untersuchte Beispiel der auf Einräumung eines einfachen, unentgeltlichen Nutzungsrechtes für jedermann zielenden Angebote im Rahmen von Open Content-Lizenzierung.

1148 So auch abstrakt *Larenz/Wolf*, BGB AT, § 29 Rn. 43; Staudinger/*Bork*, § 145 Rn. 33; bereits RGZ 151, 75 (»Das ist in der Rechtsprechung beim Vorliegen eines bindenden formgerechten Antrags auf Abschluß […] angenommen worden, da ein solcher Antrag bereits eine rechtlich beachtliche Anwartschaft begründet.«).

1149 BGHZ 28, 21; BGHZ 35, 89; dazu Staudinger/*Bork*, vor §§ 158–163, Rn. 53; MüKo-BGB/*H. P. Westermann*, § 161 Rn. 6.

tigen Fällen, von dem wirksamen Abschluss eines Schuldversprechens auf dessen Erfüllung zu schließen. Es kann nicht ausgeschlossen werden, dass eine durch das Angebot vermittelte Vertragsanwartschaft zwar in einen Vertragsschluss mündet, dessen Erfüllung jedoch nach Maßgabe der §§ 275, 311a BGB aufgrund einer zwischenzeitlichen Verfügung bzw. Verfügungsbeschränkung unmöglich geworden ist. Gerade das Fehlen einer solchen Sicherung gegen eine zwischenzeitliche Verfügung ist ursächlich für die hier untersuchten Probleme bei Zugang eines Angebots auf Einräumung eines einfachen, unentgeltlichen Nutzungsrechts für jedermann.

Zwar wird im deutschen Urheberrecht die Geltung des mit dem Trennungsprinzip eng verwandten Abstraktionsprinzips trotz überzeugender Kritik an dieser Ansicht besonders im neueren Schrifttum[1150] von einer Vielzahl von Stimmen bestritten,[1151] doch gehen selbst die Anhänger des Kausalprinzips davon aus, dass bei Rechtseinräumung zwischen Verpflichtungs- und Verfügungsgeschäft zu unterscheiden ist[1152] und damit das Trennungsprinzip gilt. Von einer Vertragsanwartschaft lässt sich somit auch im Urheberrecht nicht auf eine Anwartschaft auf ein Nutzungsrecht als wesensgleiches Minus zu diesem schließen.

c. *Fazit*

Der Empfänger eines Angebots auf Abschluss einer Open Content-Lizenz und Einräumung eines einfachen, unentgeltlichen Nutzungsrechts für jedermann hat nach hier vertretener Ansicht ein subjektives Recht inne, welches als Vertragsanwartschaft zu charakterisieren ist. Da jedoch bei Begründung von Rechten bzw. bei Rechtseinräumungen auch im Urheberrecht das Trennungsprinzip gilt, kann von dieser Vertragsanwartschaft noch nicht auf die Erfüllung geschlossen werden. Die Position des Angebotsempfängers vermittelt somit keine mit einem Anwartschaftsrecht vergleichbare Rechtsposition und damit mangels einer

1150 *Schack*, UrhR, Rn. 589ff., insb. Rn. 591, (»das schuldrechtliche Geschäft kann mit dem Verfügungsgeschäft zeitlich zusammenfallen, muss aber nicht«); *Lisch*, Das Abstraktionsprinzip im deutschen UrhR, S. 155f.; *Hub*, Filmlizenzen, S. 73; *Stephanblome*, Die Einordnung des subjektiven Urheberrechts in das System der bürgerlichen Rechte, S. 251; *Stier*, Die Unterbrechung urheberrechtlicher Lizenzketten, S. 118; *Srocke*, GRUR 2008, 867 (871f.).

1151 Schricker/Loewenheim/*Schricker/Loewneheim*, vor §§ 28ff. Rn. 99f.; Fromm/Nordemann/*J. B. Nordemann*, § 31 Rn. 32; *Rehbinder/Peukert*, UrhR, Rn. 901; *Forkel*, Gebundene Rechtsübertragungen, S. 162; *Picot*, Abstraktion, S. 135f.; *Hahn*, Verbotsrecht, S. 48; *Loewenheim* in FS Wandtke, S. 199 (201); gerade in Ansehung der Entscheidungen *m2trade*, *Take Five* und *ReifenProgressiv* in ihrer Ansicht bestärkt *Spindler*, CR 2014, 557 (563) sowie *Czychowski/J. B. Nordemann*, NJW 2013, 756 (759f.).

1152 So etwa *Rehbinder/Peukert*, UrhR, Rn. 899; Fromm/Nordemann/*J. B. Nordemann*, § 31 Rn. 27f.; Schricker/Loewenheim/*Schricker/Loewenheim*, vor § 28 Rn. 98.

vergleichbaren Interessenlage keinen Ansatzpunkt für eine analoge Anwendung des § 33 UrhG.

2. *Ergebnis zur Rechtsstellung des Angebotsempfängers*

Durch den reinen Zugang eines Angebots, jedermann ein einfaches, unentgeltliches Nutzungsrecht einzuräumen, erlangt der Empfänger weder eine dingliche noch eine mit einer solchen vergleichbare Rechtsposition. Die Möglichkeit, den Vertragsschluss mit dem Anbietenden zu vollenden, ist allein auf diesen Vertragsschluss gerichtet, ohne auf die im Rahmen der Anwartschaft maßgebliche Erfüllung Einfluss zu haben. Am Vertragsschluss wird der Anbietende durch den zwischen Zugang und Annahme stattfindenden Verlust der Rechtszuständigkeit bzw. Verfügungsbefugnis jedoch nicht gehindert, so dass die Position nicht nur nicht mit einem Anwartschaftsrecht vergleichbar ist, sondern darüber hinaus durch den hier untersuchten Wegfall der Verfügungsbefugnis bzw. die Änderung der Rechtszuständigkeit nicht berührt, mithin eines Schutzes über § 33 UrhG nicht bedarf.

In Situationen, in denen ein von Anfang an »entwertetes« Angebot zugeht, entsteht schließlich bereits keine Situation, in denen eine Rechtsposition nachträglich beeinträchtigt werden könnte. Eine entsprechende Argumentation ist somit nicht geeignet, eine Interessenlage zu begründen, die der in § 33 UrhG geregelten Problematik entspricht. Eine analoge Anwendung der Norm auf noch im Entstehen begriffene Rechtspositionen scheidet somit aufgrund fehlender Analogievoraussetzungen aus.

II. Analoge Anwendung aufgrund der Vertriebsmodalitäten bei Open Content

Eine andere Argumentationslinie, auf deren Basis die rechtspolitisch wünschenswerte[1153] analoge Anwendung des § 33 UrhG begründet werden könnte, setzt an den Vertriebsmodalitäten bei Open Content an. Wenn § 33 UrhG auf Anwartschaftsrechte als wesensgleichem Minus zu Vollrechten entsprechende Anwendung finden kann, so ist der Schritt zu einer doppelten Analogie kein allzu gewagter mehr – zu fordern wäre somit eine Situation, die sowohl auf Seiten des Verfügenden als auch auf Seiten des Begünstigten einer Anwartschaft entspricht. Hierzu ist zu fordern, dass der verfügende Part bei mehraktiger Entstehung eines Vollrechts dieses nicht mehr einseitig zerstören kann.[1154]

1153 So überzeugend wie konzise die Argumente bei *Mantz*, MMR 2006, 784 (787f.).

1154 Zu diesen allgemeinen Anforderungen an die Entstehung des Anwartschaftsrechtes BGH NJW 1955, 544; BGHZ 49, 197 (201); MüKo-BGB/*H. P. Westermann*, § 161 Rn. 6; *Wolf/Wellenhofer*, SachenR, § 14 Rn. 12.

Eine solche Situation ist im Rahmen der herkömmlichen Open Content-Dogmatik allerdings nicht gegeben. Ein mehraktiger Vorgang liegt nicht vor, vielmehr ist die Konstellation anhand der Relation des Zeitpunktes von Zugang und Annahme des Angebots auf Rechtseinräumung zu dem Verlust von Rechtsinhaberschaft bzw. der Verfügungsbefugnis zu beurteilen.[1155] Eine mit einem Anwartschaftsrecht vergleichbare Situation aufgrund der Art und Weise der Verbreitung liegt folglich gerade nicht vor, zumal der Nutzer hierfür wenigstens das Bewusstsein des Erwerbs haben müsste. Dieser ist aber zum Zeitpunkt der Freigabe des Werks mit dem Angebot des Urhebers auf Abschluss des Lizenzvertrags noch gar nicht involviert.[1156] Dem ließe sich entgegenhalten, dass bei Schaffung der Linux-Klauseln der §§ 31a ff. UrhG eine andere Vorstellung vorherrschte. Deren Wortlaut stellt auf einen einmaligen Akt der Einräumung (»ein [...] Recht für jedermann einräumen«) im Gegensatz zu einer Vielzahl von einzelnen Einräumungen (»jedermann ein [...] Recht einräumen«) ab.[1157] Dieses »Recht für jedermann« entstünde mehraktig durch Annahme einzelner Nutzer als Teile der Gesamtmenge »jedermann« und könnte durch den veräußernden Rechtsinhaber nicht mehr mutwillig vereitelt werden.[1158] Eine entsprechende Interpretation des Lizensierungsvorgangs ist allerdings abzulehnen. Nicht nur geht die Open Content-Dogmatik in Übereinstimmung mit den Lizenztexten von einer Vielzahl einzelner Einräumungen anstelle des einmaligen Akts aus, es würde auch bei dieser Interpretation »jedermann« ein Anwartschaftsrecht ohne oder sogar gegen den Willen der Beteiligten aufgedrängt.

Als letzter Ansatzpunkt kommt schließlich ein Vergleich mit der Konstellation einer Vorausabtretung in Betracht.[1159] In deren Kontext ist es möglich, ebenfalls unkörperliche Forderungen bereits vor ihrer Entstehung[1160] und sogar vor Entstehung ihres Rechtsgrundes[1161] abzutreten, mit der Folge, dass durch die Abtretung eine ihrerseits übertragbare Rechtsposition entsteht[1162] – eine Rechtsposition, die als Anknüpfungspunkt für § 33 UrhG in doppelt analoger Anwendung dienen könnte. Aber auch auf diesem Wege lässt sich die Hürde der mit reiner Abgabe des Angebots *ad incertas personas* noch nicht entstandenen

1155 *Jaeger/Metzger*, OSS, Rn. 126d, dort Fn. 444.
1156 So die überzeugenden Argumente von *Mantz*, MMR 2006, 784 (788).
1157 *Völzmann-Stickelbrock* in Leible, Schutz des geistigen Eigentums im Internet, S. 47 (72); *Jaeger/Metzger*, OSS, Rn. 126d.
1158 Vgl. dazu die obigen Ausführungen zum Widerruf eines im Rahmen der Open Content-Lizensierung abgegebenen Angebots (§ 11) sowie die Ausführungen zum Rückruf bereits eingeräumter Rechte (§ 12).
1159 *Mantz*, MMR 2006, 784 (788).
1160 RGZ 55, 334 (335f.); statt aller Staudinger/*Busche*, § 398 Rn. 63 m. w. N.
1161 RGZ 55, 334 (335); Staudinger/*Busche*, § 398 Rn. 64; MüKo – BGB/*Roth*, § 398 Rn. 79, 81.
1162 MüKo-BGB/*Roth*, § 398 Rn. 69; Palandt/*Ellenberger*, § 398 Rn. 11; Staudinger/*Busche*, § 398 Rn. 76.

Rechtsposition nicht überspringen. Selbst wenn man das Angebot auf Einräumung des einfachen, unentgeltlichen Nutzungsrechts mit einer Vorausabtretung gleichsetzte, so müsste eine solche auf Basis zweier übereinstimmender Willenserklärungen zustande kommen, bevor eine Rechtsposition daraus erwachsen könne. Daran fehlt es jedoch zu dem hier untersuchten Zeitpunkt gerade – käme eine Einigung vor Verlust von Rechtsinhaberschaft bzw. der Verfügungsbefugnis zustande, würde problemlos § 33 UrhG zugunsten des Rechtsinhabers eingreifen. Erfolgt sie erst danach so liefe sie aufgrund der geänderten Rechtszuständigkeit ins Leere, die Verfügung wäre unwirksam.[1163]

III. Fazit

Auch wenn es rechtspolitisch höchst wünschenswert wäre, fehlt es für eine analoge Anwendung des § 33 UrhG auf *ad incertas personas* abgegebene, aber noch nicht angenommene Angebote im Rahmen von Open Content an einer vergleichbaren Interessenlage – es liegt keine Rechtsposition vor, die mit einem Vollrecht oder einer Anwartschaft vergleichbar wäre. Auch die konkreten Modalitäten der Verbreitung und Rechteinräumung bieten keinen Anlass dazu, die an die Entstehung einer solchen Position gestellten Anforderungen im Rahmen einer doppelten Analogie zu verkürzen. Den Folgen der Unwirksamkeit einer solchen Verfügung aufgrund eines Wechsels der Rechtszuständigkeit oder Verlust der Verfügungsbefugnis kann somit nicht auf Basis des § 33 UrhG begegnet werden.

B. Kompensation der Unwirksamkeit mittels Modifikation der Rechtsfolgen

Ein weiterer möglicher Ansatzpunkt, um negative Folgen des Ausfalls eines Rechtsinhabers in einem Open Content-Projekt zu kompensieren, sind die an eine unbewusst-rechtswidrige Nutzung anknüpfenden Rechtsfolgen. Über deren Modifikation können zwar nicht die Tatsache der Rechtswidrigkeit der Nutzung und damit die fundamentalen Probleme für die Weiterentwicklung der jeweiligen Allmende beseitigt werden. Es ließe sich jedoch wenigstens die oben befürchtete abschreckende Wirkung der Rechtsunsicherheit mit Blick auf Schadensersatz- und Auskunftspflichten mindern.

1163 Zu diesem Ergebnis kommt nach eingehender Diskussion auch *Mantz*, MMR 2006, 784 (788).

I. Fahrlässigkeitsmaßstab des § 97 Abs. 2 UrhG

Während § 97 Abs. 1 UrhG einen verschuldensunabhängigen[1164] Anspruch auf Beseitigung bzw. Unterlassung gewährt, setzt das Eingreifen von § 97 Abs. 2 UrhG eine vorsätzliche oder fahrlässige Begehung der Urheberrechtsverletzung voraus. Zwar kann eine vorsätzliche Begehung im Falle des unerkannt entwerteten Angebots ausgeschlossen werden, eine eventuell vorliegende Fahrlässigkeit bedarf jedoch einer genaueren Untersuchung.

Zugunsten des Nutzers lässt sich in der hiesigen Konstellation anführen, dass die Rechtslage aufgrund des gleichzeitigen Kontrahierens mit allen bisherigen Autoren im Wege des Vertretermodells es schlechthin unmöglich macht zu erkennen, ob alle dieser Vertretenen die angebotene Rechtseinräumung noch zu leisten vermögen. Der im Rahmen des § 97 Abs. 2 UrhG anzulegende Sorgfaltsmaßstab ist jedoch außergewöhnlich streng.[1165] Dem Nutzer obliegt die sorgfältige Nachprüfung der Existenz und Reichweite seiner Nutzungserlaubnis.[1166] Erweist sich eine Nutzung mangels gutgläubigen Erwerbs als rechtswidrig, so bleibt dem deshalb in Anspruch genommenen Verletzer allein der Regress beim Veräußerer.[1167] Überträgt man diese strengen Grundsätze auf die unerkannt nicht erworbenen einfachen Nutzungsrechte für jedermann, so ergibt sich keine die Fahrlässigkeit ausschließende Beurteilung. Zwar ist die Anzahl der potentiellen Vertragspartner groß und diese oftmals nur unter einem Pseudonym bekannt, jedoch verlangen gängige Lizenzen in der Regel das Anbringen von Autorenhinweisen. Auch sind aufgrund der Direktlizensierung gerade keine längeren Lizenzketten auf Abrisse zu untersuchen, sondern bloß eine Ebene »über« den jeweiligen Distributor zu blicken. Allein die Tatsache, dass dieser eine Rechtseinräumung anbietet bzw. zusichert, stellt den Nutzer noch nicht von seiner Nachforschungspflicht frei – er darf sich nicht blind auf Zusicherungen Dritter in Person des Einräumenden verlassen,[1168] sondern muss die komplette Erwerbskette nachvollziehen.[1169] Bedenkt man schließlich, dass das Thema »Urheberrecht im Internet« seit einigen Jahren im Rahmen zahlreicher Filesharing-, Streaming- und verwandter Konstellationen auch in der breiten Lai-

1164 Wandtke/Bullinger/*v. Wolff*, § 97 Rn. 1; Spindler/Schuster/*Spindler*, § 97 UrhG Rn. 1.

1165 So jüngst BGH GRUR 2010, 616, Rn. 40 – *marions-kochbuch.de*; BeckOK-UrhG/*Reber*, § 97 Rn. 103; Wandtke/Bullinger/*v. Wolff*, § 97 Rn. 52; Dreier/Schulze/*Dreier*, § 97 Rn. 57; *Rehbinder/Peukert*, UrhR, Rn. 1284.

1166 BGH GRUR 1993, 34 (36 a. E.) – *Bedienungsanweisung;* BGH GRUR 1998, 668 (669) – *Beatles-Doppel-CD*; zuletzt BGH GRUR 2010, 616, Rn. 40 – *marions-kochbuch.de*; zu dem Komplex Spindler/Schuster/*Spindler*, § 97 UrhG Rn. 29–32.

1167 OLG München ZUM-RD 2011, 94 (96).

1168 BGH GRUR 1959, 331 (334) – *Dreigroschenroman II.*

1169 BGH GRUR 1960, 607 (698f.) – *Eisrevue II*; BGH GRUR 1988, 373 (375 a. E.) – *Schallplattenimport III*; exzellenter Überblick m.w.N. bei Dreier/Schulze/*Dreier*, § 97 Rn. 57.

enöffentlichkeit Beachtung gefunden hat und damit eine gewisse Sensibilisierung für die Materie eingetreten ist, so kann bei unterbliebener Erkundigung auch bei Open Content eine Fahrlässigkeit der Verletzung angenommen werden, so dass die Rechtsfolgen des § 97 Abs. 2 UrhG eintreten.

II. Umfang der Schadensersatzpflicht

Als letzte Stellschraube zur Milderung der negativen Folgen verbleibt somit der Umfang der ausgelösten Schadensersatzpflicht. In Anbetracht der unentgeltlichen Nutzung liegt es auf den ersten Blick nahe, einen Schadenseintritt beim Rechtsinhaber und damit einen Ersatzanspruch zu verneinen. In Abweichung von den Grundsätzen des § 249 BGB gewährt jedoch § 97 Abs. 2 S. 3 UrhG einen Anspruch auf Schadensersatz auf Basis der hypothetischen Lizensierungskosten (Lizenzanalogie).[1170] Im Kontext von Open Content wurde ein solcher Anspruch erstmals durch das LG Bochum bejaht.[1171] Dieser Auffassung schloss sich jüngst auch das LG Köln an und sprach einem eine *non-commercial* Open Content-Lizenz verwendenden Fotographen Schadensersatz in Höhe der MFM-Tabelle[1172] zu.[1173] Die dabei – neben dem eindeutigen Wortlaut des § 97 Abs. 2 S. 3 UrhG – vorgebrachte Begründung überzeugt auf ganzer Linie. Würde kein Schadensersatz im Wege der Lizenzanalogie gewährt, so bliebe eine Verletzung von Open Content-Lizenzen folgenlos. Zwar entfallen die Nutzungsrechte bei einem Verstoß automatisch, diese können jedoch durch Neuabschluss einer Lizenz jederzeit wieder erlangt werden, ohne dass den Verletzer negative Folgen träfen.

Umso mehr verwundert die Ansicht des OLG Köln in der Berufung zu obigem Urteil.[1174] Es erkannte zwar auf eine Verletzung, sprach dem Fotographen jedoch Schadensersatz nur in Höhe der vorgerichtlichen Anwaltskosten zu. Den im Wege der Lizenzanalogie ermittelten Schaden bezifferte es mit 0 €, da es sich um eine *Non commercial*-Lizenz handelte und diese unter Berufung auf niederländische Rechtsprechung keinen Marktwert mehr besäße.[1175] Diese Ansicht wurde in der Literatur heftig kritisiert, da eine Schwächung der Rechtsstellung von

1170 Dazu ausführlich statt aller Wandtke/Bullinger/*v. Wolff*, § 97 Rn. 69–83.

1171 LG Bochum K&R 2011, 276 (277).

1172 Die MFM-Tabelle ist eine vom Berufsverband professioneller Bildanbieter erstellte Übersicht über durchschnittliche Fotohonorare, dazu ausführlich *J. B. Nordemann*, ZUM 1998, 642ff.; aufgrund der Einseitigkeit kritisch zu der Nutzung zur Schadensermittlung BGH GRUR 2006, 136, Rn. 26f. – *Pressefotos*.

1173 LG Köln MMR 2014, 478 (480).

1174 OLG Köln WRP 2015, 94–102.

1175 OLG Köln WRP 2015, 94 (100) unter Berufung auf Rechtbank Amsterdam, Urteil vom 09.03.2006 – KG 06–176 SR – ECLI:NL:RBAMS:2006:AV4204 – uitspraken.rechtspraak.nl.

Open Content-Nutzern befürchtet wird.[1176] Der Kritik an der Entscheidung des OLG Köln ist jedoch bei genauerer Analyse nicht zuzustimmen. Sie ist zwar dahingehend zutreffend, dass selbst wenn das Werk aufgrund fehlender Exklusivität weniger wert sein sollte, es keinesfalls wertlos ist.[1177] Durch den *Non commercial*-Zusatz soll jedoch gerade die Option einer parallelen, entgeltlichen Lizensierung für kommerzielle Zwecke offengehalten werden – bei lizenzwidriger, kommerzieller Nutzung wäre somit das in diesen Fällen geforderte Entgelt im Rahmen der Lizenzanalogie als Schaden anzusetzen, andernfalls würde die Begrenzung *non commercial* in der Tat nutzlos, da ein Verstoß folgenlos bliebe.

Zu beachten ist allerdings, dass dies gerade nur für eine unerlaubt-kommerzielle Nutzung unter einer *Non commercial*-Lizenz gilt. Bei exakter Lektüre des Urteils wird deutlich, dass das OLG Köln bei der Berechnung des Schadensersatzes gerade von einer nicht-kommerziellen Nutzung durch die Beklagte ausgeht, die aus anderen Gründen – Entfernen der Urheberbezeichnung – rechtswidrig ist.[1178] Diese nicht-kommerzielle Nutzung ist jedoch unentgeltlich möglich, so dass als Schadensersatz gemäß einer Lizenzanalogie zutreffend 0 € angesetzt wurden. Die gängige Praxis, bei Verstoß gegen Open Content-Lizenzen Schadensersatz zuzusprechen, wird also nicht zu Ungunsten von Open Content angetastet. Das OLG Köln kommt allein zutreffend zu dem Ergebnis, dass eine Berechnung des Schadensersatzes auf Basis der fiktiven Lizensierungskosten bei gleichzeitiger Option des unentgeltlichen Rechteerwerbs einen Schadensersatzanspruch des Rechtsinhabers zwar dem Grunde nach, jedoch nur in einer Höhe von 0 € auslöst.

Wendet man diese zustimmungswürdige Betrachtungsweise auch auf die anderen Möglichkeiten der urheberrechtlichen Schadensberechnung – Herausgabe des Verletzergewinns sowie Geltendmachung eines entgangenen Gewinns[1179] – an, so erscheint die Situation für unerkannt-rechtswidrige Nutzungen von Open Content günstig. Auch ein dem Rechtsinhaber entgangener Gewinn dürfte bei jedenfalls hypothetisch durch die konkrete Open Content-Lizenz gedeckten Nutzungen[1180] bei 0 € liegen. Dies widerspricht auch nicht dem oben zu Reziprozitätserwartungen gesagten, insbesondere der nach wie vor als korrekt erachteten Ansicht des CAFC in *Jacobsen v. Katzer*. Es bestehen nach wie vor

1176 *Schweinoch*, NJW 2015, 195 (795f.) sowie *Rauer/Ettig*, WRP 2015, 153 (157).

1177 *Mantz*, GRUR Int. 2008, 20 (22).

1178 OLG Köln WRP 2015, 94 (100) (»Der ›objektive Wert‹ der nicht-kommerziellen Nutzung eines unter der Creative Commons-Lizenz angebotenen geschützten Inhalts kann nur mit Null angesetzt werden.«).

1179 Wandtke/Bullinger/*v. Wolff*, § 97 UrhG Rn. 58; BeckOK-UrhG/*Reber*, § 97 Rn. 106.

1180 Mithin allein nicht-kommerzielle Nutzungen bei Vorliegen einer *non commercial*-Klausel, dagegen jegliche Art der Nutzung bei permissive-Lizenzen ohne eine derartige Einschränkung.

entsprechende Erwartungen an das Netzwerk, die sich auch in der Regel realisieren. Die Beweislast für den Eintritt und sukzessive das Entgehen eines solchen Gewinns aufgrund nicht erfolgte Reziprozität trägt jedoch der sich auf eine Verletzung berufende Rechtsinhaber. Diesem dürfte es schlechterdings unmöglich sein, einen so entgangenen Vorteil gerichtsfest nachzuweisen, so dass auch diese Art und Weise der Schadensberechnung in Ansehung einer unerkannt rechtswidrigen Nutzung auf einen Schaden von 0 € herauslaufen dürfte. Einzig die dritte Variante, ein Herausverlangen des Verletzergewinns, könnte sich für den unerkannt rechtswidrigen Nutzer als problematisch herausstellen, sollte dieser aus der Nutzung des Werkes einen Gewinn gezogen haben – insbesondere etwa durch Werbeeinnahmen, bei denen nach höchstrichterlicher Rechtsprechung nur sehr geringe Anforderungen an den Kausalitätsnachweis zu stellen sind.[1181] Dieser Schadensposten würde aufgrund seiner Unabhängigkeit von den Modalitäten der Rechtseinräumung auch bei Berufen auf die hypothetische Kostenfreiheit einer ordnungsgemäßen Lizensierung nicht entfallen.

III. Fazit

Die obigen Ausführungen haben für den hier untersuchten Fall letztlich die Konsequenz, dass auch einen »gutgläubigen« Verletzer die kompletten Folgen der §§ 97ff. UrhG treffen. Dem deutschen Recht ist eine Unterscheidung zwischen einem »guten« und einem »bösen« Verletzer fremd,[1182] eine abgestufte Haftung anhand des Verschuldensgrades existiert nicht.[1183] Würde eine solche im Bereich der Open Content eingeführt, so läge der böse Schein einer systematisch kaum haltbaren, am Ergebnis orientierten Rechtsprechung nahe. Eine nähere Betrachtung der konkret in Ansatz zu bringenden Schadenspositionen zeigt jedoch, dass sich die Folgen für derartige Verletzungen in einem engen Rahmen halten. Bewegt die unerkannt-rechtswidrige Nutzung sich in dem Rahmen, wie sie auch bei Abschluss einer hypothetischen Open Content-Nutzung zulässig wäre, so ist mit dem OLG Köln sowohl bei einer Schadensberechnung im Wege der Lizenzanalogie als auch anhand des entgangenen Gewinns des Rechtsinhabers ein Schaden von 0 € anzusetzen. Allein in Fällen, in

1181 BGH MMR 2011, 45 (46) – *Fallschirmsprung eines Politikers.*

1182 So ging der Gesetzgeber in den Erwägungen zum Produktpirateriegesetz von 1990 (ProdPG) explizit davon aus, dass bewusste »Piraterie« kein rechtliches *aliud* zu einer »einfachen« Schutzrechtsverletzung, sondern vielmehr eine Begehungsform darstelle, RegE ProduktpiraterieG, S. 17; dazu *Tilmann*, BB 1990, 1565 (1566); dies erkennend und für eine gesetzgeberische Unterscheidung plädierend auch *Ann* in FS Bornkamm, S. 1 (5ff.).

1183 Möhring/Nicolini/*Lütje*, § 97 Rn. 138; Schricker/Loewenheim/*Wild*, § 97 Rn. 138; dafür jedoch *Leisse/Traub*, GRUR 1980, 1 (5), die für eine ausgleichende Anwendung des § 287 ZPO im Einzelfall plädieren.

denen der Nutzer Gewinne aus der rechtswidrigen Nutzung zieht können diese herausverlangt werden, jedoch nur in Höhe des tatsächlich verbleibenden Reingewinns.[1184]

Nicht außer Acht gelassen werden darf jedoch, dass die Feststellung einer Rechtsverletzung dem Grunde nach es einem Rechtsinhaber ermöglicht, dem Verletzer unabhängig von der konkreten Schadenshöhe erhebliche Kosten in Gestalt von vorgerichtlich entstehenden Abmahn-, Rechtsverfolgungs- und Prozesskosten aufzuerlegen, die die konkreten Schadenspositionen oftmals übersteigen. Auch bestehen die Ansprüche aus § 97 Abs. 2 UrhG und die Möglichkeit zu ihrer – für den Verletzer kostenpflichtigen – gerichtlichen Durchsetzung nach wie vor.

§ 13. Nutzung von Lizenzketten als mögliche Lösung des Dilemmas

Ein letzter Ansatz, die von unerkannt unwirksamen Verfügungen ausgehenden Gefahren für die Wissensallmende von Open Content abzuwenden, liegt schließlich darin, das Modell der Direktlizensierung aufzugeben und stattdessen auf die Nutzung von Lizenzketten zurückzugreifen. Diese Lösung mag radikal erscheinen, wird in den gängigsten Lizenzen eine solche Unterlizensierung doch grade ausgeschlossen.[1185] Analysiert man jedoch Quellen aus der juristischen »Pionierzeit« der Open Source- bzw. Open Content-Lizenzen, so wurden für eine derartige Gestaltung im Wesentlichen zwei Gründe aufgeführt: Die Verhinderung einer Erschöpfungswirkung durch die Konstruktion einer ständigen Erstverbreitung durch den jeweiligen (Mit-)Urheber sowie die Unsicherheit hinsichtlich des Bestands von Lizenzketten nach Wegfall der Hauptlizenz.[1186]

Nachdem die Erschöpfungsproblematik im Zuge der *UsedSoft*-Entscheidung des EUGH jüngst wieder an Aktualität gewonnen hat, jedoch nach hier vertretener Auffassung für Open Content durch den BGH in *UsedSoft II* weitestgehend entschärft wurde,[1187] hat sich auch bei der Frage des Kettenabbruches ein Wandel in der Rechtsprechung vollzogen. Im Rahmen der Entscheidungen *Reifen Pro-*

1184 BGH GRUR 2001, 329 (331) – *Gemeinkostenanteil*; BGH GRUR 2009, 856 – *Tripp-Trapp Stuhl.*

1185 Sec. 2 a 1 der Creative Commons 4.0-Lizenzen; § 2 der GNU GPLv3; *Rosenkranz*, Open Contents, S. 57f.; *Jaeger/Metzger*, MMR 2003, 431 (434); *Mantz* in Spindler, Rechtliche Rahmenbedingungen von Open Access-Publikationen, S. 55 (60f.).

1186 *Plaß*, GRUR 2002, 670 (676); *Omsels* in FS Hertin, S. 141 (160); *Spindler*, VSI-Gutachten, S. 48, allerdings allein zur Erschöpfungsproblematik; aktueller *Wielsch*, Zugangsregeln, S. 213, der schließlich auch positive Aspekte einer Ketten-Lösung erkennt.

1187 Dazu ausführlich oben, § 8.A.I.3.

gressiv[1188], *m2trade*[1189] sowie *TakeFive*[1190] wird neben der dinglichen Natur auch des einfachen Nutzungsrechts jeweils betont, dass aus einem ausschließlichen Nutzungsrecht erteilte, einfache Nutzungsrechte auch unabhängig von dem Bestand der Hauptlizenz nach deren Erlöschen bestehen bleiben können.[1191] Bei Unterbrechung der Lizenzkette verlieren nachfolgende Glieder ihr Nutzungsrecht somit nicht – die Unterlizenzen werden gegenüber der Hauptlizenz »immunisiert und damit immer weiter verdinglicht«.[1192] Auf Basis dieser Rechtsprechung und unter detaillierter Auswertung der begleitenden Literatur wurden jüngst durch das LG München erstmals Kriterien aufgestellt, nach denen die Insolvenzfestigkeit von Unterlizenzen zu beurteilen ist.[1193] Ließen sich diese Grundsätze des Fortbestandes von Lizenzketten auf Open Content übertragen, so wäre eine Konstruktion der Allmende mittels Unterlizenzen bzw. Lizenzketten eine gangbare Lösung, um einen Rechtsverlust bei einem Mit-Autor der Allmende zu kompensieren. Verlöre dieser die Rechtszuständigkeit bzw. die Verfügungsbefugnis, so wäre es anderen Netzwerk-Teilnehmern dennoch möglich, auf Basis ihrer bereits eingeräumten und gem. § 33 UrhG fortbestehenden Nutzungsrechte Dritten den Zugang und die Partizipation an der jeweiligen digitalen Allmende zu ermöglichen. Die Gefahr des Ausfalles eines Upstream-Nutzers würde so auf die einzelne Person des jeweils ein Angebot abgebenden Distributors anstelle von allen bisher beteiligten Urhebern reduziert.

A. Unterlizensierbarkeit auch bloß einfacher Nutzungsrechte

Bei dem in Open Content eingeräumten Nutzungsrechten handelt es sich jedoch, im Gegensatz zu den vom BGH betrachteten Fällen, nicht um ausschließliche, sondern um einfache Nutzungsrechte, die einer Vielzahl von Nutzern parallel eingeräumt werden.[1194] Bevor also die rechtliche Ausgestaltung und Praktikabilität einer auf Unterlizenzen basierenden Lösung für den Bereich des einfachen, unentgeltlichen Nutzungsrechts für jedermann diskutiert und eine entsprechende Lösung entwickelt werden kann, ist zunächst zu beantworten, inwiefern die vom BGH zu ausschließlichen Nutzungsrechten aufgestellten

1188 BGHZ 180, 344 – *Reifen Progressiv.*
1189 BGHZ 194, 136 – *m2trade.*
1190 BGH GRUR 2012, 914 – *Take Five.*
1191 BGHZ 180, 344, Rn. 24 – *Reifen Progressiv*; BGHZ 194, 136 Rn. 23 sowie 30 – *m2trade*; BGH GRUR 2012, 914 Rn. 18f. – *Take Five.*
1192 *Haedicke,* MittPA 2012, 429 (431).
1193 LG München I BeckRS 2014, 16898.
1194 Statt aller *Jaeger/Metzger,* OSS, Rn. 126 m. w. N.

Grundsätze auf einfache Nutzungsrechte übertragen werden können; mithin ob eine Unterlizensierung aus einem einfachen Nutzungsrecht zulässig ist.

I. Ablehnende Ansichten in der Literatur

In der Literatur wird die Möglichkeit der Unterlizensierung kontrovers diskutiert. Eine Vielzahl von Stimmen sieht eine solche Einräumung von weiteren Rechten aus einem einfachen Nutzungsrecht als unzulässig an. Zwar bereits vor der mittlerweile erfolgten Charakterisierung auch des einfachen Nutzungsrechtes als dingliches Recht[1195] von dessen Dinglichkeit ausgehend, vertritt etwa *von Gamm*, dass das einfache Nutzungsrecht nicht mehr weiter aufspaltbar sei.[1196] Eine (Weiter-)Einräumung von Rechten aus einem einfachen Nutzungsrecht wird jedoch unabhängig von der Einordnung des einfachen Nutzungsrechts als dingliches Recht oder bloß schuldrechtlichem Anspruch auf Nutzungseinräumung von einigen Autoren abgelehnt.[1197] Neben der fehlenden Aufspaltbarkeit wird dabei meist auf den Wortlaut der §§ 31 Abs. 2 bzw. 31 Abs. 3 UrhG abgestellt. Letzterer sähe für ausschließliche Nutzungsrechte eine Einräumung von Enkelrechten explizit vor, während § 31 Abs. 2 UrhG diese Möglichkeit bei einfachen Nutzungsrechen nicht böte.[1198] Zudem wird im Falle einer zulässigen Weitereinräumung eine übermäßige Gefährdung der Urheberinteressen durch unkontrollierbare Verbreitung angenommen.[1199]

II. Zustimmende Ansichten in der Literatur

Daneben existieren jedoch auch gewichtige Stimmen, die eine Weitereinräumung von einfachen Nutzungsrechten unabhängig vom Wortlaut des § 31 Abs. 2 UrhG für zulässig halten.[1200] Deren Hauptargument ist, dass bei Qualifikation des einfachen Nutzungsrechts als dinglich es in dessen Wesen läge, dass meh-

1195 BGHZ 185, 291 Rn. 29 – *Vorschaubilder*, unter Verweis auf BGHZ 180, 344 Rn. 20 – *Reifen Progressiv*; Schricker/Loewenheim/*Schricker/Loewenheim*, vor § 28 Rn. 47; HK-UrhG/*Kotthoff*, § 31 Rn. 16, 102; *Ulmer*, Urheber- und VerlagsR, § 85 III; *Rehbinder/Peukert*, UrhR, Rn. 909; *Forkel*, Gebundene Rechtsübertragungen, S. 222f.; *Haberstumpf/Hintermeier*, Einführung in das Verlagsrecht, § 5 II 2b sowie § 22 I 2; *Wohlfahrt*, Das Taschenbuchrecht, S. 134.

1196 *von Gamm*, UrhG, § 34 Rn. 2 sowie § 35 Rn. 1.

1197 Schricker/Loewenheim/*Schricker/Loewenheim*, vor § 28 Rn. 51; *ders.*, § 31 Rn. 15 sowie § 35 Rn. 2; *Loewenheim/J. B. Nordemann* in Loewenheim, Hdb. Urheberrecht, § 25 Rn. 9.

1198 Exemplarisch bei Schricker/Loewenheim/*Schricker/Loewenheim*, vor § 28 Rn. 51 m. w. N.

1199 Möhring/Nicolini/*Spautz*, § 31 Rn. 42.

1200 Dreier/Schulze/*Schulze*, § 31 Rn. 55; HK-UrhG/*Kotthoff*, § 31 Rn. 102; Fromm/Nordemann/*J. B. Nordemann*, § 31 Rn. 87; *ders.*, § 35 Rn. 5; *Nolden*, Das Abstraktionsprinzip im urheberrechtlichen Lizenzverkehr, S. 84f., 205.

rere, einfache Nutzungsrechte nebeneinander existieren könnten.[1201] Die Interessen des Urhebers durch die Existenz mehrerer dieser dinglichen, nicht-ausschließlichen Rechte nebeneinander würden dabei nicht über die Gebühr belastet, zumal die entsprechenden Ansichten das Zustimmungserfordernisses des § 35 Abs. 1 S.1 UrhG für in analoger Weise anwendbar halten,[1202] so dass eine Weiterverbreitung noch vom Urheber kontrolliert und dessen Belastung somit gering gehalten bzw. seiner jeweiligen Entscheidung überlassen wird.

Eine weitere Ansicht begründet die Zulässigkeit der Weitereinräumung damit, dass die Unterscheidung in einfache und ausschließliche Rechte in § 31 Abs. 2 bzw. § 31 Abs. 2 UrhG sich alleine auf die Reichweite der mit dem Recht einhergehenden, negativen Verbotsrechte wie etwa die Klagebefugnisse beziehe. Die Befugnis zur Weitereinräumung sei davon unabhängig zu betrachten.[1203]

III. Zwischenergebnis: Unterlizensierung bei dinglicher Natur des Nutzungsrechts

Bei Sichtung der Literatur zu der Frage der Zulässigkeit der Weitereinräumung von Nutzungsrechten aus einem einfachen Nutzungsrecht heraus wird deutlich, dass alle Autoren, die eine solche Einräumung bejahen, von der dinglichen Rechtsnatur des einfachen Nutzungsrechtes ausgehen.[1204] Eine Zustimmung in dieser Frage ist somit notwendige, wenn auch keineswegs hinreichende Bedingung – auch unter den ablehnenden Stimmen ist die Auffassung der dinglichen Rechtsnatur des einfachen Nutzungsrechtes verbreitet[1205] – für die Bejahung einer Unterlizensierbarkeit. Diese Qualifikation des einfachen Nutzungsrecht als dinglich wirkendes Recht und nicht nur schuldrechtlichem Anspruch auf Nutzungsgewährung[1206] ist trotz der Neukodifikation des § 33 UrhG im Jahre 1965 nach wie vor umstritten.[1207]

1201 So exemplarisch bei Dreier/Schulze/*Schulze*, § 31 Rn. 55; zur nicht-rivalen Nutzung auch *Peukert* in Hilty/Peukert, Interessenausgleich im Urheberrecht, S. 11 (13).

1202 Fromm/Nordemann/*J. B. Nordemann*, § 35 Rn. 5; Dreier/Schulze/*Schulze*, § 35 Rn. 5; ebenfalls HK-UrhG/*Kotthoff*, § 35 Rn. 4.

1203 Berger/Wündisch/*Berger*, § 1 Rn. 186.

1204 Fromm/Nordemann/*J. B. Nordemann*, § 31 Rn. 8 sowie in Rn. 87 unter expliziter Aufgabe der anderen Ansicht in Vorauflagen sowie *Loewenheim/J. B. Nordemann* in Loewenheim, Hdb. Urheberrecht, § 25 Rn. 9; Dreier/Schulze/*Schulze*, § 31 Rn. 8; ebenfalls HK-UrhG/*Kotthoff*, § 31 Rn. 7; *Forkel*, Gebundene Rechtsübertragungen, S. 222; *ders.*, NJW 1983, 1764 (1766).

1205 Schricker/Loewenheim/*Schricker/Loewenheim*, § 31 Rn. 8.

1206 So etwa *Pahlow*, ZUM 2005, 865 (868f.) sowie (873); *ders.*, Lizenz und Lizenzvertrag, 2009, S. 272f. sowie S. 289 und 291f.; Möhring/Nicolini/*Spautz*, § 31 Rn. 39; *Götting* in Festgabe Schricker, 1995, S. 53 (68); *Cebulla*, Die Pacht nichtsächlicher Gegenstände, S. 134, 147.

1207 Vgl. statt aller nur Schricker/Loewenheim/*Schricker/Loewenheim*, vor § 28 Rn. 83 m. v. w. N.

Einerseits dürfte spätestens seit den klaren Worten des BGH zur Rechtsnatur des einfachen Nutzungsrechts in seiner *Reifen Progressiv*-Entscheidung[1208] sowie darauffolgender, auf diese Entscheidung bezugnehmenden Urteilen[1209] und neuerer Rechtsprechung der Instanzgerichte[1210] ein erhöhter Begründungsaufwand erforderlich sein, um von einer schuldrechtlichen Natur von Nutzungsrechten ausgehen zu können. Andererseits vermag die in der Literatur unter anderem von *Pahlow* scharfsinnig geäußerte Kritik an dieser Auffassung, § 33 UrhG sei kein Argument für die dingliche Rechtsnatur der einfachen Lizenz, sondern der bloß obligatorische Charakter des einfachen Nutzungsrecht sowie daraus folgend der fehlende »natürliche« Sukzessionsschutz eines dinglichen Rechts mache dessen gesonderte Kodifikation im Rahmen des § 33 UrhG erst notwendig,[1211] in ihrer Logik und Klarheit zunächst durchaus zu überzeugen.

1. *Argumente für eine schuldrechtliche Natur des einfachen Nutzungsrechts*

Ein wesentliches Argument für die Charakterisierung des einfachen Nutzungsrechts als bloß schuldrechtlicher Anspruch ist die bereits erwähnte Auffassung, § 33 UrhG habe keine bloß deklaratorische Wirkung, sondern konstituiere vielmehr den andernfalls nicht vorhandenen Sukzessionsschutz im Falle einer Weiterveräußerung erst und diene somit in mit § 566 BGB vergleichbarer Weise der Verstärkung eines obligatorischen Anspruchs anstatt der Konstruktion eines dinglichen Rechtes.[1212] *Pahlow* weist ferner darauf hin, dass § 33 UrhG dispositiver Natur sei. Deshalb könnten aus der Norm keine allgemeinverbindlichen Ableitungen im Hinblick auf das einfache Nutzungsrecht getroffen werden.[1213] Entgegengetreten wird der dinglichen Natur des einfachen Nutzungsrechts schließlich entgegen einer weiteren Auffassung, die einem einfachen Nutzungsrecht einen dinglichen Charakter auf Basis der §§ 1004, 823 Abs. 1 BGB zusprechen möchte. Da sich ein aus § 1004 BGB bzw. aus § 823 Abs. 1 BGB in Verbindung mit diesem herrührender Abwehranspruch gegenüber Handlungen, die zwar keine Nutzungshandlungen darstellen, jedoch die Nutzung durch den als Lizenznehmers berechtigten Nutzer einschränken, ein Unterlassungsanspruch ergäbe, sei dies als Indiz für eine typischerweise mit einem dinglichen

1208 BGHZ 180, 344, Rn. 20 – *Reifen Progressiv.*

1209 BGHZ 185, 291, Rn. 29 – *Vorschaubilder*; BGH GRUR 2012, 602, Rn. 17 – *Vorschaubilder II.*

1210 Für das ausschließliche und einfache Nutzungsrecht OLG München GRUR-RR 2011, 303 (304) – *Blu-Ray*; OLG München GRUR 2012, 914 – *Take Five II*; schon LG München I GRUR-RR 2004, 350ff. – *GPL-Verstoß.*

1211 *Pahlow*, ZUM 2005, 865 (870); *ders.*, Lizenz und Lizenzvertrag, S. 272f. sowie S. 289f.; diese Meinung jedoch explizit aufgebend in MittPA 2012, 249 (253), dort Fn. 38.

1212 *Pahlow*, ZUM 2005, 865 (870f.); so ebenfalls *Dieselhorst*, CR 2010, 69 (72); *Hauck*, 211 AcP (2011), 626 (635ff.); *Adolphsen/Daneshzadeh-Tabrizi*, GRUR 2011, 384 (388); *Ganter*, NZI 2011, 833 (835).

1213 *Pahlow*, ZUM 2005, 865 (870).

Recht verbundene, positive Abwehrfunktion zu werten.[1214] Dem wird entgegnet, die Antwort auf die Frage, ob eine Rechtseinräumung in Form einer Verfügung vorläge, solle sich – was zutreffend ist – nicht an deren Rechtsfolgen bzw. an dem Umfang der Wirkungen des Erwerbs bemessen, sondern sich vielmehr danach richten, ob im Zuge der Einräumung eine Änderung, Aufhebung oder Übertragung von Rechtszuständigkeiten stattfindet, durch die anderen ein positives Recht eingeräumt wird.[1215] So stellt etwa die Belastung einer Forderung mit einem Pfandrecht eine Verfügung dar, ohne dass das Pfandrecht daran ein dingliches Recht darstellen würde.[1216] Ein sich eventuell aus dem § 1004 sowie § 823 Abs. 1 BGB ergebender Abwehranspruch des Inhabers eines einfachen Nutzungsrechts kann somit nicht dessen Einordnung als dingliches Recht zur Folge haben.

2. *Kritik an einer schuldrechtlichen Einordnung des einfachen Nutzungsrechts*

Die zugunsten einer Einordnung des einfachen Nutzungsrechts als obligatorischem Recht vorgebrachten Argumente lassen sich jedoch durchaus kritisch hinterfragen.

Die Abdingbarkeit des § 33 UrhG stellt dessen Leitbildfunktion zunächst nicht in Frage. Das Abbedingen einer dispositiven Norm ist keineswegs als eine Negierung ihrer Existenz anzusehen. Durch die explizite Berücksichtigung der Vorschrift im Vertrag erkennen die Parteien die Existenz – und damit die mit dieser Existenz verbundenen Wertungen des Gesetzgebers – vielmehr dem Grunde nach an, sie vereinbaren bloß ein Abweichen bzw. eine Nicht-Geltung dieser Grundsätze im Einzelfall. Ein Abbedingen stellt somit vielmehr eine Ausnahme von Regeln oder Grundsätzen und gerade nicht die Negation ebendieser dar.[1217] Die Vorschriften des § 33 UrhG sowie des § 566 BGB, welcher oft als Begründung des rein schuldrechtlichen Charakters herangezogen wird, unterscheiden sich ferner grundlegend im Wortlaut. Während § 566 BGB ein »Eintreten in die Rechte und Pflichten« normiert, so spricht § 33 UrhG eindeutig von einem Wirksam-Bleiben von Nutzungsrechten. Einen Eintritt in den Lizenzvertrag bzw. eine Kontrahierungsfiktion ordnet § 33 UrhG gerade nicht

1214 *Stöckel/Brandi-Dohrn*, CR 2011, 553 (556f.); *Frhr. Raitz von Frentz/Masch*, ZIP 2011, 1245 (1247); *Forkel*, Gebundene Rechtsübertragungen, S. 99f.

1215 *Hahn*, Verbotsrecht, S. 59; *Picot*, Abstraktion, S. 55f.; *Heimberg*, Lizenzen und Lizenzverträge in der Insolvenz, S. 64f.; *Hirte/Knof*, JZ 2011, 889 (896).

1216 So das einprägsame Beispiel bei *Stier*, Die Unterbrechung urheberrechtlicher Lizenzketten, S. 79 unter Verweis auf *Wilhelm*, SachenR, Rn. 145 sowie *Kraßer*, GRUR Int. 1983, 537 (539).

1217 Im Falle des einfachen Nutzungsrechts die Einräumung bereits keines Rechts, sondern eines bloß schuldrechtlichen Anspruches auf Nutzungsgewährung, Fromm/Nordemann/*J. B. Nordemann*, § 33 Rn. 12; HK-UrhG/*Kotthoff*, § 31 Rn. 17.

an.[1218] Eine stellenweise vorgenommene Umdeutung in einen Vertragsübergang[1219] erscheint somit nicht nur in Anbetracht des Wortlautes ausgeschlossen,[1220] sondern reklamiert auch einen Willen des Gesetzgebers für sich, der so nicht erkennbar ist. Der einen solchen Übergang statuierende § 566 BGB war bei der Neufassung des UrhG im Jahre 2002 bereits im BGB vorhanden und ist in Gestalt des § 571 BGB a. F. seit 1900 bekannt.[1221] Eine dahingehende Übernahme oder Anpassung des Wortlautes von § 33 UrhG kann somit bereits im Jahre 1965 als bewusst unterlassen angesehen werden. Diese Ansicht findet auch in den Gesetzesbegründungen zu den jeweiligen Fassungen ihren Niederschlag. Während der historische Gesetzgeber in der Begründung zur Fassung des § 33 UrhG a. F. trotz der Differenzen zu § 571 BGB a. F. zwar noch ausdrücklich von einer Ausnahme vom Grundsatz der Vertragswirkung bloß *inter partes* spricht,[1222] wurde diese Auffassung bei der im Rahmen der Umsetzung der InfoSoc-Richtlinie in deutsches Recht im Jahre erfolgten Neufassung des § 33 UrhG explizit aufgegeben.[1223] Ein über § 566 BGB hergeleiteter Sukzessionsschutz für obligatorische Ansprüche – und damit ein Abweichen vom Grundsatz der Vertragswirkung allein *inter partes* anstelle einer dinglichen Einordnung – ist somit für § 33 UrhG ausgeschlossen. Auch hinsichtlich der Voraussetzungen geht ein Vergleich des § 33 UrhG mit § 566 BGB fehl. Letztere Norm schützt nicht allein die vertragliche Stellung des Mieters, sondern ist an die Inbesitznahme der Mietsache durch diesen geknüpft.[1224] Sie ist somit Ausdruck der im BGB etwa auch in den §§ 1006, 929 sowie 932 BGB vorkommenden Bedeutung der tatsächlichen Sachherrschaft und konstituiert gerade keine Ausnahme von der Vertragswirkung *inter partes*.[1225] Eine solche Wirkung der Sachherrschaft als Ausdruck der Rechtsinhaberschaft ist im Urheberrecht gerade nicht vorgesehen, ein Abweichen ist somit mit anderen Gründen zu rechtfertigen.

1218 *Stöckel/Brandi-Dohrn*, CR 2011, 553 (556); *Haedicke*, ZGE 2011, 377 (387); *Marotzke*, ZGE 2010, 233 (244–246).
1219 Dafür *McGuire*, Die Lizenz, S. 568ff. mit ausführlicher Begründung auf S. 569–576.
1220 *Stier*, Die Unterbrechung urheberrechtlicher Lizenzketten, S. 49.
1221 Zur dessen Einordnung siehe Motive II, S. 383f.; ebenso Staudinger/*Emmerich*, § 566 Rn. 3.
1222 So RegE UrhG, S. 56; dazu *Pahlow*, ZUM 2005, 865 (869).
1223 RegE UrhR Informationsgesellschaft, S. 2f. Zur Vorschrift des § 79 Abs. 2 UrhG wird ausdrücklich das einfache, dingliche Nutzungsrecht entsprechend § 31 UrhG genannt, *Stier*, Die Unterbrechung urheberrechtlicher Lizenzketten, S. 58f. mit Fn. 206.
1224 MüKo-BGB/*Häublein*, § 566 Rn. 14; Blank/Börstinghaus/*Blank*, § 566 Rn. 18.
1225 MüKo-BGB/*Häublein*, § 566 Rn. 3 (»Der Schutz des besitzenden Mieters ist nicht Folge der Dinglichkeit der Miete, sondern eine Konsequenz der an verschiedenen Stellen des Gesetzes zum Ausdruck kommenden Wertung, dass der nicht den unmittelbaren Besitz erlangende Erwerber keinen umfassenden Schutz verdient.«), so im Ergebnis auch Staudinger/*Emmerich*, vor § 535 Rn. 18f.; Erman/*Lützenkirchen*, § 535 Rn. 3.

3. *Weitere Argumente für das einfache Nutzungsrecht als dingliches Recht*

Über all diese Kritik hinaus kann der Vergleich mit § 566 BGB schließlich auch zur Begründung des einfachen Nutzungsrechts als dinglichem Recht herangezogen werden. Obwohl diese Vorschrift zwar stellenweise als »Verdinglichung« des rein obligatorischen Nutzungsanspruches aus dem Mietvertrag wahrgenommen wird,[1226] ist dies ausdrücklich nicht die gesetzgeberische Intention der Norm. Vielmehr soll das durch sie normierte »Eintreten in die Rechte und Pflichten« des Käufers der Mietsache einen gesetzlichen Vertragsübergang mit der Intention des Mieterschutzes durch die Vermeidung von Dreiecks-Konstellationen darstellen.[1227] Die Nicht-Aufnahme dieser Formulierung in den § 33 UrhG gerade in Anbetracht einer vergleichbaren Konstellation lässt auf eine gewollte Differenzierung des Gesetzgebers schließen. Der Inhaber eines neu eingeräumten, ausschließlichen Nutzungsrechts tritt also gerade nicht auf irgendeine Weise in einen Vertrag mit den Inhabern einfacher Nutzungsrechte ein, er muss sich deren dingliche Wirkung *erga omnes* entgegenhalten lassen.

Über die Kritik am Vergleich mit § 566 BGB hinaus erscheint die Qualifikation des einfachen Nutzungsrechts als dingliches Recht und nicht bloß obligatorischer Anspruch schließlich als einzig folgerichtiges Ergebnis bei Anwendung der oben dargelegten Verfügungsdefinition. Durch das Bestehen-Bleiben des einfachen Nutzungsrechtes gegenüber später am gleichen Werk eingeräumten, ausschließlichen oder auch bloß einfachen Nutzungsrechten wird es dem Rechtsinhaber als Lizenzgeber mit dinglicher Wirkung unmöglich, weitere Nutzungsrechte einzuräumen, welche die Nutzung durch den Erstinhaber beeinträchtigen würde. Im Moment der wirksamen Einräumung eines einfachen Nutzungsrechts begibt sich der Rechtsinhaber somit der Möglichkeit, in einer gewissen Form über sein Werk zu verfügen – nämlich in einer die bereits eingeräumten Rechte beeinträchtigenden Weise. Damit findet bei der Einräumung einfacher Nutzungsrechte an einem Werk ein Verbrauch von Verfügungsmacht statt.[1228] Gleiches gilt für eine Weiterübertragung eines eigenen Nutzungsrechts: Wurde an diesem bereits ein einfaches Nutzungsrecht eingeräumt, so kann ein dem Lizenzgeber nachfolgender Rechtsinhaber diese nur unter Berücksichtigung dieser Belastung nutzen, § 33 S. 2 Alt. 1 UrhG.[1229] Die neben der Aufgabe

1226 *Häublein*, Sondernutzungsverhältnisse und ihre Begründung, S. 44; *Wieling* in GS Sonnenschein, S. 201 (212); *Dulckeit*, Die Verdinglichung obligatorischer Rechte, S. 65; *Wacke* in FS Gernhuber, S. 489 (516–518).

1227 MüKo-BGB/*Häublein*, § 535 Rn. 3; Jauernig/*Teichmann*, § 535 Rn. 1; *Harke*, ZMR 2002, 490 (491); ähnlich, aber mit der Einschränkung »neues Mietverhältnis kraft Gesetzes« Staudinger/*Emmerich*, § 535 Rn. 4.

1228 *Picot*, Abstraktion, S. 56, 60; *Heimberg*, Lizenzen und Lizenzverträge in der Insolvenz, S. 65.

1229 *Stier*, Die Unterbrechung urheberrechtlicher Lizenzketten S. 57; unzutreffend dagegen *Herbst*, Die rechtliche Ausgestaltung der Lizenz, S. 229, der eine Verkürzung der Rechte

von Rechtszuständigkeiten notwendige, spiegelbildliche Einräumung einer solchen Zuständigkeit bei einem oder mehreren Dritten ist weiterhin in dem Recht des Lizenznehmers zu sehen, sein einfaches Nutzungsrecht einer dieses eventuell einschränkenden Nutzung durch den Rechtsnachfolger des Lizenzgebers oder durch den Inhaber eines von diesem eingeräumten ausschließlichen Nutzungsrechts entgegenzuhalten.[1230]

Nicht zuletzt wird mit einer Trennung zwischen der Rechtseinräumung als sachenrechtlicher Verfügung und dem Lizenzvertrag als schuldrechtlicher *causa* dieser Verfügung dem Trennungs- und Abstraktionsprinzip[1231] genüge getan und die zwar mögliche, dogmatisch in diesem Fall jedoch wenig überzeugende Ausnahme für Lizenzverträge unnötig gemacht.

4. *Fazit*

Eine Einordnung des einfachen Nutzungsrechts als bloß obligatorischer Anspruch auf Basis einer Gleichstellung des § 33 UrhG mit § 566 BGB ist bei genauerer Betrachtung nicht haltbar. Die Vorschriften sind weder vom Wortlaut her noch im Hinblick auf die von diesen zu regeln beabsichtigte Situation vergleichbar. Ferner führt die von Befürwortern des obligatorischen Charakters ins Feld geführte, zutreffende Definition einer Verfügung bei genauer Betrachtung zur Einordnung der Einräumung als ebensolche. Zuletzt entspricht die dingliche Natur des einfachen Nutzungsrechts dem erklärten Willen des Gesetzgebers, so dass die notwendige Bedingung der dinglichen Natur des Nutzungsrechts erfüllt ist.

IV. Argumente für und gegen die Unterlizensierbarkeit einfacher Nutzungsrechte

Nachdem somit die notwendige, jedoch nicht hinreichende Bedingung der dinglichen Natur auch des einfachen Nutzungsrechtes bejaht werden kann, ist schließlich zu untersuchen, ob auf Basis dieser Feststellung Auffassungen, die eine Unterlizensierbarkeit annehmen, zuzustimmen oder mit der wohl herrschenden Meinung auch im Bereich von Open Content zu widersprechen ist.

des Lizenzgebers in diesem Falle ablehnt. *Herbsts* Argument der Unkontrollierbarkeit bzw. übermäßigen Belastung ist jedoch mit dem Hinweis auf § 35 UrhG bzw. die Möglichkeit der Verweigerung der entsprechenden Zustimmung entgegenzutreten.

1230 *Stier*, Die Unterbrechung urheberrechtlicher Lizenzketten, S. 57.

1231 Zu diesen Figuren allgemein *Medicus*, BGB AT, Rn. 216; *Schiemann* in Staudinger, Eckpfeiler des Zivilrechts, Teil C, Rn. 16; zu ihrer Wirkung im Urheberrecht vgl. die Nachweise oben in Fn. 1150 sowie 1151.

1. *Die Zweckübertragungsregel als Inhalts- oder Auslegungsnorm*

Dabei wird zunächst die allgemeine Zweckübertragungsregel des § 31 Abs. 5 UrhG[1232] gegen die Zulässigkeit einer Unterlizensierung in Stellung gebracht. Diese, eine Tendenz des Rechts zum weitest möglichen Verbleib beim Urheber statuierende Regel[1233] könnte so zu interpretieren sein, dass eine Weitereinräumung von einfachen Nutzungsrechten durch den Lizenznehmer erster Stufe als den Rechtsinhaber potentiell stark belastende und dem weitest möglichen Verbleib der Rechte beim Autor zuwiderlaufende Verfügung unzulässig sein solle.

Zu berücksichtigen ist dabei jedoch, dass die Vorschrift zwar grundsätzlich auf die Bestimmung der Reichweite einer urheberrechtlichen Rechtseinräumung Anwendung findet,[1234] die Norm jedoch vielfach allein als eine Auslegungsregel in Zweifelsfällen verstanden wird.[1235] Demnach wurde nach dem In-Kraft-Treten des UrhG im Jahre 1965 allein in Fällen, in denen die Einräumung von Nutzungsrechten nicht klar beabsichtigt war, eine Anwendung des Zweckübertragungsgrundsatzes angenommen.[1236] Diese Ansicht wurde jedoch im Laufe der Zeit zugunsten eines weiteren Anwendungsbereiches aufgegeben. In der neuen Rechtsprechung wird die Zweckübertragungsregel nicht nur auf das »Ob« einer Rechtsübertragung angewandt, sondern auch eine Anwendung auf die Ermittlung der Reichweite der Nutzungsrechte befürwortet, die sich aus dem Vertragszweck sowie dem Parteiverhalten bei Vertragsschluss ergibt.[1237] Noch darüber hinaus gehen Literaturstimmen, die nicht nur bei der Frage nach der Reichweite eines positiven Nutzungsrechts den Anwendungsbereich des Zweckübertragungsgrundsatzes eröffnet sehen,[1238] sondern »alle weiteren Elemente, die die Nutzungsrechtseinräumung ausmachen«[1239] unter den der

1232 Zu der Figur allgemein Dreier/Schulze/*Dreier*, § 31 Rn. 103ff.; Schricker/Loewenheim/*Schricker/Loewenheim*, § 31 Rn. 64ff.; bzgl. Begriff und Idee zurückgehend auf *Wenzel Goldbaum*, Urheberrecht und Urhebervertragsrecht, S. 75ff.

1233 Besonderes prägnant die Formulierung bei *Ulmer*, Urheber- und VerlagsR, § 84 IV; diese aufgreifend auch BGH ZUM 1998, 497 (500) – *Comic-Übersetzungen I.*

1234 Fromm/Nordemann/*J. B. Nordemann*, § 31 Rn. 119; Schricker/Loewenheim/*Schricker/Loewenheim*, § 31 Rn. 77, 79; Wandtke/Bullinger/*Wandtke/Grunert*, § 31 Rn. 39.

1235 Wandtke/Bullinger/*Wandtke/Grunert*, § 31 Rn. 40; *Schack*, UrhR, Rn. 615; *ders.*, ZUM 2001, 453 (456) sowie GRUR 2002, 853; *Stickelbrock*, GRUR 2001, 1087 (1094).

1236 Darstellung bei Schricker/Loewenheim/*Schricker/Loewenheim*, § 31 Rn. 77 unter Verweis auf BGHZ 22, 209 (212) – *Europapost* sowie darauf folgende Rechtsprechung.

1237 Beginnend mit BGH GRUR 1984, 656 (657) – *Vorentwurf;* Anwendung findet der Grundsatz sogar bei der Frage nach der Übertragung von Rechten auf eine religiöse Gemeinschaft im Rahmen eines Armutsgelübdes bei Eintritt, OLG Düsseldorf GRUR 1991, 759 – *Armutsgelübde.*

1238 Schricker/Loewenheim/*Schricker/Loewenheim*, § 31 Rn. 79; Fromm/Nordemann/*J. B. Nordemann*, § 31 Rn. 119; *Schweyer*, Die Zweckübertragungstheorie im Urheberrecht, S. 72f.; *Donle*, Die Bedeutung des § 31 Abs. 5 UrhG für das Urhebervertragsrecht, S. 193.

1239 *J. B. Nordemann* in Loewenheim, Hdb. Urheberrecht, § 60 Rn. 6 unter Verweis auf den

Zweckübertragungslehre innewohnenden Auslegungsgrundsätzen beurteilen wollen. Somit ist festzuhalten, dass die Zweckübertragungsregel mit Bezug auf ihren inhaltlichen Regelungsbereich auch im Rahmen der Frage nach der Zulässigkeit der Unterlizenzierung aus einem einfachen Recht in Stellung gebracht werden kann.

Ob § 31 Abs. 5 UrhG – dem Gesetzeswortlaut nach Auslegungsregel für den Falle des Fehlens weiterer Bestimmungen in *einzelnen Verträgen* – allerdings über seinen unmittelbaren Anwendungsbereich hinaus als Grundsatz bzw. Leitbild des Urheberrechts herangezogen werden kann, um die *generelle* Zulässigkeit einer Unterlizensierung des einfachen Nutzungsrechts zu beantworten, erscheint zweifelhaft. Trotz aller inhaltlichen Ausweitung des Grundsatzes im Laufe der Zeit hat sich der grundlegende Charakter des § 31 Abs. 5 UrhG als bloße Auslegungsregel im Falle des Fehlens anderslautender Bestimmungen im Rahmen der die Einräumung begleitender Vertragswerke bis heute nicht geändert.[1240] Der eindeutige Wortlaut des § 31 Abs. 5 S. 1 UrhG (»Sind […] die Nutzungsarten nicht ausdrücklich einzeln bezeichnet«) lässt eine Anwendung des Zweckübertragungsgrundsatzes nur zu, wenn ausdrückliche Bestimmungen zum Komplex der Reichweite der eingeräumten oder einzuräumenden Nutzungsrechte fehlen.[1241] Entsprechend wird von Seiten des BGH zwar anerkannt, dass in § 31 Abs. 5 UrhG der Gedanke des weitest möglichen Verbleibs von Rechten zwar deutlich zum Ausdruck kommt, dieser aber keine gesetzliche Normierung ebendieses Grundsatzes enthält. Die Durchsetzung im Einzelfall obliege in erster Linie den Vertragsparteien,[1242] erst im Falle von deren »Versagen« greifen die Wertungen des § 31 Abs. 5 UrhG in Gestalt von Auslegungsgrundsätzen für undifferenzierte Vertragswerke ein.

In der Literatur sowie vereinzelten Urteilen von Instanzgerichten wird dagegen stellenweise vertreten, § 31 Abs. 5 UrhG besäße über seine Eigenschaft als Auslegungsregel hinaus einen eigenen Regelungsgehalt und sei damit als In-

2002 ausgeweiteten Wortlaut; entsprechend auch bereits *von Gamm*, UrhG, § 31 Rn. 19 sowie OLG München ZUM-RD 1998, 101 (105) – *Auf und davon*. In die gleiche Richtung weist auch die Begründung des GesE UrhStärkungsG, S. 14.

1240 BGH ZUM 1998, 497 (500) – *Comic-Übersetzungen* I; Wandtke/Bullinger/*Wandtke/Grunert*, § 31 Rn. 45; Dreier/Schulze/*Dreier*, § 31 Rn. 114; früher bereits *Schweyer*, Die Zweckübertragungstheorie im Urheberrecht, S. 72; *Forkel*, Gebundene Rechtsübertragungen, S. 143; *Moritz/Tybussek*, Computersoftware, S. 77.

1241 Fromm/Nordemann/*J. B. Nordemann*, § 31 Rn. 124; Spindler/Schuster/*Wiebe*, § 31 UrhG Rn. 12; zu Möglichkeiten der Umgehung ebd, Rn. 14f.; ebenso *Schricker*, IIC 2004, 850 (853f.); zur Anwendbarkeit am Beispiel von Wahrnehmungsverträgen *Riesenhuber*, GRUR 2005, 712 (714f.).

1242 BGH GRUR 2012, 1031, Rn. 17 – *Honorarbedingungen Freie Journalisten*; so bereits BGH GRUR 1984, 45 (48) – *Honorarbedingungen: Sendevertrag* sowie KG, GRUR-RR 2012, 362 (363) – *Synchronsprecher*.

haltsnorm auch jenseits seines reinen Anwendungsbereiches anzusehen.[1243] Diese »Doppelfunktion der Zweckübertragungslehre«[1244] führe dazu, dass ihre Wertungen bei Fragen der Auslegung von Nutzungsrechtseinräumungen, schuldrechtlichen Verpflichtungen[1245] oder etwa AGB[1246] auch außerhalb des unmittelbaren Anwendungsbereiches der unspezifischen Rechteeinräumung Anwendung finden sollen.[1247] Gegen diese, den Charakter von § 31 Abs. 5 UrhG erheblich ändernde Auslegung spricht zunächst der eindeutige Wortlaut der Vorschrift. Die in der Gesetzesbegründung vorgebrachten Absichten[1248] der Stärkung der Urheberposition weisen zwar in eine entsprechende Richtung, können jedoch eine Auslegung der Norm gegen ihren klaren Wortlaut nicht rechtfertigen. Eine entsprechende Intention müsste zumindest in Ansätzen ihren gesetzlichen Niederschlag finden. Zwar erkennt auch der diese Auslegung ablehnende BGH in einer einem *obiter dictum* ähnlichen Passage an, dass ein Interesse der Autoren daran bestehe, ihre Werke nicht ohne weiteres durch oder an Dritte lizenzieren zu lassen bzw. dieses Vorgehen wenigstens zu vergüten.[1249] Es sei dabei jedoch zu berücksichtigen, dass der Gesetzgeber nicht in § 31 Abs. 5 UrhG, sondern allein in § 11 S. 2 UrhG den Grundsatz postuliert hat, Urheber an der Nutzung des Werkes zwingend durch eine angemessene Vergütung zu beteiligen. Dieses Prinzip wohnt nach Ansicht des BGH zwar auch der Zweckübertragungslehre inne,[1250] soll jedoch auf die Rechtsnatur des § 31 Abs. 5 UrhG keine Auswirkungen haben.

Im Ergebnis sprechen also die besseren Argumente dafür, die Regelung des § 31 Abs. 5 UrhG nicht als eine über den Wortlaut hinausgehende Inhaltsnorm des Urheberrechts, sondern mit dem BGH als bloßen Auslegungsgrundsatz zu betrachten. Möchte man § 31 Abs. 2 und 3 UrhG demnach so auslegen, dass die Unterlizensierung auch des einfachen Nutzungsrechts für zulässig erachtet wird, so ist bei dieser Auslegung die Zweckübertragungsregel des § 31 Abs. 5 UrhG

1243 OLG Hamburg GRUR-RR 2012, 293 (294) – *Buy-Out mit Pauschalabgeltung*; Schricker/Loewenheim/*Schricker/Loewenheim*, vor § 28 Rn. 41; *Donle*, Die Bedeutung des § 31 Abs. 5 UrhG für das Urhebervertragsrecht, S. 97f., ebenso S. 103 und S. 209; *Götting* in Festgabe Schricker, 1995, 53 (72).

1244 *Berberich*, ZUM 2006, 205 (210); zustimmend Dreier/Schulze/*Dreier*, § 31 Rn. 115.

1245 BGHZ 131, 8 (12f.) – *Pauschale Rechtseinräumung (Architekt)*; *Schack*, UrhR, Rn. 1104.

1246 Hierzu *Berberich*, WRP 2012, 1055 (1057) entgegen BGH GRUR 2012, 1031 – *Honorarbedingungen Freie Journalisten.*

1247 Dreier/Schulze/*Dreier*, § 31 Rn. 116 unter Verweis auf die gesetzgeberische Intention im Bericht des 6. Rechtsausschusses zum UrhStärkungsG, S. 18.

1248 Bericht des 6. Rechtsausschusses zum UrhStärkungsG, S. 18.

1249 BGH GRUR 2012, 1031, Rn. 39 – *Honorarbedingungen Freie Journalisten*; kritisch im konkreten Fall der freien Journalisten *Schippan*, ZUM 2012, 771 (779f.), *ders.* bereits in ZUM 2010, 782 (791).

1250 BGH GRUR 1996, 121 (122) – *Pauschale Rechtseinräumung*; sowie BGH GRUR 2012, 1031, Rn. 39 – *Honorarbedingungen Freie Journalisten*, Rn. 39.

nur dann zu berücksichtigen, wenn die Einräumung von Nutzungsrechten im konkreten Fall aufgrund von interpretationsbedürftigen Umständen oder Verträgen einen Ansatzpunkt für die Anwendung des § 31 Abs. 5 UrhG bietet. Nur dann kann die Zweckübertragungslehre im (Vertrags-)Einzelfall für oder gegen die Unterlizensierbarkeit sprechen.

2. *Modalitäten der Nutzung digitaler Werke, Perspektive von Nutzer und Schöpfer*

Eine weitere, bei der Frage nach der Zulässigkeit der Unterlizenzierung von bloß einfachen Nutzungsrechten zu beachtende Tatsache ist die Natur von Immaterialgütern als nicht-rivale, nicht-exklusive Rechtsobjekte, die nicht durch physische Faktoren in der mengenmäßigen Natur ihrer Nutzung eingeschränkt sind. Während physische Güter wie etwa Gegenstände oder Grund und Boden ihrer Natur nach von nur einer Person oder – entsprechende Abstriche hinsichtlich des zeitlichen Umfangs oder Intensitätsgrades der Nutzung vorausgesetzt – von einer begrenzten Anzahl an Personen gleichzeitig genutzt werden können, ist es das Wesen von immateriellen Gütern, dass die Nutzung durch eine Person den Nutzwert, den andere Personen aus etwa einem Werk ziehen können, nicht beeinträchtigen.[1251] Ebenfalls treten mit einer noch so massiven Intensivierung einer Nutzungshandlung weder Abnutzungserscheinungen noch sonstige Degradationserscheinungen wie etwa eine schlechtere Qualität der einzelnen Nutzung auf, wenn es gelingt, das Werk vom Trägermedium, dem *res commodum*, zu lösen[1252] – wie es bei Open Content, der sich meist im Online-Umfeld befindet und in dem das Werk als eine reine Ansammlung von Spannungszuständen vorliegt[1253] der Fall ist. Im Falle von mehreren, gleichzeitig erteilten einfachen Nutzungsrechten ist also festzuhalten, dass die Inhaber dieser gleichberechtigt nebeneinander stehenden Nutzungsrechte sich gegenseitig in ihrer Nutzung nicht behindern.[1254] In einer solchen Umgebung ist eine nicht-rivale, nicht-exklusive Nutzung der gleichen Information durch eine verlustlose Vervielfältigung eines Werkes zur Nutzung unabhängig von einem physischen Trägermedium nicht nur denkbar einfach und kostengünstig möglich, eine

1251 *Peukert*, Güterzuordnung als Rechtsprinzip, S. 109; *ders.* in Hilty/Peukert, Interessenausgleich im Urheberrecht, S. 11 (13); *Zech*, Information als Schutzgegenstand, S. 117; *Benkler*, 22 Int. Rev. of Law and Econ. (2002), 81 (83); *ders.* am Beispiel einer Wagner-Oper in 53 Vand. Law Rev. (2000), 2063 (2065f.).

1252 *Koboldt* in Schäfer/Ott, Ökonomische Analyse der rechtlichen Organisation von Innovationen, S. 69 (72f.); *Schwarz/Bullis*, 10 Intell. Prop. Law Bulletin (2005), 13 (25); *Fisher*, 101 Harv. Law Rev. (1988), 1659 (1700).

1253 *Elkin-Koren/Salzberger*, 19 Int. Rev. L. & Econ. (1999), 553 (559f.).

1254 So auch Dreier/Schulze/*Dreier*, § 31 Rn. 55; für das Verhältnis zwischen Urheber und Inhaber einfacher Nutzungsrechte nimmt der BGH dies ebenfalls an, BGHZ 185, 291 Rn. 23 – *Reifen Progressiv*.

solche parallele Nutzung ist vielmehr essentielle Voraussetzung für eine effektive Schaffung und Organisation von Wissen und Information in Netzwerksystemen bzw. als Open Content in den *semicommons*[1255] der digitalen Allmende.[1256]

Aus dieser Perspektive heraus stehen schließlich die Interessen der einzelnen Rechtsinhaber der Unterlizensierung auch des bloß einfachen Nutzungsrecht an andere, ebenfalls dazu befugte Nutzer nicht im Wege. Geht man von *Benklers* institutionsökonomischer Idee der Informationsproduktion im Netzwerk aus, so erhöht die Zahl der Nutzer darüber hinaus sogar sowohl die Qualität der Informationen wie auch deren *localization*, also die Verortung und Verknüpfung von kleineren Teilen eines Werkes zu einem im Vergleich zu der Summe seiner Teile hochwertigeren Ganzen.[1257] Es ist somit sogar im Interesse der einzelnen Mitglieder eines solchen Produktionsnetzwerks, dass eine größere Zahl an Beitragenden Teil der digitalen Allmende wird.[1258] Aus der Perspektive der individuellen Nutzer bzw. Nutzer-Schöpfer ist es ferner auch irrelevant, ob die zur produktiven Teilnahme berechtigenden und so die Qualität des Netzwerkes potentiell steigernden Nutzungsrechte auf einer vom ursprünglichen Urheber aus betrachtet horizontalen Hierarchieebene nebeneinander stehen oder sich im Rahmen einer Lizenzkette auf diesen zurückführen lassen. Schließlich gilt es noch zu berücksichtigen, dass der deutsche Gesetzgeber Open Content-Lizenzen an einigen Stellen abweichend von der klassischen Verwertung urheberrechtlich geschützter Werke behandelt.[1259] Macht man diesen Gedanken bei der Auslegung fruchtbar, so ist Ausgangspunkt von deren Auslegung nicht die restriktive Nutzungsrechtseinräumung zwischen Rechtsinhaber und Lizenznehmer im Einzelfall, sondern vielmehr die gleichberechtigte Ermöglichung einer Beteiligung an der zu schaffen beabsichtigten Wissensallmende.[1260] Die Interessen der einzelnen Rechtsinhaber sprechen somit nicht gegen die generelle Zulässigkeit der Einräumung von weiteren Nutzungsrechten an einem bloß einfachen Nutzungsrecht, ihre individuelle Position wird dadurch nicht negativ beeinträchtigt. Im Falle von kollaborativer Informationsgenerierung in Netzwerken wie einer

---

1255 Mithin Werken, die zwar in der Praxis so offen zugänglich sind wie *commons*, zur Herstellung jedoch private Vertragskonstruktionen nutzen; zurückgehend auf *Smiths* Beschreibung von mittelalterlichen Feldstrukturen in 29 J. Legal Stud. (2000), 131 (134–138); erstmals auf Open Content übertragen von *Merges*, 71 U. Chi. L. Rev. (2004), 183 (198f.); ausführlich behandelt von *Loren*, 14 George Mason L. Rev. (2007), 271 (276ff.).

1256 GesE UrhStärkungsG, S. 15.

1257 *Benkler*, Wealth of Networks, S. 55f. sowie 100f.; *ders.*, 112 Yale L.J (2002), 369 (411–413); im deutschsprachigen Raum exzellent rezipiert von *Wielsch*, Zugangsregeln, S. 202–204.

1258 Dies gilt freilich nicht in Bereichen, in denen sich der Wert eines digitalen Gutes in erster Linie aus dessen Exklusivität speist. In diesem Falle scheint es jedoch unwahrscheinlich, dass ein Rechtsinhaber seine Befugnis wahllos weiteren Nutzern einräumt, geschweige denn das Werk zur Nutzung als Open Content bereitstellt.

1259 GesE UrhStärkungsG, S. 15; Bericht des 6. Rechtsausschusses zum UrhStärkungsG, S. 19.

1260 So auch *Jaeger/Mantz*, MMR 2014, 480 (482).

digitalen Allmende profitiert die Gesamtheit der Nutzer vielmehr sogar von jedem weiteren an der Informationsgenerierung oder -systematisierung beteiligten Teilnehmer.

3. *Privatautonomie des Rechtsinhabers*

Zuletzt ist bei dieser Frage auch die Privatautonomie des Urhebers bzw. Rechtsinhabers zu beachten. Solange kein zwingendes Recht oder andere gravierende systematische oder dogmatische Gründe gegen eine Unterlizensierung des einfachen Nutzungsrechts sprechen, muss es diesem möglich sein, das einfache Nutzungsrecht auch mit dinglicher Wirkung in einer Art und Weise auszugestalten, die seinem Willen am ehesten entspricht.[1261] Sollte dazu der Wunsch nach freier Unterlizensierbarkeit auch einfacher Rechte gehören, um eine möglichst einfache Zugänglichkeit und weite Verbreitung bei offener Bearbeiterstruktur zu erreichen, so ist dieser dem Urheber zuzugestehen. Gegen eine solch weite Interpretation der Gestaltungsfreiheit lassen sich zwar vereinzelt Bedenken feststellen,[1262] diese sind jedoch mit dem eigenen Argument des Verkehrsschutzes entkräften. Eine Einschränkung der Privatautonomie aus Bestimmtheitsgründen dient nach allgemeiner Ansicht der Sicherung der Interessen des Verkehrs an einer eindeutigen Zuordnung von Rechten.[1263] Gerade durch die Ausgestaltung des einfachen Nutzungsrechtes als ein eigenständiges dingliches Recht, welches seinen Inhaber ebenfalls zu eindeutigen und klar umrissenen Rechtseinräumungen legitimiert, die ihrerseits unabhängig vom Bestand der vorangehenden Lizenzketten sind, wird es aber dem Verkehr wesentlich erleichtert, den Bestand der so eingeräumten Nutzungsrechte zu erkennen und sie ihrem Inhaber klar zuzuordnen. Nicht zuletzt gelänge es mittels einer derartigen Gestaltung der Open Content-Lizensierung, das Problem der unerkannt unwirksamen Nutzungsrechtseinräumung in den oben skizzierten Fällen zu minimieren und somit dem Verkehrsschutz und Vertrauen in das Erfolgen der Rechtseinräumung gerade Genüge zu tun. Die Möglichkeit, dass sich bei dieser Art der Verbreitung Nutzungsrechte ohne Zutun des Urhebers einfacher und schneller erteilen lassen, die Verbreitung damit quantitativ unübersichtlicher werden könnte, ist für sich genommen noch keine Begründung für einen geringeres Maß an Verkehrsschutz, wenn dafür die Zuordnung sowie der Bestand der Rechte klarer und eindeutiger gestaltet werden kann.

1261 BGH GRUR 1987, 37 (39) – *Videolizenzvertrag*, dort freilich mit umgekehrtem Ergebnis; Schricker/Loewenheim/*Schricker/Loewenheim*, vor § 28 Rn. 47, 85; BeckOK-UrhG/*Soppe*, § 31 Rn. 8; Wandtke/Bullinger/*Wandtke/Grunert*, § 31 Rn. 4; für eine derartige Begründung der Insolvenzfestigkeit des Nutzungsrechts bereits *Wallner*, NZI 2002, 70 (77f.).

1262 So etwa *Herbst*, Die rechtliche Ausgestaltung der Lizenz, S. 230ff. m.w.N.

1263 Wandtke/Bullinger/*Wandtke/Grunert*, § 31 Rn. 16; Dreier/Schulze/*Schulze*, § 31 Rn. 29; Schricker/Loewenheim/*Schricker/Loewenheim* § 31 Rn. 17f.

V. Fazit hinsichtlich der Unterlizensierung von einfachen Nutzungsrechten

Nach Betrachtung der zu dieser Frage vorgebrachten Argumente sprechen somit die überzeugenderen Argumente für die Möglichkeit einer Unterlizensierung auch einfacher Nutzungsrechte, mithin auch des einfachen, unentgeltlichen Nutzungsrechts für jedermann. Solange der auch in diesem Falle unverändert Geltung beanspruchende Grundsatz des *nemo plus iuris quam ipso habet transferre potest* gewahrt bleibt, bestehen in rechtlicher Hinsicht rechtlich keine Einwände, Lizenzketten auf Basis eines einfachen Nutzungsrechts zu konstruieren und diese in einem zweiten Schritt für die Konstruktion einer Wissensallmende bzw. im Rahmen von Open Content für das Netzwerkschaffen unter Zuhilfenahme des einfachen, unentgeltlichen Nutzungsrechts für jedermann nutzbar zu machen.

B. Eignung der Konstruktion zur Lösung der Unwirksamkeitsproblematik

Zuletzt ist die Eignung der hier entwickelten Lösung zu untersuchen, in den oben skizzierten Problemfeldern zu befriedigenden und den wesentlichen Grundsätzen und Zielen von Open Content entsprechenden Ergebnissen zu gelangen. Im Fokus steht dabei insbesondere die früher geäußerte Befürchtung, im Falle einer Unterbrechung der Lizenzkette einen automatischen Rechtewegfall annehmen zu müssen und damit die Allmende zu zerstören.

I. Bestand von Enkelrechten in Insolvenzkonstellationen

Nachdem der Bestand von Unterlizenzen nach Erlöschen der Hauptlizenz durch den BGH auf eher kasuistischer Einzelfallbasis bejaht wurde,[1264] hat schließlich das LG München I jüngst auf Grundlage dieser Rechtsprechung unter ausführlicher Behandlung des kontroversen Meinungsstands Grundsätze formuliert, anhand derer der Bestand von Unterlizenzen bzw. Enkelrechten in der Insolvenz zu beurteilen ist.[1265] Damit äußert sich erstmals ein Gericht zu diesem zentralen Kriterium für die Tauglichkeit der hier erarbeiteten Lösung, die bei Wegfall der Verfügungsbefugnis auftretenden Probleme zu umgehen.

1264 Vgl. oben, § 13 Fn. 1188–1190.

1265 LG München I CR 2014, 774–778. Der Entscheidung lag zwar eine patentrechtliche Lizenz zugrunde, die Übertragbarkeit der im Urheberrecht entwickelten Grundsätze wird durch das Gericht nach ausführlicher Würdigung der Unterschiede und Gemeinsamkeiten im Hinblick auf rechtliches Wesen und Zielsetzung der erlangten Rechte bzw. Rechtsgebiete jedoch zutreffend bejaht, LG München I CR 2014, 774 (776), dort Abschnitte II 1 b (2) i sowie ii.

Bei Entwicklung dieser Grundsätze geht das Gericht grundsätzlich von einer Insolvenzfestigkeit von Nutzungsrechten aus, wendet sich jedoch gegen eine schematische Lösung der Frage anhand der Rechtsnatur des zugrundeliegenden Lizenzvertrages – die bereits eingetretene Erfüllung der schuldrechtlichen *causa* durch Rechtseinräumung wird nicht als zwingender Anknüpfungspunkt gesehen. Stattdessen sei auf die Ausgestaltung des die Verpflichtung beinhaltenden Vertrags abzustellen. Nur in Fällen, in denen dieser eine sukzessiv zu erfüllende oder länger andauernde Leistungspflicht und damit im Zeitpunkt der Verfahrenseröffnung einen Ansatzpunkt für eine noch offene Forderung des Gläubigers enthält, würde eine solche Pflicht durch die »Zäsurwirkung« der Eröffnung des Insolvenzverfahrens tangiert und die Notwendigkeit einer gleichmäßigen Gläubigerbehandlung ausgelöst, die von den Vertretern eines Erlöschens des Rechts reklamiert wird.[1266] Eine derartige Einordnung soll schließlich unter Beachtung der geschuldeten Erfüllungshandlung im Einzelfall stehen. Steht eine durch umfangreiche und wiederkehrende Verteidigungs-, Abmahn- und sonstige Sicherungspflichten abzusichernde Teilhabe des Lizenznehmers an einer dem Rechtsinhaber zukommenden Exklusivstellung im Mittelpunkt des Parteiinteresses, so soll das insolvenzverwalterliche Wahlrecht gem. § 103 InsO regelmäßig gegeben sein, entsprechende Nutzungsrechte sind somit nicht insolvenzfest.[1267] Steht dagegen nicht die Erlangung einer exklusiven Stellung, sondern vielmehr die Handlungsfreiheit des Lizenznehmers im Rechtskreis des Schutzrechtsinhabers im Fokus des Vertrages, die durch einmalige Ermöglichungshandlung seitens des Rechtsinhabers gewährt wird, so soll nach deren Vornahme regelmäßig keine Forderung mehr bestehen, so dass für § 103 InsO kein Raum mehr verbleibt.[1268] Solche Nutzungsrechte sind nach Ansicht des Gerichts insolvenzfest.

Diese Abgrenzungskriterien des LG München I verdienen Zustimmung. Die Beispiele zeigen zwar, dass die Unterscheidung in der Praxis meist mit der Einordnung als Dauerschuldverhältnis oder »*sharp in/sharp out*«-[1269] bzw. Austauschvertrag einhergehen dürfte. Durch Abstellen auf den konkreten Stand der Erfüllung der Leistungspflichten anstelle des Charakters der vereinbarten Leistungen trennt das Gericht jedoch zutreffend die Vorstellung der Parteien von der Insolvenzfestigkeit von Nutzungsrechten von der Natur des Lizenzvertrages – zwei Komplexe, die in Anbetracht der Vielzahl lizenzrechtlicher Gestaltungsmöglichkeiten keinesfalls immer zusammenhängend beantwortet werden müssen. Auch folgt das LG München I damit der Linie, die der BGH in seiner

1266 LG München I CR 2014, 774 (777) unter Verweis auf OLG München WRP 2013, 1530 (1532) sowie *Berger*, GRUR 2013, 321 (326).
1267 LG München I CR 2014, 774 (777), Abschnitt II 1 b (3) i sowie amtl. Leitsatz 5.
1268 LG München I CR 2014, 774 (777), Abschnitt II 1 b (3) ii sowie amtl. Leitsatz 6.
1269 *Sester*, CR 2000, 797 (800f.).

Softwarenutzungsrecht-Entscheidung begründet hat – hängt die endgültige Entstehung eines vor Verfahrenseröffnung eingeräumten Nutzungsrechts bloß vom Eintritt einer Bedingung ab und erfordert dabei kein Zutun des Insolvenzschuldners mehr, so ist dieses insolvenzfest.[1270]

Schließlich überzeugt die Entscheidung auch hinsichtlich der insolvenzrechtlichen Dogmatik: Nach der Theorie des Verlustes der Durchsetzbarkeit erlöschen bei Ausübung des Wahlrechts noch offene Forderungen nicht im Wege einer materiell-rechtlichen Umgestaltung, sie verlieren allein ihre Durchsetzbarkeit, falls der Verwalter Nichterfüllung wählen sollte.[1271] Bestehen seitens des Insolvenzgläubigers jedoch keine Ansprüche mehr – die Erlaubnishandlung wurde wie geschuldet bewirkt – so besteht kein Raum mehr für eine Anwendung des § 103 InsO.

II. Anwendung der Grundsätze auf Open Content

Betrachtet man schließlich eine hypothetische Konstruktion von Open Content auf Basis von unterlizensierten einfachen, unentgeltlichen Nutzungsrechten unter diesem Aspekt, so fällt eine klare Zuordnung nur auf den ersten Blick schwer. So lassen sich Elemente beider durch das LG München I skizzierten archetypischen Lizenzkonstruktionen, dem dauerhaft und konstant aufrechtzuerhaltenden »Schutzschirmlizenzvertrag« einerseits und der einmaligen Erlaubnisgewährung im Rahmen der *freedom to operate*-Lizenz andererseits[1272] in Open Content-Lizenzen finden. Nach der oben dargelegten Konzeption des Vertragsnetzes entsteht auch durchaus eine mit einem »Schutzschirm« vergleichbare Gemeinschaft, bei der zwischen »innen« und »außen« klar unterschieden wird. Ziel dieser Organisationsform ist es jedoch nicht, die Exklusivität des Schutzrechtes für diese Gruppe zu verteidigen, sondern vielmehr, sie durch eine möglichst freie Zugänglichkeit funktional umzupolen.[1273]

Eindeutig ist auch die rechtstechnische Gestaltung dieser Umpolung, die der zweiten Konstellation des Urteils entspricht: Dem Lizenznehmer werden einmalig und auf unbestimmte Zeit Rechte eingeräumt. Damit wird die *freedom to operate* sichergestellt, die Leistungspflichten des Rechtsinhabers sind mit dieser

1270 BGH GRUR 2006, 435 Rn. 22– *Softwarenutzungsrecht*; dazu auch *Kluth*, NZI 2014, 887 (888).

1271 BGHZ 150, 353 (359) – *Teilbarkeit von Bauleistungen*; jüngst BGH NZI 2010, 180 Rn. 11f.; ausführlich Uhlenbruck/*Wegener*, InsO, § 103 Rn. 8f.; MüKo-InsO/*Kreft*, § 103 Rn. 12f.; *Gehrlein*, NZI 2015, 97 (99).

1272 Beide Begriffe nach LG München I CR 2014, 774 (776).

1273 *Wielsch*, Zugangsregeln, S. 214, spricht von einem »twist« der traditionellen Eigentumsfunktion.

einmaligen Ermöglichungshandlung erfüllt.[1274] Durch die Einordnung der Lizenzen als Vertragsnetz werden die sich ergebenden Rechte und Pflichten zwar modifiziert,[1275] jedoch nicht in einer Art und Weise, die mit dem »Schutzschirm«-Beispiel des LG München vergleichbar wäre. Es werden insbesondere nach Unterstellen eines Werk(teil)s unter eine Open Content-Lizenz keine dauerhaften Aufrechterhaltungs- oder Verteidigungspflichten statuiert.[1276] Eine Open Content-Lizensierung bedeutet somit zwar eine Vielzahl von Rechtseinräumungen über einen längeren Zeitraum hinweg, die jeweiligen Erfüllungshandlungen bestehen jedoch aus einem einmaligen Kontakt und einaktiger, sofortiger Erfüllung.

Für die Anwendung des § 103 InsO nach den Grundsätzen des LG München bliebe bei einer Konstruktion von Open Content über Lizenzketten somit kein Raum, dabei eingeräumte Ketten von einfachen, unentgeltlichen Nutzungsrechte für jedermann wären insolvenzfest.

III. Übertragbarkeit auf willentliche Änderung der Rechtszuständigkeit

Eine rechtliche Umstrukturierung von Open Content in Richtung eines Kettenmodells anstelle des Modells der Direktlizensierung wäre schließlich auch geeignet, die sich aus einem willentlichen Verlust der Rechtszuständigkeit ergebenden Rechtsfolgen abzumildern. Auch nach der Einräumung eines ausschließlichen Nutzungsrechtes etwa an eine Verwertungsgesellschaft oder im Rahmen eines Rechte-Buy-Outs blieben einmal eingeräumte Rechte gem. § 33 UrhG bestehen. Berechtigen diese Rechte ihrerseits den Inhaber zur Unterlizensierung und Einräumung weiterer Rechte,[1277] so gelänge es auch in diesen Fällen, eine Partizipation Dritter an der Allmende sowie eine Weiterverbreitung des Werkes ohne Beteiligung des Urhebers bzw. des neuen Inhabers eines ausschließlichen Nutzungsrechtes zu ermöglichen. Damit ginge zwar eine weitgehende Entwertung des ausschließlichen Rechtes einher – der endgültige Umfang noch eingeräumt werdender Rechte ist kaum voraussehbar –, dieses Problem wird jedoch in das Verhältnis zwischen dem Urheber und dessen späterem Vertragspartner verlagert. Dort ist es schließlich für diesen insofern beherrschbar, als dass er vor Abschluss des Wahrnehmungs- bzw. Buy-Out-Ver-

---

1274 Eventuell längerfristig nachwirkende Copyleft-Pflichten mögen zwar existieren, berühren das von der Insolvenz betroffenen Leistungsprogramm des Rechtsinhabers jedoch nicht.

1275 Siehe dazu oben, § 5.C.IV sowie § 10.B.V.

1276 Es ist bereits die Frage der Aktivlegitimation zur Vornahme solcher Handlungen höchst umstritten, dazu *Schäfer* in Taeger, Digitale Evolution: Herausforderungen für das Informations- und Medienrecht, 541 (543f.); *ders.*, K&R 2010, 298 (299f.).

1277 So wie oben unter § 13 A etwa auch Dreier/Schulze/*Schulze*, § 31 Rn. 55; Fromm/Nordemann/*J. B. Nordemann*, § 31 Rn. 89 sowie *ders.*, § 35 Rn. 5

trages zur Vermeidung von Anfechtungen oder Regressansprüchen auf die Tatsache der Open Content-Lizensierung hinweisen kann.

C. Mangelnde Berücksichtigung urheberpersönlichkeitsrechlicher Aspekte?

Gegen die hier vorgeschlagene Konstruktionsidee der Open Content-Allmende wird teilweise angeführt, dass durch sie das Urheberpersönlichkeitsrecht der Mitwirkenden über Gebühr belastet würde. Da der persönlichkeitsrechtlich geprägte[1278] § 35 Abs. 1 S. 1 UrhG der Rechtseinräumung sogar durch Inhaber eines ausschließlichen Nutzungsrechts ein Zustimmungserfordernis des Urhebers vorsehe, müsse dies *a maiore ad minus* auch für die Unterlizensierung durch Inhaber bloß einfacher Rechte gelten, weshalb die Konstruktion bereits *de lege lata* unzulässig sein soll.[1279]

Dem ist zunächst entgegenzuhalten, dass von Vertretern einer Unterlizensierbarkeit einfacher Nutzungsrechte eine analoge Anwendung auch der Schutzvorschriften befürwortet wird.[1280] Gegen eine derartige Feststellung spricht ferner auch die praktische Betrachtung. Bezüglich der Menge der erzeugten Enkelrechte spielt es gerade bei unkörperlicher Verbreitung des geschützten Werkes keine Rolle, ob ein einziger oder viele Anwender ein Werk unterlizensieren. Die Nutzer beeinträchtigen sich gegenseitig nicht. Welche Variante der Lizensierung mehr Enkelrechte erzeugt, ist allein vom Zufall abhängig. Dies gilt auch hinsichtlich der »Tiefe« der Belastung, dem Umfang der eingeräumten Enkelrechte. Zwar ließe sich in der Befugnis zur Unterlizensierung deshalb eine besondere Gefahr sehen, da mit einem »neuen« Nutzungsrecht wiederum eine Abspaltungsbefugnis einhergeht. Der *nemo plus quam iuris*-Grundsatz, der jedoch auch hier nicht in Frage gestellt werden soll, sorgt aber dafür, dass die Belastungen sich in ihrer Intensität nicht unterscheiden. Ob aus einem ausschließlichen Recht eine unbestimmte Zahl einfacher Rechte konstitutiv abgespalten wird oder sich diese Rechte aus einfachen Rechten herleiten, ist hinsichtlich der Intensität der Belastung bedeutungslos.

Die entsprechende Anwendbarkeit des § 35 UrhG auf Nutzungsrechtsein-

1278 Dreier/Schulze/*Schulze*, § 35 Rn. 1 erkennt einen Gleichlauf mit den persönlichkeitsrechtlichen Interessen des § 34 UrhG; ebenso Wandtke/Bullinger/*Wandtke/Grunert*, § 35 Rn. 1 sowie Schricker/Loewenheim/*Schricker/Loewenheim*, § 35 Rn. 5.

1279 *Mantz* in Spindler, Rechtliche Rahmenbedingungen von Open Access-Publikationen, S. 55 (61).

1280 Dreier/Schulze/*Dreier*, § 35 Rn. 5; Fromm/Nordemann/*J. B. Nordemann*, § 35 Rn. 5; zurückhaltender, aber mit überzeugender Argumentation in diese Richtung Berger/Wündisch/*Berger*, § 1 Rn. 186.

räumungen aus einfachen Nutzungsrechten ändert schließlich an der Funktionsfähigkeit einer Ketten-Konstruktion von Open Content-Lizenzen nichts. In dem Anbringen einer derartigen Lizenz bei entsprechender Verbreitung lässt sich ohne weiteres eine antizipierte Zustimmung zu in ihrem Rahmen stattfindenden Rechtseinräumungen sehen – nicht anders wird im Rahmen der Direktlizensierungsmodelle die Erteilung von Vertretungsmacht zum Abschluss von Lizenzen im Namen der Upstream-Autoren an weiterverbreitende Nutzer gehandhabt. Hinsichtlich eines Widerrufs der Zustimmung und den negativen Folgen eines solchen lässt sich auf die oben im Kontext des Widerrufs eines Angebots herausgearbeitete Lösung verweisen: Auch in diesem Fall dürften die aus der Einordnung von Open Content als Vertragsnetze resultierenden Modifikationen des vertraglichen Pflichtenprogramms einen Widerruf nach den Grundsätzen des *venire contra factum proprium* gem. § 242 BGB verhindern.

Somit bietet sich das Kettenmodell als Lösung für Probleme von Open Content in der Insolvenz eines Mitwirkenden an: Nach Eröffnung des Insolvenzverfahrens bleiben im Vorfeld eingeräumte Nutzungsrechte und damit die Unterlizensierungsbefugnisse bestehen. Gleichzeitig kann jeder Inhaber eines solchen Rechts neuen Teilnehmern an der Allmende ein identisches Nutzungsrecht vermitteln, ein Zutun des nun insolventen Werkschöpfers ist nicht mehr nötig. Das System funktioniert somit auch ohne dessen weiteren Beitrag, solange vor Verfahrenseröffnung ein einziges Recht eingeräumt wurde. Zu guter Letzt gelingt es mittels dieses Konstruktionsmodells, die Unabhängigkeit der jeweiligen Allmende bzw. des jeweiligen Projekts von der konstanten »Bestätigung« durch einen Urhebers bei Neueintritt eines Teilnehmers zu erreichen. Das Kettenmodell kann somit einen wesentlichen Beitrag zu einer weiteren Dezentralisierung von Nutzungsrechten an einem als digitale Allmende intendierten Open Content-Projekt leisten.

D. Fazit zur Nutzung von Lizenzketten zur Lösung der Probleme

Mit der Umstellung auf bzw. der Implementierung von auf Lizenzketten basierenden Lizensierungsmodalitäten steht somit ein probates Mittel zur Verfügung, die bisher bei »sternförmiger«[1281] Direktlizensierung auftretenden Probleme im Falle des Verlusts von Rechtsinhaberschaft, Rechtszuständigkeit oder Verfügungsbefugnis zu kompensieren. Die bei ursprünglicher Ablehnung dieser Dogmatik bestehenden Bedenken hinsichtlich des Bestands der Ketten bei Ausfall eines Gliedes sind durch die jüngere Rechtsprechung des BGH und die

1281 *Mantz* in Spindler, Rechtliche Rahmenbedingungen von Open Access-Publikationen, S. 55 (61).

sich durchsetzende Auffassung von einfachen Nutzungsrechten als dinglichen Rechten ausgeräumt. Stattdessen bietet ein derartiges Lizensierungsmodell die Möglichkeit, auch ohne ständige Beteiligung des Urhebers und damit ständige Aktualisierung von dessen einmal geäußertem Willen die freie Zugänglichkeit und Weiterverbreitung der digitalen Allmende sicherzustellen und damit ein wesentlich stabileres und dezentralisierteres, vom ursprünglichen Rechtsinhaber unabhängigeres System für deren rechtliche Organisation bereitzustellen.

Zusammenfassung der wesentlichen Ergebnisse in Thesen

1. Wesentliches Ziel der Autoren und Nutzer von Open Content ist die freie Zugänglichkeit von Informationen für jedermann. Diese wird durch eine »Umpolung« der Restriktivität des Urheberrechts mittels Open Content-Lizenzen gesichert.
2. Eine Ausweitung derartiger Lizensierung jenseits des unkörperlichen Bereiches ist mit wenigen, klarstellenden Modifikationen möglich.
3. Die auf Einräumung eines einfachen, unentgeltlichen Nutzungsrechts für jedermann gerichteten Lizenzverträge sind Austauschverträge, keine Dauerschuldverhältnisse.
4. Die Rechtseinräumung erfolgt insofern unentgeltlich, als dass keine synallagmatische Vergütung geschuldet wird.
5. Jedenfalls bei Vorliegen von Copyleft-Klauseln wird der Lizenznehmer jedoch zur Vornahme von Handlungen verpflichtet, die jenseits der Befugnissphäre des Lizenzgebers liegen. Eine Einordnung der Lizenzen als (typengemischte) Schenkungsverträge ist damit ausgeschlossen.
6. Ebenso ist es zwar möglich, die kollektiv auf Basis einfacher, unentgeltlicher Nutzungsrechte geschaffenen Strukturen gesellschaftsvertraglich zu organisieren, die Lizenzen sind jedoch keine Organisationsverträge.
7. Sie bilden vielmehr ein Vertragsnetzwerk, in dessen Rahmen durch gegenseitige Bezugnahme der Verträge aufeinander gewisse Modifikationen des vertraglichen Pflichtenkreises vorgenommen werden.
8. Open Content ist von der Ausweitung des urheberrechtlichen Erschöpfungsgrundsatzes auf Fälle unkörperlicher Verbreitung nicht ausgenommen. Dies gilt nach hier vertretener Ansicht ebenfalls für der InfoSoc-Richtlinie unterfallende Nicht-Softwarewerke.
9. Dies stellt das momentan verwendete Direktlizensierungsmodell, bei dem die einfachen Nutzungsrechte stets direkt vom Urheber bzw. Rechtsinhaber eingeräumt werden, in Frage. Aufgrund der besonderen Interessenlage bei

Open Content ist unter dem Aspekt des § 34 Abs. 1 S. 2 UrhG jedoch keine Nichtigkeit der entsprechenden Klauseln anzunehmen.

10. Selbst im Falle einer solchen würde die durch den BGH in *UsedSoft II* erstmals etablierte Weiterwirkung der vertraglichen Nutzungsmodalitäten auf Zweiterwerber eines Werkes das System des Open Content nicht nur erhalten, sondern durch eine größere Unabhängigkeit von der Person des Autors sogar stärken.
11. Theoretisch bestehende Bedenken, die Möglichkeit eines Rückrufs von einfachen Nutzungsrechten aus der digitalen Allmende würde sich negativ auf die Schaffensmotivation auswirken, haben sich in der Praxis nicht bewahrheitet.
12. Die rechtliche Einordnung von Open Content in den USA lässt es zu, die dort in der unter umgekehrten Vorzeichen geführten Debatte um die Möglichkeit eines Rückrufes bzw. einer Kündigung aufkommenden Argumente für die deutsche Rechtslage fruchtbar zu machen.
13. Die Rückrufrechte im deutschen Urheberrecht sind im Falle von Open Content jedoch nicht anwendbar.
14. Abgabe und Zugang eines Angebots auf Einräumung eines einfachen, unentgeltlichen Nutzungsrechts für jedermann richten sich nach den §§ 130ff. BGB. Die Grundsätze der §§ 657ff. BGB lassen sich nicht auf annahme- und reaktionsbedürftige Willenserklärungen übertragen, die ein zweiseitiges Schuldverhältnis begründen sollen.
15. Bis zum Moment des Zugangs – meist die erste Verkörperung eines Werkes in der Sphäre des Nutzers – stellt sich somit die Frage nach einem Widerruf eines Angebots auf Einräumung eines einfachen, unentgeltlichen Nutzungsrechts für jedermann.
16. Ein solcher Widerruf ist jedoch nicht nur praktisch nahezu unmöglich, sondern einem Rechtsinhaber aufgrund des Netzwerkcharakters der Open Content-Lizenzen nach den Grundsätzen des *venire contra factum proprium* gem. § 242 BGB verwehrt.
17. Die gängige Methode der Direktlizensierung sorgt für große Unsicherheiten im Falle eines Verlustes der Rechtszuständigkeit oder Verfügungsbefugnis bei einem an der Allmende partizipierendem Rechtsinhaber. Diese ist für den Lizenznehmer kaum zu erkennen.
18. Einem häufig auftretenden Fall – dem Abschluss eines Wahrnehmungsvertrages mit einer Verwertungsgesellschaft – soll mit Art. 5 Abs. 3 der Richtlinie 2014/26/EU abgeholfen werden. Dies wird jedoch durch ein ungeklärtes Verständnis des Begriffes »nicht kommerziell« in der Richtlinie sowie gängigen Open Content-Lizenzen erschwert.
19. Auch im Falle der Insolvenz eines Rechtsinhabers kommt es zu einer unerkannten Unwirksamkeit der Rechtseinräumung, sofern der Insolvenzver-

walter nicht seine Zustimmung erteilt. Dessen diesbezügliche Entscheidungsfreiheit kann nicht zugunsten von Open Content eingeschränkt werden.

20. Die Rechtsfolgen einer unerkannten Unwirksamkeit der Rechtseinräumung können weder über eine (doppelt) analoge Anwendung des § 33 UrhG noch auf Ebene des § 97 UrhG kompensiert werden.
21. Dagegen stellt die Nutzung von Lizenzketten anstelle einer Direktlizensierung einen tauglichen Ansatz zur Vermeidung dieser Konstellation dar. Geht man von einer dinglichen Natur des einfachen Nutzungsrechtes sowie konsequenterweise dessen Unterlizensierbarkeit aus, so sind auf derartigen Lizenzketten basierende Nutzungsrechte insolvenzfest. So können im Falle einer Änderung der Rechtszuständigkeit beim ursprünglichen Rechtsinhaber weitere Rechte von Lizenznehmern eingeräumt werden.

Literaturverzeichnis

Achilles, Albrecht/Gebhard, Albert/Spahn, Peter (Hrsg.), Protokolle der Kommission für die zweite Lesung des Entwurfs des Bürgerlichen Gesetzbuchs, Band II, Recht der Schuldverhältnisse, Verlag J. Guttentag, 1898

Acker, Ludwig/Thum, Kai, Zulässigkeit der Vereinbarung der freien Weiterübertragbarkeit von urheberrechtlichen Nutzungsrechten durch AGB, GRUR 2008, S. 671 ff.

Adolphsen, Jens/Daneshzadeh Tabrizi, Mahdi, Zur Fortwirkung zurückgerufener Nutzungsrechte, GRUR 2011, S. 384 ff.

Ahlberg, Hartwig/Götting, Horst-Peter (Hrsg.), Beck'scher Online-Kommentar Urheberrecht, 8. Edition, Stand 01.04.2015 (zitiert als BeckOK-UrhG/*Bearbeiter*)

Andreae, Georg, Das Recht des Antragsempfängers, Verlag Liebherr und Thiesen, 1914

Ann, Christoph, Produktpiraterie – »Anständige Verletzer« einerseits, »Piraten« andererseits – doch wer ist was und warum ist das wichtig, in Büscher, Wolfgang et al. (Hrsg.), Festschrift für Joachim Bornkamm, Verlag C. H. Beck, 2014, S. 1 ff.

Ann, Christoph/Barona, Alfredo, Schuldrechtsmodernisierung und gewerblicher Rechtsschutz, Verlag Carl Heymanns, 2002

Anweiler, Jochen, Die Auslegungsmethoden des Gerichtshofs der Europäischen Gemeinschaften, Verlag Peter Lang, 1997

Armstrong, Timothy K., Shrinking the Commons: Termination of Copyright Licenses and Transfers for the Benefit of the Public, 74 Harvard Journal on Legislation (2010), S. 359 ff.

Bachmann, Gregor, Private Ordnung, Verlag Mohr Siebeck, 2006

Bäcker, Kerstin, Anmerkung zu BGH, Urteil vom 17.07.2013 – I ZR 129/08 – UsedSoft II, ZUM 2014, 333 ff.

Bäcker, Kerstin/Höfinger, Frank Michael, Online-Vertrieb digitaler Inhalte: Erstvertrieb, nachgelagerte Nutzungen und nachgelagerte Märkte, ZUM 2013, S. 623 ff.

Baker, Joseph B., Contracting to Supplement Fair Use Doctrine, 39 University of Memphis Law Review (2009), S. 757 ff.

Ballerstedt, Kurt, Der gemeinsame Zweck als Grundbegriff des Rechts der Personengesellschaften, JuS 1963, S. 253 ff.

Bamberger, Heinz Georg/Roth, Herbert (Hrsg.), Beck'scher Online-Kommentar BGB, 35. Edition, Stand 01.05.2015 (zitiert als BeckOK-BGB/*Bearbeiter*)

Barbour, Adrienne Clare, Used iTunes: The Legality of ReDigi's Model for a Second-Hand Digital Music Store, 15 Tulane Journal of Technology and Intellectual Property (2012), S. 165ff.

Bartenbach, Kurt, Patentlizenz- und Know-how-Vertrag, 7. Auflage, Verlag Otto Schmidt, 2013

Baumbach, Adolf (Begr.)/Hopt, Klaus Jürgen (Hrsg.), Handelsgesetzbuch, 36. Auflage, Verlag C. H. Beck, 2014

Baur, Fritz (Begr.)/Baur, Jürgen F./Stürner, Rolf, Sachenrecht, 18. Auflage, Verlag C. H. Beck, 2009

Baus, Christoph A., Umgehung der Erschöpfungswirkung durch Zurückhaltung von Nutzungsrechten?, MMR 2002, S. 14ff.

- Verwendungsbeschränkungen in Software-Überlassungsverträgen, Verlag Otto Schmidt, 2004

Bayer, Walther, Der Vertrag zugunsten Dritter, Verlag Mohr Siebeck, 1995

Becker, Maximilian, Aufmerksamkeitsknappheit – Eine weitere Determinante im Urheberrecht?, ZUM 2013, S. 829ff.

- Onlinevideorecorder im deutschen Urheberrecht, AfP 2007, S. 5ff.

Benkard, Georg (Begr.), Patentgesetz, Gebrauchsmustergesetz, 10. Auflage, Verlag C. H. Beck, 2006

Benkler, Yochai, Coase's Penguin and the Nature of the Firm, 112 Yale Law Journal (2002/2003), S. 369ff.

- Intellectual Property and the Organization of Information Production, 22 International Review of Law and Economics, (2000), S. 81ff.
- Unhurried View of Private Ordering in Information Transactions, 53 Vanderbilt Law Review (2000), S. 2063ff.
- Wealth of Networks, Yale University Press, 2006

Berberich, Matthias, Zum Leitbildcharakter urheberrechtlicher Rechtsgrundsätze, WRP 2012, S. 1055ff.

Berger, Christian, Der Rückruf urheberrechtlicher Nutzungsrechte bei Unternehmensveräußerungen nach § 34 Abs. 3 S. 2 UrhG, in Ohly, Ansgar et. al. (Hrsg.), Perspektiven des geistigen Eigentums und Wettbewerbsrechts: Festschrift für Gerhard Schricker, Verlag C. H. Beck, 2005, S. 223ff.

- Die Erschöpfung des urheberrechtlichen Verbreitungsrechts als Ausprägung der Eigentumstheorie des BGB, 201 AcP (2001), S. 411ff.
- Lizenzen in der Insolvenz des Lizenzgebers, GRUR 2013, S. 312ff.
- Rechtsgeschäftliche Verfügungsbeschränkungen, Mohr Siebeck, 1998
- Urheberrechtliche Erschöpfungslehre und digitale Informationstechnologie, GRUR 2002, S. 198ff.
- Zum Erschöpfungsgrundsatz beim Vertrieb von sog. »OEM«-Software, NJW 1997, S. 300ff.

Berger, Christian/Wündisch, Sebastian (Hrsg.), Urhebervertragsrecht, Nomos-Verlag, 2008

Bergmann, Alfred, Zur Reichweite des Erschöpfungsprinzips bei der Online-Übermittlung, in Ahrens, Hans-Jürgen (Hrsg.), Festschrift für Willi Erdmann, Verlag Carl Heymanns, 2002, S. 17ff.

Bergmann, Jan, Handlexikon der Europäischen Union, 5. Auflage, 2015

Bernard, Karl-Heinz, Formbedürftige Rechtsgeschäfte, Verlag Duncker & Humblot, 1979

Bernhardt, Rudolf, Interpretation and Implied (Tacit) Modification of Treaties, ZaöRV 1976, S. 491ff.

Biehler, Manuel/Apel, Simon, Anmerkung zu OLG Hamm, Urteil vom 15.05.2014 - I-22 U 60/13 - Keine Erschöpfung des Verbreitungsrechts bei per Download vertriebenen Hörbüchern, ZUM 2014, S. 727ff.

Bisges, Marcel, Urheberrechtliche Aspekte des Cloud Computing - Wirtschaftlicher Vorteil gegenüber herkömmlicher Softwareüberlassung?, MMR 2012, S. 574ff.

Blachian, Heinz, Die Lehre von der Erschöpfung des Verbreitungsrechts im Urheberrecht, Verlag Charlotte Schön, 1964

Blank, Hubert/Börstinghaus, Ulf P., Miete, Kommentar, 4. Auflage, Verlag C. H. Beck, 2014

Bork, Reinhard, Allgemeiner Teil des Bürgerlichen Gesetzbuchs, 3. Auflage, Verlag Mohr Siebeck, 2011

Brandt, Sven, Softwarelizenzen in der Insolvenz - unter besonderer Berücksichtigung der Insolvenz des Lizenzgebers, NZI 2001, S. 337ff.

Brauer, Tilman/Sopp, Michaele, Sicherungsrechte an Lizenzrechten: eine unsichere Sicherheit?, ZUM 2004, S. 112ff.

Braun, Eberhard (Hrsg.), Insolvenzordnung, Kommentar, 6 Auflage, Verlag C. H. Beck, 2014

Brehm, Wolfgang, Die Pfändung von Computerprogrammen, in Heinze, Meinhard (Hrsg.), Festschrift für Wolfgang Gitter, Verlag Chmielorz, 1995, S. 145ff.

Brinkel, Guido, Filesharing: Verantwortlichkeit in Peer-to-Peer-Tauschplattformen, Verlag Mohr Siebeck, 2006

Bröckers, Stefan, Software-Gebrauchthandel: Der Teufel steckt im Detail - Technische Besonderheiten und gesetzlicher Änderungsbedarf, MMR 2011, S. 18ff.

Brownsword, Roger, Zum Konzept des Netzwerks im englischen Vertragsrecht, KritV 2006, S. 131ff.

Brox, Hans/Walker, Wolf-Dietrich, Allgemeines Schuldrecht, 38. Auflage, Verlag C. H. Beck, 2014

Budde, Rolf, Das Rückrufsrecht des Urhebers wegen Nichtausübung in der Musik, Verlag Spitz, 1997

Bullinger, Winfried, Aktuelles aus dem Urheberrecht: BGH Urteil zu Abbildungen in Online-Archiven, MittPA 2011, S. 404f.

Burgard, Ulrich, Das Wirksamwerden empfangsbedürftiger Willenserklärungen im Zeitalter moderner Telekommunikation, 195 AcP (1995), S. 75ff.

Büscher, Wolfgang/Dittmer, Stefan/Schiwy, Peter, Gewerblicher Rechtsschutz, Urheberrecht, Medienrecht: Kommentar, 3. Auflage, Verlag Carl Heymanns, 2015

Buxbaum, Richard M., Is »Network« a Legal Concept? 149 Journal for Institutional and Theoretical Economics (1993), S. 698ff.

Bydlinksi, Franz, Grundzüge der juristischen Methodenlehre, Verlag WUV, 2005

Calliess, Christian/Ruffert, Matthias (Hrsg.), EUV/AEUV, 4. Auflage, Verlag C. H. Beck, 2011

Canaris, Claus-Wilhelm, Die Vertrauenshaftung im deutschen Privatrecht, Verlag C. H. Beck, 1971

Cardona, José J. González de Alaiza, Open Source, Free Software, and Contractual Issues, 15 Texas Intellectual Property Journal (2007), S. 157ff.

Carver, Brian W, Share and Share Alike: Understanding and Enforcing Open Source and Free Software Licenses, 20 Berkeley Technology Law Journal (2005), S. 443ff.
Cebulla, Mario, Die Pacht nichtsächlicher Gegenstände, Verlag de Gruyter, 1999
Cichon, Caroline, Weitergabe digital vertriebener Werkexemplare wie E-Books im Spannungsfeld zwischen Urheber- und Vertragsrecht, GRUR-Prax 2010, S. 381ff.
Clemens, Rudolf, Die elektronische Willenserklärung – Chancen und Gefahren, NJW 1985, S. 1998ff.
Cohen, Julie E, Lochner in Cyberspace: The New Economic Orthodoxy of »Rights Management«, 97 Michigan Law Review (1998), S. 462ff.
Cook, Trevor, EU Intellectual Property Law, Oxford University Press, 2010
Correa, Carlos M., Fair Use in the Digital Era, IIC 2002, S. 570ff.
Czychowski, Chrstian/Nordemann, Jan Bernd, Höchstrichterliche Rechtsprechung und Gesetzgebung im Urheberrecht 2012, S. 756ff.
Dauner-Lieb, Barbara/Heidel, Thomas/Ring, Gerhard (Hrsg.), Bürgerliches Gesetzbuch, Nomos Verlag (zitiert als NK-BGB/*Bearbeiter*)
- Band 1: Allgemeiner Teil, EGBGB, 2. Auflage, 2012
- Band 2/1: Schuldrecht, §§ 241–610, 2. Auflage, 2012
- Band 2/2: Schuldrecht, §§ 611–853, 2. Auflage, 2012
- Band 3, Sachenrecht, 3. Auflage, 2013

Dauses, Manfred A./Mund, Gerald (Hrsg.), Handbuch des EU-Wirtschaftsrechtes, 35. Ergänzungslieferung, Stand Februar 2014, Verlag C. H. Beck, 1997 (Grundwerk)
Deike, Thies, Open Source – IPR-Fragen und Einordnung in das deutsche Rechtssystem, CR 2003, S. 9ff.
Diedrich, Kay, Typisierung von Softwareverträgen nach der Schuldrechtsreform, CR 2002, S. 473ff.
Dieselhorst, Jochen, Zur Dinglichkeit und Insolvenzfestigkeit einfacher Lizenzen, CR 2010, S. 69ff.
Dietrich, Nils, Von UsedSoft II und dessen Folgen, NJ 2014, S. 194ff.
Dixon, Rod, Open Source Law, Verlag Artech House, 2004
Donle, Christian, Die Bedeutung des § 31 Abs. 5 UrhG für das Urhebervertragsrecht, Verlag VVF, 1993
Dörner, Heinrich, Rechtsgeschäfte im Internet, 202 AcP (2002), S. 363ff.
Dreier, Thomas/Hugenholtz, Bernt (Hrsg.), Concise European Copyright Law, Verlag Wolters Kluwer, 2006
Dreier, Thomas/Schulze, Gernot (Hrsg.), Urheberrechtsgesetz, Urheberrechtswahrnehmungsgesetz, Kunsturhebergesetz, 4. Auflage, Verlag C. H. Beck, 2013
Dreyer, Gunda/Kotthoff, Jost/Meckel, Astrid (Hrsg.), Urheberrecht: Urheberrechtsgesetz, Urheberrechtswahrnehmungsgesetz, Kunsturhebergesetz, 3. Auflage, Verlag C. F. Müller, 2013 (zitiert als HK-UrhG/*Bearbeiter*)
Dreyfuss, Rochelle C., Collaborative Research: Conflicts on Authorship, Ownership, and Accountability, 53 Vanderbilt Law Review (2000), S. 1161ff.
Dulckeit, Gerhard, Die Verdinglichung obligatorischer Rechte, Verlag Mohr Siebeck, 1951
Dusollier, Severine, Contract Options for Individual Artists: Master's Tools v. The Master's House: Creative Commons v. Copyright, 20 Columbia Journal of Law & Arts (2005/2006), S. 271ff.

– Sharing Access to Intellectual Property Through Private Ordering, 82 Chicago-Kent Law Review (2007), S. 1391 ff.

Ehle, Kristina/Schwiddessen, Sebastian, Urheberrechtliches Rückrufsrecht in der Insolvenz – Rückruf von Nutzungsrechten durch den Urheber wegen Nichtausübung in der Insolvenz des Lizenznehmers, MMR 2012, S. 355ff.

Ehlers, Dirk (Hrsg.), Europäische Grundrechte und Grundfreiheiten, 3. Auflage, Verlag de Gryuter, 2009

Elkemann-Reusch, Ilva, Die erzwungene Gegengabe – Fragen des Internationalen Privatrechts und der Inhaltskontrolle bei der kommerziellen Verwertung von Open Source Software nach der GNU General Public License Version 3, ZGE 2010, S. 413ff.

Elkin Koren, Niva, What Contracts Cannot Do: The Limits of Private Ordering in Facilitating a Creative Commons, 74 Fordham Law Review (2005), S. 375ff.

Elkin Koren, Niva/Salzberger, Eli M., Law and Economics in Cyberspace, 19 International Review of Law and Economics (1999), S. 553ff.

Engelfriet, Arnould, Open source licensing notices in Web applications, International Free and Open Source Law Review 2001, S. 81 ff.

Enneccerus, Ludwig/Nipperdey, Hans Carl, Lehrbuch des Bürgerlichen Rechts, Band 1, Allgemeiner Teil, 15. Auflage, Verlag Mohr Siebeck, 1959

Ensthaler, Jürgen, Streaming und Urheberrechtsverletzung, NJW 2015, S. 1553ff.

Erman, Walter (Begr.)/Grunewald, Barbara/Maier-Reimer, Georg/Westermann, Harm Peter, (Hrsg.), Bürgerliches Gesetzbuch, 14. Auflage, Verlag Otto Schmidt, 2014 (zitiert als Erman/*Bearbeiter*)

Ernst, Stefan, Die Verfügbarkeit des Source Codes – Rechtlicher Know-how-Schutz bei Software und Webdesign, MMR 2001, S. 208ff.

Ernst, Wolfgang, Entgeltlichkeit – Eine Untersuchung am Beispiel des Tauschs, der gemischten Schenkung und anderer Verträge, in *Lobinger, Thomas/Wilhelm, Jan/Richardi, Reinhart (Hrsg.)*, Festschrift für Eduard Picker, Verlag Mohr Siebeck, 2010, S. 139ff.

Esser, Josef/Weyers, Hans Leo, Schuldrecht, Band 2: Besonderes Schuldrecht, Verlag C. F. Müller, 2000

Farnsworth, E. Allen, Farnsworth on Contracts, 4. Auflage, Verlag Wolters Kluwer, 2004

Faust, Florian, Bürgerliches Gesetzbuch – Allgemeiner Teil, 4. Auflage, Nomos-Verlag, 2014

Fezer, Karl-Heinz, Markenrecht: Kommentar zum Markengesetz, zur Pariser Verbandsübereinkunft und zum Madrider Markenabkommen, 4. Auflage, Verlag C. H. Beck, 2009

– Lauterkeitsrecht, UWG, 2. Auflage, Verlag C. H. Beck, 2010

Ficsor, Mihaly, The Law of Copyright and the Internet, Oxford University Press, 2002

Fikentscher, Wolfgang/Heinemann, Andreas, Schuldrecht, 10. Auflage, Verlag de Gruyter, 2006

Fischer, Julius, Die Auslobung nach dem B.G.B., Eigenverlag, 1899

Fischer, Michael, Die Unentgeltlichkeit im Zivilrecht, Verlag Carl Heymanns, 2001

Fisher, William W., Reconstructing the Fair Use Doctrine, 101 Harvard Law Review (1988), S. 1659ff.

Fishman, Stephen, Copyright and the Public Domain, Law Journal Press, 2008

Flechsig, Norbert, Unentgeltlich = kostenlos? – Zulässige Digitalisierung von analogen Werken für Dritte in Schierholz, Anke/Melichar, Ferdinand (Hrsg.), Kunst – Geld – Recht, Festschrift für Gerhard Pfennig, S. 29ff.

Flume, Werner, Allgemeiner Teil des bürgerlichen Rechts, Band 2, Das Rechtsgeschäft, 4. Auflage, 1992

Forkel, Hans, Gebundene Rechtsübertragungen, Verlag Heymann, 1977

– Zur dinglichen Wirkung einfacher Lizenzen, NJW 1983, S. 1764ff.

Freiherr Raitz von Frentz, Wolfgang/Masch, Christian L., Die Insolvenzfestigkeit von einfachen und ausschließlichen Nutzungsrechten an Schutzrechten, ZIP 2011, S. 1245ff.

Freiherr von Gamm, Otto-Fridrich, Urheberrechtsgesetz, Kommentar, Verlag C. H. Beck, 1968

Fried, Charles, The Nature and Importance of Liberty, 29 Harvard Journal on Law and Public Policy, (2005/2006), S. 3ff.

Fromm, Karl Friedrich (Begr.)/Nordemann, Axel/Nordemann, Jan Bernd (Hrsg.), Urheberrecht: Kommentar zum Urheberrechtsgesetz, Verlagsgesetz, Urheberrechtswahrnehmungsgesetz, Verlag Kohlhammer, 9. Auflage, 1998/11. Auflage, 2014

Ganea, Peter, Ökonomische Aspekte der urheberrechtlichen Erschöpfung, GRUR Int. 2005, S. 102ff.

Ganter, Hans Gerhard, Patentlizenzen in der Insolvenz des Lizenzgebers. NZI 2011, S. 833ff.

Ganzhorn, Marco, Das E-Book als recht(lich) unergründetes Wesen – Rechtsfragen rund um das elektronische Buch, in Taeger, Jürgen (Hrsg.), *Law as a Service* (LaaS) – Recht im Internet- und Cloud-Zeitalter Tagungsband Herbstakademie 2013, Edewecht 2013

– Ist ein E-Book ein Buch? Das Verhältnis von Büchern und E-Books unter besonderer Berücksichtigung der UsedSoft-Rechtsprechung, CR 2014, S. 492ff.

Gaster, Jens, Die Erschöpfungsproblematik aus der Sicht des Gemeinschaftsrechts, GRUR Int. 2000, S. 571ff.

Gay, Joshua (Hrsg.), Free Software, Free Society – Selected Essays of Richard M. Stallman, 2. Auflage, GNU Press, 2010

Gehrlein, Markus, Die Rechtsprechung des BGH zu gegenseitigen Verträgen in der Insolvenz, NZI 2015, S. 97ff.

Gellner, Franz, Das Eigentum als Grenze des ausschließlichen Verbreitungsrechts, Verlag Ebering, 1911

Georgiades, Apostolos, Besprechung von Heinrich Dieter, Vorvertrag, Optionsvertrag, Vorrechtsvertrag, JZ 1966, S. 285f.

Gerlach, Carsten, Praxisprobleme der Open Source-Lizenzierung, CR 2006, S. 649ff.

Gernhuber, Joachim, Austausch und Kredit im rechtsgeschäftlichen Verbund – Zur Lehre der Vertragsverbindungen, in Paulus, Gotthard (Hrsg.), Festschrift für Karl Larenz, Verlag C. H. Beck, 1973, S. 455ff.

Geuer, Ermano/Wilhelm, Mirjam, Vermarktung gebrauchter Softwarelizenzen, jurisPR-ITR 01/2013, Anm. 3

Glatt, Christoph, Vertragsschluss im Internet: unter besonderer Berücksichtigung der Rechtsentwicklung in der Europäischen Union und des internationalen Verbrauchervertrages, Nomos-Verlag, 2002

Goertzen, Reiner, Nießbrauch und dauernde Lasten im Zusammenhang mit Vermögensübertragungen im Rahmen vorweggenommener Erbfolge, DStR 1994, S. 1553ff.

Goettsch, Kerry D., Recent Development: SCO Group v. IBM: The Future of Open-Source Software, University of Illinois Journal on Law, Technology and Policy (2003), S. 581ff.

Goldbaum, Wenzel, Urheberrecht und Urhebervertragsrecht: Kommentar, Verlag G. Stilke, 1922

Goldstein, Paul, Copyright and the First Amendement, 70 Coumbia Law Review (1970), S. 983ff.

Goldstein, Paul/Hugenholtz, Bernt, International Copyright, Oxford University Press, 2012

Gomulkiewicz, Robert W, Conditions and Covenants in License Contracts: Tales from a Test of the Artistic License, 17 Texas Intellectual Property Law Journal (2009), S. 335ff.

- De-Bugging Open Source Software Licensing, 64 University of Pittsburgh Law Review (2002), S. 75ff.

Götting, Host Peter, Urheberrechtliche und vertragsrechtliche Grundlagen in Beier, Friedrich-Karl (Hrsg.), Urhebervertragsrecht: Festgabe für Gerhard Schricker, Verlag C. H. Beck, 1995, S. 53ff.

Gounalakis, Georgios, Elektronische Kopien für Unterricht und Forschung (§ 52a UrhG) im Lichte der Verfassung, Verlag Mohr Siebeck, 2003

Gosh, Rishab A/Glott, Ruediger/Krieger, Bernhard/Robles, Gegorio, Free/Libre and Open Source Software: Survey and Study, Part 4, abrufbar unter http://www.flossproject.org/report/FLOSS_Final4.pdf

Grabitz, Eberhard (Begr.)/Hilf, Meinhard/Nettesheim, Martin (Hrsg.), Das Recht der Europäischen Union 55. Ergänzungslieferung, Januar 2015, Verlag C. H. Beck, 1996 (Grundwerk)

Graf von Pfeil, Yorck, Urheberrecht und Unternehmenskauf: die Übertragung urheberrechtlicher Nutzungsrechte im Asset Deal, Verlag BWV, 2007

Graf von Westphalen, Friedrich/Thüsing, Gregor (Hrsg.), Vertragsrecht und AGB-Klauselwerke, 36. Ergänzungslieferung, Stand März 2015, Verlag C. H. Beck

Grohmann, Arno, In der EU spielt die Musik: Richtlinie über kollektive Rechtewahrnehmung und Mehrgebietslizenzen für die Online-Nutzung von Musikwerken verabschiedet, GRUR-Prax 2014, S. 145ff.

Grosskopf, Lambert, 3D Druck – Personal Modeling, CR 2012, S. 618ff.

Grundmann, Stefan, Die Dogmatik der Vertragsnetze, 207 AcP (2007), S. 719ff.

Grunewald, Barbara, Die Auslegung von Gesellschaftsverträgen und Satzungen, ZGR 1995, S. 68ff.

- Leistungen causa societatis als Sonderfall des Schenkungsrechts?, NZG 2011, S. 613ff.

Grützmacher, Malte, Endlich angekommen im digitalen Zeitalter!? Die Erschöpfungslehre im europäischen Urheberrecht, ZGE 2013, S. 46ff.

- Gebrauchtsoftware und die Übertragbarkeit von Lizenzen, CR 2007, S. 549ff.
- Gebrauchtsoftwarehandel mit erzwungener Zustimmung – eine gangbare Alternative, CR 2010, S. 141ff.
- Lizenzgestaltungen für neue Nutzungsformen im Lichte von § 69d UrhG (Teil 1), CR 2011, S. 485ff.
- Lizenzgestaltungen für neue Nutzungsformen im Lichte von § 69d UrhG (Teil 2), CR 2011, S. 697ff.

Gschnitzer, Georg, Die Auslobung, Eigenverlag, 2001

Gummert, Hans (Hrsg.), Münchener Handbuch des Gesellschaftsrechts, Band 1, 3. Auflage, Verlag C. H. Beck, 2009

Günther, Andreas, Änderungsrechte des Softwarenutzers, CR 1994, S. 321ff.

Haberstumpf, Helmut, Der Handel mit gebrauchter Software im harmonisierten Urheberrecht, CR 2012, 561ff.

- Der Handel mit gebrauchter Software und die Grundlagen des Urheberrechts, CR 2009, S. 345ff.
- Der Schutz elektronischer Datenbanken nach dem Urheberrechtsgesetz, GRUR 2003, S. 14ff.
- Verkauf immaterieller Güter, NJOZ 2015, S. 793ff.

Haberstumpf, Helmut/Hintermeier, Jürgen, Einführung in das Verlagsrecht, Wissenschaftliche Buchgesellschaft, 1985

Hadding, Walther, Schuldverhältnis und Synallagma im Vertrag zugunsten Dritter, in Lange, Hermann (Hrsg.), Festschrift für Joachim Gernhuber, Verlag Mohr Siebeck, 1993, S. 153ff.

Haedicke, Maximilian, Der bürgerlich-rechtliche Verfügungsbegriff, JuS 2001, S. 966ff.

- Der Schutz des Unterlizenznehmers bei Wegfall der Hauptlizenz nach den Entscheidungen »M2Trade« und »Take Five«, MittPA 2012, S. 429ff.
- Dingliche Wirkungen und Insolvenzfestigkeit von Patenzlizenzen in der Lizenzkette, ZGE 2011, S. 377ff.
- Patentrecht, 2. Auflage, Verlag Carl Heymanns, 2012
- Rechtskauf und Rechtsmängelhaftung: Forderungen, Immaterialgüterrechte und sonstige Gegenstände als Kaufobjekte und das reformierte Schuldrecht, Verlag Mohr Siebeck, 2003

Hahn, Richard, Das Verbotsrecht des Lizenznehmers im Urhebervertragsrecht, Nomos-Verlag, 2007

Hahn, Richard/Glückstein, Thomas, Im neuen Licht – das Urheberrecht des Designers, ZUM 2014, S. 380ff.

Hansen, Hauke, Keine Erschöpfung beim Online-Vertrieb von eBooks, GRUR-Prax. 2013, S. 207f.

Hansen, Hauke/Libor, Christiane, EuGH-Urteil zu gebrauchter Software: Gibt es bald auch einen Zweitmarkt für ePaper. EBooks und MP3 s?; AfP 2012, S. 447ff.

Hansen, Hauke/Wolff-Rojczyk, Oliver, Anmerkung zum Urteil des EuGH vom 03.07.2012, Rs. C-128/11 – Used Soft, GRUR 2012, S. 908ff.

Hantschel, Ines, Softwarekauf und -weiterverkauf: zur Vertragsnatur und Erschöpfungswirkung körperlicher und unkörperlicher Übertragungsformen von Software, Verlag Duncker & Humblot, 2011

Harke, Jan Dirk, Gesetzlicher Übergang des Mietverhältnisses bei der Veräußerungskette, ZMR 2002, S. 490ff.

Hars, Alexander/Ou, Shaosong, Working for free? Motivations for participating in open-source projects, 6 International Journal of Electronic Commerce (2002), S. 25ff.

Hartmann, Thomas, Weiterverkauf und »Verleih« online vertriebener Inhalte – Zugleich Anmerkung zu EuGH, Urteil vom 03.07.2012, Rs. C-128/11 – UsedSoft ./. Oracle, GRUR Int. 2012, S. 980ff.

Häublein, Martin Günther, Sondernutzungsrechte und ihre Begründung im Wohnungseigentumsrecht, Verlag C. H. Beck, 2003

Hauck, Ronny, Die Verdinglichung obligatorischer Rechte am Beispiel einfacher immaterialgüterrechtlicher Lizenzen, 211 AcP (2011), S. 626ff.

Heck, Philipp, Grundriss des Schuldrechts, 3. Neudruck der Ausgabe von 1929, Scientia Verlag, 1994

Heckmann, Dirk (Hrsg.), juris Praxiskommentar Internetrecht, 4. Auflage, Verlag juris, 2014

Heermann, Peter W., Die Stellung des multilateralen Synallagma im Recht der Vertragsverbindungen, KritV 2006, S. 173ff.

- Drittfinanzierte Erwerbsgeschäft: Entwicklung der Rechtsfigur des trilateralen Synallagmas auf der Grundlage deutscher und U.S.-amerikanischer Rechtsentwicklungen, Verlag Mohr Siebeck, 1998

Heidrich, Jörg (Hrsg.), Heise Online-Rechts - der Leitfaden für Praktiker & Juristen, 3. Ergänzungslieferung, Stand 2011, Heise Zeitschriften Verlag, 2008 (Grundwerk)

Heimberg, Dominik, Lizenzen und Lizenzverträge in der Insolvenz, Verlag JWV, 2011

Heinz, Stefan, Urheberrechtliche Gleichbehandlung von alten und neuen Medien: Verletzungsrisiko, Reaktionen und Überreaktionen, Verlag C. H. Beck, 2006

Held, Christoph, Weiterübertragung von Verlagsrechten - Zur Weitergeltung von § 28 VerlG, GRUR 1986, S. 161ff.

Hemler, Tobias, Die Stellung des Autors beim Verlagsverkauf, GRUR 1994, S. 578ff.

Henkel, Alexandra, Inhaltskontrolle von Finanzprodukten nach der Richtlinie 93/13/EWG des Rates über missbräuchliche Klauseln in Verbraucherverträgen, Verlag Tenea, 2004

Henkel, Joachim, Offene Innovationsprozesse, DTV Universitätsverlag, 2004

Henssler, Martin/Strohn, Lutz (Hrsg.), Gesellschaftsrecht, 2. Auflage, Verlag C. H. Beck, 2014

Herbst, Reimer, Die rechtliche Ausgestaltung der Lizenz und ihre Einordnung in das System des bürgerlichen Rechts, Eigenverlag, 1968

Herdegen, Matthias, Europarecht, 16. Auflage, Verlag C. H. Beck, 2014

Herresthal, Carsten, Leistungsstörungsrecht bei Sukzessivlieferungsverträgen, ZJS 2008, S. 1ff.

Herzog, Ralf, Anmerkung zum Urteil des OLG München vom 03.07.2006–6 U 2759/07, ZUM 2009, S. 71ff.

- Handel mit gebrauchter Software, Nomos-Verlag, 2009

Heun, Sven-Erik, Die elektronische Willenserklärung, CR 1994, S. 595ff.

Heussen, Benno, »Danaergeschenke, Dereliktion oder Haftung im Verein?« Offene Rechtsfragen um Free-Software, in Taeger, Jürgen/Wiebe, Andreas (Hrsg.), Informatik - Wirtschaft - Recht, Festschrift für Wolfgang Kilian, S. 323ff.

- Rechtliche Verantwortungsebenen und dingliche Verfügungen bei der Überlassung von Open Source Software, MMR 2004, S. 445ff.

Heverly, Robert A., The Information Semicommons, 18 Berkeley Technology Law Journal (2003), S. 1127ff.

Heydn, Truiken J., Anmerkung zum Urteil des EuGH vom 03.07.2012, Rs. C-128/11 - Used Soft, MMR 2012, S. 591ff.

- Anmerkung zum Urteil des BGH vom 03.02.2011 - I ZR 129/08 - Used Soft I, MMR 2011, S. 309ff.
- Anmerkung zum Urteil des BGH vom 17.07.2013 - I ZR 129/08 - Used Soft II, MMR 2014, S. 239ff.

- Anmerkung zum Urteil des LG Hamburg vom LG Hamburg vom 25.10.2013–315 O 449/12, MMR 2014, S. 105ff.

Heydn, Truiken J./Schmidl, Michael, Der Handel mit gebrauchter Software und der Erschöpfungsgrundsatz, K&R 2006, S. 74ff.

Hilty, Reto M., Die Rechtsnatur des Softwarevertrages, CR 2012, S. 625ff.

- Lizenzvertragsrecht: Systematisierung und Typisierung aus schutz- und schuldrechtlicher Sicht, Verlag Stämpfli, 2001

Hilty, Reto M./Köklü, Kaya/Hafenbrädl, Fabian, Software Agreements: Stocktaking and Outlook – Lessons from the UsedSoft v. Oracle Case from a Comparative Law Perspective, IIC 2013, S. 263ff.

Hirte, Heribert/Knof, Béla, Wem »gehört« die Lizenz? – Plädoyer für eine Dekonstruktion des Haftungsrechts in der Insolvenz, JZ 2011, S. 889ff.

Höckelmann, Eckhard, Der neue »Bestsellerparagraph«, ZUM 2005, S. 526ff.

Hoeren, Thomas, Der Erschöpfungsgrundsatz bei Software – Körperliche Übertragung und Folgeprobleme, GRUR 2010, S. 665ff.

- Der urheberrechtliche Erschöpfungsgrundsatz bei der Online-Übertragung von Computerprogrammen, CR 2006, S. 573ff.
- Entwurf einer EU-Richtlinie zum Urheberrecht in der Informationsgesellschaft – Überlegungen zum Zwischenstand der Diskussion, MMR 2000, S. 515ff.
- Kleine Werke? – Zur Reichweite von § 52 a UrhG, ZUM 2011, S. 369ff.
- Open Source und das Schenkungsrecht – eine durchdachte Liaison?, in Bork, Reinhard/Hoeren, Thomas/Pohlmann, Petra (Hrsg.), Recht und Risiko – Festschrift für Jürgen Kollhosser, Band II – Zivilrecht, Verlag Versicherungswirtschaft, 2004, S. 229ff.
- Softwareüberlassung als Sachkauf, Verlag C. H. Beck, 1989
- Überlegungen zur urheberrechtlichen Qualifizierung des elektronischen Abrufs, CR 1996, S. 517ff.

Hoeren, Thomas/Försterling, Matthias, Onlinevertrieb »gebrauchter« Software – Hintergründe und Konsequenzen der EuGH-Entscheidung »UsedSoft«, MMR 2012, S. 642ff.

Hoeren, Thomas/Sieber, Ulrich/Holznagel, Bernd (Hrsg.), Handbuch Multimedia-Recht, 41. Ergänzungslieferung, Stand März 2015, Verlag C. H. Beck, 1998 (Grundwerk)

Hofmann, Franz, Immaterialgüterrechtliche Anwartschaftsrechte, Verlag Mohr Siebeck, 2009

Hofmann, Ruben, Virtuelle Personal Video Recorder vor dem Aus? – Kritische Analyse der bisherigen Rechtsprechung zu virtuellen PVR, MMR 2006, S. 793ff.

Hofmann, Thomas, Immaterialgüterrechte in der Insolvenz, ZInsO 2003, S. 732ff.

Holzapfel, Henrik/Werner, Georg, Interpreting Exceptions in Intellectual Property Law, in Prinz zu Waldeck und Pyrmont, Wolrad et. al. (Hrsg.), Patents and Technological Progress in a Globalized World, Liber Amicorum Joseph Straus, Springer Verlag, 2009, S. 99ff.

Holzmüller, Tobias, Umsetzung der EU-Richtlinie für Verwertungsgesellschaften in deutsches Recht, ZUM 2014, S. 468ff.

Horst, Hans Reinhold, Parabolantennen im Miet- und Wohnungseigentumsrecht – Lieblingskind oder Auslaufmodell?, GRUR 2005, S. 2654ff.

Hub, Benjamin, Filmlizenzen in der Insolvenz des Lizenzgebers, Verlag Peter Lang, 2006

Hueck, Alfred, Normenverträge, Jherings Jahrbücher Band 73 (1923) S. 32ff.

Hugenholtz, Bernt, Copyright Aspects of Caching, EIPR 2000, S. 482ff.

Huppertz, Peter, Anmerkung zum Urteil des LG München I vom 28. November 2007 – Handel mit gebrauchter Softwarelizenz, CR 2008, S. 418ff.

– Handel mit Second Hand-Software, CR 2006, S. 145ff.

– Open Source Hardware – ein erster Überblick, CR 2012, S. 697ff.

Immenga, Ulrich/Mestmäcker, Ernst-Joachim (Hrsg.), Wettbewerbsrecht, Band 1, Europäische Union, 5. Auflage, Verlag C. H. Beck, 2014

Jaeger, Till, Erschöpfung des Verbreitungsrechts bei OEM-Software, ZUM 2000, S. 1070ff.

Jaeger, Till/Gebert, Julia, Comment on U.S. Court of Appeals for the Federal Circuit vom 13.08.2008. Jacobsen v. Katzer, in IIC 2009, S. 346ff.

Jaeger, Till/Mantz, Reto, Anmerkung zum Urteil des LG Köln vom 05.03.2014, Az. 28 O 232/13, MMR 2014, S. 481ff.

Jaeger, Till/Metzger, Axel, Open Content-Lizenzen nach deutschem Recht, MMR 2003, S. 431ff.

– Open Source Software, 3. Aufl., Verlag C. H. Beck, 2011 (zitiert als *Jaeger/Metzger,* OSS)

Jakubezky, Karl, Bemerkungen zu dem Entwurfe eines Bürgerlichen Gesetzbuches für das Deutsche Reich, 1892

Jani, Ole, Anmerkung zu einer Entscheidung des OLG Stuttgart, Urteil vom 03.11.2011 (2 U 49/11; K&R 2012, 294) – Zur Frage der Wirksamkeit eines Weiterveräußerungsverbots eines online bezogenen Hörbuchs in AGB der Download-Plattform, K&R 2012, S. 297ff.

– Bis zur Erschöpfung? Die Zulässigkeit des Weiterverkaufs von Dateien gem. Richtlinie 2001/29/EG nach dem Urteil C-128/11 des EuGH in Bullinger, Winfried et. al. (Hrsg.), Festschrift für Artur-Axel Wandtke, Verlag de Gruyter, 2013, S. 331ff.

Jänich, Volker, Geistiges Eigentum: eine Komplementärerscheinung zum Sacheigentum?, Verlag Mohr Siebeck, 2002

Jauernig, Othmar (Begr.)/Stürner, Rolf (Hrsg.), Bürgerliches Gesetzbuch, 15. Auflage, Verlag C. H. Beck, 2014

John, Uwe, Grundsätzliches zum Wirksamwerden empfangsbedürftiger Willenserklärungen, 184 AcP (1984), S. 385ff.

Johnson, Eric E., Rethinking Sharing Licenses for the Entertainment Media, 26 Cardozo Arts & Entertainment Law Journal (2008), S. 391ff.

Johnson, Philip, »Dedicating« Copyright to the Public Domain, 71 Modern Law Review (2008), S. 587ff.

Joos, Ulrich, Die Erschöpfungslehre im Urheberrecht, Verlag C. H. Beck, 1991

Joyce, Craig/Leaffer, Marshall/Jaszi, Peter/Ochoa, Tyler, Copyright Law, 8. Auflage, Verlag Lexis Nexis, 2013

Jülicher, Marc, Vertragliche Rückfallklauseln, Widerrufsvorbehalte, auflösende Bedingungen und Weiterleitungsklauseln in Schenkungsverträgen, ZEV 1998, S. 201ff.

Kapczynski, Amy/Chaifetz, Samantha/Katz, Zachary/Benkler, Yochai, Addressing Global Health Inequities: An Open Licensing Approach for University Innovations, 20 Berkeley Tech Law Journal (2005), S. 1031ff.

Kelty, Christopher M., Two Bits: The Cultural Significance of Free Software, Duke University Press, 2009

Kilian, Wolfgang/Heussen, Benno (Hrsg.), 32. Ergänzungslieferung, Stand August 2013, Verlag C. H. Beck, 1990 (Grundwerk)

Kingreen, Thorsten, Die Struktur der Grundfreiheiten des Europäischen Gemeinschaftsrechts, Verlag Duncker& Humblot, 1999

Kirchhof, Ferdinand, Private Rechtssetzung, Verlag Duncker & Humblot, 1987

Kirchhof, Hans-Peter/Eidenmüller, Horst/Stürner, Rolf (Hrsg.), Münchener Kommentar zur Insolvenzordnung, Band 2, 3. Auflage, Verlag C. H. Beck, 2013 (zitiert als MüKo-InsO/*Bearbeiter*)

Klass, Nadine, Neue Internettechnologien und das Urheberrecht: Die schlichte Einwilligung als Rettungsanker?, ZUM 2013, S. 1ff.

Klawitter, Christian, Urheberschutz für Designleistungen: Kehrtwende oder Randkorrektur?, GRUR-Prax. 2014, S. 30ff.

Kleinschmidt, Jens, Anmerkung zum Urteil des BGH vom. 28.05.2009, Az. Xa ZR 9/08, JZ 2009, S. 1121ff.

Klimpel, Paul, Folgen, Risiken und Nebenwirkungen bei nichtkommerziellen CC-Lizenzen, abrufbar unter http://irights.info/wp-content/uploads/userfiles/CC-NC_Leitfaden_web.pdf

Kloos, Bernhard/Wagner, Axel-Michael, Vom Eigentum zur Verfügbarkeit, CR 2002, S. 865ff.

Kloth, Matthias, Der digitale Zweitmarkt: Aktuelle Entwicklungen zum Weiterverkauf gebrauchter E-Books, Hörbücher und Musikdateien, GRUR Prax 2013, S. 239ff.

Kluth, David, Anmerkung zum Urteil des LG München, vom 21.08.2014 – 7 O 11811/12 (2), NZI 2014, S. 887f.

Knies, Bernhard, Erschöpfung Online? – Die aktuelle Problematik beim On-Demand-Vertrieb von Tonträgern im Lichte der Richtlinie zur Informationsgesellschaft, GRUR Int. 2002, S. 314ff.

Knobbe-Keuk, Brigitte, »Verunglückte« Schenkungen, in Jakobs, Horst Heinrich et. al. (Hrsg.), Festschrift für Werner Flume, Band II, Verlag Otto Schmidt, 1978, S. 149ff.

Koboldt, Christian, Property Rights und Urheberschutz, in Schäfer, Hans Bernd/Ott, Claus (Hrsg.), Ökonomische Analyse der rechtlichen Organisation von Innovationen, Verlag Mohr Siebeck, 1994, S. 69ff.

Koch, Frank A., Auswirkungen des EuGH-Urteils zum Gebrauchtsoftwarehandel auf das Urheberrecht – Teil 1, ITRB 2013, S. 9ff.

- Auswirkungen des EuGH-Urteils zum Gebrauchtsoftwarehandel auf das Urheberrecht – Teil 2, ITRB 2013, S. 38ff.
- Client Access-License – Abschied von der Softwarelizenz, ITRB 2011, S. 42ff.
- Grundlagen des Urheberrechtsschutz im Internet und in Online-Diensten, GRUR 1997, S. 417ff.
- Urheber- und kartellrechtliche Aspekte der Nutzung von Open-Source-Software (I), CR 2000, S. 273ff.
- Urheber- und kartellrechtliche Aspekte der Nutzung von Open-Source-Software (II), CR 2000, S. 333ff.

Koehler, Philipp, Der Erschöpfungsgrundsatz des Urheberrechts im Online-Bereich, Verlag C. H. Beck, 2000

Koglin, Olaf, Opensourcerecht, Verlag Peter Lang, 2007

Köhler, Helmut, BGB Allgemeiner Teil, 38. Auflage, Verlag C. H. Beck, 2014

Köhler, Helmut/Bornkamm, Joachim (Hrsg.), Gesetz gegen den unlauteren Wettbewerb (UWG), 33. Auflage, Verlag C. H. Beck, 2015

Koller, Ingo, Grundstrukturen des Bankhaftungsrechts unter besonderer Berücksichtigung des Zahlungsverkehrs, in Köndgen, Johannes (Hrsg.), Neue Entwicklungen im Bankhaftungsrecht, Verlag RWS, 1987, S. 21ff.

Köndgen, Johannes, Selbstbindung ohne Vertrag, Verlag Mohr Siebeck, 1981

Koppe, Christina, Die urheberrechtliche Erschöpfung: eine Analyse der Konsumtionsnorm unter besonderer Berücksichtigung der jüngsten Rechtsprechung des BGH sowie des europäischen Gemeinschaftsrechts, Verlag Peter Lang, 2004

Korthaus, Sabine/Garbers-von Boehm, Katharina, Keine Erschöpfung im Online-Bereich: Überprotektionismus oder notwendige Differenzierung in Götting, Horst-Peter/ Lunze, Anja (Hrsg.), Überprotektion durch geistiges Eigentum?: Festschrift zum 10-jährigen Jubiläum des Studiengangs »International Studies in Intellectual Property Law«, S. 129ff.

Kramer, Ernst A./Schmidlin, Bruno, Berner Kommentar zum Obligationenrecht, Band VI, 1.Abteilung, 1. Teilband, Verlag Schulthess, 1986

Kraßer, Rudolf, Die Wirkung einer einfachen Patentlizenz, GRUR Int. 1983, S. 537ff.

– Patentrecht, 6. Auflage, Verlag C. H. Beck, 2009

Kraßer, Rudolf/Schmid, Hans Dieter, Der Lizenzvertrag über technische Schutzrechte aus der Sicht des deutschen Zivilrechts, GRUR Int. 1982, S. 324ff.

Kreis, Michael, Vertragsschluss mittels BTX, Eigenverlag, 1992

Kreutzer, Till, Anmerkung zu, Urteil des LG München II vom 19.05.2004–21 O 6123/04, MMR 2004, S. 695ff.

– Open Content Lizenzen – ein Leitfaden für die Praxis, Bonn, 2011, abrufbar unter https://www.unesco.de/fileadmin/medien/Dokumente/Kommunikation/DUK_open-content_FINAL.pdf

Krings, Günter/Hentsch, Christian-Henner, Das neue Zweitverwertungsrecht, ZUM 2013, S. 909ff.

Krüger, Stefan/Biehler, Manuel/Apel, Simon, Keine »Used Games« aus dem Netz – Unanwendbarkeit der »UsedSoft«-Entscheidung des EuGH auf Videospiele, MMR 2013, S. 760ff.

Kubach, Laura, Musik aus zweiter Hand – ein neuer, digitaler Trödelmarkt?, CR 2013, S. 279ff.

Kubach, Laura/Schuster, Fabian, Anmerkung zum Urteil des OLG Hamm vom 15.05.2014, 22 U 60/13, CR 2014, S. 503ff.

Kübler, Friedrich/Assmann, Heinz-Dieter, Gesellschaftsrecht, 6. Auflage, Verlag C. F. Müller, 2006

Kwall, Roberta Rosenthal, »Author-Stories:« Narrative's Implications for Moral Rights and Copyright's Joint Authorship Doctrine, 75 Southern California Law Review (2001), S. 48ff.

Landes, William M./Posner, Richard A., The Economic Structure of Intellectual Property Law, Harvard University Press, 2003

Lange, Knut-Werner, Das Recht der Netzwerke : moderne Formen der Zusammenarbeit in Produktion und Vertrieb, Verlag Recht und Wirtschaft, 2006

Larenz, Karl, Lehrbuch des Schuldrechts, Band 1, Allgemeiner Teil, 14. Auflage, Verlag C. H. Beck, 1987

- Zur Struktur subjektiver Rechte, in Baur, Fritz (Hrsg.), Beiträge zur europäischen Rechtsgeschichte und zum geltenden Zivilrecht: Festgabe für Johannes Sontis, Verlag C. H. Beck, 1977, S. 129ff.

Larenz, Karl/Canaris, Claus-Wilhelm, Methodenlehre der Rechtswissenschaft, 3. Auflage, Springer Verlag, 1995

- Lehrbuch des Schuldrechts, Band 2, Besonderer Teil, Halbband 2, 13. Auflage, Verlag C. H. Beck, 1993

Larenz, Karl/Wolf, Manfred, Allgemeiner Teil des bürgerlichen Rechts, 9. Auflage, Verlag C. H. Beck, 2004

Larenz, Karl/Wolf, Manfred/Neuner, Jörg, Allgemeiner Teil des bürgerlichen Rechts, 10. Auflage, Verlag C. H. Beck, 2012

Lawson, Frederick H., The Approach to French Law, 34 Indiana Law Journal 4 (1959), S. 531ff.

Lee, Jyh-An, New Perspectives on Public Goods Production: Policy Implications of Open Source Software, 9 Vanderbilt Journal of Entertainment and Technology Law (2006), S. 45ff.

Lehmann, Michael, Anmerkung zum Urteil des BGH vom 06.07.2000, I ZR 244/97 – *OEM-Version*, CR 2000, S. 740ff.

- Der neue europäische Rechtschutz von Computerprogrammen, NJW 1991, S. 2112ff.

Lehmann, Michael/Meents, Jan Geert (Hrsg.), Handbuch des Fachanwalts Informationstechnologierecht, 2. Auflage, Verlag Carl Heymanns, 2011

Leisse, Gerd/Traub, Fritz, Schadensschätzung im unlauteren Wettbewerb – T-Beitrag zur Bezifferung des entgangenen Gewinns, GRUR 1980, S. 1ff.

Leistner, Matthias, Segelanweisungen und Beweislastklippen: eine problemorientierte Stellungnahme zum BGH-Urteil UsedSoft II, WPR 2014, S. 995ff.

Leistner, Matthias/Klein, Michèle, Anmerkung zum Urteil des BGH vom 06.07.2000 – I ZR 244/97 – OEM-Vertrieb, MMR 2000, S. 751ff.

Lejeune, Mathias, Rechtsprobleme bei der Lizenzierung von Open Source Software nach der GNU GPL, ITRB 2003, S. 10ff.

Lenhard, Frank, Vertragstypologie von Softwareüberlassungsverträgen: neues Urhebervertragsrecht und neues Schuldrecht unter Berücksichtigung der Open-Source-Softwareüberlassung, Verlag Utz, 2006

Lessig, Lawrence, Free Culture: How Big Media Uses Technology and the Law to Lock Down Culture and Control Creativity, The Penguin Press, 2004

- Re-crafting a Public Domain, 18 Yale Journal of Law and the Humanities (2006), S. 56ff.

Liebisch, Arnold, Das Wesen unentgeltlicher Zuwendungen unter Lebenden, Verlag Th. Weicher, 1927

Linneborn, Oliver, Europäisches Urheberrecht in der lnformationsgesellschaft, K&R 2001, S 394ff.

Lisch, Karsten, Das Abstraktionsprinzip im deutschen Urheberrecht, Verlag Peter Lang, 2007

Loewenheim, Ulrich (Hrsg.), Handbuch des Urheberrechts, 2. Auflage, Verlag C. H. Beck, 2010

- Rückruf der Nutzungsrechte gem. § 41 UrhG und Fortbestehen der Enkelrechte, ein Bullinger, Winfried et. al. (Hrsg.), Festschrift für Artur-Axel Wandtke, Verlag de Gruyter, 2013, S. 199ff.

Longdin, Louise/Lim, Pheh Hoon, Inexhaustible Distribution Rights for Copyright Owners and the Foreclosure of Secondary Markets for Used Software, IIC 2013, S. 541 ff.
Looschelders, Dirk, Schuldrecht Allgemeiner Teil, 14. Auflage, Verlag Vahlen, 2014
Looschelders, Dirk/Roth, Wolfgang, Juristische Methodik im Prozess der Rechtsanwendung: zugleich ein Beitrag zu den verfassungsrechtlichen Grundlagen von Gesetzesauslegung und Rechtsfortbildung, Verlag Duncker & Humblot, 1996
Loren, Lydia Pallas, Building a Reliable Semicommons of Creative Works: Enforcement of Creative Commons Licenses and Limited Abandonment of Copyright, 14 George Mason Law Review (2007), S. 271 ff.
Lorenz, Bernd, Zur geschäftlichen Handlung und zum Handeln im geschäftlichen Verkehr bei Internetgeschäften, VuR 2013, S. 269 ff.
Lutz, Holger, Softwarelizenzen und die Natur der Sache, Verlag C. H. Beck, 2009
Macaulay, Stewart, Non-Contractual Relations in Business: A Preliminary Study, 28 American Sociological Review (1965), S. 55 ff.
MacNeil, Ian R., Contracts: Adjustment of Long-Term Economic Relations under Classical, Neoclassical, and Relational Contract Law, 72 Northwestern University Law Review (1977/1978), S. 854 ff.
Madison, Michael J., Reconstructing the Software License, 35 Loyola University Chicago Law Journal (2003), S. 275 ff.
Mäger, Stefan, Der urheberrechtliche Erschöpfungsgrundsatz bei der Veräußerung von Software, CR 1996, S. 522 ff.
Maggiolino, Mariateresa/Montagnani, Maria Lillà, From Open Source Software to Open Patenting – What's New in the Realm of Openness?, IIC 2011, S. 804 ff.
Malevanny, Nikita, Die UsedSoft-Kontroverse: Auslegung und Auswirkungen des EuGH-Urteils, CR 2013, S. 422 ff.
Malzer, Mathias, Vertagsverbünde und Vertragssysteme, Nomos-Verlag, 2013
Mandel, Gregory N., Left-Brain versus Right-Brain: Competing Conceptions of Creativity in Intellectual Property Law, 44 UC Davis Law Review (2010), S. 283 ff.
Mantz, Reto, Creative Commons-Lizenzen im Spiegel internationaler Gerichtsverfahren, GRUR Int. 2008, S. 20 ff.
- Open Access-Lizenzen und Rechtsübertragungen bei Open Access-Werken in Spindler, Gerald (Hrsg.), Rechtliche Rahmenbedingungen von Open-Access-Publikationen, Universitätsverlag Göttingen, 2004
- Open Content-Lizenzen und Verlagsverträge – Die Reichweite des § 33 UrhG, MMR 2004, S. 784 ff.
- Rechtsfragen offener Netze, Universitätsverlag Karlsruhe, 2008
Marly, Jochen, Anmerkung zum Urteil des OLG Frankfurt vom 18.12.2012, Az. 11 U 68/11 – Adobe/UsedSoft, GRUR 2013, S. 283 ff.
- Der Handel mit Gebrauchtsoftware, CR 2014, S. 145 ff.
- Der Handel mit so genannter »Gebrauchtsoftware«, EuZW 2012, S. 654 ff.
- Praxishandbuch Softwarerecht, 6. Auflage, Verlag C. H. Beck, 2014
- Urheberrechtsschutz für Computersoftware in der europäischen Union, Verlag C. H. Beck, 1995
Marotzke, Wolfgang, Sukzessionsschutz für Lizenzen im Immaterialgüterrecht – dargestellt am Beispiel der Patentlizenz, ZGE 2010, S. 233 ff.
Martinek, Michael, Besprechung von Mathias Rohe, Netzverträge, NJW 2000, S. 1397

Matz, Nele, Wege zur Koordinierung völkerrechtlicher Verträge, Springer Verlag, 2005
McGowan, David, Legal Implications of Open Source Software, 1 University of Illinois Law Review (2001), S. 241 ff.
McGuire, Mary-Rose, Die Lizenz, Verlag Mohr Siebeck, 2012
- Nutzungsrechte an Computerprogrammen in der Insolvenz, GRUR 2009, S.13 ff.
Medicus, Dieter, Allgemeiner Teil des BGB, 10. Auflage, Verlag C. F. Müller, 2010
Medicus, Dieter/Lorenz, Stephan, Schuldrecht I, Allgemeiner Teil, 20. Auflage, Verlag C. H. Beck, 2012
- Schuldrecht II, Besonderer Teil, 17. Auflage, Verlag C. H. Beck, 2014
Medicus, Dieter/Petersen, Jens, Bürgerliches Recht, 24. Auflage, Verlag Vahlen, 2014
Mendgen, Martin, 3D-Druck – Droht eine »Urheberrechtskrise 2.0«? – Schutzumfang und drohende Rechtsverletzungen auf dem Prüfstand, MMR 2014, S. 79 ff.
Merges, Robert P., A New Dynamism in the Public Domain, 71 University of Chicago Law Review (2004), S. 183 ff.
Metzger, Axel, Am Ende der Lizenzkette: Rechtsprobleme des mehrstufigen Softwarevertriebs, ITRB 2013, S. 239 ff.
Metzger, Axel/Barudi, Malek, Open Source in der Insolvenz, CR 2009, S. 557 ff.
Metzger, Axel/Jaeger, Till, Open Source und deutsches Urheberrecht, GRUR Int. 1999, S. 839 ff.
Meyer, Olaf, Contra Proferentem? 174 ZHR 2010, S. 108 ff.
Meyer, Stephan T., Miturheberschaft bei freier Software, Nomos-Verlag, 2011
Michaelson, Jay, There's No Such Thing as a Free (Software) Lunch, QUEUE 2004, S. 40 ff.
Möhring, Käte/Nicolini, Philipp (Hrsg.), Urheberrechtsgesetz: Kommentar, 2. Auflage, Verlag Vahlen, 2000
Möller, Erik, Freiheit mit Fallstricken: Creative-Commons-NC-Lizenzen und ihre Folgen, in Lutterbeck, Bernd/Bärwolff, Matthias/Gehring, Robert A. (Hrsg.), Open Source Jahrbuch 2006, Verlag Lehmanns Media, 2006, S. 271 ff.
Moritz, Hans-Werner, Eingeschränkte Zulässigkeit der Weiterveräußerung gebrauchter Software, K&R 2012, S. 456 ff.
Moritz, Hans-Werner/Tybussek, Barbara, Computersoftware, Rechtsschutz und Vertragsgestaltung, 2. Auflage, Verlag C. H. Beck, 1992
Möschel, Wernhard, Dogmatische Strukturen des bargeldlosen Zahlungsverkehrs, 186 AcP (1986), S. 187 ff.
Mugdan, Benno, Die gesammelten Materialien zum Bürgerlichen Gesetzbuch für das Deutsche Reich, Verlag R. v Deckers
- Band I: Einführungsgesetz und Allgemeiner Teil, 1899
- Band II: Recht der Schuldverhältnisse, 1899
Müller-Graff, Peter-Christian, Haftungsrecht und Gesellschaftsrecht, 191 AcP (1991), S. 475 ff.
Nelson, Richard R., The Simple Economics of Basic Scientific Research, 76 Journal of Political Economy (1959), S. 297 ff.
Nerlich, Jörg/Römermann, Volker (Hrsg.), Insolvenzordnung, Kommentar, 27. Ergänzungslieferung, Stand August 2014, Verlag C. H. Beck, 1999 (Grundwerk)
Nicklisch, Fritz, Empfiehlt sich eine Neukonzeption des Werkvertragsrechts? Unter besonderer Berücksichtigung komplexer Langzeitverträge, JZ 1984, S. 757 ff.

- Rechtsfragen des Subunternehmervertrags bei Bau- und Anlagenprojekten im In- und Auslandsgeschäft, NJW 1984, S. 2361 ff.
- Vorteile einer Dogmatik für komplexe Langzeitverträge, in Nicklisch, Fritz (Hrsg.), Der komplexe Langzeitvertrag, Verlag C. F. Müller, 1987, S. 17 ff.

Niethammer, Alexander, Erschöpfungsgrundsatz und Verbraucherschutz im Urheberrecht, Nomos-Verlag, 2005

Nimmer, Melville B. (Begr.)/Nimmer, David, Nimmer on Copyright, Loseblattsammlung, Stand Juli 2014, Verlag Lexis Nexis, 1963 (Grundwerk)

Nimmer, Raymond, Legal Issues in Open Source and Free Software Distribution, 861 Critical Issuesin Today's Corporate Environment (2006), S. 7 ff.

Nolden, Christoph, Das Abstraktionsprinzip im urheberrechtlichen Lizenzverkehr, V&R Unipress, 2005

Noll, Peter, Gesetzgebungslehre, Verlag Rowohlt, 1973

Nordemann, Jan Bernd, AGB-Kontrolle von Nutzungsrechtseinräumungen durch den Urheber, NJW 2012, S. 3121 ff.
- Die MFM-Bildhonorare: Marktübersicht für angemessene Lizenzgebühren im Fotobereich, ZUM 1998, S. 642 ff.

Nordemann, Jan Bernd/Rüberg, Michael/Schaefer, Martin, 3D-Druck als Herausforderung für die Immaterialgüterrechte, NJW 2015, S. 1265 ff.

Nowak, Carsten, Europarecht nach Lissabon, Nomos-Verlag, 2011

Obergfell, Eva Inés, Abschied von der »Silberdistel«: Zum urheberrechtlichen Schutz von Werken der angewandten Kunst, GRUR 2014, S. 621 ff.

Oertmann, Paul, Bürgerliches Gesetzbuch, Buch 2, Abteilung 2, §§ 433–853, Nachdruck der 5. Auflage aus 1929, Verlag Carl Heymanns, 1998
- Entgeltliche Geschäfte, Verlag C. H. Beck, 1912

Ohly, Ansgar, Besprechung des Urteils EuGH, Rs. C-128/11 – UsedSoft, JZ 2013, S. 42 ff.
- Economic Rights, in Derclaye, Estelle (Hrsg.), Research Handbook on the Future of EU Copyright, Verlag Edward Elgar, 2009
- Einwilligung und die »Einheit der Rechtsordnung« in Pawlik, Michael (Hrsg.), Festschrift für Günther Jakobs zum 70. Geburtstag, Verlag Heymann, 2007, S. 451 ff.
- Urheberrecht in der digitalen Welt – Brauchen wir neue Regelungen zum Urheberrecht und zu dessen Durchsetzung?, NJW-Beilage 2014, S. 47 ff.
- volenti fit non iniuria – Die Einwilligung im Privatrecht, Verlag Mohr Siebeck, 2002

Ohrtmann, Jan Peter/Kuß, Christian, Der digitale Flohmarkt – das Urteil des EuGH zum Handel mit Gebrauchtsoftware und dessen Auswirkungen, BB 2012, 2262 ff.

Omsels, Herrmann-Josef, Open Source und das deutsche Vertrags- und Urheberrecht, in Schertz, Christian/Omsels, Herrmann-Josef (Hrsg.), Festschrift für Paul W. Hertin, Verlag C. H. Beck, 2000, S. 141 ff.

Osterloh, Margit/Luethi, Roger, Commons without Tragedy: Das Beispiel Open Source Software, in Eifert, Martin/Hoffmann-Riem, Wolfgang (Hrsg.), Geistiges Eigentum und Innovation, Band 1, Verlag Duncker & Humblot, 2008

Osterloh, Margit/Rota, Sandra, Open source software development – Just another case of collective invention?, in Research Policy 36 (2007), S. 157 ff.

Osterloh, Margit/Rota, Sandra/Luethi, Roger, »Collective Invention« als neues Innovationsmodell?, in Drossou, Olga/Krempl, Stefan/Poltermann, Andreas (Hrsg.), Die wundersame Wissensvermehrung: wie Open-Innovation unsere Welt revolutioniert, S. 65ff.

Osterrieth, Christian, Patentrecht, 4. Auflage, Verlag C. H. Beck, 2010

Oswald, Esther, Erschöpfung durch Online-Vertrieb urheberrechtlich geschützter Werke, Verlag Dr. Kovac, 2005

Ott, Stephan, Urheber- und wettbewerbsrechtliche Probleme von Linking und Framing, Verlag Boorberg, 2004

Pahlow, Louis, Das einfache Nutzungsrecht als schuldrechtliche Lizenz, ZUM 2005, S. 865ff.

- Die einfache Patentlizenz nach der neueren Rechtsprechung des BGH, MittPA 2012, S. 249ff.
- Lizenz und Lizenzvertrag, Verlag Mohr Siebeck, 2005

Palandt, Otto (Begr.), Bürgerliches Gesetzbuch, 74 Auflage, Verlag C. H. Beck, 2015

Paschke, Marian, Strukturprinzipien eines Urhebersachenrechts, GRUR 1984, S. 858ff.

Paulus, Christoph, Software in Vollstreckung und Insolvenz, ZIP 1996, S. 2ff.

Pawlowski, Hans-Martin, Einführung in die juristische Methodenlehre, 2. Auflage, Verlag C. F. Müller, 2000

Peifer, Karl-Nikolaus, Vertrieb und Verleih von E-Books – Grenzen der Erschöpfungslehre, AfP 2013, S. 89ff.

Perzanowski, Aaron/Schultz, Jason, Digital Exhaustion, 58 UCLA Law Review (2011), S. 889ff.

Peukert, Alexander, Das Urheberrecht und die zwei Kulturen der Online-Kommunikation, GRUR-Beilage 2014, S. 77ff.

- Der Schutzbereich des Urheberrechts und das Werk als öffentliches Gut, in Hilty, Reto M./Peukert, Alexander (Hrsg.), Interessenausgleich im Urheberrecht, Nomos-Verlag, 2004, S. 11ff.
- Die Gemeinfreiheit, Verlag Mohr Siebeck, 2012
- Güterzuordnung als Rechtsprinzip, Verlag Mohr Siebeck, 2008

Peukert, Alexander/König, Dominik, License contracts, free software and creative commons, in Martin Schmidt-Kessel (Hrsg.), German National Reports on the 19th International Congress of Comparative Law, Verlag Mohr Siebeck, 2014, S. 519ff.

Pfennig, Gerhardt, Umsetzung der EU-Richtlinie für Verwertungsgesellschaften in deutsches Recht, ZUM 2014, S. 484ff.

Phelps, Jon L., Copyleft Termination: Will the Termination Provision of the Copyright Act of 1976 Undermine the Free Software Foundation's General Public License, 50 Jurimetrics (2010), S. 261ff.

Picot, Henriette, Abstraktion und Kausalabhängigkeit im deutschen Immaterialgüterrecht, Nomos-Verlag, 2007

Picot, Henriette/Duisberg, Alexander (Hrsg.), Recht der Computer- und Videospiele, Verlag Erich Schmidt, 2013

Plaß, Gunda, Open Content im deutschen Urheberrecht, GRUR 2002, S. 670ff.

Polley, Romina, Verwendungsbeschränkungen in Softwareüberlassungsverträgen, CR 1999, S. 345ff.

Posner, Richard A., Intellectual Property: The Law and Economics Approach, 19 Journal of Economic Perspectives (2005), S. 57ff.

Powell, Walter W., Neither Market Nor Hierarchy, 12 Research in Organizational Behavior (1990), S. 295ff.

- Weder Markt noch Hierarchie: Netzwerkartige Organisationsformen, in Kenis, Patrick/Schneider, Volker (Hrsg.), Organisation und Netzwerk: Institutionelle Steuerung in Wirtschaft und Politik, Campus Verlag, 1996, S. 213ff.

Pres, Andreas, Gestaltungsformen urheberrechtlicher Softwarelizenzverträge, Verlag Otto Schmidt, 1994

Prölss, Erich R. (Begr.)/Prölss, Jürgen/Martin, Anton (Hrsg.), Versicherungsvertragsgesetz, 29. Auflage, Verlag C. H. Beck, 2015

Prütting, Hanns/Wegen, Gerhard/Weinreich, Gerd, BGB Kommentar, 10. Auflage, Luchterhand Verlag, 2015 (zitiert als PWW/*Bearbeiter*)

Puig, Antoni Rubí, Copyright Exhaustion Rationales and Used Software: A Law and Economics Approach to Oracle v. UsedSoft, 4 JIPITEC (2013), S. 159ff.

Raab, Thomas, Austauschverträge mit Drittbeteiligung, Verlag Mohr Siebeck, 1999

Rath, Michael/Maiworm, Christian, Weg frei für Second Hand Software? WRP 2012, S. 1051ff.

Rauda, Christian, Der Rückruf wegen gewandelter Überzeugung nach § 42 UrhG – Von Web 2.0 aus dem Dornröschenschlaf geweckt?, GRUR 2010, S. 22ff.

Rauer, Nils/Ettig, Diana, Creative Commons & Co., WRP 2015, S. 153ff.

- Zur urheberrechtlichen Schutzfähigkeit der »kleinen Münze« bei Gebrauchstexten, K&R 2015, S. 452ff.

Rautenstrauch, Birthe, Open-Source-Computersoftware zwischen Urheber- und Kartellrecht, Verlag Dr. Kovac, 2013

Ravicher, Daniel B., Facilitating Collaborative Software Development: The Enforceability of Mass-Market Public Software Licenses, 5 Virginia Journal of Law and Technology (2000), S. 1ff.

Raymond, Eric S., The Cathedral and the Bazaar, O'Reilly Media, 1999

Reber, Nikolaus, Das neue Urhebervertragsrecht, ZUM 2000, S. 729ff.

Redeker, Helmut, Das Konzept der digitalen Erschöpfung – Urheberrecht für die digitale Welt, CR 2014, S. 73ff.

- Information als eigenständiges Rechtsgut, CR 2011, S. 634ff.
- IT-Recht, 5. Auflage, Verlag C. H. Beck, 2012

Reese, R. Anthony, Are Creative Commons Licenses forever? Vortragsmanuskript vom 02. Oktober 2008, abrufbar unter https://www.law.berkeley.edu/files/Reese-CC-Terminability-Draft-10_02_08.pdf

Rehbinder, Manfred, Urheberrecht, 16. Auflage, Verlag C. H. Beck, 2010

Rehbinder, Manfred/Peukert, Alexander, Urheberrecht, 17. Auflage, Verlag C. H. Beck, 2015

Reimer, Dietrich, Der Erschöpfungsgrundsatz im Urheberrecht und gewerblichen Rechtsschutz unter Berücksichtigung der Rechtsprechung des Europäischen Gerichtshofs, GRUR Int. 1972, S. 221ff.

Reinbothe, Jörg, Die EG-Richtlinie zum Urheberrecht in der Informationsgesellschaft, GRUR Int. 2001, S. 733ff.

- Die Umsetzung der EU-Urheberrechtsrichtlinie in deutsches Recht, ZUM 2002, S. 43ff.

Ricketson, Sam/Ginsburg, Jane, International Copyright and Neighbouring Rights: The Berne Convention and Beyond, 2. Auflage, 2006

Riesenhuber, Karl (Hrsg.), Europäische Methodenlehre, 2. Auflage, Verlag de Gruyter, 2010
- Die Auslegung des Wahrnehmungsvertrags, GRUR 2005, S. 712ff.

Rigamonti, Cyrill P., Der Handel mit Gebrauchtsoftware nach schweizerischem Urheberrecht, GRUR Int. 2009, S. 14ff.
- Schutz gegen Umgehung technischer Maßnahmen im Urheberrecht aus internationaler und rechtsvergleichender Perspektive, GRUR Int. 2005, S. 1ff.

Rohe, Matthias, Netzverträge, Verlag Mohr Siebeck, 1998

Rosati, Eleonora, Exhaustion also applies to first sale of downloaded software, Journal of Intellectual Property Law & Practice 2012, S. 786ff.

Rosen, Lawrence, Open Source Licensing, Prentice Hall, 2004

Rosenkranz, Timo, Open Content, Verlag Mohr Siebeck, 2001

Rossbach, Claudia, Die Vergütungsansprüche im deutschen Urheberrecht, Nomos-Verlag, 1990

Royla, Pascal/Gramer, Tobias, Urheberrecht und Unternehmenskauf, CR 2005, S. 154ff.

Rudolf Wassermann (Hrsg.), Alternativkommentar zum Bürgerlichen Gesetzbuch, Band 2, Allgemeines Schuldrecht, §§ 241–432, Verlag Luchterhand, 1980 (zitiert als AK-BGB/*Bearbeiter*).

Ruff, Andreas, Vertriebsrecht im Internet, Springer-Verlag, 2003

Rüthers, Bernd/Stadler, Astrid, Allgmeiner Teil des BGB, 18. Auflage, Verlag C. H. Beck, 2014

Säcker, Franz Jürgen/Rixecker, Roland (Hrsg.), Münchener Kommentar zum Bürgerlichen Gesetzbuch, 6. Auflage, Verlag C. H. Beck (zitiert als MüKo-BGB/*Bearbeiter*)
- Band 1, §§ 1–240 BGB, ProstG, AGG, 2012
- Band 2, §§ 241–432 BGB, 2012
- Band 3, §§ 433–610 BGB, 2012
- Band 4, §§ 611–704 BGB, EFZG, TzBfG, KSchG, 2012
- Band 5, §§ 705–853 BGB, PartGG, ProdHG, 2013
- Band 6, §§ 854–1296 BGB, WEG, ErbbauRG, 2013

Sahin, Ali/Haines, Alexander, Einräumung von Nutzungsrechten im gestuften Vertrieb von Standardsoftware, CR 2005, S. 241ff.

Salje, Peter, Wirksamkeitsprobleme der Lizenzvereinbarung bei Standard-Anwendersoftware, in Leßmann, Herbert (Hrsg.), Festschrift für Rudolf Lukes, Verlag Carl Heymanns, S. 181ff.

Schack, Haimo, Anmerkung zu BGH, Urteil vom 13.11.2013 – I ZR 143/12, JZ 2014, S. 207f.
- Neuregelung des Urhebervertragsrechts, ZUM 2001, S. 453ff.
- Rechtsprobleme der Online-Übermittlung, GRUR 2007, S. 639ff.
- Urheber- und Urhebervertragsrecht, 7. Auflage, Verlag Mohr Siebeck, 2015
- Urheberrechtliche Gestaltung von Webseiten unter Einsatz von Links und Frames, MMR 2001, S. 9ff.
- Urhebervertragsrecht im Meinungsstreit, GRUR 2002, S. 853ff.

Schäfer, Carsten, Gesellschaftsrecht, 4. Auflage, Verlag C. H. Beck, 2015

Schäfer, Fabian, Aktivlegitimation und Anspruchsumfang bei der Verletzung der GPL v2 und v3, K&R 2010, S. 298ff.
- Der virale Effekt: Entwicklungsrisiken im Umfeld von Open-source-Software, Unversitätsverlag Karlsruhe, 2007

- Kommentar zum Urteil des LG Bochum vom 20.01.2011, Az. 8 O 293/09, K&R 2011, S. 279f.
- Verletzung der GPL – na und? Aktivlegitimation und Anspruchsumfang, in Taeger, Jürgen (Hrsg.), Digitale Evolution: Herausforderungen für das Informations- und Medienrecht, S. 541ff.

Schapiro, Leo, Die neuen Musiktauschbörsen unter »Freunden«, ZUM 2008, S. 273ff.

Schiffner, Thomas, Open Source Software: freie Software im deutschen Urheber- und Vertragsrecht, Verlag VVF, 2003

Schilder, Axel, Schadensersatz bei Durchbrechung der Bindung an obligatorische Vertragsofferten, Verlag Peter Lang, 2003

Schippan, Martin, Auf dem Prüfstand: Die Honorar- und Nutzungsrechtsregelungen zwischen Zeitungs- und Zeitschriftenverlagen und freien Mitarbeitern, ZUM 2010, S. 782ff.
- Klare Worte des BGH zur Wirksamkeit von Honorarbedingungen für freie Journalisten, ZUM 2012, S. 771ff.

Schlechtriem, Peter/Schmidt-Kessel, Martin, Schuldrecht: Besonderer Teil, 7. Auflage, Verlag Mohr Siebeck, 2007

Schmidt, Karsten, Gesellschaftsrecht, 3. Auflage, Verlag Carl Heymanns, 2002

Schmidt-Futterer, Wolfgang (Hrsg.), Mietrecht, Kommentar, 11. Auflage, Verlag C. H. Beck, 2013

Schmidt-Kessel, Martin, Verträge über digitale Inhalte – Einordnung und Verbraucherschutz, K&R 2014, S. 475ff.

Schmitt, Hans Peter, Zur Wiener Konvention über das Recht der internationalen Verträge, GRUR Int. 1970, S. 361ff.

Schmitt, Thomas Rainer, Der Online-Vertrieb von Software nach dem EuGH-Urteil »UsedSoft«, MR 2012, S. 256ff.

Schmoeckel, Matthias (Hrsg.), Historisch-kritischer Kommentar zum BGB, Verlag Mohr Siebeck (zitiert als HKK-*Bearbeiter*)

Schneider, Jochen, Handbuch des EDV-Rechts, 4. Auflage, Verlag Otto Schmidt, 2009
- Software als handelbares verkehrsfähiges Gut – »Volumen-Lizenzen« nach BGH, CR 2015, S. 413ff.

Schneider, Jochen/Spindler, Gerald, Der Erschöpfungsgrundsatz bei »gebrauchter« Software im Praxistest, CR 2014, S. 213ff.
- Kampf um gebrauchte Software – Revolution im Urheberrecht?, CR 2012, S. 489ff.

Scholz, Jochen, Nutzung und Weitergabe digitaler Werke nach der UsedSoft-Entscheidung des EuGH, ITRB 2013, S. 17ff.

Schreiber, Otto, Gemischte Verträge im Reichsschuldrecht, Jherings Jahrbücher Band 60 (1912), S. 106ff.

Schricker, Gerhard, German and Comparative Intellectual Property Law – Efforts for a Better Law on Copyright Contracts in Germany – A Never-Ending Story?, IIC 2004, S. 850ff.
- Bemerkungen zur Erschöpfung im Urheberrecht, in Ganea, Peter (Hrsg.), Urheberrecht gestern – heute – morgen: Festschrift für Adolf Dietz, Verlag C. H. Beck, 2001, S. 442ff.

Schricker, Gerhard/Loewenheim, Ulrich, Urheberrecht: Kommentar, 4. Auflage, Verlag C. H. Beck, 2010

Schroeder, Werner, Grundkurs Europarecht, 3. Auflage, Verlag C. H. Beck, 2013
Schubert, Werner (Hrsg.), Die Beratung des Bürgerlichen Gesetzbuchs, Recht der Schuldverhältnisse, Band 1, §§ 241–432, Verlag de Gruyter, 1978
Schülgen, Franz, Die Auslobung auf rechtsvergleichender Grundlage, 1921
Schulz, Carsten, Dezentrale Softwareentwicklungs- und Vermarktungskonzepte, Verlag Carl Heymanns, 2005
– Open Source Software vor Gericht, MMR 2004, S. 573ff.
Schulze, Gernot, Die kleine Münze und ihre Abgrenzungsproblematik bei den Werkarten des Urheberrechts, UFITA-Schriftenreihe Edition 66, 1983
Schulze, Reiner (Hrsg.), Bürgerliches Gesetzbuch, Handkommentar, 8. Auflage, Nomos-Verlag, 2014 (zitiert als Hk-BGB/*Bearbeiter*)
Schünemann, Wolfgang B., Rechtsnatur und Pflichtenstruktur des Versicherungsvertrages, JZ 1995, S. 430ff.
Schwarz, Andrew/Bullis, Robert, Rivalrous Consumption and the Boundaries of Copyright Law: Intellectual Property Lessons from Online Games, Intellectual Property Law Bulletin 2005, S. 13ff.
Schwarze, Jürgen (Hrsg.), EU-Kommentar, 3. Auflage, Nomos-Verlag, 2012
Schweinoch, Martin, Anmerkung zu einer Entscheidung des OLG Köln, Urteil vom 31. 10. 2014 (6 U 60/14) – Zu Auslegungsaspekten von Creative Commons- Lizenzen und zur Lizenzanalogie, GRUR 2015, S. 797f.
Schwenzer, Oliver, Werden Träume wahr in der CD-Kopier-Bar? ZUM 1997, S. 478ff.
Schweyer, Stefan, Die Zweckübertragungstheorie im Urheberrecht, Verlag C. H. Beck, 1982
Scotchmer, Suzanne, Standing on the Shoulders of Giants: Cumulative Research and the Patent Law, 5 Journal on Economic Perspectives (1991), S. 29ff.
See, Harold, Copyright Ownership of Joint Works and Terminations of Transfers, 30 Kansas Law Review, (1982), S. 517ff.
Seetzen, Uwe, Der Verzicht im Immaterialgüterrecht, 1969
Seitz, Christian, »Gebrauchte« Softwarelizenzen, Lit-Verlag, 2010
Senftleben, Martin, Die Fortschreibung des urheberrechtlichen Erschöpfungsgrundsatzes im digitalen Umfeld, NJW 2012, S. 2924ff.
Serra, Theodore, Rebalancing at Resale: ReDigi, Royalties and the Digital Secondary Market, 5. Boston University Law Journal (2013), S. 1753ff.
Sester, Peter, Open-Source-Software – Vertragsrecht, Haftungsrisiken und IPR-Fragen, CR 2000, S. 797ff.
Shirky, Clay, Here Comes Everybody: The Power of Organizing Without Organizations, Penguin Book, 2009
Siepmann, Jürgen, Freie Software – rechtsfreier Raum?: Rechtssicherheit im Umgang mit Open Source Software, LinuxLand International, 2000
Simson, Walter E., Der Begriff des Entgelts, Verlag C. A. Kaemmerer & Co., 1909
Smith, Henry E, Semicommon Property Rights and Scattering in the Open Fields, 29 Journal of Legal Studies (2000), S. 131ff.
Soergel, Hans Theodor (Begr,), Kommentar zum Bürgerlichen Gesetzbuch
– Band 2, Allgemeiner Teil II, §§ 104–240, 13. Auflage, 1999
– Band 3, Schuldrecht II, §§ 432–515, 12. Auflage, 1991
– Band 4, Schuldrecht III/1, §§ 516–651, 13. Auflage, 1999
– Band 5.1 Schuldrecht IV/1, §§ 705–822, 13. Auflage, 2007

Solmecke, Christian, Rechtliche Beurteilung der Nutzung von Musiktauschbörsen, K&R 2007, S. 138ff.

Sosnitza, Olaf, »Gebrauchte Software«: Licht und Schatten auf dem Weg von Karlsruhe nach Luxemburg, K&R 2011, S. 243f.

- Die urheberrechtliche Zulässigkeit des Handels mit »gebrauchter« Software, K&R 2006, S. 206ff.
- Gemeinschaftsrechtliche Vorgaben und urheberrechtlicher Gestaltungsspielraum für den Handel mit gebrauchter Software, ZUM 2009, S. 521ff.

Spindler, Gerald, Der Handel mit Gebrauchtsoftware – Erschöpfungsgrundsatz quo vadis?, CR 2008, S. 69ff.

- Europäisches Urheberrecht in der Informationsgesellschaft, GRUR 2002, S. 105ff.
- Rechtsfragen der Open Source Software, erstellt am 20.06.2003, abrufbar unter https://www.uni-goettingen.de/document/035cb3109455169625e840892422916e.pdf/studie_final.pdf (zitierte als Spindler, VSI-Gutachten)
- Lizensierung nach M2Trade, Take five und Reifen Progressiv, CR 2014, S. 557ff.
- Miturhebergemeinschaft und BGB-Gesellschaft, in Ohly, Ansgar et. al. (Hrsg), Perspektiven des geistigen Eigentums und Wettbewerbsrechts: Festschrift für Gerhard Schricker, Verlag C. H. Beck, 2005, S. 539ff.
- Rechtsfragen bei Open source, Verlag Otto Schmidt, 2004

Spindler, Gerald/Schuster, Fabian (Hrsg.), Recht der elektronischen Medien, 3. Auflage, Verlag C. H. Beck, 2015

Spindler, Gerald/Wiebe, Andreas, Open Source-Vertrieb, CR 2003, S. 873ff.

Sprang, Christian, Zweitveröffentlichungsrecht – ein Plädoyer gegen § 38 Abs. 4 UrhG-E, ZUM 2013, S. 461ff.

Srocke, Marc-Oliver, Das Abstraktionsprinzip im Urheberrecht, GRUR 2008, 867ff.

Staats, Robert, Umsetzung der EU-Richtlinie für Verwertungsgesellschaften in deutsches Recht, ZUM 2014, S. 470ff.

Stahle, Wolfgang H./Sydow, Jörg (Hrsg.), Managementforschung 3, Softcover reprint of the original 1st ed. 1993, Verlag Gabler, 2012

Stamatoudi, Irini/Torremans, Paul (Hrsg.), EU Copyright Law – A Commentary, Edward Elgar, 2014

Staudinger, Julius von (Begr,)/Martinek, Michael (Red.), Eckpfeiler des Zivilrechts, Neubearbeitung 2014/2015, Verlag de Gruyter, 2014

Staudinger, Julius von (Begr.), Kommentar zum Bürgerlichen Gesetzbuch und Nebengesetzen

- §§ 1–14; VerschG (Einleitung zum BGB und Allgemeiner Teil 1), 2013
- §§ 90–103; §§ 104–124; §§ 130–133 (Allgemeiner Teil 3), 2012
- §§ 134–138 (Allgemeiner Teil 4a – Gesetzliches Verbot und Sittenwidrigkeit), 2011
- §§ 139–163 (Allgemeiner Teil 4b), 2012
- §§ 241–243 (Treu und Glauben), 2015
- §§ 305c–310 (AGB-Recht, UKlaG), 2013
- §§ 311, 311a, 312, 312a–i (Vertragsschluss), 2012
- §§ 315–326 (Leistungsstörungsrecht 2), 2015
- §§ 328–345 (Vertrag zugunsten Dritte, Vertragsstrafe), 2009
- §§ 397–432 (Erlass, Abtretung, Schuldner- und Gläubigermehrheit), 2012
- §§ 433–480 (Kaufrecht), 2013

- §§ 516–534 (Schenkungsrecht), 2013
- §§ 535–555f (Mietrecht 1 – Allgemeine Vorschriften; Wohnraummiete), 2014
- §§ 562–580a (Mietrecht 3 – Beendigung des Mietverhältnisses), 2014
- §§ 657–704 (Geschäftsbesorgung), 2006
- §§ 705–740 (Gesellschaftsrecht), 2003
- §§ 812–822 (Ungerechtfertigte Bereicherung), 2007
- §§ 883–902 (Allgemeines Liegenschaftsrecht 2), 2013

Stephanblome, Markus, Die Einordnung des subjektiven Urheberrechts in das System der bürgerlichen Rechte, Verlag Dr. Kovac, 2008

Stickelbrock, Barbara, Ausgleich gestörter Vertragsparität durch das neue Urhebervertragsrecht?, GRUR 2001, S. 1087ff.

Stieper, Malte, Anmerkung zu EuGH, Urteil vom 03.07.2012 – C-128/11 – UsedSoft, ZUM 2012, S. 668ff.
- Anmerkung zum Urteil des BGH vom 17.07.2013 – I ZR 129/08 – Used Soft II, ZUM 2014, S. 270ff.
- Import von Nachbildungen geschützter Designermöbel als Verletzung des urheberrechtlichen Verbreitungsrechts, ZGE 2011, S. 227ff.
- Rechtfertigung, Rechtsnatur und Disponibilität der Schranken des Urheberrechts, Verlag Mohr Siebeck, 2009

Stier, Dominik Sebastian, Die Unterbrechung urheberrechtlicher Lizenzketten, V&R Unipress, 2014

Stier, Martin P., Anmerkung zu A&M Records, Inc. et al. v. Napster, Inc., GRUR Int. 2001, S. 364ff.

Stöckel, Oliver/Brandi-Dorn, Anselm, Der dingliche Charakter von Lizenzen, CR 2011, S. 553ff.

Stoffels, Markus, Gesetzlich nicht geregelte Schuldverträge: Rechtsfindung und Inhaltskontrolle, Verlag Mohr Siebeck, 2001

Stolja, Samuel, Enforcing Benevolent Promises, 12 Sydney Law Review (1989), S. 17ff.

Stoltz, Mitchell L., The Penguin Paradox: How the Scope of Derivative Works in Copyright Affects the Effectiveness of the GNU GPL, 5 Boston University of Law (2005), S. 1439ff.

Stothers, Christopher, When is copyright exhausted by a software licence?: UsedSoft v Oracle, *EIPR 2012*, S. 787ff.

Streinz, Rudolf (Hrsg.), EUV/AEUV, 2. Auflage, Verlag C H. Beck, 2012

Strobel, Tobias, So content with Open Content: Zufriedenheit dank Open-Content-Lizenz?, MMR 2003, S. 778ff.

Stumpf, Herbert/Gross, Michael, Der Lizenzvertrag, 8. Auflage, Verlag Recht und Wirtschaft, 2005

Sucker, Reinhard, Der digitale Werkgenuss im Urheberrecht, Verlag Mohr Siebeck, 2014

Szalai, Stephan, Anmerkung zu BGH, Urteil vom 13.11.2013 – I ZR 143/12 – Geburtstagszug, ZUM 2014, S. 231ff.

Teerhag, Michael/Telle, Sebastian, Immaterielle Erschöpfung – Gibt es den virtuellen Flohmarkt für gebrauchte Multimediadateien? K&R 2013, S. 549ff.

Teubner, Gunther, *Coincidentia oppositorum:* Das Recht der Netzwerke jenseits von Vertrag und Organisation, in Amstutz, Marc (Hrsg.), Die vernetzte Wirtschaft, Verlag Schulthess, 2004, S. 11ff.
- Netzwerk als Vertragsverbund, Nomos-Verlag, 2004

Teupen, Christian, »Copyleft« im deutschen Urheberrecht: Implikationen von Open Source Software (OSS) im Urhebergesetz, Duncker & Humblot, 2006

Thiele, Wolfgang, Die Zustimmungen in der Lehre vom Rechtsgeschäft, Verlag Carl Heymanns, 1966

Thielecke, Susanna/Freiherr von Bechtolsheim, Sebastian, Urheberrecht für die Mitwirkenden an komplexen Werken?, GRUR 2003, S. 754ff.

Tichbi, David, Die Rechtsstellung des Angebotsempfängers: unter besonderer Berücksichtigung des Insolvenzrechts, Nomos-Verlag, 2011

Tilmann, Winfried, Der Schutz gegen Produktpiraterie nach dem Gesetz von 1990, BB 1990, S. 1565ff.

Timm, Daniela, Kartellrecht der Softwareverträge, Verlag Peter Lang, 2005

Tinnefeld, Robert, Die Einwilligung in urheberrechtliche Nutzungen im Internet, Verlag Mohr Siebeck, 2012

Tjong Tjin Tai, Eric, Exhaustion and Online Delivery of Digital Works, EIPR 2003, S. 207ff.

Treitel, Guenter Heinz (Begr.)/Peel, Edwin, The Law of Contract, 13. Auflage, Verlag Sweet and Maxwell, 2011

Tropp, Seven W., It Had To Be Murder or Will Be Soon – 17 U.S.C. § 203 Termination of Transfers: A Call for Legislative Reform, 51 Journal of the Copyright Society of the USA (2004), S. 797ff.

Uhlenbruck, Wilhelm/Hirte, Heribert/Vallender, Heinz (Hrsg.), Insolvenzordnung, Kommentar, 15. Auflage, Verlag Vahlen, 2015

Ulmer, Detlef/Hoppen, Peter, Die UsedSoft-Entschiedung des EuGH – Europa gibt die Richtung vor, ITRB 2012, S. 232ff.

– Was ist das Werkstück des Software-Objektcodes?, CR 2008, S. 681ff.

Ulmer, Eugen, Urheber- und Verlagsrecht, 3. Auflage, Springer Verlag, 1980

Ulmer, Peter/Brandner, Hans Erich/Hensen/Horst-Diether (Hrsg.), AGB-Recht: Kommentar zu den §§ 305–310 BGB und zum UKlaG, Verlag Otto Schmidt, 2011

Ulrici, Bernhard, Verbotsgesetz und zwingendes Gesetz, JuS 2005, S. 1073ff.

Ultsch, Michael L. Zugangsprobleme bei elektronischen Willenserklärungen – Dargestellt am Beispiel der Electronic Mail, NJW 1997, S. 3007ff.

Verweyen, Urs, Pacta sunt servanda? Anmerkungen zu § 31 a UrhG n.F., ZUM 2008, S. 217ff.

Vetter, Greg R., Commercial Free and Open Source Software: Knowledge Production, Hybrid Appropriability, and Patents, 77 Fordham Law Review (2009), S. 2087ff.

– »Infectious« Open Source Software: Spreading Incentives or Promoting Resistance, 36. Rutgers Law Journal (2004), S. 53ff.

Vianello, Mirko, Handel mit gebrauchter Software für Schüler, Studenten und Lehrkräfte – Die aktuelle Rechtsprechung des BGH, MMR 2012, S. 139ff.

Vinje, Thomas/Marsland, Vanessa/Gärtner, Anette, Software Licensing After Oracle v. UsedSoft, CRi 2012, S. 97ff.

Voit, Wolfgang, Die Bedeutung des § 651 BGB im Baurecht nach der Schuldrechtsmodernisierung, BauR 2009, S. 369ff.

Völzmann-Stickelbrock, Barbara, Auswirkungen des Widerrufs einer GNU-Lizenz auf Dritte, in Leible, Stefan (Hrsg.), Der Schutz des geistigen Eigentums im Internet, Verlag Mohr Siebeck, 2012, S. 47ff.

von Busse, Christian, Verträge über Freeware und Shareware, Tenea, 2002 *von Einem, Henning*, Die Rechtsnatur der Option, Verlag Duncker & Humblot, 1974

von Hippel, Eric/von Krogh, Georg, Open Source Software and the »Private-Collective« Innovation Model, 14 Organization Sciences (2003), S. 209ff.

von Jhering, Rudolf, Trinkgeld, Verlage George Westermann, 1882

von Lewinski, Silke, International Copyright Law and Policy, Oxford University Press, 2008

- Die diplomatische Konferenz der WIPO 1996 zum Urheberrecht und zu verwandten Schutzrechten, GRUR Int. 1997, S. 667ff.
- EU und Mitgliedstaaten ratifizieren WIPO-Internetverträge - Was ändert sich aus deutscher Sicht?, GRUR Prax 2010, S. 49ff.

von Savigny, Carl Friedrich, System des heutigen römischen Rechts, Verlag Veit und Comp, 1841

von Zimmermann, Georg, Recording-Software für Internetradios, MMR 2007, S. 553ff.

Waas, Bernd, Zur Dogmatik der ehebezogenen Zuwendungen, FamRZ 2000, S. 453ff.

Wacha, Jason B., Taking the Case: Is the GPL enforceable? 21 Santa Clara High Technology Law Journal (2004), S. 451ff.

Wacke, Andreas, Miete und Pacht vom Nießbraucher oder Vorerben sowie vom Nichtberechtigten, in Lange, Hermann (Hrsg.), Festschrift für Joachim Gernhuber, Verlag Mohr Siebeck, 1993, S. 489ff.

Wagner, Eberhard, Rechtsgeschäftliche Unübertragbarkeit und § 137 S. 1 BGB, 194 AcP (1994), S. 451ff.

Wallner, Jürgen, Insolvenzfeste Nutzungsrechte und Lizenzen an Software, NZI 2002, S. 70ff.

Walter, Michael M. (Hrsg.), Europäisches Urheberrecht, Kommentar, Springer Verlag, 2001

- Anmerkung zu einer Entscheidung des EuGH, Urteil vom 03.07.2012 (C-128/11), MR-Int. 2012, S. 40ff.

Walter, Michael/von Lewinski, Silke, European Copyright Law - A Commentary, Oxford University Press, 2010

Wandtke, Artur-Axel/Bullinger, Winfried (Hrsg.), Praxiskommentar zum Urheberrecht, 4. Auflage, Verlag C. H. Beck, 2014

Weber, Rolf H, Freie Software - Befreiung vom Vertragsytpenkonzept? in Harrer, Friedrich (Hrsg), Besonderes Vertragsrecht - aktuelle Probleme, Festschrift für Heinrich Honsell, Verlag Schulthess, 2001, S. 41ff.

Weber, Steven, The Success of Open Source, Harvard University Press, 2006

Wellenhofer, Marina, Drittwirkung von Schutzpflichten im Netz, KritV 2006, S. 187ff.

Wellenhofer, Marina/Wolf, Manfred, Sachenrecht, 14. Auflage, Verlag C. H. Beck, 2014

Wellenhofer-Klein, Marina, Zulieferverträge im Privat- und Wirtschaftsrecht, Verlag C. H. Beck, 1998

Weller, Michael, Auslegung des Merkmals »NC - nicht kommerziell« in Creative Commons 2.0 generic-Lizenz, jurisPR-ITR 08/2014, Anmerkung 5

Wennberg, Klaus, Die skandinavische Löftetheorie: Das einseitig verpflichtende Versprechen, Verlag Mohr Siebeck, 1966

Wessmann, Mark B., Retraining the Gatekeeper: Further Reflections on the Doctrine of Consideration, 29 Loyola of Los Angeles Law Review (1996), S. 713ff.

Westermann, Harm Peter, Vertragsfreiheit und Typengesetzlichkeit im Recht der Personengesellschaften, Springer Verlag, 1970

Wiebe, Andreas, Die elektronische Willenserklärung, Verlag Mohr Siebeck, 2002

- The Principle of Exhaustion in European Copyright Law and the Distinction Between Digital Goods and Digital Services, GRUR Int. 2009, S. 114ff.

Wiebe, Andreas/Appl, Clemens, Urheberrechtliche Zulässigkeit des Erwerbs von »gebrauchten« Softwarelizenzen in Österreich, MR 2007, S. 186ff.

Wiedemann, Markus, Lizenzen und Lizenzverträge in der Insolvenz, RWS-Verlag, 2006

Wieling, Hans Josef, Venire contra factum proprium und Verschulden gegen sich selbst, 176 AcP (1976), S. 1064ff.

- Die Grundstücksmiete als dingliches Recht, in Jickeli, Joachim/Kreutz, Peter/Reuter, Dieter (Hrsg.), Gedächtnisschrift für Jürgen Sonnenschein, Verlag de Gruyter, 2003, S. 201ff.

Wielsch, Dan, Governance of Massive Multiauthor Collaboration – Linux, Wikipedia, and Other Networks: Governed by Bilateral Contracts, Partnerships, or Something in Between?, 1 JIPITEC 2 (2010), S. 96ff.

- Zugangsregeln, Verlag Mohr Siebeck, 2008

Williston, Samuel (Begr.), A Treatise on the Law of Contracts, Band 3, 4. Auflage, Verlag Thomson Reuters, 1992

Wimmers, Jörg/Klett, Detlef, Anmerkung zum Urteil des LG München vom 12.07.2007, Az. 7 O5245/07, CR 2008, S. 59ff.

Windbichler, Christine, Gesellschaftsrecht, 23. Auflage, Verlag C. H. Beck, 2013

Witte, Andreas, Rückruf von Softwarerechten, ITRB 2011, S. 93ff.

- Anmerkung zum Urteil des BGH vom 06.07.2000, Az. I ZR 244/97 – *OEM Software*, CR 2000, S. 654f.

Wittgenstein, Philipp, Die digitale Agenda der WIPO-Verträge, Verlag Stämpfli, 2000

Witzel, Michaela, EU: Exhaustion of Distribution Right for Software Copy, CRi 2012, S. 116ff.

Wohlfahrth, Cornelia, Das Taschenbuchrecht, Verlag Peter Lang, 1991

Wörlen, Reiner/Leinhas, Sabrina, Rechtsfolgen- und Rechtsgrundverweisungen im BGB, JA 2006, S. 22ff.

Wurch, Sören, Das wissenschaftliche Publikationswesen auf dem Weg zu Open Access, in Lutterbeck, Bernd/Bärwolff, Matthias/Gehring, Robert A. (Hrsg.), Open Source Jahrbuch 2005, Verlag Lehmanns Media, 2005, S. 435ff.

Würdinger, Hans, Die privatrechtliche Anwartschaft als Rechtsbegriff, Verlag Hueber, 1928

Würdinger, Markus, Die Analogiefähigkeit von Normen – Eine methodologische Untersuchung über Ausnahmevorschriften und deklaratorische Normen, 206 AcP (2006), S. 946ff.

Würfel, Christine Elisabeth, Europarechtliche Möglichkeiten einer Gesamtharmonisierung des Urheberrechts, Universitätsverlag Karlsruhe, 2005

Zech, Herbert, Information als Schutzgegenstand, Verlag Mohr Siebeck, 2012

- Vom Buch zur Cloud – Die Verkehrsfähigkeit digitaler Güter, ZGE 2013, S. 368ff.

Zecher, Jan Andreas, Zur Umgehung des Erschöpfungsgrundsatzes bei Computerprogrammen, Nomos-Verlag, 2004

Zittrain, Jonathan, Normative Principles for Evaluating Free and Proprietary Software, 71 University of Chicago Law Review (2004), S. 765ff.

Verzeichnis der verwendeten Materialien und Quellendokumente

17 A Am. Jur 2d, Contracts, American Jurisprudence, 2. Auflage, Vol. 17 A: Contracts, Lawyers Cooperative Publishing, 2004

Artistic License, Artistic License 2.0 der Perl Foundation, Stand 2006, abrufbar unter http://opensource.org/licenses/artistic-license-2.0

Bericht der Kommission für Justizgegenstände Nr. 78 (XXI), Bericht der Kommission für Justizgegenstände Nr. 78 der Beilagen zu den Stenographischen Protokollen des Herrenhauses - XXI. Session 1912

Bericht des 12. Rechtsausschusses zum UrhG, Schriftlicher Bericht des Rechtsausschusses (12. Ausschuß) über den von der Bundesregierung eingebrachten Entwurf eines Gesetzes über Urheberrecht und verwandte Schutzrechte (Urheberrechtsgesetz), BT-Drucksache IV/3401

Bericht des 19. BWFT-Ausschusses zum IuKDG, Beschlußempfehlung und Bericht des Ausschusses für Bildung, Wissenschaft, Forschung, und Technologie (19. Ausschuß) BT-Drucks. 13/7385, BT-Drucksache 17/7934

Bericht des 6. Rechtsausschusses zum 2. UrhRÄndG, Beschlussempfehlung und Bericht des Rechtsausschusses (6. Ausschuss) zu BT-Drucks. 15/15 und BT-Drucks. 15/38, BT-Drucksache 15/837

Bericht des 6. Rechtsausschusses zum UrhStärkungsG, Beschlussempfehlung und Bericht des Rechtsausschusses (6. Ausschuss) zu BT-Drucks. 14/7564 und 14/6433 vom 23.01.2002, BT-Drucks. 14/8058

CERN Open Hardware License, Version 1.2 auf dem Stand vom 06.09.2013, abrufbar in verschiedenen Dateiformatien unter http://www.ohwr.org/documents/294

Creative Commons 4.0, Full License Text der Creative Commons 4.0-Lizenzen
- CC0: https://creativecommons.org/publicdomain/zero/1.0/legalcode
- CC-BY: https://creativecommons.org/licenses/by/4.0/legalcode
- CC-BY-SA: https://creativecommons.org/licenses/by-sa/4.0/legalcode
- CC-BY-ND: https://creativecommons.org/licenses/by-nd/4.0/legalcode
- CC-BY-NC: https://creativecommons.org/licenses/by-nc/4.0/legalcode
- CC-BY-NC-SA: https://creativecommons.org/licenses/by-nc-sa/4.0/legalcode
- CC-BY-NC-ND: https://creativecommons.org/licenses/by-nc-nd/4.0/legalcode

DatenbankRL, Richtlinie 96/9/EG des europäischen Parlaments und Rates vom 11.03.1996 über den rechtlichen Schutz von Datenbanken, Abl. L 77/20

Defining Noncommercial, Defining »Noncommercial«: A Study of How the Online Population Understands »Noncommercial Use, September 2009, abrufbar unter http://mirrors.creativecommons.org/defining-noncommercial/Defining_Noncommercial_fullreport.pdf

DMCA Sec. 104 Report, A Report of the Register of Copyrights Pursuant to § 104 of the Digital Millennium Copyright Act, United States Copyright Office, 29.08.2001

DPPL, Digital Peer Publishing License, Version 3 Stand November 2008, abrufbar unter http://www.dipp.nrw.de/lizenzen/dppl/dppl/DPPL_v3_de_11-2008.html

GesE UrhStärkungsG, Entwurf eines Gesetzes zur Stärkung der vertraglichen Stellung von Urhebern und ausübenden Künstlern vom 26.06.2001, BT-Drucksache 14/6433

Die »Aufnutzung« geistiger Werke, Prof. Peukert im Gespräch mit Faust-Kultur, abrufbar unter http://faustkultur.de/1300-0-Gesprch-mit-Prof-Peukert.html

GNU GPLv3, GNU General Public License, Version 3.0 auf dem Stand vom 29.06.2007, abrufbar unter https://www.gnu.org/licenses/gpl-3.0.en.html

House Report Copyright Law Revision, House of Representatives Report No. 1476, 94th Cong., 2nd Session (1976), 03.09.1976

Brockhaus – Da geht er dahin, Der Brockhaus, Statussymbol bundesrepublikanischer Bildungsbürgerwelten, *Hubert Spiegel* für die *Frankfurter Allgemeine Zeitung*, Artikel vom 12.06.2013, abrufbar unter http://www.faz.net/aktuell/feuilleton/einstellung-der-gedruckten-auflage-brockhaus-12219141.html

InfoSocRL, Richtlinie 2001/29/EG des Europäischen Parlaments und Rates vom 22.05.2001 zur Harmonisierung bestimmter Aspekte des Urheberrechts und der verwandten Schutzrechte in der Informationsgesellschaft, ABl. L 167/10

Motive zu dem Entwurfe eines Bürgerlichen Gesetzbuches für das Deutsche Reich, Amtliche Ausgabe in 6 Bänden, Verlag Keip, 1888 (zitiert als Motive I–VI)

Microsoft Encarta Dies After Long Battle With Wikipedia, Artikel vom 30.03.2009, Noam Cohen für die *New York Times*, abrufbar unter http://www.bits.blogs.nytimes.com/2009/03/30/microsoft-encarta-dies-after-long-battle-with-wikipedia

NTIA DMCA Report, National Telecommunications & Information Administration Report to Congress: Study Examining 17 U.S.C. Sections 109 and 117 Pursuant to Section 104 of the Digital Millennium Copyright Act, 21.05.2001

Open Publication License, Version 1.0 auf dem Stand vom 08.06.1999, entworfen und herausgegeben von David Wiley, abrufbar unter http://www.opencontent.org/openpub

Open Source Hardware Definition, Definition und Open Source Hardware (OSHW) Statement of Principles 1.0, abrufbar unter http://www.oshwa.org/definition

Prozessgeschichte SCO vs. Linux, SCO vs. Linux: Die unendliche Geschichte, erstmals 10.02.2004, Stand 08.08.2012, abrufbar auf heise.de unter http://heise.de/-302076

RefE VG-Richtlinienumsetzungesgesetz, Entwurf eines Gesetzes zur Umsetzung der Richtlinie 2014/26/EU über die kollektive Wahrnehmung von Urheber- und verwandten Schutzrechten und die Vergabe von Mehrgebietslizenzen für Rechte an Musikwerken für die Online-Nutzung im Binnenmarkt sowie zur Änderung des Verfahrens der Geräte- und Speichermedienvergütung vom 09.06.2015, abrufbar unter http://www.bmjv.de/SharedDocs/Downloads/DE/pdfs/Gesetze/RefE_Richtlinie_Umsetzungsgesetz.pdf?__blob=publicationFile

RegE 2. Korb, Entwurf eines Zweiten Gesetzes zur Regelung des Urheberrechtsin der Informationsgesellschaft vom 15.06.2006, BT-Drucksache 16/1828

RegE 2. UrhGÄndG, Entwurf eines zweiten Gesetzes zur Änderung des Urheberrechts vom 18. 12. 1992, BT-Drucksache 12/4022

RegE 2. UrhRÄndG, Entwurf eines Zweiten Gesetzes zur Änderung des Urheberrechtsgesetzes vom 18. 12. 1992, BT-Drucksache 12/4022

RegE InsO, Entwurf einer Insolvenzordnung (InsO) vom 15. 04. 1992, BT-Drucksache 12/2443

RegE Orphan WorksRL, Entwurf eines Gesetzes zur Nutzung verwaister und vergriffener Werke und einer weiteren Änderung des Urheberrechtsgesetzes vom 08. 05. 2013, BT-Drucksache 17/13423

RegE ProduktpiraterieG, Entwurf eines Gesetzes zur Bekämpfung der Produktpiraterie vom 16. 06. 1989, BT-Drucksache 11/4792

RegE UrhG, Entwurf eines Gesetzes über Urheberrecht und verwandte Schutzrechte vom 23. 03. 1962, BT-Drucksache IV/270

RegE UrhR Informationsgesellschaft, Entwurf eines Gesetzes zur Regelung des Urheberrechts in der Informationsgesellschaft vom 06. 11. 2002, BT-Drucksache 15/38

RegE UrhStärkungsG, Entwurf eines Gesetzes zur Stärkung der vertraglichen Stellung von Urhebern und ausübenden Künstlern vom 23. 11. 2001, BT-Drucksache 14/7564

SoftwareRL 2009, Richtlinie 2009/24/EG des europäischen Parlaments und Rates vom 23. 04. 2009 über den Rechtsschutz von Computerprogrammen, ABl. L 111/16

Tucson Amateur Public Radio Open Hardware License, Version 1.0, auf dem Stand vom 27. 05. 2015 abrufbar unter http://www.tapr.org/OHL

UN A/CONF. 39/11, UNITED NATIONS CONFERENCE ON THE LAW OF TREATIES, First and second sessions Vienna, 26 March–24 May 1968 and 9 April–22 May 1969 OFFICIAL RECORDS, New York, 19711

UrheberrechtswahrnehmungsRL, Richtlinie 2014/26/EU des Europäischen Parlaments und Rates vom 26. 02. 2014 über die kollektive Wahrnehmung von Urheber- und verwandten Schutzrechten und die Vergabe von Mehrgebietslizenzen für Rechte an Musikwerken für die Online-Nutzung im Binnenmarkt, ABl. L 84/72

Vermiet- und VerleihrehtsRL, Richtlinie 2006/115/EG des Europäischen Parlaments und Rates vom 12. 12. 2006 zum Vermietrecht und Verleihrecht sowie zu bestimmten dem Urheberrecht verwandten Schutzrechten im Bereich des geistigen Eigentums, ABl. L. 376/28

WIPO Doc. CRNR/DC/4, August 30, 1996, Basic Proposal for the Substantive Provisions of the Treaty on Certain Questions Concerning the Protection of Literary and Artistic Works to Be Considered by the Diplomatic Conference

World Copyright Treaty, WIPO Copyright Treaty (WCT), beschlossen in Genf am 20. 12. 1996, http://www.wipo.int/treaties/en/text.jsp?file_id=295157

Free Software Licensing, Part 2: Beyond GPL, Artikel vom 27. 07. 2007, Chris Maxcer für das Magazin Linuxinsider, abrufbar unter http://www.linuxinsider.com/story/58530.html